甲骨学 简帛学 敦煌学

考古学

北京时代华文书局

图书在版编目（CIP）数据

甲骨学、简帛学、敦煌学、考古学 / 刘梦溪主编 . -- 北京 : 北京时代华文书局，2024.3

ISBN 978-7-5699-3346-8

Ⅰ . ①甲… Ⅱ . ①刘… Ⅲ . ①文物—考古—研究—中国 Ⅳ . ① K870.4

中国版本图书馆 CIP 数据核字 (2019) 第 298798 号

JIAGUXUE、JIANBOXUE、DUNHUANGXUE、KAOGUXUE

出 版 人：陈　涛
选题策划：余　玲
项目统筹：余　玲
责任编辑：耿媛媛
文字校订：胡振宇
责任校对：薛　治
装帧设计：程　慧
责任印制：訾　敬

出版发行：北京时代华文书局 http://www.bjsdsj.com.cn
　　　　　北京市东城区安定门外大街 138 号皇城国际大厦 A 座 8 层
　　　　　邮编：100011　电话：010-64263661　64261528
印　　刷：北京盛通印刷股份有限公司
开　　本：787 mm×1092 mm　1/16　　　成品尺寸：175 mm×260 mm
印　　张：50.5　　　　　　　　　　　　字　　数：924 千字
版　　次：2024 年 3 月第 1 版　　　　　印　　次：2024 年 3 月第 1 次印刷
定　　价：328.00 元

# 目　录

# 前　记

　　《中国文化》是国内唯一的一家在北京、香港、台湾同时以繁体字印行的高端学术刊物，是为了回应二十世纪八十年代的"文化热"，于 1988 年筹办，1989 年创刊。"深研中华文化，阐扬传统专学，探究学术真知，重视人文关怀"，是办刊的宗旨，以刊载名家名篇著称，是刊物的特色。三十年来，海内外华文世界的第一流的学术人物，鲜有不在《中国文化》刊载高文佳构者。了解此刊的行内专家将"它厚重，它学术，它名士，它低调，它性情"，视作《中国文化》的品格。

　　《中国文化》是经文化部会同国家新闻出版署核准的有正式期刊号的学术期刊，国内统一刊号为 CN11-2603/G2，国际标准刊号为 ISSN1003-0190，系定期出刊的连续出版物，每年推出春季号、秋季号两期。创刊以来已出版 54 期，总字数逾 2000 万，为国内外学界人士一致所认可。本刊选篇衡文，着眼学术质素，以创获卓识、真才实学为依凭，既有老辈学者的不刊之说，也有学界新秀的出彩之论。杜绝门户成见，不专主一家，古典品格与现代意识兼具、修绠汲古和开源引流并行。提倡从现代看传统，从世界看中国，刻刻不忘本民族的历史地位。

　　《中国文化》怀有深切的文化关怀，1988 年 12 月撰写的《创刊词》写道："《中国文化》没有在我国近年兴起的文化热的高潮中与读者见面，而是当文化热开始冷却，一般读者对开口闭口大谈文化已感觉倦怠的情势下创刊，也许反而是恰逢其时。因为深入的学术研究不需要热,甚至需要冷,学者的创造力量和人格力量,不仅需要独立,而且常常以孤独为伴侣。"《创刊词》又说:"与学界一片走向世界的滔滔声不同,我们想,为了走向世界,首先还须回到中国。明白从哪里来,才知道向哪里去。文化危机的克服和文化重建是迫在眉睫的当务之急。如果世界同时也能够走向中国,则是我们的私心所愿,创办本刊的目的即在于此。"这些话,在当时的背景下,多少带有逆势惊世的味道。所以创刊座谈会上,李泽厚说:"金观涛要走向未来,刘梦溪要走向过去,我都支持。"

《中国文化》对中国经学、诸子学等四部之学的深入研究给予特别重视;对甲骨学、敦煌学、简帛学、考古学等世界性专学和显学给予特别重视;对宗教信仰与文化传播的整理与研究给予特别重视;对中国文化发生学和各种不同文化圈的参证比较给予特别重视。学术方法上提倡宏观与微观结合、思辨与实证结合、新学与朴学结合。

《中国文化》创刊以来开辟诸多学术专栏,主要有"文史新篇""专学研究""古典新义""旧学商量""文化与传统""经学与史学""文物与考古""学术史论衡""宗教信仰与文化传播""古代科技与文明""明清文化思潮""现代文化现象""文学的文化学阐释""中国艺术与中国文化""国学与汉学""域外学踪""学人寄语""学林人物志""文献辑存""旧京风物""人文风景""序跋与书评"等。丰富多样的栏目设置,可以涵纳众多领域的优秀成果,一期在手,即能见出刊物的整体面貌和当时国内外学界的最新景况。

《中国文化》由中国艺术研究院主办,文化部主管,《中国文化》杂志社编辑出版。中国文化研究所创所所长、文史学者刘梦溪担任主编,礼聘老辈硕学和海内外人文名家姜亮夫、缪钺、张舜徽、潘重规、季羡林、金克木、周一良、周策纵、饶宗颐、柳存仁、周有光、王元化、冯其庸、汤一介、庞朴、张光直、李亦园、李泽厚、李学勤、裘锡圭、傅璇琮、林毓生、金耀基、汪荣祖、杜维明、杨振宁、王蒙、范曾、龚育之等为学术顾问,形成阵容强大的学术支持力量。

现在,当《中国文化》创刊三十周年之际,为总结经验、汇聚成果、交流学术、留住历史,特编选"《中国文化》三十年精要选编",共分十二个专题,厘定为十二卷,分别是:

一 中国文化对人类未来可有的贡献

二 三教论衡

三 经学和史学

四 甲骨学、简帛学、敦煌学、考古学

五 学术史的视域

六 旧学商量

七 思想与人物

八 明清文化思潮

九 现代文化现象

十 信仰与民俗

十一 古代科技与文化传播

十二 艺文与审美

第一卷《中国文化对人类未来可有的贡献》，直接用的是国学大师钱穆先生最后一篇文章的原标题，该文首发于台湾《联合报》，经钱夫人胡美琦先生授权，大陆交由《中国文化》刊载。此文于1991年秋季号刊出后，引起学界热烈反响，季羡林、蔡尚思、杜维明等硕学纷纷著文予以回应，杜维明称钱穆先生的文章为"证道书"。第一卷即围绕此一题义展开，主要探讨中国文化的特质、价值取向和对人类的普世意义，包括总论、分论、与其他文化系统比较研究及对未来的展望。

第二卷《三教论衡》，是对中国文化的主干——儒、释、道三家思想的深入研究。

第三卷《经学和史学》，是对传统学术的经史之学的专题研究。

第四卷《甲骨学、简帛学、敦煌学、考古学》，是对学术史的专学和显学部分所做的研究，此一领域非专业学者很难置喙。

第五卷《学术史的视域》，是中国学术史研究的优选专集。

第六卷《旧学商量》，是就中国学术各题点的商榷讨论。

第七卷《思想与人物》，是对中国文化最活跃的部分思想和人物的专论。

第八卷《明清文化思潮》和第九卷《现代文化现象》，是研究中国历史两个关键转变期的文化的时代特征和思想走向。

第十卷《信仰与民俗》，集中研究中国文化的精神礼俗，很多文章堪称"绝活"。

第十一卷《古代科技与文化传播》，是《中国文化》杂志特别关注的学术领域，三十年来刊载的这方面的好文章，很多都精选在这里了。

第十二卷《艺文与审美》，是对古今艺术、文学，包括书法、绘画、艺文理论等审美现象的研究。

每一卷都是中国文化的一个重大研究专题。由于作者大都是大师级人物，或者声望显赫的国内外一流学者以及成就突出的中青年才俊，使得每个专题的研究都有相当的学术深度，学者们一个一个的个案研究，往往具有领先性和突破性。虽然，"《中国文化》三十年精要选编"是《中国文化》杂志三十年来优秀成果的选编，也可以视作近三十年我国学术界中国文化研究成果的一次汇总。

"《中国文化》三十年精要选编"是中国艺术研究院的资助课题，由主编刘梦溪和副研究员周瑾协同编选，经过无数次拟题、选目、筛选、调整，再拟题、再选目、再筛选、再调整，前后二十余稿，花去不知多少时间，直至 2021 年 9 月，终于形成十二卷的最后选目定篇。

最后，需要感谢北京时代华文书局和陈涛社长、宋启发总编辑对此书的看重，特别是余玲副总编的眼光和魄力，如果不是她的全力筹划，勇于任责，此书的出版不会如此顺利。美编程慧，编辑丁克霞、李唯靓也是要由衷感谢的，她们尽心得让人心疼，而十二卷大书的精心设计，使我这样一个不算外行的学界中人除了赞许已别无他语。真好。

刘梦溪

2022 年 4 月 28 日时在壬寅三月二十八识于京城之东塾

# 走出"疑古时代"

李学勤

**编者按：**本文是李学勤先生在一次小型座谈会上的讲演，着重谈到了现代考古发现对中国古代思想文化研究的意义，讲演者尤其痛感"疑古"思潮在当今学术史研究中产生的负面作用，于是以大量例证指出，考古发现可以证明相当多古籍记载不可轻易否定，我们应从"疑古"思潮笼罩的阴影下走出来，真正进入"释古"时代。

## 一、话题：考古与思想文化研究

谈到近年来的考古发现，特别是一些新的考古发现，它们对研究古代历史、文化，特别是在座各位关心的思想文化会有什么影响，这个题目，还是很值得研究的。考古发现对研究历史作用很大。这一点，恐怕现在所有的人都承认。这点恐怕是一个常识。不过，很少有人想到它对研究思想文化的作用。大家都重视得不够。关于它有这种作用，很多人不这么看。为什么？我想这里有个原因，就是早期的考古学本来就不强调思想文化的研究。特别是在一个很长的时期里，英国的柴尔德，就是 Gordon Childe，他给我们带来一种影响。大家知道，柴尔德这个人在一定意义上是个马克思主义者。比如从他的书,像《历史上究竟发生了什么》等,我们可以看出他基本上是马克思主义者。但我们可以注意到的是,他带来了早期考古学上的丹麦学派的影响。因为丹麦学派本来是搞博物馆,它的创始人,就是发明"石器时代""铜器时代""铁器时代"这些词的。他们都是搞博物馆的,光摆东西,不大讲,当时也不可能讲思想文化。所以,柴尔德的书也带来了一些这样的影响。我们大家都知道,在苏联,很长一个时期里,他们的考古研究所不叫"考古研究所",他们不用"考古学"这个词,是叫"物质文化研究所"。什么叫"物质文化"?这个词不大清楚。因为考古发现的东西是不能用"物质文化"来限定的。考古挖出来的东西,怎么都是"物质文化"呢?我自己从来都不这么看。所以,我写那本《东周与秦代文明》的小册子,里面就特别讲到一段话。后来好多人都引用这段话,幸亏大家觉得还可以。那意思就是说,考古学发现的东西,当然是物质的,但很多都是反映精神的。其实道理很简单,比如一个墓葬,它总有一定的葬仪,一定的礼制;这些东西都是精神的东西。一个铜器、一个陶器,这些东西都是反映当时的社会、当时的风俗习惯。如果你只是从物质上来看,那么,这样的考古学,它的作用就很值得考虑了。这是我的一种看法,向大家请教。那么,今天我就想讲讲考古文化对于精神的东西有什么影响。

## 二、两种考古证据

我想大家都知道,把考古学的东西和历史学的东西放在一起来研究,特别是把地下的东西和地上的传世文献放在一起来研究,从方法上讲,是我们大家尊重的王国维先生提出来的。王国维先生提出来二重证据法,即地下的与地上的相互印证,这是很有名的。它为中国现代考古学的建立奠定了基础。

王静安先生是讲"二重证据法",最近听说有学者写了文章,提出"三重证据法",把考古材料又分为两部分。这第三重证据就是考古发现的古文字资料。如果说一般的考古资料和古文字资料可以分开,那么后者就是第三重证据。像楚简就是第三类。考古学的发现基本上可以分为两种,一种是有字的,一种是没字的。有字的这一类,它所负载的信息当然就更丰富。有字的东西和挖出来的一般东西不大相同,当然也就可以作为另外的一类。

我是不是先用比较简单的话说说那些没有字的东西?没有字的东西,在我看来,对于精神文化的某些方面,甚至于对古书的研究也很有用。最近我很推荐考古所张长寿先生写的一篇文章,在《文物》今年(按:1992 年)第 4 期发表,题目叫《"墙柳"与"荒帷"》。特别是里面讲了铜鱼,这见于礼书的郑玄注,用考古材料一讲就清楚了。类似这样的研究,今天不可能多谈。考古发现的东西,或者遗址,或者墓葬,或者建筑,或者服饰,或者各种器物的形制,都可以印证古书。而印证古书的一个很重要的目的是可以了解古书的真伪。像墓葬中这些铜鱼,作为棺盖上的装饰,一串串的,现在我们知道,这些东西主要都是西周晚期到春秋时期的。最近在三门峡的虢国墓地发现这种铜鱼很多。墓打开一看,张长寿先生在那儿说,这和我们在沣西挖到的东西一样。我们挖的墓大多是盗过的,这儿是完整的。这样一些材料,可以印证古书的一些讲法。那我们大家就可以知道《仪礼》这本书确实是讲春秋的,至少是有相当一部分是和春秋时代有关。

这些都是没有文字的东西。我想这些是比较直接的。还有一些是比较间接的。既然是间接的,那就不一定很准确了。但我们还是可以有一些体会的。比如说前一个时候大家都看到良渚文化出土的大玉琮。那种琮有一个很明显的特点:你从侧面看是一个玉琮,但从上面看就是一个玉璧,是按照璧的形式做的。很多人都知道璧是礼天的,琮是礼地的,这个大玉琮是把天和地结合起来的。当然这一点仅仅是推论,不能直接证明一定是对的,可是至少还是有一定道理的。讨论良渚文化的朋友有这样的看法,我个人也有这样的想法。当然这些是间接的,不像我们刚才说到的铜鱼,是可以直接看到的。这类情形,我们还可举很多例子。它不仅可以证明我们对很多问题研究得不够,而且还可以证明很多古人本来讲的是对的东西,后人却怀疑起来了,结果最后证明,他们的看法还是对的。

有一个例子可能不恰当,聂崇义的《三礼图》,它的内容很多可能是从汉代和六朝的一些图传下来的。它把牺尊每每画成一种动物形状,背上背着个尊。宋仿的铜器很多是这个样子。后来人就说这种东西是杜撰,牺尊不是这样,没有动物身上背个尊的。现在像这样的东西出了好几件,最近文物精华展上看到的一件，完全是这个样子，可见《三礼图》虽然画得不一定都对，但是并非毫无所据。所以，我们对古代的东西别那么轻易怀疑。当然，今天更重要的东西还是带文字的东西。带文字的考古发现，即第三重证据，是更重要的，它的影响当然特别大。王静安先生讲近代以来有几次大的发现，都是带文字的材料。20 世纪 20 年代，他写了《最近二三十年中国新发见之学问》，你们知道这篇文章最早发表在哪儿吗？大家可能不知道，这篇文章是发表在《科学》杂志上。《科学》杂志是卢于道主编的，他和秉志、胡先骕等是当时的留美学生，这些人回来后成立了一个中国科学社，出版了《科学》《科学画报》，后者由卢于道和他的夫人卢邵瀞容主编。说起这两个人，我总是带着敬佩之情。虽然今天我是学了文史，可原来是想学科学的，我有一点科学知识，都是从他们的这两种杂志来的。王静安先生的文章就是印在《科学》杂志上，我过去曾经有过一本，现在是珍本了。

王静安先生说，中国历代发现的新学问都是由于有新的发现。他举的例子很多，最重要的是汉代的孔壁中经和西晋的汲冢竹书，都是地地道道的古书。这些古书发现之后，对于中国文化和学术的发展起了很大的推动作用，这种作用到今天还能看到。我们今天的新发现至少不比那个时候少吧？可是有一点，重要性差些，比如我们还没有发现《尚书》。张政烺先生总是说什么时候挖出《尚书》就好了。

现在的发现还没有《尚书》，可是至少从数量上说，比起古代一点不差，因此它的影响是特别大的。从 20 世纪 70 年代以来，屡屡有一些新的东西被发现，这些发现使我们直接看到当时的书。我自己认为，对这些东西做全面和彻底的研究，恐怕不是像我们这个年纪的人做得到的。因为比如汲冢竹书，一直到清朝还有人研究，对古史研究作用很大。所以这一类新发现，它的影响要经过很长时间才能看到。

对考古学的作用，我发表过一个谬论。古代的东西无论在空间还是时间上与我们都有一段距离。这个距离，必须通过信息才可以越过。古代给我们的信息就是古书，除了这个没有第二条路。可是考古学的东西不是这样，那是另外一条途径。古书是历代传下来的东西，它是会被歪曲和变化的。不管有意无意，总会有些歪曲，而考古获得的东西就不一样，我们是直接看见了古代的遗存。现在我们有了机会,可以直接看到古代的书,这就没有辨伪的问题。

古书的面貌和我们的想象是大不一样的,这一点我们要有充分的认识。有时候我常常说,我们应该用我们的感受去体会孔安国,或者束皙、荀勖这些人的重大成果。孔安国作隶古定,那时候他对战国文字毕竟不大懂,所以弄出很多问题来。当然他在某些点上比我们认识得更多,可是基本上他已不很了解,就像今天我们很多人已不认识繁体字。繁体字离开我们才多少年? 社会上繁体字还存在。可当时社会上已没有古文流行,人们没有这种教养。

我们今天看到的这些古书是一种新的信息途径。它使我们可以直接看到当时人的思想、学术,这个机会是前人没有的,因为至少两千年来很少有这样的机会。过去很多东西都糟蹋了,像王僧虔所见的所谓蝌蚪文《考工记》,结果根本没有传下来。还有傅奕本的《老子》提到,在徐州发现了项羽妾墓,墓里面发现了《老子》,可是没有人把它记下来,只是做了一点儿校勘,也不知道哪些是从项羽妾墓来的,是不是就是《汗简》里的《古老子》? 所以今天我们要做的第一步是把新发现的这些书整理出来,把这些信息记录下来,发表出来。至于说,我们学术界要想充分吸取这些东西,得到它的影响,那还仅仅是尝试。当然,今天它已经起了很大作用。

我们发现的这些东西,在现已发现的这类材料里,我想今天大家最需要的有一种就是秦律和汉律。过去研究汉律,比如沈家本、程树德专门辑录汉律,他们钩稽汉律费了那么大劲,至于秦律简直不成条,所以程氏的书只叫《九朝律考》,不敢叫《十朝律考》。近年我们居然在云梦睡虎地和龙岗两次发现了秦律。秦律我们发表得还比较快。现在江陵张家山两批汉律竹简还没有发表,但可以告诉你们,材料好极了。我老劝人不要急于去讨论什么"隶臣妾",最好稍微等一下。因为我们的材料太多了,如果你说错了的话,马上没法办。张家山简数量很大,第一批和云梦睡虎地的简差不多,总在 1200 枚左右。睡虎地随葬秦律的那个叫喜的人是个令史,他抄的那些律,很多重要的东西都没有。随葬张家山第一批汉律的那个人我们不知道他是干什么的,但他的官职比睡虎地的官要高,他抄的律很多都是刑律。这批简给我最深的印象是《盗》《贼》二律,它的细致程度比起唐律并不逊色。它考虑的各种细节,比如杀人吧,涉及各种不同的情况,各种不同的对象，以及亲属的关系等，非常非常细。从这一点看，从汉朝到唐朝的发展不是很多。

另一个大家最关心的是马王堆帛书的《周易》，特别是《易传》。关于《易传》，我可以告诉大家，这个《易传》中的《系辞》比今本多出很大的一段，而这一段和今本《系辞》有同样的哲学意义，这当然极其不得了。

当然除这些，还有其他一些很重要的发现，比如定县八角廊的西汉竹简《论语》，估计还保存有今本的百分之七十五。另外还有《周易》，那是阜阳双古堆汉墓出的，是占卦用的，像《火珠林》这类玩意儿。

那么现在问题是我们发现这么多东西，现在看起来绝大多数是佚书，即使是今天还有传本的，也很不一样。比如马王堆帛书《老子》怎么会把《德经》放到《道经》前面？这个问题需要讨论。台湾一些学者的那个意见也不是没有一点道理，就是抄写时把上下篇给拿错了。当时是抄写上的错误，造成了一种暂时流行的本子。这我自己是不接受，但还是可以考虑。


## 三、古代学术史的再认识

以上所说，引起种种的问题。我认为，今天它对我们学术史研究的影响还不仅仅是这些发现的东西本身。我们看见《周易》经传这些东西，当然对研究《周易》有很大好处。我们看到《老子》，对研究老子很有用；看到《孙子》，对研究孙子很有用。但我以为更重要的一点，是这些出土的东西所显示的当时的学术面貌。这种面貌和我们过去的估计相当不一样，这件事是个大问题。因此可以得出一个结论，就是我们今天的学术史研究有一个改观的必要。

当然如何评价这个影响，今天我们还做不到。虽然我比在座的几位痴长几岁，但就连各位也不可能完全看到其结果。因为发现太多了，不断出现，必须深入研究到一定程度，才能看到其成果。可是有一点今天我们已经可以说的，就是学术史恐怕得重写，还不仅是先秦和秦汉学术史的问题，而是整个学术史的问题。在这一点上它是特别重要。今天已经可以认识到，过去我们的一些结论，受过去出现的思潮影响而认识到的学术史的面貌,现在看起来与事实有相当大的距离。

我说的思潮是什么呢? 就是大家都深受影响的疑古思潮,下面我说说这方面的一些看法。

你们大概都看过我在《人文杂志》增刊上的一篇文章。这里我得做点儿说明,从小我就读过《古史辨》。小时候我有一次走到旧书摊上,买到一本《古史辨》第三册的上本,看过之后就着迷了,后来把整个《古史辨》都买来看。从晚清以来的疑古思潮基本上是进步的,从思想来说是冲决网罗,有很大进步意义,是要肯定的。因为它把当时古史上的偶像一脚全都踢翻了,经书也没有权威性了,起了思想解放的作用,当然很好。可是它也有副作用,在今天不能不平心而论,它对古书搞了很多"冤假错案"。

从晚清而起的这股思潮不只是中国有,外国也存在,如日本的白鸟库吉,他不是写过《尧舜禹抹杀论》吗? 在日本也成了名文。奇怪的是这篇东西在中国怎么没见过? 我觉得现在应该翻译翻译了。西方如马伯乐,他写的东西也是这个作风,而且也是比较早的。晚清以来的看法为什么在中国会造成这种影响,还可以向上追溯到清代的学术史。

我一直认为清儒的学术是做出了巨大成绩的,可是,它有一个极不好的地方,在今天还有影响,就是它很讲门户。当然这一点,实际上晚明也有。晚明就有人开始讲门户,可是明末清初的一些大学者还是很博大。所谓"三大家",甚至于像"四公子"这些人,不管他学什么,都是很博大。甚至一些较小的思想家,像江西的易堂九子,都很博大,还没有门户之见。但清朝自己的学术确立之后,特别讲门户,一点点讲,第一步是分汉、宋,首先就把宋学一脚给踢出去了。最初宋学的影响还是很大,像李光地这些人还是大受重视。可是后来汉学逐渐上升,汉、宋的门户就先分开来了。江藩的《汉学师承记》就是证据。分了汉、宋之后,再分西汉、东汉,把今、古文分开了。然后在今、古文里还要分,越分越小,眼界越来越狭窄,看的书越来越少。这个分门户的办法在一定意义上说就是辨伪。这个讲门户实在要不得。我觉得我们写学术史,一定不要这样。

有一点要指出的,就是在对古书的辨伪上,晚清的疑古思潮反而是继承宋学。宋人是开始辨伪的,在这一点上,它是完全继承了。宋明理学的一个特点,就是讲究直接读古书,不依靠汉唐注疏,这当然是好事。我常常说,他们对早期儒家的一些认识,在某些点上可能比汉代人认识得还正确些,因为他们直接读古书,不考虑后来的师说,可能有些地方是值得考虑的。不过这种倾向发展到末流,就变成了师心自用,特别是明朝一些人,简直是束书不观了。清人改变了这种风气,但门户之见在带来的副作用中是很重要的一点。

## 四、古书新证(甲骨金文)

我觉得我们今天研究古代文献,一个很重要的问题还是真伪与年代。在这方面,有两本书可以作为标志,一本就是 20 世纪 50 年代张心澂的那部《伪书通考》,各个图书馆都有这本书。(李零:国外汉学家也是必读此书。他们要用哪本书,总要先翻翻此书!)张心澂的书前面有一部分是讲方法论,举了多少条,代表他的辨伪方法。其影响之大,你别看余嘉锡先生那本书,也比不了。余先生的书,即《古书通例》,是上海出的。其实《古书通例》写得比张心澂的书好得多。第二部书就是郑良树的《续伪书通考》,不知大家看过没有?他也有讲方法论的部分,对比一下就知道,时代已经变了。做《续伪书通考》的这位郑良树先生现在香港中文大学,原来做过马来亚大学的中文系主任,是台大的早期毕业生。你看《续伪书通考》就可以知道,近二三十年来,关于辨伪方面的认识已有很大的变化,这是很明显的。这里起很大作用的就是考古发现。这可以说明现在的学术界对疑古思潮既有所肯定,也有所扬弃。这点是对的,特别是我们从新发现来看,有些问题就看得比较清楚了。我想就古文字对文献的关系举几个例子。

我们先说说简牍帛书以外的。简牍帛书以外的东西对于古书也可以印证,如甲骨文。有一点我要说明,甲骨文所能表现的东西是有限的,不能认为甲骨文没有的东西商朝就不能有。这点是很重要的,例如有学者已经指出,甲骨卜辞的文体并非当时的唯一文体,这种说法很有意义,因为各个时代都有一些不同文体,今天仍然如此。比如报刊上的社论,外交用的文件,和日常写的书信绝对不能比拟。甲骨文只能刻那么很少的一点儿字,它的文体一定是力求简练,不能用很多虚词。至于当时的一篇文章,就一定不同,如《商书》的一些篇和《商颂》,与商代有关系还是完全可能的。董作宾先生写过一篇论文叫《王若曰考》,文中引述了一版甲骨文,上刻有"王若曰:羌女……"等语。下面的"羌女"当然有各种不同的解释,但最好的解释还是"羌,汝……",这是对羌人的一种文告,意思是王这样说:羌,你如何如何。可见当时就有"诰"这样一种文体。这样我们就可以证明《商书》里的"王若曰",还有"微子若曰",并不是周人所拟作。

还有一个例子,现在很多人都说甲骨文里没有四季,我从来不这么看。当然甲骨文到今天还没有找到"夏""冬"这两个字,可是这一点不等于说当时没有四季的观念。我们从常识来讲,也是这样。我这个人劳动下放去过好几回,农业还多少干过一点。我们知道,只要在华北这个地方住,是不可能没有四季观念的,这是很明显的道理。在甲骨文里有四方、四风,就是有四季,因为四方风的观念就是和四季紧紧地结合在一起。那些表示春生、夏长、秋收、冬藏的名称,如"析"呀、"因"呀,就是这么来的,怎么能没有四季呢?其实过去于省吾先生在《甲骨文字释林》中已经接触到了。记四方风名的甲骨已经可以明确地证明四季的存在了。最近我还想写一篇文章,《山海经》讲四方风的地方,大家不太注意,就是它里面总是讲到"司日月之长短"。"司日月之长短"说明那个风和风来的方向是与四季有关。所以甲骨文里的很多东西也可以论证文献。胡厚宣先生是首先揭示四方风名的意义的,其贡献实在很大。

金文也是这样。金文也有局限,因为金文是铸在铜器上,它不可能把很多东西都记录下来,我们也不能说金文没有的东西当时就没有。金文与文献印证的地方很多,比如说我写过一篇文章是关于《逸周书》的《祭公》,其中有些句子和金文完全一样,而且有些错字也能看出来了,如金文中常见的"盩(音 lí)龢",《祭公》这篇文章里把它写成了"执和"。这样我们就知道,《祭公》一定是西周的作品。

还有一些铭文也是如此。前些时候我写了一篇小文章,是讲陕西出土的一件史惠鼎。那鼎不算什么,但它写着"日就月将",这是出自《诗经》的《敬之》篇。《敬之》篇传说是周成王时作的,鼎作于西周晚期,自然可以引用。还有中山王的铜器铭文里引了后来收入《大戴礼记》的一段话，这段话可能出自栾武子，是春秋时期的。我们从中山王铭文还可以看出，当时中山国的人不仅学《诗》，还可能学了《左传》，都是儒家的作品。这些是甲骨金文，当然更重要的还是简牍帛书。

## 五、古书新证（简牍帛书）

关于简牍帛书，我这些年有一些想法，可能对学术史的研究有一些作用。我认为最理想的是，用今天出土的这些材料设立几个定点，然后把其他的古书排进去。过去研究古书和古书的关系，比如哪个比哪个早，我们也可以有一些推定，可是年代每每没有绝对的定点。比如假设有 A、B、C 三种书，A 早于 B，B 早于 C。按相对年代来说，你可以把它们放得早些，也可以放得晚些。你只要把 A、B、C 这三个点的顺序排对了，形成一个系列，就完了，很难知道它的绝对时间在哪儿。可是今天我们的考古学材料却可以提供中间的一些定点，只要把一个点定住了，A、B、C 序列的时间就容易排定。当然这还需要很多的证据，现在也许还做不好，但至少可以先定几个点试试。我们可以举几个例子。比如我到处做检讨的一个例子，是我关于信阳长台关楚简的说法。1956 年的时候，信阳长台关 1 号大墓发掘出了两批竹简。竹简发表后，那个时候我年少气盛，喜欢抢时间，马上就写了篇短文，登在《光明日报》上。我说竹简中的一篇是儒家的作品，因为里面有"先王""三代"和"周公"这些词，儒家气极浓。大家都承认我这个说法。这篇文章发表后，我就把它忘了，很长时间里觉得没有什么问题。后来到了"文革"期间，中山大学几位学者从中找出了几句话，在古书中有，是《墨子》的一条佚文，见于《太平御览》。过了些年，我再看这组竹简，特别是信阳长台关的报告出来，有了更好的释文，才发现不是原来我想的那么回事。既然是《墨子》佚文，这怎么还是儒家作品呢？后来查了一下就明白了，原来《墨子》里面也有"三代""先王""周公"，这些东西，一点不少。所以我就写了一篇文章，收入徐中舒先生的纪念论文集，说明这组简是《墨子》佚篇，其中有申徒狄与周公的对话。

后来我看到李家浩写的一篇文章,他把"周公曰"后面的字读为"易",说这就是"申徒狄"的"狄"字,这就完全证明了那段话是周公和申徒狄的对话。周公不是周公旦,恐怕应该是西周君,因为申徒狄是战国时候的人。这个《墨子》佚篇的确定是很重要的。长台关这座墓属于战国中期,佚篇类似于《墨子》书中一般认为特别晚的那些篇,如《贵义》《公孟》等。这些篇大都认为比较晚,肯定要比《墨子》前面学者认为是墨子自著的那些篇,如《明鬼》《节葬》,要晚得多。大家知道,墨子的卒年已经到周安王时,即战国中期之初了。墨子本人是到过楚国的,见过鲁阳公,因此这个地方流行墨家的作品,是很自然的。这也就是说,过去我们认为《墨子》书中很晚的一些篇,其实一点儿也不晚,顶多是墨子下一代人写的。我想这一点对于我们研究《墨子》的意义很大。还有《墨子》最后面的《城守》各篇,我们拿它跟秦简一对照,就知道那确实是秦人的东西,所以一定是墨学传到了秦国之后,在那个地方作的。特别是篇中有的地方是称"王",有的地方还是称"公",可见后者当时秦还没有称王,即在秦惠文王称王以前,这和上述佚篇的年代也差不远。因此我们对《墨子》各篇年代的估计就有重新考虑的必要。

还有一个例子,就是1942年长沙子弹库出土的楚帛书。出楚帛书的那个墓葬的年代是确定的,1973年,湖南省博物馆清理了那个墓葬,清理时又发现了一幅帛画。从陶器排队等方面看,它的年代一定是在战国中晚期之间,就是公元前300年左右。所以楚帛书的内涵在公元前300年一定有了,可不能比这个时候更晚。这也是一个很有用的定点。楚帛书是一种阴阳数术性质的书,在学术史上是很有价值的。楚帛书的内涵中有许多思想、文化的因素,既然楚帛书的年代定了,这些因素也绝不可能晚于公元前300年。从这里出发,便能得出一系列有意义的推论,有益于学术史的探讨研究。

反过来,也可以用文献的定点来推定出土材料的时代。最好的例子是《鹖冠子》。《鹖冠子》现在在海内外都是热门,最近我去美国,也谈了《鹖冠子》,见到一些研究这部古书的学者。《鹖冠子》的年代比较清楚,它的上下限连二十年都没有。因为很明显的是,庞煖死的年代是已知的,书中称呼他作"庞子",是庞煖学生的口吻,另外有些地方还避秦始皇的讳,可见一定也经过秦代。仔细考虑,这部书的时代不出战国的最后几年到秦代的焚书以前。大家了解,要是不发现帛书《黄帝书》,那么《鹖冠子》就还是冤沉海底。《鹖冠子》从唐代柳宗元那儿就给否了,后来的人对柳宗元崇拜得很,所以很少有人肯定《鹖冠子》,以致到今天连个好的注本都没有。从版本说,《鹖冠子》就有两个明版,一个是明翻宋本,即《四部丛刊》影印的那个本子,还有一个就是《道藏》本。两个本子差别不大。至于注,最早是北宋陆佃注。所谓唐写本《鹖冠子》是假的。前不久,陈鼓应先生找我写篇小文,我就讲了《鹖冠子》的年代问题。那篇稿子写得比较粗糙,比较仓促,希望大家多给予批评。我举了几个例子,可以证明是《鹖冠子》引用在马王堆帛书中发现的《黄帝书》,《黄帝书》是早于《鹖冠子》的。特别是像"五正"这样的词也见于子弹库楚帛书,更能说明它的年代。

不管怎么说吧,我们的想法是现在出土的很多东西可以和传世的古籍相联系。像《鹖冠子》,虽然没有出土,但它和帛书《黄帝书》很像,可以说明《鹖冠子》确实是楚人作的,而且也比较早。像这些例子,可以给我们提供一些定点,可以做出很多的推论。而这些推出的结果,它的趋向是很明显的,就是和疑古思潮相反。这会给我们带来一个巨大的好处,就是使学术史变得丰富多了。因为过去很多书不能提,我就记不起有哪本哲学史的书提到过《鹖冠子》。这本过去所有人都不提的书,现在看来大有可谈,那里面包含着很多哲学概念,都很重要,所以我们一定要刮目相看。

上面我说学术史一定要重新写,其实不只是先秦的、汉代的,后来的也要重新写。关于后者,在这里我也要说几句。我们每一代人,在学术上、文化上要有所发展,就一定要扬弃前人那个时代的局限,这是不可避免的。不这样做,就不能发展。在文献学方面,我觉得我们一定要扬弃清人的门户之见,因为清人的缺点就在这里。如果你不排除他们的门户之见,一定做不出什么新的成果。有一点我印象最深。我最早看到帛书《周易》,首先注意的就是它的次序,就是所谓卦序。它和今本到底哪个更早呢?我自己认为,帛书《周易》是很晚的,因为它完全是按阴阳说排列,做法很像京氏易,只不过比较简单,没有京氏易那一套系统。它实际上是分宫的,即以下卦分宫,这比后来如《元包》之类好多了。我们参加整理的人都发现,按照帛书的卦序,也可以画出一种卦位图,这种图和宋人所说的先天卦非常类似，只有四隅卦差了九十度。为什么？那道理就是因为《说卦》中"天地定位"那几句话，帛书本与今本略有不同。如果是按照今本的样子，那就画出先天卦位来了。这样就可以看出来，尚秉和及近代那些搞汉易的人，如日本的铃木由太郎的《汉易研究》，他们指出在汉代已经有先天卦的观念，我觉得这是正确的。所以后人所谓"河图洛书"，宋代讲易学的那些基本的东西，不可能是宋人发明的。清朝人搞门户，特点就是好给人戴帽子。当时最大的帽子就是"二氏"，他们考出宋人的卦图出于陈抟，这个帽子就套上了。陈抟不是老道吗？陈抟既然是老道，你当然就是背弃了儒家正宗。但是道教难道就不可以保存汉代的一些东西，甚至是先秦的东西吗？例如今天我们看见的《周易参同契》，里面保存的东西就是比较早的。汉易本以象数为本，后来王弼一扫象数，就把这些东西忘掉了。儒家的人忘了，但道教把它保存了，反而得到发展，为什么不可以呢？如果我们不讲门户，这个问题本来是很平实的。

另外从马王堆帛书《五行》，也可以看出很多东西来。宋学的一些基本观念，过去很多人都认为先秦不会有，但现在在帛书里面都有。比如"理"呀、"性"呀，帛书里都讲到了。这也没有什么奇怪，宋学本来是以思孟之学为本，而《五行》正是思孟一派的作品。从现在发现的新材料出发，再去看传世各种文献，宋人所说曾参、子思、孟子的统系确是存在的。《五行》的作者，应该是这一派的后学。由这一点也可以看出，宋学有些地方是比较接近先秦的。

## 六、结语：走出"疑古"时代

刚才谈到宋学，也就是清人所划分的汉、宋的问题。其实，今、古的问题也是这样的。汉代当然有所谓今文经、古文经，问题是当时是不是像一些学者所说，今文为一派，古文为一派，两派水火不相容呢？这是一个很值得重新审查的问题。不知道你们有没有看到我前些时候写的一篇小文，实际上是一条札记，印在张岱年先生主编的《国学丛书》第一种《国学今论》里，题目叫作《〈今古学考〉与〈五经异义〉》。《今古学考》是清末今文经学大家廖平先生的名著，对康有为的经学有很大影响。平分今古是廖氏经学初变的宗旨，《今古学考》主要是依据东汉许慎的《五经异义》，把汉学严格分为今文、古文两派。这样的观点，已经成了经学史的常识。可是仔细覆按《五经异义》，发现很多地方与《今古学考》不合。许慎本人据《说文·叙》所说，"其称《易》孟氏、《书》孔氏、《诗》毛氏、《礼》、《周官》、《春秋》左氏、《论语》、《孝经》，皆古文也"。这里所说的《易》孟氏是孟喜之学，明明是今文，不是古文，可见许慎并不是专学古文的。他的《五经异义》，也是有时尊今文，有时尊古文，并没有门户之见。《今古学考》强把"孟氏"改成"费氏"，是没有理由的。这一类例子说明，在学术史上有许多带关键性的问题，今天是必须重新考虑了。

现在时间已经不多了，最后让我简单地归结一下。

冯友兰先生曾讲到一个"三阶段"说，即"信古——疑古——释古"。这个说法是不是他第一个提出的，还需要探讨。后来有学者认为，不如把"释古"改成"考古"。考古当然是非常重要的，我在前面已经谈了不少。这几天我正在写一篇纪念郭沫若先生百年诞辰的文章，也特别强调他倡导以考古探索古史的功绩。不过，当前大家说"考古"，基本上是指田野考古，其含义恐怕不像"释古"那么宽广。我想说的是，咱们今天的学术界，有些地方还没有从"疑古"的阶段脱离出来，不能摆脱一些旧的观点的束缚。在现在的条件下，我看走出"疑古"的时代，不但是必要的，而且也是可能的了。

我们要讲理论，也要讲方法。我们把文献研究和考古研究结合起来，这是"疑古"时代所不能做到的。充分运用这样的方法，将能开拓出古代历史、文化研究的新局面，对整个中国古代文明做出重新估价。在座的各位，都对中国文明的许多方面有深入的研究，开拓这种研究新局面的重要性，就用不着我再来多说了。

（李零、魏赤整理）

【李学勤　清华大学出土文献研究与保护中心教授】

原文刊于《中国文化》1992 年 02 期

# 再论甲骨文发现问题

胡厚宣

## 一

殷墟甲骨文自从 1899 年开始发现，迄今已经有了近百年的历史，究竟是什么人首先认识和搜集的，自来都以为是山东福山的王懿荣。学术界无异说。

抗日战争时期，我在后方成都编印《甲骨学商史论丛》，曾写过一篇《甲骨文发现之历史及其材料之统计》，于 1944 年在齐鲁大学国学研究所出版。根据王襄在《河北第一博物院半月刊》上发表的《题所录贞卜文册》一文和在《河北博物院画刊》上发表的《题易穭园殷契拓册》一文，断定与王懿荣同时搜购甲骨的还有天津的王襄和孟定生。到 1951 年我在上海商务印书馆出版《五十年甲骨文发现的总结》，1955 年在上海学习生活出版社出版《殷墟发掘》，仍然提出过这一论点。

1956 年陈梦家作《殷虚卜辞综述》，也采用了这一论点，说"除王懿荣外，最早鉴定与收藏甲骨的，应推孟定生与王襄。"

乃近年忽然由于对王襄文章的曲解，把王懿荣首先认识和搜集甲骨文的学说想予以推翻，另外以为孟定生、王襄才是首先认识和搜集甲骨文字之人。这事倒出乎我早年为孟、王鸣不平的意料之外，真所谓矫枉过正了，使我不能不为此再进一言。

二

1980 年 11 月孟世凯在《殷墟甲骨文简述》（文物出版社出版）一书中说：

> 实际上，在王懿荣出高价收买甲骨文的前一年（一八九八年，即光绪廿四年），古董商已将甲骨文带到天津去出售。当时天津有两个穷秀才，一个叫孟定生，一个叫王襄，他们已经将甲骨辨识出是古代的遗物，叫它为"古简"（牛胛骨边上刻的卜辞很像古代的竹简）。

1984 年 7 月又在《安阳小屯与甲骨》一文（刊《中州今古》1984 年 4 期）中说：

> 光绪二十四年（1898 年）古董商将从安阳收购到的古器物和有刻文的甲骨带到天津出售，被孟定生和王襄发现是古代遗物，称为"古简"。次年（1899 年）古董商将大批的有字甲骨带至北京出售，为当时任北京团练大臣的古物收藏家王懿荣发现，他不惜高价全部买下。

孟君在这里是误解了。王襄原文只说是"范贾售古器物来余斋，座上讼言所见，乡人孟定生世叔闻之，意为古简，促其脂车访求"，并不曾把"有刻文的甲骨带到天津"来。

1982 年 9 月，《历史教学》发表了 1955 年王襄写的《簠室殷契》序，其中有这样一句话，"余也宝此殷契近六十年"。王老的哲嗣王翁如附注说：

自光绪二十四年(1898年)作者购藏殷契起至乙未(1955年)写本文时止近六十年了。

王翁如说错了,由王老的文章看来,只在光绪二十五年己亥即1899年,才"仅于所见十百数中,获得一二,意谓不负所见,借资考古而已"。更有甚者,王翁如在1983年4月3日的《天津日报》上还写了一篇文章,《甲骨是天津人发现的》,这是多么干脆明快的标题呀! 只可惜文章说:

> 事实的经过是,清光绪二十三年(一八九七)潍县古物商范寿轩来天津说,河南汤阴(实际是安阳)地方农民在地里刨花生,发现龙骨(中药名)上面有字迹。天津一些古物爱好者,便怂恿他带来看看。

把光绪二十四年(1898年)提早到光绪二十三年(1897年)又怎么能够使人相信呢?

1983年11月5日,李先登在《光明日报》上也写了一篇文章,题目是《也谈甲骨文的发现》,说:

> 王懿荣首先发现甲骨文之说,除时间较晚外,还有两点漏洞。一是,虽然当时小屯村的农民确曾将一部分甲骨作为龙骨卖给药店作为中药,但是药店在收购龙骨时是不要有字的,因此,农民往往将字铲掉后再卖给药店。二是,据调查光绪时北京菜市口并没有一个达仁堂中药店,而且中药店一般都是将龙骨捣碎后才出售配药,因此,是无法在上面发现文字的。

正如有的学人所说,关于生病服药云云,出自汐翁《龟甲文》,此文用笔名登在小报画刊,本来就带有传说演义性质,不可全信,"但对它要作具体分析",要看这一传说,是附在什么人身上。"在当时的金石学者中间,王懿荣较早地重视并收购有字甲骨,则是符合实际的。"(萧艾《甲骨文史话》第2页,1980年6月,文物出版社)至于说"王懿荣首先发现甲骨文之说,时间较晚",事实上恰恰相反,时间较早的说法,首先发现甲骨文的,正是王懿荣。

1984 年冬,我去天津南开大学讲学,又获读李鹤年先生于当年 10 月在南开大学印制的《孟广慧、王襄、王懿荣与甲骨》一文,他引了我的说法,批评说:"论断比以往学者们的看法虽然进了一步,但仍不确切。"在引了陈梦家的论点后,也批评说:"我觉得这个说法跟胡厚宣先生的说法同样都还嫌含混,并没有做出谁先谁后的判断。"他重新引了我所引过王襄的两篇文章后,说"事实简单明确得很"。

> 孟定生、王襄知道有甲骨比王懿荣早三个季度。
>
> 孟、王收购甲骨比王懿荣在先,他们没收购或没见到的才卖给了王懿荣。
>
> 孟定生、王襄是最早知道鉴定和收购甲骨的人,王懿荣在他们之后。

话也并非这样简单,首先王襄的文章一篇发表在 1933 年,一篇发表在 1935 年,离甲骨文的发现已经过了三十多年。其次这又只是王襄一面之词,这只是讲的在天津的情况,至于在北京的情况他们不知悉,怎么能三十多年之后,只凭王襄一面之词,就能成为"简单明确"的定论呢?

此后,又于天津的刊物上连篇累牍地登出文章,主题无非一个,孟王最早见到了甲骨。如《天津文史丛刊》第一期(天津市文史研究馆,1983 年)刊李世瑜、王翁如《怀念王襄老人》说:

> 甲骨自清光绪二十五年(一八九九年)在天津被发现后,立即引起天津学者重视。

同期上尚有王巨儒《记父亲王襄二三事》说:

> 一八九八年(清光绪二十四年)冬十月,山东潍县古董商人范寿轩来天津售古器物到父亲家,谈到河南汤阴(实系安阳)出骨版(实系甲骨)事,当

时,名书法家孟广慧在座,他"意为古简,促其脂车访求"。翌年秋,范携甲骨来,孟和父亲皆寒素,"仅于所见十百数中获得一二,意谓不负所见,藉资考古而已。"

《天津文史资料选辑》第二十五辑(天津人民出版社,1983 年)有龚作家、刘炎臣《殷墟文字专家王襄事略》一文,说:

> 一八九八年(光绪二十四年)冬十月,有山东潍县古物商范寿轩(亦名守轩),将龟甲兽骨携来天津,求教于王襄。……当时孟定生(广慧)在座,经孟仔细鉴定,揣度为古简。于是促范继续访求,以便搜罗更多,再进行研究。

《天津文史丛刊》第七期(天津市文史研究馆,1987 年)有王巨儒编辑,卞慧新、唐石父、王翁如校《王襄年谱》,记:

> 1898 年(光绪二十四年戊戌)二十三岁
> 先父和孟广慧知有殷契出土事。
> 1899 年(光绪二十五岁己亥)二十四岁
> 秋,范寿轩来津,携来甲骨求售。先父和孟广慧各得若干。范贾随即赴京,将所余甲骨售与王懿荣。
> 1900 年(光绪二十六年庚子)二十五岁
> 六月,先父从潍县古董商人范维清手购得甲骨百余片。……六月,八个帝国主义国家联合攻入天津。潍县古董商人范维清流落天津,将所携甲骨约百余片售与先父。

另外,《天津日报》1987 年 1 月 10 日刊齐治源《胸掩万卷笔底生花——忆先师王襄一二事》,称王为"我国第一个发现甲骨及研究甲骨文字学家"。14 日又刊王巨儒《从晚清举人到共产党员》,称"1899 年秋,是他(王襄)与天津书法家孟广慧,首先从商人处购得这种'朽骨敝甲',才揭开甲骨文字的秘密。而过去传说的王懿荣买龙骨云云,不过是小说家言,这比它要晚得多"。这篇文字,1月25日《人民日报》(海外版)还以《首先识得甲骨文的学者》为题转载。9月28日《人民日报》(海外版)摘录了王翁如于9月19日《今晚报》上的文章。题作《甲骨文的发现》,称"王襄是最早发现者,辨识者之一"。

## 三

要问到底是谁首先认识和收集之人,不是只靠自己来说,要看同行的专家是怎么说的。甲骨文自从1899年被发现以后,王懿荣没有著作,孟定生和王襄也还没有著作。印第一部甲骨文材料书的是刘鹗1903年出版的《铁云藏龟》。但《铁云藏龟》的出版,罗振玉曾帮了忙。1910年罗氏在《殷商贞卜文字考》中说"(刘氏甲骨)传至江南,予一见诧为奇宝,怂恿刘君,亟拓墨,为选千纸,付影印,并为制序"。1912年在《殷虚书契前编》自序中说:"于是尽墨刘氏所藏千余,为编印之。"1915年在《铁云藏龟之余》自序中说:"刘君所藏,予既为之编辑为《铁云藏龟》。"1933年在《殷虚书契续编》自序中又说,"越岁辛丑,予就丹徒刘氏所藏编印为《铁云藏龟》,此为殷虚遗物传世之始"。罗振玉所作《铁云藏龟》序成于1903年8月,亦在刘鹗自序之前,实为研究甲骨文字之第一篇著作。罗序说:

至光绪己亥(光绪廿五年,1899年)而古龟古骨乃出焉。

1910年罗氏在《殷商贞卜文字考》自序中说:

光绪己亥(光绪廿五年,1899年),予闻河南之汤阴发现古龟甲兽骨,其上皆有刻辞,为福山王文敏公所得,恨不得遽见也。

1912 年罗氏在《殷虚书契前编》自序说：

> 光绪二十有五年，岁在己亥（1899 年），实为洹阳出龟之年。

1933 年罗氏在《殷虚书契续编》自序又说：

> 光绪己亥（光绪廿五年，1899 年）殷商贞卜遗文出于洹水之故虚。

都以甲骨发现在光绪己亥，即光绪廿五年公元 1899 年。而福山王懿荣实首得之。

但罗振玉在 1931 年所写的《松翁自叙》（刊《考古社刊》第三期，1935 年出版）亦即《贞松老人遗稿甲集》（1941 年出版）的《集蓼编》中又说：

> 洹滨甲骨，自庚子岁始由山东估人，携来都门，福山王文敏公懿荣首得之。

为什么罗氏一人先说甲骨出自己亥，现又说出自庚子，怎么会自相矛盾呢？这是因为据明义士《甲骨研究》（1933 年齐鲁大学讲义本），己亥年王氏只买了 12 块，到庚子则买了 800 块，举多数而言，便称作庚子了。

刘鹗的《铁云藏龟》自序，与罗序同时而稍后，罗序写于 1903 年 8 月，刘序写于同年 9 月。刘序说：

> 龟版己亥（光绪廿五年，1899 年）出土，在河南汤阴县属之古牖里城。

他又说：

> 既出土后，为山左贾人所得，咸宝藏之，冀获善价。庚子岁，有范姓客挟百余片走京师，福山王文敏公懿荣见之狂喜，以厚值留之。后有潍县赵君执

斋得数百片,亦售归文敏。未几,义和拳乱,文敏遂殉难。

也是说庚子岁王懿荣以厚值购买甲骨,所以说庚子岁,也是因为这年买得甲骨比较多,而最初买甲骨的,也是说的王懿荣。

罗刘之后,研究甲骨关心甲骨,与甲骨关系较深的,还有王国维。王国维1917 年在他代替姬佛陀所作《戬寿堂所藏殷虚文字》序中说:

> 光绪戊戌己亥,洹曲厓岸,为水所刏,土人得龟甲牛骨,上有古文字。估客携至京师,为福山王文敏公懿荣所得。

1920 年(庚申秋日)又在《随庵殷虚文字跋》(见陈乃乾编印《观堂遗墨》,1930 年出版。又收入《观堂别集》题为《随庵所藏甲骨文字序》,原件现存南图)中说:

> 甲骨文字出土于安阳之小屯,福山王文敏公首得之。

1925 年又在《最近二三十年中国新发见之学问》(《学衡》第 45 期,又收入《静安文集》续编)一文中说:

> 殷虚甲骨文字,光绪戊戌己亥间始出于河南彰德府西北五里之小屯。初出土后,潍县估人得其数百以售之福山王文敏懿荣,文敏命秘其事,一时所出先后皆归之。

王国维研究甲骨文字,实受罗振玉的启导,长年同罗振玉在一道,为什么他在己亥之前又添了个戊戌年呢?我们认为罗振玉、刘鹗和王国维专门研究甲骨时代又较早,一般认为己亥为出甲骨之年,所以又称庚子者,以庚子年买的最多,所以又称戊戌者,可能是从戊戌年即开始见到或购到极少数之故。但都以王懿荣首得之则论断一致,没有问题。

# 四

罗振玉是早期搜集甲骨文字最勤、所得甲骨数量最多之一人。自从 1907 年以后,他除了几次派遣古董商人去安阳专为他采购甲骨之外,1909 年还派他的内弟范兆昌恒斋去搜集,他自己于 1915 年也曾由日本回国,专程去过小屯。特别是 1911 年春天,他还特派他的堂弟罗振常子敬及内弟范兆昌两人去安阳、洛阳作了"两月之游",单在安阳搜购甲骨就待了五十几天,那时他们"日有记载",到 1936 年由罗振常将当年的日记整理成《洹洛访古游记》(上海蟫隐庐印行,1936 年;河南人民出版社 1987 年重印)。他在现场所见所闻,应视作是第一手的数据,我们看他说:

> 连日以发掘龟骨源流,访诸土人,颇得其详。今汇萃众说,参以所知,记之如次:
>
> 此地埋藏龟骨,前三十余年已发现,不自今日始也。谓某年某姓犁田,忽有数骨片随土翻起,视之,上有刻画,且有作殷色者(即涂朱者),不知为何物。北方土中,埋藏物多,每耕耘或见稍奇之物,随即其处掘之,往往得铜器、古泉、古镜等,得善价。是人得骨,以为异,乃更深掘,又得多数,姑取藏之,然无过问者。其极大胛骨,近代无此兽类,土人因目之为龙骨,携以示药铺,药物中固有龙骨、龙齿,今世无龙,每以古骨充之,不论人畜。且古骨研末又愈刀创,故药铺购之,一斤才得数钱。骨之坚者,或又购以刻物。乡人农暇,随地发掘,所得甚夥,检大者售之。购者或不取刻文,则以铲削之面售。其小块及字多不易去者,悉以填枯井。
>
> 北方估客,有北京、山东二派,京估概居旅店,候人持物来售,服用颇奢,恒留妓停宿。东估则甚苦,所居为极湫隘之小饭店或人家,日间则四出巡回村落,谓之跑乡。某年有东估范兆庆者,跑乡至小屯,索土中发掘物,土人问其种类,则曰有字者皆可,因以骨示之,范虽不知其名,然观其刻画颇类古金

文，遂悉购之。土人得善价，喜过望，亟觅旧所填井，则已成平田，迷不得处。后村人得骨，均以售范，范亦仅售与王文敏公，他人无知者。(《洹洛访古游记》上册第11—12页，宣统三年二月二十三日条)

这是他根据现场调查，知道甲骨在三十年前即已发现，当时只用作龙骨药材和刀尖药。直到后来东估范兆庆才以那一位金石学家的提示以为"颇类古金文，遂悉购之"，但自后小屯"村人得骨，均以售范，范亦仅售与王文敏公，他人无知者"。以范得骨仅以售王，知那一位认识甲骨文的金石学家应该是王懿荣而不是别人。

早期搜购甲骨的，还有几个外国人。加拿大人明义士1910年接受加拿大长老会授予的牧师职务，派往中国河南北部服务，最初在武安，后来到彰德，1914年调查殷墟(《明义士传》，《中国文字》第2册，台湾大学文学院古文字学研究室，1961年)。1917年明氏作《殷虚卜辞》自序说：

图一　王懿荣像
引自《清代学者像传》第二集

甲寅(1914年)始春，作者乘其羸老白马徘徊于河南彰德迤北之洹水南岸，……此即殷朝武乙故都殷虚是也。……然则作者在中西考古家中，实为探访殷虚之第一人。

约十五年前，中国一考古学家王姓者，尝诣北京一中国药店，购买龙骨，以当药料，碎骨之中，有一小片，上刻细致文字，其中若干例，颇与其家藏最古钟鼎文字绝期类似，遂亟事访求，意欲多购，及问此物出土原地，杳不可知，乃裹其秘宝，深藏怀中，仅于返家后，秘宝研索而已。是则今之所称甲骨卜辞，彼实发现之第一人也。

1933年明氏于齐鲁大学作《甲骨研究》(初编)(齐鲁大学讲义,齐鲁书社1996年重印——振宇案),说:

> 在一八九九年以前,小屯的人用甲骨当药材,名为龙骨。最初发现的甲骨,都经过潍县范氏的手,范氏知道最详。先时范氏不肯告人正处,如告刘铁云"汤阴牖里"。余既找到正处,又屡向范氏和小屯人打听,又得以下的小史,今按事实略说如下:
>
> 前清光绪二十五年(一八九九)以前,小屯有剃头商名李成,常用龙骨面作刀尖药。北地久出龙骨,小屯居民不以为奇。乃以兽骨片龟甲板鹿角等物,或有字或无字,都为龙骨。当时小屯人以为字不是刻上的,是天然长成的,并说有字的不好卖,刮去字迹药店才要。李成收集龙骨,卖与药店,每斤制钱六文。按范氏一九一四年所言:一八九九年(己亥,光绪二十五年),有学者名王懿荣(字廉生谥文敏公),到北京某药店买龙骨,得了一块有字的龟板,见字和金文相似,就问来源,并许再得了有字的龙骨,他要价每字银一两,回家研究所得。王廉生是研究甲骨的第一人。(《甲骨研究》,一九三三年春,第二章"甲骨发现小史")

此前,还称"民国三年(1914)余移驻安阳,常骑老白马游洹河岸"(同上第5页)。

日本人林泰辅合商周遗文会、椎古斋、听冰阁、继述堂诸家日本所藏,编成《龟甲兽骨文字》一书,其序说:

> 光绪二十五年(1899)河北安阳县洹水之南,始出龟甲兽骨,片片奇古,且有文字,别放一异彩矣。[大正六年(1917)十二月]

1918年4月,林氏来华,亲至安阳小屯村调查殷墟搜集甲骨,又记载甲骨出土地方之风土区域,回国后发表了一篇《殷虚遗物之研究》(参见徐嘉瑞《日本甲骨之收藏与研究》,《国学月报》2.1,1927年;又东洋文库古代史研究委员会《东洋文库所藏甲骨文字》序,1979 年)。

在国内,稍晚一些又有马衡《中国金石学概要》(北京大学史学系讲义,1924年,收入《凡将斋金石丛稿》,中华书局,1977 年),谈到"甲骨"说:

> 甲骨者,龟甲与兽骨也。其刻辞则殷商贞卜之辞也。……出土之时地及首先发见之人,皆可得而考也。一八九九年(清光绪十五年),王懿荣得若干枚于估人之手,珍秘不以示人。

同时还有容庚《甲骨文字之发见及其考释》(国立北京大学《国学季刊》第一卷第四号,1923 年)一文,说:

> 甲骨文字发见于河南安阳县城西北五里之小屯中,东西北三面,洹水环焉,殆《史记·项羽本纪》所谓"洹水南殷虚上",彰德府志所谓"河亶甲城"者是也。……清光绪二十五年(民国纪元前十三年)始出见于世。其文字刻于龟甲兽骨上,估客携至京师,售于王懿荣。

皆以王懿荣为发现甲骨第一人,时间则是 1899 年(清光绪廿五年己亥)。

# 五

在引述上列各家论叙之后,我们再来看王襄老人自己如何说明。王氏 1920年作《簠室殷契类纂》二册,为首部甲骨文字典。1925 年又有《簠室殷契征文》出版,序文说:

> 自清光绪己亥下迄民国纪元,此十四间所出甲骨颇有所获……。

1932 年有《簠室题跋》(刊《河北第一博物院半月刊》第二十九期,1932 年 11

月 25 日），于《题贞卜文》中说：

> 贞卜文，前清光绪己亥年出河南安阳县小屯村。为古人贞卜之用品。（图二）

次年又有《题所录贞卜文册》（刊《河北第一博物院半月刊》第三十二期，1933 年 1 月 10 日），说：

> 前清光绪己亥年，河南安阳县出贞卜文。是年秋潍贾始携来乡求售。（图三）

上面三文，提及甲骨发现之年，亦为清光绪己亥年，即光绪廿五年，1899 年。1935 年发表《簠室题跋》卷二（刊《河北博物院画刊》第八十五期，1935 年 3 月 25 日），于《题易稽园殷契拓册》中说：

> 殷契始发见，掘术未精，致多破碎。……当发见之时，村农收落花生果，偶于土中检之，不知其贵也。潍贾范寿轩辈见而未收，亦不知其贵也。范估售古器物来余斋，座上讼言所见，乡人孟定生世叔闻之，意为古简，促其脂车访求，时则清光绪戊戌冬十月也。翌年秋，携来求售，名之曰龟板，人世知有殷契自是始。（图四）

还是把"人世知有殷契"之年作光绪己亥年（1899 年）。在《亡弟雪民家传》（雪民，1883—1945，见杨鲁安《王雪民印存》，1984 年）中说：

图二

图三

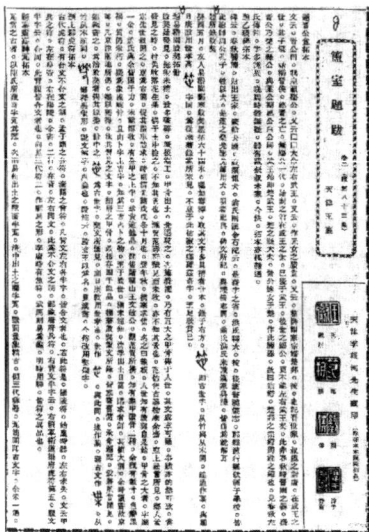

图四

殷虚出契文之年,在清光绪戊戌。翌年,潍贾范寿轩携之来津;乡人孟定生、马景含二君及余家兄弟见之,惊为千载瑰宝。(见王巨儒《王襄年谱》上,刊《天津文史丛刊》第七期,天津市文史研究馆,1987年。又收入《纶阁文稿》第二册,现存天津市图书馆)

1947年作《簠室所藏殷契拓本》,于"一、自藏殷契拓本之一,最初习拓"中说:

此习拓之龟甲兽骨,皆己亥庚子之际所得,为契文最初之发现,拓法未工,为学拓之物,甚可宝。丁亥纶阁记于符斋(现存天津市历史博物馆)

1952年作《题宝契小象》(未刊)说:

惟昔己亥秋之季,潍贾创获甲骨文。至今小屯侯庄地,宗庙陵寝溯有殷。五十余年积发现,十六万版数纷纭。(收入《纶阁诗稿》卷二,现存天津市图书馆)

至1955年10月27日《殷契墨本选集序》时,则说:

世人知有殷契,自公元1898年始(即清光绪廿四年)。潍友范寿轩集古器物,来言河南汤阴(实为安阳)出骨版(实为龟甲兽骨),中有文字,征询吾人欲得之否。时有乡人孟定生共话,极怂恿其往购,且言欲得之。孟氏意此骨版为古之简策也。翌年十月,范君来,告以得骨版,期吾侪到彼寄所观览。彼寓西门外马家店,店甚简陋,土屋壁立,窗小于窦,炕敷簟席,群坐其间,出所谓骨版者相互摩挲,所见大小不一,沙尘满体,字出刀刻。既定其物,复审其文,知为三古遗品。

此篇文字,由王老后人以《簠室殷契》发表于 1982 年 9 月《历史教学》,亦被视作 1898 年甲骨发现的主要依据之一。1957 年 6 月作《写题孟定生所藏殷契拓本》说:

> 昔潍友范寿轩来天津,携有河南安阳所出之殷契,同仁等以为人间未见之奇,遂奔走相告,咸至范君寓所,时前清光绪己亥冬十月也。(《纶阁文稿》第四册,现存天津市图书馆。)

此篇文字,亦由王老后人以《孟定生殷契序》先后发于《天津文史丛刊》第三期(1984 年 9 月)及《历史教学》1993 年第 9 期,李鹤年 1984 年作《孟广慧、王襄、王懿荣与甲骨》一文中刊出其手稿影印件,笔者手中也存有其手稿一份。(见图五)

1961 年作《古文流变臆说》(龙门联合书局出版)于上编导言"殷代文字之发现"中说:

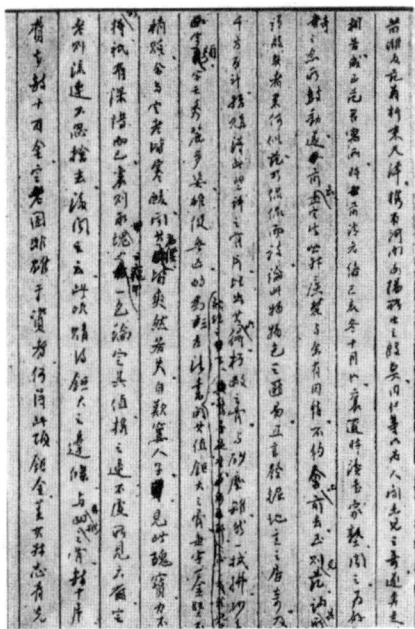

图五 王襄手稿

> 殷契之发现,始于清光绪戊戌秋,潍人范寿轩来说河南出骨片事,翌年冬携来求售,巨大之骨,计字索值,一定一金,同好力不能得者,尽以携之京

师,后闻为王廉生懿荣购去,有全龟腹甲之上半,曩时视为珍品,亦在其中。

由上列王襄本人于不同时期的论述中,我们可以看出,首先,对甲骨文发现之年说法不一；其次，从未说到 1898 年见到甲骨实物，只说 1899 年秋，即清光绪己亥二十五年。

# 六

孟广慧，字定生，也作定僧，号远公，天津人。生于清同治六年丁卯（1867 年）十二月二十八日，卒于民国二十八年（1939 年）十二月十四日，终年七十三岁。

孟氏因获一方刻有"白云山人"的旧玉印，因以为号，曾收藏过一件叫镈于的乐器，所以斋名镈于室，此外还有问梅吟社等室名。收藏以大钱最出名。工四体书，能诗，特别擅长隶书和行书，与天津华世奎、刘嘉琛、赵元礼并称四家。著有《两汉残石编》《定生藏泉》，藏李鹤年处。

图六　孟广慧五十六岁像

王襄序《镈于室契文余珠》（即上引之《写题孟定生所藏殷契拓本》《孟定生殷契序》）说：

> 此次购得巨大之边条与凹形之骨数十片，费去数十百金。定老固非雄于资者，何得此项巨金。盖其叔志青先生继埙，时官武昌盐法道，适寄旅费至，欲其游湖北，故把彼注兹，以成其大愿，所谓千载一时也。
>
> 然吾乡藏殷契者固以定老为创始人。

孟氏为了一大龟片，曾请王懿荣次子翰甫写信介绍去北京见王懿荣一面，即所谓"全甲之上半珍贵逾他品"者。

孟氏所收甲骨共 431 片，都用《两汉残石编》稿页包裹，大片的一片一包，外标第几版，碎小的几片包一包，也标明片数。

孟氏藏品,甲骨经杨富村手归李鹤年,除第一片早被孟长子孟九龄售出外,余全部保存。孟骨400片于1952年售归中央文化部文化局,李现存30片。

图七　孟广慧手书对联

王襄,字纶阁,号簠室,天津人。生于清光绪二年丙子(1876年)十一月十六日(12月31日),卒于1965年1月31日,终年九十岁。

王氏《贞卜文临本序》说:

前清光绪己亥年,河南安阳县出贞卜文。是年秋,潍贾始搜来乡求售。巨大之骨计字定值,字价一金,一骨之值动即十数金。乡人病其值昂,兼之骨朽脆薄,不易收藏,皆置而不顾,惟孟定老世叔与予知为古人之契刻也,可以墨迹视之,奔走相告,竭力购求。惜皆寒素,力有不逮,仅于所见十百数中获得一二,意谓不负所见,藉资考古而已,后闻人云:吾侪未购及未见之品,

尽数售诸福山王文敏公矣。(《簠室题跋》卷一)

又于《贞卜文临本》第一册第二编题注中说:

> 此殷契清光绪庚子四月间所获,多龟甲,块小而字少,以津钱十千购得,有赠人者,不尽在簠室也。是时清兵与联军肇衅,兵火仓皇,念之有余痛矣。甲子上元后一日纶阁记(1924 年)。(《簠室题跋》卷一,簠室殷释殷契,天津历博藏)

王氏 1904 年始研究甲骨文字,《题所录贞卜文册》说:"甲辰乙巳年间,从学于京师高等实业学堂,日课余间,始治其文字。"1910 年秋,识罗振玉。"庚戌秋,罗叔老贻所著《殷商贞卜文字考》。……"1923 年与叶玉森通信,1933 年与易稑园来往,易寄拓本。与王孝禹熟,有《再题王孝禹山水卷》(1950 年)。

1945 年抗战胜利时,我在后方成都齐鲁大学,曾回到北京、天津,调查并搜集战后新出的甲骨文字。于津时,知王襄家藏有三千片左右,其中八百片,可以出让。我由京以刘盼遂、徐宗元两先生之介,并来熏阁陈济川经理陪同抵津,反复商量了一星期之久,终因索价太高,距离甚远,没有买成,不过因大半为已著录过的材料,买不成也就罢了。

后来我转往上海复旦大学,便同王襄老人书信来往,现在还留有王老的书信。1961 年我们编辑《甲骨文合集》时,特别到天津请王老任《合集》编委会委员,王老慨然应允,并拿旧藏甲骨文拓本提供我们使用。在王老故世前一年,我还看到他,给他拍了照,王老认为照得很自然。王襄去世后,遗著统由天津市图书馆收藏。

顺便一提,上举之李世瑜、王翁如《怀念王襄老人》及李鹤年《孟广慧、王襄、王懿荣与甲骨》二文,称"董(作宾)去美国讲学数年,解放初曾来信询出售甲骨事,并介绍卖与美国,被他婉言谢绝了",及"1952 年董作宾自美国来信劝先生将甲骨卖给美国某大学,说可得善价。先生一面婉言谢绝,一面劝董回归大陆,从事学术研究"。(李文注称"详见王翁如:《簠室殷契》跋。载《历史教学》1982 年

9 期"。)按董氏赴美是在 1947 年,临行前曾有信予我。查《董作宾先生年谱初稿》(严一萍编,刊《董作宾先生全集》乙编第七册,台北艺文印书馆,1977 年)及《董作宾先生年表》(刊《董作宾百年纪念文物展》,台北历史博物馆,1993 年),董氏 1947 年 1 月赴美芝加哥,1948 年曾游波士顿、华盛顿、纽约,冬返国;1949 年随"中央研究院"迁台,于 1955 年先赴韩国、日本,8 月飞中国香港,此期间,只1952 年访菲律宾,其余一直居台北。不知"董氏来信"一事何据。

又多篇记述王襄事略之文均称,先生逝世后,中国科学院院长郭沫若为题墓碑云云。郭王二氏如何得识?实际上乃天津市文史馆通过领导请我办理,郭老还书写多幅,让我挑选。

孟定生、王襄均为最早甲骨收藏家之一,两位早期所购,号称四五千片。今王襄旧藏归天津历史博物馆,才 1166 片;孟定生旧藏,归北京图书馆和李鹤年,才 431 片。

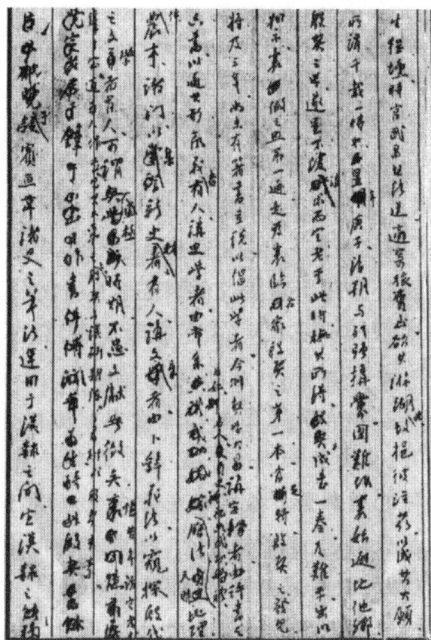

图八　王襄手稿之二

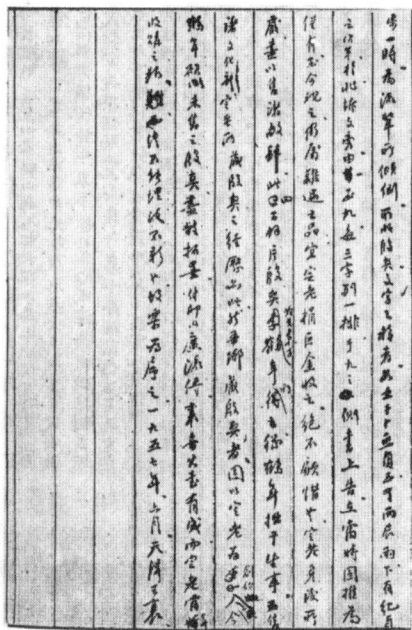

图九　王襄手稿之三

# 七

作为金石学家的王懿荣于 1899 年认识了甲骨文并加以收藏后,尚未及进行研究及留下著述,便于次年因庚子八国联军入侵殉难。我们不知王氏获得甲骨是在何时,但后人多有记载,王维朴《东武王氏高盉堂金石丛话》(刊《东方杂志》第 27 卷 2 号,1930 年 1 月 25 日)说:

> 光绪己亥,河南洹阳武乙氏之故墟,发现龟甲文,族伯文敏公定为殷商贞卜文字,彼时先君亦收得数百枚,……洎民国丙辰,避地来津,与侨居日本上虞罗丈,借邮筒商榷旧学,乃整理旧藏,购致新出,积万余枚,选拓成《殷虚书契菁英》一书,已经黄毅侯农部录入《金石书目》中矣。

王汉章《古董录》(刊《河北第一博物院画报》第 50、51 期,1933 年 10 月 10日、25 日)说:

> 回忆光绪己亥庚子间,潍县估人陈姓,闻河南汤阴县境小商屯地方(志称"河亶甲城",俗呼"何三家城",七村,总名小商屯)出有大宗商代铜器,至则已为他估席载以去,仅获残鳞剩甲,为之嗒然,乃亲赴发掘处查看,惟见古代牛骨龟版,出积其间,询之土人云,牛骨可榷以为肥田之用,龟版则药商购为药料耳。(以上 50 期)
>
> 估取其一稍大者,则文字行列整齐,非篆非籀,携归京师,为先公述之,先公索阅,细为订考,始知为商代卜骨。至其文字,则确在篆籀之前,乃畀以重金,嘱令悉数购归,仅至一批而庚子难作,先公殉国。(以上 51 期)

王崇焕《王文敏公年谱》(刊《中和月刊》4.7,1943 年 7 月)中"光绪二十五年己亥 55 岁纪事"中说:

河南彰德府安阳县小商屯地方发现殷代卜骨龟甲甚多,上有文字,估人携之京师,公审定为殷商故物,购得数十片,是为吾国研究殷墟甲骨文字开创之始,事在是年秋。

王崇烈(汉辅)《题鄘阁藏龟拓本》(现藏青岛博物馆,1961年王杏东捐)说:

龟版出土在洛阳(当作安阳)属之小屯,地方为河亶甲旧都,宋时已有古物发现,光绪己亥,忽出龟版一大坑,人无识古,贩运至京师,先文敏公悉数收之,当谓可以上傲许徐下卑欧赵也。……二叔大人命崇烈识。

李鹤年后得识王氏哲嗣汉章,询及王氏收购甲骨经过,告曰:第一个送甲骨给王懿荣的是范寿轩,范跟王既是同乡又多年有过交易。范把甲骨出土之经过和详情告之王氏,王当即收下范携来甲骨,另交范六百两银,让范全部收购出土甲骨。庚子夏范带着几麻袋甲骨来京,全部放王氏花园内,时王氏已无暇及此,只于下朝后着人以铜盘托几片玩赏而已。王殉难后,为了筹资发丧,出售其古物,王氏两个学生,刘鹗买了甲骨,廉南湖要了字画。(见上引之《孟广慧、王襄、王懿荣与甲骨》)

范寿轩(亦名守轩),山东潍县志稿"人物·艺术"本传载:

图十 王懿荣像
引自《庚子辛亥忠烈像赞》第一册

范春清,字守轩,范家庄人。

好贩鬻古器,与弟怀清游彰德小屯,得商爵一。次年复往,屯人出龟甲相示。春清以钱数千购四十片,去京师,谒王文敏懿荣,见之惊喜不置,曰:"君等真神人也,何处得此?"以厚值偿之。春清家小康,有田十余亩,以好购古器,荡其产。懿荣及刘鹗、端方诸公,皆器重之,而甲骨文始显于世。

虽然我们不知王懿荣是否在 1899 年之前就已得知甲骨出土之事,但至少在 1899 年王氏已通过估人收购甲骨,这点已是不容置疑的事实。王懿荣(1845—1900)此时 54 岁,在京任官;孟定生(1867—1939)此时 32 岁,在津且"寒素";王襄(1876—1965)此时 23 岁,在塾读书。古董商人,目的是赚钱,往往是秘藏宝物,待价而沽,怎么可能抛开有钱势的高官不顾,而先去找二十几岁的小孩子、穷书生呢?似乎与情理不符。况且范估与王懿荣之间又有"同乡"及"多年交易"这一层关系。

再者,从安阳到北京间的京汉铁路那时尚未通车(清廷于 1889 年成立中国铁路总公司,向比利时银团——后改为俄法比银团,借款兴建北京卢沟桥至汉口的卢汉铁路,先由清政府建卢——保定和汉口——滠口两段,通车后 1901 年由卢展至京城前门,至 1906 年京汉全线通车)。

估人直接前来京师不便,如由家乡转来,山东北京间,天津是其中一站,但其最终目的是京师,天津只是路过而已。

## 八

称甲骨文发现之年为 1898 年,仅依王襄先生一句话便下此结论为时尚早,更不用说对这句话的误解,因王氏并未宣称本年见到甲骨,即便明闻甲骨出土之事,王氏亦有不同说法,如刊于《历史教学》1993 年第 9 期上之《〈孟定生殷契〉序》便称作"时前清光绪己亥(1899 年)冬十月也"。王氏后人王翁如"附记"中并未解释这一年代问题,只是对"汐翁"文章穷追不舍,把 1931 年北平《华北日

王懿荣字正孺号廉生山东福山县人祖兆琛山西巡撫父道源四川成
縣道公少劬学好书无所不讀中光緒庚辰進士選庶吉士授編修
直南書房大考擢侍讀中東事起日本陷威海城公請回里練
郷兵謀成赴京授祭酒賜二品服庚子夏和拳匪亂作五月命充京
師團練大臣自言受任愈難七月廿日聯軍入東便門公見亂
誠接井中死妻謝氏子婦張氏殉焉八月二日山東張侍郎英麟始出尸井
中具棺歛檠上得絕命辭曰主憂臣辱主辱臣死於此死而止此為
近之未具署官職名事聞賵待郎謚文毅妻暨子婦均子旌表
尤好金石兑輯攷訂甚富書藏其家
坿祀國子監官舍辦文公祠公平生學問淵博根柢深醇文辈灝衍
三精霜霽九縣颭伏海水晨飛樹神衣哭桓。祭酒精辇奮
張主厚臣苑永亦堂。挈輴耕兮随子婦東風飄兮神靈雨
靈纷：宁齋束下陳林猇兮算桂醑忠孝章宁金石千古

图十一　王懿荣传

引自《庚子辛亥忠烈像赞》第一册

报》《华北画刊》八十九期上的这篇小文解作"王廉生吃药发现甲骨的说法最初
见于民国初年天津出版《华北新闻》"。早先李鹤年《孟广慧、王襄、王懿荣与甲
骨》曾附有王氏手书《孟定生殷契序》复制件(王、孟两文均见前引),对这一年代
的"小有出入"做过说明,认为王氏写这篇序时(1957年)"已将近80岁,记忆力
有些衰退了,印象模糊了",并称"这是常情"。李氏的结论是要以王氏1935年
《题易稺园殷契拓册》所说时间为准,这样"孟定生、王襄知道有甲骨比王懿荣早
三个季度",在这几字下还划了着重符号。如此说来,王襄于1925、1932、1933三
年的文章应是更接近甲骨发现之年,更近于事实的吧,三文中王氏将甲骨出土之
年均作"光绪己亥"即1899年,那又作如何解释呢? 即便《题易稺园殷契拓册》
中,亦称贾辈1898年"见而未收",到1899年才"携来求售",此前三个季度,王

襄本人未见实物,如何又知"甲骨"为何呢?

称王襄首先发现甲骨文同样证据不足。即便听说,不见实物,谈何发现?硬要这么说,谁先发现甲骨?是潍县估人,还是小屯村民?说王懿荣未有著作,那么孟定生有耶,我们还是称其为甲骨文字的首先发现者之一。李氏文章举出同刊于《河北博物院》半月刊的王懿荣四子王汉章的文章中"对甲骨发现的经过,王汉章并没有提出和王襄不同的说法,可以证明王襄所谈是事实",实际上,王懿荣去世时,其四子年纪尚小。而照此说来,对王懿荣首先辨认甲骨文一事王襄并没有提出和众人不同的说法,王襄于 1965 年逝世,时甲骨文发现已有 66 年,总不见得王襄没有读过众多的著述吧,且我在《五十年甲骨学论著目》中已列出中外文书目及论文篇目八百余种。这又可以证明些什么呢?

综上所述,在甲骨学发展近百年的今天,我们仍可以说:殷墟甲骨文是在 1899 年,也就是清朝光绪二十五年己亥,由山东福山人,名叫王懿荣的,首先认识并加以搜购的。与王懿荣同时辨别搜集甲骨的,还有天津的孟定生和王襄。


## 整理后记

殷墟甲骨文 1899 年由王懿荣首先辨识出来,已是大家公认的事实。半个多世纪前的抗战期间,父亲在后方齐鲁大学编著《甲骨学商史论丛》,其中有《甲骨文发现之历史及其材料之统计》一文,依据王襄《簠室题跋》,特别提出孟定生与王襄当年收购甲骨这件事,对其长期被埋没而抱不平。1951 年在《五十年甲骨文发现的总结》一书中再次提出这件事,此后,渐渐引起学术界的注意。1956 年陈梦家《殷虚卜辞综述》就提到此一问题。

忽然到了八十年代中期,一些人以王襄未发表的晚年文章中的一句话为依,提出甲骨发现应提早至 1898 年且是天津孟王二人首先发现。这一提法在喧闹了一阵后并未引起共鸣,也就不再有议论了。1996 年《中国文物报》40、41 期上又冒出"英夫"《甲骨文发现旧说之疑》一文,以吕伟达著《甲骨文之父王懿荣》为由,再次抓住王懿荣吃药发现甲骨一事不放,又举王襄《簠室殷契》一文,并点出

《五十年甲骨文发现的总结》一书为目标,大有翻案之势。

乍看起来,"英夫"文章很唬人,其实不过重复十几年前的旧话,亦是一篇"旧说"。文章称"胡厚宣生于1911年,他并不是直接参与甲骨文发现与第一批收藏的当事人"。那么,较胡氏晚生二三十年的"英夫"又以什么资格在这里教训人呢?"英夫"所举王襄的一篇文章,不知王老先生的其他著作,他是否读过,还是特别避而不谈。为何独不列其余各文。至于文中列举的《孟广慧归藏甲骨选介》一文,这里概不作评述。

王懿荣首先辨认出甲骨所刻,就是古代的文字。"甲骨文之父"的名字,他当之无愧。而就在几个月后的《中国文物报》上,就有人著文对"英夫"加以反驳(见1997年11期上徐义华文《也谈甲骨文发现的"旧说"》)。对"英夫"文中指出的王懿荣吃"龙骨"的三点漏洞,1989年王宇信《甲骨学通论》中谈道:"一篇满是错误时间和错误地点的小文,本不足训。但自此以后却形成了一桩历时几十年的'公案',直到最近还有人热衷于考证北京菜市口是否有个达仁堂、吃中药是否将'龙骨'捣碎煎熬等。刘鹗在王懿荣处见到甲骨本是子虚乌有,却有人以假当真,孜孜矻矻地去考证其存在,哪里会得出什么结果呢?!"(《甲骨学通论》,中国社会科学出版社出版)

今将父亲这篇早已做好,但搁置有年的文章整理出来,以期对甲骨文的发现做一交待。读过这篇材料充实的论文后,相信那些"旧说",如拿不出新的、过硬的证据来的话,应该可以休矣!

胡振宇

1997年8月19日时在中国社科院历史所

## 追　记

文章抄清后，十月间与友人同去文化宫书市，偶见陈重远著《文物话春秋》一书（北京出版社 1996 年 10 月第 1 版，1997 年 10 月第 2 次印刷），其中第 301页有"孙秋飐与甲骨文的发现"一章，内有"结端方拜懿荣论龙骨"一节，说：

> 光绪二十五年……孙秋飐拜见王懿荣，王懿荣给他看"龙骨"，龙骨上有类似商代青铜器上的文字，孙秋飐认不出是文字还是图画，求教于王老夫子。王懿荣告诉他，自己在病中，派人到药铺去抓药，熬药时我检查各味药，发现龙骨这付药上有文字，又派人到药铺买来大量龙骨。"你给我多搜集些铜器上的铭文拓片，等我病好后，我要仔细研究、考证，对照一下，有何相似，有何不同。"

> 王懿荣因病得龙骨，最早发现我国甲骨文字。但未及实现自己深入研究的愿望，光绪二十六年八国联军侵入北京时，他和他的夫人以身殉国，投井而亡。

又有"开式古见诒让知甲骨"一节，说：

> 经孙诒让的讲解，孙秋飐才知道王懿荣于光绪二十五年发现的龙骨文字，乃甲骨文，出土于河南安阳小屯村的殷墟。

孙桂澄，字秋飐，生于 1859 年，卒于 1931 年，河北衡水人，幼读诗书，及长来京琉璃厂之博古斋。此书作者陈玉栋，字重远，1928 年 2 月生于北京，十岁入其伯父在琉璃厂所开古玩铺文古斋，始接触旧京古玩行之人、事、物，后曾就读于辅仁大学。上述观点，陈氏早于《古玩史话与鉴赏》（国际文化出版公司，1990 年 7月第 1 版，1994 年 12 月第 2 版）中提及，只是未有如此详尽。

陈氏所述，不知何据，今特抄录，立此存照。

陈氏除上两书外，尚著有《古玩谈旧闻》(北京出版社，1996 年)、《骨董说奇珍》(北京出版社，1998 年)等。

胡振宇

1997 年 12 月 29 日

【胡厚宣　中国社会科学院历史研究所研究员】

原文刊于《中国文化》1997 年 Z1 期

# 甲骨文中所见廿八宿星名初探

沈建华

　　我国在远古时代从渔猎进入耕稼时期,随着农业的发展,对天文气象的变化积累了丰富的经验。人们从长期的生产实践中,逐渐确立了历法,以星象定天时节候,用来保证农业收获。廿八宿是我国古代天文家发现的测时标志,又称"廿八舍"或"廿八星",其说最早见于《周礼·春官》的记载:"冯相氏掌十有二岁,十有二月,十月二辰,十日,二十有八星之位,辨其叙事以会天位,冬夏致日,春秋致月,以辨四时之叙。"与此有关的战国中期石申所编的星表,可说是古籍上最早的星辰图表。但是,中国历来传说夏朝早有历书——《夏小正》,而河南濮阳西水坡的龙虎蚌图,及曾侯乙墓漆箱盖廿八宿东宫西宫龙虎相峙图形的相继出土,更是天文学上的重大发现,对研究我国廿八宿的起源具有十分重要的意义。这些考古发现与古代传说相互印证,正如王健民等指出:"把廿八宿的可靠记载从公元前三世纪往前推了二个世纪。"[1]因此,重新估评中国古代廿八宿的起源,已成了亟待研究的课题,对承前启后的商代天象记载尤其有重新讨论的必要。

　　商代记载的星名,通常被谈得最多的是大火、新星、鸟星。陈邦怀先生在他

---

① 王健民、梁柱、王胜利:《曾侯乙墓出土的二十八宿青龙白虎图象》,《文物》1979 年第 7 期。

的那篇《商代金文中所见的星宿》一文②,虽然早就提出廿八宿的课题,但没有引起特别讨论,一方面金文资料有限,另一方面文中未对甲骨文加以充分利用。其实从《夏小正》的记录内容来看,夏代早已有对参星、北斗、大火、南门、织女、昴星等认识,也就是后来相配成廿八宿的一些星名。四宫与四灵相配之说是我们祖先创立的,如果说濮阳龙山文化墓葬已见东西二宫之说可确立的话,那么四宫廿八宿完整相配之建立,至迟在商代已初具雏形。最近我在编纂《甲骨文通检》第三分册"天文气象"的过程中,发现了甲骨文中许多还没有被人认识的廿八宿星名,对于上述结论更加深信不疑。以下是我的一些粗浅看法,不妥之处请专家学者提出批评。

## 东宫星宿

### 一、苍龙与灵星、天田

古人创立的"廿八宿"凡分四宫,分别为东宫苍龙、西宫白虎、南宫朱雀、北宫玄武。每宫各辖七宿。东宫既为苍龙,故其七宿星象均用来形容龙身躯。《史记·天官书》:"东宫苍龙,房、心。"《淮南子·天文训》:"天神之贵者,真贵于青龙。"《春秋左传》:"龙见而雩。"《说文》:"雩,夏祭乐于赤帝,以祈甘雨也。"卜辞中,龙除了作为地名方国名之外,反映天象祈雨不乏其例:

(1)龙**叀**今日丁出 （合 28023）

(2)龙,无其雨 （合 13002）

(3)其乍龙于凡田。侑雨吉 （合 29990）

(4)**叀**麿龙乍侑大雨 （合 28422、28420）

(5)癸卯……贞有戉,龙, 

王从受有祐 （合 6582）

---

② 陈邦怀:《商代金文中所见的星宿》,《古文字研究》第 8 辑,1983 年 11 月。

（6）甲子卜亚弜耳（取）龙母，启，

其启，弗悔侑雨　　　　　　　　　　　（合 28021）

（7）庚子卜叀小牢邻龙母　　　　　　　　（合 21805）

"龙母"一词，颇为费解，但殷人视龙星为阴性，卜辞又见"东母""西母"，故有可能是当时殷人意识中最早东西二宫的雏形。将星体按性别分，可以从我国古代神话传说中找到一些痕迹，最有名的是"牛郎"与"织女"星座。当然，"龙母"是否有阴性原始意，尚待探讨。

《易·乾卦》："初九，潜龙勿用。九二，见龙在田，利见大人。……九四，或跃在渊，无咎。""潜龙"即《说文》所谓："龙，春分而登天，秋分而潜渊。"潜龙是指龙星隐入地平线，"潜"也可通作隐意。"见龙在田"，田即"天田"，灵星也。《史记·封禅书》："其令郡国县立灵星祠。"张晏注曰："龙星左角曰天田，则农祥也，农见而祭。"《后汉书·祭祀志》："高帝令天下立灵星祠，旧说灵星谓天田也。"天田星主谷，周汉祀典沿袭殷人久矣，可以追溯甲骨得到证明。例如：

（1）庐舞二（天）田丧盂有大雨　　　　　（合 30044）

（2）卜……烄……蓺天田……灾弗悔　　　（合 31273）

（3）叀新粲屯用二（天）田，又正　　　　（屯南 30004）

我们知道甲骨文中"天"字作形与"大"可互为假借，如"大邑商"也可作"天邑商"。"天"字又可作"￿"，从二，从大，"二"为古文"上"字，意即最上之处则顶，如上甲作，雨作，上面一表示天顶。上引第（1）（3）辞中"天田"的"天"均作"二"形，又从第（2）辞中"天"字作""形，我们由此可知第（1）（3）辞的"二"为天字省形。""应是舞的象形，大多数在卜辞中作降神求雨祭祀行为的专名，上引卜辞中殷人用""蓺""新粲"来祭天田星，意在祈年风调雨顺，"为五谷成熟报其功"，又见卜辞：

（4）……龙……田侑雨　　　　　　　　　　　　　　　（合27021）

（5）癸酉卜其牵田，父甲，一牛　　　　　　　　　　　（合28276、28278）

　　此二条卜辞都在旬末祭田，"田"显然是"天田"省字，并非田猎的意思。

　　卜辞有"霝"字，又作"霝"字，即灵字。陈梦家先生释："'霝'字，从雨，从皇，卜辞霝字文献作皇而《说文》作望，此处所释之霝，亦可能是'灵'。"（见《殷虚卜辞综述》p.601上）我们认为陈梦家先生释为"亦可能是灵"的看法很有见地。《说文》："望，乐舞以羽翿自翳其首，以祀星辰也。"《礼记·王制》："有虞氏皇而祭。"皇也就是巫字的衍变，与霝字有着同样的意义，因此在商代舞与巫都属于同一类官职，卜辞"霝"字，经常与祈求雨有关，例如：

　　（1）于霝（灵）牵年侑雨　　　　　　　　　　　　　（合28294）

　　（2）其屬年……雨在盂、霝（灵）无大雨　　　　　　（合30065）

　　（3）其乍霝（灵）于……　　　　　　　　　　　　　（合30073）

　　（4）弜乍霝（灵）　　　　　　　　　　　　　　　　（合30074）

　　（5）叀舞霝（灵）酻雨，丁酉龙　　　　　　　　　　（合30444）

　　"乍灵"与"乍龙"是同义的，卜辞又见"乍火（合6517）"，也都是指星辰之名，自汉后古人以农祥当灵星，后稷的代称，故有举行帅而舞社稷的祭祀。《诗·丝衣》："灵星之尸。"郑玄注："公尸为天地，社稷山川之尸则灵星可称公尸也。"可知灵星在殷人的观念中由来已久。

　　**二、亢与南门**

　　《说文》："亢，人颈也。"《一切经音义》卷廿引《苍颉篇》："亢，咽也。"《易·乾卦》："亢龙有悔。"亢宿为龙之咽喉，甲骨文有亢字作"𠔼"形。陈邦怀先生引"阜阳西汉汝阴侯墓出土六壬栻盘亢篆作𠔼，《趩鼎铭》为𠔼，唐兰释为亢"，[3]战国文字坑字作𡉠形。共右部与亢形大致相同，卜辞例如：

────────────────

③　陈邦怀：《商代金文中所见的星宿》，《古文字研究》第8辑，1983年11月。

（1）贞令象亢目若　　　　　　　　　　　　　　　　　（合 4611）

（2）壬申卜王陟火，亢，癸酉易日　　　　　　　　　　（合 20271）

（3）贞日……投其……亢……　　　　　　　　　　　　（怀特 1502）

亢为东宫七宿之一，㪅字饶宗颐先生释为投字，为天象名词，"陟火，亢"指大火（心宿）亢星上升于南天之时，"陟"字有出现直上的意思，例如它辞有"方（房）来陟吉"（合 2301）；"邻方（房）于陟投"（合 4888）。陟字与"见龙在田"的见字义同。

南门即大火星，又为东宫七宿之一心星。《夏小正》："四月，昴则见，初昏，南门正。"南门为亢宿最邻近之一大星，钱宝宗先生认为"以昏见朝观觐之星当指东方初出地平者而言"。④ 卜辞例如：

（1）于南门旦　　　　　　　　　　　　　　　　　　　（合 34071）

（2）南门雨　　　　　　　　　　　　　　　　　　　　（屯南 3187）

"南门"一词，通常学者都将它列入建筑来理解，从这两条卜辞中"旦"及"雨"与南门的关系看，其为星名是非常可信的，除此"南门"之外还有祭"门"求雨的卜辞：

（3）其㷭火门，侑大雨　　　　　　　　　　　　　　　（合 30319）

（4）门其雨　　　　　　　　　　　　　　　　　　　　（合 30290）

（5）于门㞢　　　　　　　　　　　　　　　　　　　　（合 13608）

这里的"门"很可能是"南门"的省字，它辞有"……吉三……采星㞢"（16124 反），与"门㞢"相比，可推测"门"是指星的专名，又见"斗门，又正"（屯南 2334）、"方（房）门，又正"（合 30293），应属同义。

---

④ 钱宝宗：《论廿八宿之来历》，《思想与时代》第 43 期，1947 年 3 月。

### 三、大火与辰、房、心

《夏小正》:"初昏大火中。"又《左传·昭公四年》:"火出而毕赋。"注:"火星昏见东方。"古人视大火为苍龙宿之体,谓氐、房、心三宿居中,属东宫七宿。甲文火与山字形,往往难以辨别,但从上下文例分析还是可以判断的,例如:

(1)庚辰不降帅(𡕥),不降火　　　　　　　　　　　　　　　（合 34711）

帅形即𡕥字繁体,《尚书·尧典》曰"日永星火"、《仪礼·士冠礼》曰"永乃保之",此"不降永,不降火"一语,疑殷人祭天时祈求丰年的祝词,它辞例如:

癸丑贞今秋其降永

降永

允伐尞

叀乙卯

丁……贞……角……　　　　　　　　　　　　　　　　　　　（合 34712）

由"今秋其降永"与"不降火"相推求,知"不降火"指火星。古人谓大火,"而天之大纪也"。例如:

(2)火,今一月,不其雨　　　　　　　　　　　　　　　　　　（合 12488）

(3)甲子卜其桒雨于东方　　　　　　　　　　　　　　　　　（合 30173）

(4)甲日己巳夕屮侑新大星并火　　　　　　　　　　　　　　（合 11503）

(5)丙寅卜殷贞侑火　　　　　　　　　　　　　　　　　　　（合 2874）

(6)癸酉卜扶侑火　　　　　　　　　　　　　　　　　　　　（合 20112）

上引第(1)辞是殷人在晨见大火于东方的记录,卜辞用"桒""侑",均是祭大火祈雨的祭名,桒字作"桒"形,通常释奏、桒,此字疑奉字。《淮南子·说林训》曰

"风雨奉之",注"奉,助也"。古人重视大火作为授时的标准星,故设有司掌"火正"的官职⑤。《左传》:"古之火正,谓火官也。……火,以顺天时,救民疾。"又《史记》:"太史公曰:少皞氏之衰也,九黎乱德,民神杂扰,不可放物,祸灾荐至,莫尽其气,颛顼受之,乃命南正重司天以属神,命火正黎司地以属民。"卜辞有"火令"实与"火正"相同官位,例如:

(6)贞隹𣏂(陟)火令　　　　　　　　　　　　　　　（合7859）

(7)贞隹𣏂(陟)火令　　　　　　　　　　　　　　　（合7860）

𣏂形应是"陟"字的省体,冯时先生释为阜字恐怕不确,它辞有"王陟火、亡"（合20271）。

卜辞中另有作为祭祀求雨对象的"大火",合文作"𠬪"形,温少峰、袁庭栋先生释为"上火"⑥不确,有同版"小火"相对可知应释为"大火",例如:

(1)其䆫年𠬪(大火)𠤕于𠬪(小火)𠬪豚𠬪(大火)𠬪𠬪𠬪小牢,有大雨
　　　　　　　　　　　　　　　　　　　　　　　　　（合30393）

(2)其𠬪取二(大)火有大雨　　　　　　　　　　　　　（合30453）

第(2)辞"大火"非合文分为两个字,与前举辞例"𠬪𠬪二(天)田"相吻合,可证甲文"天"与"大"不分。"取"是橇的假借,《周礼·大宗伯》:"以橇燎祠司中、司命、风师、雨师。"由此知"取"也属祈雨之祭名。

大辰又称大火。《左传·昭公十七年》孔颖达《正义》:"大火谓之大辰。李巡云'大辰,苍龙宿之心,以候四时,故曰辰'。孙炎曰'古人以辰为纪时,一年四季𧖸耕劳作可以定时不误'。"《说文》:"晨,房星为民田时者也。"辰与𧖸字在卜辞可通用,其原始本义是来自辰星,例如:

---

⑤　冯时:《中国早期星象图研究》,《自然科学史研究》第9卷,第2期。
⑥　温少峰、袁庭栋:《殷虚卜辞研究——科学技术篇》,四川社会科学院出版社,1983年12月。

（1）其五牢侑辰　　　　　　　　　　　　　　　　　（屯南 4178）

（2）贞中丁岁**叀晨**　　　　　　　　　　　　　　　（合 22859）

（3）庚……贞毓岁**叀晨酌**　　　　　　　　　　　　（合 23153）

（4）……旅……翌丁卯……**晨**岁……在七月　　　　（英 2110）

（5）丙午卜即贞翌丁未，丁**晨**岁，其有伐　　　　　（合 22610）

"岁"即岁星，又称木星。但上引述的卜辞有年岁义，古人年谷之成曰岁，木星在天空运行的位置变化，与能否丰收直接有关，大辰星自古以来视为重要星宿。

《史记·天官书》曰"东宫苍龙，房、心"，《索隐》引李巡云："大辰，苍龙宿，体最明者。"房星即指龙身。《说文》曰"房，室在旁也"，是指房近心旁的意思。曾侯乙墓廿八宿星名将房作方，卜辞房亦作方，例如：

（1）贞……方出。勿自见下上　　　　　　　　　　　（合 6804）

（2）其**酌**方，今夕有雨吉**丝**用　　　　　　　　（合 29992）

（3）癸未卜其**孚**风于方有雨　　　　　　　　　　　（合 30260）

（4）方燎**叀**庚**酌**有大雨，大吉　　　　　　　　（合 28628）

（5）**⻊**（秋）燎方有大雨　　　　　　　　　　　　（合 30171）

（6）甲子卜敦**髮劣**方燎　　　　　　　　　　　　　（屯南 4543）

（7）方**莫**（暉）　　　　　　　　　　　　　　　　（合 28297）

"燎"即祭名，是殷人卜辞最常见的一种燎祭法，凡举行隆重的祭祀，大多数被祭的对象是先公先祖、山河、天象等。"方**莫**（暉）"与"方有大雨"对举，可以看出殷人对房星的观察已经有了相当多的认识。

《左传·襄公九年》："古之火正，或食于心，或食于咮，以出内火，是故咮为鹑火，心为大火。"心宿也称为大火，古人指苍龙体正中心，《春秋·昭公十七年》孔颖达《正义》引李巡云"大火，苍龙宿心"。卜辞例如：

（1）癸亥卜㲄贞于心，上甲二牛侑帝　　　　　　　　　（合 905）

（2）贞王侑心，隹启。　　　　　　　　　　　　　　　（合 11424）

（3）乙酉……晕旬癸巳……㘣甲午雨丙戌卜争贞王侑心正帝令。隹戠

　　　　　　　　　　　　　　　　　　　　　　　　　　（合 6928）

（4）侑心……不午㘣　　　　　　　　　　　　　　　　（合 11427）

（5）帝心　　　　　　　　　　　　　　　　　　　　　（缀合 162）

（6）……卯……央……心……　　　　　　　　　　　　（合 11430）

《尔雅·释天》曰"大辰，房，心尾也。大火谓之大辰"，郭璞注"龙，星明者以为时候，故曰大辰，大火，心也，在中最明，故时候主焉"。上引卜辞称"帝心"，它辞有"帝异"。可证都属星祭专名，以心宿配于上甲先王先公，与《三代吉金文存》卷十六第 16 页爵商器铭"心，父己"相同。[⑦] 殷人将星名和先祖天人合一，即是文献中称"阏伯之星""实沈之星"。足以反映商人"天神，人鬼、地示"的原始宗教观念。在当时已经有了很高的意识。

**四、尾、箕、角**

尾，也是东宫七宿之一，《左传·僖公五年》："冬十二月，晋人假道于虞以伐虢。卜偃曰'其九月十月之交乎？丙子旦，日在尾，月在策'。"又"龙尾伏辰"，杜预《集解》"龙尾，尾星也"。卜辞仅有一条记尾星的：

　　己卯卜㲄贞……幸往刍，自𡧪

　　王固曰：其隹，丙戌幸，侑尾，

　　其隹，辛家。　　　　　　　　　　　　　　　　　　（合 136 正）

"侑尾"指侑祭尾星，我们发现它辞也有侑祭星的辞，例如：侑心（合 11427）、侑火（合 2874）、侑酉（柳）（合 15818）。作为侑祭对象"尾"的地位，与心、火、柳，应大致相当的。

---

⑦　陈邦怀：《商代金文中所见的星宿》，《古文字研究》第 8 辑，1983 年 11 月。

箕宿,即龙尾。《尔雅·释天》曰"箕斗之间",郭璞注"南箕箕星也"。古人又称"风伯神箕",故有"风箕毕雨"之语。卜辞也仅有一条:

于新 🔲(箕)北, ✳ 南,弗悔。 (怀特 1460)

《诗·小雅·大东》:"维南有箕,不可以簸扬。"甲文箕星正是像簸箕之象。"新"常见为天象祭祀专名,如:新星(合 6063)、新大星(合 11503)、新异(合 31000),与"新箕"同义。

角宿,《国语·周语》曰"夫辰角见,而雨毕",《史记·天官书》曰"杓携龙角",龙角也是东宫七宿之一,卜辞例如:

(1)庚寅卜殷 ✳ 以角母 (合 671)

(2)……贞 ✳ 角母 (合 670)

"角母"与"龙母"词义相类同,疑为角星。

## 西宫星宿

### 一、参与伐

《左传·昭公元年》:"昔高辛氏有二子,伯曰阏伯,季曰实沈,居于旷林,不相能也,日寻干戈,以相征讨。后帝不臧,迁阏伯于商丘,主辰,商人是因,故辰为商星。迁实沈于大夏,主参,唐人是因,以服事夏、商。"自曾侯乙墓漆箱图青龙白虎出土之后,证实古人确立东西二宫的观念由来已久,在甲骨文中已初露端倪,卜辞曰:

(1)乙未卜其 🔲 虎陟于且甲 (合 27339)

（2）丁丑卜王 帝虎弓十月 　　　　　　　　　　　　　　（合 21387）

（3）丙午卜……贞白虎（?）隹丁取……二月 　　　　　　　（合 10067）

"虎陟"和"帝虎"可与"陟火""帝鸟、帝异"词义相等,推测"虎"为西宫,与"龙"为东宫对应之观念,当时已经建立。《易经·革》"兑之阳爻称虎",最能说明此点的是一片小屯南地甲骨参星与西仓同版,例如:

于西昌（仓）

叀壬酚品（参）

叀癸酚品（参） 　　　　　　　　　　　　　　　　　　（屯南 3731）

甲文品字,历来学者释为品字,作祭名,最早提出释参字是李旦丘先生⑧。曾侯乙墓廿八宿参字作弓形,西汉汝阴侯墓占盘作弓形,包山竹简第 12 支曰"在漾陵之厽（参）",参作品⑨。此形实为参字省体,古人以参星中央有三小星,故参字也借为"三"互通,甲文如:三帚（合 24951、9274 反）亦通作品（参）帚（合 2811），又有二亚（合 23398）、三亚,而三亚作品（参）亚（屯南 2346）。卜辞"参"字每每与主祭先公先王相配合祭,例如:

（1）乙未酚㐭厽（参）上甲十报乙三报丙三报丁三示壬三示癸三大乙十大丁十大甲十大庚十小甲三……三且乙 　　（合 32384）

（2）癸丑卜王曰贞:翌甲寅乞酚鲁,自上甲衣至于毓余一人,无祸。兹厽（参）祀。在九月,遘示癸龠兜 　　　　　　　（英 1923）

（3）庚寅卜衒王厽（参）司（祀）癸巳不二月 　　　　　　（合 20276）

（4）丁酉卜兄贞:其厽（参）司（祀）在丝八月 　　　　　　（合 23712）

---

⑧ 李旦丘:《铁云藏龟零拾（附考释）》,上海中法文化出版委员会,1939 年,第 39 页。

⑨ 湖北省荆沙铁路考古队:《包山楚简》图版六（Ⅵ）释文（一）文书第 17 页倒数第 6 行上。

从第(2)辞"参祀"知第(3)(4)辞"参司"可通借为"参祀"。从"参祀"与先公先祖隆重并祭来看,可见商人对参星的重视,证实了《国语·晋语》所云"以辰出而以参入……天之大纪也"。我们还可以看到卜辞酚祭参星的例子:

(5)叀妹(昧)厽(参)　　　　　　　　　　　　　　　(合 30497)

(6)于即厽(参)　　　　　　　　　　　　　　　　　(屯南 917)

(7)甲申卜叀辛卯酚厽(参)　　　　　　　　　　　　(合 34524)

(8)乙卯卜劳蒸丁卯酚厽(参)　　　　　　　　　　　(合 34525)

(9)乙卯卜来丁卯酚厽(参)不雨　　　　　　　　　　(合 34526)

(10)辛未卜其酚厽(参)丰其奉于多妣　　　　　　　　(屯南 2292)

(11)乙……劳蒸丁卯酚厽(参)　　　　　　　　　　　(屯南 3852)

参星又称伐。《公羊传·昭公十七年》何休注云:"大火为心星,伐为参星,大火与伐,所以示民时之早晚。"《晋书·天文志》曰:"(参星)中央三小星曰伐,天之都尉也。"卜辞如:

(1)丙申卜殻来乙巳酚下乙王囚曰:隹有祟,其有投,乙巳明雨,伐,既雨。咸伐,亦雨。於鸟星　　　　　　　　　　　　　　　　　(合 11498)

(2)既伐,大启　　　　　　　　　　　　　　　　　(合 5843)

(3)乙未卜王翌丁酉,伐,易日,丁明雾,……大食　　(合 13450)

(4)丙申卜翌丁酉酚伐,启。日明雾大食日,启,一月　(英 1101)

(5)乙巳卜争贞今日酚伐,启。　　　　　　　　　　　(合 975)

(6)癸酉贞其侑伐上甲冇叀辛巳伐　　　　　　　　　(屯南 1104)

(7)来甲寅侑伐自上甲二告　　　　　　　　　　　　(合 946 正)

第(1)辞至(5)辞均为天象观察记录,第(6)(7)辞是祭伐星的。"既伐"(合5843)与"既参"(屯南917)两词义属同类。既,指既日。

## 二、西仓与𡘷

西仓即西宫七宿之第三，又称胃宿，《礼记·月令》曰“季春之月，日有胃”，《史记·天官书》曰“胃为天仓”，《正义》曰“胃主仓廪五谷之丰稔”，《说文》曰“胃，谷府也，从肉𡿺，象形”。卜辞将胃宿称“西仓”，例如：

于西㐭(仓)
叀壬㐭彡幺(参)
☐癸㐭彡幺(参)　　(屯南3731)

“㐭”形为仓字，包山竹简“怆”字作“𢤔”形，上部与甲文大致相近。《说文》：“仓，谷藏也，仓黄取而藏之，故谓之仓。”甲文㐭字像仓库之形。

《史记·天官书》曰“奎曰封豕，为沟渎”，《正义》曰“奎，天之府库，一曰天豕，亦曰封豕”。甲文𡘷从大从豕，实为“天豕”的合文。奎与封可通，是封的本义。例如：

(1)乙丑卜翌丙𡘷有至庚午𡘷有至……二月　　(合72)
(2)……乙𡘷至　　(合4426)
(3)乙卯卜内𡘷出，鱼不沁……九月　　(合20738)

“𡘷出”与“方(房)出”(合6804)、“卯出”(屯南890)同语，均表示星已出现。

## 三、此、卯、毕

此宿，西宫星宿之一，《史记·天官书》曰“西宫娵觜，或作觜觿、觜巂。小三星隅置觜觿，为虎首主葆旅事”，又《礼记·月令》曰“仲秋之月，旦觜觿中”。曾侯乙墓廿八宿图与汝阴侯墓栻盘“觜”作“此”，甲文亦省作“此”，多与祈雨有关，例如：

(1)……其𤈦此侑雨　　(合30789、32300)

（2）丁亥卜其牽年于大示既日此侑大雨　　　　　　　（屯南 2359）

（3）其牽年于方受年于方霾（灵）邑牽年、大牢此侑雨　（合 28244）

（4）叀此于,芻风此　　　　　　　　　　　　　　　（合 31189）

（5）叀豕此雨　　　　　　　　　　　　　　　　　　（合 31191）

　　"此"字,学者向来释为炆天祭雨的"柴"字,意燔柴,为祭名。"炆此"的炆本身已含有"炆交木然"的意思。可知"此"是一个名词,"炆"是动词。

　　卯宿,西宫星宿之一。《诗·小星》曰"维参与昴"。《尚书·尧典》曰"日短星昴",郑玄注"昴,白虎之中星"。古人称昴为西方之宿,别名又称旄头,《尔雅·释天》曰"大梁,昴也"。卜辞"昴"作"卯",省日,例如:

（1）癸未贞:叀翌日甲申酚卯　　　　　　　　　　　（合 34548）

（2）……丑牽其卯,王其祐　　　　　　　　　　　　（合 30598）

（3）癸未贞其卯出,入日岁三牛丝用　　　　　　　　（屯南 890）

（4）三报二示卯王祭于之若、有正。　　　　　　　　（合 27083）

（5）叀邘卯其置（置）庸壴（鼓）于既卯　　　　　　　（合 30693）

　　"置庸鼓"裘锡圭先生释为乐器名⑩,正确。《左传·昭公十七年》鲁太公引《夏书》曰"辰不集于房,瞽奏鼓",商人祭星既有帗舞,当然要有乐器配奏,后来古人视日食为灾异击鼓习俗,知自殷代始,由来已久。"卯出"与"方（房）出""豕出"应属同语,均指星类。

　　毕宿,西宫星宿之一。《礼记·月令》曰"孟秋之月,……旦毕中"。《诗·小雅》曰"月离于毕,俾滂沱矣"。古人观察天象,谓毕星附近月可以预测天将多雨,故后世有"箕风毕雨"的谚语流传,甲文毕作畢,从比从畢,比声。

---

⑩　裘锡圭:《甲骨文中的几种乐器名称——释"庸""丰""鞀"》,《中华文史论丛》第 14 辑,上海古籍出版社,1980 年。

（1）癸巳卜贞：翌丁**酚卑**，**夲**于丁　　　　　　　（合4061、4059、4048、4049）

（2）**卑**无灾　　　　　　　　　　　　　　　　（合4086、4087、4088、7946）

（3）贞**卑**有灾　　　　　　　　　　　　　　　（合16101、7680）

（4）**卑**，舞雨　　　　　　　　　　　　　　　（合33956）

（5）**卑**其雨　　　　　　　　　　　　　　　　（合30344）

（6）丙申卜：公夕方雨，毕，不风，允不，六月　　　　（乙18）

　　"方雨"，温少峰、袁庭栋先生指出：即滂雨，正符《诗经》。又《尚书·洪范》所云"月之从星，则以风雨"，气候直接影响农业收成，因此古人观察天象以测风雨。毕星好雨，卜辞多与雨系联，故有风师、雨师之称。

## 南宫星宿

　　古人观察星宿以定四时，对于赤道邻近的星宿，尤为重视。春分前后南方所见诸星像鸟形，故称正南之星座为咮，南宫四灵相配为朱雀观念由来已久。《尚书·尧典》："日中星鸟，以殷仲春。"甲文中被学者谈得最多的是鸟星，近时李学勤先生通过比较同类有关鸟星的卜辞词语分析，提出**卒**字是"姓"，指夜放晴的意思，是气象记录[11]，与星辰无关，是很有见地的。但是还存在一点问题，如果将我们熟悉的"藏鸟星"与同样祭星的一片来比较如下：

　　（1）……**祟**，庚子，藏鸟星。七月　　　　　　　（合11500）

　　（2）……卜……**烁**……藏天田……灾弗悔　　　　（合31273）

　　我们推求文义知"天田"星与"鸟星"意思相当，其含义就很清楚了，鸟星在卜辞中共出现过四次记录，为篇幅起见不一一列举了，很可能鸟指的是"南宫朱

---

[11]　李学勤：《论殷墟卜辞的"星"》，《郑州大学学报》1981年4期。

鸟"，卜辞有禘祭鸟。

     帝鸟三羊三豕三犬

     丁巳卜贞帝鸟                           （合 14360）

它辞有帝心（缀合 162）、帝异（合 11921），可知文义相当。帝，即禘，殷人祭天之礼，与燎祭并举。祭天，故"帝"从一，象天。

**一、星与酉（柳）**

南方七宿的中心宿七星，正当南中天时，古人以星象来定春分夏至秋分冬至四节，《礼记·月令》曰："季春之月，日在胃，昏七星中。"例如：

    （1）贞……大星出……南                 （合 11504）

    （2）七日己巳夕㞢有新大星并火          （合 11503 反）

    （3）辛未有投新星                       （合 6063）

    （4）……贞王……日先……大星……好        （合 11505）

    （5）庚午卜……大星……                 （合 29696）

    （6）……吉星㐱                       （合 16124）

《说文》："星，万物之精，上为列星，从晶从生。"卜辞中"大星"是形容明亮精光的意思，值得注意的是第（1）辞记录"大星"出现在"南"方，这是我们祖先长期实际观察的结果，故殷人对特殊的天象记事，一般记录用"大"来表示，如：大风、大雨、大火等。"新"是天象专用祭名，它辞有"新箕"可以互证。

酉（柳）宿为南宫星宿之一。曾侯乙墓漆箱廿八星图柳作🐦，与甲文"柳"作"酉"亦相同。《礼记·月令》曰"季秋之月，旦柳中"，《汉书·天文志》曰"柳为鸟喙，主草木"。陈邦怀先生引《三代吉金文存》卷第 16 页爵铭"酉，父乙"、同卷第 18 页爵铭"酉，父辛"，将酉宿与先祖合祭不仅在金文中，而且在甲文中亦有同例可证：

（1）癸未王卜贞酉（柳）彡日,自上甲至于多毓衣,无咎。自眔在四月

王二祀　　　　　　　　　　　　　　　　　　　　　　（合37836）

（2）癸未卜贞:酻豊叀侑酉（柳）用十二月　　　　　　　（合15818）

（3）……巳卜夕酉（柳）……牢母庚　　　　　　　　　　（合21554）

（4）于妣巳祭酉（柳）　　　　　　　　　　　　　　　　（合22278）

（5）侑酉（柳）于辛　　　　　　　　　　　　　　　　　（合1777）

殷人祭重要直系先公先王往往将星宿冠于祖先前列,如前面所举的"乙未酻丝（参）上甲……"（合32384）。与此相同,殷人祭法正如《礼记·月令》曰"司天日月星辰之行,宿离不贷,毋失经纪,以初为常",反映了先民"天地和同"意念,从甲文中可以看到痕迹,自殷代由来已久。

**二、异**

异为南宫星宿之一,古又称"轸",为南方鹑尾之宿,《礼记·月令》曰"孟夏之月,日在毕,昏翼中",曾侯乙墓漆箱廿八宿星图"翼"字与甲文"异"字下部相同,可知省羽字,作"㒸"形:

（1）贞异佳其雨　　　　　　　　　　　　　　　　　　（合1096）

（2）庚戌……争贞不其雨,帝异　　　　　　　　　　　（合11921）

（3）新异,鼎祝　　　　　　　　　　　　　　　　　　　（合31000）

"帝异"与"帝心",推求文义,应属同类,意指星宿,互相可证。帝,多见于天象卜辞,胡厚宣先生指出"武丁时帝为天神之专称",此说正确。殷人祭祀天神中帝降令有:风、云、雨、雪、雹。上帝拥有主宰天地万物的绝对威力,当然星辰也应包括在内,这不是不可能的。

## 北宫星宿

北宫,其兽为玄武。《淮南子·天文训》曰"北方水也,其帝颛顼……其兽玄武"。古人又称北陆,《左传·昭公四年》曰"古者日在北陆而藏冰",杜预《集解》"陆,道也,谓夏十二月,日在虚危,冰坚而藏之",服虔注"陆,漉也,水流漉而去也",冯时先生指出"北陆实当北鹿"[12],此说可信。甲骨文"鹿"与"陆"可互通。例如有称:南鹿(合 10913)、西鹿(合 29031),又可通作北🦌(陆)(合 29409)、东🦌(陆)(合 10971),《尔雅·释山》曰:"山足曰鹿,鹿,陆也,言水流顺陆燥也。"这里所举的"北陆"是否指北宫,很难断定。但"北陆"的称谓,从商代已有,不能不引起我们很大的启发。北宫有星宿牵牛、虚、女、斗等,春秋时为越之分野。

### 一、牵牛与虚

古人观察天象,因冬至日躔在牵牛星附近,故知周人以斗牵牛为纪首,命曰星纪。《诗·大东》"睆彼牵牛",郑注"河鼓谓之牵牛"。《史记·天官书》曰"牵牛为牺牲,其北河鼓"。卜辞有牵牛星,每每与参星同版,例如:

(1)戊子……🔥(参)其九牪(牵牛)　　　　　　　　　　　(合 34674)

(2)戊子卜🔥(参)其九牪(牵牛)

……丑卜🔥(参)其九牪(牵牛)　　　　　　　　　　　(合 34675)

(3)……🔥(参)其五牪(牵牛)　　　　　　　　　　　　　(合 34677)

按:"牪"字宋镇豪先生释"牵"字,实当为"牵牛"合文,曾侯乙墓牪(牵牛),上形🐏与牛形相近,下形中为牛字也相近,殷人在记录星宿称谓时常写成合文,

⑫　冯时:《中国早期星象图研究》,《自然科学史研究》第 9 卷,第 2 期。

如:天田作⿱,大火作⿱,天豕作⿱,故牵牛为合文也是情理之中,"其九、五"数字疑指牵牛星旁的星数。

虚,又称玄枵,在春秋时为齐地分野,齐在五帝时为少昊帝颛顼所居之地。《左传·昭公十年》曰"今兹岁在颛顼之虚"。虚,又称"天鼋",《国语·周语下》曰"我姬出自天鼋",卜辞虚作"⿱"形,例如:

(1)癸未卜王贞:旬无畎。十月又一甲申⿱(虚)⿱祭上甲　　(合35411)

(2)……未卜贞王旬……畎在十月……⿱⿱(虚)祭上甲　　(后上21.3)

(3)癸未王卜贞:旬无畎。王⿱曰:吉,在十月又一。甲申⿱(虚)⿱祭上甲

(合37840)

　癸酉王卜贞:旬无畎。王⿱曰:吉,在十月又一。甲戌妹(昧)工典其⿱

(虚)佳王三祀。　　(合37840)

(4)癸亥王卜……旬亡畎在三月,甲子⿱(虚)祭上甲　　(前4.19.3)

(5)其⿱⿱侑大雨　　(合30031)

按"⿱"字释为虚,上形从丘,下形为土,包山竹简丘字作⿱。虚,《说文》曰:"大丘也,昆仑丘谓之昆仑虚。"丘也可通作虚,西汉汝阴侯占盘虚字作⿱,形与甲文之形相吻,卜辞又见"旬无尤"的旬字,被假借为"⿱无尤"(前6.61.1),可证旬与虚字古音相近,例如:甲文湔字作⿱形,前即先,可互通,湔字从⿱虚声。由此得知⿱字应隶定为虚字。殷人将虚宿与上甲合祭,与前举辞例相同,"妹(昧)工典其虚"与"妹(昧)参","⿱⿱(参)"与"⿱虚"可知文义相当,都是指星宿的。

二、斗

斗,为北宫星宿之一,《史记·天官书》:"斗为帝车,运于中央,临制四乡,分阴阳,建四时,均五行,移节度,定诸纪,皆系于斗。"可见北斗七星在古代星宿中是一个极重要的星座。古人观察北斗,系围绕北天极星在旋转。《夏小正》曰"正月,参中,斗柄悬下","七月……斗柄在下则旦"。从北斗与其他的星宿之间的位置,来确定寒暑气节变化,根据《史记·天官书》的记载,当时已将北斗看作

一个整体的一部分,就是后来的中宫天极星。甲文中的斗星能否列属中宫,难以定论,姑暂时定在北宫,甲文例如:

(1)帝于斗　　　　　　　　　　　　　　　　　　（合 30362）

(2)其用在父甲斗门又正　　　　　　　　　　　　（屯南 2334）

(3)癸亥贞**芴枣**斗　　　　　　　　　　　　　　（屯南 2860）

(4)……卜行贞庚斗岁王其**叙**　　　　　　　　　（合 23217）

(5)……戌卜……翌丁亥……丁斗岁**蓺酚**　　　　（合 25985）

(6)……**猷**斗岁**酚**　　　　　　　　　　　　　（合 31119）

"斗",曾侯乙墓漆箱廿八宿星图作"**斗**"形。帛书"五十二病方"作"**斗**"形,与甲文"斗"字完全相同,过去学者释升、必,不确。卜辞"斗门",它辞有"南门""方门",疑殷代对星宿的别称。

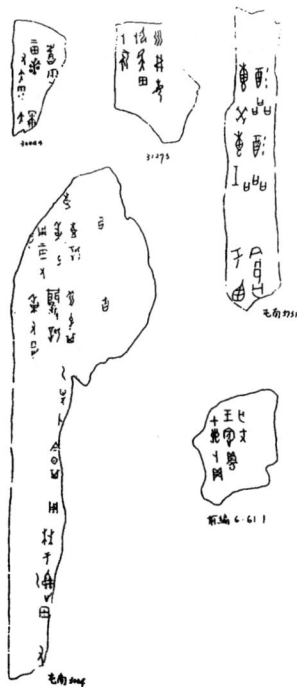

## 结　语

　　对于中国廿八宿的起源及创立年代,过去有许多专家做了大量的考证和研究分析,但都未能做出具体的结论。自随县曾侯乙墓漆箱盖廿八宿星图出土之后,将廿八宿可靠的记载提早到公元前五世纪,改变了过去长期局限在《吕氏春秋》断代上的看法。我们祖先天象四宫观念的形成,经历了一个漫长的历史发展过程,其内涵非常复杂,通过上述甲骨文廿八星宿的考证,可以知道当时殷人将星宿结合先祖先王举行祭典,而这种始受天命的发源是从星象观察开始的,把星宿天象视为天命的显示,我们由《礼记·月令》中十二月政令,即从天时人事,以至动植飞潜,一名一物之细,推究其理以明物候次第,以占验不违时令。古人为星座树立其名称与先祖合祭,一方面用星象天道证明自己应天顺命,另一方面从星宿的变化来解释占卜和它相应的人间吉凶祸福现象,试图改变据信于己不利的天命。我们都知道甲骨卜辞中已有详细的对巫、祝、卜、史的不同职官的记载,我国的占星术起源从商代是有据可寻的,《周礼·春官》:"保章氏掌天星,以志星辰日月之变动,以观天下之迁,辨其吉凶。以星土辨九州之地,所封封域,皆有分星,以观妖祥。以十有二岁之相,观天下之妖祥。以五云之物,辨吉凶、水旱降丰荒之祲象。以十有二风,察天地之和,命乖别之妖祥。凡此五物者,以诏救政,访序事。"甲骨卜辞人物职官中就有"保"以及不同云的记录,如"六云""各云",由此推测在商代已经发展出一套星占观念和星占方式,以致后来阴阳家又把阴阳五行用于占星术中。因此追溯廿八宿起源问题是一个非常值得我们今后进一步探讨的课题。

　　卜辞最重要的一片小屯南地甲骨 3771 片,为我们提供商代东西二宫有力的证明:

　　于西仓

叀癸酚幺 （屯南3771）

在这一版上,不仅有"西仓",而且有"参"星,同样按此方法我们又发现了"牵牛"星与"参星"同版有三条记录（合34674、34675、34677）,在整理廿八宿星名的过程中,我们发现了凡此星名前后语词中有相同对应词语,互为比较然后来确定判断其为星宿。从本文所举各例来看,廿八宿与东西二宫配列,在商代已经形成是有可能的,还会有尚未发现的星宿,有待我们去研究。如果从曾侯乙墓确切入葬的年代加以计算的话,当时在此之前,我们可以推测廿八宿知识,已经成为相当普及的观念,到了战国已经逐渐完善成熟,因此对于廿八宿的起源,有可能在商代早就已建立。

本人在完成这篇论文时,受到李学勤、法国远东学院研究员马克·肯利诺斯基先生热情指教,并提出不少宝贵的意见和帮助,在此谨深表感谢。

一九九二年十月初稿
一九九三年二月改定

附本文所引甲骨书目索引:

合　　《甲骨文合集》,胡厚宣总编辑

屯南　《小屯南地甲骨》,考古研究所编

后上　《殷虚书契后编》,罗振玉编

前　　《殷虚书契前编》,罗振玉编

乙　　《小屯·殷虚文字乙编》,董作宾编

怀特　《怀特氏等收藏甲骨文集》,许进雄著

英　　《英国所藏甲骨集》,李学勤、齐文心、艾兰编

缀合　《殷虚文字缀合》,郭若愚等编

## 廿八宿星名所见同类词义表

| 宫 | 出 | 蘸 | 乍 | 母 | 陟 | 门·盂 | 新 | 尼箅 | 彭 | 侑 | 帝 | 妹 | 既 | 燎焌 | 雨 |
|---|---|---|---|---|---|---|---|---|---|---|---|---|---|---|---|
| 东宫 | 龙,丁出(合28203) | | 乍龙(合29990) | 龙母(合28021) | | | | | | | | | | | |
| | | 蘸天田(合31273) | | | | | | 尼箅天田(合30044) | | | | | | | |
| | | | 乍灵(合30073) | | | | | | | | | | | | |
| | | | 乍火(合6571) | | 陟火(合20271) | 火门(合30319) | | 尼取大火(合30453) | | 侑火(合2874) | | | | | |
| | 方(房)出(合6804) | | | 方(房)来陟(合2301) | | 方(房)门(合30293) | | | 彭方(房)(合29992) | | | | | | 方(房)燎 合28628 |
| | | | | | | 南门旦(合34071) | | | | | | | | | |
| | | | | | | 门玄(合13608) | | | | | | | | | |
| | | | | | | | | | | 侑辰(屯南4178) | | | | | |
| | | | | | | | | | | 侑心(合11427) | 帝心(缀合162) | | | | |
| | | | | | | | | | | 侑尾(合136) | | | | | |
| | | | | | | | 新箕(怀特1460) | | | | | | | | |
| | | | | 角母(合671) | | | | | | | | | | | |
| 西宫 | | | | | | | | | | 此侑(合30789) | | | | 焌此(合30789) | 此雨(合31191) |
| | | | | | | | | | | | | | | | 甲(毕)雨(合30344) |
| | | | | | 虎陟(合27339) | | | | | | 帝虎(合21387) | | | | |
| | 卯出(屯南890) | | | | | | | | 彭卯(合34548) | | | | 既卯(合30693) | | |
| | | | | | | | | | 彭皿(屯南3731) | | | 妹皿(合30497) | 既皿(屯南917) | | |
| | | | | | | | | | 彭伐(合975) | 侑伐(合946) | | | 既伐(合5843) | | |
| 南宫 | 参出(合4426) | | | | | | | | | | | | | | |
| | 大星……南(合11504) | 蘸鸟星(合11500) | | | | 星盂(合16124) | 新大星(合11503) | | | | 帝鸟(合14360) | | | | |
| | | | | | | | 新星(合6063) | | | | | | | | |
| | | | | | | | 新异(合31000) | | | | 帝异(合11921) | | | | 异其雨(合1096) |
| | | | | | | | | | | 侑酉(柳)(合15818) | | | | | |
| | | | | | | | | | | 侑伐(屯南1104) | | | | | |
| 北宫 | | 斗岁蘸彭(合25985) | | | | 斗门(屯南2334) | | | | | | | | | |
| | | | | | | | | 箅竵(合30031) | | | | | | | |

【沈建华　清华大学出土文献研究与保护中心副研究员】

原文刊于《中国文化》1994 年 01 期

# 商代卜辞中所见之碎物祭

何　崝

考古材料表明，在世界初期文化时代许多地区就出现了一种特殊的祭祀方式，即把祭器祭品打碎埋入祭坑或坟墓。在古代中国，这种祭祀方式在石器时代、商代、西周甚至秦汉时期都有发现。我们把这种祭祀方式称之为碎物祭。本文并不打算全面研究各个时代的碎物祭，只着重就商代碎物祭在卜辞中的表现做一初步的考察，并讨论一些相关问题。我们相信，这对进一步认识商代文化，促进甲骨卜辞的研究，是有意义的工作。

## 一、中国古代的碎物祭

在我们所见到的考古材料中，报告者明确指出祭器祭品被有意打碎的情况并不多见。其原因可能是器物残破厉害，碎片上的打击痕已不明显，故不能做出是否事先有意打碎的判断。尽管如此，在石器时代、商代、西周直至秦汉时期遗址、墓葬发掘报告中，仍可见到一些记述事先打碎祭器祭品的材料。虽然有关碎物祭的材料并不丰富，也欠完整，但已足以证明在古代存在过碎物祭这种祭法。

青海民和阳山新石器时代遗址的发掘者对打碎祭器祭品的现象记述得比较

详细。他们指出,打碎祭器(主要是陶器)是在 12 座圆形土坑内进行的,他们认为这圆形土坑是祭坑:

> 大部分坑内有牛、羊等家畜和野兽骨骼,有些坑内还有碎陶片和许多大小不一的石块以及火烧过的痕迹。从坑的形状及坑中物品看,它们既不是原始建筑的残留遗迹,也不是为葬人所挖掘的墓穴,而是一种原始祭祀活动的遗存。①

他们又具体地描述了圆形坑内陶片破损的情况:

> 坑内的陶片破损严重,陶片又十分碎小,以致难以复原,而在墓葬中器物则相对较完整,即使有破损现象,也不像圆形坑内那样杂乱铺陈。可见圆形坑内的陶片破碎至此,非年代久远、保存欠佳所致,而是人们有意识打碎的。②

> 圆坑中除有的空无所有外,大多数出有牛羊骨骼、石块和零碎陶片……零碎陶片都十分细碎,从其破碎碴口观察,上面多见打击的疤痕,可知其不是自然破坏,而是人们故意打碎后将之扔入坑内的。③

在商代和西周的墓葬祭坑中,也有将祭器、祭品打碎埋入的情况,我们将在下章配合对卜辞的讨论加以揭示,这里暂不介绍。

一九八六年广汉三星堆古蜀文化遗址发掘了两座祭坑,出土大量器物。根据发掘报告,其中有些器物是事先打碎后埋入的。如一号坑内的器物的大致情况是:

> 许多变形、残损的铜器、玉器,除一部分是由于在填土过程中打夯挤压

---

① 青海省文物考古研究所:《民和阳山》,文物出版社 1990 年版,第 53 页。
② 同①,第 55 页。
③ 同①,第 144 页。

所致外,有的是被火烧坏,一部分是在入坑前当时人们进行某种活动时而损毁。如有的铜器一侧或一端变形呈半熔化状态;有的玉石器被打碎,出土时残断部分在坑内不同部位;有的器物端刃或柄残断了,发掘时,将填土进行筛过,也未发现残碎部分。这种情况,显然是器物在入坑前就残损了。④

此外,一号坑内还有约 3 立方米的"烧骨碎渣",这些骨渣本是"用于祭祀的牺牲","在入坑前就已焚烧砸碎"⑤。二号坑的情况大致相同。

一九八四年在四川理县佳山发掘了秦汉之交的墓葬 15 座,另有一座祭坑。墓葬与祭坑中都有将器物事先打碎再埋入的情况。其中Ⅳ M3 墓葬随葬器物的情况大致如下:

> Ⅳ M3 除头部被毁外,自死者颈骨以下保存较好。……由于棺头部已毁,头部置放的随葬品荡然无存,……在该棺的腰部东侧,有一由埋葬该棺的土坑边沿向外平挖出的小凹坑,坑形不规则,略呈半圆形,平底,……坑内杂乱混堆了一些事先有意打烂的器物残部。从该坑的位置情况看,应系 IVM3 的随葬品器物坑。这些器物有铁三足、陶甑、陶盆等,有些残陶片因过碎已不辨器形。⑥

发掘者又概括介绍了 15 座墓葬随葬器物的全面情况:

> 随葬器物中,有的器物事先有意打烂成数块再置入墓中或部分随葬入墓中,有的则于器物下腹部砸出一小洞,有的还将打烂后的器物之一部随意丢于墓坑坑沿上。⑦

---

④ 陈显丹、陈德安:《试析三星堆遗址商代一号坑的性质及有关问题》,《四川文物》1987 年 4 期。
⑤ 四川省文管会等:《广汉三星堆遗址一号祭祀坑发掘简报》,《文物》1987 年 10 期。
⑥ 阿坝藏族自治州文管所、理县文化馆:《四川理县佳山石棺葬发掘清理报告》,《南方民族考古》第一辑。
⑦ 同⑥。

发掘者在介绍祭坑情况时说：

> 坑口略近椭圆形，下大上小，为一袋形坑，……坑内器物也多事先有意
> 打烂，然后从一侧陆续弃入坑内，且边丢器物边填土于坑内，故一件器物往
> 往其残片部分出于坑中部，部分出于坑底的不同位置上。从该坑的位置来
> 看，应系 IM2—4 各墓的祭祀坑，坑内出土器物计圆底罐、碗、豆三种，皆
> 陶器。⑧

以上考古材料表明，把祭器祭品事先打碎再埋入祭坑或墓葬的碎物祭在古
代确实存在过。

除了考古材料，先秦与秦汉的文献中几乎见不到有关碎物祭的记载，我们仅
在《左传》中找到一则。《左传》昭公八年，陈哀公卒，"舆嬖袁克杀马毁玉以葬"。
所毁的玉应是玉器，这显然就是我们所说的碎物祭了。自杜预以来注疏家对
《左传》这句的解释异说丛出。杜预说袁克所为是"欲以非礼厚葬哀公"，孔疏则
谓"葬无杀马毁玉之法"，服虔云："马，陈侯所乘马，玉，陈侯所佩玉，故杀马毁玉
不欲使楚得之。"服说无据，可置不论，杜、孔所说是一个意思，即杀马毁玉之法
是非礼。由杜、孔所说可知，他们所见到的前代文献资料已经没有有关碎物祭的
记载了，否则他们可以援引来说明《左传》这一记载。


## 二、商代卜辞中所见之碎物祭

商代考古材料表明，在商代实行过碎物祭。我们所关心的是，这碎物祭在卜
辞中有没有反映呢？根据我们考察的结果，回答是肯定的。

在卜辞中，有些字刻得残缺不全，我们发现其中一部分是碎物祭的表现，或
者说是碎物祭的文字表达。卜辞中残缺不全的字大体有三种情况：第一种情况

---

⑧　同⑥。

是整条卜辞中绝大多数字是完整的,只有个别字是残缺不全的;第二种情况是整条卜辞的各个字缺刻横画或竖画,导致全辞各字都残缺不全;第三种情况是习刻文字残缺笔画。以上三种情况中一般是第一种情况可能是碎物祭的表现。下面我们考察的残缺不全的字都属于第一种情况。

卜辞中常见的车字作以下字形:

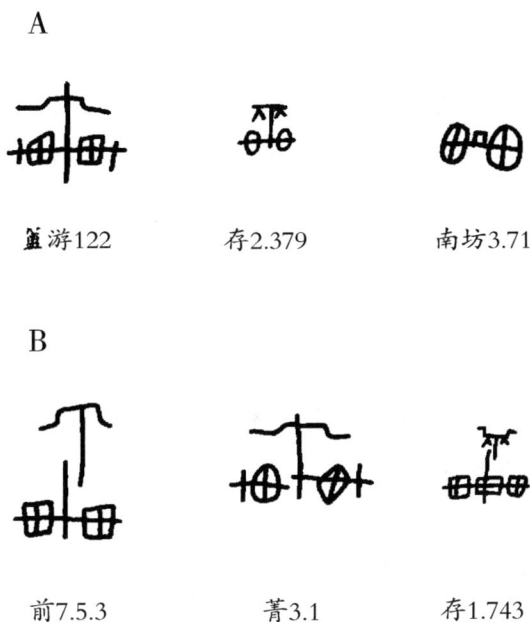

A

簠游122　　　　　存2.379　　　　　南坊3.71

B

前7.5.3　　　　　菁3.1　　　　　存1.743

图一

A类车字是完好的车形(或完好的车形的省简),而B类车字却或断辕(前7.5.3,存1.743),或断轴(菁3.1),不是完好的车形。长期以来,学者们对B类字形未予注意,仅裘锡圭顺便提到断辕的车形时说:"有人认为是表示车辕折断的意思的,并非一般'车'字。"⑨本来这一说法再深入一步就可接触实质,但这一步终究未能迈出,是很可惜的。我们认为,A类车字与B类车字都表示车义,唯B类车字还表示把车用于碎物祭的意义。商代和西周墓葬中拆散埋入的车辆正好与B类车字的残缺不全相一致。

_____

⑨　裘锡圭:《文字学概要》,商务印书馆,1988年,第44页。

小屯乙区北组墓葬共有五座车墓,每座车墓中所葬车马,或一车二马,或二车四马不等。其中的车墓 M20,据石璋如说,"是一个未经扰动的完整车马墓,其中有三具人骨,四具马骨,两辆车"[10]。但石氏未说明此墓中的两辆车是否完整。车墓 M40 中葬有一车二马,石氏特地指出"这辆车是拆开后放置的情形"[11]。其余三座车墓 M45、M202、M204 都"残缺不全",无从判断其中的车本来是否完整。

西周车马坑中的车有完整埋入的,也有拆散埋入的。如琉璃河燕国墓地的车马坑"所用车辆有的是整车平放,有的则把车轮和车箱拆开后摆放坑中,……车辆拆开放置者,是先将杀死的马匹排放坑底,然后将车箱、辕、轴、衡等压放马匹之上,车轮斜靠坑壁"[12]。

把车辆拆散埋入,使车辆失去完整性,这当然应该属于碎物祭。由以上材料可以看出,对用于祭祀的车辆使用碎物祭的方式,从商到西周是一脉相承的。使用碎物祭的车辆可能实际上拆散得比较零碎,但车字字形却只需将最具车辆特征的辕与轮轴折断,就可以表示车辆各种程度的拆散状况。这是古人在造字时具有一定概括能力的表现。

在卜辞中,A 类车字可能表示地名:

……逐……才 🚗🚗🚗 率……　　　　　　　　　　　　　　铁 160.3

也可能表示一般的车义:

……卜王其逐鹿隻允……八王 🚗🚗……　　　　　　　　　　　南坊 3.71

而 B 类车字却都与马字连同:

---

⑩　石璋如:《小屯(第一本)遗址的发现与发掘·丙编一:殷墟墓葬之一:北组墓葬》,"中研究"史语所,1970 年 M20 说明。

⑪　同⑩M40 说明。

⑫　《中国大百科全书·考古编》"琉璃河燕国贵族墓地"。

……〔字〕〔字〕马……企才〔字〕卓马亦……　　　　　　　　　　佚 980

……日丁卯……〔字〕〔字〕马……　　　　　　　　　　　　铁 114.1

……〔字〕〔字〕马……京　　　　　　　　　　　　　　　　存 1.743

癸巳卜〔字〕鼎旬亡〔字〕王〔字〕曰乃〔字〕出〔字〕若偁甲午王生逐〔字〕小臣〔字〕〔字〕

马〔字〕御王〔字〕〔字〕子央亦〔字〕

　　　　　　　　　　　　　　　　　　　　　　　　　　　　菁三

车字与马字连用,车字字形概作断辕或断轴,联系到车马坑中埋入的马和拆散的车,这就使人考虑以上各辞中的车马不是实用的,而是用于祭祀的。

在商代墓葬中,对其他祭器祭品使用碎物祭的情况也不乏其例。如小屯乙区北组墓葬横列墓 M188 出土铜器八件,即爵、觚、鼎、瓿、斝(二件)、甗、瓶。石璋如指出,"爵形器,墓内东南隅,口部向东南,三足向北上,略向南倒卧,已残破为两段,可能是打破埋入的,残破为三十余块,无铭"。其余铜器,除石氏明确指出甗形器为"完整"以外,鼎、瓶与瓿是否完整石氏未明言,石氏指出,斝形器一"除三足外,口腹均成碎片",斝形器二"上部较好,三足残缺",觚形器则"残破甚"⑬。二斝与一觚都已残破,而同处一坑的甗却"完整",这说明二斝一觚也很有可能是打碎埋入的。

北组墓葬随器墓 M238 出土器物主要有"容器与武器两大类","容器在东南,武器在西北。东南的容器大都为铜器,而且大都破烂,在西北的武器,大都完整"。这些容器共 12 件,分为觚、爵、罍、壶、卣、斝、方彝等七类。石璋如指出,这些器物都是被打碎后埋入的⑭。

小屯丙区墓葬 M331 出土铜器 26 件,其中容器 19 件,包括勺形器、锅形器、觚形器、尊形器、瓶形器、方卣形器、爵形器、斝形器、甗形器、鼎形器、盉形器等;

---

⑬　同⑩M188 说明。

⑭　同⑩M238 说明。

又有石容器如石皿、石盒、石流形器等;还有陶制容器,包括盖与器身。另外还有一块经锯断且敲击后埋入的字骨。石璋如说:"按本墓葬中的随葬物大都为打破以后而埋入的,有的且斗合不全,如白陶罐,意思是说有一部分根本没有放入墓中。"石氏并认为该墓葬出土的字骨"经过两面锯断,下段经过敲击,也可能经打破而埋入了一部"⑮。

侯家庄 1001 号大墓出土一铜圆鼎,"埋入地下时即已被碎为四十余片",另一铜圆鼎"埋入时已亦破碎为多片",一铜鬲鼎,系"破碎埋入,掘得 15 片"⑯。

郭宝钧在《1950 年春殷墟发掘报告》中说:"大墓中出土的铜器属于墓主人的皆为残片,不如随葬人铜器的完整。然其形制伟大,雕镂精工,亦为随葬人的铜器所不及。今残片中可辨器形者有鼎足、鼎耳、斝腹、斝柱、爵足、爵柱、簋口、方彝、罍腹、弯刀、戈柄、戈援、铜簇等,均大有可观。"随葬人铜器完整,而属于墓主人的铜器皆为残片,那么后者应是埋入时就事先打碎了。

据安阳大司空村 M539 发掘报告,墓中随葬铜器"有的是打碎以后分开放的,如铜斗,其容器部分在墓主头部左上方,柄则在腰右侧。14、45、46 三铜戈的援部在墓主腰右侧,内部则与斗柄在一起。7 号铜戈的援部在墓主右肩上,其内部则在右肘旁"⑰。

归纳以上材料,可以看出,殷墟墓葬中用于碎物祭的物品除车辆以外,还有以下几类:

1. 铜器,主要是祭器,如鼎、簋、彝、罍、爵、斝、壶、卣、觚、尊、甗、盉、瓿、瓶、斗等,还有少量兵器;

2. 陶器,如陶罐等;

3. 卜骨,经锯断且敲击后埋入的字骨仅见于小屯丙区墓葬 M331。另外,丙区M362 出土一字骨,"曾经锯过",但发掘者认为"这块字骨可能是埋葬填土时混进去的";该墓又出土无字骨两件,发掘者未说明是否经过敲击;同时该墓又出

⑮ 石璋如:《小屯(第一本)遗址的发现与发掘·丙编五:殷墟墓葬之五:丙区墓葬》,"中研究"史语所,1980 年,M331 说明。

⑯ 梁思永、高去寻:《侯家庄 1001 号墓》,第 309—310 页。

⑰ 中国社科院考古所:《1980 年河南安阳大司空村 M539 发掘简报》,《考古》1992 年 6 期。

字甲与无字甲各一块,发掘者认为均是"埋葬填土时混进去的"⑱。因此 M362 中的甲骨不能断定是否用于碎物祭。

下面我们来看一看使用这些物品的碎物祭在卜辞中的反映。

首先我们看看使用鼎的碎物祭在卜辞中的反映。商代鼎的形制主要有两种,一种是方鼎,一种是圆鼎。方鼎在甲骨文中主要用 🔲 表示,这是方鼎的正面形。鼎腹用平行横线表示;方鼎本有四条腿,但从正面看去,只看得见两条腿,故方鼎字只作两条腿。圆鼎用两种字形表示,一种作 🔲 ,鼎腹用圆弧线表示,突出其圆腹特征;另一种作 🔲 ,突出圆鼎的三足特征,金文鼎字亦有此形,而岛邦男《殷墟卜辞综类》将此形收入鬲字之下,是不确的,卜辞中有大量鼎字,尤以方鼎字为多。这些鼎字大部分是完整的,也有一部分是残缺不全的,如以下字形(图二):

残缺的方鼎字

铁10.2　　前6.15.3　　前4.19.5　　京津2726

侠266反　　燕689

残缺的圆鼎字

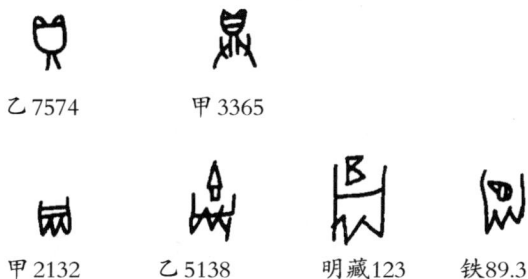

乙 7574　　甲 3365

甲 2132　　乙 5138　　明藏123　　铁89.3

图二

方鼎字自孙诒让以来即被认为是用作"卜问"之贞,而圆鼎字也常常被认为是用作贞字,这实际上是个很大的误解。我们看到卜辞中每每出现残缺不全的方鼎字和圆鼎字,这与考古材料中鼎被打碎埋入的情况是相吻合的,因此我们认为这些残缺不全的方鼎字和圆鼎字是使用鼎的碎物祭的文字表达,当然也可以说这些残缺不全的方鼎字和圆鼎字表示的是残破的鼎,绝不会用作贞字。在卜辞中,残缺不全的方鼎字和圆鼎字同完整的方鼎字和圆鼎字用法是相同的,因此我们只能认为完整的方鼎字和圆鼎字表示的是完整的鼎,也绝不会用作贞字。关于这个问题的全面讨论,可以参看拙稿《甲骨卜辞"贞"字新考》[19]。

甲 3365 之 𩰬 是像双手举残破之圆鼎形,卜辞中仅一见,与伐字连用,伐常作用牲法,故 𩰬 字有可能在卜辞中表示使用圆鼎的碎物祭:

　　　　𩰬伐……不　　　　　　　　　　　　　　　　　　　　　　　　甲 3365

甲 2132 之 𩰬 与 𩰬 相较,其上部残缺,应像残缺的圆鼎形,孙海波《甲骨文编》将此形收入鬲字下,不确,铁 89.3 之 𩰬《甲骨文编》收入爵字下,但此形既无柱也无流,不应是爵字,应像圆鼎残缺形,所从之 ⊘ 表示人头,说见拙稿《日字构形与商代日神崇拜及人头祭》[20]。此形在铁 89.3 一辞中与帝字连用,该辞残缺,帝可能是祭名,故此形可能也是祭名:

　　　　𩰬帝……专宁　　　　　　　　　　　　　　　　　　　　　　　铁 89.3

卜辞中又有以下字形(图三):

| 乙 1558 | 拾 12.14 | 后下 7.8 | 津 419 |

图三

⑲　该篇收入拙著《商文化窥管》一书,即由四川大学出版社出版。
⑳　该篇摘要发表于《四川大学学报》哲社版 1993 年 3 期,全文收入拙著《商文化窥管》。

这些字形学者们释爵，黄奇逸释为沃丁合文㉑。字形中的有口与都表示人头，详见拙稿《日字构形与商代日神崇拜及人头祭》；字形中的器形应是爵，是残缺不全的爵形，与以下完整的爵字比较可以清楚地看出（图四）：

存1.1458

图四

这个完整的爵字有柱有流，而图三字形的爵形或缺柱，或缺流。图三字形所在卜辞的其他字都是完整的，故这些字形刻得残缺不全是有意为之的，是表示使用爵的碎物祭。前面我们已经看到，殷墟墓葬中有将爵打碎埋入的情况，这与上举残缺不全的爵字字形正相吻合。

卜辞中又有以下字形（图五）：

前7.4.1         前7.31.3

图五

诸家释易无异辞。郭沫若认为这是周初金文（图六）之简化㉒，我们则认为甲骨文是之残缺，是表示使用的碎物祭，但又是以下字形的省简（图七）：

德鼎         史丧尊

图六          图七

在西周金文中，（易）的用法相同，都读作锡（赐）。而在卜辞中，亦有与史丧尊上举字形相似的字形（图八）：

---

㉑ 黄奇逸:《释沃丁·盘庚》,《考古与文物》1987 年 1 期。
㉒ 李孝定:《甲骨文字集释》,第 3027 页。

前 6.42.8        前 6.43.1        甲 3337

图八

这些字形与史丧尊的字形都像从一个容器向另一个容器倾倒液体之形,应表示一种祭法。《礼记·明堂位》:"灌用玉瓒大圭。"郑注:"灌,酌郁尊以献也。瓒形如盘,容五升,以大圭为柄,是谓圭瓒。"据郑注,知灌祭是用瓒从郁尊中挹酒再行献祭。因尊是较大型的酒器,不能直接行灌祭,故须转盛于玉瓒中再行灌祭。《诗·蓼莪》:"瓶之罄矣,维罍之耻。"朱熹《诗集传》谓:"瓶小罍大,皆酒器也。……瓶资于罍而罍资瓶。"这也说明大型酒器中的酒要转盛于小型酒器才便使用。图六的字形像大型酒器向小型酒器倾倒液体,这液体看来应是酒。大容器当是尊罍之属,小容器则不必强求其名。在卜辞中,图六的字形可能用作祭名:

鼎𐤀𐤀豕白九月                                        前 6.42.8

甲骨文𐤀是𐤀最具特征的一部分,故可表示𐤀之残缺;而𐤀又是𐤀或𐤀之省简,故𐤀实表示𐤀之残缺;𐤀是祭名,故𐤀表示𐤀祭的同时,又使用其容器进行碎物祭。容器是尊罍之属,前面我们已经看到殷墟墓葬中有被打碎埋入的尊罍等酒器,而𐤀应该就是这一情况的文字表达。

卜辞中又有以下字形(图九):

甲 2274        前 6.59.4

图九

此二形诸家无释,孙海波《甲骨文编》收入附录,唯岛邦男《殷墟卜辞综类》将此二形列于齿字之下,不确。今按此二形实为图十之残缺。

铁 64.1

图十

田像占卜用大胛骨，图九字形应像被打碎或锯断的卜骨，因为从字形看，图九字形只是田之一部分。前面我们已经指出，在小屯丙区墓葬 M331 出土经敲击并锯断的卜骨，可见也有使用卜骨的碎物祭。由此看来，图九的字形应是使用卜骨的碎物祭在卜辞中的表现。在卜辞中图九的字形可能是作祭名用的：

庚辰卜妥田不重我……允……                甲 2274

……田飞                               前 6.59.4

卜辞中又有以下字形（图十一）：

铁 162.2        甲 2471

图十一

以上字形也是很令学者们困惑的。这些字形显然是弓形，但弓弦又是断的，这表示什么意思呢？学者们做了一些解释，但看来多属臆测。罗振玉释弹[23]，《甲骨文编》从之，但许多学者都觉得此释欠妥，李孝定谓："盖飞犹可谓弹在弦上之形，作飞则不得谓为象形矣。"[24]李氏遂将此形与飞都释弦。其实稍作思考就会感觉到飞释弦仍是欠妥的。因为弓之功用主要靠弦，故弦必精良完好，要是用断弦来表示弦，岂不与作弓之目的相悖？此外《甲骨文字典》将飞释作发，谓"像弓弦颤动之形。矢发后弓弦必颤动，故以表射发之意。"但用断弦表示弓弦颤动

---

㉓ 同㉒，第 3857 页。
㉔ 同㉒，第 3858 页。

也没有什么根据,此说也是不能令人信服的。现在我们阐明了碎物祭的存在,我们会很自然地联想到👌形正是表示使用弓进行碎物祭,因为断弦可以非常明显地表示弓的残损。在小屯乙区北组的车墓中出土了一些箭镞与弨饰,这些物品都与弓有关,虽然未有弓出土,但可以考虑弓通常是用易朽的竹、木制成,早已经朽坏了。因此,即使我们在考古材料中无从见到被打碎的弓,但卜辞中👌形的存在,使我们相信殷人也使用弓进行碎物祭。👌在卜辞中用法不明:

八👌允👑                                              戬 45.11

王固曰👌允……                                         林 2.3.17

但有从👌从又之👌和从👌从支之👌,在卜辞中作祭名或用牲法:

弜狱用其👌                                             南明 569

其👌廿人                                               掇 1.392

卜辞中又有以下字形(图十二):

甲 2255 反        乙 2023        前 7.33.1        后下 41.1        林 2.13.3

图十二

以上字形在卜辞中的用法是相同的,它们是同一个字。关于此字的解释,学者们说法不一。孙诒让疑为丰之省,叶玉森疑即亚,禋之古文,郭沫若谓即蚀之初字,唐兰谓即良字,于省吾释𤔲[25]。我们则认为以上字形应像豆之残损形。

---

[25] 同㉒,第 4061—4065 页。

《甲骨文编》《甲骨文字集释》《甲骨文字典》都以以下字形为豆字(图十三):

甲 1613　　乙 7978 反　　后上 6.4

图十三

这是像无盖的豆中有实之形,豆腹中短划应表豆实。豆之形制,或有盖,或无盖。以下字形(图十四):

甲 878　　前 5.48.2

图十四

学者们都释作皀,其实这应像有盖之豆形。李孝定云:“此字与豆字略同,盖豆象器形,皀则段豆之属之有实者也。”[26]实际上豆腹中短划即表豆实,豆腹上部结构应像豆盖。而图十二字形器腹的上部有向上张开的两竖划,这应该是表示残损的器盖。器腹下部又有两竖,这是表示豆把。上部的两竖与下部的两竖往往穿过器腹,这是表示豆腹已经残损,并且有些字形没有器底,表现豆形的残损就更明显了。

于省吾把图十二字形释为豈,字形上有迹可循,是可以的(但于氏以□形为壶字的下部,就殊嫌牵强了)。从后世文字使用的情况看,豆豈在文字结构中可以通用,这说明豆豈本为一字,也说明图十二字形本是豆字。王筠在《说文释例》中指出,《玉篇》《集韵》中许多从豈的字皆可从豆,如《集韵》十九侯侸⿰亻豈同、脰⿰目豈同、剅剴同,郖⿰豈阝同,等等。王筠认为这是“豈变为豆之证”。这一说法实际上因果倒置了,但王筠提供的材料正好可以作为说明豆豈本为一字的一个旁证。这就可以说明豈所从出的甲骨文□应是豆字,尽管它不是完整的豆字,而是残缺不全的豆字。

在殷墟墓葬发掘报告中,我们尚未见到打碎豆埋入墓坑的叙述,但这并不能

㉖ 同㉒,第 1747—1748 页。

说明商代在进行碎物祭时不使用豆。马承源说："出土和传世的青铜豆都较少，这可能是当时人们多用陶豆、漆豆和竹木质豆，不易留存到现在的缘故。"[27]虽然缺乏实物以资参验，但使用豆进行碎物祭的文字表达在卜辞中是存在的。图十二字形不仅其本身表现了碎物祭，在卜辞中也用作祭名：

……雨之月🜍丁酉允雨小 续 4.6.1

丙辰卜宾鼎乙卯🜍丙辰王🜍自西 外 2

卜辞中又有以下字形（图十五）：

丣

甲 2378

图十五

此形应是🜍（方）之残。徐中舒先生云："按方象耒之形制。"[28]此说欠为定论。故此形应是表示使用耒的碎物祭。耒为木制，难以留存到现在，故缺乏实物以资参验。在卜辞中，🜍可能是用作祭名：

弜🜍 遗 932

鼎🜍 后 390

卜辞中又有以下字形（图十六）：

🜍

河 474

图十六

---

㉗ 马承源主编：《中国青铜器》，上海古籍出版社，1990 年，第 156 页。

㉘ 徐中舒：《耒耜考》，《"中研院"史语所集刊》第二本第一分。

《甲骨文编》释彻。其所从之 凵 是 ⿱ (鬲)之残。彻字通常作(图十七)：

前 6.35.1

图十七

罗振玉谓："此从鬲从又,像手像鬲之形,盖食毕而彻去之。"[29]但图十六字形所从之鬲形残缺,以情理推之,食毕之后食器不应残破。故以罗说解释图十六之字形似觉未安。我们认为彻字字形应像手持鬲献祭之形,通常以完整的鬲进献,这就是图十七字形所象,有时也对鬲使用碎物祭,这就是图十六字形所象。在卜辞中图十六字形是与祭祀有关的：

戊辰卜……王三⿰……人狩……若于⿰示……          河 474

在卜辞中我们还可以找出不少残缺不全的字,但没有必要把这些字一一列举出来。因为我们在上文所举的例子,已足以说明商代的确实行过碎物祭;同时我们对这些字还判断不了它们是为了表现碎物祭而有意刻残还是由于刻写时的疏略而缺刻了笔画。对于这些字我们暂不讨论。

通过以上讨论我们看到,在卜辞中碎物祭是由残缺不全的字形来表示的,但这些残缺不全的字形大多数仍与其完整字形相去不远,所以我们通常比较容易判断一个残缺不全的字形原来是什么字。但墓葬中用于碎物祭的器物往往残破得十分厉害,有时甚至碎成小块,很难辨认其原来是什么器物。而表示碎物祭的残缺不全的字形却并不取像器物被打碎后的形象,而是采用保留物体的主要特征,仅缺刻部分次要形体或少数笔画的方式来表示碎物祭,这不仅使碎物祭在文字表达上成为可能,也使采用各种不同器物的碎物祭得到区分。

---

㉙ 同㉒,第 1064 页。

### 三、碎物祭宗教意义的推测

碎物祭的实行,毫无疑问是受到某种宗教观念支配所致。现在我们有必要讨论一下是怎样的宗教观念导致实行碎物祭,这对理解商代卜辞中的碎物祭乃至商代文化都是有帮助的。

要了解碎物祭的宗教意义,我们首先要了解碎物祭奉献的对象是什么。

前引考古材料表明,石器时代碎物祭奉献的对象是天地神祇。青海民和阳山遗址的一般墓葬中的器物比较完整,而祭祀坑中的器物则是打碎埋入,可以证明这一点。该遗址的发掘者认为,祭祀坑中的器物打碎埋入,是"通过破坏它的外在形状,使它的虚幻的形进入冥府以奉献于阴间的神灵"。但发掘者又认为,圆坑内的家畜野兽骨骼,是"用以奉献于天地鬼神"的牺牲,"圆形土坑很可能在祭祀中起着日月天神的象征物的作用"。[30] 这说明碎物祭的对象不应仅限于阴间的神灵,还应包括天神。从商代碎物祭奉献的对象看,后者的可能性更大。

商代碎物祭奉献的对象应是至上神与商王室先祖。拙稿《日字构形与商代日神崇拜及人头祭》已经指出,李济认为小屯乙一基址可能是崇拜最高神的地点,而我们又认为丙一大基址及其上的三个小基址可能显示着天神崇拜与祖先崇拜的合一。因此小屯墓葬中的碎物祭奉献的对象应是至上神与商王室先祖。安阳殷墟大墓中的铜器,前引郭宝钧所云:"属于墓主人的皆为碎片,不如随葬人铜器完整。"大墓墓主应是商王,或是王室重要成员,对他们实行碎物祭,也是王室先祖具有了神性的一个表现。属于随葬人的铜器,不过是提供给随葬者使用(当然这种使用也是为神祇先祖服务的)。石璋如指出,小屯乙区北组墓葬M238 中的武器"大都完整",墓中的五具人骨"为武器的使用者"[31]。这些武器之所以完整,看来是由于归随葬人使用之故,随葬人与商王室先祖相较,显然不具有神性,故不能享受碎物祭的待遇。这与民和阳山遗址一般墓葬中的器物比较

---

㉚　同①,第 55—56 页。

㉛　同⑭。

完整的情况是相似的,这些一般墓葬中的死者显然也不具有神性。此外,相当于商代的广汉三星堆遗址祭祀坑,其祭祀对象是"天、地、山诸神"[32],这当然也就是其中的碎物祭所奉献的对象。

周代的碎物祭,我们见到的材料主要是将车辆拆散埋入坑中,而琉璃河燕国墓地的车马坑属于"大型墓和一部分中型墓"所有,这也表现了对具有神性的先祖的崇拜。

秦汉之交的理县佳山墓葬中,祭祀坑中的器物大都是打碎埋入的,这是对神祇实行的碎物祭。但同时一般的墓葬中也有将器物打碎葬入的现象,这说明这个时期对一般的本不具神性的死者也实行碎物祭。这一情况与前代有所不同,值得注意。

综上所述,从石器时代到秦汉之交(根据现有材料,暂以此为下限),碎物祭奉献的对象是天地神祇或具有神性的先祖。在石器时代和商代,对一般的不具有神性的死者不实行碎物祭,故他们的器物,或归他们使用的器物大多是比较完整的。到了秦汉之交,对一般的死者也实行碎物祭了。

W.施密特说:"在初期文化之中,一般的葬礼逐渐繁缛,将食物与饮料长时期地供奉在坟墓前,或把死者所有的一切财产放在坟墓中或火葬的柴堆上。这些供奉物,普通都是打破了,用火烧了,或用别的方法毁坏了以成为鬼物,后来更把兽类、奴隶,甚至于死者的妻(活的或杀死后)都埋在坟墓中。"[33]

施密特这段话指出了碎物祭的普遍存在,但他说得笼统含混。从中国古代情况看,碎物祭在最初主要用于天地神祇。当祖先崇拜兴起之时,祖先具有了神性,于是碎物祭扩大到具有神性的祖先,到后来碎物祭才普及到一般的葬礼。

现在需要解决的问题是:最初为什么要对神祇实行碎物祭呢?前引青海民和阳山遗址发掘者的看法是"通过破坏它的外在形状,使它的虚幻的形进入冥府以奉献于阴间的神灵"。但是一般死者的随葬器物却比较完整,既然他们也去了阴间,为什么不携带物体虚幻的形却要携带它的实体呢?看来这一解释远非圆满。我们觉得,要解决这个问题,《金枝》中的一段话很具有启发性,这段

---

㉜ 同④。
㉝ W. 施密特著,萧师毅、陈祥春译:《原始宗教与神话》,上海文艺出版社,1987 年影印,第 89 页。

话说:

> 我们发现日本天皇的饮食每天都换用新的器皿,用新的盘碟进御。这些盘碟器皿都是普通的陶土制品,为的是只用一次就把它们摔脆或弃置不再用了。而通常总是把它们摔脆。因为据信除天皇本人外任何人如使用这些神圣餐具进食,其咽喉和嘴巴就一定要发炎肿大,凡未经天皇允许而私自穿了天皇穿过的衣服的人,也必将遭受遍身肿胀疼痛的恶果。在斐济,有一个专门名词叫作卡纳·拉玛,指的是吃了酋长盘碟的饭菜,穿了酋长衣服而得的病。……

> 从上述设想出的穿着或使用日本天皇及斐济酋长器皿服装带来的恶果,我们可以看到这种"神—人"特质的另一方面,对此我们已经提请过读者加以注意了。这种神人既是造福也是降祸的根源。对他不仅要加以保护,同时也要予以防卫。他的神圣肌体如此纤巧,稍一触及,便致混乱,好像充电似的具有强大的巫术的或神性的力量。凡与之接触,便会放射出来,造成严重后果。[34]

由以上这段话可以看出,天皇、酋长这类神人是神圣的,他们的物品也获得神圣的特性,不可触摸,否则会致祸。古代以色列人传说中属于上帝耶和华的物品也具有这样神圣的特性。《旧约·出埃及记》说:

> 他用精金作圣冠上的牌,在上面按刻图书之法,刻着"归耶和华为圣"。

《旧约·民数记》说:

> 将要起营的时候,亚伦和他的儿子,把圣所和圣所的一切器具遮盖完了,哥辖的子孙就要来抬,只是不可摸圣物,免得他们死亡。

---

㉞ 詹·乔·弗雷泽:《金枝》,民间文艺出版社,1987年,第305—306页。

在古代中国,具有神性的天子所拥有的物品(甚至包括天下)被称作神器,是不能觊觎的,否则会自取灭亡。班彪《王命论》云:"不知神器有命,不可以智力求。"李善注引韦昭曰:"神器,天子玺符服御之物。"又引《老子》曰:"天下神器,不可为也,为者败之也。"

既然神和具有神性的人物所拥有的物品是神圣的,不可触摸的,那么为一般人的安全起见,或将圣物遮盖掩藏起来,如《旧约·民数记》所为,或将圣物打碎,如日本天皇所为。神和具有神性的人物既能造福,也能降祸,那么打碎圣物就是邀福避祸的手段。——这恐怕就是最初对神祇实行碎物祭的原因。

在古代中国,这种祭法最初只对神祇实行,在商王室先祖具有了神性之后,这种祭法也对商王室先祖实行了。由于如此,碎物祭是一种规格较高的祭法,是受祭者地位的一种象征。又由于中国古代社会中祖先崇拜长盛不衰,一般庶民也逐渐努力提高对自己祖先的祭礼规格,摔碎器物为死者送葬慢慢地演变为民间习俗。

【何　崝　四川大学历史系教授】

原文刊于《中国文化》1995 年 01 期

# 夏王朝存在新证

## 说殷卜辞的"西邑"

蔡哲茂

**提　要:**夏王朝是否存在,在民初古史辨时代受到强烈质疑,夏王朝的开国始祖禹更被认为是具有天神性的神话人物,而不被承认是实际存在的人君。

本文讨论武丁时代卜辞中"西邑"一辞的出现,是作为受祭的对象,正与传世文献《礼记·缁衣》"西邑夏"相合,而且《尚书·太甲》及《清华简·尹诰》《清华简·尹至》,也有"西邑夏""西邑"之辞,可见西邑即是夏,夏是周人对商之前朝的一个称呼。殷人灭夏三百年之后的武丁时代,仍然以为"西邑"能作祟害王,所以不时要燎祭。"西邑"最早是夏的王都,但卜辞中已转化为代表夏王朝先王之亡灵,由于伊尹曾服事夏王朝,而他与汤结盟灭夏,夏桀之元配"妹喜"在卜辞中和伊尹一起出现,即受殷人祭祀的"蔑",灭夏故事的人、事、地三方面的记载,显示卜辞的"西邑"正是夏王朝存在的明证。

**关键词:**夏王朝　西邑　妹喜　伊尹　清华简

卜辞中数见"西邑"此一地名,如果"大邑商"指的是殷人的首都,"西邑"则应在"大邑商"之西的一个城邑,然而"西邑"一词和"黄尹"一起出现,又受到商王祭祀,其中的意涵很值得探讨。"西邑"卜辞所见如下:

7864正

图一

7865

图二

（1）贞：于西邑。合7863（乙7283）

（2）西邑蚩（害）。合7864正（图一）

（3）屮于黄尹。

　　贞：屮于西邑。合7865（林1—9—14）（图二）

（4）贞：燎于西邑。合6156正（缀6、佚379+珠707）（图三）

（5）西邑 库487（英753）

（6）丁巳□告黿于西邑。七月。合9631（林2—18—2）（图四）

合7863（乙7283），林宏明将"乙0790（乙补0471）+乙2186（乙补1820）+乙补0508+乙0910+乙7283+乙508+乙2186+乙5028+乙4347+乙5874+乙8603+乙8556"遥缀乙740。（图五）在林宏明所缀此版中，其云：

6156正

图三

"贞：于西邑"和"贞：于𠤼"各位于左右甲桥相对位置。卜辞有"侑于西邑"（合7865，同版还卜问侑于助商灭夏的伊尹"侑于黄尹"），也有"侑于𠤼"。

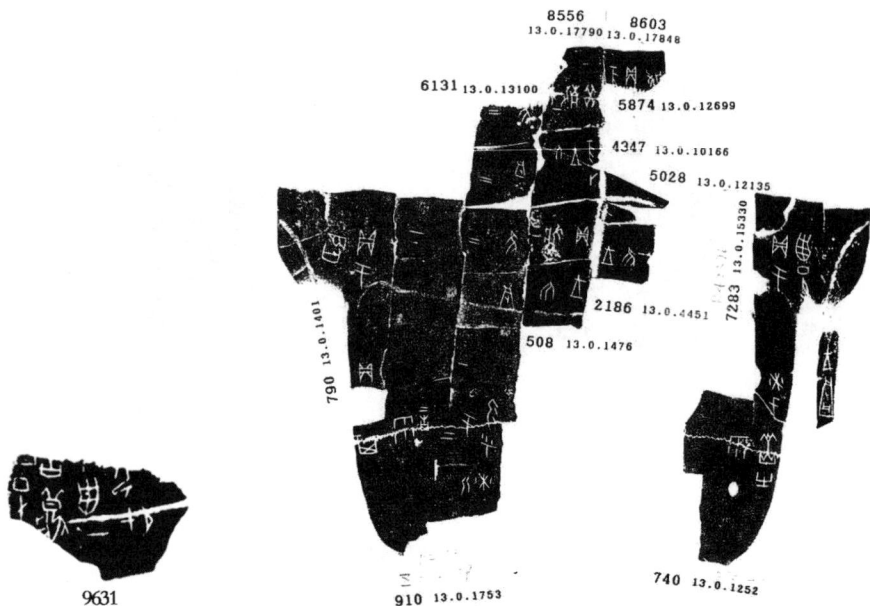

图四　　　　　　　　　　图五

合 6156 有"贞：燎于西邑""贞：于岳"，和本组相对照，"贞：于西邑"可能是卜问"贞：燎于西邑"；而合 6156"贞：于岳"是"燎于岳"。合 13507 卜骨卜问"燎于🔲"，同版亦有"王梦"的卜问，可以参见；本组"贞：于🔲"也应是卜问"燎于🔲"。①

丁山认为："西土即西邑，西邑即西国，凡卜辞所谓西土者亦谓周人。"②然卜辞中亦有东土、西土、南土、北土，实为以大邑商为中心的地理概念，"西邑"并非"西土"，卜辞中亦无"东邑""北邑""南邑"这些相应的词汇，两者概念并不相同。

陈梦家《殷虚卜辞综述》中将"西邑"归于"邑与都"之下。认为卜辞"邑"可以分为两种，一是王之都邑，一是国内族邦之邑。属于王之都邑有天邑商、大邑

① 林宏明：《甲骨新缀第 687 例》，发表于"先秦史研究室"，2016 年 7 月 25 日，http://www.xianqin.org/blog/archives/6560.html.
② 丁山：《由三代都邑论其民族文化》，《夏文化论集》（北京：文物出版社，2002），第 54 页。

商、大邑与西邑。③ 然而陈梦家除征引上举卜辞中的四条,说明"屮、尞、告秋于此"外,并没有对"西邑"有进一步的解释。

"西邑"可以被祭祀,也会作祟为害,可说具备了神灵的条件,然而其名称却类似地名,颇为矛盾。是否"西邑"是商人对某位神灵的代称呢?

胡厚宣认为:

> 西邑疑即唐邑。《礼记·缁衣》引《尚书》逸文《尹吉》说:"惟尹躬先见于西邑夏。"殷代有几个重要城市,首都大邑商在中央;东有亳土,为殷之旧都;西有唐土,为夏之旧都。除首都大邑商外,于唐土亦作大邑。因其地正在殷都的西方,所以又称西邑。
>
> 卜辞或贞帝祙兹邑,或贞帝祙唐邑。兹邑为殷之首都大邑商,唐邑为西方重镇西邑唐。因其为东西两大重要城市,所以要特别贞卜,帝是否要给它们带了灾害来。④

《礼记·缁衣》:"《尹吉》曰:'惟尹躬天,见于西邑夏;自周有终,相亦惟终。'"注云:"《尹吉》,亦《尹诰》也,天当为先字之误。忠信为周。相,助也,谓臣也。伊尹言:尹之先祖,见夏之先君臣,皆忠信以自终。今天绝桀者,以其自作孽。伊尹始仕于夏,此时就汤矣。夏之邑在亳西。"

《尚书·太甲》:"惟尹躬先见于西邑夏,自周有终,相亦惟终。其后嗣王罔克有终,相亦罔终。嗣王戒哉!"《太甲》虽属伪古文尚书,不过该段亦见于《礼记·缁衣》,相信当有所本,可能也是对同一材料的抄录。

这条材料在《清华简·尹诰》可以见到战国时的文本样貌:"惟尹既及汤咸有一德。尹念天之败西邑夏。"此外《清华简·尹至》伊尹及汤往征夏朝时,也以"自西捷西邑"称之:"汤往征弗附。挚度,挚德不僭。自西捷西邑,戡其有夏。"对比《清华简·尹诰》与《清华简·尹至》,很明显西邑、西邑夏都是指夏王朝。

---

③ 陈梦家:《殷虚卜辞综述》(北京:中华书局,1988),第321页。此说亦为《简明甲骨文词典》所从。崔恒升:《简明甲骨文词典》(合肥:安徽教育出版社,2001),第202页。

④ 胡厚宣:《殷卜辞中的上帝与王帝(上)》,《历史研究》1959年第9期,第36页。

不过，仍有持不同意见者，王宁认为"西邑"在商之东，即"有仍"国。

> 戎遂、有娀之虚、西邑、西邑夏：即有仍，周代的任国，在今山东济宁。夏末夏桀从斟寻徙都于此，称"西邑"或"西邑夏"。⑤

王宁在另一篇《清华简〈尹至〉〈尹诰〉中"西邑"和"西邑夏"的问题》中引述几条例子说明西邑夏在东，而非在西。其一是"自西捷西邑"，认为"当时的形势是商人在西而夏人在东"。又引《吕氏春秋·慎大》："西方日胜，东方日不胜"，说明商汤根据桀的这个梦兆认为自己居于西方会得胜。⑥

王宁说法系误读了《吕氏春秋·慎大》一文，原文为：

> 汤与伊尹盟，以示必灭夏。伊尹又复往视旷夏，听于末嬉。末嬉言曰："今昔天子梦西方有日，东方有日，两日相与斗，西方日胜，东方日不胜。"伊尹以告汤。商涸旱，汤犹发师，以信伊尹之盟，故令师从东方出于国，西以进。

天子梦西方日胜，东方日不胜，是指夏桀所梦，时汤未伐桀，并非天子。此梦于汤不利，故妹喜通过伊尹转告汤，加之当时商国干旱，天时不利伐桀。种种困难，均是衬托出汤的出兵属正义之举，梦兆天时不能难之，并非汤听闻梦兆后认为自己属于"西方日胜"者。

依"自西捷西邑"，王宁将"令师从东方出于国，西以进"改句读为"令师从东方出，于国西以进"，将国认为是夏桀都城，然"国西"殊为不辞，不宜如此连读。且《吕氏春秋·慎大》此处乃是说明汤依着桀梦日的征兆，设法改变行军途径，明明要西进伐桀，却命令军队先向东走，再西以进，借此应合桀的梦兆，使自己处于西方日胜的有利位置。若商汤真在夏之西，径言起师伐桀即可，又何必说"从

---

⑤ 王宁：《上博二〈容成氏〉汤伐桀记载辨析》，发表于复旦大学出土文献与古文字研究中心网站，2015 年 3 月 11 日，http://www.gwz.fudan.edu.cn/SrcShow.asp？Src_ID＝2464.

⑥ 王宁：《清华简〈尹至〉〈尹诰〉中"西邑"和"西邑夏"的问题》，发表于简帛研究网站，2011 年 1 月 9 日，http://www.jianbo.org/admin3/2011/wangning001.htm.

东方出于国西以进"？

在卜辞中没有见到"夏"的称呼，这可能是一个由周人产生的名词。从上述材料可知战国至秦汉时的文献所称"西邑"即"夏"，合称则与"大邑商"词性相对，如胡厚宣所言，殷卜辞所谓"西邑"即"夏"。朱骏声《说文通训定声》邑字下："西邑夏、天邑商、大邑周皆谓国。""西邑""西邑夏"正是商、周邑制国家的概念转化而来的词汇。

"夏"为何与"西"有关，刘桓认为夏朝后期政治中心西移，西部地区被称为夏。《左传》中郑国大夫子西名夏，夏征舒之祖少西，字子夏，是夏有西义。又认为"西邑"必在今山西境内夏墟或故夏墟一带。[⑦] 不过胡厚宣说法的问题，与陈梦家相同，都是受到"邑"字所限，将"西邑"视为一个地名。但从上引辞例来看，很显然"西邑"是受祭的对象。

"于西邑"固然可以解读为"在西邑"，但其与"屮于黄尹"共卜，黄尹是受祭者，西邑不应该是地名，而应该是受祭者。这点刘桓已有很好的说解，他认为卜辞中的"西邑"兼受屮、燎、告秋(龜)三种祭祀的待遇，又可以为害于人，可见其人格化，与卜辞中的"河"相近。其云：

> 笃信天命鬼神的殷代统治者，已经将西邑人格化了，他们相信此地能显神灵，与人祸福。这正表明西邑不比寻常，地位很特殊。[⑧]

陈梦家《殷虚卜辞综述》曾经指出受到屮祭与燎祭的神祇，包括王亥、河、岳、夨、凶(稷)、賦(弃)、目，[⑨]至于告秋的对象除西邑以外，尚包括賦(弃)、河、王亥、上甲。[⑩] 由此可知，西邑与祖先神、自然神的性质非常接近，应该不是地名人格化，而是指夏王朝的王室历代亡灵。

武丁时夏朝已灭，商人称其为"西邑"，但在伊尹去见时，夏朝犹在，故称其

---

⑦　刘桓：《殷契存稿》(哈尔滨：黑龙江教育出版社，1992)，第17—18页。

⑧　刘桓：《殷契存稿》，第4页。

⑨　陈梦家：《殷虚卜辞综述》(北京：中华书局，1992)，第354—355页。

⑩　陈梦家：《殷虚卜辞综述》，第349页。

都为西邑夏，⑪这也正与"屮于黄尹"对贞有关。不过，都邑人格化于史无征，更不用说唐邑不是西邑，唐邑在武丁时仍有族氏居住，向商王朝纳贡，而西邑仅是作为祭祀对象出现而已。即便唐邑不是故夏之都，那么在卜辞中也看不到西邑有与唐邑类似的纳贡记录，两者仍然有性质上的不同。最有可能的解释是西邑不是实指某地或某地之神，而可能是虚指西方的神灵，《竹书纪年》曰"自禹至桀十七王"，也就是说，指夏王朝之历代亡灵。

那么为何又要称"西邑"呢？殷人卜问是否为祟为害，可能与亡国之灵有关。同卜之伊尹，其事迹也与夏有关，上引材料中，均已提及伊尹及其先祖服事夏王朝，因此见于同卜，并不足怪。亡国的祖先失其血食，需要安抚，古人对于亡灵也有因其作祟而祭祀安抚的记录，如《新蔡葛陵简》：

> 夏㮚（栾）之月己丑【之日】以君不瘇（怿）之古（故），遺（就）祷陈宗一
> 猎。壬唇（辰）之日祷之。（乙一 4、10、乙二 12）

晏昌贵对于上举的楚简有这样的解释：

> 《左传》哀公十四年："陈氏方睦，使疾而遗之沐，备酒肉焉，飨守囚者，
> 醉而杀之而逃，子我盟诸陈于陈宗。"又，"子行抽剑曰：'需，事之贼也。谁
> 非陈宗。所不杀子者，有如陈宗。'乃止。"孔疏引服虔曰："陈宗，先祖鬼神
> 也。"陈宗当指陈之宗庙鬼神。……坪（平）夜君成之所以祭祷陈宗，盖因坪
> （平）夜君封地原为陈国疆域，陈亡国后，因立陈宗而祭祷其祖先鬼神也。⑫

如《左传·昭公七年》：

> 郑人相惊以伯有，曰："伯有至矣！"则皆走，不知所往。铸刑书之岁二

---

⑪ 刘桓：《殷契存稿》，第 13 页。
⑫ 晏昌贵：《巫神与淫祀》（武汉：武汉大学出版社，2010），第 166 页。

月,或梦伯有介而行,曰:"壬子,余将杀带也。明年壬寅,余又将杀段也。"
及壬子,驷带卒,国人益惧。齐、燕平之月,壬寅,公孙段卒,国人愈惧。其明
月,子产立公孙洩及良止以抚之,乃止。子大叔问其故,子产曰:"鬼有所
归,乃不为厉,吾为之归也。"

《礼记·表记》:"殷人尊神,率民以事神,先鬼而后礼,先罚而后赏,尊而不
亲。"武丁卜辞出现祭祀夏的亡灵,应是不足为奇的。

"西邑"应该是一个商人对"夏"的称呼,夏亡三百年后的武丁时代,已不存
在"西邑"这座城邑,因为在卜辞中不见商人对西邑的经营与往来。此外,"西
邑"能被燎,应非真的遣人到夏墟祭祀,而是作为夏王朝亡灵的一个代称,在殷
王朝的城邑内举行祭祀。

夏王朝故地可能还是主要由琮(崇)侯控制,其地应在伊、洛地区。[13] 琮(崇)
侯可能是夏裔,犹如周灭商后,封殷之后于宋一样,是一种安抚笼络、便于统治的
方式。其后琮(崇)侯为周所灭,夏之后裔只剩"杞、缯犹在"(《国语·周语》)。

过去拙稿曾指出卜辞与伊尹、黄尹合祭的"蔑"即"妹喜",[14]夏亡后妹喜成为
伊尹的配偶,始得与伊尹一起受到商王朝的历代追祀。如果"西邑"与"妹喜"都
能成为定论,便能证明伊尹、妹喜与商汤灭夏的相关史事并非后人妄言虚造。

【蔡哲茂　台湾"中研院"历史语言研究所研究员】
原文刊于《中国文化》2016 年 02 期

---

⑬　陈剑:《释"琮"及相关诸字》,《甲骨金文论集》(北京:线装书局,2007),第296—307 页。
⑭　蔡哲茂:《伊尹传说的研究》,《中国神话与传说学术研讨会论文集》(上册)(台北:汉学研究中心,
1996),第243—275 页。

# "🗒"字新释

## 初探殷易

黎显慧

    "🗒"字是甲骨卜辞中的常见字。自 20 世纪初孙诒让先生在《契文举例》一书中将其考订为贞以来,得到甲骨学界的一致赞同。

    据许慎《说文解字》:"贞,卜问也,从卜贝……一曰鼎省声,京房所说。"段玉裁在《说文解字注》中将京房之说加以发挥,认为贞是"大卜","非贝字也","古文以贝为鼎"。

    许、段之说使甲骨学界在探究"🗒"字的来源时产生了两派意见。孙诒让等人认为"🗒"由"贝"而来,金文中"🗒"(贝)与"🗒"的字形相近,"🗒"字是"贝"字的古文。多数人则认为"🗒"由"鼎"而来。有的甚至将"🗒"注释为"贞(鼎)"。

    "🗒"字是否由"鼎"字而来?郭沫若先生说:"案🗒实即🗒等形之简略急就者……古乃假鼎为贞"。[①] 按照郭老的说法,"🗒"是"鼎"的简化形式,甲骨文中"鼎"字的形态多变,为什么"🗒"字却基本不变?陈梦家先生认为鼎形为"🗒"字的最初形式。根据已出土的甲骨文,尚不能断定"🗒"字与"鼎"字谁先产生,不知以"鼎"为"🗒"的最初形式之说法的根据是什么?假如"🗒"由"鼎"而来,"🗒"

---

    ①  转引自王明阁《甲骨学初论》第 48 页。

"鼎"应能混用。而甲骨文中除少数几处"![鼎]""鼎"较易混淆外,绝大多数极易分辨,未见"![鼎]""鼎"混用或以"![鼎]"代"鼎"的现象。

其实,"![鼎]"字在甲骨文中较为定形,而"鼎"字尚处于图形文字阶段,且外形多变。成熟的"![鼎]"字由不成熟的"鼎"字而来,令人难以信服。况且到了周代,象形的"鼎"字依然存在,金文中的"鼎"字的形态仍旧变化不定,而"![鼎]"字却逐渐消失了。因此,我认为"![鼎]"字并不由"鼎"字而来。

"![鼎]"字是不是由"贝"字而来?"贞,从卜贝",占卜与卜贝源于两个不同的历史背景,前者源于原始社会,后者源于奴隶社会。一个是阳春白雪,为君主和少数巫师所垄断;一个是下里巴人,为自由民所用。由卜人所掌握的占卜在先秦时期是极为神圣而诡秘的,加之占卜所用龟甲多由南方进贡而来,因而非一般人力所能及。平民只能以极其原始的方法问之于神灵。随着商品经济的发展,货币产生了,贝成为交换商品的媒介,为人们随身所带。人们遇到一些事情需要问神灵时,就把贝拿出来卜,根据其正反及方向而得出答案。"贞,卜问也"就是这个意思。当发生纠纷而又无首领或长者在场时,人们也以卜贝的方式来解决矛盾。"贞,正也"的解释可能由此而来。贞,从正音,是会意字。有趣的是用钱币卜问这一现象并非中国独有,而且至今仍有活力。贝的正反以及四个方向的启示使人们发明了六个面的骰子。

然而,我们从商代的卜辞中可以看到商代货币流通量不大,手中能有贝的也是极少数人。贝的大量使用应在周代。因而"贞"字是周代才可能产生的。如若不然,那么在"卜"字和"贝"字都已产生的商代,善于用会意法造字的商人为何不直接用"卜"字和"贝"字组成"贞"字,而写作"![鼎]"?事实上甲骨文中已有由"贝"字与其他笔画组成的字,如![字]、![字]、![字]、![字]、![字]等。

从甲骨文中"贝"字的形体分析,尚属圆形文字。殷墟早期甲骨文的"贝"字呈不规则贝形,且中间无横,与"![鼎]"字毫无相像之处。因此,"![鼎]"也不是由"贝"而来,它的产生显然比"贝"字要早得多,不应将它释"贞"字。

从文法上看,将"![鼎]"释为"贞"也是说不通的。卜辞中动词很少,但是确有动词连用的情况。不过连用的动词绝不是同义的反复,而是表明两个不同的动作。如果将"🐟"释为"贞",也就是占卜,那么如何解释卜辞中经常出现的"卜""🐟"连用的现象?或许有人说我太无知,这两个字中间是省了一个贞人的名字,实际上应视为卜(某)贞。如果偶尔出现这样的情况可以解释得通,但对成百上千次这样的用法,如何解释?既然卜人的名字省了,为何后面的"🐟"字不省?甲骨文中句子的主要形式与现代汉语基本一致,即按主词、动词、宾词的顺序排列。"卜"是及物动词,"卜""🐟"的大量连用,表明"🐟"是个名词,是直接宾语,而不是和"卜"字意思相同的动词。否则与书写困难以致词语简洁的卜辞太不合拍了。我认为"🐟"字应为"卦"字,在"卜"字与"卦"字之间的字不应是卜人的名字,而应是卦名。

据《易·系辞》记载,八卦系伏羲氏所作,这虽不足信,但至少可以说明易经是周以前就有的。《周礼·春官》中将《连山》《归藏》《周易》称之为三易。《连山》为夏易,已失传。《归藏》为殷易,虽存后世传述本,但一些学者视其为后人伪作。周人贬殷,他们闭口不谈殷人对易经的贡献,但却承认他们将殷易以"坤"为首改为以"乾"为首。据专家考证,殷墟已几次出土了有易卦的甲骨,这些都表明商代是有八卦的。

与夏朝和周朝相比,商代是重巫术的,大批刻有卜辞的甲骨出土,已证实了这一点。然而在已解释的一二千文字中尚未出现卦字,这不能不令人费解。

"卦"字,即古"圭"字,古音与"圭"同。圭形有两种,一为锐上方下,锐象征春物初生;一种为上圆下方,表天圆地方之意。"土"字的甲骨文为"Ω""Δ"或"Ω",与圭形有关,"圭"象征自然之形,表阴阳之始。新石器时期遗址发掘的圭形玉器的报告表明,圭的产生至少有好几千年的历史。八十年代,在辽宁西部山区牛河梁红山文化遗址发掘了一具距今五千多年的男性骨架,死者胸部佩置了一个碧绿色玉乌龟,奇怪的是无头无尾无足,被视为谜。我以为这无头无尾无足的玉乌龟就是象征占卜用的龟甲,死者是掌管卜筮的,古人信巫,以其为沟通神灵与人间的使者,故得以厚葬。由此观之,用龟甲卜筮的方法由来已久。

字的产生是先有意而后有音,有音而后有形。圭表阴阳之始,卜阴阳之变化即为卜圭,古人以龟为先知。龟甲能卜阴阳,以龟甲卜圭,圭音由龟而来。正因为龟与圭的关系，殷人没有用圭形来代替"圭"字，而造了一个类似龟甲的"囧"字。

象形只是"囧"字的一个方面。段玉裁说得好，画卦者，造字之先声也。"囧"字是画卦的卜人们造出来的。只有用画卦来解释"囧"字较为合理。

这里我引用元人张理的一段话来拆释"囧"字。乾坤者，数之一二也，形之方圆也，气之清浊也，理之动静也。故乾具两仪之意而分上下（二），坤包四象之体而分南北东西（乂），两仪四象共数有六，并其乾坤之本体（‖）则八卦之数（囧）周备矣[②]。由此看来"囧"字不仅象形，而且会意。

指事是"囧"字的另一个特色。卦画是由阳爻（——）和阴爻（— —）组成的，原始的阴爻表示为"八"。"囧"字可视为四阳二阴。中间两阳爻（二），上下两阴爻改写成"— —"，位置不变（☲），左右两阳爻分置上下，这样组成了☲（离）卦。古人崇拜地母，为何用离卦而不用坤卦组成"圭"字呢？原始的八卦方位图以离（火）、坎（水）、震（木）、兑（金）居四象正位。乾、坤均不居四象正位，因而不是正卦是维卦。乾起于坎而终于离，坤起于离而终于坎。离卦为阴卦，离能生坤，且居四象正位，所以用离卦组成"圭"字。古人以正南方为最好的方位，视之为九宫。所以离居于正南位，为九宫。商人的八卦方位图虽不为人知，但流传下来的堪舆（风水）学中的宅地八卦图，以及兵家、术家的八卦图、九宫图等皆与宋人依据《说卦传》所画的文王八卦方位图一致。由此可以推知文王八卦方位图是承商代八卦方位图而来。而将代表天的乾卦定为正南方位的所谓伏羲八卦方位图只会发生在周以后。因为古人信巫，不可能改变八卦的方位。周朝的统治者并不大信巫，卜人的地位远不及商代。但他们却力图让人们信巫，这就是以乾为首的《周易》产生的时代背景。易在周代发生了质的变化。

"囧"字何时产生至今还是个谜，"囧"字融象数、义理于一体，既象形，又会意、指事。"囧"字的出现不仅表明商代确有六十四卦，而且向人们揭示了原始卦图的迹象。"囧"字堪称探索殷易的一把钥匙。

---

② 《四库全书·经部·大易象数钩深图》。

以"圭"代替"峊"字应在文王以后。因先周文化较为落后,灭商以后,周承袭了商文化,对商文化得有一个接受过程,否定是之后的事。从周原出土的甲骨文来看,周初仍在使用"峊"字,所不同的是有的"峊"字上加了一个"卜"字。这是"卜""圭"二字的合文,即"卦"字。

为何用"圭"字代替"峊"字呢,殷末的甲骨文中"土"字已成为"⊥"形,周代的定形为"土"。"土"字的定形与坤卦有关。马王堆出土的帛书《易经》中坤卦写作"巛"。宋代流行的八卦取象歌中有这样两句"乾三连,坤六断"。"土"字的每一笔画都被中断,可视为"− −",三笔组成了坤卦的三画爻(☰)。"圭"由两个土组成,即为坤卦的六画爻(☷)。金文中的圭字,两个土字分开,两横一般长,保留了卦画的迹象。

"圭"字代替"峊"字实际上是周初重地母思想的升华。但是出于统治的需要,周朝统治者转而强调天命,将坤乾扭转为乾坤。

在甲骨文中"峊"字虽较为定形,但也有些变体,如"峊""峊""峊"等,该如何看待呢? 我以为这是"峊"字的神秘所造成的。契刻者并不解"峊"字之构造,为了体现自己的风格,他们随心所欲,像刻其他字一样去刻"峊"字。有的还图省事,省去"峊"字的一些笔画。不过相对甲骨文中成千上万个书法规范的"峊"来说,这只是个别现象。如果将"峊"字的形体变化视为甲骨分期的一个根据,我想这样做不大科学。因为每个时期都可能出现别出心裁的契刻者。"峊"字的发展过程与其他字不同,神秘性决定其书写只会由规范到不规范。可是从殷墟早期甲骨文直至西周早期的甲骨文,"峊"字的书写基本未变。所以也不能把不规范的字定为晚期的。

从已出土的甲骨文来看,将"峊"释为"圭"证据尚不足,但也不是全无凭据。西周凤雏宫殿遗址出土的甲骨文中有一个"峊"字,有人将其释为"塊"字,认为"塊"字即"魄"字。我以为它是"圭田"二字的合文。字的右上半部为不规则的田,井田之外零星不井者为圭田,在周代,圭田是供公卿以下官吏祭祀之用的,国家不征税(见《孟子·滕文公上》和《礼记·王制》)。圭田用来祭鬼神,所以字的右半部形成一个鬼形。如果此说能够成立,"峊"为"圭"可成为定论。

研究所谓的"贞人"也是立论的一个重要方面。"贞人说"是董作宾先生于三十年代提出来的,他依据刚出土的大龟四版上"卜"与"贞"之间出现的几个不同的字,便将其定为贞人的名字。并且认定同一版上出现的贞人应为同一时代,由此创立了以贞人断代为核心的甲骨分期断代的理论体系。直至今日,"贞人说"以及贞人断代思想在甲骨学界占绝对统治地位。在三十年代就有人企图推翻贞人说(由于条件限制我未能读到《贞人质疑》这篇文章)③,我想怀疑它的科学性的绝非一两个人。有人曾经说过这样的话,除非你推翻了贞人说,不然还得承认它,我想,只有推翻它,"卦名说"才能成立。当然要推翻贞人说并非易事,一百多个"贞人"得逐个研究,虽然这么多"贞人"的名字中有几个和卦名一样,如"旅""离""巽""师""恒""鼎"等,但还不足以令人信服。好在这一百多个"贞人"实则只有几十个,工作量不算大。我想《再探殷易》,也许会给读者一个较为满意的回答。

【黎显慧　江汉大学图书馆】

原文刊于《中国文化》1995 年 01 期

---

③ 胡厚宣:《五十年甲骨学论著目》。

# 两周金文"怿""敦"辞例释解五则

林宏佳

提　要:《五年琱生簋》《六年琱生簋》中厈字应如何释读,学界目前仍未统一,本文检讨既有的说法后,认为林沄主张此字为罪声字的看法较为可信,并进一步认为其在《五年簋》《六年簋》中都读为"怿",用以表现说话者对所要执行的"令"具有内在的悦服,因而较高的行动力;至于《多父盘》中的厈也应读为"怿",赞美多父能善事其父母。《中山王譻壶》"天不敦其有忨,使得贤在良佐贾"一句,本文则认为与当时的君臣理想有关,应能表现君的谦下以及对贤臣辅佐的期待。《二十三年单父铍》中工师之名,当亦可释为从心从罪的"怿"。

关键词:琱生簋　中山王譻壶　金文　君臣关系　悦怿

## 一、"琱生器"① "怿"字辞例试解二则

西周金文《墙盘》(10175)有"罗"字,也见于《南宫乎钟》(181)、《梁其钟》

---

① 《五年琱生簋》(4292,以下简称"五年簋"。拓片见文末附图 1)、《六年琱生簋》(4293,以下简称"六年簋"。拓片见文末附图 2)、《五年琱生尊》(收入刘雨、严志斌编《近出殷周金文集录·二编》,中华书局 2010 年,第 273—276 页,编号 587,588),上揭三器本文合称"琱生器"。又,本文引用金文于器名后以括号注明之数字,表示该器在中国社科院考古所编《殷周金文集成》(中华书局,1980—1983,以下简称《集成》)之编号,各器时代如无特别说明,均依"中研院"史语所"殷周金文暨青铜器资料库"(http://www.ihp.sinica.edu.tw/~bronze/)所订。

（188）等，除去用作人名的例子，因辞例都读为"无敇"之"敇"，学界对其释读并无异辞。但与此相关的，《五年簋》《六年簋》《多父盘》②都出现了一个从厂从"畀"的字，如下所示（字形所在的位置皆以"△"代替）：

| 五年簋 | 六年簋 | 多父盘 |
|---|---|---|
| | | |
| △我考我母令 | 有嗣曰：△令 | △又父母 |

虽然《五年簋》《六年簋》字形在〇内都不加点，但参照《多父盘》〇内加点的字形，历来讨论的学者，也都将上揭三器的两种字形，视为同一个字，本文亦以为然，故下文亦直接以"厈"作为代表。

一望而知，"厈"字在"厂"下的部分，显然与西周金文的"畀"字相似，但对此字如何释读，学者间的看法不一，或以为"厈"是表意字，非从"畀"得声，但对其字形分析乃至音义所在，至今依然莫衷一是；或以"厈"从"畀"得声，也是一个铎部字，但如何通读，学界虽已提出多种可能，却也各自存在一些困难。以下，因《五年簋》《六年簋》学者间的讨论较多，拟先予探讨；《多父盘》铭文则留至下节再处理。

《五年簋》《六年簋》"厈"字所在铭文如下：

召伯虎曰：余既讯，厈我考我母令；余弗敢乱，余或致我考我母令。（《五年簋》）

（召伯虎曰：）今余既讯，有嗣曰：厈令。（《六年簋》）

如前所述，"厈"在二则铭文中应如何解释，学者间有许多不同看法。除了早期孙诒让曾怀疑为《说文》厂部<sub>厂</sub>字省体之说外，③目前比较常被学者提及的说

---

② 此器《集成》未收，拓本可见严一萍编《金文总集》（艺文印书馆，1983），6786 号；详细著录情形可参严一萍、姚祖根编《金文总集目录索引》（艺文印书馆，1988 年），第 398 页。本器较大之彩色拓影可见"数字典藏与数字学习网"（http://catalog.digitalarchives.tw/item/00/1b/a8/df.html），见文末附图 3；吴镇烽编《商周青铜器铭文暨图像集成》（上海古籍出版社，2012 年），第 25 册，14532 号亦有某收藏家收藏《叔多父盘》照片，因不如拓片清晰，故未列入附录。

③ 清·孙诒让：《古籀余论》，华文书局，1971 年，第 345—347 页"多父盘"条。

法有三：一是林义光、杨树达释为"侯"或李学勤读为"侯"声字的说法，二是林沄提出来读为"致"或"翠"声字的说法，三是黄锡全所提读为"则"或"则"声字的看法。此外，晚近龙宇纯在前揭各家之外，又提读为"准"之说。在此，先分别叙介各家说法如下：

**（一）前人研究叙介**

1."侯"或"侯"声字。

此说由林义光首倡，林氏云：

> 庤，《说文》云："矦，春飨所躲侯也。从人；从厂，象张布；矢在其下。"按，古作庤（器侯敦）、辰（匧侯尊彝辛），不从人。厂象张布，矢集之。又作庤（召伯虎敦）、庤（多父盘）、庤（鄘侯敦），○⊙皆象正鹄形。④

林义光显将"庤"径视为"侯"字异体，杨树达从之，故隶作"矦"，视同"侯"字，串讲铭文云：

> "今余既讯，有嗣曰矦命"者，……《汉书·礼乐志·注》云："侯，惟也。"惟命犹今言"如命""从命"也。《左传·隐公元年》云"他邑唯命"是也。此有嗣赞同召虎讯同之辞也。⑤

此说可以通读《五年簋》《六年簋》的两则铭文，故也有学者采用。⑥ 但许多学者都不约而同地指出，"侯"字习见于甲、金文而绝无从○或⊙者，直接释为

---

④ 林义光：《文源》，收入刘庆柱、段志洪主编《金文文献集成》（明石文化国际出版有限公司，2004年，影1920年写复印件），第17册，第483页。林义光引《说文》"矢在其下"为段《注》本，见清·段玉裁：《说文解字注》（天工书局，1992影经韵楼藏版），卷五下第23页；大徐本作"矢在其中"，见汉·许慎：《说文解字》（影静嘉堂本），《四部丛刊·初编》（台湾商务印书馆，1979年），卷五下第4页。

⑤ 杨树达：《六年琱生簋跋》，《积微居金文说》，上海古籍出版社，2007年，第420页。

⑥ 如辛怡华、刘栋《五年琱生尊铭文考释》（《文物》2007年第8期，第80页），附《五年簋》《六年簋》释文即隶作"侯"。

"侯"在字形上是缺乏根据的。⑦

李学勤也支持"𥧌"应读为"侯",为避免"侯"字绝不从○或⊙的问题,故另采形声说主张此字"可以理解为从厌声"而读为"侯"。⑧ 此说诚可避免"侯""𥧌"字形绝不相混之问题,却不易解释厌之为声符,何必务于中间插入○或⊙形呢? 对于这点,龙宇纯有很精当的评论:

> 侯只是张布的名称,尽管侯必有正,可是由于象形字须采经济法则,不该画的或者可以不画的必须省去(至少发展到成熟期的象形字如此)。是故如所见自甲骨文以来的人字,只书作𠂤。不必说不具耳目鼻口等形,连以圆点表示人头的简单方法,也都吝不能予;而果真见到写作𠂤形的却不是人字,而是后来的元字,意思是人首,且仍然不具耳目鼻口之形。其余上端画出发作𠂤的是长字,中间画出腹作𠂤的是身字,下端画出足作𠂤的是企字(义为举踵),不一而足。这样看来,𥧌字加了正的之形,便不得仍为侯字。李文说字从侯声,当是以⊙为日字为意符,则其字何以不采取左右式作𣃚,而必加日于厂𡗝之间,恐怕不容易交代。⑨

龙先生就造字别意及字形结体的角度提出疑问,其说甚是;此外,龙先生也就文义脉络指出,此字读"侯"声字在《五年琱生簋》《六年琱生簋》两处铭文虽可讲通,但在《多父盘》读为"惟有父母"似乎也不太容易通读。⑩

2."敇"或"𦋺"声字。

西周金文原已有释为"敇"者,见于《墙盘》作𦋺、《毛公鼎》(西周晚,2841)作

---

⑦ 林沄:《琱生尊与琱生簋的联读》,《古文字研究》第 27 辑,中华书局,2008 年,第 210 页;王进锋:《新出〈五年琱生尊〉与琱生诸器新释》,《历史教学》2008 年第 3 期,第 89 页;林文华:《〈琱生簋〉"我考我母令"新考》(复旦大学出土文献与古文字研究中心网站,http://www.gwz.fudan.edu.cn/SrcShow.asp? Src_ID=697,2009 年 2 月 16 日发布,2015 年 5 月 7 日检索);王辉:《琱生三器考释》,第 52 页等皆提及𥧌、"侯"字形之差异。

⑧ 李学勤:《叔多父盘与〈洪范〉》,《华学》第 5 辑,2001 年,第 109 页。

⑨ 龙宇纯:《释𥧌、𥧌、𥧌、𥧌》,《丝竹轩小学论集》,中华书局,2009 年,第 147 页。原刊于《人文与社会学报》第 2 期(高雄:义守大学,2003 年),第 39—45 页。

⑩ 同上注,第 147—148 页。

罴、《南宫乎钟》（西周晚，181）作昊等，这些"致"字与前述字原所差仅在"厂"之
有无而已，"致"从"罩"声，故学者亦颇思就"罩"声字中寻求适当诠解，本文亦持
此说。唯如何具体落实，诸家仍有不同。林沄原本认为"致典籍多训厌，厌有伏
义，亦有顺从之义"，[11]之后则自言"这种转辗的义训是不可取的。而且所谓厌有
顺从之义，其实是'厌厌'有顺从之义。所以结论不能取信于人"。[12] 是林沄虽持
"罩"声说而尚无具体解释。

亦有学者认同林沄"原"为罩声字而另提解释的，如王辉即认为器铭应读为
"谢"，并引《礼记·曲礼》"若不得谢"，郑《注》"谢，犹听也"，孔《疏》"谢，犹听
许也"为例，串讲作："我听从我父、母的命令。"[13]但《曲礼》原文是：

> 大夫七十而致事。若不得谢，则必赐之几杖，行役以妇人。[14]

其语境是大夫致事，《注》所谓"听"是从君的角度而言的，《疏》再加"许"字，
此意更为显豁。从经文的"谢"到注文的"听"，其间对象已有转换，故《注》《疏》都
有"犹"字，表示经文"谢"可用"听"理解，但不表示"谢"可直接训为"听"。

再者，古籍用"谢"字，多为致歉之意，故常接以己方之过失或不足，如：

> 郑伯归自晋，使子西如晋聘，辞曰："寡君来烦执事，惧不免于戾，使夏
> 谢不敏。"《左传·襄公二十六年》
>
> 赵孟问其县大夫，则其属也。召之而谢过焉，曰："武不才，任君之大
> 事，以晋国之多虞，不能由吾子，使吾子辱在泥涂久矣，武之罪也。敢谢不
> 才。"《左传·襄公三十年》[15]

---

⑪ 林沄：《珊生簋新释》，《古文字研究》第 3 辑，中华书局，1980 年，第 128 页；亦见《珊生尊与珊生簋的联读》，
   第 210 页；林沄对珊生三器较详细意见，可参氏著《珊生三器新释》，复旦大学出土文献与古文字研究中心
   （http://www.gwz.fudan.edu.cn/SrcShow.asp? Src_ID=284，2008 年 1 月 1 日发布，2015 年 5 月 7 日检索）。
⑫ 林沄：《珊生尊与珊生簋的联读》，第 210 页。
⑬ 王辉：《雕生三器考释》，《考古学报》2008 年第 1 期，第 52 页。
⑭ 《礼记注疏》，卷一第 15 页。
⑮ 《左传注疏》，卷三十七第 12 页、卷四十第 4 页。

是铭文若读为"谢我考我母令",其意即成为"我考我母令"致歉,铭文显然是不能作此理解的。

3."则"或"则"声字。

此说主要由黄锡全提出。《汗简》有字,隶作"昃",郑珍读为"仄",黄锡全接受郑氏之推论,读铭文为"侧",又以侧"有倾侧、伏服之义",故分别解释《瑚生器》二则铭文为"倾向或服从我父母亲之命""有司们都说,服从命令"。⑯ 林文华于黄锡全之基础,又进一步以为古书"侧"亦可通"则","则"有遵从、效法之义,故铭文"(则)我考我母令"应释作"遵从效法我父母之命"。⑰

就字形而言,郑珍读为"仄"应是正确的。昃字甲骨作(《合》20966)、(《合》29910)、(《合》20957)等形,裘锡圭先生认为:

> "昃"字本作、等形,以像人形的"大"旁和"日"旁的相对位置表示出日已斜的意思。⑱

其说可从。楚简承甲骨,作(《上博五·君子为礼》)、(《昔者君老》简1)等形,有时加"厂",如(《包山》181)。《上博八·志书乃言》简1昃字作如下之形:。

这种将"大"字左侧斜画向上延伸的字形,很容易和"日"最上的横笔共同形成"厂"旁,加"厂"的字形可能即是在此基础上产生的。《汗简》字只是将《包山》简形所从的"日"移到"大"的正上方而已,这种变化在《秦惠文王祷祠华山玉版》已经出现,玉版"反侧"之"侧"作,⑲"日"已移至"大"的正上方,只是下方的"大"讹为"立"罢了。

---

⑯ 黄锡全:《利用〈汗简〉考释古文字》,《古文字研究》第15辑,中华书局,2005年,第141—142页。

⑰ 林文华:《〈瑚生簋〉"我考我母令"新考》。

⑱ 裘锡圭:《释"勿""发"》,《裘锡圭学术文集·甲骨文卷》,复旦大学出版社,2012年,第150页。又,季旭升:《说文新证》,艺文印书馆,2002年,上册,第535—536页"胆"字条下,对于此字的旧说新义,有较简明扼要的说解,可以参看。

⑲ 周凤五:《〈秦惠文王祷祠华山玉版〉新探》,《"中研院"史语所集刊》第72本第1分,2001年,第228页。又,此玉版学者称法不一,此从周先生之称。

但就字义而言，𠬝形虽然是"仄"字，黄锡全也仅论证仄、侧有互作之例，并未举出充分辞例证明仄（侧）可训作"倾向或服从"，而"倾向"与"服从"实有程度之异——"倾向"较"服从"具有自主性。先秦文献表示"倾向"者，可举《论语·先进》"我与点也"[20]为例，此"与"单纯只是"倾向"，并无"服从"之意。就铭文而言，召伯虎以人子奉父母之令，自不宜仅冠以像"倾向"此类程度较轻微之动词。比较黄锡全于"𠬝我考我母令""𠬝令"之翻译，黄氏应亦以"服从"较适合铭文；唯"服从"一义并非"侧"字所能有，林文华所以认为黄氏此说"仍不够完备"，或亦缘此而发。

至于林文华读作"则"，主张"则"有遵从、效法之说，程度虽然较"倾向"为重，但仍有黄锡全类似的问题，即"遵从"与"效法"语意也有不同，故搭配使用之对象亦有不同：铭文所述的"命"，乃是不在事件现场之父母的"愿望"而非"道德典型"，故所需者为遵从、实践，而非"效法"。林氏举有诸多"则乃祖""则于汝乃圣祖考""则繇唯乃先祖"类之辞例，说明宾语为先人时，动词用"则"、训为"效法"，这些都是无可争议的，然在结论中说：

> 金文"则乃祖""则于汝乃圣祖考""则繇唯乃先祖"与《琱生簋》"𠬝（则）我考我母令"文例相近，皆遵从先祖或父母之意，故《琱生簋》"𠬝（则）我考我母令"乃可释作"遵从效法我父母之命"也。

以"则乃祖"与"𠬝（则）我考我母令"文例相同，则有未然。盖"则"为效法，故其宾语为道德典型，祖考、父母均可；至于"𠬝我考我母令"以"我考我母"修饰"令"，"𠬝"的宾语实为"令"，"我考我母"则为定语，故"则乃祖"等与"𠬝我考我母令"文例并不相近。对于这点，只要细绎"则乃祖"等之后何以都不接"令"，而"我考我母"后却加了"令"，就可寻绎"效法""遵从"二义区别的所在了。

4.读为"准"。

龙宇纯基于认同林义光「象侯布、○⊙象鹄之基础，以会意法分析字形，主

---

⑳ 《论语注疏》，卷十一第 10 页。

张〇为"准"之专字：

　　古人称侯的中心目标为正、为的之外，还有称之为鹄、为臬（或作槷）、为质、为准（《说文》作墣）的。在这些字当中，推测〇为何字，准字显然具备了被考虑的条件。其一，准与墣字不见于甲骨文和金文，可能是后起的写法，其先别有专字。其二，《淮南子·览冥》"群臣准上意而怀当"，注云："准，望也。"为希意承志的意思，是由准的义转变为瞄准义。依杨文的解释，"〇令"便是依所令为准，即依令而行；"〇我考我母令"也便是以我考我母之令为准。叔多父盘的"〇又父母"，比照《诗·雝》"既右烈考，亦右文母"的话（案：孙诒让首先征引），《释文》说"右，助也"，读为"准右父母"，意思是看准父母的意向右助父母，也就是察看父母心意，随时照料，同样可以说得自然顺畅。《论语·为政》记子夏问孝，孔子以"色难"两字相对，包咸说："色难者，谓承顺父母颜色乃为难。"这里所谓"准"，也就是察颜观色之意，所以下接"多父其孝子"的赞誉，不啻还可以说是得到印证。[21]

　　按，龙先生所引《览冥》似乎未足证成其说。《览冥》所述，"上意"犹未可知，群臣因而有"准上意"的举动，《注》所谓"望"即观望，这是没有问题的，但原铭说"〇我考我母令"，"我考我母令"既然是"令"，自是已知之事，当然也没有观望的必要；况且，古人虽云事死如生，若《雝》诗及《多父盘》（详后文讨论），语境皆在祭祀，先人既逝去，以"察看父母心意，随时照料""察颜观色"说之，恐怕也不是很适合。

**（二）本文看法："〇"读为"怿"**

　　"〇"字于《瑂生器》两见，因后接"令"字，故学者多尝试套入顺服、听从等语

---

[21]　龙宇纯：《释〇、〇、〇、〇、〇》，《丝竹轩小学论集》，第148页。引文"杨文"指前引杨树达文。又，《说文》："雦（准），平也。从水，隼声。"（卷十一上第8页），段《注》云："谓水之平也。天下莫平于水，水平谓之准。因之制平物之器亦谓之准。《汉志》：'绳直生准。'准者，所以揆平取正是也，因之凡平均皆谓之准。"（卷十一上第2页29）是准原为水平之准，故龙先生谓射之准为《说文》墣字。《说文》云："墣（墣），射臬也。从土，章声。读若准。"（卷十三下第4页），段《注》本作："墣的，敔臬也。从土，章声。读若准。"（卷十三下第29页）

义,就语言脉络而言自属当然,唯具体解释时,则无须拘执于具顺服、听从语义之字。"𢓊"依林沄所说,可以假设为一个"睪"声字,在器铭中应可假借为"怿",即悦之意;"怿"训"悦"在古籍是很常见的,如《诗·大雅·板》"辞之怿矣",《传》"怿,说"㉒,"说"即是"悦"。

就字义训诂而言,"悦"字并无顺服、听从之意,但透过语境的引导,所能表达的实践意涵却可以较单纯的顺服、听从更为强烈。《论语·雍也》篇载:

> 子曰:"知之者不如好之者,好之者不如乐之者。"
> 《正义》:言学问知之者不如好之者,好之者又不如悦乐之者深也。㉓

单纯的"知"不如"好","好"又不如"乐"的深刻,这原本就是人情之自然。若心理层面能悦于某事,其行动力必亦将更为强烈,《孟子·滕文公》载:

> 陈良,楚产也,悦周公、仲尼之道,北学于中国,北方之学者,未能或之先也。㉔

陈良原为楚人,其所以"北学于中国"并获致"北方之学者,未能或之先也"的造诣,即在"悦"周公仲尼之道之故。因此,遵命仅能表现对令之被动接受,"悦"则更可以彰显主动向慕,"令"因而同样可以被实践。《尚书·梓材》载:

> 皇天既付中国民越厥疆土于先王,肆王惟德用,和怿先后迷民,用怿先王受命。已!若兹监。惟曰:欲至于万年,惟王子子孙孙永保民!㉕

---

㉒ 《毛诗注疏》,卷17-4第15页。
㉓ 《论语注疏》,卷六第7页。
㉔ 《孟子注疏》,卷五下第4页。又,《庄子·天下》篇载:"寂漠无形,变化无常,死与生与? 天地并与? 神明往与? 芒乎何之? 忽乎何适? 万物毕罗,莫足以归,古之道术有在于是者,庄周闻其风而悦之,以谬悠之说,荒唐之言,无端崖之辞,时恣纵而不傥,不以觭见之也。亦可与此并观。"王叔岷:《庄子校诠》,"中研院"史语所,1999年,第1343—1344页。
㉕ 《尚书注疏》,卷十四第27页。

这段话已到《梓材》的最后,谈及万年治民的期许,文中使用"怿"字,其意当即有监于武庚之叛,希望"迷民"能真心服事于周,乃能"至于万年""子子孙孙永保民",而"和怿""怿先王受命"用"怿"字,更可见由心而发之悦慕所能表现之实践意涵实较单纯服从、听命等更为强烈;《班簋》铭"三年静东国亡不成𤰇天威丕畀纯陡",学者间释读不一,笔者读为"无不成(诚)怿天威,否(丕)畀纯陡",解为"没有不诚心悦服于周天子威严,因而大大地、专一地向上国奉献贡纳",即铭文称"靖"之缘故,㉖同样都是着眼于内发的悦服所能达致的效果,正可与此比观。

是故,单就铭文"我考我母令"如何被实践言,"悦"字本身虽无实践之意,但因人对所悦事物具较高实践力,"怿我考我母令"即可拥有较单纯之"听从"具更高之行动力。简而言之,亦即单纯的"从命"与"乐于从命"的差异。《尔雅·释诂》云:

> 悦、怿、愉、释、宾、协,服也。
> 郭《注》:皆谓喜而服从。㉗

正是此意。从铭文看来,召伯虎对于创造双方和解环境是很积极的。例如在琱生"有事"时,以宗主身份主动前往拜访"合事"即是其一,㉘在此使用"怿"字则是其二,据《琱生器》诸铭,可知仆庸土田之分配为召氏家族一大纷扰,召伯虎虽衔父母之命与琱生协调土田争讼,唯自身为目前宗主,若心中对父母之命不完全同意,即难保日后有异心生变,铭文用"怿"除可表现召伯虎遵命行事,亦同时表明召伯虎个人意见赞成目前做法,目前协议在日后不会有变,谈判时也有助于双方达成共识。

---

㉖ 林宏佳:《"尤"、"择"辨释》,《成大中文学报》第 27 期,2009 年,第 134 页。

㉗ 《尔雅注疏》,卷一第 12 页。

㉘ 此外,召伯虎为何携"壶"往见琱生,学者似皆无说。本文以为,据《五年琱生尊》[收入刘雨、严志斌编《近出殷周金文集录·二编》(中华书局,2010 年),第 273—276 页,编号 587、588,西周晚],召姜携"壶两"往见琱生,壶(匜鱼)、许(晓鱼)音近,"壶两"或即"两许"之谐音,也就是《琱生尊》所说"式伯氏从许"。合事之前先赠壶且壶数为二之意,殆即委婉希冀琱生就所举两案择一允可,以解决目前双方争端之心愿。

至于《六年簋》"有司曰怿命",虽然跟"怿我考我母令"相同都用"怿"字,两者的心理却不太相同。对有司而言,只是执行单位,对此事如何处理原无定见,只是朝中两位重臣有争执,有司处于中间也颇为困扰。现在召伯虎既然已与琱生达成共识、化解僵局,悬案得解,有司自当乐于配合而以"怿命"为答。

## 二、《多父盘》"怿"字辞例试解

前文曾提及"𡩫"字也见于《多父盘》,盘铭如下:

> 𡩫叔多父乍朕皇考季氏宝攵(盘),用易屯(纯)彔(禄)、受害(介)福;用及孝妇嫘氏,百子千孙。其使能(?)多父眉寿巧事,利于辟王、卿事、师尹;朋友兄弟、诸子婚媾无不喜,曰:𡩫又(佑)父母,多父其孝子![29]

"𡩫"字在解释上的困难,主要在《琱生器》本文读为"怿"的两条辞例。至于《多父盘》"𡩫又父母"的𡩫,本文认为也可以读为"怿"。盘铭的最后一句"多父其孝子"当是朋友兄弟等众人赞美多父的话,在这句话之前的"𡩫又父母"则是赞美的张本,也就是多父能够"𡩫又父母",故众人赞美他为孝子,是一个具体的作为,而这个作为应即配合全铭首句所说作宝盘之事。盘原本就是一种生活用器,多父制盘原本就可供父母使用,龙宇纯谓《诗·周颂·雝》"既右烈考,亦右文母",《释文》说"右,助也",故盘铭"又"为佑助之意,[30]其说可从。并且,因此盘与一般日常生活所用的盘不同,是以青铜铸作,可以取悦父母,这也就是

---

㉙ 《多父盘》铭句读,笔者与李学勤(《叔多父盘与〈洪范〉》,第108页)、邱德修[《商周金文集成释稿》(台北:五南图书出版公司,1986年),第1809—1810页]、吴镇烽(《商周青铜器铭文暨图像集成》,第25册,第583页,15433号)等诸位先生不同,兹不繁论。又,或谓盘铭此字亦可考虑读为"绎",指进行绎祭。唯《左传·宣公八年》"壬午犹绎",《注》云:"绎,又祭。陈昨日之礼,所以宾尸。"(《左传注疏》,第378页)则绎祭之对象,实为尸而非父母。

㉚ 龙宇纯:《释𡩫、𡩫、𡩫、𡩫、𡩫》,《丝竹轩小学论集》,第148页。又,龙先生谓孙诒让是首先引《雝》诗释《多父盘》此句的,但就《金文诂林》所引孙氏《名原》《古籀余论》,孙氏并无此说。

"怿"。简而言之,铭文"佑"指的是盘的实用面,"怿"则指宝盘可以达致的心理效果,兼顾父母的实用与心理,这也就是众人为何称多父为孝子的原因了。

## 三、《中山王䂮壶》"致"字辞例试解

相较于前述三则,探讨的问题是"怿"字如何具体落实到铭文的解释,本则"致"字本身的释读并无争议,但"致"字所在的整个句子,学界的看法较不一致,故也在此一并讨论。

《中山王䂮壶》(战国晚,9735)铭有"天不致其有忨,使得贤在良佐贾"一语,其前后铭辞如下:

> 佳朕皇祖文武,趄祖成考,寁有纯德遗训,以施及子孙,用唯朕所仿,慈孝宽惠,举贤使能。天不致其又(有)忨,使得贤在良佐贾。

"致"字原作"𡙡",张政烺读为"致",并引《尚书·洛诰》"我惟无致其康年",孔《传》训致为厌,[31]其说甚是,故广为学者所从。[32]不过需要补充的是,"厌"字在先秦多用为满足之意,金文所见如《沈子它簋》(西周早,4330)"见厌于公"、《毛公鼎》"皇天弘厌厥德,配我有周"、《叔弓钟》"余弘厌乃心"等均是,文献则如《尚书·洛诰》"万年厌于乃德"等均是。

然而,此处这里的"厌"是厌倦之意,虽不多见,但也有用例,如《诗·小雅·小旻》"我龟既厌、不我告犹"即是,《小雅·车舝》"式燕且誉,好尔无射",《笺》

㉛ 与下段引文并见张政烺《中山王䂮壶及鼎铭考释》,第 314 页。

㉜ 朱德熙、裘锡圭:《平山中山王墓铜器铭文的初步研究》,《文物》1979 年第 1 期,第 42—52 页,收入朱德熙《朱德熙文集(五)》(商务印书馆,1999 年),第 100—101 页;张克忠:《中山王墓青铜器铭文简释——附论墓主人问题》,《故宫博物院院刊》1979 年第 1 期,第 44 页;林宏明:《战国中山国文字研究》(台湾古籍出版有限公司,2003 年),第 250 页;邱文才:《䂮墓出土文字研究》(台北:辅仁大学中国文学系硕士论文,2003 年,王初庆先生指导),第 145 页等均从此说。

以"无厌"释"无射",㉝亦即无厌倦之意。对工作有耐心,才能持续地操作,故《诗·大雅·思齐》"古之人无致,誉髦斯士",《传》云"古之人无斁于有名誉之俊士",《笺》云"古之人,谓圣王明君也。口无择言、身无择行,以身化臣,故令此士皆有名誉于天下,成其俊乂之美也",以"无斁"赞美古之人;《诗·葛覃》:"为絺为绤,服之无斁"㉞,也以"无斁"表示对为絺为绤等烦辱之事无所厌倦。相对地,如果厌倦了也就不想再继续,故而引申为厌弃之意,亦即铭文此处用法。传统的君臣观,认为君以明哲为要务,如果君的明哲不足,或有失德,都可能为天所厌弃。君失德而为天所厌弃者,最典型的例子如《尚书·酒诰》历举商纣王罪状后,说"故天降丧于殷,罔爱于殷",㉟《易林》叙及此事时则称"天厌周德,失其宠光"(《临之鼎》)、"天厌禹德,命兴汤国"(《复之革》)等,㊱即是失德之君为天所厌弃的显例。此一思想也反映在出土文献中,新出《清华五·厚父》简 3-4 载王与厚父对话时说:

> 在夏之哲王,乃严寅畏皇天上帝之命,朝夕肆祀,不盘于康,以庶民惟政之恭,天则弗致,永保夏邦。㊲

则是从正面论述,哲王们必须"畏皇天上帝之命,朝夕肆祀,不盘于康,以庶民惟政之恭",才不会为天所"致",此"致"自然也是厌弃之意。

此外,"使得贤在良佐贾"的"在"字如何诠释,学者也有不同意见。"在",张政烺径隶为"才"而无说解,赵诚主张"在、材皆从才声"而借作"材"㊳,徐中舒、伍仕谦则主张此字"从才、士声",实为"士"字。㊴纯就文义而言,壶铭读"贤才"

---

㉝ 《毛诗注疏》,卷 14-2 第 14 页。

㉞ 《毛诗注疏》,卷 16-3 第 16 页、卷 1-2 第 4 页。

㉟ 《尚书注疏》,卷十四第 21 页。

㊱ 徐传武、胡真校点集注:《易林汇校集注》,上海古籍出版社,2012 年,第 751、928 页。

㊲ 清华大学出土文献研究与保护中心编:《清华大学藏战国竹简》(伍),中西书局,2015 年,第 110 页。

㊳ 赵诚:《中山壶中山鼎铭文试释》,《古文字研究》第 1 辑,第 249 页。

㊴ 徐中舒、伍仕谦:《中山三器释文及宫堂图说明》,《中国史研究》1979 年第 4 期,第 86 页。

"贤士"均无不可,故学者采撷各有不同。⑩ 本文在此想特别强调的是,事实上此字如字读在句子中也是可通的。郭锡良论证"在"字应为动词时,曾以卜辞为例,说明"在""于"的不同:

> 说话人如果要强调行为动作发生的地点、时间或涉及的对象时,用"在"字结构,如果不需要强调时就用"于"字结构。正因为有这个区别,"于"字结构和"在"字结构才得以长期并存;直到六朝以后,"于"字在口语中衰亡了,"在"字结构才取代了"于"字结构,"在"字才虚化成介词。但是它始终没有完全脱离动词范畴。⑪

则依郭氏的研究,使用"在"字具有强调时间、地点或涉及的对象的作用,而从整篇铭文都在推崇贾看来,此字如字读,正可和全篇铭文着重贾的勋劳相呼应。这种强调人物的用法,事实上在古籍中也很常见,如:

> 昔在殷王中宗……其在高宗……其在祖甲……(《书·无逸》)
> 今在予小子旦,非克有正,迪惟前人光,施于我冲子……在太甲……在太戊……在祖乙……在武丁……(《书·君奭》)
> 在今后嗣王,诞罔显于天,矧曰其有听念于先王勤家?(《书·多士》)
> 商之先后,受命不殆,在武丁孙子。(《诗·玄鸟》)
> 吾恐季孙之忧,不在颛臾,而在萧墙之内也。(《论语·季氏》)⑫

⑩ 如邱文才以"战国文字中无假'才'为'材'之例"(《曾墓出土文字研究》,第146页),持读"士"之说;林宏明则以"'在'字从'土'从'才''士''才'皆声,铭文中可读为才(材)'或'士'",释文则通读为"士"(《战国中山国文字研究》,第250页)。

⑪ 郭锡良:《远古汉语的词类系统》,《汉语史论集(增补本)》(商务印书馆,2005年),第210—211页。又,郭氏之后,喻遂生撰《甲骨文"在"字介词用法例证》(《古汉语研究》2002年第4期,第51—52页)认为"在"字在卜辞中已有介词用法。对此,杨逢彬《殷墟甲骨刻辞词类研究》(花城出版社,2003年)已有明晰之辨析(第296—303页),仍以郭说为是,在此不赘。

⑫ 《尚书注疏》,卷十六第10—11页、卷十六第25页、卷十六第4页;《毛诗注疏》,卷20-3第15页;《论语注疏》,卷十六第2页。

《无逸》历述克勤克俭、不敢荒宁的殷先哲王,用"在"字突出特定先王,正可表现出说话者表示强调的用意,而《君奭》"今在予小子旦",就行文叙述而言,不用"在"字其实也可以,加上"在"则可明确强调出"小子旦",故从这些例子,可以看出郭锡良认为"在"字用作动词时,具有强调行为动作涉及的对象的看法是正确的。在此一基础上,回过头来看,"在良佐贾"是对"得贤"的进一步补充,说明所得之"贤"即今已在相邦位之"良佐贾"。同样地,壶铭后叙伐燕时云"贾忨(愿)从在大夫"之"在"也可以如字读。贾身为"相邦",其身份应已不只是"大夫",则铭云"贾愿从在大夫"是表示勠力为国,不计名分牺牲,也是对贾的表彰。⑬

最后,铭文"有忨"一词的诠解也颇见纷扰。赵诚对本句仅说:

> "天不致其佑愿"与毛公鼎"皇天亡致,临保我有周"意近。⑭

此外没有较具体的解释,但"不致"与"亡致"虽然类似,"其佑愿"与"临保我有周"如何意近就不甚直接了。本句较广为学者所征引的,是张政烺的解释,张政烺云:

> 《说文》:"忨,贪也,从心,元声。"段玉裁注:"贪者,欲物也。"⑮

如此"有忨"即"有贪",本身具负面意涵,放入句子也很通顺。但上天固然可以厌于贪嗜欲物之人,铭文此处为何要特别强调上天不厌于贪嗜欲物之人?看待本篇铭文时,不能忘记的是,铭文的说话者是一国之君,所说的话自应与他对自身职分的认识有关。因此,"有忨"不但是前文所说的,是一个具负面意涵的词汇,在此还更应该强调的是,它也是一个国君用以自我贬抑的词汇。以此为线索,不论是文献或金文,由于治国首重有明哲的心智,故国君自我贬抑时,经常都是自称愚昧、顽愚,以表示自己缺乏足够的治国能力。在此背景下,"有忨"之

---

⑬ 此句之"在",林宏明主张因"'士大夫'古书常见",故应读为"贾愿从士大夫",见林宏明《战国中山国文字研究》,第258—259页,自亦成理。

⑭ 见注㊳,第249页。又,四版《金文编》从之,云壶铭二忨字"义皆如愿",第720页。

⑮ 张政烺:《中山王礜壶及鼎铭考释》,第314页。

"忨"应读为"顽"。忨、顽皆从元得声。《说文》:"顽,头也。"⑯段《注》云:

> 《木部》曰:"棞,梡木未析也。""梡,棞木薪也。"凡物浑沦未破者,皆得
> 曰棞;凡物之头浑全者皆曰棞头。棞、顽双声。析者锐、棞者钝,故以为愚鲁
> 之称。《左传》曰:"心不则德义之经为顽。"⑰

"顽"实即愚鲁之称,"有顽"即"顽然",愚昧无知之意,故《书》称殷遗不肯归顺者为"殷顽民",⑱《召旻》"皋皋",《传》以"顽不知道也"为训。⑲ 聪明睿哲为古代对人君常见之要求,如《诗·敬之》:"维予小子,不聪敬止。日就月将,学有缉熙于光明。佛时仔肩,示我显德行。"⑳此就小子之角度以学习前人光明自我期勉,《既醉》:"既醉以酒,尔殽既将。君子万年,介尔昭明。"㉑此则诗人祝福君子得神明佑助,拥有昭明之心智。与此相应,人君言谈时则经常自言愚昧无知、智有未逮,以示谦逊,对贤辅说话时,尤其如此,如:

> 小子同未在位,诞无我责收,罔勖不及;耇造德不降,我则鸣鸟不闻,矧
> 曰其有能格?(《书·君奭》)
> 公曰:"寡人蠢愚,冥烦子志之心也。"(《礼记·哀公问》)
> 王曰:"吾惛,不能进于是矣。愿夫子辅吾志,明以教我。我虽不敏,请
> 尝试之。"(《孟子·梁惠王》)㉒

出土文献所见,如《毛公鼎》云"弘惟乃知余非,用有闻""无惟正闻弘,其惟

---

⑯ 《说文解字》,卷九上第 1—2 页。
⑰ 《说文解字注》,卷九上第 6 页。
⑱ 《尚书注疏》,卷十九第 6 页。
⑲ 《毛诗注疏》,卷 18-5 第 16 页。
⑳ 《毛诗注疏》,卷 19-3 第 22 页。又,近出《清华简·周公之琴舞》有与今本《敬之》类似的诗句,但两者亦有歧异。因本文引述《敬之》仅在表明当时君以明哲为要的观念,至于今本《敬之》与《周公之琴舞》的差异,并非本文关注的问题。
㉑ 《毛诗注疏》,卷 17-2 第 10 页。
㉒ 《尚书注疏》,卷十六第 25 页;《礼记注疏》,卷五十第 14 页;《孟子注疏》,卷一下第 6 页。又,《君奭》本句句读学者颇有不同,笔者曾有讨论,可参拙著《训"矧"》(《台大中文学报》第 30 期,2009 年 6 月),第 11 页。

王知？——乃惟是丧我国"㊷等亦然，皆人君自言无智以求于贤辅之词——若反征于《中山王鼎》，王自己也是这么说的，鼎铭云：

> 先考成王，早弃群臣，寡人幼童未通智，佳傅姆是从。天降休命于朕邦，有厥忠臣贾，克顺克俾，亡不率仁。

"天降休命于朕邦，有厥忠臣贾"正可与壶铭"天不致其有忨，使得贤在良佐贾"相呼应，壶铭既一再申言贾为贤辅，则将"有忨"理解为王自谦顽愚之词，与"寡人幼童未通智"即可互相呼应。再者，明哲的心智既是国君最重要的能力，顽愚之人当然就不适合担任国君，这是铭文用"致"的原因，也就是厌弃的来源，这也就是前文述及的，君王在失德之外，另一种可能为天所厌弃的情况。但上天没有因为王顽愚而厌弃，可见上天对王有所厚爱，而具体地呈现则是"使得贤在良佐贾"，换句话说，良佐贾的存在是上天厚爱的具体表现，这自然是对良佐贾的高度赞美，铭文的写法，其实也就是透过国君的自谦之词，归美于良佐贾。铭文"天不致其有忨，使得贤在良佐贾"的大意，是王说，上天不因我资质愚顽而厌弃我，让我得到贤人——也就是在相邦位的良佐贾。

## 四、《二十三年单父铍》"悸"字试释

《古文字研究》第三十期载吴良宝先生曾见一件战国铜铍照片，并附有摹本（见文末附图4），释文作"二十三年，单父司寇陞、工帀□、冶阳"。㊸吴先生在论文中已对此铍的时代、国属做了考证，唯工师之名则缺释。工师之名作如下之形：𢖫。

此形下半部明显从"心"，至于上半部与《中山王䚂壶》"致"字作"𢼔"颇为相

---

㊷ 《毛公鼎》此二句释读，学者亦颇有异说，笔者尝有讨论，可参拙著《为"弘"字复议》，（《台大中文学报》第 28 期，2008 年 6 月），第 32—39 页。

㊸ 吴良宝：《二十三年单父铍考》，《古文字研究》第 30 辑（北京：中华书局，2014 年），第 235 页。

似,只是下方的"大(矢)"断开而已,这种变化在战国文字中尚称常见,何琳仪叙介战国文字的演变时,将之归为"分割笔画"类的异化现象,并列举十余例为证。⑤ 其中"大""夫"二字的变化为:

| 大 | 夫 |
|---|---|
| 仌《玺文》十·六 | 夫《玺文》十·七 |
| 仌 同上 | 夶 同上 |

最与此字相合。除此之外,又如"侯"字《春成侯壶》(9616)作"厇"、《相邦春平侯铍》(11688)作"厌"、《长阴侯鼎》⑤作"仄"等,亦均属相同现象。据此,从字形演变的角度考虑,此铍工师之名,当可释为从心从羍的"怿"字。

## 参考暨引用书目

### 一、古籍

《尚书注疏》,台北:艺文印书馆影清嘉庆二十年[1815]江西南昌府学刻本,2001。

《毛诗注疏》,台北:艺文印书馆影清嘉庆二十年[1815]江西南昌府学刻本,2001。

《礼记注疏》,台北:艺文印书馆影清嘉庆二十年[1815]江西南昌府学刻本,2001。

《左传注疏》,台北:艺文印书馆影清嘉庆二十年[1815]江西南昌府学刻本,2001。

《论语注疏》,台北:艺文印书馆影清嘉庆二十年[1815]江西南昌府学刻本,2001。

《孟子注疏》,台北:艺文印书馆影清嘉庆二十年[1815]江西南昌府学刻本,2001。

汉·许慎著、宋·徐铉校定:《说文解字》(影静嘉堂本),《四部丛刊·初

⑤ 何琳仪:《战国文字通论》(北京:中华书局,1989年),第213—214页。
⑤ 萧春源总监:《珍秦斋藏金·吴越三晋篇》(澳门:澳门基金会,2006年),第188页。

编》,台北:台湾商务印书馆,1979。

清·段玉裁:《说文解字注》,台北:天工书局,1992 影经韵楼藏版。

清·孙诒让:《古籀余论》,台北:华文书局,1971。

二、近人论著

裘锡圭:《释"勿""发"》,《裘锡圭学术文集·甲骨文卷》,上海:复旦大学出版社,2012 年,第 140—154 页。

季旭升:《说文新证》,台北:艺文印书馆,2002。

于省吾:《甲骨文字释林》,北京:中华书局,1979。

中国社科院考古所编:《殷周金文集成》,北京:中华书局,1980—1983。

中国社科院考古所编:《殷周金文集成(修订增补本)》,北京:中华书局,2007。

中国国家博物馆(编)、朱凤瀚、沈建华(分卷主编):《中国国家博物馆藏文物研究丛书·甲骨卷》,上海:上海古籍出版社,2007。

王叔岷:《庄子校诠》,台北:"中研院"史语所,1999。

王进锋:《五年琱生尊与琱生器人物关系新论》,《宝鸡文理学院学报(社会科学版)》,第 28 卷第 3 期(2008 年 6 月),第 45—49 页。

王辉:《琱生三器考释》,《考古学报》2008 年第 1 期,第 39—63 页。

朱德熙、裘锡圭:《平山中山王墓铜器铭文的初步研究》,《文物》1979 年第 1 期,第 42—52 页,收入《朱德熙文集(五)》,北京:商务印书馆,1999。

何琳仪:《战国文字通论》,北京:中华书局,1989。

吴良宝:《二十三年单父铍考》,《古文字研究》第 30 辑,北京:中华书局,2014,第 235—237 页。

吴镇烽编:《商周青铜器铭文暨图像集成》,上海:上海古籍出版社,2012。

辛怡华、刘栋:《五年琱生尊铭文考释》,《文物》2007 年第 8 期,第 76—80 页。

李学勤:《叔多父盘与〈洪范〉》,《华学》第 5 辑,2001 年,第 109 页。

周法高主编:《金文诂林》,京都:中文出版社,1981。

周凤五:《秦惠文王祷祠华山玉版新探》,《"中研院"史语所集刊》第 72 本第 1 分,2001 年 3 月,第 217—231 页。

林文华:《〈琱生簋〉"我考我母令"新考》,复旦大学出土文献与古文字研究中心(http://www.gwz.fudan.edu.cn/SrcShow.asp? Src_ID=697)。

林宏佳:《"尤"、"择"辨释》,《成大中文学报》第 27 期(2009.12),第 119—152 页。

林宏佳:《为"弘"字复议》,《台大中文学报》第 28 期(2008.06),第 1—46 页。

林宏佳:《古文字造字创意之研探——以人生历程为范畴》,台湾大学中国文学研究所博士论文,许进雄、周凤五先生指导,2009。

林宏明:《战国中山国文字研究》,台北:台湾古籍出版有限公司,2003。

林义光:《文源》,收入刘庆柱、段志洪主编《金文文献集成》,香港:明石文化国际出版有限公司,2004,影 1920 年写复印件。

林沄:《琱生三器新释》,复旦大学出土文献与古文字研究中心(http://www.gwz.fudan.edu.cn/srcshow.asp? src_id=286)。

林沄:《琱生尊与琱生簋的联读》,《古文字研究》第 27 辑,北京:中华书局,2008,第 206—211 页。

林沄:《琱生簋新释》,《古文字研究》第 3 辑,北京:中华书局,1980,第 120—135 页。

邱文才:《礜墓出土文字研究》,台北:辅仁大学中国文学系硕士论文,2003,王初庆先生指导。

邱德修:《商周金文集成释稿》,台北:五南图书出版公司,1986。

孙刚编纂:《齐文字编》,福州:福建人民出版社,2010。

容庚编著,张振林、马国权摹补:《金文编》(四版),北京:中华书局,1998。

徐中舒、伍仕谦:《中山三器释文及宫堂图说明》,《中国史研究》1979 年第 4 期,第 85—98 页。

徐传武、胡真校点集注:《易林汇校集注》,上海:上海古籍出版社,2012。

马承源主编:《商周青铜器铭文选》,北京:文物出版社,1990。

张世超、孙凌安、金国泰、马如森:《金文形义通解》,京都:中文出版社,1996。

张光裕:《西周遗器新识——否叔尊之启示》,《雪斋学术论文二集》,台北:

艺文印书馆,2004,第163—175页。

张光裕:《新见金文词汇两则》,《古文字研究》第26辑,北京:中华书局,2006,第179—181页。

张克忠:《中山王墓青铜器铭文简释——附论墓主人问题》,《故宫博物院院刊》,1979年第1期,第44页。

张亚初:《〈殷周金文集成〉引得》,北京:中华书局,2001。

张政烺:《中山王𰯲壶及鼎铭考释》,《张政烺文集·甲骨金文与商周史研究》,北京:中华书局,2012,第309—343页;原刊《古文字研究》第1辑(1979),第208—232页。

郭沫若:《两周金文辞大系考释》,上海:上海书店出版社,1999。

郭锡良:《远古汉语的词类系统》,《汉语史论集(增补本)》,北京:商务印书馆,2005,第192—216页。

喻遂生:《甲骨文“在”字介词用法例证》,《古汉语研究》2002年第4期,第51—53页。

黄锡全:《利用〈汗简〉考释古文字》,《古文字研究》第15辑,北京:中华书局,2005,第141—142页。

杨逢彬:《殷墟甲骨刻辞词类研究》,广州:花城出版社,2003。

杨树达:《六年琱生簋跋》,《积微居金文说》,上海:上海古籍出版社,2007。

董莲池:《新金文编》,北京:作家出版社,2011。

赵诚:《中山壶中山鼎铭文试释》,《古文字研究》第1辑,第247—272页。

刘雨、严志斌编:《近出殷周金文集录·二编》,北京:中华书局,2010。

蔡哲茂:《读〈中国国家博物馆藏文物研究丛书·甲骨卷〉》,《中国文化研究所学报》第50期,2010,第255—301页。

萧春源总监:《珍秦斋藏金·吴越三晋篇》,澳门:澳门基金会,2006。

龙宇纯:《释奰、𡘋、奰、𡙡、奭》,《丝竹轩小学论集》,北京:中华书局,2009,第145—150页。原刊于《人文与社会学报》第2期,高雄:义守大学,2003.06,第39—45页。

谢明文:《释金文中的“鎣”字》,《中国文字》新39期,台北:艺文印书馆,

2013,第 117—124 页。

魏慈德:《从出土文献的通假现象看"改"字的声符偏旁》,《文与哲》,高雄:中山大学中文系,第 14 期(2009.06),第 1—30 页。

严一萍、姚祖根编:《金文总集目录索引》,台北:艺文印书馆,1988。

严一萍编:《金文总集》,台北:艺文印书馆,1983。

### 三、网络资源

"中研院"史语所"殷周金文暨青铜器资料库"(http://www.ihp.sinica.edu.tw/~bronze/)。

"数字典藏与数字学习网"(http://catalog.digitalarchives.tw/item/00/1b/a8/df.html)。

附图

| 1.五年琱生簋 | 2.六年琱生簋 |
|---|---|
| | |
| 3.多父盘 | 4.二十三年单父钺 |
| | |

【林宏佳　台湾大学中文系副教授】

原文刊于《中国文化》2016 年 02 期

# 记杨守敬与罗振玉
# 讨论甲骨文之信一帧

胡振宇

原文：

叔韫仁兄阁下

　　前日递一函，力辞为作龟文叙，非恪也。以守敬于金文虽好之而未致力，无所发明，固不如藏拙之得计也，转念足下书方成印寄我，不嘱他人作序而独嘱我，若坚辞未免有负雅意，乃拨冗拟一首，可存即存之，不可存弃之可也。此书是刻本抑石印？其中"北蒙"《读史正义》作北冢，然《纪年》及《水经注》并作"冢"，当校改之。又，足下既以殷墟非盘庚所都，则此书当题"殷墟贞卜文"，以别于北冢之殷，鄙见如是，何如？前求北魏防城考，未得回示，甚以为盼。北魏地形图谅已收到。余此文不足以增查尊书，特以重违尊意，故勉强为之。而吾求兄为作水经注疏未得，甚盼。

　　即颂

著安

守敬拜

八月四日

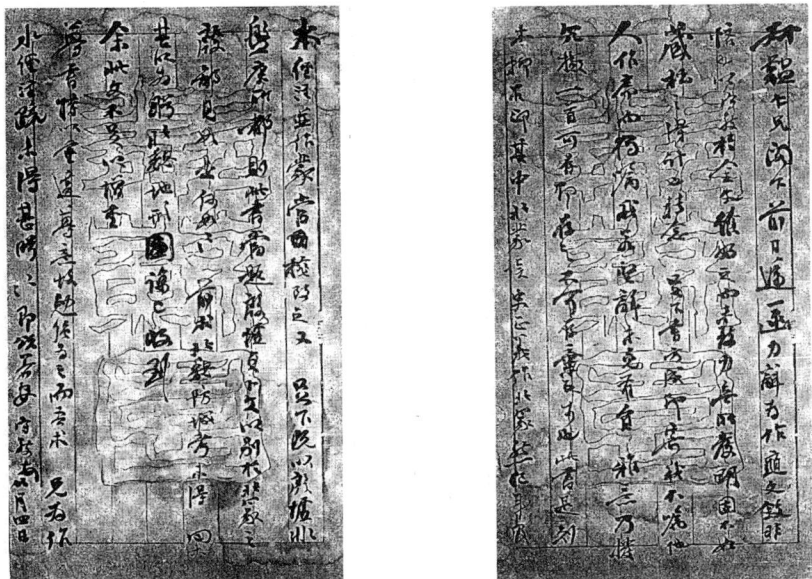

杨守敬（1839—1915）字鹏云，号惺吾，晚年自号邻苏老人，湖北省宜都市人。杨氏为近世通儒，一生刻苦学问，勤敬平实，不求近功，不骛恢诞，其学致力于郦氏《水经注》、地理、金石、目录诸端，皆成就卓著，而访书东瀛搜回我国逸籍，其功尤伟。相传初称为国学大师之黄季刚早年东渡走谒余杭章太炎，章氏谓其曰，你在国内要从师，只有孙诒让及杨守敬，在国外则只有我了。由是黄遂拜章太炎之门。（参看《武汉春秋》1985 年第 5 期）

杨守敬毕生成就最大者，当推历史地理学方面，其代表作为《水经注疏》《隋书地理志考证》《历代舆地沿革险要图》等，特别是其《水经注疏》，集郦学研究之大成，使我国沿革地理学达到高峰，并确立郦学研究史上之地理学派，袁守和先生称杨氏之史地之功为"开兴地学之新纪元"。（关于"杨学"研究，有士君《八十年来（1915—1995）杨守敬研究述评》一文，记述详备，可供参考，刊《中国史研究动态》1997 年第 2 期。）

《水经注疏》为杨氏晚年专心注重的一部著作。据其生前自订之《邻苏老人年谱》所记，在 1904 年他六十六岁时，是书稿成，但仍不断参考各书，加以校定。从学杨氏四十年的门生熊会贞（1860—1936）于《年谱》续作中记 1912 年杨氏七十四岁时，"嘱家人取稿……发箧与会贞详核，每一卷成，犹恐有误。当夜静，置灯榻畔，在床执卷，再三审订，或通宵不寐"。次年他七十五岁，仍督熊会贞覆按是书，其时距杨氏辞世业一年多。杨且屡对熊言："此书不刊行，死不瞑目。"杨氏逝世后，熊会贞秉承师志，坚持不懈凡二十年，直至他辞世前一年，终于完成了这部饱含师生二人心血的巨著，民国三十七年，李子奎编，杨、熊合撰的《水经注疏》三卷刊行。至二十世纪五十年代，贺昌群先生于长中国科学院图书馆时，曾经手购进北大邓之诚教授和藏书家徐行可的藏书，内中即有《水经注疏》稿的钞本。（参见乔象钟《贺昌群传略》，《中国当代社会科学家》第五辑，书目文献出版社，1983 年 7 月）1957 年，杨守敬纂疏、熊会贞参疏的《水经注疏》稿本四十卷（中国科学院藏）由科学出版社影印出版。

罗振玉（1866—1940）字叔蕴，号雪堂，自曾祖即寓居江苏淮安，然罗氏于所著书均置其祖籍浙江上虞。罗氏毕生殚力治学，著述等身，尤以史料之刊布整理为主。昔人弃若敝屣之文献，经其倡导研究，于今俱成显学，足见其慧眼独具开风气之先。董作宾先生述其学术，认为罗氏贡献最大者厥有五事：曰内阁大库明清史料之整理；曰甲骨文字之考订与传播；曰敦煌文卷之整理；曰汉晋木简之研究；曰古明器研究之倡导。（参见《中国文字》第八册，台湾大学文学院古文字学研究室编印，1962 年 3 月）罗氏哲嗣罗福颐先生在论及其先人学术贡献时，亦归纳上述五条，不过先后次序略有出入（参见《罗振玉的学术贡献》，《中国语文研究》第 5 期，香港中文大学，1984 年 2 月）。

罗氏著作后由台湾文华出版公司及大通书局于 1968 年至 1976 年间编辑出版《罗雪堂先生全集》，共七编百四十册，五百余种千二百余卷。

甲骨文自前清光绪廿五年己亥（1899 年）被王懿荣辨识出来，两年后，罗氏始于刘铁云家得见，视为"奇宝"，指出"此刻辞中文字与传世古文或异，固汉以来小学家若张、杜、杨、许诸儒所未见者也。"（见《殷虚书契前编序》）于是使刘氏墨拓成《铁云藏龟》，乃首部著录甲骨文字之书。1904 年孙诒让据此书刊布资料作《契文举例》，为斯学拓荒者也。孙氏曾寄手稿与罗。（参见罗氏长孙甘孺先生辑述《永丰乡人行年录〔罗振玉年谱〕》，江苏人民出版社，1980 年）后有日人林泰辅考证甲骨文字，文寄罗振玉（可参严绍璗《甲骨文字与敦煌文献东传纪事——甲骨文字篇》，《中国文化》第三期，三联书店，1990 年 12 月），罗疑其中未决者，于是"退食余晷尽发箧中刻辞墨本"，于 1910 年 2 月间，著《殷商贞卜文字考》一卷答林氏，"于所未达者一一加以剖析"。为罗氏考究甲骨文字之始。

罗振玉对杨守敬之学问极为推崇，《邻苏老人年谱》中1905年（乙巳）记有："上虞罗叔蕴（振玉）得吾书，叹赏之，谓吾地理之学与王怀祖（念孙）、段若膺（玉裁）之小学，李壬叔（善兰）之算学，为本朝三绝学。"又于1910年（庚戌）记有："刻北魏、西魏地图成。"是年，罗著《殷商贞卜文字考》，杨与罗此信大概即写于此时。

信笺上"鄰蘇園"印乃杨守敬藏书楼名。罗振玉作《殷商贞卜文字考》中考史之一殷之都城，曾请杨氏指教，杨著《水经注疏》作"北蒙"，未改为"冢"字，即从张文虎校作"北蒙"。杨信以为应作"冢"，罗《贞卜文字考》及《考释》均从杨说，作"北冢"。（参见《水经注疏》卷九洹水；《殷商贞卜文字考》"考史之一——殷之都城"；《殷虚书契考释》"都邑第一"）

日后范祥雍先生著《古本竹书纪年辑校订补》（新知识出版社，1956年，上海）于"盘庚旬自奄迁于北蒙，曰殷"订曰："案《殷本纪正义》宋黄善夫刻本与殿本皆作：'盘庚字也，北冢曰殷虚。'此注朱本无，王氏盖据金陵局刻校本补。'冢'字，张文虎《札记》云：'疑本作冢，讹为冢也。''冢'即'蒙'字，见《说文》，张说当是。"又补曰："《史记·项羽本纪集解》引《汲冢古文》：'盘庚迁于此汲冢，曰殷虚。''此'乃'北'字之讹，'汲'字当涉上'汲冢'字而衍。"方诗铭、王修龄两先生著《古本竹书纪年辑证》（上海古籍出版社，1981年）亦录此说。近曲英杰著《先秦都城复原研究》（黑龙江人民出版社，1991年），其中考证"殷"一节认为，所引《汲冢古文》应作"盘庚自奄迁此，汲冢……"，后"汲"字钞漏"冢"讹作"遂"，变成"此遂"，又改为"北蒙"而成为"北蒙曰殷虚"。

至于考订盘庚迁殷的地望，则是另一个问题了，相信随着地下材料地不断被发现，解决这一问题将指日可待。

杨守敬和罗振玉均为近代著名学人，了解两人的交往，对学术史的研究是有益处的，故撰此小文，供有兴趣者参考。

1995年8月写　1997年7月改毕

【胡振宇　中国社会科学院古代史研究所研究员】

原文刊于《中国文化》1997年Z1期

# 甲骨文字与敦煌文献东传纪事

**严绍璗**

　　十九世纪末期和二十世纪初期,中国甲骨文字和敦煌文献相继发现,它们于中国古史(古文化)的研究方面,从观念到方法论,都引起了重大的革新,并且逐步在世界范围内形成了超越国界的"甲骨学"和"敦煌学",成为世界文化史上两项伟大的工程。

　　甲骨文字和敦煌文献的发现,在汉字文化圈内对旧学的冲击,除中国外以日本为最烈,从十九世纪中期始,日本学术文化正在从古代社会的桎梏中挣脱出来,亟欲形成近代性的体系。其中,曾经作为德川幕府政权官方哲学的"日本汉学"正在衰亡,"日本中国学"作为一门近代性学术正在形成。"日本汉学"和"日本中国学"虽然都是以中国文化传入日本作为学术形成的基本背景,但是,"日本汉学"主要是把中国文化的某些成分充作研究者本人的意识形态,抑或是社会的意识形态——诸如哲学观念、价值尺度、道德标准等;"日本中国学"则是把中国文化纯粹作为学术的客体对象,在人文科学和社会科学的广泛领域内,进行近代意义上的研究。"日本中国学"与"日本汉学",是以前者否定后者的方式互相联结起来的(我们在这里说的"否定",指的是辩证法意义上的"否定",读者自当辨明之,不应有所误会)。它们在本质上是"新学"与"旧学"的关系,其间争斗的一个重要内容,便在于究竟是脱却还是承袭旧汉学的"经学主义"原则。中国甲骨文字和敦煌文献的东传,则从观念到方法论加强了"中国学"实现其学术的近代性,可以说,它成为近代日本"中国学"形成的一个诱导因素,从一个方面表现了中国文化所具有的世界历史性意义。

本文略记甲骨文字与敦煌文献东传日本之肇始诸事,以为中国文化史之备考,并志甲骨文字发现九十周年祭。

## 甲骨文字篇

### 一

日本是世界上最早获知中国发现甲骨文字讯息的国家。当 1902 年刘铁云正在编撰《铁云藏龟》时,日本中国学的创始者之一内藤湖南,于同年 10 月 10 日造访了北京崇文门外木厂胡同的刘宅,目睹了中国学者识别的第一批甲骨文字片,观看了刘铁云拓片的过程。这是世界上最先见到甲骨文字和听到中国学者对此见解的第一位外国人。后来,内藤湖南在 1917 年 1 月 25 日所做的题为《中国上古的社会形态》的讲演中,回忆这一次的"见学"时说:

> 明治三十五年(1902)我由《朝日新闻》社派往中国,其时在北京会见了刘铁云氏。当时,他编纂的著作放在桌子上,正在制作拓本。听他说这是新近从河南发掘的龟甲,上面刻有文字。……这是一次珍贵的机会,但我当时则毫无研究①。

内藤湖南青年时代任大阪《朝日新闻》社记者,活跃于中国、朝鲜等东亚地区。后来,他转向学术研究,从 1907 年起,主持京都帝国大学"东洋史学"第一讲座达二十年之久,并成为日本最早的甲骨学家之一。1916 年 5 月他发表的论

---

① 参见贝冢茂树《古代殷帝国》,Misvzv 书房刊,1958 年版。

文《王亥》,便是直接利用甲骨文字研究中国古史获得的第一批实证主义成果之一,此是后话。

《铁云藏龟》刊出后六年即 1909 年,日本学术界正式发表了第一篇有关甲骨研究的论文——日本东京高等师范学校教授林泰辅博士的《论清国河南省汤阴县发见之龟甲牛骨》。林泰辅是日本"汉学"向"中国学"转变时期的一位具有过渡性质的学者,撰著有《周公与其时代》《中国古代研究》《论语年谱》等大著。他的这一篇论文是依据《铁云藏龟》而撰写的。当时,林泰辅并未见到实物,且误信商贾之言,把龟甲的出土指为河南省汤阴县的古羑里城。这大概是那个时候的日本学者的普遍性的误解——1910 年京都帝国大学富冈谦藏发表题为《古羑里城出土龟甲之说明》的讲演,也仍然认为甲骨是从古牖里(羑里)出土的,尽管有这样的误解,但林泰辅在其论文中,就甲骨本身的研究,提出"此为属于殷代"王室卜人所掌之遗物。当时,无论是刘铁云抑或是其后的孙诒让著《契文举例》和《名原》,似乎都没有提出过这么明确的判断。处在甲骨文字研究的蒙昧时代,林泰辅的这一看法,当然是很有意义的。林氏依据"殷代王室卜人遗物"的判断,在其论文中还比较研究了中国古文献中的卜法、甲骨的卜法、日本古时流行的龟甲兽骨卜法等社会民俗学问题。

林泰辅的这篇论文,由假寓于北京的日本文求堂主人田中庆太郎转赠于中国罗振玉。罗振玉对林氏论文的赅博,至为惊叹,认为此论文可以补充他本人从前的《铁云藏龟序》等的不足,同时,又启示他作进一步的研究,以补足林氏在论文中的疏略,于是便撰《殷商贞卜文字考》,就文字、卜法诸方面提出不少有益见解,其中关于殷墟的考定,为最重要的贡献。罗振玉撰本论文的缘起,在翌年三月致林泰辅的信中,讲得十分明白。

> 椎古先生有道,去岁在东京,得聆大教,欢慰平生。别后之思,与时俱积,维道履休胜,良以为祝。前田中君转到赐书并大著,拜读一通,深佩赡核。觉往者率尔操觚,见嗤都雅,愧报无似。弟近以余暇,重加研究。又从估人之鬻龟甲牛骨者,探知此物实出彰德府城西北八里之小屯(其地近安阳河,即古之洹水。详拙著第一篇中)。以《史记·殷本纪》考之,其地正殷

墟也。又有龟甲文字中，得商代帝王庙讳十有五，曰太乙，曰太甲，曰太丁，曰小甲，曰太戊，曰仲丁，曰且乙，曰且辛，曰且丁，曰盘庚，曰武丁，曰且庚，曰且甲，曰武乙，曰文丁。文中又往往称"王卜"，知此实殷代王室遗物。近作《殷商贞卜文字考》约分三篇。曰正史家之违失，曰是正文字，曰考古代卜法。恐尚须一二月间乃能削稿。凡尊考之疑窦，一一皆可了然判决（其所记干支中癸子、丁子等之"子"字，即"巳"；其"凵"字即"寅"也。拙著第二篇中详说之）。近日沉溺于此考将匝月，久欲作书奉告，匆匆未暇。兹约略敬陈。先生闻之当为称快也。承索拓本，稍暇拓奉，先此敬申，虔请著安。弟罗振玉再拜。

晤后藤、高田、河井诸君，乞转以此告之，并致候，不另。

此处的"榷古先生"，即指林泰辅。因林氏书斋自号"榷古斋"之故。此信以《北京大学校长罗振玉关于殷代遗物新发掘之通信》为题，刊载于1910年6月《汉学》第一篇第二期上。当时，中国北京只有"京师大学堂"，称其为"北京大学"，是日本学者们的新潮。罗振玉并不是北大校长，其时正在京师大学堂农科监督的任上。

罗振玉在上述信函中所表示的意思，后来在他于1913年编撰成的《殷墟书契》（即《殷墟书契前编》）的"序文"中，又做了一次说明：

> 宣统改元之二年，东友林君泰辅寄其所为考至，则视孙征君札记，秩然有条理，并投书质疑，爰就予所已知者为《贞卜文字考》以答之，已而渐觉其一二违失，于旧所知外亦别有启发，则以所见较博于畴昔，故于是始恍然。

有一个情况似乎应当指出，当甲骨文字在中国出土的消息传入日本之后，日本的传统的汉学家和一部分新进中国学家，几乎都不相信它的可靠性，特别是一向从事经学研究和一些所谓的"中国哲学"家，以东京的学者居首，指甲骨文字乃赝品伪物。林泰辅在1919年回忆最初的情形时说："当时，我的朋友中许多人对甲骨表示怀疑，劝我不必那样认真对待。"

当时，中国学界名高望重的章太炎先生，于罗振玉致函林泰辅的同年，便读到了这封中日学者关于甲骨文字研讨的最初的信件，即刻于在日本东京自办的《学林》第一期(1910)上，刊出《与罗振玉书》的公开信，对日本学者林泰辅的甲骨研究，以及超越这一研究的诸如重野成斋、三岛中洲等日本诸老博士，白鸟库吉、服部宇之吉等日本年轻教授，包括儿岛献吉郎、森槐南等日本诗人在内——一举名痛骂，其曰：

> 叔蕴足下，见东人所集汉学，有足下与林泰辅书，商度古文，奖藉甚泰，诚伥伥若有忘也。林泰辅者，尝在大学治古典科，非能精理，其所作《说文考》，特贾贩写官之流。非独泰辅，东方诸散儒，自物茂卿以下，亦率末学肤受，取证杂书，大好言易，而不道礼宪……其学固已疏矣。顷世学者不谕其意，以东国彊梁，弛美于其学术，得憸截小善，辄引之为驰声誉。自孙仲容诸大儒，犹不脱是，况其稍负下者？然今东方人治汉学，又愈不如曩者。长老腐朽充博士者(如重野安绎、三岛毅、星野恒等)，其文辞稍中程，闻见固陋，殆不知康成、子慎。诸少年学士，号为疏通，稍知宁人以来朴学，然大率随时钞疏，不能明大分，得伦类……往者中土不校东人优绌，横弃重弊，以求长师，如服部宇之吉辈，尚厕大学教授之列，归即自言深通汉古文，腾而狂趮，时出纸笔，殆与明世《大全》同科，犹不能比帖括(汉学杂志中有服部所撰《孔子集大成》一首，缴绕可笑)。儿岛献吉(脱一"郎"字——著者)之伦，不习辞气，而自为《汉文典》，森大来专为诗歌，体已骫骳，故不知代语也，亦授《尔雅》于其大学。白鸟库吉自言知历史，说尧舜禹三号，以为法天地人，尤纰缪不中程度。大抵东人治汉学者，觊以尉荐外交，不求其实，宛名况乎域中，更相宠神，日绳其美，甚无谓也……
>
> 今以故国之典，甚精之术，不自校练，而取东鄙拟似之言，斯学术之大蟊，国闻之大稗，胡可以忽之不忌哉！若乃心知其违，而幸造次愤起之华，延缘远人以为声誉，吾诚不敢以疑明哲也。章炳麟顿首。[2]

---

[2] 《章太炎全集》第四卷。上海人民出版社刊，1985年版。

章太炎先生在上述信函中,几乎横扫当时日本所有的中国文化研究家,血气方刚,气魄宏大。他以当时参与政治活动的经验,敏锐地意识到"大抵东人治汉学者,觊以尉荐外交",说得十分深刻,文字间透出民族正义,斯为感佩。但章太炎先生情绪也略偏激,观点趋于极端,气度狭隘了。所论诸事许多不符当时学术的实际势态,且尤其不利于东亚文化的汇通。这与稍后的同时代人梁启超在《中国历史研究法》中说"日本以研究东洋学名家者,如白鸟库吉、那珂通世之于古史及地理……内藤虎次郎之于目录金石,皆有心得"的看法,极不相同。

这封信是从日本人林泰辅的甲骨文字研究引发的,其中可能有学术的门户之见。章氏作为大儒俞樾的门生,为清末古文学派之骁将。章先生在东京一边革命,一边开讲《说文解字》,他指龟甲文字为"伪物",正是出于维护《说文》的神圣性。但是,这封信的真正用意,主要大概是痛击罗振玉的。信的首尾指罗氏"伾伾若有忘也","延缘远人以为声誉",乃"学术之大蟊,国闻之大稗"云云,皆可明征。

内藤湖南在 1911 年 8 月 8 日由《朝日新闻》社主办的广岛市"夏期讲演会"上,特别提到了这封信。他说:"二百年前物徂徕曾骂倒一切,而现在章先生又一一点名骂倒一切,实在是惊人之举。"表现了日本中国学界的惶惑。


二


尽管存在着学术界主流派的否定见解,林氏在发表上述论文之后不久,便从中国购得甲骨片 600 余枚。1918 年,林泰辅又专程赴中国安阳,进行实地调查和收购。林氏在亲见实物后判断说:"这是把文字刻在龟甲牛骨之上,为历来载籍所不录。如此异品的存在,为历来考古学家所未知。我一见实物,相信其决非伪赝之物。"

当时,与林氏同道作为甲骨文字传入日本的启蒙阶段的学者,大都是日本民间的汉文字学家。前述罗振玉致林泰辅信函末尾所列举的后藤(朝太郎)、高田(忠周)、河井(仙郎)诸君即是。其中,高田忠周有大著《古籀编》,河井仙郎长于篆刻,精于金石之学。他们与林泰辅共为"说文会"的同人——这是江户时代(1603—1868)狩谷掖斋发起的中国古文字研究会,以研读《说文》为主。1907年林氏又组织"吉金文会",轮读阮元的《积古斋钟鼎款识》等。在他们的协助下,林泰辅于1917年合日本商周遗文会、椎古斋、听水阁、继述堂等各家所藏之甲骨文字片,从中节选出1023枚,制成拓片,并附"抄释",编纂为《龟甲兽骨文字》二卷。林氏在"叙文"中说:

> 欲究邃古之文明,则方策未必可得而征,于是乎金石器物之类,凡可以窥其情状者,皆莫不供资料,况乎录文字者乎!……光绪二十五年,河南安阳县洹水之南,始出龟甲兽骨片。片奇古且有文字,别致一异彩矣。窃尝论之,洹水之南,即所谓殷墟……奇品之薀藏,如此其多也,所刻文字,变化百出,不可端倪,与金文及《说文》,或合或离,象形假借尤多,虽未能尽晓通,自有修理,秩然不可紊者。其文大抵卜占之辞,殷商帝王之名,十存八九,为当时史官所掌,殆无疑议……

> 我商周遗文会,据清家所藏实物,拓本编印《龟甲兽骨文字》,且抄释其字体明白无疑者,附录卷末,颁之同好,庶几足以助学术研究之一端乎!若夫考释全文,则会员相共研摩讨究,俟他日问之于世。

这是日本中国学界第一部甲骨文字著作——以它作为标识,日本中国学界开始了对甲骨文字的学科性研究。这一研究是在日本中国学家接受中国存在甲骨文字这一事实,并致力于实际搜储甲骨片资料的基础上展开的。

林泰辅主编的《龟甲兽骨文字》,著录了二十世纪最早期日本的甲骨收藏。1933年,流寓于日本的郭沫若先生在调查了林氏之后东京、京都的诸家搜储的基础上,编撰了《日本所藏甲骨择尤》(收入《卜辞通纂》之中)。郭老描述当时日本的甲骨收藏情况说:

> 余以寄寓此邦之便,颇欲征集诸家所藏,以为一书。去岁夏秋之交,即从事探访。计于江户(即东京——著者)所见者,东大考古学教室所藏约百

片,上野博物馆二十余片,东洋文库五百余片,中村不折氏约千片,中岛蠔山氏二百片,田中子祥氏四百余片,已在二千片以上。十一月初旬,携子祥次子震二君赴京都,复见京大考古学教室所藏四五十片,内藤湖南博士二十余片,故富冈君拗氏七八百片,合计已在三千片左右。此外闻尚有大宗搜集家,因种种关系,未能寓目。

继此之后,金祖同先生于 1939 年在日本再次搜拓甲骨,编为《殷契遗珠》一书。原来,自 1931 年日本军国主义发动"九一八"事变之后,某些日人利用其在中国北方的特殊地位,有计划地劫运殷墟遗物,学术的性质为之大变。1937 年金祖同在日本所见甲骨片,仅东京一地河井荃庐、中村不折等所藏,已逾 4000 余片。此距郭沫若先生所见,仅隔五年,藏量激增。这样大量的甲骨文字片流散于日本,虽然主要是作为文物而保存,然而,它们的存在,对"中国学"运用实证主义观念和方法论,无疑会有重大的推进。[③]

## 三

罗振玉和王国维的学术活动,对于推动甲骨文字和敦煌文献的东传,促进日本中国学的形成,影响甚巨。罗振玉曾在 1907 年受张之洞的委派赴日本考察教育,王国维更早在 1901 年留学于东京理化学堂。他们与日本学界关系甚密。1911 年 10 月中国发生推翻清朝的革命,是年暮末,罗振玉携家族二十人逃赴日本,王国维也随之同行。他们于日本京都居寓百万遍,此距京都帝国大学乃咫尺之遥——京都大学是日本中国学的发源地,这里聚集着日本中国学第一代最著名的学者。

---

③ 参见吴浩坤、潘悠《中国甲骨学史》第一章。上海人民出版社刊,1985 年版。日本战后中国学界的甲骨片的搜储,其数量基本上保持战前水平,而储址有较大变动,目前以京都大学和东京大学搜储最富。参见贝冢茂树编纂《京都大学人文科学研究所藏甲骨文字》(京大人文研,1959 年版);松丸道雄编纂《东京大学东洋文化研究所藏甲骨文字》(东大东洋所,1983 年版)。关于日本搜储甲骨片的现势概貌,参见松丸道雄《关于日本搜储的殷墟出土甲骨》(《东洋文化研究所纪要》第 86 册,1981 年)

在中国早期"甲骨学"中被称为"罗王之学"的大部分内容,是罗王二氏在日本流亡的时期内完成的。其中王国维于 1915 年撰写的《三代地理小记》,则是在甲骨文字考释的基础上,超越文字考释的本身而以此作为实证的新材料,进入中国古典的研究。《三代地理小记》研讨了殷商自"契"至"成汤"八次迁移的地理问题。他确证从盘庚时起,至纣王亡国,其都在殷。其最可靠的证据便是出土的甲骨文字,几乎都是从盘庚以来至殷亡二百数十年间的遗物。由此实证,遂为不移之论。

王国维的《三代地理小记》,与其说是获得了一种研究的结果,倒不如说是提供了一种古史研究的新思维。王国维自陈这一研究思维说:

> 吾辈生于今日,幸于纸上之材料外,更得地下之新材料。由此种新材料,吾辈得据以补正纸上之材料,亦得证明古书之某部分全为实录,即百家不驯之言亦不无表示一面之事实。此二重证据法惟在今日始得行之。④

王国维把他自己首倡的这一古史研究的新的思维模式称之为"二重证据法"——古史研究必须建筑在实证基础之上,从而摆脱了经史文化的羁绊;此种实证,又必须建筑在古代文献与地下文物相互契证的基础之上。

王国维的"二重证据法"是在日本期间确立的。指出这一点是完全必要的。内藤湖南在王国维的研究思维启示之下,是最早实践这一理论的一位学者,1916年他发表了著名的论文《王亥》⑤。内藤氏的论文,意在考稽中国古文献关于殷祖先的诸种说法,以甲骨文字材料求其新证。内藤湖南把《史记·殷本纪》中的"振",《竹书纪年》中的"殷侯子亥",《吕氏春秋》中的"王水"等,与卜辞中所见之"王亥",互相参证,认为可能同指一人,此即为殷人之祖。不论内藤氏的结论是否妥帖,他试图随王国维氏学步,"于纸上之材料外,更得地下之新材料",正显示了日本中国学形成中的一个特点。

罗振玉把内藤氏的这一论文送王国维过目。1917 年,王国维以极其精湛的

---

④　王国维:《古史新证·总论》。
⑤　日本《艺文》第 7 卷 7 期(1916 年)。

实证，发表了《殷卜辞中所见先公先王考》，对卜辞与殷系图中所见之先公先王，逐一加以考证。考订首先是从"王亥"开始的。王氏指出，由甲骨卜辞佐证，《史记》等关于殷代系图的描述，大致符合历史事实。王氏论文也订正了文献的若干不确之处。内藤湖南读此论文、对王国维敬佩之极，立即节录其大意，题为《续王亥》，向日本中国学界做了详细介绍⑥。

本来，在日本中国学的形成时期，由于教养和观念的差异，乃至凭学术追求政治利益的不同，学者们对中国文化产生了很不相同乃至对峙的心态——例如"古典崇奉派"和"古典怀疑派"。当时，有一批学者正在致力于寻找超越这二者的新的出发点和新的立场——这便是"古典解释学派"。中国甲骨文字的东传，特别是罗振玉和王国维在日本京都所从事的甲骨文字的编纂和研究，他们所采用的实证性思维和手段，正显示了与日本中国学中"古典解释学派"几乎相同的立场，给予了支持和启示，终于成为日本中国学确立其学术地位的诱导条件之一。

## 敦煌文献篇

### 一

具有讽刺意味的是，日本最早获知敦煌文献，并目睹敦煌卷子的，并不是通过中国人，而是通过法国人 P.伯希和实现的。伯希和于 1907 年 12 月到达敦煌，此时距 M.斯坦因离开敦煌八个月左右。他通过王道士从斯坦因留存的卷子中，窃得数千卷，于 1908 年 10 月运抵北京，但中国学界至此仍未能知晓敦煌文献的发现。同年 12 月，这些卷子通过当时伯希和任教的法国远东博古学院（河内）而运往巴黎。翌年 5 月，伯希和为巴黎国民图书馆购买汉籍，再次抵达北京，随

---

⑥ 日本《艺文》第 8 卷 8 期，第 12 卷 2 期、4 期。

身携带少量敦煌卷子,宣示于中国学界,舆论为之哗然。当年(1909)11月,在北京出版的日本人杂志《燕尘》第二卷十一期上,刊载了《敦煌石室中的典籍》一文,署名"救堂生"。这是日本人关于敦煌文物的第一个报道和评论。该文详尽记载了著者与伯希和的晤面及所见敦煌卷子的实态。

> 法兰西东方考古学校(在河内)教授伯希和(Paul Pelliot)乃十九世纪末二十世纪初法国最杰出之中国学家 E.沙畹(E.Chavannes)之三大弟子之一,于甘肃省敦煌县石室中,获得深藏于该处之经卷古文书类。此次于归返本国途中,滞留北京。余听闻其事,即赴八宝胡同假寓,通刺拜访。此事前未得与闻,踌躇间,但闻侍者曰"请",引入客厅。伯希和氏系年仅三十之青年绅士,颇具学者气象。会晤之际,伯希和氏不以西洋语,而以流畅之北京语交谈,并绍介其友人夏巴耐与曼托罗,欢谈甚洽。

> 伯希和氏为研究清国西陲之地理古迹,于前年从本国出发,经俄属中亚细亚,进入新疆。滞留库车八月,乌鲁木齐二月,吐鲁番数周,继续其研究。于乌鲁木齐听闻敦煌石室之事,遂经巴里坤、哈密至西安,知州某赠古写本一卷,系唐写本无疑,便于去年冬日至敦煌,滞留三月,终获三危山下石室所藏之写经与他物。

> (文物)大部已送回本国,仅示随身数十品,皆惊心骇目之贵重品,为唐写本,唐写经,唐刻及五代刻经文,唐拓本等。纸质不离黄麻、白麻、楮纸三种。《老子化胡经》不亚于"太平经"中最优者。《尚书·顾命》残叶,文字雄劲,确系唐人书法。此石室系西夏兵革之时所封,以至近年,故室内之物,皆五代以前,宋以下不见一纸。且西夏文字之物,也不见半片,此为确证。鄙以为此乃学术上之大发现也。

> 余知识浅陋,于内容皆无知,仅以趣味观之,亦无价之珍品也。伯希和氏携此奇籍,北京士大夫中学者,于古典具趣味者继续造访,见此赍来之珍品,无不惊者……

这位"救堂生"先生,推考可能是当时居住于北京专门从事中国文献典籍买卖的"文求堂"主人田中庆太郎。他与日本中国学的创始者内藤湖南、狩野直喜的关系，至为密切。内藤湖南收藏的现今被法定为"日本国宝"的北宋刊本《史记集解》，便是通过田中庆太郎购得的——此是题外话。日本京都中国学界获知敦煌文献的发现，最早大约便是透过田中氏的这一渠道。此外，便是罗振玉的报告。上述《燕尘》的文章中，便引用了罗振玉编纂的《敦煌石室书目及发见之原始》一文的文字。

日本国内首次报道敦煌文献的发现，是在上述《燕尘》第二卷十一期公刊之后第十二天——1909 年 11 月 12 日，日本东京和大阪两地的《朝日新闻》日刊上，皆以《敦煌石室的发现物》为题，做了隆重报道。

### 千年前古书卷十余箱悉被法国人席卷而去

东京某氏近接清国文部参议官罗振玉氏报，此乃为足以耸动学术界之大发现。所据报，清国甘肃省敦煌县东南三危山下小川前，有寺庙三座，土人称其上寺、中寺、下寺。上中两寺为道教方士所栖居，独下寺为僧刹，寺左方不远处有石室数百。此石室自唐以来，俗称"千佛洞"，文人呼之"莫高窟"。洞中皆壁画，诚如千佛洞之名，上截刻几多几样佛罗汉之像，下截更刻刻佛像之人及姓氏籍里。光绪二十六年（明治三十三年，即 1900 年），为修治右侧之石洞，凿一石壁，意外发现众多书卷藏匿于此，其书始流落人间，然其地僻极西，犹未为世人注目。光绪三十三年（明治四十年，1907 年）冬，在北京之法国传教士伯希和，赴中国西北边新疆省旅行，至迪化府，伊犁将军长庚以上述石室之书一卷相赠，并语该发现之事实，遂继南向，入甘肃省。安西州牧某氏，亦以一卷相赠。伯氏久驻北京，于中国古书有极大之趣味，一见即确认系唐代写本，急赴石室之处，遍访搜寻，购得十余箱，此仅不过原存三分之一，余三分之二，散佚而无由收管，伯氏携之归北京，经史子集四部及经卷中精好者，即送法国，残余数种，罗氏于上月下旬得以观之。罗氏云，此乃西夏兵革之际，藏匿于此，系九百七十余年前之古书卷，弥足珍贵。且佛教衰颓，在五代兵乱之际，匿藏之古书卷中又特多佛书，是亦一千余年前之古书卷也。

伯氏送归法国之书目略左。

颜师古玄言新记明老部五卷，二十五等人图，太公家教，辨才家教，孔子修问书，天地开辟以来帝王记，百行章，何晏论语集解一、二、六卷，毛诗卷九（郑注□柏舟故训传），范宁穀梁集解（闵公至庄公），孟说秦语中晋二，庄子第一卷，文子第五卷，郭知言记室修要，文选李善注第二十五、二十七卷，冥极记新集文词教林，秦人吟，子赋，李若立略出籯金，老子道德经义疏第五卷，唐韵，切韵（二书小板五代刻本，均残），唐礼图，辅篇义记二卷，李荃闻外春秋一、四、五卷，唐律一卷，故陈子昂集八、十卷，敦煌十咏。

右列诸书，无一不是珍本，如《唐韵》《切韵》之五代刻本，足以是正此书刻本始于宋代之学者定论。又罗氏所见多经卷拓碑之类，《尚书·顾命》之残本，《化度寺邕禅师碑》等，亦足惊考古癖之学者，其珍绝足比以竹造经籍之我国京都高山寺等。此乃中国空前之大发现也。

从《朝日新闻》社拿出这么大的版面来说，敦煌文献的发现在最初传入日本之际，就引起了学术界和新闻界的极大重视。当然，报道中列举的伯希和运回法国的书目，不过是九牛一毛而已。况且如此冗长的报道中，竟然未提及斯坦因的名字及其所为，亦属奇怪。

《朝日新闻》的上述报道之后又十二天，即从十一月廿四日起至廿七日的四天间，内藤湖南又在该报连载了长文《敦煌发见之古书》。这样大概可以说，作为二十世纪初期在文化史上的伟大发现——关于敦煌文献的最初讯息，便传入了日本中国学界。

二

日本的中国学家们在获知敦煌文献这一重大发现的讯息后，在尚未目睹原物的条件下，依据流传的书卷文物的照片，便开始了研究工作——这种研究，指的是敦煌文献的原典研究。

1909 年 11 月 28 日至 29 日,京都帝国大学史学会在冈崎府立图书馆举行第二届年会,集中研讨敦煌文物。会上展出了敦煌古书卷的照片,发表了关于这一主题的系列学术讲演,讲演由小川琢治教授作主题报告,题为《总说及地理》,然后各讲演者分别就敦煌发现的书卷,阐述了自己的研究。讲题如次:

内藤湖南教授:《西州志残卷·唐太宗温泉铭》;

富冈谦藏讲师:《尚书顾命·尊胜陀罗尼·金刚经·化度寺邕禅师碑》;

滨田耕作讲师:《壁书·雕刻》;

羽田亨讲师:《摩尼经残卷》;

狩野直喜教授:《老子化胡经》;

桑原骘藏教授:《景教三威蒙度赞》。[7]

这是日本"敦煌学"创建中展示的最初的研究阵容。事实上,这便是日本中国学京都地区的创始者们组合成的一个研究集合,他们创造了日本"敦煌学"的最初的萌芽——认清这样一个事实是很有意义的。即当敦煌文物发现的讯息传入日本时,在日本中国学界,后来发展为实证主义学派的学者们,最先对它表示了极大的关注。此种关注,主要来自脱出原来的汉学藩篱之后,他们对外界新知识所表现的空前的热情。敦煌文物的发现,大大加强了"古典解释学"的立场。尽管当时还没有来得及展开研究,但这种学术的潜在性意识,使京都的实证主义学者们立即抓住了这一事实。日本"敦煌学"其后发展为两个系统,一个系统是艺术的研究,上述滨田耕作的报告已见其端倪;一个系统是古典的研究,它与甲骨文字一样,提供了实证的新思维与新材料。这便是与最早接受这一发现的日本学者的愿望相一致的。

日本学者在接获敦煌文献的讯息,在尚未目睹原物的条件下,依据各方提供的照片,便开始了原典整理。作为第一个系统性成果,1909 年藤田丰八完成了《慧超传笺释》。

《慧超传》即《慧超往五天竺国传》。此书系唐开元时期(713—741)在中国

---

⑦　参见神田喜一郎《敦煌学五十年》,二玄社刊,1960 年版。

留学的新罗学问僧慧超和尚,赴印度访问释迦牟尼圣迹,又返回中国的全部纪行。此书在中国与朝鲜皆亡佚已久,其残卷为伯希和氏在敦煌发现,并已送往法国。先是,罗振玉从伯希和那里看到了残卷照片,在其《敦煌石室遗书》中,抄录其文字,并有简单附记。藤田丰八在此基础上,做了学术的整理。罗氏抄录的文字,大概由于照片不清,或什么原因,错字满篇,藤田氏依据这样一个不堪通读的底本,完成了《慧超传笺释》,成为当时在中国、日本、法国相继形成的"敦煌学"的第一部文献原典整理著作。

## 三

但是,直到这时候为止,日本学者们对于敦煌文物的热情,乃至造就了"敦煌学"萌芽的冲动,都是建立在间接材料——文物书卷照片的基础上的。这不仅局限了研究的深入,而且事实上也愈来愈无法满足学者们的内心的欲求。1910 年 8 月,京都帝国大学终于决定派遣专家,前往中国直接参加敦煌文物的"调查"。

京都帝国大学做出这一决定,是基于这样一个讯息——即敦煌莫高窟(千佛洞)所藏文物经卷,在经斯坦因和伯希和二人劫取之后,尚有大批余物留存,而当时清政府驻比利时公使李盛铎等人,正奏请朝廷,速将余物运送北京,交学部保管。于是,京都帝国大学即行派遣内藤湖南、狩野直喜、小川琢治三教授与富冈谦藏、滨田耕作二讲师,赶赴中国北京,这是日本"敦煌学"建设中一个必然的步骤。⑧

这次中国之行的任务与执行结果,在五位先生归国后向当局提出的《派遣清国教授学术视察报告》中,叙述得极为详尽。该《报告》称"由京都帝国大学文科大学派遣小川、狩野、内藤三教授,富冈、滨田二讲师,令其调查存于北京学部之敦煌发掘之古书并传入内阁之古书"。《报告》共分十二部分,首论"敦煌之古

---

⑧　京都帝大派遣教授访华查阅敦煌文献及回国后的报告,参见内藤湖南《目睹书谭》,弘文堂刊,1948 年版。

书"。其曰：

> 此次调查之结果，几乎全数悉系佛经，间有少数道教之书类杂入，皆摄照片。吾等仅阅览存于学部之古写经，于佛教研究观之，未必无益。据云古写经全部为五六千卷，吾等一行翻阅近八百卷，就中七百卷一一取目。虽然多数系行世之本如《法华经》《维摩经》《金刚经》《最胜王经》《般若经》等，然亦有至今已佚之藏经，左记数卷即是，如《相好经》《首罗比丘经》《佛说咒魅经》《般若第分中略集义》《净名经关中疏》《报冥传》。若通览全部，抑或有更多佚经之发现，然几乎全未整理，发现仅止于以上。又，若从书法着眼，普通之写经亦有极大之参考。多数乃唐代写本，中有六朝时代之书写……

从《报告》来看，这次北京之行与原定目标相比较，稍稍失望。原因在二：一是敦煌劫后余物，虽尚有五六千卷，但几乎全是佛教典籍，外典书物绝无仅有；二是在从敦煌运往北京途中，被盗失窃极为严重。尽管如此，日本学者们在北京毕竟目睹了大量原物，仅就这一点便大大加强了他们在"敦煌学"中的地位。不唯如此，据《报告》称，他们一行在中国还乘便进行另外相关的研究：

> 其一，北京的古迹研究。依据现存之城墙残物、寺院、金石文等，研究北京之沿革。为此，作成众多之金石文拓本。
>
> 其二，上古文字的研究。其中主要是近年从河南地方出掘之殷代龟甲研究（此次带归二百枚），又，钱范之研究。
>
> 其三，有关金石书籍之搜集。尽量搜集本类目录及精本，若难以携回者则尽量于彼地收藏家处翻阅。就中将唐太宗之昭陵石碑，全部搜集。
>
> 其四，有关小说词曲书籍的搜集。
>
> 其五，古纸币、珍贵地图的搜集。
>
> 其六，于北京收藏家端方氏处阅览藏品（端方藏有《说文解字》唐人写本"木部"六叶，为海内绝世珍宝，此次为日本诸先生所见。十年后此物归内藤湖南收藏、今存日本杏雨书屋——著者）

其七,有关蒙文与满文书籍的搜集。

以上为北京调查目的之外的副产品。

敦煌文献调查与这些"副产品"活动结合在一起,使这一次——近代日本第一次有组织的对华文化调查,成绩赫然。1911 年 2 月 5 日,大阪《朝日新闻》在"星期日版"上,以两版篇幅,通栏标题《派遣清国教授学术视察报告展览会专号》,详尽报道京都大学诸先生在中国的访问,并附图片。2 月 11 日至 12 日,又举行了报告会和展览会,从而创造了敦煌文物东传中的第二个高潮——以寻找搜集敦煌文物的实品作为标志。

事实上,敦煌实物的追寻,从一开始就超越了"纯敦煌"的范畴。日本早期追逐欧洲中亚探险的如大谷探险队,于 1908 年起开始了第二次行动。[⑨]。橘瑞超、野村荣三郎等在吐浑沟、喀喇和卓、和阗等地活动了两年之久,于 1910 年 2 月,将发掘品运抵京都,其中有唐天宝十年(751)和大历六年(771)题识的佛画,更有西晋元康六年(296)书写的《诸佛要集经》及公元五世纪初匈奴族北凉时代西域长史李柏的文书。这些珍品的发掘与展出,把"敦煌热"推向高潮。内藤湖南于 1910 年 8 月 3 日至 6 日,在动身赴中国的前夕,在《朝日新闻》上连载《西本愿寺的发掘物》,这些发掘物,与敦煌文物相呼应,便把从中国甘肃省起,沿今日丝绸之路一线西向的文物文献的发掘和研究,都涵盖在一个范畴之内——即"敦煌学"范畴之内了。

二十世纪二十年代以来,追踪敦煌原典的日本学者,相继前往欧洲,获取有关文献,再贡献于国内。这或许是当时日本敦煌学者的基本特征。

1925 年,内藤湖南由石滨纯太郎陪同,前往欧洲查访英法两国敦煌文物。同年夏天,在怀德堂"暑期讲座"上,连续报告了《敦煌石室的遗书》。

1926 年,羽田亨与伯希和合作,编集《敦煌遗书》(第一集),分影印本与活字本两种刊行于日本。

1929 年,小岛祐马于巴黎选择敦煌文献中诸子类文献,编撰《沙州诸子廿六

---

⑨　大谷探险队是日本第一个仿西方的中亚探险队。主持者大谷光编为京都西本愿寺第二十二世门主。自 1902 年起,组织过三次中亚探险,在中国境内获文物文献甚夥。

种》，由高濑惺轩先生还历纪念会刊行。

1930 年，矢吹庆辉两渡伦敦，追寻斯坦因敦煌文物，编刊《鸣沙余韵》。

1936 年，神田喜一郎在巴黎编纂《敦煌秘籍留真》与《敦煌秘籍留真新编》。

此外，松本文三郎、妻木直良、大谷胜真、重松俊章诸氏，在此前后，皆有敦煌原典报告。

日本中国学家们对敦煌文献原典这样持续不断地追踪，它保持了日本"敦煌学"基本的生命力。

## 四

敦煌文物的发现这一事实，对日本中国学界所产生的最深刻的意义，或者说，它所造成的最大刺激，还是在于它对于超越敦煌文物本身的更广泛的中国古典研究所提供的新启示。

狩野直喜作为日本中国学的又一位创始人，他在中国通俗文学的研究方面，具有杰出的贡献⑩。敦煌文献的发现，给狩野氏的研究，创造了一个新的条件，1911 年秋天，他起身赴欧洲，追踪察访被英、法、俄等国探险家所攫取的文献资料。1916 年《艺文》杂志上连载了狩野直喜的《中国俗文学史研究的材料》一文，这是他追踪斯坦因、伯希和敦煌文献的直接结果。狩野氏在文中说：

> 我从斯坦因敦煌文书中得败纸一枚，上书：
>
> 判官懆恶不敢道名字帝曰卿前来轻道
>
> 姓崔名子玉朕当识才言讫使人引皇帝至
>
> 院门使人奏曰伏惟陛下且立在此容臣入报判官
>
> 速来言讫使者到厅前拜了启判官奉大王处
>
> 太宗皇（无帝字——狩野注）生魂到领判官推勘见在门外未取引

---

⑩ 参见拙文《狩野直喜和中国俗文学的研究》，《学林漫录》第七集（1983 年）。

子玉问语惊忙起立唱喏

从这些残留的文字看，可以明白是唐太宗死后魂游冥府的故事。这个故事见于明代小说《西游记》第十一回"游地府太宗归魂"一节。最早唐代张鹭《朝野佥载》中曾有记载，其后清代俞樾《茶香室丛钞》卷十六言其事云："《朝野佥载》记唐太宗事，按此则小说言唐太宗入冥，乃真有其事，惜此事记载，殊不分明。"俞樾尚不知从《朝野佥载》至《西游记》故事，其间唐末已有以此为小说者了。且《水浒传》中常有"唱喏"一词，正见于此敦煌残纸。此对后世小说之影响，关系殊甚。

在二十世纪初期中国小说史研究中，这是极重要的发现和见解。狩野氏在此考证的基础上，又辑录了从斯坦因处所见到的"秋胡故事""孝子董永故事"，以及从伯希和处所见到的"伍子胥的故事"等，并对这些故事的源流及影响，做了初步论证。狩野氏认为："治中国俗文学而仅言元明清三代戏曲小说者甚多，然从敦煌文书的这些残本察看，可以断言，中国俗文学之萌芽，已显现于唐末五代，至宋而渐推广，至元更获一大发展。"

狩野直喜当时还不知道，他所称之为的这种种"敦煌故事"，就是后来学术界所说的"变文"。但是，在二十世纪初，当国内外对敦煌"变文"与中国俗文学的关系还处在朦胧的时候，他以极大的努力，着意于史料的开发，并在此基础上创立新论，这无论如何也称得上是精湛的。向达先生后来说："过去对说话人的渊源关系很模糊，自从发现了俗讲和保存在敦煌石室中的俗讲话本之后，宋代说话人的来龙去脉，才算弄清楚了。从研究中国文学史的眼光来看，（敦煌变文的发现）其价值最少应和所谓宋人话本等量齐观，为中国文学史的研究，提供了一部崭新的材料"。⑪ 这一看法便是很公允地评价了把敦煌文学材料实证地引入中国古代文学研究领域中的意义。

1912 年 10 月 20 日，狩野直喜自俄国京城彼得堡发回信件，信中称他在俄京察访到了柯兹洛夫探险队从中国甘肃一带所发掘的文物，其间有"西夏语掌中

---

⑪ 向达《敦煌变文集·引言》，人民文学出版社刊，1957 年版。

字汇、西夏文字经卷，唐刊大方广华严经、北宋刊列子断片、宋刊吕观文进注庄子、杂剧零本、宋刊广韵断片"等。其中可注意的是，狩野氏在"杂剧零本"下加了一个说明："匆忙过目，未能断言，疑为宋刊，此为海内孤本，为元曲之源流，将放一大光明也，惟惜纸多破损。"

这里说的"杂剧零本"，并不是元杂剧，而是我国戏曲史上的珍宝《刘知远诸宫调》残本。它是 1907 年俄国柯兹洛夫探险队在发掘我国西北张掖、黑水故城址时所获得的文献，共四十二叶，为目前世界上仅存的三种"诸宫调"之一。当时，国内外学术界对"诸宫调"在中国文学史上上承"变文"、下启金元杂剧的地位尚无认识。狩野直喜把《刘知远诸宫调》这一文献第一次公之于众，并且断言"为元曲之源流，将放一大光明"，从而启示了研究的方向。

其后，狩野氏的学生青木正儿承师意，对这一文献进行了深入的研究，于 1932 年在《支那学》六卷二期上发表《刘知远诸宫调考》一文，比较全面地探索了这一诸宫调的内容及其在中国文学史上的地位。

中国王国维先生于 1920 年在《东方杂志》十七卷九期上发表题为《敦煌发见唐朝之通俗诗及通俗小说》一文，这是国内学者首次言及敦煌文学资料与中国文学发展的关系。鲁迅先生在其《中国小说史略》的"宋之话本"一篇中，曾提到"敦煌千佛洞有俗文体故事数种"，但是他很感叹，因为国内没有材料，所以"未能目睹"。直至三十年代，王重民先生从法国和英国系统地摄回了被斯坦因及伯希和所窃走的一部分文献，国内学者才有可能在自己的研究中使用敦煌文献。上述王国维论文中许多材料，皆由狩野直喜等提供。王国维称狩野氏为"一代儒宗"，并有诗赞曰：

> 君山博士今儒宗，亭亭堀起东海东。
> 自言读书知求是，但有心印无雷同。[12]
> …………

---

[12]　此诗题为《送日本狩野博士游欧洲》，全诗六十句，见《观堂集林》卷二十四。

　　狩野直喜的研究，开拓了"敦煌学"的新领域，为日本中国学中实证主义的确立，给予了强烈的支持，沿着这一方向，那波利贞运用敦煌文献推进社会经济史学的研究，陇川政次郎、仁井田升等运用敦煌文献进行法学和法制学的研究等，都是在这一学术方向上所获得的杰出的成果。

　　　　　　　　　　　　1990 年初春草成于日本京都光明寺寓所


　　　　　　　　　　【严绍璗　北京大学中文系教授】
　　　　　　　原文刊于《中国文化》1990 年 02 期

# 楚帛书天象再议

饶宗颐

## 甲、楚帛书象纬解

余向疑长沙子弹库帛书所记述者为楚天官书之逸篇[1]，时贤或目之为月禁。近时，再取《史记·天官书》与之对读，寻绎再四，弥觉鄙说之非妄。因不惮亲缕，续陈如次：

## 一、晨祎即辰纬

杜甫《游龙门奉先寺》诗："天窥象纬逼。"古人以管窥天，所见即满天星斗，称之为象纬，帛书称为"晷祎"。（《宋书》"精气贯辰纬"，即沿其语）余前读祎为违，与下文"乱作"意复，实当改读为"纬"。祎与纬通。《史记·天官书》于紫宫、房心等目为天之五官坐位是经，不移徙。若水火金木土（填星）五星，天之五佐

---

① 见拙作《楚帛书·楚帛书之内涵及性质试说》，香港中华书局印。

是纬,"见、伏有时,所过行赢缩有度"。(《御览》引《汉书·天文志》作"五星,天之五佐为经纬,伏见有时")晨即晨字,通作辰。《周语》农田晨正,帛书增日旁作曟。是"晨袆"可包括星辰之经纬,经为天之五官,纬为五星,乃天之五佐。

帛书甲篇末言:"晨袆乱作,乃迠(逆)日月以遗相□思。"此句结束上文而引出乙篇,因乙篇即记五纬之见伏及所过行之赢缩情形。尤以"乱作"二字作为乙篇"乱逆其行""乱纪""日月既乱"诸句之张本。于兹见甲、乙篇文字最后序次,条理具在,可以覆按。

## 二、乱逆其行

帛书遫字多见,余旧释为达,实当是逆之繁化,其语根为羊,可以临沂简作遑及马王堆逆作遑证之,再增加疒旁,故此诸字径读为逆,即怡然理顺。帛书云:

日月星辰乱遫其行绖绌遫(襄)卉木亡! 是遫月闰之勿行一月二月三月是胃遫终。

按以逆行为占,原为天官常用之术,《史记·天官书》云:

夫自汉之为天数者,星则唐都,气则王朔,占岁则魏鲜。故甘、石历五星法,唯独荧惑有反逆行;逆行所守,及他星逆行,日月薄蚀,皆以为占。余观史记,考行事,百年之中,五星无出而不反逆行。反逆行,尝盛大而变色;日月薄蚀,行南北有时,此其大度也。

顺逆之事若察日月之行以揆岁星顺逆,故岁星亦有赢缩。《天官书》云:

岁星赢缩,以其舍命国。所在国不可伐,可以罚人。其趋舍而前曰赢,退舍曰缩。

赢,其国有兵不复;缩,其国有忧将亡。

又记岁星失次,其应在见某星宿,其说似出《石氏星经》:所云"星在斗牵牛,失次见杓"之类,今举一例:

> 赤奋若(岁在丑)岁阴在丑,星居寅。以十二月与尾、箕晨出,曰天晧,黰然黑色甚明。其失次,有应见参。
> 大渊献(在亥)岁阴在亥,以十月与角、亢晨出,曰大章……其失次,有应见娄。

帛书言"德匿之岁,……是月以娄"依上引文推之此一德匿之岁,又当在大渊献之亥,则其岁为亥可知。其上文云:"凡岁悳匿,如曰亥隹邦所。"而其应为娄宿,斯其验矣。

星辰逆行是大事,占星家以此为占。帛书所记,可略见楚唐昧时人遗说。由绖绌(盈缩)而知逆行,又有逆月置闰之举。

## 三、绖绌与土(星)

五星及他星所过行有赢缩,绖绌即是赢缩,帛书云:

> 隹□□日月则绖绌不得其当;日月星辰,乱逆其行绖绌逆。

所谓"不得其岢(当)"者,《天官书》记填星云:

> 当出不出,未当入而入,天下偃兵,兵在外,入。未当出而出,当入而不入,【天】下起兵,有破国。其当期出也,其国昌。

又记太白失行云：

> 其出行十八舍二百四十日而入，入东方，伏行十一舍百三十日；其入西方，伏行三舍十六日而出。当出不出，当入不入，是谓失舍。

又云：

> 当居不居，居之又左右摇，未当去去之，与他星会，其国凶。

"不得其当"，则谓"不当期""不当居"之类，故凶。星辰之出入，帛书称为"出内"。如云：

> 隹孛悳匿，出自黄渊，土允亡躵。出内（入）囗（不）同，乍其下凶。

星之与土，上下之精气相属。"土允无躵"者，土指填星，填星其色黄，九芒，故云"出自黄渊"。唐《开元占经》引《荆州占》："填星其行，岁填一宿，故名填星。""亡（无）躵"谓无变异，躵字增鸟旁，如商之作躵，异指异物、异祥。《汉书·五行志》："异物生谓之眚。"故无躵犹言无眚。"出内囗同"句缺一字，以他辞"星辰不同"句例之，知夺一"不"字，宜读为"出入不同"。此段意指若在孛（彗）星出于德匿之时，有土星出见，允无灾异；如果出与入不能同，则其下国必凶。"乍"字此处读为"则"。《天官书》："其所居五星皆从而聚一舍，其下之国可以重致天下。""其下"二字正指"其下之国"甚明。

土星亦作镇星。《广雅·释天》："镇星谓之地侯。"《史记·天官书》："历斗之会，以定镇星之位，曰中央土，主季夏，（日戊己）黄帝主德。……岁镇一宿，其所居国吉。……其一名曰地侯，主岁。""土允无异"之土，惟填星足以当之。

"出内"，当读为出入，即《天官书》所云"当出不出，当入不入"之"出入"。是亦天官常用之术语。

赢缩在星辰上所表现，再举《天官书》为证：

　　赢——为王不宁。其失次上二三宿为赢,有主命不成,不乃大水。

　　缩——有军不复。失次下二三宿曰缩,其后戚,其岁不复,不乃天裂若地动。

帛书(丙篇)记十二月宜忌,实际亦与天象相应。如:

　　叴(皋)月下云:不可出师,水(师)不遝。臧月下云:"师腺(不)复。其邦有大乱。"

　　师不遝即《天官书》所称"有军不复",此必是星辰下失次之缩所影响。又如月下云"不火得不成","不成"即犹《天官书》所云"有主命不成",此则是上失次之赢所致。

　　上引"出内□(不)同,乍其下凶",乍字当读为则,《吕览·孟冬纪》"行秋令作霜雪不时",《礼记·月令》"作"字作"则",此处乍字例正相同。

## 四、孛岁及星宿见伏

帛书乙:

　　天棓将乍汤,降于其方,山陵其𩅹,又渊□迡,是胃孛岁。孛岁八月内(入)月七日八日□又电云雨土,不得其蔘,【则】职天雨。

　　佳孛德匿,出自黄渊,土允亡斁。

　　孛岁指有彗星出现之年。孛亦作茀。《天官书》"朝鲜之拔,星茀于河戍;兵征大宛,星茀招摇"。《索隐》:"音佩,即孛星也。"《御览》八七五咎征部:有"孛"一项,又八七七有"雨土"一项。土允无斁指土星,说已见前。

　　《左传》昭十七年"有星孛于大辰西及汉",杜注:"夏之八月辰星见在天汉西。"

《公羊传》昭十七年冬,"有星孛于大辰。孛者何?彗星也。其言于大辰何?在大辰也。大辰者何?大火也。大火为大辰,伐为大辰,北辰亦为大辰"。何休注:"大火谓心,伐谓参伐也。大火与伐,天所以示民时早晚,天下所取正,故谓之大辰。辰,时也。北辰,北极,天之中也,常居其所。"《广雅·释天》:"参伐谓之大辰。"《诗·召南》:"维参与昴。"毛传:"参,伐也。"郑玄云:"伐属白虎宿,与参连体而六星。"按大火心宿为龙星,参、伐则为白虎。

《夏小正》"正月初昏参中"以为岁首,于他月言"参则伏""参则见"。辰又专指大火。《左传》子产对叔向言:"高辛氏有二子,……迁阏伯于商丘,主辰(火),商人是因,故辰为商星。迁实沈于大夏,主参,唐人是因,以服事夏、商。"东龙西虎之分判商与夏,所主星辰之不同寓焉。故参亦为大辰。故《晋语》云:"辰、参,天之大纪也。"夏历以初昏参出见为岁首。上引帛书言"孛岁于八月之七日八日,参伏不得见",其应在主天雨。参为天下授时取正之大辰,故特书之。此所谓"见伏有时"者也。(或读"参""职"连文,解为变理阴阳,此三公之事,不能加之于楚国,于文理亦不顺也。)

## 五、匿——德匿

帛书屡言德匿,亦但言"匿"者,丙篇月下云:

> 日欰,戠衞□得。以匿,不见月。在□□不可以言祀,凶。

此处"匿"字,当读如《左传》昭十七年季平曰"唯正月朔,匿未作,日有食之"之匿。《尚书大传》云:"朔而月见东方谓之侧匿。"侧匿在朔本应见月,今乃不见,故为咎征,不宜于祭祀。

"德匿"一词诸家均从音训,读为"侧匿"。

然帛书乙云:

> 五正乃明，其神是亯。是谓德匿，群神乃悳。

一句颇为费解。或以刑德为说，以德指天赏，匿指天罚。然帛书始终未见"刑"字。只有"型百事"一语，型字是仪刑之义。

余谓匿可专指侧匿，仄匿。增一德字，义当不同。《天官书》结语叙五色帝行德甚备。复云：

> 天行德。天子更立年；不德，风雨破石。

《索隐》训"北辰有光耀，是行德也"。帛书言"佳孛德匿"。即有莣之岁，天已不能行德，是为德之匿之例，即为不德，必有灾变如"风雨破石"之象。"风雨"一词，帛书屡见，如甲篇"风雨是于""百神风雨，晨祎乱作"等句。秦简于危宿，亦云"数诣风雨"，俱其明征。故知五正乃明四句意当解为五官五佐诸星光明，由于群神得到合理之祭亯，（纵在）德匿（不德）之际，而群神仍能代天行德。如是可以讲通。

## 六、神，民异业与建恒裼（属）民

《史记·历书》太史公曰："黄帝考定星历，建立五行，起消息，正闰余，于是有天、地、神、祇、物类之官，是谓五官。各司其序，不相乱也。……神是以能有明德……少暤氏之衰也，九黎乱德，民神杂扰，不可放（依）物，祸菑荐至，莫尽其气。颛顼受之，乃命南正重司天以属神，命火正黎司地以属民，使复旧常，无相侵渎。"此段文字取自楚语，人所共悉。火正之黎即是祝融（《索隐》说）。祝融为楚人祖先，故帛书言"炎帝乃命祝融，以四时降奠。三天□思，敓（敷）奠四极"（甲篇）。又云"群神五正，四旹尧羊（祥），建恒裼民，五正乃明，其神是亯"（乙篇）。

裼民即属民，正是火正祝融之职务。帛书乙篇对于群神及民，叮咛再三，说明神、民之关系,十分恳切。祝融(黎)分别神、民,使其异业,敬而不渎之事实,帛书祖述先德,可视作充分之佐证。而"是为德匿,群神乃德"一语,得历书可获确诂。五正乃明,即指神乃有明德,而德匿之岁亦即"乱德"之季。

褞(属)民之义即明,而建恒之"恒"尤须加以发挥。帛书既云:"寺雨进退,亡有常恒。"(《洪范》恒风、恒雨之类)又云:"毋动群民,以□三恒。"马王堆帛书《道法》云:"天地有恒常,万民有恒事,贵贱有恒立(位),畜臣有恒道,使民有恒度。天地之恒常,四时、晦明、生杀、輮(柔)刚……"此云"恒常",则帛书之"常恒"。"恒"之观念,从天道论之,尤为重要。《易·系辞传》:"易有太极,是生两仪。"马王堆帛书本作"易有大恒"。大恒等于太极,故"建恒"可解为"建其有极"。若乎五正;《鹖冠子·度篇》:"天地阴阳,取稽于身,故布五正,以施五明。"马王堆帛书《五政》:"黄帝问阉冉曰:'五正既布,以司五明,左右执规,以寺(待)逆兵。'"知"五正乃明"一类语句,乃兵阴阳家之恒言。鹖冠亦楚人,正可互证。帛书云:

民祀不盿(庄)帝将繇以乱□(逆)之行。

乱下一缺字,以"日月星辰乱逢其行"之逆字补之,自是恰当。民祀不庄,则不能敬而渎。如是天将降灾祸,示之以天象,为种种灾异。此又帛书之史料价值,与楚之古史息息相关,须为指出者也。

**附楚史札记二则:**

一、祝融、共工与噎——楚先世之神话

《山海经·海内经》:"祝融降处于江水,生共工,共工生术器。……共工生后土,后土生噎鸣,噎鸣生岁十二。"

《大荒西经》:"颛顼生老童,老童生重及黎,帝令重献上天,令黎邛下地,下地是生噎,处于西极,以行日月星辰之次。"

以上两条互相比对,可知后土即邛下地之黎,噎鸣即噎,表之如下:

(处于江水)

```
祝融——共工——┌ 术器
              └ 后土——噎鸣——岁十二

颛顼——老童——┌ 重（上天）
              └ 黎（下地）——噎（行日月星辰之次）
```

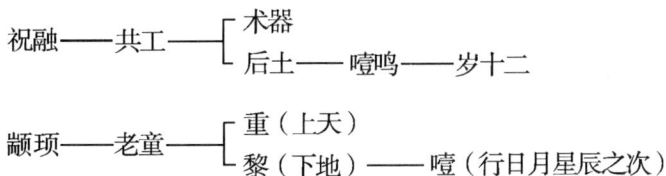

如依《史记索隐》说，黎即是祝融，从《海内经》所刊世次，中间尚有共工、后土两世，而噎与噎鸣原亦是一而非二，噎鸣生岁十二，噎与"壹""一"通用。汉志有"太一兵法"阴阳家作"太壹兵法"故"噎"宜读为"一"，生岁十二之噎，能行日月星辰之次，非泰壹莫属，当亦即太一，《说文》甲字下即引《太一经》语。故知噎为司太岁之神。

汉七星盘十二神有大乙，乃借乙为乙，说文："乙，齐鲁谓之乙，取其鸣自謞，象形也。"其字增益鸟旁则成鳦。楚帛书"曰取，乙则至"乙实为玄鸟。故《左传》记"玄鸟氏，司分者也"。古者天子以春秋礼太一，以其司春、秋分之故。鳦为玄鸟，故复称曰噎鸣。敦煌本《瑞应图》所绘凤鸟，其一名曰发鸣，发鸣与噎鸣殆是一名之分化。

噎主行日月星辰之次，故生岁十二，又为黎（祝融）之后。帛书述"日月之行"以帝夋为主，兼言炎帝命祝融以四神降奠，且及共工。在取月复提及乙（鳦）。……以共工传说为祝融之子，故云"共工夸步，十日四时"。日月星辰时令亦其所司，观于《海内经》，可明其说之由来。秦、楚同祖帝高阳颛顼，故皆有玄鸟传说。《秦本纪》云："秦之先，帝颛顼之苗裔，曰女修。女修织，玄鸟陨卵，女修吞之，生子大业。"近时秦景公墓出土大磬上有"高阳有灵四方以鼏"之句，可证《史记》之有据。然古史记载，人神杂糅，世系骈枝，只能略寻其系统而已。

二、睢泽、沮尾与楚人之开国

甲篇有二地名，与楚史有密切关系，宜再加考证，即虗尾与鼆尺（泽）两地。

虗遅：以丙篇玄月"可□□遅乃倡"句证之，甲篇"乃取虗遅"句，其末字当是从尾从辵，李（零）何（琳仪）诸家所见悉同。李零读遅为徙，何同，释此句为"方娶且徙"，读取为"娶"，虗为"且"。按"娶妻又转徙"，说颇勉强。余谓

"虘遅"盖地名,虘即沮水之沮。地名、水名每系"尾"字,如《禹贡》"陪尾",宋人称楚尾皆其例,《史记·天官书》言"山川首在陇蜀,尾没于勃碣"是也。故虘遅可解为沮水之浘。尾闾字亦作浘(见《集韵》),此则为繁形从辵作遅。

骎尺(泽):上文言尻于骎口,下一字口残,何氏校补释为尺。读为斥与泽,可从。余前定骎为睢之繁形,睢水之名见《左传·哀公六年》《中山经》《淮南子·地形训》,是为楚之望也。睢斥即睢泽,以指睢水,甚合。

睢泽与遅(沮)尾,在荆山,为楚人发祥之地,帛书重复述之。《墨子·非攻下》言熊丽事有异本,原作"昔者熊丽始讨此睢山之间"。毕沅校"讨"为"封"字。吴承志《横阳杂记》卷十校云当作"始讨附睢,邦于荆山之间"。改字增文,未必可靠。《楚世家》称其先世有"附沮",《路史后纪》作附叙,始封于熊(姜亮夫《辩楚之始封》引此)。吴氏以附沮为附睢,此人名附沮,自是因居于沮水而得名。《中次八经》睢水出于景山,又称漳水,东南流注于睢。《左传》定四年昭王出奔,涉睢,字均作睢,古时沮、漳二水合流(杨守敬有《沮漳水考》,见《晦明轩稿》),《水经·沮水注》:"沮水出汶阳郡。沮阳县西北景山,即荆山首也。"沮水甚长,流当阳,即王粲《登楼赋》"倚曲沮之长洲"者。其水所经即今之蛮河流域。(详石泉《古代荆楚地理新探》第211—257页)

甲篇从开辟草昧之包牺叙起,以其为人类祖先,今苗、瑶之俗尚然。继言其民居于骎尺(泽)。又云:"风雨是于(谒),乃取虘遅(沮尾)。"则叙楚人开国跋涉于睢山沮水间,疾风雷雨,以启山林之事。故云:"乒田俋俋(偪偪)□□口女(如)。梦梦墨墨无章弼弼。"古代描写星象,每用"章"字,《天官书》:"晨出曰青章,青青甚章。""晨出曰大章,苍苍然。"章既彰,"无章"即谓暗晦不明。"弼弼"有如茀茀。帛书《兵容》"茀茀阳阳",茀茀指阴,与阳相反。《广韵》入声八物:"茀,草多。"弼弼犹茀茀,草昧未辟之象。

下言"为禹为万,以司堵壤,咠而步蹯。"遅字即逞。咠读为暑。何氏引《文选·演连珠》"仪天步暑"。今按逞当读为程。帛书《正乱》云:"惪为地程。"程亦程之借。程训度训限。地程者,如《元朝秘史》卷一:"都蛙锁豁儿,(Duwa-Soqor)独眼,能望三程之地。""步程"应下文"共工夸步"之步。甲篇首段,文多四字为句,示天造草昧,艰屯万状,所谓辟在荆山,以处草莽。

此正其写照也。

## 乙、帛书丙篇与秦简《日书》合证

帛书乙篇云:

> ……是月以娄,历为之正佳十又二□(辰)

此句中间"佳"字不是发语词,当读为"惟";惟:为也。《书·皋陶谟》:"万邦黎献,共惟帝臣。"《经传释词》引此以训"为"。是言以为十有二【辰】,即十二次。十二次原依十二辰而定②,即将天上星座划为十二区域。就二十八宿之系列,为之正度以明时。娄宿属西宫白虎,在降娄之次,居于戌位,为白羊座 a。楚帛书所见二十八宿,从其同音假借加以推断,除上述娄宿外,又有参、长(张)逅(尾)、女、火等。自随县出土二十八宿记名之漆器以后,知楚人对星宿已有充分认识,加以秦简《日书》甲乙种二十八宿之详细记录,二十八宿占在楚国帛书时代想亦必相当流行。③

云梦《日书》乙本《宫》篇:从正月起刊出宿名,录之于下,以甲本校之:

> 正月　室:利祠,不可为室及入之。以取妻不宁,生子为吏。
>
> 　　　东臂(壁):不可行。百事凶。以生子不完,不可为它事。
>
> 【二月】　奎:祠及行吉,以取妻,女子爱【而口臭】生子为吏。
>
> 　　　娄:利祠及行,百事吉。以取妻爱【之】。生子亡者,人意(忆)之。
>
> 三月　胃:利入禾粟,及为困仓,吉。以取妻,妻爱。生子使人。
>
> 　　　卯(昴):邋贾市吉。不可食六畜。以生子喜斫(斗)。

---

② 参看傅运森《十二辰考》(《张菊生祝寿论文集》)
③ 工藤元男:《二十八宿占卜(一)秦简"日书"札记》(史摘 8)

四月　毕:以邋,置冈(网)及为门,吉。【以死必二人】取妻必二妻。不可食六畜。生子痤,亡者得。

　　　觜(嶲):百事凶。可以敚人攻雠,生子为正。

　　　参:百事吉。取妻吉,唯生子不吉。

五月　东井:百事凶。以死必五人。所杀生(牲)必五生死。取妻多子,生子旬而死。可以为土事。

　　　舆鬼:祠及行吉。以生子痒,可以送【从】鬼。

六月　酉(柳):百事吉,以【生】子肥,可以始寇(冠)。可请谒,可田邋,取妻吉。

　　　七星:百事凶。利以垣,生子乐,不可出女。

七月　张:百事吉。取妻吉,以生子为邑(杰)。

　　　翼:利行。不可臧(藏)。以祠必有火起。取妻必弃。生子男为见(觋),女为巫。

　　　轸:乘车马。【制】衣常(裳)。取妻吉,以生子必驾。可入货。

八月　角:利祠及行,吉。不可盖屋。取妻,妻妒,生子,子为吏。

　　　亢:祠,为门,行,吉。可入货,生子必有爵。

九月　氐:祠及行,出入货,吉。取妻贫,生子巧。

　　　方(房):取妇家(嫁)女出入货及祠吉。可【以】为室屋,生子寡(一作富)。

十月　心:不可祠及行,凶。可以【行】水。取妻悍,生子人爱之。

　　　尾:百事凶。以祠必有敓,不可取妻,生子贫。

十一月　箕:不可祠。百事凶,取妻,妻多舌,生子贫富半。

　　　斗:利祠及行贾、贾市吉。取妻,妻为巫。生子不到三年死,不可攻。

　　　牵牛:【可祠及行】吉。不可杀牛,以桔(结)者不释。以入牛老一,生子为大夫。

十二月　婺女:祠、贾市、取妻吉。生子三月死,【不死】毋晨。

　　　虚:百事凶。以结者易择,亡者不得。取妻,不到。以生子,毋它同生。

危:百事凶。生子老为人治也。有数诣风雨。

每月所值星宿,各有宜忌,与帛书十二月所记宜忌吉凶,事类大致相同;帛书不书二十八宿,以理推之,当与星宿有关。

古印度亦以二十八宿为占候。《阿闼婆吠陀》第 19 卷 7 与 8 两诗篇皆举"二十八舍"之名,且向麦粒星座(Abhijit)(即天琴座 d)、人足星座(即天鹰座 a)祈福(W.D.Whaney 英译)云:"Let Abhijit give me Whis is auspicious,Let Cravasta and the Cravishthai make good prospperity"。(19,7,4)于星宿,祈福禳灾,中外固一揆也。

帛书所以特记参、娄、张诸宿者;以值此三宿都"百事吉",尾则不然,值尾则"百事凶",故云"遅乃咎。"

十二月繇辞涉及天文者,略为疏说如次。

(正月)取月辞云⋯⋯乍□北征,衡(帅)有咎。武司(司)□,其敔。

此类文字,在《天官书》中见到不少,如云:"起师旅,其率必武。"帛书衡字即衞,与禹鼎同,通作帅。以帛书证《天官书》"其率必武",当读"其帅必武"乃合。其敔,从朱德熙定为敔,按敔读为"遏"。

(二月)如月辞云
女 𠃌 武
曰女。可以出师,敛邑
不可以豪女取臣妾
不火,得不成。

女下一字李零认是"此"字,可从。《元命包》释紫宫云:"紫之言此也,宫之言中也。言天神运动⋯⋯皆在此中也。""女此武"者谓月值女宿在此必武。《天官书》"其率(帅)必武",故其辞云:"可以出师。"

豩字朱德熙据望山简"以保豩为邵固贞",豩字下半声符或作"至"不作"豕",因谓壹女应读如"致女"。

秦简云:"须女,祠贾市取妻吉。生子三月死,不死毋晨。"故不可以致女,《春秋》成九年"季孙行父如宋致女"。"不火"者,指不可出火。《周礼·夏官·司爟》:"……季春出火,民咸从之。"如月为夏二月,是时大火犹未见,一切农事不举,故云"不成"。《左传》梓慎言:"火出于夏为三月,于商为四月,于周为五月;夏数得天。……裨灶言于子产曰……若我用瓘……斝玉瓒,郑必不火。"帛书"不火"语正同此。古代以大火之心宿为农祥季候,放火烧畲。(参庞朴《火历初探》,见《稂莠集》)如月不火,殆指是时大火犹未出,故不可以出火。

《史记·天官书》"有主命不成","不成"二字亦与此同。

(三月)秉司春

妻畜生分女□。

秦简《日书》稷辰,正月二月为秀。"秀是胃(谓)重光,利野战,利见人及畜,畜生,可取妇家(嫁)女"(761文)语句与此略同。

(四月)余取女,曰余,不可以作大事。

四月之余月。余训舒,万物发舒之月。特别标出"取女"者,谓是月娶女,大吉。臧月则反之,娶女凶。"作大事"屡见于秦简。例如:秦简:"恖结之日,利以结言,不可以作大事,利以学书。"(9090)"结言"即《离骚》"解佩以结言"。赢阳之日,利以见人;祭,作大事,取妻吉。(910)

嫁娶之吉凶以岁星配时月为占(简1092),秦简《日书》大抵以最初之四月、八月、十二月之岁星位于东方起算,视其移动,观其向背(反乡)以占吉凶。帛书以四月余为取女之吉月,想必以岁为占,有同然也。(工藤元男文,《木简研究》十号,1988年2月)

辞又云"取女为邦芙",此字从艸从犬甚明,盖莽之省形,说者多歧。从艸从舜同意。芺借为茂，茂有盛美意。为邦茂者，以四月余宜于取女。余，舒也，如枝叶之畅茂，此为吉词。臧月则反是。

（五月）欱出睹
日欱，戱衙（帅）□导。

戱字从鸟旁，采曾宪通说，戱从鸟戈，即《广韵》八戈之鴚字。字与从呙之过、祸、祸诸字皆音古禾切，故借为祸。戱帅谓于主帅不利，读如祸帅。

【八月】虞月辞
日虞，不可出师。水，帅不还。其敃其还。至于其下，□不可以言，□。

虞即夏六月之且月，于辰为未。二十八舍，未在井、鬼之间。《史记·天官书》："东井为水事。"又云"祸成井"，"诛成质"。《正义》云："东井八星，钺一星舆鬼四星，一星为质，为鹑首，于辰在未"（皆秦之分野），《集解》引晋灼云："东井主水事，火入一星（按：指质为鹑首）居其旁。天子且以火败，故曰祸也。"虞月于辰为米与井含在未同，井为水事，故辞云"水"。舆鬼五星，其中白者为质。正义引占："鬼星明大，谷成；不明，百姓散。质欲其没不明，明则兵起，大臣诛，下人死之。"此辞云"其敃其还。至于其下"者，敃字，残缺过甚，宪通摹出作敃，偏旁为昏，益支，昏或为昏。即为不明。因质星以没不明为吉。虞月在辰位，其宿为井。井八星其一为质，质昏而不明，则其师可复，且及其下人。否则被诛且败。上辞宜于水字断句，谓逢水不利于师，水谓行水。秦简"十月必可以【行】水"义同。"不还"语帛书两见。《天官书》"有军不复"是也。

【八月】臧□□
日臧不可以敛室，不可以□师，师脒（瘵）不还，其邦有大乱，取女凶。

"师脒"从朱德熙说读为师瘵。《公羊》庄二十年："大灾者何？大瘵也。"师瘠谓师病。

【九月】玄月辞云：
曰玄，可以歠(筑)【室】可□□，遹乃咎。

遹即尾，为苍龙大火之一，居寅、卯间。秦简："十月尾百事凶，以祠必有敫，不可取妻。"在玄戈篇则云"十月……心尾致死，"以岁星反其向而行，故极凶。敫读为毂。后代月煞神有四击，指春三月之戌、夏三月之丑、秋三月之辰、冬三月之未(见李光地《星历考原》)以尾为咎，或以其有击日乎？

【十一月】姑分长
曰姑利侵伐，可以攻城，可以聚众，会诸侯，型百事，瘳不义。

十一月姑为子，子与午冲，北方玄枵与南方午之鹑火正相对，分天下之一半。长读为张。《开元占经》分野略例云："南方朱鸟七宿，其形象鸟，以井为冠，以柳为口。"《广雅·释天》：

东井谓之鹑首，张谓之鹑尾，轸谓之鸟孥。

张楫计鸟孥而不计鹑火，故以张宿为鹑尾。其实南方七宿自井至轸在十二次分为鹑首、鹑火、鹑尾。张宿亦当午位。张为鹑鸟之嗉。《尔雅》云："亢，鸟咙，其粻嗉。"粻通作张。郭璞注："嗉，鸟受食之处也。"《史记·天官书》："柳为鸟注七星颈，张，素为厨。"正义："柳八星，星七星，张六星为鹑火，于辰在午，皆周之分野。"张六星，六为嗉，主天厨食饮。占以明为吉，暗为凶。"金、火守之，国兵大起。"按姑于辰为子，与张为午，对冲，张宿守火。故利于侵伐。

"型百事"句，勘以秦简乙宫篇"百事吉""百事凶"，成语习见，宜释为"百事"。谓仪型百事，于字形亦合。或读"首事"，非是。

帛书十二月纪名有二例，一言其所司，四时之秉司春、虘司夏、玄司秋，荃司冬,此一例也;另一例则亦以三字为句,由于字多残,向来不易解读。其春季三个月名一组,皆与星宿有关则显而易见。

正月取　取即陬,虞喜以为陬訾,陬訾为十二次在亥之名,于二十八宿位于营室东壁。正月日在营室,日月会于陬訾,故以孟陬为名。(郝懿行亦取此说)

二月女　《尔雅》作"如"。二月之名女,当取之女宿。女亦称须女(《淮南子·天文训》)、婺女(《广雅》)、天女(《开元占经》引巫咸)、婺女(《吕览·有始览》北方玄天,其星:婺女、虚、危、营、室)。

三月秉　《玉烛宝典》引《尔雅》"三月为柄"。秉即斗柄。《史记·天官书》:"二十八舍主十二州斗秉兼之。"斗秉即斗柄,故知三月名曰秉者,当取义于斗秉。

以上春季陬女、自取至秉三名以合天象之二十八舍,即自壁至斗,于四象中正当北方玄武之位。

《天官书》云:"礼、德、义、杀、刑尽失,而慎星为之动摇。"天与人相应有如此者,上述五者,以德、义、杀三事在楚帛书中每见载述,德除屡见"德匿"一词之外,若云"群神乃德",神亦有明德,太上修德可以去灾。"义"在丙篇中所见如云"敓伐不义于四□"(易月)、"瘳不义"(姑月),对不义之深恶痛绝,亦复叮咛再四。杀则见于陬月云:"曰取乇则至,不可以□杀。"如是而已。

总而论之,丙篇依月令而书每月之宜忌,星宿与下土,垂气相属,垂象以示吉凶。楚之占星家,自唐昧、甘德以来,所记亦复凌杂米盐,惜其书久已沦丧,赖帛书尚存其端倪,云梦秦简事虽入秦,仍承楚俗,故其言多若合符节。文字征异者,如楚曰"祭"曰"享祀",而秦曰"祠";楚曰豢(致)女,秦曰家(嫁)女。至于"作大事""作土事"诸语多同,而"水"及"百事"二端,有赖秦简以订旧解之失。本篇取两者合证,略发其凡。尚望方闻,理而董之。

1990 年 1 月稿

【饶宗颐　香港中文大学名誉教授】

原文刊于《中国文化》1990 年 02 期

# 楚帛书的再认识

李　零

【内容提要】赛克勒医生收藏的楚帛书举世闻名,赛克勒美术馆新获的其他同出帛书的残片,也早为考古界所注意。1993 年 1—5 月,作者应美国华盛顿史密森尼研究院邀请,在赛克勒—弗利尔美术馆作短期研究,写成这篇专题报告。报告第一次披露了楚帛书流美的真实经过,还对帛书的种类、形制、图像、文字和共出帛画做了综合研究,纠正了一些误解,提出了不少自己的看法。报告英文初稿曾于 1993 年 4 月 21 日向赛克勒—弗利尔美术馆的同行作口头演讲。

## 一、引言

我们对古代的知识太可怜,从前只有书本上的,当然很不够,近代加上考古发现是进了一大步,王国维叫"二重史证"。但现存历史资料,无论"地下"所出,还是"地上"所存,都已残破不全,需要串联、整合,根据一定线索去"复原",难度很大。正像文献有传本和逸文之别,地下出土物也分两类:一类是经科学发掘的出土物,一类是有意盗掘或无意发现的传世品。在我看来,如何把二者结合起来,无论对考古学家也好,还是对文物和艺术史的研究者来说,都很重要。

　　大家也许知道,在中国,博物馆"分家"——即分成以考古为主的研究所和以收藏为主的博物馆两个系统——只是近十年的事情。最初的考古发掘,除中国科学院考古研究所(现归中国社会科学院)和北京大学历史系考古专业(现独立为考古系)进行的"主动发掘"外,真正属于一线抢救性质的发掘几乎都是由博物馆来承担①。考古在中国是历史学的组成部分。中国的博物馆也几乎是清一色的"历史博物馆",他们的工作人员很多是毕业于历史系,特别是其中的考古专业,馆藏也是以发掘品为主体。这同美国的博物馆多以传世品为对象,侧重艺术史和工艺史的研究是不太一样的。

　　过去,我在考古所学习和工作过六年。在那里,作为一个年轻人,我时时被告诫:千万不要走"金石学老路"。中国的金石学,除重视文字和利用文字考证历史之外,主要也是把古物当艺术鉴赏的对象。这种研究,眼里只有孤立的传世品,缺陷是明显的。但"科学的"考古发掘在西方只有 170 年左右,在中国也只有 60 多年,更大的时间跨度是由累世所积的"古物"所占据。有的考古学家很讨厌"文物"这个词,觉得把发掘品和传世品摆在同一个字眼下是有辱"科学",但在历代著录和现存藏品中,传世品除陶器外,在许多方面(如甲骨、铜器、玉器、瓷器、碑版、书画)都是"泱泱大国";即使是发掘品,写完报告,也还得超离"坑""群"做进一步研究。如果我们以传世品"庶出非嫡"而把它们拒之门外,那是非常可惜的。

　　对于考古发掘,传世品常常是重要线索和背景参考。如著名的益都苏埠屯商代方国墓地,就是通过祁延霈先生对传世品的追踪调查才发现②。而同样,大量如珠子离线,散存于公私藏家之手的传世品(包括见于著录而失传者),也往往要到考古发现中去寻根,才能被理解。如宝鸡弜伯墓地的发掘对研究宝鸡斗鸡台所出,端方和党玉琨旧藏的两套带铜禁的酒器就颇有启发③。特别是我们不能忽视,中国有那么多的农民(盗墓者即产生于这块土壤),他们挖土不止,发现古物的概率最大,不仅过去,就是现在,也还常常是考古学家的先导。

---

① 现在中国设有考古系的大学已经很多。
② 祁延霈:《山东益都苏埠屯出土铜器调查记》,《中国考古学报》,第 2 册,第 167—168 页。
③ 卢连成、胡智生:《宝鸡弜国墓地》,文物出版社 1988 年。

中国近代有些盗掘,如浑源李峪村、新郑李家楼、洛阳金村和寿县朱家集的发现,都是千载难逢,少了这种个例还真不行。现在我们要谈的正是这样一个例子,它就是美国赛克勒美术馆(The Arthur M. Sackler Gallery)保存的无价之宝——楚帛书。

## 二、楚帛书的来历

楚帛书的出土与收藏过去是一笔糊涂账。这对了解楚帛书是很大的不幸。因为古物流散的大问题,一是"离坑",二是"失群"。整合的先决条件,是从收藏源流入手,顺藤摸瓜,找到它的"坑"和它的"群"。

由于楚帛书是盗掘出土,出土后又辗转易手,从盗墓者到收藏家,从收藏家甲到收藏家乙,很多环节都衔接不上,很多细节都模糊不清,所以学者一直是在"五里雾"中。特别是70年代以前,美中之间横着一大鸿沟,楚帛书的故事在中国一直是作为"美帝国主义劫掠中国文物"最出名的罪证之一④。为此,与楚帛书有关的两个当事人蔡季襄(帛书的最初收藏者)和柯强(John Hadley Cox,携帛书入美者),一个在国内担惊受怕,一个在海外屈辱莫名,似乎都有难言之隐。他们的沉默也增加了人们的好奇。结果正像我们从1991年11月23日《湖南日报》上所读到的⑤,这个故事现在已经变得更加离奇,也更加广为人知。

对楚帛书的出土收藏,我所关心的只是历史事实,而不是政治宣传和商业秘密。比如帛书的出土时间是什么,盗掘者是谁,出土情况如何,以及它流入美国的时间、保存经过和拍过哪些照片、做过哪些检验等。学术乃天下之公器,我不希望这些基本事实竟被当作政治宣传和商业秘密的殉葬品,永远从历史上抹掉。

研究楚帛书的来历,尽管传闻异辞,颇多矛盾,但仔细爬梳整理,基本讲法是两种。一种是来自湖南当地。如盗墓者(当地叫"土夫子")、蔡季襄、商承祚,还

---

④ 《美帝掠夺我国文物罪行一斑》,《文物参考资料》1950年11期,第60—64页;商承祚:《战国楚帛书述略》,《文物》1964年9期,第8—20页。

⑤ 金式:《缯书,得而复失的国宝》,《湖南日报》1991年11月23日3版。

有湖南省的考古学家,他们都很肯定地说,楚帛书是 1942 年盗掘,1946 年流美⑥。另一种是来自海外的传闻和推测。如梅原末治、钱存训和巴纳,他们都认为帛书应是 30 年代后期柯强任教长沙的前后出土,并且流美时间合理地应在 1937 年柯强返国之后⑦。特别是巴纳引用了据说是移居海外、隐姓埋名的另一盗墓者提供的消息⑧。按照这一消息,帛书的出土时间是 1934 年。他们对出土情况的描述也很不一样。如盗墓者说"《缯书》一端搭在三脚木寓龙尾部,一端搭在竹筒的盖上"⑨,蔡季襄说"书用竹笈贮藏,折叠端正"⑩,巴纳引述的说法则是塞在椁木间⑪。其他差异还有很多。

对于弄清楚帛书出土的"坑",有重要意义的是,1973 年,湖南省博物馆在当年盗墓的"土夫子"引导下,重新发掘了出土帛书的墓葬,地点在旧长沙城东南郊一个叫子弹库的小地方,位置在今省林勘院内(图一)⑫。这一发掘除找到楚帛书的出土地点⑬,还有不少收获,一是通过器物组合确定的墓葬年代,可知楚帛书大约是战国中晚期之交的古物;二是墓中出土了一件罕见的战国帛画⑭;三是其他出土物亦可与"土夫子"、蔡季襄、商承祚等人的描述相互印证和相互补充。

楚帛书之出土流散,故事的一半在中国,一半在美国,非做跨国的研究不能璧合。过去我没条件研究这一问题,在拙作中只能兼收异说,不下结论⑮。1990

---

⑥ 湖南省博物馆:《长沙子弹库战国木椁墓》,《文物》1974 年 2 期,第 36—40 页;注④引商承祚文;以及下文所述调查。案:湖南考古学家和商承祚的说法都是来源于盗墓者和蔡季襄。盗墓者说见简报附录,蔡说见下所述蔡氏致商氏信。

⑦ 梅原末治:《近时出现の战国资料》,下中弥三郎《书道全集》(平凡社)1954 年卷一,第 32—37 页;T. H. Tsien(钱存训),"Written on Bamboo and Silk-the Beginning of Chinese Books and Inscriptions", University of Chicago Press 1962, p. 122;Noel Barnard,"The Chu Silk Manuscript-Translation and Commentary", Australian National University, Canberra 1973, p.1-4.

⑧ 注⑦引巴纳书,第 1 页。目前作者仍坚信此说(见他 3 月 7 日致笔者信)。

⑨ 注⑥引子弹库楚墓发掘简报的附录(第 40 页)。

⑩ 见蔡季襄《晚周缯书考证》(石印本,1945 年;又台北艺文印书馆 1972 年重印本)缯书考证第 1 页。

⑪ 注⑦引巴纳书,第 3 页。

⑫ 注⑥引子弹库楚墓发掘简报(第 36 页)。

⑬ 注⑩引蔡书说"墓位于长沙东郊之杜家坡"(缯书考证第 1 页),注④引商承祚文据盗墓者说正为"子弹库的纸源冲(又名王家祖山)"(第 8 页)。

⑭ 见湖南省博物馆《新发现的长沙战国楚墓帛书》(《文物》1973 年 7 期 3—4 页)和《长沙楚墓帛画》(文物出版社 1973 年);又《中国美术全集》绘画编 1(人民美术出版社 1986 年)图五一。

⑮ 见李零《长沙子弹库战国楚帛书研究》(中华书局 1985 年),第 1—10 页。

图一　子弹库楚墓的发掘地点（图中画黑线者）

年4月，罗潭博士（Dr. Thoms Lawton）和苏芳淑博士邀我参加由赛克勒美术馆举办的东周楚文化讨论会，使我得见帛书原物，一偿心愿；7月东游，再到此地，又详验了弗利尔美术馆（The Freer Gallery of Art）拍摄的早期帛书照片，也是大饱眼福。但因为时间仓促，茫无头绪，两次都没能调查这一问题。只是回国后，受苏博士鼓励，我才下决心来赛克勒美术馆"刨根问底"，希望通过这一研究，可以把新的消息带给学术界。

　　这次来美国之前，作为必要的准备，我先在国内摸了一下底。1992年8月，我利用到长沙参加马王堆国际学术讨论会之便在当地做过一次调查，采访了高至喜（湖南省博物馆名誉馆长）、傅举有（湖南省博物馆副馆长，子弹库楚墓的发掘者）、漆孝忠（湖南省博物馆退休的发掘技工，当年的"土夫子"）、何介钧（湖南省文物考古研究所所长，子弹库楚墓的发掘者）、胡德兴（湖南省文物考古研究所的发掘技工，当年的"土夫子"）和王宗石（雅礼中学的退休教员，柯强的学生），并在王先生的引导下，参观了雅礼中学的旧址。

据高至喜说，上述《湖南日报》刊载的故事很多细节都不可靠。他曾整理过蔡季襄的交代材料。事实上，帛书并非是简单地被"骗走"，而是蔡氏本人也想把它卖掉。他托柯强在美拍照和兜售[16]，要价 10000 美元，预付押金 1000 美元，留下收据[17]。后来蔡托同乡吴柱存（详下）带信到美，同柯有争执。傅举有和何介钧也向我介绍了子弹库楚墓的发掘情况，并带我见了漆孝忠和胡德兴。据他们讲，长沙盗墓有不同的团伙，其中与帛书有关，主要是 1942—1944 年以任全生为首的盗墓集团，成员包括漆孝忠、李光远、何炳初、胡德兴、杨再兴、龙云如、王菊生等人（任、杨、龙已去世）。这些"土夫子"，1949 年以后多被湖南省博物馆接收，"分家"后也是两边都有。1942 年挖子弹库楚墓是任全生等四人，1973 年重掘此墓也是由任、漆、李、胡四人带着找墓，目的是想同刚刚发掘的马王堆汉墓做一比较（二者都是当地所说的"火洞子墓"，即用白膏泥或青膏泥封墓）。简报后的附录就是出自任全生所述。过去我曾推测此墓所出帛画或即巴纳引盗墓者说提到的，留在墓中没有取出的另一"帛书"[18]。这次当面请教，他们说绝不可能。因为虽然帛画是发现于椁盖板和隔板之间的盗洞旁边（图二、三），但这两层板是卡死的，根本没有移动过的痕迹，既拿不出也插不进任何东西。可见帛画是下葬时就放入。

对巴纳提供的时间，现在我有一个感觉：他似乎主要是想把他与柯强在雅礼中学任教的时间衔接起来。因为按耶鲁中国学会（The Yale in China Association）保存的派遣记录[19]，这一时间是 1935—1937 年。1934 年正好在其前。而且巴纳还特别提到，柯强返美后在耶鲁大学举办过他所获长沙文物的展览，时间是 1939 年 3 月 26 日—5 月 7 日（案：柯强自撰的展览说明书也提到，这些文物是他 1936—1937 年在长沙任教时得到，但值得注意的是，其中没有提到楚帛书）[20]，没

---

⑯ 注④引《美帝掠夺我国文物罪行一斑》说蔡是把帛书"卖给了"柯强，不确，实际上是托卖。注⑤引金式文也讲到照相一事。

⑰ 蒋玄佁：《长沙》第 2 卷（上海今古出版社 1950 年）和注④引《美帝掠夺我国文物罪行一斑》都提到这一收据。

⑱ 注⑮引拙作，第 8 页。

⑲ Reuben Holdden, "Yale-in-China, the Mainland, 1901—1950", New Haven, Yale in China Association Inc, 1964.

⑳ John H. Cox, "An Exhibition of Chinese Antiquities from Changsha, Lent by John Hadley Cox (March 26—May 7, 1939)", Gallery of Fine Arts, Yale University, New Haven, Connecticut 1939.

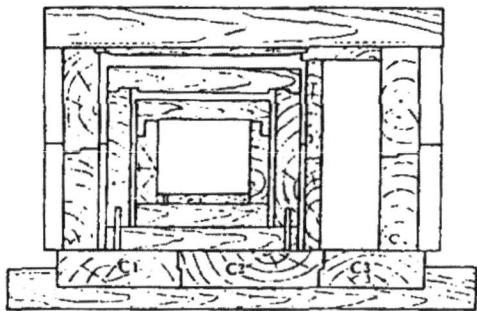

图二　子弹库楚墓的棺椁

（图中最上一层为椁盖，其下的薄板即隔板）

图三　盗洞（箭头所指即帛画的出土位置）

有任何记录可以证明，此年以后他还第二次到达过中国㉑。但最近商志䃔先生（中山大学人类学系教授）公布了其父商承祚先生生前收藏的子弹库帛书的残片㉒。他在遗物中发现了一封蔡氏写给商氏的信（写于 1974 年 8 月），述及 1946 年他在上海与柯强会面，谋售帛书之事㉓。而不久前，柯强本人在一封致罗覃博

㉑　注⑦引巴纳书，第 4 页。目前作者已放弃此说（见他 3 月 7 日致笔者的信）。

㉒　《文物》1992 年 11 期，第 32—39 页：商志䃔：《记商承祚教授藏长沙子弹库楚国残帛书》，饶宗颐：《长沙子弹库残帛文字小记》，李学勤：《试论长沙子弹库楚帛书残片》。又商志䃔：《商承祚教授藏长沙子弹库楚帛书残片》，《文物天地》1992 年 6 期，第 29—30 页。

㉓　注④引商承祚文也说帛书是从上海流美。此信年代见注㉒引商志䃔文，内容则承中国社会科学院考古研究所王世民先生告。

士的信中也承认,他是 1945 年日本投降前夕到达上海㉔。这些都说明柯强还有第二次来华。可见把帛书出土流美的时间定在 40 年代,与柯强居长沙的时间其实并无矛盾。

现在按中国方面的消息,我们可以列一个更合理的时间表:

(1)1935—1937 年,柯强居长沙,任教于雅礼中学㉕。这期间,因长沙城外修筑要塞公路(用于对付日本人),发现大批古墓,柯强所收古物即这批墓中出土。事情在抗战之前,与楚帛书无关。

(2)1937 年抗战爆发,柯强返美。次年,雅礼迁沅陵。1941 年日军攻长沙,烧毁原雅礼校舍。1942 年元月日军退走,这以后到 1944 年,是任全生等人在长沙盗墓的时代。帛书出土是 1942 年 9 月,物归蔡季襄而整理成书是 1944 年秋㉖。蔡书出版于 1945 年春,序言提到 1944 年夏日军攻陷长沙,妻女被难,是书即作于避难途中㉗。此皆抗战中事,与柯强无关。

(3)1945 年日本投降,蔡、柯才有可能在上海见面。故次年,二人有沪上之议,帛书因而到美。

总之,从各方面看,长沙来源的消息要比海外的传闻和推测更为可信。这是故事的前一半。

关于故事的后一半,这次我在美国也做了初步调查。

首先,我到美国的第一站是西雅图,在那里我拜访了高至喜先生提到的那位"信史"——吴柱存先生(北京大学原西语系教授,现定居西雅图)。吴父与蔡季襄是朋友,本人是柯强的学生,并与王宗石同学。他也说《湖南日报》文颇多误记。关于带信到美和蔡、柯之争,他回忆说,1947 年年底,他离长沙赴美求学,带蔡信致柯,责问柯何以久无音信,说如果再无消息就上海牙国际法庭告柯。到美后,信由吴译成英文寄柯。柯回信大诉其苦,抱怨蔡太不够朋友,说我带帛书来

---

㉔　蒙罗覃先生示柯强 1993 年 4 月 30 日写给他的信。

㉕　关于雅礼中学的校史,可参看《兰林》(湘鄂印刷股份有限公司 1937 年)和雅礼校友会编《雅礼中学建校八十周年纪念册》(非卖品,1986 年)。

㉖　注⑩引蔡书。

㉗　注㉔引柯强信说,他是在与蔡季襄会面后才得到蔡书,并以若干本寄送弗利尔美术馆、大都会博物馆等单位。

美,东西是放在有特殊设备的仓库,极为小心;只要哪儿有大的展览,我都到处兜售,花了大量时间和金钱,你知不知? 信也是由吴译成中文复蔡,但蔡并未回信。1950 年,吴回国,柯写信托吴转告蔡,说蔡先生不是想在长沙建个现代化的印刷厂吗? 只要东西脱手,我会在这儿买最好的设备送去。但吴回国后留在北京任教,未同蔡联系,信一直留在手中。前后三信,第一封信的追忆稿和其他两封信的原稿均于"文革"中(1968 年 2 月 22 日)被抄走。

其次,蒙赛克勒美术馆慨允和承亨尼瑞(Colleen Hennessey)女士帮助,我还参阅了其档案中保存的柯强与纽约大都会博物馆(The Metropolitan Museum of Art)远东部主任普利斯特(Alan R. Priest)的通信(1949—1951 年,复制本)和柯强从大都会博物馆提取楚帛书的文件(1964 年 4 月,复制本)<sup>㉘</sup>。从中了解到：

(1)最初柯氏明确表示,他求售帛书是受朋友之托,分文无取,拒绝把帛书与他在长沙获得的其他文物搭在一起出售<sup>㉙</sup>。

(2)尽管柯氏把价钱压到 7500 美元(不足蔡氏所求的 9000 美元),并且反复广告此物如何重要,声称无人购买,就得归还中国,或到伦敦和斯德哥尔摩去卖,但普瑞斯特却无法说服大都会博物馆买下此物,只同意留供检验。故1949—1964 年帛书是以检验为名而寄存于大都会博物馆,当时是处于"无主"状态<sup>㉚</sup>。

(3)帛书在寄存大都会博物馆之前,曾向许多博物馆兜售,但都未成功<sup>㉛</sup>。

(4)帛书于 1950 年就已摄成照片(案:这一照片应即弗利尔美术馆摄制的第一个帛书照片,照片是用于兜售帛书的)<sup>㉜</sup>。

(5)除上述帛书,1950 年前后,蔡氏还曾把从中国带来的"未经装裱的"其他帛书和盛放帛书的书笈送福格博物馆(The Fogg Art Museum)检验<sup>㉝</sup>。

---

㉘ 其第一封信的年数"49"写得如同"45",但从内容看应与下一封信是同一年的同一月,前后只差 3 天。

㉙ 见 1949 年 10 月 25 日柯强信。

㉚ 见 1949 年 10 月 25 日柯强信和 1949 年 10 月 28 日、1951 年 4 月 19 日、1963 年 6 月 26 日普瑞斯特信和1964 年 4 月 10 日和 13 日有关柯强提取帛书的文件。

㉛ 见 1949 年 10 月 28 日普瑞斯特信。

㉜ 见 1950 年 1 月 19 日柯强信。关于弗利尔美术馆的照片摄于何时,目前从该馆档案查不到。赛克勒美术馆新获柯强所藏早期玻璃板幻灯片中有一套帛书照片,似乎与此是同一套照片。

㉝ 见 1950 年 1 月 19 日柯强信。

最后,关于帛书从大都会博物馆提出后如何易手于纽约古董商戴润斋(福保)先生和赛克勒医生(Dr. Arthur M. Sackler),3 月 1 日我还到新泽西拜访了美国著名的古物收藏家辛格医生(Dr. Paul Singer)。他送我一篇待刊之作,对这一过程有生动描述[34]。从中可知,帛书入藏戴氏是在 1964 年柯氏提取帛书之后,时间很短。1966 年,由于辛格医生慧眼独具,力劝赛氏购入此物,从此楚帛书才声名大噪[35]。1966 年后,它一直是赛氏藏品,并于 1987 年赛克勒美术馆建成后从纽约移存该馆。赛氏现已谢世,但他生前曾明确表示,总有一天他会把此物归还中国[36]。

现在,与楚帛书有关的当事人,中国的任全生、蔡季襄、唐鉴泉[37],美国的普瑞斯特、戴润斋、赛克勒都已作古。我很感谢湖南省博物馆、湖南省考古文物研究所、赛克勒美术馆,以及王宗石、吴柱存、辛格等各位先生的帮助,使我能在帛书出土半个世纪后尚能网罗逸闻,挽救若干史实于不坠。但遗憾的是,这故事后一半的中心人物柯强,他却拒绝了我的拜访[38]。

## 三、楚帛书的种类和形制

通常人们所说的"楚帛书"是指赛克勒医生收藏的那件楚帛书,但蔡氏和商氏还提到与这件楚帛书同出的一件竹笈和笈中所存的其他帛书残片[39],林巳奈

---

[34] Paul Singer, "The Ch'u Silk Manuscript", prepared for festschrift in honor of Dr. Arthur M. Sackler, 1987.

[35] 美国收藏家重"皮毛"而轻文字,所以帛书老是卖不动。据辛格说,戴氏购入柯氏所藏(存纽约大都会博物馆的所有文物)转售赛氏,本想匿此不出,被他偶然发现,打电话给赛氏,说"哪怕把你的藏品全都扔进哈得逊河,得此一物亦已足矣",此物才为赛氏所得。

[36] 辛格在文中曾预言,楚帛书也许会在北京大学赛克勒考古艺术博物馆开放之际归还中国,并说"我肯定他的愿望会实现,并且也许这个老头将会亲临该地一睹盛况"。又"Studio" Vol. 200, Supplement 1, 1987 (Dr. Arthur M. Sackler Special Issue)刊载了两篇文章:(1) Lois Katz, "The Arthur M.Sackler Collections" (pp. 36-61);(2) Miranda McClintic, "The Arthur M. Sackler Gallery at the Smithsonian Institution, Washington DC" (pp. 70-76),他们也都提到了赛氏生前的这一愿望。

[37] 他们 1949 年后都在湖南省博物馆工作。

[38] 他的学生总是怀着敬意谈起这位启发引导过他们的老师。但王宗石说长沙的雅礼同学会写信给他,他从不回信。我于 1993 年 11 月 22 日写信给他,亦无回信。

[39] 注⑩引蔡书缯书考证第 1 页,注④引商文(第 9 页)。

夫、巴纳和李学勤也讨论过这件帛书上残存的另一帛书的印痕，即所谓"第二帛书"[40]。可见子弹库帛书也像马王堆帛书一样，实际上是一批而不是一件，只不过人们对其他帛书的下落毫无所知罢了。这次我来美国的另一收获是找到了子弹库帛书的"群"。现在我们才知道，除去年商志醰公布的商承祚收藏的 13 片残帛[41]，其他帛书和书笺其实是与通常所说的楚帛书一起由柯强带入美国，长期未能售出（案：完书尚无买主，残帛可想而知了），只是 1992 年才成为赛克勒美术馆的藏品。这也就是说，子弹库帛书的"群"，其主体和绝大部分现在都在赛克勒美术馆。

关于子弹库帛书的"群"，因为揭开和整理的工作仍在进行[42]，这里只能讲一点很不成熟的印象。它包括用墨和朱砂两种颜料书写的若干不同帛书[43]：

（1）通常所说的楚帛书。这是一部讲各月举事宜忌的书，绘有四时十二月之神和青、赤、白、黑四木，大体完整。下称"第一帛书"。

（2）朱书残帛。位于残帛的上层，字体较大，有些残片可见朱栏。通常所说的"第二帛书"可能与此有关。

（3）朱栏墨书残帛。位于残帛中层，字体很小，其中提到按五行之位，居水如何，居土如何，以及各月的改火之木和服色等，似是一种月令之书。该书附图，画有大小两个圆圈，圆线是用内红外黑两色画成，各沿圈内一周标注楚十二月之名。商氏藏片中也有朱栏墨书的一种，似与此有关。

（4）墨书残帛。位于残帛下层，字体较大，无栏线，其中提到各种方向和"生气""死气"等词，并有一种用红线画成的折角，折角内书"丙""壬"等干名，似是刑德之书。

---

[40] 林巳奈夫：《长沙出土战国帛书考》，《东方学报》36 卷（1964）第 53—97 页；Noel Barnard, "Scientific Examination of an Ancient Chinese Document as a Prelude to Decipherment, Translation, and Historical Assessment", Australian National University, Canberra 1971, pp. 第 11—12 页；李学勤：《长沙子弹库第二帛书探要》，《江汉考古》1990 年 1 期，第 58—61 页（又收入其新著《周易经传溯源》，长春出版社 1992 年，第 197—203 页）。

[41] 这些残帛，只有最大的一片被找出，重新用红外线照片拍摄。其他只有 1964 年文物出版社史敬如拍的黑白照片。

[42] 这一工作正由史密森尼研究院（Smisionian Institution）的纺织品研究专家巴拉德（Mary W. Ballard）女士进行。据她检验，这批新获帛书也像第一帛书一样，都是绢质，并沿纬线书写。

[43] 承弗利尔美术馆实验室的温特（John Winter）先生告，经检验，朱书是用朱砂书写。

（5）墨栏墨书残帛。只见个别残片，字体较小。商氏藏片中也有墨栏墨书的一种，或与此有关。

另外，商氏藏片据说得自徐桢立，徐桢立得自唐鉴泉㊹。徐、唐手中是否还有其他残片，仍须做进一步了解。

下面让我们谈一下楚帛书的形制问题。

在古代书写材料中简帛是最主要的两种。《墨子·天志》说"书于竹帛"，钱存训先生的中国书史名著就是以它题名，认为书的概念是与竹帛直接有关㊺。

在竹简和帛书二者中，竹简出土实例较多，学者对其修治、编联、尺寸大小和书写方式讨论比较充分㊻；而对帛书，我们的知识却很可怜。

现已出土的帛书，到目前为止，其实只有两批，一批是著名的马王堆帛书㊼，一批就是这里讨论的子弹库帛书。而且巧得很，它们都出在长沙。马王堆帛书是约公元前 200 年的帛书㊽，而子弹库帛书是约公元前 300 年的帛书㊾，比前者要早，但后者在形制特点上与前者仍有联系，将二者加以对比是非常有趣的。

首先值得注意的是，楚帛书原先是叠放在一件竹篾编织的书笈之内（图四）㊿。与之相似，马王堆帛书的盛放物则是一件漆盒（图五）○51，两者都是帛书的出土单元。

---

㊹ 注④引商文说帛书初归唐氏，后归蔡氏，但文中引沈筠苍信提到的唐氏所藏皆残片，并非完整的那件。商氏藏帛是出自徐氏，徐氏又得之蔡氏，他们和唐氏所藏是何关系，尚不清楚。

㊺ 注⑦引钱书。

㊻ 陈梦家：《由实物所见汉代简册制度》，收入《武威汉简》（文物出版社 1964 年），第 53—57 页。

㊼ 包括种类，见晓菡《长沙马王堆汉墓帛书概述》（《文物》1974 年 9 期，第 40—44 页）和李学勤《记在美国举行的马王堆帛书工作会议》（《文物》1979 年 11 期，第 71—73 页）。已公布的正式整理本是《马王堆汉墓帛书》〔壹〕〔叁〕〔肆〕（文物出版社 1980 年、1983 年、1985 年）。

㊽ 马王堆帛书中之年代较早者在秦汉之际，即公元前 221 年左右，下限不晚于墓葬年代，即公元前 168 年。

㊾ 简报定墓葬年代为战国中晚期之交，参照年代相近的楚墓，应在公元前 300 年左右。

㊿ 注⑩引蔡书图版，第 3 页和缯书考证，第 17 页。

○51 见湖南省博物馆、中国科学院考古研究所《长沙马王堆二、三号墓发掘简报》（《文物》1974 年 7 期，第 39—48 页）图版七：1。

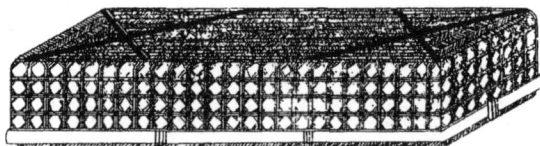

图四　子弹库书笈

图五　马王堆书笈

子弹库书笈,在蔡书中有插图和描述,十分珍贵。其描述是:

> 竹笈,又名箧,即贮藏缯书者,亦木椁墓出土。有盖,高吋有半(器盖相
> 同),纵长八吋,横长四吋半。器盖及底均用竹丝编成人字纹样。四周则作
> 六棱孔状,内糊薄绢,工极精巧。但此项竹笈出土,物质腐败,无法保存,故
> 四周均已破损,不成器形,且竹丝被水所浸触,已成黑色,致原有色泽不明,
> 惟其中间有朱色者,尚隐约可辨。〔案:蔡氏复原图所记尺寸,长相同;宽作
> 四吋,略小;高作二吋,略大〕

最近,承弗利尔美术馆实验室齐思(W. T. Chase)先生见示,我们终于目睹

了这一实物。同实物比较,上述描述有几点很值得注意:

(1)其尺寸大小和编织方式与实物大体接近。

(2)他提到"内糊薄绢",实物在篾丝间可见若干经纬疏松、没有字迹的帛片,盖即所指。但这些帛片也有可能是帛书残片,还应检验。

(3)他指出此物出土后即破损严重,可见原书图像是带有想象意味的复原图。这件竹笈因出土后未经脱水处理或用液体浸泡,变黑变朽,现在盖面起支撑作用的两组十字交叉状的粗篾已断离盖面,盖器的四壁也已塌陷,尤以边缘和四角损害更为严重。对照蔡氏所说,足证这些损坏并不都是后来才发生。

(4)蔡氏说"原有色泽不明,惟其中间有朱色者,尚隐约可辨",现可见盖面纹饰是以墨绿色的方块纹层层相套,间以黄色,粗篾所覆之处则作暗红色。

另外,有一点蔡氏没有提到,笈中所出还有一些皮革碎片,上面粘有残帛(属于上述朱栏墨书的一种),推测可能是用以保护帛书的书帙或用于隔潮的垫片。

蔡书之后,关于竹笈尺寸还有一些不同说法,应该解释一下。如:

(1)长 23、宽 13 厘米(商承祚)[52];

(2)长 40、宽 20 厘米(任全生)[53];

(3)长 22、宽 10、高 5 厘米(陈梦家)[54]。

这三种记载,(2)与实物相差悬殊,扩大一倍,应属误记。(1)是据帛书折叠后的尺寸(严格说是第一套折痕的尺寸,详下)反推,并非实测,故长宽都略大。(3)是据蔡书换算,蔡书所记,按米制换算,应为长 20.32、宽 10.16(或 11.43)、高 3.81(或 5.08)厘米,陈氏除酌增长度,余大体相同。

同子弹库竹笈相比,马王堆漆盒的体积要大得多(长 59.8、宽 37、高 21.2 厘米)。这件漆盒有五个格子,上方的方格是放半幅的帛书(缠在宽 2—3 厘米的竹、木条上)和竹书(两卷)、竹笛(两支),中间靠左的方格是放整幅的帛书(折叠放置),中间靠右的方格是放牡蛎壳,下边靠左的方格是空格,下边靠右的方格

㊾ 注④引商文(第 9 页)。

㊿ 注⑥引子弹库楚墓发掘简报附录(第 40 页)。

54 陈梦家:《战国楚帛书考》,《考古学报》1984 年 2 期,第 137 页。

是放植物枝茎。其中放整幅帛书的方格和子弹库竹笈比较接近,但尺寸略大,从照片推算,约为 29×18.5 厘米[55]。

子弹库帛书,只有第一帛书(图六)保存比较完整,可介绍如下:

图六　子弹库第一帛书

(1)第一帛书的尺寸。蔡书记为 18×15 吋[56],折合米制约为 45.72×38.1 厘米,比实物略小,可能是未经装裱时的尺寸。商文所记是据弗利尔美术馆的照片推算,作 44.1×37.75 厘米[57],比实物更小。陈文所记是从蔡书的尺寸换算,作 46×38 厘米[58],取其约数。这些都不太准确。比较可靠还是巴纳书的尺寸,即 47×38.7厘米[59]。

(2)第一帛书的折叠方式。据巴纳研究,是上下对折一次,左右对折两次,

---

[55] 承湖南省博物馆陈松长先生告。
[56] 注⑩引蔡书缯书考证,第 1 页。
[57] 注④引商文,第 9 页。
[58] 注⑭引陈文,第 137 页。
[59] 注⑭引巴纳书,第 11 页。

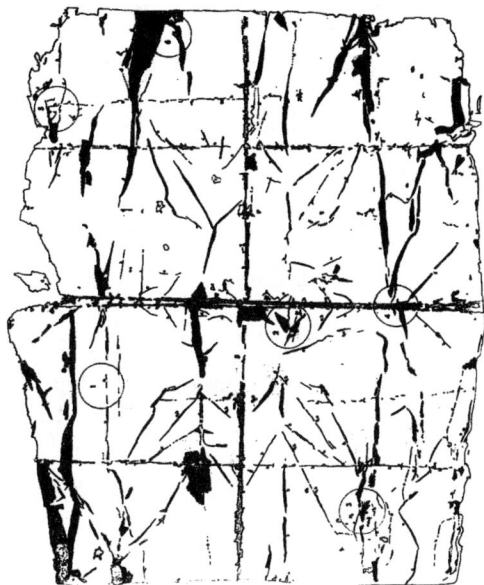

图七　第一帛书的折叠情况

留下横折痕迹一道，纵折痕迹三道，将帛书分为八区(图七)[60]。但最近验视帛书，我发现，除上述折痕，帛书表面还有另一组不太明显的折痕，上下对折一次，折痕相同；但左右对折三次，留下纵折痕迹五道，把帛书分为十二区。其尺寸经测量，左半宽23.1，右半宽24.1厘米；上半长19.1厘米，下半长19.6厘米。两组折痕，第一组，左上二区约宽10+13.2厘米(应减误差0.1厘米)，右上二区约宽12.6+11.3厘米(应加误差0.2厘米)，左下二区约宽9.8+13.4厘米(应减误差0.1厘米)，右下二区约宽13+11.1厘米；第二组的十二区，左上三区约宽6+9.2+8.1厘米(应减误差0.2厘米)，右上三区约宽7.6+9+7.6厘米(应减误差0.1厘米)，左下三区约宽5.5+10+7.8厘米(应减误差0.2厘米)，右下三区约宽7.7+9.6+6.6厘米(应加误差0.2厘米)[61]。另外，巴纳还指出，帛书四边，上下和右边字迹都贴边，似乎还应略有余地，并且左边留有一段余绢[62]。我们估计，帛书原来的尺

---

[60]　注㊵引巴纳书，第11页。

[61]　1993年5月11日和24日由诺曼(Jane Norman)女士测量。

[62]　同注㊾㊿。

寸似乎应酌增,大约为 48×40 厘米。余绢,现经测量,约宽 8.2 厘米。

子弹库出土的其他帛书,残损严重,最大残片,长宽约为 19×10 厘米[63],大小与上述第二套折痕更接近。似乎全部帛书的折叠尺寸是在 20×10 厘米左右,正与蔡书所记竹笈的大小相适。

同子弹库帛书相比,马王堆帛书的尺寸大小和存放方式很值得注意。它们分为两种形式。一种为幅广约 24 厘米的半幅帛,是像布店卖布那样卷在竹木片上,不折叠,不仅尺寸比子弹库第一帛书小,而且存放形式也不同。另一种为幅广约 48 厘米的整幅帛,与我们估计的子弹库第一帛书原来的横长相同,是折叠放置[64]。其折叠方式尚无报道,但从照片推测,折叠后的尺寸约为 25×18 厘米[65],似乎是按幅广的方向上下对折(即折痕顺经线),然后再左右对折(即折痕顺纬线)。

这里我们提到的幅广,是指古代布帛的宽度,从编织技术的角度讲,也就是纬线的长度。古代布帛的长宽经纬规格化,有所谓"布帛广二尺二寸为幅,长四丈为匹"之说(《汉书·食货志下》)[66]。帛书裁制,多是利用原来的幅广,上下宽度比较固定,左右长度则随字数多少,沿幅长即经线的方向向左延伸。书写顺序一般是从幅端或临近幅端的一方开始,沿着纬线,从上到下,从右到左书写。它与竹简制度有明显的对应性[67]。其幅广相当简长。出土汉代简册有长短两种,长简约合汉尺二尺四寸,短简约合汉尺一尺二寸或一尺。马王堆帛书的整幅帛是二尺帛,半幅帛是一尺帛,与两种简长相当。子弹库帛书和马王堆帛书都有带栏格的一种,形式也是模仿简册的编联。这种尺度和版面设计,后来都被纸书所沿袭。

---

[63] 承巴拉德女士告。

[64] 注[47]引晓菡文,第 40 页和中国科学院考古研究所、湖南省博物馆写作小组《马王堆二、三号汉墓发掘的主要收获》(《考古》1975 年 1 期,第 47—57 转第 61 页)。其已公布的详细数据则见注[47]引《马王堆汉墓帛书》各册及《马王堆汉墓文物》(湖南出版社 1992 年)。案敦煌纸卷的古纸也有二尺和一尺两种,见注[7]引钱书第 153—155 页。

[65] 帛书折叠后的长度约为 25 厘米,可以从两点估计,一是帛书对折后的长度约为 25 厘米〔案:帛书尺寸有的略大于 48 厘米,如其中的《刑德》乙本幅广为 50 厘米〕;二是漆盒此格横长约 29 厘米,从照片看,放入帛书仍略有余地。帛书折叠后的宽度约为 18 厘米,见注[51]引马王堆二、三号墓发掘简报(第 42 页)。

[66] 参看佐藤武敏《中国古代绢织物史研究》上(风间书房 1977 年),第 332—338 页。

[67] 参看注[64]引中国科学院考古研究所、湖南省博物馆写作小组文。

过去,梅蕾女士(Jean Mailey)曾推测,子弹库第一帛书的横长与汉代的“匹”相近,这点很值得注意。但古代的幅广是纵宽,她说此书纵宽可能缺损 3 又 1/2 吋,推测原帛为 47×47 厘米的正方形(68),却很勉强。况且巴纳也指出,47 厘米与汉代的“匹”并不完全吻合(69)。近来研究这一问题,我很怀疑,现在此书的“横长”其实是纵宽,最后请专家目验经纬(70),果然如此。也就是说,通常按南北方向放置的所谓“横长”才是真正的幅广。此书是旋转书写,行款比较复杂(有四个方向),但从幅面的走向来判断,其边文的书写顺序是:(1)先在幅面上端自左向右写春三月(东方)和它左边的长篇;(2)然后在幅面右端自上向下写夏三月(南方);(3)然后在幅面下端自右向左写秋三月(西方)和它左边的短篇;(4)最后在幅面的左端自下向上写冬三月(北方)(图八)。这样安排正符合中国传统先上后下、先右后左的书写原则。古代帛书的裁制,上下缘比较固定。左右缘,右缘是书首,左缘是书尾。若书写之前右缘并非恰好就是帛端,则应是从另一帛书后裁下,以裁得的一边为开端;左缘则是写完以后,顺最后一行裁下。其书写,从马王堆帛书看,形式与竹简类似,往往左右贴边,而上下略有余地,相当简端简尾的空白(后世纸书称为“天头地脚”)。而此书则把余地留在下面,情况略有不同。此书幅广,现在只剩 47 厘米,但据破损情况修正,应与马王堆帛书的二尺帛相近,恐怕原来也有 48 厘米长,要比二尺二寸长的“匹”略小〔案:帛书书写顺序如此,并不妨碍它在阅读时仍可按南北方向放置,这正像《管子》中的《幼(玄)官(宫)》和《幼(玄)官(宫)图》两篇,一述布图顺序,一述读图顺序,并不一样,参看拙作《长沙子弹库战国楚帛书研究》(中华书局 1985 年),第 38—45 页〕。

子弹库帛书只有折叠式,而马王堆帛书则有折叠和缠卷两种,这对古代书籍保存形式的研究很重要。因为古代书籍的保存形式一直是分两大类型,一种是手卷式,一种是折叠式。前者包括竹简和手卷式的帛书和纸书〔案:绘画中的卷轴和现代的胶卷、录音录像带也属这一类型〕;后者是帛书更有特色的地方,除

(68) Jean Mailey,“Suggestions Concerning the Ground of the Ch'u Silk Manuscript in Relation to the Silk-Weaving in Pre-Han and Han China”,收入巴纳主编的“Early Chinese Art and Its Possible Infuluence in the Pacific Basin”,Vol. 1, Intercultural Arts Press, New York 1972, pp.103-112。

(69) 注㊵引巴纳书,第 25 页。

(70) 由巴拉德女士和弗利尔美术馆实验室的顾祥美女士检验。

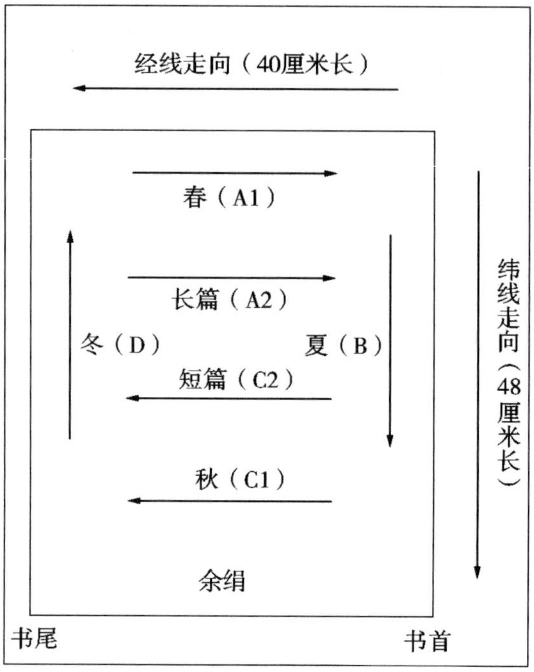


图八　第一件帛书的书写顺序

折叠式帛书，还包括用各种方式折叠裁制的经折装、旋风装、蝴蝶装、包背装、线装等不同形式的纸书（案：绘画中的册页、折叠式地图，以及现代用印张裁订的报纸和书籍也属这一类型）。帛书著录多以卷称，从道理上讲，卷是追随竹书，应当更为古老。但早期的“卷”到底是什么样？是否除通常认为的卷轴(71)，还有以板为芯的一种？折叠式的古书是否也可称卷？称卷的话，同缠卷式的古书有什么对应关系？规格是否有定制？很多问题还值得探讨。虽然目前我们还不能确知帛书究竟发明于何时(72)，但这两批现存最早的帛书却显示出它们已是相当发达和成熟的帛书，后世书籍的许多特点在它们身上比竹书显得更为充分。

(71) 商承祚：《长沙古物闻见记》（金陵大学中国文化研究所 1939 年），第 46 页提到孤儿院楚墓出土束帛，“中有木轴，朱漆两端，长约四十四公分”，是目前所知最早的卷轴。

(72) 钱存训据文献记载，认为缣帛之用于书写，至迟当在公元前六七世纪，见注⑦引钱书，第 116 页。

## 四、楚帛书的图像

现代汉语中有"图书"一词,主要指书。但在古代汉语中,"图书"却是兼指图画和书籍。例如汉代的图书目录《别录七略》和《汉书·艺文志》就是兼收图、书。当时的书主要是用竹简书写(取材易而造价廉),多以篇或卷称,但图则率以卷计。特别是当时实用书籍,如数术方技之书和兵书,更是往往附图,可以说明"图""书"有密切关系。

现已出土的简帛书籍,竹简一般只有文字没有图画。因为竹简是一条一条的,画图不太方便,效果也不好。但个别竹简情况也有例外。如睡虎地秦简《日书》甲种就附有《艮山图》《视罗图》《人字图》《置室门图》,乙种也附有类似的《视罗图》[73]。另外,古人也常以木方绘制地图(如放马滩秦地图)[74],称为"版图"[75]。这些图都是用简单的墨线勾勒,从艺术效果讲,根本无法同帛画相比。当时的图主要还是画在帛上。

现在出土的帛画,像陈家大山、子弹库、马王堆、金雀山所出那种图绘墓主形象,覆于棺椁或张于墓壁者都是葬仪用具(详下第六节),和一般帛书明显有别(所用帛幅的尺寸也完全是另一套),但马王堆出土发现于漆盒中的那些既有图画又有文字的丝织品,现在则被统称为"马王堆帛书"[76]。其实严格讲,它们是"马王堆图书"。

"马王堆图书"包括许多色彩丰富、线条生动的图画,这不仅对书史的研究很重要,而且对理解"书画同源"的中国绘画传统也很有启发。它包括五种形式:

(1)纯粹的图,完全没有文字。如《城邑图》(或题《园寝图》)、《卦象图》(或

---

[73] 《睡虎地秦墓竹简》,文物出版社 1990 年。
[74] 何双全:《天水放马滩秦墓出土古地图初探》,《文物》1989 年 2 期,第 12—22 页。
[75] 注⑦引钱书,第 128—129 页。
[76] 注㊼引《马王堆汉墓帛书》就是兼收图、书,并包括竹简。

题《符箓》)[77]。

（2）纯粹的书，完全没有图画。如《老子》《春秋事语》《战国纵横家书》和《周易》[78]。

（3）图是插图，主体是文字。如《养生方》结尾所附的《牝户图》〔案：原无题，此名是笔者补加〕，《胎产书》所附《人字图》和《禹藏图》[79]。

（4）文为图注，主体是图画。如《导引图》《地形图》《驻军图》[80]。

（5）图文互注，难分主次。如《避兵图》（原题《社神图》）、《丧制图》（或题《丧服图》）、《阴阳五行》《刑德》《天文气象杂占》[81]。

同马王堆帛书相似，子弹库帛书也有图。这里面，除第一帛书有图，上面所说朱栏墨书的一种也有图。至于林巳奈夫所摹的"第二帛书"[82]，在文字当中夹着一只鸟，因印痕模糊，还不能肯定是不是可靠。这里我们只着重谈一下第一帛书的图像含义。

第一帛书的图像含义是什么？久为学者关心。过去中国的神话学是以《山海经》为主要史料，研究帛书图像，大家马上想到的就是《山海经》[83]。《山海经》这本书当然很重要，比如殷墟卜辞中的"四方风"就从中找到印证[84]。但麻烦的是，它的系统非常复杂。如果系统不明，仅凭描述想象，随便对号入座，那是很危险的。关于第一帛书的十二神，我一直有个看法，就是对比一定要有系统[85]。你讲十二神就得拿出十二个神来，不能对上一个，其他不管。所以我想从图像的整体来解释它的含义。

下面讲一下我的理解：

---

[77] 见注[64]引《马王堆汉墓文物》，第 153 页、第 162 页。

[78] 见注[47]引《马王堆汉墓帛书》〔壹〕〔叁〕和注[64]引《马王堆汉墓文物》，第 106—117 页。

[79] 见注[47]引《马王堆汉墓帛书》〔肆〕。

[80] 见注[47]引《马王堆汉墓帛书》〔肆〕和《古地图》（文物出版社 1977 年）。

[81] 见注[64]引《马王堆汉墓文物》，第 35 页、第 36 页、第 132—145 页、第 154—160 页。

[82] 注[40]引林巳奈夫文所附摹本上面覆有这一印痕的透明纸摹本。

[83] 见注[10]引蔡书缯书图说，第 11—13 页；陈槃《先秦两汉帛书考》附录《长沙楚墓绢质彩绘照片小记》（《历史语言研究所集刊》第 24 册，1953 年 3 月，第 193—195 页）；饶宗颐《楚缯书之摹本及图象（三首神、肥遗与印度古神话之比较）》（《故宫季刊》3 卷 2 期，1968 年 10 月，第 1—26 页）。

[84] 有关研究，可参看李学勤《商代的四风与四时》，收入《李学勤集》，黑龙江教育出版社 1989 年。

[85] 见罗覃博士编 "New Perspectives on Chu Culture during the Eastern Zhou Period" (Princeton University Press 1991) pp.178-183 所收我对楚帛书的讨论。

（1）楚帛书的图像与文字是互相说明的。

此书从蔡氏以来多称为书，但早期也有学者视为图画⑱，其实两种看法并无矛盾。因为上已说明，古代的书、画可以是结合在一起的。特别是按"马王堆图书"的分类，我以为它是属于最后一种，即文、图结合比较紧密，难以分出主次的一类。它的图像是按四方八位和十二度而划分，代表岁、时、月、日的阴阳消长；文字是讲顺令知岁，四时之产生，以及各月的宜忌（详下节），二者是相互说明的关系。特别是它的文字，边文不仅是图注，还按顺时针方向排列，代表斗建（斗行左旋），与帛书四木皆按逆时针方向排列，代表岁徙（岁行右旋）形成对照，中心的两篇文字处于北斗、太一所在的位置，颠倒书写，也是像其阴阳顺逆、转位加临，本身也是图的组成部分。故称图称书皆无不可。

（2）楚帛书的图式是来源于式的图式。

研究楚帛书，过去我们不摸门径，只是模模糊糊觉得它与天文好像有点关系⑰，以后仔细研究，才渐渐弄清它主要是与古代流行的一种占卜工具即"式"直接有关。对式，近来我有专文论述，可以参看⑱，这里只讲一下楚帛书与式的关系。

案"式"的设计是模仿盖天式的宇宙模式。这种模拟是来源于星象观察和历术推步，但用于占卜，形式被简化、抽象化和固定下来。它有天、地二盘（或天、地、人三盘），上圆象天，下方法地，形式类似钟表。据出土实例和文献记载，我们把古代的式分为两大类型。一种是"表盘"四分再八分，加上中点（有线形和块状两种表示法），共九位（九宫图），标九神、十六神于各位；一种是"表盘"四分、八分再十二分，共十二位（十二度），标十二神于各位（图九）。它们的"指针"也不同，九宫类的一种是以太一或招摇（斗枢）为"指针"，而十二位的一种是以北斗为"指针"。前者属于太乙、遁甲、九宫等类的式，而后者则是六壬式的特点。另外，这种式还是"宇宙钟"，它的"表针"旋转不仅代表一日之内的时辰循环，还代表四时十二月和流年的循环，年、月、日、时有着类似的划分。《禹藏图》

---

⑱　注⑰引蒋书。又上引柯强信亦称之为"图画"。

⑰　注⑮引拙作，第35—36页。

⑱　李零：《"式"与中国古代的宇宙模式》，《中国文化》4期（1991年春季号），第1—30页。

把它表现为"大钟"套"小钟"的形式。

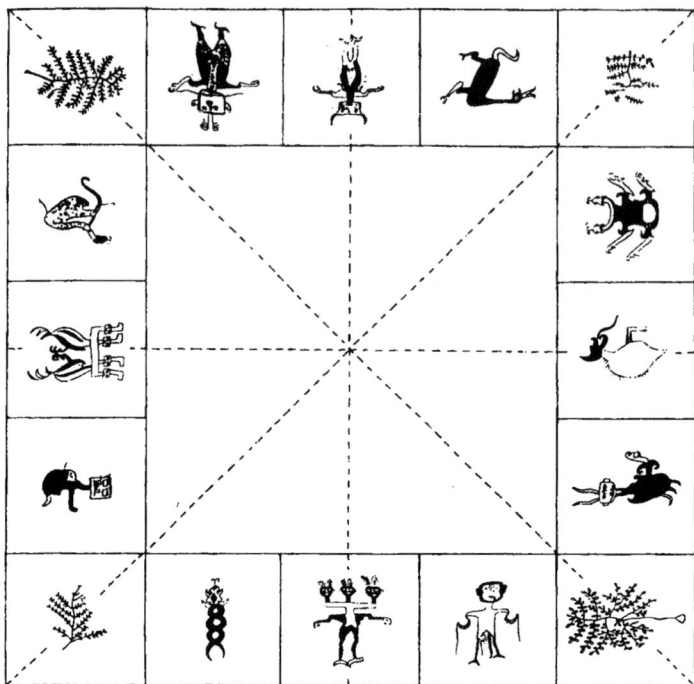

图九　楚帛书的图像安排

楚帛书以三个神物为一组分居四方,分别代表四时的孟、仲、季三月,古人把仲月所在叫"四正"。帛书四方的夹角还有青、赤、白、黑四木,是代表天地四维,古人叫"四隅"。二者合成"八位"。而帛书的十二神按斗行方向排列,则代表"十二位"。这都与式的图式安排十分相似。帛书中间没画太一、北斗,但两篇文字一正一反,正是象征"太一行九宫"(太一居中,由天一代行九宫)或"斗建十二月"(斗柄依次顺指十二月)。古代宇宙理论把天庭分为整齐的区位,总是将太一或北斗安排在宇宙中心,认为其指向可以决定吉凶。例如湖北荆门漳河车桥出土的"兵避太岁"戈和马王堆帛书《避兵图》⑧,其图像表现的就是《史记·封禅书》记载的"太一锋"。"太一锋"是由四颗星组成的星座(见《史记·天官

---

⑧　李零:《湖北荆门"兵避太岁"戈》,《文物天地》1992 年 3 期,第 22—24 页;《马王堆帛书"神祇图"应属辟兵图》,《考古》1991 年 10 期,第 940—942 页。

书》《汉书·郊祀志》晋灼注），即太一星在中间为枢（图中作戎装鸡冠、"大"字状人形），前面有三颗星即天一（即太岁）围着它旋转（图中作三条龙）。古人把太一和天一组成的星座比作一把以"太一三星"即天一为锋的宝剑，认为太一之锋所指者兵败，故汉武帝伐南越，绘其图形于军旗，号曰"灵旗"（《史记·封禅书》《汉书·郊祀志》）。另外，太一居于中宫，这个位置是土位，所以后世选择之术有"太岁头上不可动土"之说。而古代的北斗，除出土汉代六壬式照例都在天盘中心画有北斗，作为战国时期的实例也有曾侯乙墓出土漆箱盖上的图画⑨。此图四周为二十八宿，中心为北斗，与式相似。不仅如此，它的北斗是由土、斗二字构成，也合于双古堆汉墓出土六壬式于地门位置书写的"土斗戊"（斗亦居土位）。两者都是处于众星所拱的地位。

古代数术，凡属时日选择或历忌、月令性质的古书都与式法有密切关系，《汉志·数术略》的五行类就是属于这一类古书。出土发现，像马王堆帛书《阴阳五行》《刑德》都附有相关的式类图式。正在揭开的子弹库帛书，其中朱栏墨书的月令也有这类图式，可见这是一种有规律的现象。

总之，从各方面看，第一帛书的图式来源于式，这点是没有问题的。

（3）楚帛书的十二神应与式的配神和演禽有关。

楚帛书的十二神是十二月之神。这十二月的名称即《尔雅·释天》的十二月名⑪。现在既然我们已经指出楚帛书的图式是属于式的图式，那么从式法的角度想问题，我们会很自然地想到，它与六壬式的十二神有些相似⑫。例如双古堆汉墓出土的六壬式就是以正月到十二月的月名表示式神的转位加临⑬。《汉志·数术略》五行类也有《转位十二神》一书。古代六壬式的配种分两套，一套是征明、神后、大吉、功曹、太冲、天刚、太乙、胜先、小吉、传送、从魁、魁（从亥到子），一套是玄武、天后、天乙、青龙、六合、勾陈、腾蛇、朱雀、太常、白虎、太阴、天空（从亥到子）（《五行大义·论诸神》和《景祐六壬神定经·释天官》）。另外，

---

⑨ 王健民、梁柱、王胜利：《曾侯乙墓出土的二十八宿青龙白虎图象》，《文物》1979年7期，第40—45页。

⑪ 李学勤：《补论战国题铭的一些问题》，《文物》1960年7期，第67—68页。

⑫ 李学勤：《再论帛书十二神》，《湖南考古辑刊》4集（1982年），第110—114页；成家彻郎：《中国古代的占星术和古星盘》（袁岚译），《文博》1989年6期，第67—78页。

⑬ 同上引成家彻郎文；注㊄引拙作。

与此相似，放马滩秦简和睡虎地秦简中的《日书》还有好几套建除十二客或丛辰十二客[94]，名称各不相同。可见古人表示十二辰位的名称有很多种，我们不知道的名称可能还有许多。

上面我们说过，式的图式分为两大类型，一种是以太一为“指针”，一种是以北斗为“指针”。六壬式的两种十二神有不少名称都是取自天象，如第一种的魁是斗魁一星，从魁是斗魁二、四星，传送是斗魁三星，天刚是斗勺七星，太冲是斗勺五、六星，这些是取自北斗七星；天乙则是天一的别名。而第二种的天乙、青龙、太阴也是天一的别名（青龙应即天一三龙中的青龙），其他各星也多在太一、北斗附近。青龙、朱雀、白虎、玄武四象并主二十八宿。其他种类的式，也都有许多复杂的配神。

与式的配神有关，有一个问题很值得注意，这就是古代式法与演禽的关系。中国古代的演禽和西方的占星术（Astrology）有些相似，也是以星象与动物相配，测算年命。其比较简单的一种是“十二属相”或“十二生肖”，现在仍广为人知，即以子、丑、寅、卯、辰、巳、午、未、申、酉、戌、亥十二辰位配鼠、牛、虎、兔、龙、蛇、马、羊、猴、鸡、狗、猪十二种动物。而另一种是在前者的基础上进一步扩大，包括三十六种动物，叫“三十六禽”。过去人们对演禽的追溯，讲十二生肖只能追溯到东汉（见于蔡邕《月令章句》）；讲三十六禽，文献记载也主要是唐以来，有人甚至怀疑它是从印度来的（参看《四库全书总目》子部术数类《演禽通纂》提要）。但随着有关考古发现的增多，现在我们知道，不但十二生肖的年代可以早到战国末年，而且三十六禽的年代也要大大提前。如放马滩秦简和睡虎地秦简《日书》讲抓强盗，其中有以日辰卜盗名一法，所述不仅有十二生肖，而且有许多十二生肖以外的动物，即使十二生肖也与后世有差异[95]。

据隋萧吉《五行大义》卷五《论三十六禽》引《春秋运斗枢》，十二生肖全部都是由斗星散出，即天枢（斗魁一星）变龙、马，天璇（斗魁二星）变虎，天玑（斗魁三星）变狗，天权（斗魁四星）变蛇，玉衡（斗勺五星）变鸡、兔、鼠，开阳（斗勺六星）变羊、牛，摇光（斗勺七星）变猴、猪。并且从出土的秦简《日书》看，古代属相还

---

(94) 同注(73)引。

(95) 同注(73)引。

可按复杂的冲破关系互相换位,有"指鹿为马"一类现象。古代的三十六禽,出土六朝铜式和隋唐文献的记载也颇有差异⑨。禽星相配,似乎有多种可能。

与这种安排可能有关,值得注意的是,帛书十二神往往是以动物(包括人)的夸张变形来表现。如正月为鼠(?)的变形,二月为某种鸟的变形(四头),三月是犬(?)的变形,四月是蛇的变形(双尾),五月是人的变形(三首),六月是猴的变形,七月是鹿(?)的变形,八月是豕(?)的变形,九月是龙或龟的变形(双头),十二月是鸡(?)的变形,十一月是牛(水牛)的变形(作人身站立),十月是人的变形。这些动物,很多都属于十二生肖之内。据萧吉解释,十二生肖的辰位很多都是按生肖生月的对冲来安排。这种生肖生月见于《淮南子·地形》《大戴礼·易本命》和《孔子家语·执辔》等书,其中还包括人的生月和今十二生肖以外的动物(如鹿)。而且睡虎地秦简《日书》也有用鹿代替马的实例⑨,说明古代的禽辰相配也有多种可能。从这些迹象,我们推测,帛书十二神的图像可能是楚地流行的一种演禽系统。

(4)帛书四木是代表四维和太一所行。

帛书四维是以青、赤、白、黑四木表现。它和模仿式的博局镜常常是以花瓣或草叶来表现有相似性,但又不太一样。后者一般都位于四角的平分线上,瓣叶的尖端两两相对,和式的地盘上的四维完全一致⑨。而帛书四木,其每棵树的树冠都是朝向它右边的一棵树,作右旋排列。中国古代天文学讲究斗建左行,太一右行,它所表现的应是太一右行,和帛书各月题记作左旋排列正好相反。

帛书的设计从图画到书法都非常讲究。它的文字,经复原,每一"块"都行款整齐,除最后一行,容字相同。图文相配也巧具心思,没有事先的周密考虑是不可想象的。

---

⑨ 李零《中国方术考》(上海三联书店,待印)第三章第三节。

⑨ 放马滩秦简《日书》午位仍作马,可见是代替关系。

⑨ 参看 M. A. N. Loewe,"Ways to Paradise",London 1979,Chapter Three。

## 五、楚帛书的文字

这里我们主要谈一下第一帛书和第一帛书上的印痕。

### (一)第一帛书

过去学者对这一帛书的讨论很多。仅据粗略统计,到目前为止,已经发表的论著就有将近 70 种。帛书的研究历久不衰,究其原因,一是帛书复制本从蔡氏摹本到弗利尔美术馆的照片到巴纳监制的红外线照片不断改进,二是人们对楚文字的认识从四五十年代的筚路蓝缕到六七十年代的初成体系到 80 年代的更加成熟也是不断提高。但即使到今天,帛书的研究也还远没有山穷水尽,值得讨论的东西仍然很多。特别是对内容的理解,也许还只是刚刚开始。

现在讨论帛书,国内学者的关注点主要是文字。由于国内出土楚简日渐增多,如天星观、包山、石板村所出⑨,都是文字数量很大的材料,一出就能解决一大批字。我们可以估计,很多楚帛书中的难字都会因此有新的突破⑩。另外,除去文字本身,我觉得行款的问题也很重要。因为只有对行款估计正确,才能对缺字有正确估计,并直接影响到断读和理解。在这方面,我觉得巴纳发明的网格处理是个不小的贡献⑩。其不足在于中间较短的一篇,最后三行也应补字对齐,边文的个别地方装裱时有扭曲或误植,也可略作修正⑩。特别是还有一点也应指出,即 1987 年赛克勒美术馆对帛书做去霉处理后又拍了一幅新的照片。这一照片在去霉后的部分又有一些新字显现,1990 年我已对这些新发现的字,根据目验原物做了简短介绍⑩。

---

⑨ 湖北省荆州地区博物馆:《江陵天星观 1 号楚墓》,《考古学报》1982 年 1 期,第 71—116 页;《包山楚简》,文物出版社 1991 年;湖南省文物考古研究所等:《湖南慈利石板村 36 号战国墓发掘简报》,《文物》1990 年 10 期,第 37—47 页。

⑩ 最近我们又认出一些新字,如帛书有"热气寒气"一语,其中"热"字写法比较怪,现在是从包山楚简的线索认出。

⑩ 注⑩引巴纳书,第 4—8 页和注⑦引巴纳书,第 55—66 页。

⑩ 李零:《〈长沙子弹库战国楚帛书研究〉补正》,《古文字研究》(待刊)。

⑩ 李零:《楚帛书目验记》,《文物天地》1990 年 6 期,第 29—30 页。

楚帛书的文字,经学者多年研究已可大致通读,下面把近来我对帛书文字内容的理解介绍一下:

(甲)中间的长篇。

重点是讲顺令知岁的重要性。其中第一章是说月行固有度数,如果迟速失当,就会造成春夏秋冬节令反常,日月星辰运行混乱,以至造成各种凶咎,如草木无常(违反原有的生长周期),天棓星(一种灾星)降灾于下,山陵崩堕,泉水上涌,雷鸣电闪,下霜雨土,云霓傍日,兵祸四起。第二章是讲岁有"德慝",天有赏罚。民人知岁,天则降福;民人不知岁,天则降祸。第三章是讲民人应对天地山川诸神虔诚恭敬,以时奉享。如果民人不知岁,祭祀不周,天帝就会降以上凶咎,使农事不顺。全篇内容是围绕着"岁"。

(乙)中间的短篇。

主要是讲"四时"产生的神话。第一章是讲最原始的"四时",即远古时代,未有日月,全靠包戏(伏羲)和女壁(慮遅□子之子)所生的四子即"四神"分守四方,互相换位,用步行来表示"四时"。第二章是讲经过"千有百岁",日月终于产生,但天不宁,地不平,炎帝乃命祝融率"四神"奠定"三天"和"四极",恢复宇宙的和谐,从此才有了用日月之行表示的"四时"。第三章是讲"共工夸步十日四时",从此除一年分为"四时",还有了一日之内的"四时",即霄、朝、昼、夕。全篇内容是围绕着"四时"〔案:此章所述"四神"应即《尧典》所述羲和四子。它属于数术家讲历术推步的源流,而非楚人述其祖先传说〕。

(丙)边文。

内容是讲各月的举事宜忌。如正月(作取月)忌壬子、丙子日,忌作事(?)和北向征伐;二月(作女月)可以出师征伐和修筑城邑,不可嫁女和买进臣妾(奴隶)。全篇内容是围绕着"月"。

"岁"、"时"(四时)、"月"三者在书中是一个整体。

**(二)第一帛书上的印痕与"第二帛书"**

这一印痕,只有早期弗利尔美术馆拍摄的照片比较清楚,现在从红外线照片反而看不清,原物也只有模糊不清的红斑。过去林巳奈夫据早期照片做过摹本(图十),上面只有"司君"和"丝"字可辨,难以推测其内容。最近李学勤先生写了一篇文章,专门讨论这件"第二帛书"⑩,因为影响比较大,应当说明一下。

图十　林巳奈夫摹"第二帛书"

　　李先生对帛书研究有很多贡献,又是我学古文字的老师,对他的意见,我一向特别尊重。他给"第二帛书"写了个释文,认为这一帛书与楚占卜竹简相似,应是占卜后记在丝帛上的卜辞。此点如能落实,当然非常重要。1990 年 4 月,我们一起在华盛顿开会,李先生曾问苏芳淑博士还能不能找到"第二帛书"的原物,回答是没有。7 月,我到华盛顿看弗利尔美术馆照片的底版,觉得怎么也读不出他所讲的那些内容。后来,《中国考古学年鉴》约我写稿⑩,涉及这篇文章,我简直没法下笔。打电话给李先生,他客气地说只是推测,我也不好意思再问,交差时只好说看不出。当时我还以为我的眼睛有问题。

　　这次到美国来,我又重读了巴纳的大作。有一天终于恍然大悟:原来李先生根据的并不是上述照片摹本,而是巴纳 1971 书,第 13 页图 4：5 的示意图⑩。这

---

⑩　注㊵引李学勤文。

⑩　李零:《简牍帛书研究》,收入《中国考古学年鉴(1991)》(文物出版社 1992 年)。

⑩　注㊵引巴纳书。

192

个图,经我查对,实际上是以《文物》1966 年 5 期,第 51 页图三二发表的望山一号墓出土占卜简的文字(图十一)为主,加上原书的"司君"和"丝"三字,以及从第一帛书中挑出的几个字拼凑而成(图十二)。由于巴纳认为帛书印痕有正、反二体,还特意把其中的两个"子"字写成反字。他这个图与照片和摹本相去千里,但没有做必要的交代和说明,以至李先生上当不浅。现在我们既然明白这个图是怎么做出来的,当然也就不难理解为什么李先生会说它和楚占卜简十分相像了[107]。

这里提到巴纳书中的复原图,我还想顺便说两句。他把帛书的折叠方式想象成文字朝外折叠,并且推测第一帛书夹在第二帛书内,这点恐怕缺乏根据,因为马王堆帛书都是文字朝内对折,往往留有反印文,然而这一印痕,可以辨认的字都是正印文,是不是有反印文难以肯定。如是反印文,当是贴印;正印文,则是渗印。两者都得贴得比较近才行。像示意图上那样文字在最外一层,隔着一厚叠,这是不太对头的。

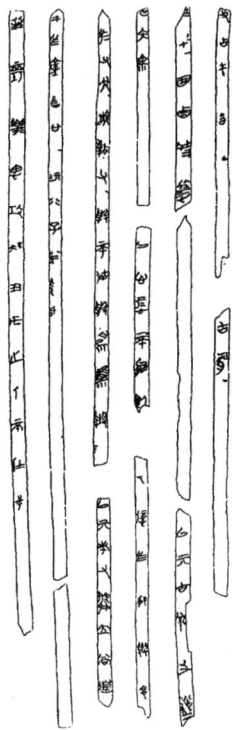

图十一　望山一号墓出土楚占卜简的摹本

## 六、附论: 子弹库帛画

上文讲到子弹库楚墓除出土了一批帛书外,1973 年重掘此墓,还发现了一件珍贵的帛画(图十三)。类似这件帛画,过去还有蔡季襄旧藏的一件长沙陈家

[107] 李先生释文作"亓朱左篆□……1……不能歃,以司君子又𢦏古□……2……□从,可志□忈,尚攻……3 又忧于躬与山丝邑大子"。案:第一行出望山简[应释"亓(其)未又(有)箃(爵)立(位)"];第二行"不能歃(食)"和下面"以""又""古"出望山简,"司君"是原有,"子""𢦏"出第一帛书;第三行前三字出第一帛书(第一字为"子"字反书),以下五字(前三字应释"以心""父")和最后的"攻"字出望山简,倒数第二字(应释"同")出第一帛书。第四行的前五字和后三字("邑"字原从宀旁)出望山简,"山"字出第一帛书,"丝"字是原有。

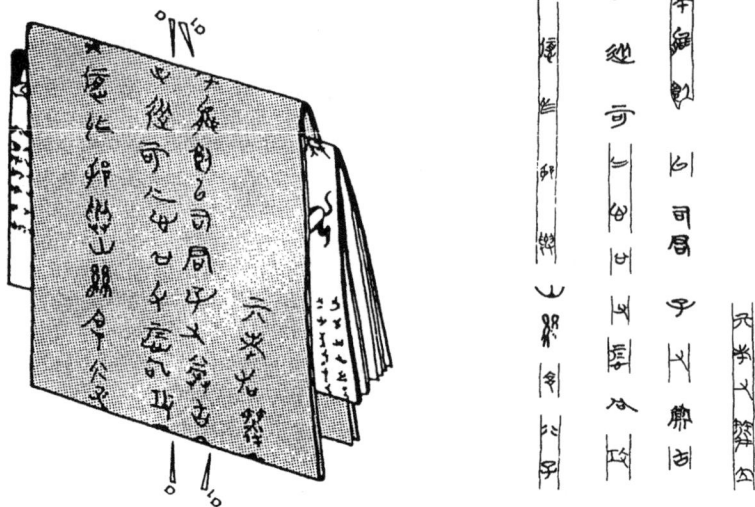

图十二　巴纳复原图的还原

大山出土的帛画（图十四）⑩，也很出名。因为这是仅有的战国帛画，美术史的研究者都很重视，中国的邮电部还发行了印有这两件帛画的邮票。另外，近年湖北江陵马山一号楚墓也发现过一幅帛画⑩，因残损严重，图像不清，注意的人比较少。

　　子弹库帛画出土时是平放于椁盖板和下面的隔板之间。陈家大山帛画，一说是出土于陶敦内⑩，一说是出土于竹笥内⑪，不一定可靠。而马山帛画则是发现于内棺的盖上⑫。其形式一般作长方形（但马山帛画残），并有上竿和悬绳（但陈家大山帛画失之），所绘人物，推测皆墓主形象。

图十三　子弹库帛画

---

⑩　据高至喜说帛画是由蔡捐献。

⑨　见《江陵马山一号楚墓》（文物出版社 1985 年）第 9 页，第 10 页图 12，图版肆贰。

⑩　郭沫若：《关于晚周帛画的考察》，《人民文学》1953 年 11 期第 113 页。

⑪　夏鼐：《关于晚周帛画的补充说明》，《人民文学》1953 年 12 期第 298 页。

⑫　同注⑨。

类似的晚期例子,还有马王堆一号、三号汉墓和金雀山九号汉墓发现的T形帛画[113]。汉代的这类帛画,皆发现于内棺盖上,位置同马山帛画,也有上竿和悬绳,也是墓主"肖像",但画幅作T形长幡,"焦距"不同,墓主缩小,背景增大,更适于表现其登仙的过程。另外,马王堆三号墓除这种外,还出有一种张挂于墓室东西两壁的帛画,内容是表现宴享游乐[114]。汉代的T形帛画,学者多以为即古书中的"铭旌"。但古书中的"铭旌",严格讲,应像1959年甘肃武威磨嘴子汉墓所出,是书有墓主之名的那种(图十五)[115]。这类"铭旌",形式亦作长幡(但非T形),有的还在幅端画有类似的日月之象,是其沿袭之迹,但它的重要不同点是以死者之名代替了他的"肖像",在功能上更接近墓志。而前者既然陈于棺椁顶部,又伴以椁壁所张的其他帛画,则使我们联想到后世洞室墓的壁画设计。

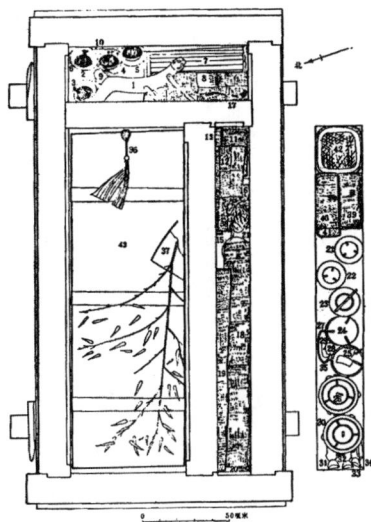

图十四　马山帛画　　　　　　　图十五　武威铭旌

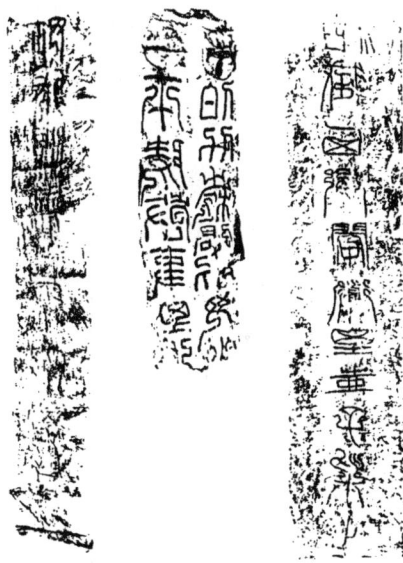

中国古代的洞室墓延续甚久,设计变化差异很大,但有些基本考虑总是蕴含其中。如以圆隆的穹顶象天,四方的墓壁象地,往往图绘天文星象于穹顶,并画

---

[113] 《长沙马王堆一号汉墓》,文物出版社1973年;注64引马王堆二、三号墓发掘简报;、临沂金雀山汉墓发掘组《山东临沂金雀山九号汉墓发掘简报》,《文物》1977年11期第24—27页。

[114] 注64引《马王堆汉墓文物》第26—34页。

[115] 见《武威汉简》(文物出版社1964年)摹本二五和图版贰叁。

四季宴享游乐之景于四壁。有时还在墓室四壁或墓志盖上饰以十二生肖，或以生肖俑或生肖镜等物随葬（案：汉代许多铜镜是模仿式，也有类似的意义）。其设计都和古代式法以及与式法有关的数术有关。这类墓起源于何时，现在还不清楚。过去照文献记载，秦始皇的陵墓就是"上具天文，下具地理"的洞室墓（《史记·秦始皇本纪》）。但此墓尚未发掘，还无法证实。现在年代比较早的一个例子是新近在西安交通大学发掘的西汉壁画墓⑩。这一壁画墓，在穹顶画有一个圆圈，沿圆圈一周是用人物和动物等形象表现的二十八宿，如苍龙七宿作一长龙，角宿即龙角，尾宿即龙尾，七宿全在龙身之上；牛宿作人牵牛，箕宿作人持箕。圆圈当中是左日右月。日中有金乌，月中有玉兔、蟾蜍，画法与上述 T 形帛画酷为相似。

子弹库楚墓是个只出陶器、不出铜礼器（铜器只有戈、矛、剑），规格不高的楚墓，但墓中出土的帛书、帛画却是数一数二。它出的帛书，多与选择、历忌一类内容有关，可以视为秦汉墓葬随葬日书之风的嚆矢。同样，子弹库帛画和秦汉时期的帛画也有联系。这些帛书、帛画有类似的知识背景和思想主题，在葬俗方面都有开启风气之先的重要意义。

1993 年 3 月 23 日写于美国华盛顿赛克勒美术馆

1993 年 7 月 12 日改定于北京蓟门里寓所

补记：8 月 12 日，陈松长先生又从长沙寄来重要材料，包括蔡季襄所述帛书流美的具体经过，以及吴柱存为蔡、柯传递消息的信件。据蔡说，帛书入美是由柯强伙同上海古董商设下圈套，伪称借去照相，不日即还，然第三天却擅自托人携往美国。不得已，他才签约，托柯代售。而吴的追忆与信相核，也略有出入。由于这一故事细节很多，只能将来另文介绍。

【李　零　北京大学中文系教授】

原文刊于《中国文化》1994 年 02 期

---

⑩　《西安交通大学西汉壁画墓》，西安交通大学出版社 1991 年。

# 帛书《周易》与荀子一系《易》学

李学勤

    1973 年 12 月,在长沙马王堆三号汉墓中出土一批帛书,业已著称于国内外学术界。这座墓下葬于汉文帝前元十二年(公元前 168 年),所以帛书的年代下限是文帝初。帛书内有《周易》经传,审其字体及与其他帛书的关系,可定为文帝初写本,内容同当前通行之本有较大差异。这对《周易》的研究,无疑是极其重要的发现。

    帛书《周易》的经文部分,经过马王堆帛书整理小组整理,释文已于 1984 年发表①。传的部分迄今尚未刊布,但通过一些学者所作介绍②,也可窥其涯略。据称,帛书《易传》计有五种七篇,其中和通行本《易传》最接近的是《系辞》(原无标题)两篇,其内容包含了今传《系辞》上下篇绝大部分及《说卦》的一部分;另外还有《二三子问》(原无标题)两篇,《要》《缪和》《昭力》各一篇。

    帛书《易传》有许多不见于今传本的内涵,然而和今传《易传》一样,富有哲学思辨的色彩。帛书的经文公布后,已引起海内外不少学者的兴趣,陆续撰有论文和专著。有些关键问题,还有人提出争论③。不难逆料,帛书《易传》一旦公之

---

① 马王堆汉墓帛书整理小组:《马王堆帛书〈六十四卦〉释文》,《文物》1984 年第 3 期。
② 于豪亮:《帛书〈周易〉》,《文物》1984 年第 3 期;韩仲民:《帛书〈系辞〉浅说》,《孔子研究》1988 年第 4 期。
③ 严灵峰:《马王堆帛书易经"六十四卦"的重卦和卦序问题》,台湾《东方杂志》复刊第 18 卷第 8 期、第 9 期。

于世，会在学术界得到相当强烈的反响，很可能甚于经文。

《周易》的研究本颇繁难，帛书的出现更提出了一连串新问题，想加辨明，殊非易事。为了深入研究帛书《周易》，应该在其材料全部公布以前，就做好一些准备工作，首先是对传世古书中有关记载，以及这些记载涉及的种种问题，尽可能梳理清楚。例如孔子与《周易》的关系，七十子及其后学的《易》说，周汉之间《易》学的传承，特别是在南方的流传情况等，都需要细心探索。历代学者对这一类问题见解纷纭，提出了许许多多的疑难，在帛书的启发下，俱应重新考虑。这样，当帛书发表之后，我们的研究便会取得更好的成绩。

帛书《周易》经传具有相当鲜明的特色，显然是属于《易》学的一个特殊流派。看其传文所记人物，既有孔子与其弟子，也有传《易》的"先生"。问学于"先生"的人很多，最重要的是其名被用为篇题的缪和、昭力两人。缪（穆）和昭都是楚人之氏，昭是著名的楚三族屈、昭、景之一，穆则曾见战国时楚金文。结合帛书发现于长沙来看，这一《易》学流派是孔门《易》学在楚地的支脉，似可定论。

《易》学曾传于楚人，在古书中有明白记载。依照《史记·仲尼弟子列传》，传《易》的系统是：

> 孔子——商瞿（字子木，鲁人）——馯臂（字子弘，楚人）——矫疵（字子庸，江东人）——周竖（字子家，燕人）——光羽（字子乘，淳于人）——田何（字子庄，齐人）

大家知道，《汉书·儒林传》所记略有不同：

> 孔子——商瞿——桥庇（字子庸，鲁人）——馯臂（字子弓，江东人）——周丑（字子家，燕人）——孙虞（字子乘，东武人）——田何（字子装，齐人）

前人已指出《汉书》误以"子庸、子弓二名互易，幸留'江东'二字在中间不误"④。因此，可以决定馯臂子弓是楚人，《易》学的入楚，他当为一关键人物。子弓为荀子所称道，荀子精于《易》学，晚年又久居于楚，应对楚地《易》学有所影响。荀子一系《易》学传流于晚周以至汉初，现在还有不少文献足资稽考，可惜很少学者予以注意。特草此小文，对荀子及有关人物的《易》学试作探讨，希望能作为研究帛书《周易》的参照背景，读者幸能正之。

## 一、荀子《易》学的来源

西汉晚年，刘向校理《荀子》一书，所撰叙录对荀子的生平学术做了概括，文中说：

> 方齐宣王、威王之时，聚天下贤士于稷下，尊宠之，若邹衍、田骈、淳于髡之属甚众，号曰列大夫，皆世所称，咸作书刺世。是时，孙卿有秀才，年十五（依卢文弨说改正⑤）始来游学，诸子之事皆以为非先王之法也。孙卿善为《诗》《礼》《易》《春秋》。至齐襄王时，孙卿最为老师。齐尚修列大夫之缺，而孙卿三为祭酒焉。齐人或谗孙卿，孙卿乃适楚，楚相春申君以为兰陵令。

荀子适楚，也有学者根据《盐铁论》的《论儒篇》，以为是在齐湣王末年⑥。不管怎样，荀子在齐襄王即位（公元前 283 年）以前，已以善《易》著称。

荀子的《易》学，前人多以为得自馯臂子弓。上文已经说过，馯臂之字，《史记·仲尼弟子列传》作子弘。司马贞《史记索隐》已说明："按《儒林传》《荀卿子》及《汉书》皆云馯臂字子弓，今此独作'弘'，盖误耳。"胡元仪又据韩愈引《史记》作子弓，证明今本作"弘"确是误字⑦。《荀子》书中好几个地方以孔子、子弓

④　胡元仪：《荀卿别传考异二十二事》，王先谦《荀子集解》考证下。
⑤　王先谦：《荀子集解》卷二十。
⑥　钱穆：《先秦诸子系年》一三六。
⑦　同④。

并称,如:

> 《非相篇》:"仲尼长,子弓短。"
>
> 《非十二子篇》:"无置锥之地,而王公不能与之争名;在一大夫之位,则一君不能独畜,一国不能独容;成名况乎诸侯,莫不愿以为臣,是圣人之不得势者也,仲尼、子弓是也。"
>
> 《儒效篇》:"其穷也俗儒笑之,其通也英杰化之,嵬琐逃之,邪说畏之,众人愧之;通则一天下,穷则独立贵名,天不能死,地不能埋,桀跖之世不能污,非大儒莫之能立,仲尼、子弓是也。"

这位被荀子尊为圣人、大儒的子弓,应该就是馯臂。

《荀子》书中的子弓即馯臂子弓,本系古说,唐代《史记索隐》《史记正义》都用此说,韩愈也这么讲。不同意此说的,前有王弼,后有杨倞。《论语》释文引王弼注:"朱张字子弓,荀卿以比孔子。"朱张见《论语·微子》,是古贤人,王弼说他字子弓,不知何据,仅从时代来看,岂能排在孔子之后?王弼的说法不合情理,已有前人驳正⑧。杨倞注解《荀子》,以子弓为孔子弟子冉雍(字仲弓),说:"子弓盖仲弓也。言'子'者,著其为师也。……馯臂传《易》之外更无所闻,荀卿论说常与仲尼相配,必非馯臂也。"但仲弓不等于子弓,"著其为师"一说亦不可通。晚清俞樾弥缝杨说,提出:"仲弓称子弓,犹季路称子路耳。"⑨这个说法,郭沫若先生批驳过⑩,无须烦引。

馯臂子弓的年代不易考定。依《史记》之说,他是孔子的再传弟子。据东汉应劭说,他不仅传《易》于商瞿,还是子夏的门人⑪。传说孔子读《易》,至《损》《益》二卦,喟然而叹,子夏曾避席而问⑫。此说果确,子弓的《易》学或亦有得于子夏。从时代看,荀子不及见子弓,但子弓必是荀子的先师,否则荀子不会这样

---

⑧ 程树德:《论语集释》卷三十七。
⑨ 同⑤卷三。
⑩ 郭沫若:《十批判书·儒家八派的批判》。
⑪ 《史记·仲尼弟子列传》索隐、正义。
⑫ 《孔子家语·六本》《说苑·敬慎》。

尊崇他,在这一点上杨倞是对的。胡元仪《荀卿别传》一定要讲荀子"从馯臂子弓受《易》",未免失之过泥。我们只要知道荀子《易》学源于子弓,也就够了。

## 二、荀子的《易》学

荀子善为《易》,在《荀子》书中有多方面的表现。

一种表现,是书中直接引用《周易》的经文。例如《非相篇》说:

> 鄙夫反是,好其实,不恤其文,是以终身不免埤(卑)污佣(庸)俗,故《易》曰"括囊,无咎无誉",腐儒之谓也。

这种对腐儒的直率讥评,明显出于荀子亲笔,所引乃《坤》六四爻辞。按征引《周易》经文来讲说道理,孔子已经做过,如《论语·子路》中一段话引《恒》九三爻辞。子思所撰《礼记·表记》《坊记》《缁衣》等篇,也有类似例子[13]。荀子的做法,正是孔门的传统。

又如《大略篇》:

> 《易》曰:"复其道,何其咎?"《春秋》贤穆公,以为能变也。

所引为《小畜》初九爻辞。《大略篇》如杨倞注所说,"盖弟子杂录荀卿之语",《韩诗外传》卷四、八、十曾屡次征引。这里所说的《春秋》,系《公羊传》文公十二年:"秦伯使遂来聘。遂者何? 秦大夫也。秦无大夫,此何以书? 贤缪(穆)公也。何贤乎缪公? 以为能变也。"[14]《公羊》《穀梁》先师多相通,荀子系《穀梁》先师,故能兼通《公羊》义。由此可知,这段话也应出自荀子。

---

⑬ 高亨:《周易大传今注》附录一。
⑭ 同上。

第二种表现，是引用《易传》。例子见于《大略篇》：

> 《易》之《咸》见夫妇。夫妇之道不可不正也，君臣、父子之本也。咸，感也，以高下下，以男下女，柔上而刚下。

这几句话，实际援用了《易传》中的《象传》《说卦》《序卦》三篇。《咸》卦艮下兑上，《说卦》云："艮三索而得男，故谓之少男。兑三索而得女，故谓之少女。"所以说"《咸》见夫妇"。《序卦》讲《咸》卦说："有天地然后有万物，有万物然后有男女，有男女然后有夫妇，有夫妇然后有父子，有父子然后有君臣。"下面又说："夫妇之道不可以不久也，故受之以《恒》。"所以讲"夫妇之道不可不正也，君臣、父子之本也"。至于"咸，感也""男下女""柔上而刚下"云云，均乃《咸》卦《象传》的原文。传中此段，与《恒》卦《象传》"恒，久也，刚上而柔下，……"是相对的，因此只能是荀子摘引《象传》，而不能是相反。

还有一种表现，是思想同《易传》的一致。以《天论》一篇为例，郭沫若先生曾指出其观点与《系辞》相通[15]。《天论》的"列星随旋，日月递照，四时代御，阴阳大化，风雨博施"一节，是全篇之精髓，恰和《易传》有共同之处。这个问题，下面还要讨论。

《荀子》的《乐论》，有一部分采自《礼记·乐记》。《乐记》据沈约所说，出于公孙尼子之手，公孙尼是七十子弟子，在荀子之前。值得注意的是，《乐记》"天尊地卑"一节袭自《系辞》[16]。荀子采撷《乐记》，与其《易》学或许也有某种关系。

荀子晚年长住楚地兰陵（今山东苍山西南），著书数万言。他在诸子中享寿最长，由《荀子》本书看，确活到秦统一时期。《盐铁论·毁学篇》说李斯相秦，荀子为之不食，并不是不可能的。流风所及，兰陵多善为学。清汪中著《荀卿子通论》，甚至认为六艺之传不绝，端赖荀子。荀子《易》学在楚地有较大影响，是可以想见的。

---

[15] 郭沫若：《青铜时代·〈周易〉之制作时代》。
[16] 同⑬《周易大传通说》。

### 三、陆贾的《易》学

汉初与荀子有密切渊源的学者,有陆贾。据《史记》本传,陆贾是楚人,从汉高祖平定天下,居左右。高祖十一年(公元前196年),受命立南越王,归报,拜太中大夫。传中接着说,陆贾时时在高祖前说称《诗》《书》,为高祖所骂,因以智伯及秦灭亡史事进谏,高祖有惭色:"乃谓陆生曰:'试为我著秦所以失天下,吾所以得之者何,及古成败之国。'陆生乃粗述存亡之征,凡著十二篇。每奏一篇,高帝未尝不称善,左右呼万岁,号其书曰《新语》。"惠帝时,陆贾因吕后用事,病免家居,在诛诸吕立文帝过程中起了作用,文帝初又任太中大夫,使南越。他的活动,是在秦末直至文帝初年。

《新语》的著作,在高祖十一年之后,或以为即在当年[17],也失之过泥。司马迁读过十二篇《新语》,到《汉书·艺文志》则将之包括在儒家《陆贾》二十三篇之中。《新语》一书传流有自,至今尚存。宋黄震《黄氏日抄》曾有怀疑,说"似非贾之本真",《四库全书总目提要》竟斥以为伪,余嘉锡先生《四库总目辨证》已经做了详尽的驳正。

陆贾之学来自荀子弟子齐人浮邱伯。《新语·资质篇》云:

> 鲍丘之德行非不高于李斯、赵高也,然伏隐蒿庐之下而不录于世,利口之臣害之也。

如前人论定,这位鲍丘就是浮邱伯。据《史》《汉》及《盐铁论》《荀子》叙录所载,浮邱伯和李斯俱事荀子,后李斯为相,浮邱伯则"饭麻蓬藜,修道白屋之下"(《盐铁论·毁学》)。汉初,浮邱伯以《诗》与《穀梁传》授弟子,及门有楚元王刘交及鲁穆生、白生、申公(名培)等人。余嘉锡先生考证,陆贾与浮邱伯同时

---

[17] 刘汝霖:《汉晋学术编年》卷一。

共游,汉高祖过鲁,申公从师浮邱伯入见,陆贾时在左右;吕后时浮邱伯在长安,刘交遣子郢公与申公俱往卒业,陆贾亦在当地,"贾著《新语》,在申公卒业之前,浮邱尚未甚老,贾之年辈当亦与相上下,而贾极口称之,形于奏进之篇,其意盖欲以此当荐书,则其学出于浮邱伯,尤有明征"。《新语》书中多引《穀梁传》,其《诗》义也被指为浮邱伯一系的鲁《诗》说,陆贾与浮邱伯应早有交往。[18]

其实,以陆贾的年辈论,他及见荀子本人,亦属可能。戴彦升为《新语》作序,便说:"荀卿晚废居楚,陆生楚人,故闻《穀梁》义欤?"[19]不过,当时荀子老耄,陆贾之学恐仍主要来自浮邱伯。

过去论陆贾学术,多仅着眼于《穀梁》义,实则《新语》好多基本观点都来自荀子。近年王利器先生著《新语校注》,举《术事》《明诫》等篇之例,以证"陆贾之学,盖出于荀子"[20],其说甚是。应该指出,陆贾不仅传荀子一系的《穀梁》学,而且也传其《易》学,这在《新语》书中多有体现。下面试以《道基》《明诫》两篇为例,加以说明。

《道基篇》居《新语》之首。前人已说明,陆贾谏高祖所言智伯极武而亡,秦任刑法而灭,正与此篇所论智伯、二世等事相合,可见必为陆贾自撰。此篇开头便说:

> 传曰:天生万物,以地养之,圣人成之。功德参合,而道术生焉。

《校注》云《荀子·富国篇》即引古语"天地生之,圣人成之","参合"之说亦类于《荀子·天论》。《道基篇》说:

> 张日月,列星辰,序四时,调阴阳。布气治性,次置五行。春生夏长,秋收冬藏。阳生雷电,阴成霜雪,养育群生,一茂一亡,润之以风雨,曝之以日光。……

---

[18] 顾实:《汉书艺文志讲疏》三。
[19] 王利器:《新语校注》附录三。
[20] 同上前言。

其思想和文字,都有似《天论》,而"润之以风雨"一句则引自《系辞上》。

《道基篇》:"故知天者仰观天文,知地者俯察地理。"此系袭自《系辞上》:"仰以观于天文,俯以察于地理。"其后,篇中"于是先圣乃仰观天文"云云一大段,乃是隐括《系辞下》"古者包牺氏之王天下也"与"《易》之兴也,其于中古乎"二章,并加引申发挥㉑。

此篇还有一个特殊论点,即以仁义说群经,如:

> 《鹿鸣》以仁求其群,《关雎》以义鸣其雄,《春秋》以仁义贬绝,《诗》以仁义存亡,乾坤以仁和合,八卦以义相承,《书》以仁叙九族,君臣以义制忠,乐以仁尽节,礼以义升降(据俞樾说改正)。

其中论《易》的两句,疑均本于《易传》。陆贾同篇云"百姓以德附,骨肉以仁亲",仁指互相亲附的关系,而《系辞下》说"乾阳物也,坤阴物也,阴阳合德而刚柔有体",故言"乾坤以仁和合";他又说"夫妇以义合,朋友以义信,君臣以义序,百官以义承",义指彼此对当的关系,而《说卦》"天地定位"章讲"八卦相错",故言"八卦以义相承"。

《明诚篇》说:

> 尧舜不易日月而兴,桀纣不易星辰而亡,天道不改而人道易也。

这一思想贯穿全篇,近人唐晏已揭出其本于荀子的《天论》㉒。篇中又说:

> 《易》曰:"天垂象,见吉凶,圣人则之。"天出善道,圣人得之。

所引见《系辞上》,惟"则"今传本作"象",略有不同。同篇下面还有:

---

㉑ 同⑲卷上。
㉒ 同⑲卷下。

观天之化,推演万事之类,散之于□□之间,调之以寒暑之节,养之以四时之气,同之以风雨之化。

《易传》和《荀子》的气息何等浓郁?这既证明陆贾得荀子一系《易》学,又作为旁证,说明荀子《天论》的思想确同《易传》有密切的关联。

## 四、陆贾三圣之说

《新语·道基篇》有先圣、中圣、后圣之说,涉及孔子与《周易》的关系,应在此做一论述。

《道基篇》云:

于是先圣乃仰观天文,俯察地理,图画乾坤,以定人道。民始开悟,知有父子之亲,君臣之义,夫妇之别,长幼之序,于是百官立,王道乃生。

这段话本于《系辞下》:

古者包牺氏之王天下也,仰则观象于天,俯则观法于地,近取诸身,远取诸物,于是始作八卦,以通神明之德,以类万物之情。

而有所扩充,所谓"图画乾坤"就是作八卦,由此可以决定陆贾所说的"先圣"就是伏羲。

《道基篇》随后历数神农、黄帝、后稷、禹、奚仲、皋陶的功绩,和《系辞下》所述神农、黄帝、尧、舜事迹的思路,大体是一致的。只是《系辞》专从取象于卦立论,陆贾的议论则较广泛。

篇中说:

民知畏法而无礼义,于是中圣乃设辟雍庠序之教,以正上下之仪,明父子之礼、君臣之义,使强不凌弱,众不暴寡,弃贪鄙之心,兴清洁之行。

"中圣"之说,本于《系辞下》的"《易》之兴也,其于中古乎?""《易》之兴也,其当殷之末世、周之盛德邪? 当文王与纣之事邪?""中圣"即周文王。

《道基篇》又说:

礼义不行,纲纪不立,后世衰废,于是后圣乃定五经,明六艺,承天统地,穷事察微,原情立本,以绪人伦,宗诸天地,纂修篇章,垂诸来世,被诸鸟兽,以匡衰乱;天人合策,原道悉备;智者达其心,百工穷其巧,乃调之以管弦丝竹之音,设钟鼓歌舞之乐,以节奢侈,正风俗,通文雅。

这里讲的"后圣",自然是指孔子。

吟味篇文,"定五经,明六艺"以下,似分有所指。"承天统地,穷事察微"等语指《易》,"宗诸天地,纂修篇章"等语指《诗》《书》,"天人合策"等语指《春秋》,最后几句则指《礼》《乐》。无论如何,陆贾所述孔子定五经,是包括《周易》在内。

如《校注》所言,陆贾三圣之说为《汉书·艺文志》"人更三圣"一语所本。陆生扩充《系辞》之说,用来讲历史,班氏又借以说《易》。志文云:伏羲始作八卦,文王重《易》六爻,作上下篇,而"孔氏为之《彖》《象》《系辞》《文言》《序卦》之属十篇,故曰《易》道深矣,人更三圣,世历三古"。除三圣之说来自《新语》外,关于文王、孔子的说法亦见《淮南子》和《史记》。

《道基篇》没有明讲文王和《周易》的关系,但这在《系辞》里是说了的。陆贾所说的孔子定《易》,当然不是孔子仅仅读过《周易》,否则就不能用"定"字,也无法与其他几经相比了。考虑到《新语》成书之早,孔子定《易》之说应上溯到先秦。这和我们在另一篇小文讨论的帛书《要》篇孔子、子贡间的对话[23],恰相一

———————————

[23] 李学勤:《从帛书〈易传〉看孔子与〈易〉》,《中原文物》1989年第2期。

致。实际上,孔子作《易传》乃是先秦以来的通说。

## 五、穆生的《易》学

在陆贾以外,还要提到浮邱伯的门人穆生。《汉书·楚元王传》载,元王系高祖异母少弟,少时与鲁穆生、白生、申公一起受《诗》于浮邱伯,"及秦焚书,各别去"。高祖六年(公元前201年),他受封于楚,都彭城(今江苏徐州),以穆生、白生、申公为中大夫。吕后时,元王遣子郢客与申公赴长安,从浮邱伯卒业。文帝前元二年(公元前178年),元王死,子夷王郢客继位,仅四年而卒,子戊嗣立。元王在世时,敬礼申公等人,因穆生不嗜酒,每次置酒都专为他设醴(甜酒)。到了王戊即位以后,忘掉了这件事,穆生称疾,对申公、白生说:

> 《易》称:"知几其神乎!""几者,动之微,吉凶之先见者也。君子见几而作,不俟终日。"

于是谢病而去。不久,申公、白生果然罹祸。

穆生是荀子再传,他有闻于荀子一系《易》学,是自然的。他所引《易》,语见今传本《系辞下》,但"吉凶之先见者也"句多一"凶"字(《周易正义》说诸本或有"凶"字)。值得注意的是,穆生说这段话的时间和帛书《周易》几乎同时,而帛书中的这几句不在其《系辞》,却在《要》篇之中[24]。究竟是那时已有该章在《系辞》内的本子,还是《要》篇也被尊称为《易》,很需要研究。

《史记·儒林传》提到申公弟子为博士者十余人,中有"兰陵缪生至长沙内史",司马贞《索隐》说:"缪氏出兰陵,一音穆,所谓穆生,为楚元王所礼也。"这样说来,兰陵缪生就是楚元王设醴的穆生,他去楚后又任长沙国的内史。从年辈推算,这不是不可能的事,不过《史记》明言兰陵缪生乃申公弟子,与孔安国等平

---

㉔ 同②韩文。

列,故《史记会注考证》引日本中井积德说他"或是穆生之子"。

《索隐》之说虽然不对,但所云缪(穆)氏出兰陵当有所据。浮邱伯的弟子穆生,可能其家原出兰陵,后居于鲁。如果真是这样,穆生也可说是楚人。这使我们想到帛书中的缪和,从缪氏族望看,他应为楚兰陵人。他与久居兰陵的荀子以及后来的穆生有无关系?是饶有兴味的问题。

## 六、与韩婴《易》学的比较

荀子一系的《易》学,可以和汉初其他可考知的《易》说,如韩婴及淮南九师所论,做一比较。

韩婴的事迹,见《汉书·儒林传》。他是燕人,文帝时为博士,景帝时为常山太傅,武帝时还与董仲舒论难,年辈又晚于穆生。韩婴以说《诗》著名,有《韩诗内、外传》,但他"亦以《易》授人,推《易》意而为之传",只是为说《诗》盛名所掩。今存《韩诗外传》引《荀子》独多,以致汪中说韩《诗》为"荀卿子之别子",可见他深受荀学的影响。

《韩诗外传》书中与《周易》有关的内容,经日本学者内野熊一郎统计,共约十条[25]。例如卷三第一章[26]:

> 传曰:"易简而天下之理得矣。"

语见今传本《系辞上》。又卷八第三十一章:

> 孔子曰:"《易》先《同人》后《大有》,承之以《谦》,不亦可乎?"故"天道亏盈而益谦,地道变盈而流谦,鬼神害盈而福谦,人道恶盈而好谦。"

---

㉕ 内野熊一郎:《汉初经书学的研究》(日文)第一编第三节,清水书店,1942 年。
㉖ 用许维通《韩诗外传集释》本。

其下述周公之谦德,并引"《易》曰:'谦,亨,君子有终吉。'"(卷三第三十一章与此文似)按此处孔子之语,与《序卦》论《同人》以下:"与人同者,物必归焉,故受之以《大有》。有大者不可以盈,故受之以《谦》。"思想全然一致。至于"天道亏盈"一段,更是《彖传》原文。

韩婴所著《易》传,《汉书·艺文志》著录为《韩氏》二篇。此书至隋唐时仍存,即所谓《子夏易传》。

《子夏易传》一书,见于《经典释文》及《文苑英华》所引《七略》,云:

> 汉兴,韩婴传。

> 《易传》子夏,韩氏婴也。

荀勖《中经簿录》说是田何弟子丁宽作,张璠则说:"或馯臂子弓所作,薛虞记,虞不详何许人。"清臧庸《拜经日记》详加考订,以"子夏"为韩婴之字,又据《文苑英华》所载纠正《汉志》《韩氏》当为十二篇,其说可信,也解决了此书既见《七略》,何以不见于《汉志》的问题。其十二篇当包括《周易》经文上下及十翼,篇幅较多,故阮孝绪《七录》《子夏易传》作六卷。《释文》载三卷,《隋、唐志》仅二卷,当是逐渐亡佚,今本则是伪书。清人有几种辑本[27]。

看《子夏易传》辑本,还保存着对《系辞下》"上古结绳而治"的解释:"上古官职未设,人自为治,记其事、将其命而已,故可以结绳为。"[28]可知韩婴确曾注《易传》。这和《汉志》所记十二篇数,以及《韩诗外传》多引《易传》,都是符合的。

《韩诗外传》还有合引《荀子》和《易传》的情形,如卷三第十九章:

> 故天不变经,地不易形,日月昭明,列宿有常。天施地化,阴阳和合,动以雷电,润以风雨,节以山川,均其寒暑。万民育生,各得其所,而制国用,故国有所安,地有所主。圣人刳木为舟,剡木为楫,以通四方之物,使泽人足乎

㉗ 吴承仕:《经典释文序录疏证·注解传述人》;黄寿祺:《易学群书平议》卷一。
㉘ 张澍:《二酉堂丛书》本。

木，山人足乎鱼，余衍之财有所流。

不难看出，此文前半袭用《荀子·天论》，而后半引《系辞下》与《荀子·王制》。看来韩婴在《易》学方面也受了荀子一系的影响。

## 七、与淮南《易》说的比较

汉初南方论《易》者，古书所记尚有淮南九师。《别录》云："所校雠中书《易传淮南九师道训》，除复重，定著二十篇。淮南王聘善为《易》者九人，从之采获，故中书著曰《淮南九师言》。"《七略》云："《九师道训》者，淮南王安所造。"《汉书·艺文志》则作《淮南道训》二篇，云："淮南王安聘明《易》者九人，号九师说。"㉙此书久已亡佚，但现存《淮南子》书中有关《易》的论述，应能反映九师的学说倾向。《淮南子》成于景帝晚年，略迟于《韩诗外传》，武帝建元二年（公元前139年）刘安以内篇上献㉚，但其中《易》说的观点，时代要更早一些。

《淮南子·缪称》：

> 《易》曰"乘马班如，泣血涟如"，言小人处非其位，不可长也。

所引乃《屯》上六爻辞，《象传》："泣血涟如，何可长也？"即《缪称》所本。又《齐俗》云：

> 故《易》曰"履霜坚冰至"，圣人之见终始微言。

所引系《坤》初六爻辞，《象传》："履霜坚冰，阴始凝也，驯致其道，至坚冰也。"故言"见终始"。

---

㉙ 同⑱二。
㉚ 同⑰卷二。

《淮南子·道应》：

> 孔子曰："夫物盛而衰，乐极则悲，日中而移，月盈而亏。"

与《丰》卦《彖传》"日中则昃，月盈则食"相似，而以为孔子语，特别值得注意。

《缪称》还有：

> 《易》曰："《剥》之不可遂尽也，故受之以《复》。"

此语与今传本传文略有不同，实则为《序卦》"《剥》者剥也。物不可以终尽剥，穷上反下，故受之以《复》"一段之省[31]。

《淮南子》不像《韩诗外传》那样带有荀学的气息，表明刘安以及他所聘请的九师，其学说与荀子一系相远。事实上，刘安也并非儒家中人。尽管如此，他们在援本《易传》一点上却是相同的。

## 结　语

由本文所述，我们可以知道以下几点：

荀子一系《易》学，在晚周以至汉初颇有影响。荀子是这个时期儒家最重要的代表人物，他在《易》学方面亦多成就，是他整个思想体系中的一种十分重要的因素。研究这个时期的《易》学，不可忽略遗说最多的荀子一系。

荀子等人的《易》学，上承孔子以来的传统，重在义理而不在占筮。荀子自言"善为《易》者不占"（《大略篇》），即表明这种态度。《汉书·艺文志》六艺有《易》，数术蓍龟家又有《易》，同途殊归，其区别实始于先秦。

---

[31]　以上见㉕第一编第六节。

《汉志·六艺略》著录《易经》十二篇,是经文十翼均列为经。看本文所论学者常把《易传》尊称为《易》,可知这种做法起源甚早。其所以如此,是由于在他们的心目中,《易传》实出于孔子。所谓孔子定五经,也包括作《易传》。

汉初学者所引《易传》,已有《说卦》《序卦》在内。荀子援引《说卦》等,可说是见于秦火之前,汉初各家引用,就不能这样讲了。今传本《说卦》《序卦》《杂卦》,乃宣帝时河内女子发老屋所得,田何一系学者不传此三篇㉜,但不等于说《说卦》等当时已全亡佚,或许在淮南九师等人以后,已无完本,到宣帝时才再发现。

荀子一系和刘安等都援用《序卦》,说明他们所见《周易》经文的卦序和今传本是一样的。《淮南子·人间》有孔子读《易》至《损》《益》的记载(又见《孔子家语》《说苑》),也反映同样的卦序。由此可知,帛书《周易》经文的卦序当时并非通行。我们研究帛书,不可忽略这一事实。

**附记** 《史记·春申君传》有春申君说秦昭王语,曾引《未济》卦辞。春申君黄歇和荀子也有关系。但此语本于《战国策·秦策四》,策文当分为两段,引《易》一段恐不属春申君㉝。《史记》以及《新序》袭用《策》文,均有误解,故本文未予讨论。

【李学勤 清华大学出土文献研究与保护中心教授】
原文刊于《中国文化》1989 年 01 期

---

㉜ 李学勤:《马王堆帛书〈周易〉的卦序卦位》,《中国哲学》第 14 辑。
㉝ 诸祖耿:《战国策集注汇考》卷六。

# "大衍之数"章与帛书《系辞》

廖名春

长沙马王堆三号汉墓所出土的帛书《系辞》与今本《系辞》的章节、字句有较大的差别。其中最引人注目的是今本《系辞》上第九章①,即"大衍之数"章,为帛书《系辞》所无。帛书《系辞》在"《易》曰:负且乘,致寇至。盗之招"后,紧接的是"《易》有圣人之道四焉"章,即今本《系辞》上的第十章②。帛书《系辞》的祖本到底有没有"大衍之数"章?或者说,"大衍之数"章到底是西汉前期的《系辞》所原有还是后人所增入?学者们有着不同的意见。张政烺先生说,"马王堆帛书《系辞》还没有这一章","可见这一章是后加的","大衍章是西汉中期的作品"③。李学勤先生则认为,"'大衍之数五十'章的起源不可能晚,大概在《系辞》形成的时期即已存在"④。笔者赞同李学勤先生的意见,并在《帛书〈系辞〉释文校补》⑤《论帛书〈系辞〉与今本〈系辞〉的关系》⑥二文中阐述过自己的观点。然而,由于篇幅和时间关系,还来不及进一步展开。本文拟通过分析帛书《系

---

① 依朱熹《周易本义》所分。在孔颖达《周易正义》中则为第八章。
② 详见《马王堆汉墓文物》第 120 页照片,湖南出版社 1990 年版。
③ 《试释周初青铜器铭文中的易卦》,《考古学报》1980 年第 4 期。友人王葆玹也认为,"大衍之数"章起于京房易。
④ 《帛书〈系辞〉略论》,《齐鲁学刊》1989 年第 4 期。
⑤ 1992 年 8 月长沙马王堆汉墓国际学术讨论会论文。
⑥ 1992 年 10 月 28 日在北京《周易》研究会学术讨论会上的发言。

辞》与今本《系辞》的上下文,考察两汉的文献记载和易学流布,证明"大衍之数"章为《系辞》所原有,并存在于帛书《系辞》的祖本中;同时,还拟探讨一下帛书《系辞》无"大衍之数"章的原因。

## 一

《系辞》作为"《易大传》"[⑦],其主旨是通论《周易》大义。因此,在《易传》诸篇中,其思想最具哲理,许多章节都有着严密的逻辑联系,上下文之间往往环环相扣,密不可分。其"大衍之数"章和"《易》有圣人之道四焉"等章就是如此。

宋人有疑经之风。对于《系辞》,欧阳修、叶适、程颐、张载、朱熹都有批评。这些批评,其中好些就是针对"大衍之数"章及其上下文来的。张载认为今本《系辞》上第十一章首句"天一、地二,天三、地四,天五、地六,天七、地八,天九、地十""恐在"今本《系辞》上第九章的"天数五,地数五之处"。程颐认为今本《系辞》将此两段话分载两处,属"简编失次",当作更移。朱熹《周易本义》据程说,将"天一……地十"句与"大衍"章的"天数五,地数五,五位相得而各有合。天数二十有五,地数三十,凡天地之数五十有五,此所以成变化而行鬼神也"连在一起,皆移置"大衍之数五十"前。张载、程颐、朱熹为什么都认为今本《系辞》的这些章次有问题呢?他们运用的都是"理校法",都是从今本《系辞》这几章的文义联系出发的。

"大衍之数"章的"天数五,地数五,五位相得而各有合。天数二十有五,地数三十,凡天地之数五十有五"并非信口之言,而是据"天一……地十"之说概括而成。在"天一……地十"之数中,天数即奇数,为一、三、五、七、九,刚好是"五"位,其和为"二十五";地数即偶数,为二、四、六、八、十,也刚好是"五"位,其和为"三十"。"天数"和"地数"相加得出"天地之数",刚好是"五十有五"。所以,这两段话是密不可分的。如今本《系辞》,将"天一……地十"说置于"子曰'《易》

---

⑦　司马谈在《论六家之要指》中称引《系辞》之文就称"《易大传》"。

有圣人之道四焉'者,此之谓也"和"子曰:'夫《易》何为者也？夫《易》开物成务,冒天下之道,如斯而已者也'"之间,上不巴天,下不着地,人们根本不理解其含义。而不交代"天一……地十",劈头就说"天数五,地数五……凡天地之数五十有五",人们也搞不清"天数五、地数五"等从何而来。因此,只有将两说连为一体,其文义才能上下贯通。由此可见,张载、程颐、朱熹的"理校",都是很有道理的。无怪其后的治《易》者,往往乐从此说。

"大衍之数五十"一段,与"天一……地十"之说也是浑然一体的。所谓"大衍之数"实即"天地之数","五十"后脱"有五"二字。金景芳先生说:

> "衍"者,推演。"大衍"者,言其含盖一切,示与基数之十个数字有别,盖数之奇偶,分天分地,犹卦之两仪,有—有--。衍成基数,犹《乾》《坤》等之八卦,只属小成,而不足以应用者也。迨"参天两地"而成"五十有五",则可应用之以"求数","定爻","成卦"乃"成变化而行鬼神",因以大衍名之。不然,则此处"五十"为无据,而下文"五十有五"为剩语,"絜静精微"(《礼记·经解》)之教,断无此种文例也。⑧

高亨先生以金说为是,并进一步论证道:

> 《正义》引姚信、董遇云:"天地之数五十有五,者其六以象六爻之数(者当作省),故减之而用四十九。"足证姚、董本作"大衍之数五十有五"。此言用《易经》演算,备著草五十五策,但只用四十九策。所以备五十五策者,下文曰:"凡天地之数五十有五。"此以天地之数定大衍之数也。所以余六策而不用者,以此六策标明六爻之数也。⑨

所以,无论从文义出发,还是从文献记载出发,"大衍之数"即"天地之数"都可谓有理有据,应为定论。

---

⑧ 《易通》,商务印书馆1945年版。
⑨ 《周易大传今注》,齐鲁书社1979年版,第524—525页。

"大衍之数"即"天地之数",系从"天一……地十"之说化出。这就告诉我们:有"天一……地十"之说,就必然有"天地之数"说,有"天地之数"说就势必有"大衍之数"说。不然,不单"天一……地十"说为赘文,失去了上下联系;"大衍之数"说也将成为无源之水,无本之木,令人不得其解。

而帛书《系辞》虽无"大衍之数"章,但在"子曰'《易》有圣人之道四焉'者,此之谓也"与"子曰:'夫《易》何为者也'"之间,却保留了完整的"天一、地二,天三、地四,天五、地六,天七、地八,天九、地十"句。由此可推知,帛书《系辞》的祖本定是有"大衍之数"章的。

李学勤先生曾经指出"大衍之数"的后部,内容和形式都与《系辞》其他各章融合无间⑩。这是很有见地的。所谓"引而伸之,触类而长之,天下之能事毕矣。显道神德行,是故可与酬酢,可与祐神矣。子曰'知变化之道者,其知神之所为乎'",是说由筮数而得出的六十四卦,蕴含着深刻的《易》理,天地间的一切变化它都能概括无遗,可以应对万物之求,又可以祐助神化之功。因此,通晓了变化的《易》理,就能把握住客观世界的规律。这种对《易》道的推崇,应该说与《系辞》各章的精神是一致的,其语气也如同一口。如《系辞》上第四章说"《易》与天地准,故能弥纶天地之道","范围天地之化而不过,曲成万物而不遗",第六章说"夫《易》广矣大矣!以言乎远则不御,以言乎迩则静而正,以言乎天地之间则备矣",第七章说"子曰'《易》其至矣乎'",第十章说"非天下之至精,其孰能与于此","非天下之至变,其孰能与于此","非天下之至神,其孰能与于此",这些话,与"大衍之数"章"天下之能事毕矣",不是如出一辙吗?所以,我们是很难否认"大衍之数"为《系辞》之文的。

值得注意的是,"大衍之数"章的"成变化而行鬼神也","知变化之道者,其知神之所为乎",与下文"《易》有圣人之道四焉"章的内容也是密切相关的。第十章叠用四个"变"字,两个"神"字,都是从"大衍之数"章化出。所谓"参伍以变,错综其数:通其变,遂成天地之文;极其数,遂定天下之象",正是对"大衍"筮法及其《易》理功能的概括。"参伍以变,错综其数"指的就是"四营""十八变";

---

⑩ 同④。

"通其变,遂成天下之文;极其数,遂定天下之象"云云,说的难道不是"引而伸之,触类而长之,天下之能事毕矣"吗?今本《系辞》下第十章的这些话,帛书《系辞》大致都还保存着。因此,从上下文的这些联系看,帛书《系辞》的祖本应该是有"大衍之数"章的。

## 二

从传世文献的记载看,《系辞》有"大衍之数"章,绝不会晚于西汉中期。这可以从另一个方面支持帛书《系辞》的祖本应有"大衍之数"章这一论点。

李学勤先生曾经以王充《论衡·卜筮》篇的记载和《汉书·律历志》的记载论证过"至少西汉晚期'大衍之数五十'已在《系辞》篇中,与'天一,地二'一段并列了"[⑪]。这一论证证据充分,不容置疑。不过,考诸文献,"大衍之数"载于《系辞》的时间还可进一步提前。

据孔颖达《周易正义》和陆德明《经典释文》的记载,京房易不但载有《系辞》"大衍之数"章,而且还有对它的详细解说。西汉有二京房,都以易学名家。一为杨何弟子,梁丘贺的老师;一为京君明,焦延寿的弟子,"以明灾异得幸,为石显所潜诛"(《汉书·儒林传》),死于汉元帝建昭二年(前37年)。《正义》和《释文》所称引的京房,都指的是京君明。有人认为,《系辞》有"大衍之数"章,始于京君明,这是错误的。因为依经学惯例,经、传不可能起于同时。京君明以"十日十二辰二十八宿"来解"大衍之数五十",这说明早在京君明之前,"大衍之数"章就是很有影响的《系辞》之文了,不然,他怎么会如此挖空心思地作解呢?

据《后汉书·灵帝纪》,汉灵帝熹平四年"诏诸儒正'五经'文字,刻石于太学门外"。熹平石经所刻《周易》经、传,现尚有部分残存。屈万里先生集众家之长,而成《汉石经周易残字集证》一书。据屈书,熹平石经《周易·系辞传》中,

---

⑪ 同④。

"大衍之数"章基本留存。马衡先生、钱玄同先生曾认为熹平石经《周易》用京氏本⑫，现据屈书可知为非。因为在石经《周易·杂卦》残石之阴，有《易经》"尾题"，其文有"《易经》梁"三字。屈万里先生和马衡先生据此考定《周易》刻石系用梁丘氏本⑬，其说可信。梁丘《易》立为博士在西汉宣帝甘露三年（前51年）。吴翊寅《汉置五经博士考》云：

> 至（梁丘易）立为博士，则以（梁丘）贺子（梁丘）临为之。

而梁丘贺与施仇、孟喜并为武帝时《易》博士田王孙之门人，后又以明京房（杨何弟子）《易》征，拜为郎。"及梁丘贺为少府，事多，乃遣子临将门人张禹等从（施）仇问"（《汉书·儒林传》）。由此可见，《梁丘易》可上溯至田王孙和杨何师徒。所以，据熹平石经的《周易》残字来看，《系辞》里有"大衍之数"章，肯定不会始于京君明之《易》，至少当在西汉中期。

与此可以互证的还有《说文解字》的记载。《说文》在解释"扐"字说：

> 扐，《易》筮再扐而后卦。

按，这是明引"大衍之数"章的"再扐而后挂"一语，从其称《易》筮可以看出，东汉时许慎所见到的《系辞》是有"大衍"章的。《说文叙》又自称"传《易》孟氏"，段玉裁注云：

> 孟《易》者，许君易学之宗也。

孟氏即孟喜，从田王孙受《易》，宣帝时，立为《易》博士。由此可知，许慎虽为东汉人，但《说文》所引《系辞》"大衍之数"章文字，实源于西汉宣帝时《易》博

---

⑫　马衡：《汉熹平石经周易残字跋》，钱玄同：《读汉石经周易残字而论及今文易的篇数问题》，皆收入《古史辨》第三册。
⑬　屈万里：《汉石经周易残字集证》，马衡：《汉石经集存》。

士孟氏本。

清人马国翰《玉函山房辑佚书》从僧一行的《大衍论》和王应麟《玉海》中辑出一条《子夏易传》的佚文：

> 大衍之数五十，其用四十有九。一不用者，太极也。

《子夏易传》的作者是谁呢？古人有种种说法。《经典释文·序录》云：

> 卜商，字子夏，卫人，孔子弟子，魏文侯师。《七略》云：汉兴，韩婴传。《中经簿录》云：丁宽所作。张璠云：或馯臂子弓所作，薛虞记。虞不详何许人。

《文苑英华》载唐开元七年司马贞议云：

> 王俭《七志》引刘向《七略》云："《易传》子夏，韩氏婴也。"今题不称韩氏，而载薛虞记；又今秘阁有《子夏传》，薛虞记。

张惠言《易义别录》说：

> 《艺文志》有《韩氏》二篇、《丁氏》八篇，而无馯臂子弓，则张璠之言不足信。丁宽受《易》田何，上及馯臂子弓受之商瞿，非出自子夏，则荀言丁宽亦非。刘向文子博学近古，以为韩婴，当必有据。《儒林传》称"韩生亦以《易》授人，推《易》意而为之传"，不闻其所受。意者出于子夏，与商瞿之传异邪？

这是说韩婴远绍子夏之传，故作《传》而题以"子夏"⑭。此说试图以"远绍"说解决《韩氏》二篇与《子夏易传》之名的矛盾，但仍难服人。

---

⑭　吴承仕：《经典释文序录疏证》，中华书局 1984 年版，第 36 页。

清人臧庸的考证最为可信。他在《拜经日记》中首先据《文苑英华》所收刘子玄议,纠正《汉志》《韩氏》二篇当为十二篇,然后说:

> 考校是非,大较以最初者为主,虽千百世之下可定也。《七略》刘子骏作,班孟坚据之以撰《艺文志》。《七略》既云是汉兴子夏韩氏婴《传》,便可知非孔子弟子卜子夏矣。……"婴"为幼孩,故名"婴",字"子夏"。"夏",大也。

从古人名、字意义相关的习惯看,臧说以子夏为韩婴之字,当可信从。正因如此,《汉志》才以《韩氏易传》(自注:名婴)代替刘向《七略》的《子夏易传》,而《子夏易传》不见于《汉志》的问题也随之清楚了[15]。

韩婴为汉初文、景时人,其《易传》既有"大衍之数"章,又有其注解,这说明早在西汉初年,《系辞》就有"大衍之数"章了。这和上文所说帛书《系辞》的祖本应有"大衍"章是完全吻合的。因此,说"大衍"章西汉中期才加入《系辞》,是一种不符文献记载的假说。


三


既然帛书《系辞》的祖本是有"大衍之数"章的,那么,为什么帛书《系辞》不载呢? 对此,笔者有两点猜想。

一是与帛书《系辞》及其他几篇《易》说编写者的易学观有关。与帛书《系辞》同写于一幅帛上的几篇《易》说,如《易之义》《要》等,有一种明显的倾向,就是反对卜筮,强调观其德义。如《易之义》说:

> □□无德而占,则《易》亦不当。

---

[15] 说见李学勤《韩婴易学探微》,《周易经传溯源》,长春出版社 1992 年版,第 116—117 页。

又说：

> 故占危戋(哉)！☐☐☐☐☐☐不当。疑(拟)德占之,则《易》可用矣。

《要》更说：

> 察其要者,不趎(诡)其德。
>
> 《易》,我后其祝人矣。我观其德义耳也。幽赞而达乎数,明数而达乎德,又(?)仁☐者而义行之耳。赞而不达于数,则其为之巫;数而不达于德,则其为之史。史巫之筮,乡之而未也,好之而非也。后世之士疑丘者,或以《易》乎? 吾求其德而已,吾与史巫同涂而殊归者也。

这种重德义而轻筮占的易学观表现在《易》之用上,就是反对背德而占;表现在对卦爻辞的解释上,就是只谈义理,不言象数;表现在对前人《易》说的继承上,就是以德义为要。这样,像"大衍"筮法这样的内容,就很可能被摒于帛书《系辞》之外。

第二,"大衍"筮法只是先秦时的一种有代表性的易筮而已。就像帛书《六十四卦》的卦序与今本《周易》卦序不同一样,帛书产生的楚地也许会有不同的筮法。熟悉这种不同筮法的人,对"大衍"筮法自然就会加以排弃。同时,本于重德不重筮这一信念,编写者也不会以新的筮法去代替"大衍"筮法。这样,就避免了像《要》一样按照帛书《六十四卦》的卦序去改写"天地定位"一段,只需删去"大衍之数"章就行了。这些揣测,不知是否近于情理,尚祈方家批评。

【廖名春　清华大学思想文化研究所教授】
原文刊于《中国文化》1994 年 01 期

# 由简帛《老子》重论其书之
# 形成和篇章分合

虞万里

　　蒙文通曾云："我国旧籍之讹误紊乱，无过于《老子》。"①此殆以其人其书具哲学之思辨，故清以前之注本几数千家，②今可考者尚有四五百种，③近代以还之研究专著亦数十百种；复以其人其书为道教所用，故行迹恍惚神秘，扑朔迷离，书主由治国而治身，牵涉仙道养生。千百年来，俨然为一治丝而棼之难理公案。二十世纪古史辨思潮兴起，就其人其书之异说，竟有二十九种之多。④因未有新资料，各家之是是非非，只能以不了了之。自一九七三年湖南马王堆出土帛书《老子》甲乙二种，遂开启《老子》之新探索，一九九三年湖北荆门郭店出土竹简《老子》甲、乙、丙三组，复又将此研究推向论证高潮。二三十年来，新著新论目不暇接，虽未有趋于一尊之定论，却也产生不少启人心智之新说。新近北大简《老子》之公布出版，其形制、分章又与马王堆帛书和郭店竹简有异同，借此六种简帛《老子》，结合传世古本及文献所载而综理之，冀以重新认识《老子》一书之形成和其分章之特点。唯因其学术史之积淀太厚，片纸短帙无法一一叙述交代，只

---

　　① 蒙文通：《王弼〈老子注〉初校记》，《中国历史文献研究集刊》第三集，岳麓书社 1983 年版，第 61 页。

　　② （元）张与材：《道德玄经原旨序》谓"《道德》八十一章，注者三千余家"。《中华道藏》第十一册，第 662 页下。此盖其元时所知者。

　　③ 王重民：《老子考》，其自序云"都中外著录几五百家"，《冷庐文薮》，上海古籍出版社 1992 年版，第 365 页。

　　④ 见罗根泽《古史辨六·序言》所列（上海古籍出版社 1982 年影印本），按罗氏所总结的二十九种观点中，有五家是宋人，五家是清人，自梁启超至罗氏本人共十九家。

能就所论问题粗略勾勒前因,运用史料做逻辑推理,直陈己见,百疏之漏,读者谅之。

## 一、由马王堆帛书、郭店简、北大简《老子》之异同说起

马王堆帛书《老子》分甲乙二种写本。甲本用篆书抄写,多用古字不避汉讳;乙本用隶书抄写,多用今字,避汉高祖讳。甲乙二本皆先《德经》后《道经》,与传世本先《道经》后《德经》不同。乙本卷末有"德三千卅一""道二千四百廿六"尾题。二本文字之多寡异同达三百余处,与传世本文字更有差异。甲本略施分章符号,却未贯彻首尾;乙本则全无分章符号。章序亦与传世本不同。整篇字句与唐代傅奕本最近,字数比流行本多四百余字。

帛书本与传世本最显著差异乃道、德二篇前后颠倒,故消息一公布,高亨和池曦朝即著文云"《老子》传本在战国期间,可能就已有两种:一种是《道经》在前,《德经》在后,这当是道家传本","另一种是《德经》在前,《道经》在后,这当是法家传本",甲、乙两本源自不同传本。⑤ 拘泥于道家、法家,乃二十世纪七十年代政治形势使然。徐复观从内容着眼,认为德先道后缘于《老子》多言德而少言道,但因书中言及道德时,皆先道后德,故西汉末东汉初人倒转其次序而称"道德经"。⑥ 徐氏和余明光、张松如、尹振环等皆认为德前道后为《老子》古本原始形态。⑦ 与之相反,严灵峰仍坚持今本"道德"为原始顺序,其作"德道"或系竹简存放位置颠倒造成。⑧ 其他包括高、池文章在内,多取帛书文字来斠证传世本之讹误,或阐述文字异同背后之文意。而其最完整、丰硕之成果,当推高明《帛

---

⑤ 高亨、池曦朝:《试谈马王堆汉墓中的帛书〈老子〉》,《文物》1974 年第 11 期,第 1—7 页。高、池之前有翟青发表《〈老子〉是一部兵书》(《学习与批判》1974 年第 10 期),是为第一篇。

⑥ 徐复观:《帛书〈老子〉所反映的若干问题》,《中国思想史论集续篇》,上海书店 2004 年版,第 200 页。按徐文刊于 1975 年香港《明报月刊》第 114 期。

⑦ 参见余明光《黄帝四经与黄老思想》(黑龙江人民出版社 1989 年版)、张松如《老子说解·引言》(齐鲁书社 1998 年版)、尹振环《〈老子〉篇名篇次考辨——三论帛书〈老子〉》(《文献》1997 年第 3 期)。

⑧ 严灵峰:《马王堆帛书老子试探》,台湾河洛图书出版社 1976 年版,第 11—12 页。

书老子校注》，⑨至于论章节章次之异同，则以宁镇疆分析最细。⑩

郭店简《老子》分甲、乙、丙三组。竹简年代约在公元前四世纪中叶。其分为三组是以简长和编线位置不同。甲组简长 32.3 厘米，两端修成梯形，上下契口间距 13 厘米，共 39 枚，抄写《老子》第十九、六十六、四十六中段下段、三十上中段、十五、六十四下段、三十七、六十三、二、三十二；二十五、五中段；十六上段；六十四上段、五十六、五十七；五十五、四十四、四十、九等约二十章。乙组简长 30.6 厘米，两端平齐，上下契口 13 厘米，共 18 枚，抄写《老子》第五十九、四十八上段、二十上段、十三；四十一；五十二中段、四十五、五十四等约八章许。丙组简长 26.5 厘米，两端平齐，上下契口间距 10.8 厘米，共 14 枚，抄写《老子》第十七、十八；三十五；三十一中段下段；六十四下段等约五章。三组文字，甲组字较小，字距也较小；乙组字较大，字距亦相对大一些。由此可知二组竹简系分别抄写，各自编连成册。简本《老子》用点、小黑方块和勾织三种符号来区分章节，但运用未能规范。

由于简本从篇幅、分组、分章和章次都与帛书本和传世本有较大差异，文字亦多异同，故引起学界热烈讨论。总括而言，有以下几个方面：

1. 古本、原本、节本。郭店《老子》是原本还是较古的文本，此为简本出土后最受关注之热点，尤以一九九八年在美国达慕思大学召开的国际会议为高潮。会上罗浩提出三种模型，即辑选、来源和行文本。⑪ 而其实在会上，学者围绕此一问题，各抒己见，推测各种可能性，几可谓充类至尽，亦即无论《老子》怎样形成，简本是何种本子，都已被各说所笼罩。⑫ 但静言思之，皆是争论时临场所闪现正、反、合之思辨性推论，绝大多数论点皆属无事实支撑之"可能性"。之后学

---

⑨ 高明：《帛书老子校注》，《新编诸子集成》，中华书局 1996 年版。前于高书有严灵峰《马王堆帛书老子试探》（台湾河洛图书出版社 1976 年版）、郑良树《老子新校》（《大陆杂志》第五十四卷第四期至五十九卷第四期，1977 年 4 月至 1979 年 10 月）、黄钊《帛书老子校注析》（台湾学生书局 1991 年版）、许抗生《帛书老子注译与研究》（浙江人民出版社 1982 年版），后于高书有徐志钧《老子帛书校注》（学林出版社 2002 年版），皆以校注为主。其他以帛书本为参校者不在此列。

⑩ 宁镇疆：《帛书本老子分章研究》，《老子早期传本结构及其流变研究》，学林出版社 2006 年版，第 123—142 页。

⑪ 罗浩：《郭店老子对文研究的方法论问题》，艾兰、魏克彬编，邢文编译《郭店老子——东西方学者的对话》，学苑出版社 2002 年版，第 59—80 页。

⑫ 参见艾兰、魏克彬编，邢文编译《郭店老子——东西方学者的对话》第五章，第 119—163 页。

者披寻文献,多方论证,亦多不出其范围。丁四新提出"活页文本"说,[13]李存山将之称为"演变模型",又修改为"演变模型二",最后仍认为目前"尚无条件取得一个公认的符合老子思想的原始形态的'校定本'"[14]。李若晖将简本归为"形成期",[15]而宁镇疆则将简本归为"《老子》早期传本"。[16]

2.三组简本之关系。综而论之有"平行说",即三组系互不统属之独立文本;有"从属说",即三组简在内容上有从属关系,或甲、乙与丙对立,或甲与乙、丙分开;有"一体说",即三组是古本《老子》的组成部分;亦有"经传说",即将甲组定位经,而乙、丙两组是释经之传。[17]

3.分篇与先后。由于三组简本将《道经》和《德经》混抄,学者方知原始或早期《老子》文本不分《德经》和《道经》。

4.分章与章次。诸家论著虽多牵涉分章与章次,然皆不如宁镇疆之分析深入。其在《老子》"早期传本"分章研究中对简本、帛书本和严遵本及今本皆有细致分析。[18]

5.重复文字与注文、衍文。关于《老子》中有注文和衍文,为大多数学者所忽略,唯宁镇疆曾作专论,讨论《老子》之"同文复出",[19]又在书中深入分析注文、衍文对《老子》一书形成的因素。

对郭店简本《老子》之讨论,无法在此详细引述。

北大所藏西汉简本《老子》是最接近于传世本也是保存最完整之文本。现存整简与残断简共二百八十二枚,其中完整简一百七十六枚,残断简一百〇五枚。经拼接后有完整简二百十一枚,残断简十枚。整理者推测,原书应有完整有字简二百二十三枚,遗失整简二枚,其中《上经》一百二十五枚,《下经》九十八枚。此批简长31.9—32.2厘米,宽0.8—0.9厘米。三道编绳,满简字数28字,极

---

⑬ 丁四新:《郭店楚墓竹简思想研究》,东方出版社2000年版,第36—47页。

⑭ 李存山:《老子简帛本与传世本关系的几个"模型"》,《中国哲学史》2003年第3期,第70—74页。

⑮ 李若晖:《郭店竹书老子论考》,齐鲁书社2004年版,第87—108页。

⑯ 宁镇疆:《老子早期传本结构及其流变研究》,学林出版社2006年版。

⑰ 谭宝刚:《老子及其遗著研究——关于战国楚简〈老子〉、〈太一生水〉、〈恒先〉的考察》,巴蜀书社2009年版,第184—190页。

⑱ 宁镇疆:《老子早期传本结构及其流变研究》第三章,第82—170页。

⑲ 宁镇疆:《老子"同文复出"现象的初步研究》,《齐鲁学刊》2001年第4期。

少数为 29 字。北大简《老子》题为"老子上经"与"老子下经",篇末计有字数。《上经》后计字"·凡二千九百卌二",《下经》后计字"·凡二千三百三",合计为五千二百四十五字。整理者计算实际字数,推测原书正文应有五千二百六十五字,比马王堆帛书《老子》乙本的五千四百六十七字少二百二十二字。北大简本字体接近于纯熟的汉隶,除"邦"字作"国"可指为避刘邦讳,其他惠帝盈、文帝恒、景帝启、武帝彻皆不避,整理者推测其抄写年代"多数可能在武帝后期,不晚于宣帝";"有可能到武帝前期,但不太可能早到景帝"。[20]

　　北大简最重要标志是分章有圆形墨点提示符号,章末有空位留白,使前后章次井然,是探讨古本《老子》极难得之资料。北大简共分七十七章,《上经》四十四章,与传世本《德经》相同;《下经》三十三章,比传世本《道经》少四章。据韩巍研究,简本分章与传世本主要有以下三种不同:一、简本将传世本数章合为一章,如第四十二章系合传世本七十八、七十九两章为一(严遵本同),第五十章(《下经》第六章)系合传世本六、七两章为一,第六十章(《下经》第十六章)系合传世本十七、十八、十九三章为一(郭店简十七、十八为丙组 1—3,十九为甲组 1—2),第七十三章(《下经》第二十九)系合传世本三十二、三十三两章为一(郭店简相当之三十二,后无三十三章文字)。二、简本将传世本一章分作二章,如第二十七、二十八两章传世本合为第六十四章。三、简本分章与传世本不同,一处是第二十一、二十二(传世本第五十八、五十九)两章,一处是第六十九、七十(传世本第二十八、二十九)两章。

　　近四十年的《老子》研究,学者借着出土简帛文本,结合传世诸本,从文本、篇次、分章和章序、文字以及思想等方方面面深入研究,取得了远过于以往任何时代之成就。然智者千虑,亦不免疏忽,较量而论,其有三点:一是有意识或无意识地认定《老子》有一个原本,于是产生许多无谓的议题,得出许多无意义的观点。二是深入到《老子》一书深处,只见树木,不见森林,不能从先秦其他诸子学派著作中去反观《老子》之形成。三是对刘向校书认识不足,明知刘向有说,却视而不见,不能深入分析其内涵。下面试图从这三方面来探讨。

---

[20]　《北京大学藏西汉竹书(贰)·前言》,上海古籍出版社 2013 年版,第 2 页;韩巍:《西汉竹书老子的文本特征和学术价值》,同书,第 209 页。

## 二、由老子学说与学派说到《老子》一书之形成

郭店简《老子》不计重文、缺字，共 1719 字，涉及三十一章节。其中甲组 1073 字，涉及二十章；乙组 378 字，涉及八章；丙组 268 字，涉及五章。就字数言，为傅奕古本字数三分之一弱；就章数而言，是传世本八十一章的三分之一强。郭店简三组简制不同，字形大小亦有差异，且甲组、丙组皆有第六十四章之下段，故论者多谓三组简来源不同。若来源不同，则甲组二十章，乙组八章，丙组五章，所系文本更短。

《韩非子》有《解老》《喻老》二篇，依次解释传世本三十八章、五十八章、五十九章、六十章、四十六章、十四章、二十五章、一章、五十章、六十七章、五十三章、五十四章(以上《解老》)；四十六章、五十四章、二十六章、三十六章、六十三章、六十四章(前半)、五十二章、七十一章(其中又涉及第七十六章"守柔曰强")、六十四章(后半)、四十七章、四十一章、三十三章、二十七章，共涉及二十六章(以上《喻老》)。其他篇章如《六微》引第三十六章，《六反》引第四十四章，《难三》引第六十五章，其中除三十六章所引与《喻老》篇重复，知韩非所持有之《老子》至少有二十八章之多。《解老》《喻老》两篇是否为韩非所著，虽有人持异见，然其为战国后期之作品则无问题。金德建曾以帛书《德经》在前，《道经》在后，与《解老》《喻老》顺序一致，遂谓韩非所持有之二十余篇为《老子》古本，谓"古本《老子》实在不满五千言，大约只占今本的半数"。[21] 金氏未论及韩非他篇征引文字，未免率尔。然与郭店简三组《老子》相参证，可引起关注者：

郭店甲组第四十六章，《解老》《喻老》皆有解，第六十三、六十四章，《喻老》连解。乙组第五章，《喻老》有解；第五十二章，《喻老》有解；第五十四章，《解老》《喻老》皆有解；第五十九章，《解老》有解。郭店简本与韩非所持本各二三十章，

---

[21] 金德建在《司马迁所见书考》三三《论老子年代问题和〈老子〉书问题》(上海人民出版社 1963 年版，第 228—231 页)中已提出此一观点，在见到帛书本后，又在所著《先秦诸子杂考》九《老子四论》中加以阐发(中州书画社 1982 年版，第 55 页)。

而两种古本相同者仅有六章,颇难索解。若从时空上思考:郭店简本系楚国所流传之古本《老子》,时代在公元前300年前后,其所传承之本无疑早于下葬年代;若考虑甲组和丙组第六十四章之重复,如论者所疑系不同文本来源,则年代或更早。韩非系韩国公子,生活时代在公元前281—前233年,论者谓《解老》《喻老》系其青年时作品。㉒ 韩国在河南新郑,远离楚地,不管韩非在韩国或秦国得《老子》,其传本有可能与郭店简本非同一系传本,此其一;韩非在《六微》《六反》《难三》等篇亦引《老子》,且有出于《解老》《喻老》之外者,可推知其所持本章数多于其所解所喻者,此其二。韩持本时代在郭店简本之后,其所有章数超过郭店简本,亦在情理之中。然是否韩非所持已是帛书或北大简之类接近于完整之本,无从考究。

金德建认为韩非所持之《老子》系古本,其"旨趣玄深",是"老聃所亲著的《老子》书",其他都是"以后道家所增添出来的《老子》"。㉓ 为此他分析《老子》语句,剔摘其前后矛盾之文字和互相重复之文句,并谓书中凡有"古之"云云者皆为后人"追述古时候传下来的遗说"。又从道体之"有物"与"无物","无为"与"有为",和"有无相生""自然""一"等概念来区分《老子》原本与后增文字。当其分析之际,胸中有一《解老》《喻老》所涉及章数之尺度,迨郭店简本出土,金氏所指为后增之某些章节赫然在简本中,证明其已先韩非所持本而存在,亦可能为韩非所持而未被其运用解说。即便如此,金氏认为韩非所持为《老子》古本之思路仍有启迪意义。

从郭店简本或韩非所持本(韩所持《老子》未必是全本)等短篇小制,可以推想《老子》在战国时期流传状况之一斑。余嘉锡总结向歆汇总中外篇什校勘、著录诸子情况,认为"刘向未校书之前,除古文经之外,其余诸子传记,非残缺即重复",适与《老子》郭店简本、韩非所持本和太史书、中秘本(或刘向本)等相吻。余氏谓此残缺、重复之书或系"本是一书,至汉而散乱失次分为数种者",或系

---

㉒ 《解老》《喻老》两篇,自胡适之《中国哲学史大纲》疑非韩非之作,后容肇祖《韩非子考证》、蒋伯潜《诸子通考》等从之。罗宗涛信从司马迁"归本于黄老"之说而作《韩非学术源于老子说》(《台湾师范大学国文研究所集刊》第八号),论之甚详,谢云飞《韩非子析论》(东大图书公司1980年版)等从之。今仍作为韩非著作立论。

㉓ 金德建:《先秦诸子杂考》九《老子四论》,第59页。

"其初本未编次,一家之学分为数种者",㉔固为实情。然亦有一源十流,各得先师口授而记录之,或得之先师授习之短章零简,复又各本私意,缘饰文辞,递相传授,遂至文本亦同亦异,似是而非,此亦余氏所谓"是知古人之书,不皆手著,果其学有师承,则述与作同功,笔与口并用。传之既久,家法浸亡,依托之说,窜乱之文,相次搀入"也。㉕

所谓"古人之书,不皆手著",并非皆不手著,迨谓其重口传师承,积久而书于竹帛以广流传也。即使司马迁所记老子为关令尹喜著书系客观史实,且不论老子其人在孔子前或孔子后,皆不可能一日或数日挥洒五千余言萧然而去。孔子一生传授弟子三千,贤人七十二,其所记录汇编之格言《论语》不过一万多字。若减去问答叙述及弟子之言,所剩无几。即使加上先秦秦汉诸子百家和经典中孔子言论,㉖亦不过一万多字。上溯西周时期,无私人著作留存,即今见之集体著作《诗》《书》《礼》等经典,以及出土实物如钟鼎铭文,亦绝无一篇而达数千言以上者。环顾战国前期诸子,以"篇"为单位之作品亦少数千言者。《老子》五千言涉及修身、治国等各种金玉良言,即使老子有宿构,也不可能在短短一日或数日完成,尤其是在春秋战国之时。有短篇零简之存在,有《老子》一书之前后矛盾与重复,更可推知《老子》五千余言绝非一挥而就、浑然一体之作。兹从先秦老子学派传授和诸子著作形式与内容两方面阐述。

## (一)先秦老子学派之传授

诸子争鸣,虽称百家,然庄子所论仅十子,荀卿所非亦只十二子。《汉志》条辨诸子,归为九流十家,谓"皆起于王道既微,诸侯力政,时君世主,好恶殊方,是以九家之术,蜂出并作"。术虽九家,子则百十,然就其显者而言,不过儒、墨、道三家而已。儒、墨二家,论者颇多,道家学派,亦不乏整理者。自《史记·孟子荀卿列传》云:"慎到,赵人;田骈、接子,齐人;环渊,楚人:皆学黄老道德之术,因发明序其指意。故慎到著十二论,环渊著上下篇,而田骈、接子皆有所论焉。"裴骃

---

㉔ 余嘉锡:《古书通例·论编次第三》,上海古籍出版社 1985 年版,第 104 页。

㉕ 余嘉锡:《古书通例·论编次第三》,第 105 页。

㉖ 汇辑文献中之孔子言论,唐王勃《次论语》、宋杨简《先圣大训》等已开其先河,清孙星衍所编《孔子集语》今存,今人裴传永《论语外编——孔子佚语汇释》、李殿元、王定璋、杜志国《论语外编》等皆是此一工作之继续。

集解引徐广曰："今《慎子》刘向所定,有四十一篇。"《汉志·诸子略》载道家三十七家九百九十三篇,略叙其清虚自守,卑弱自持之术,近杨树达先作《汉代老学者考》,后严灵峰复撰《王弼以前老学传授考》,梳理文献,罗列与老学有牵涉者,凸显其学传授、发展之轨迹。兹选取重要者述之。

司马迁云:"自驺衍与齐之稷下先生如淳于髡(前 385—前 305)、慎到(前 350—前 275)、环渊(前 360—前 280)、接子(前 350—前 275)、田骈(前 350—前 275)、驺奭(前 295—前 230)之徒,各著书,言治乱之事,以干世主。"㉗言治乱,干世主,与《老子》宗旨相近。可见齐、赵、楚诸子对《老子》学说皆有阐发。而对老子阐发最多者自然要数文子:

文子,《汉志》著录"《文子》九篇",班固注"老子弟子"。自柳宗元斥为"驳书",黄东发指为唐徐灵府所撰,近人皆指为伪书。㉘ 至 1973 年河北定州中山怀王墓出土竹简《文子》后,始信原书为真。唯文子为谁,说各不同。李暹以为是范蠡之师计然,㉙钱穆以为是尹文子,㉚李定生、徐慧君认为是彭蒙之师,㉛而谭宝刚则认为是关尹。㉜《文子》中保存《老子》文句、学说、思想,是无可否认之事实。如《道原》起首引《老子》云:"有物混成,先天地生,惟象无形,窈窈冥冥,寂寥淡漠,不闻其声,吾强为之名,字之曰道。""有物"二句见二十五章,《老子》下文云:"寂兮寥兮,独立而不改,周行而不殆。"文子申发为"窈窈冥冥,寂寥淡漠,不闻其声";下文云:"吾不知其名,字之曰道,强为之名曰大。"文子又稍改其字面。又"……柔弱者道之用也。反者道之常也,柔者道之刚也,弱者道之强也"数语,㉝系绾合《老子》第四十章"反者道之动,弱者道之用"、第三十六章"柔弱胜

---

㉗ 《史记》中诸家年代据钱穆《先秦诸子系年》而定,并参考林志鹏《宋钘学派遗著考论》,台湾万卷楼图书股份有限公司 2009 年版,相应页码。

㉘ 参见张心澂《伪书通考》,商务印书馆 1957 年版,第 811—818 页。

㉙ 晁公武著、孙猛校证:《郡斋读书志校证》卷十一,上海古籍出版社 1990 年版,第 474 页。按,李暹指为计然,是因其字文子,此说见唐马总《意林》,总又本裴骃之说。其实计然字文子乃文种,与此文子风马牛不相及。钱穆《先秦诸子系年》三四有辨。

㉚ 钱穆《老子杂辨》云:"孔子时老子弟子文子,亦乌有先生也;老子之误,由庄子之寓言,文子之误,则由尹文之变称。"《先秦诸子系年》,商务印书馆 2005 年版,第 253 页。

㉛ 李定生:《论文子》,李定生、徐慧君:《文子校释》,上海古籍出版社 2004 年版,第 21—26 页。

㉜ 谭宝刚:《论文子即是关尹》,《老子及其遗著研究——关于战国楚简〈老子〉、〈太一生水〉、〈恒先〉的考察》附录一,第 394—409 页。

㉝ 以上引文见李定生、徐慧君《文子校释》,第 1、12 页。

刚强"、第五十二章"守柔曰强"、第七十六章"坚强者,死之徒;柔弱者,生之徒"等数章之语。至于用其意,畅其旨者,不胜枚举。此因《文子》一书留存,故能观其旨意。其他少有、未有文字留存者,无法校核,只能据记载明其与老学之关系。

申子(前400—前337),京人,《史记·老庄申韩列传》云:"申子之学,本于黄老,而主刑名。著书二篇,号曰申子。"

杨朱(前395—前335),《庄子·寓言》载其与老子问答。《列子·杨朱》载禽子之言曰:"以子(按指杨朱)之言问老聃、关尹,则子之言当矣。"弟子有孟孙阳,心都子。

崔瞿,《庄子·在宥》篇载其与老聃问答。

士成绮,《庄子·天道》篇载其与老聃问答。

庚桑楚,《庄子·庚桑楚》篇谓其乃老聃弟子,"偏得老聃之道"。

南荣趎,楚人。《庄子·庚桑楚》篇载其赢粮七日七夜而至老聃之所,求教于老子。

柏矩,《庄子·则阳》篇谓其学于老聃。

宋钘(前382—前305),宋人,《汉志》小说家有《宋子》十八篇,《庄子·天下》《韩非子·显学》《荀子·非十二子》述其行事言论,多如老子学说。[34]

詹何与魏牟,六国时人。《庄子·让王》《列子·汤问》《吕氏春秋·审为》等述及,言论近《老子》学说。

以上诸子,皆老学后裔,或接馨咳于老子,或闻之于师门,皆纵横战国,争鸣禹域,阐发师说,耸动人主,其于老子学说思想,必有如《文子》一书,或解释,或阐述,有传承,有增益。数传之后,师说与诠解混一,原文与增华不分。传之既久,无复能厘清,皆有可能被误认为老子之言,甚或编入《老子》一书。

列御寇(前450—前375),刘向谓《列子》"其学本于黄帝、老子",书中有引《老子》第六、第六十三、第七十六章之文。弟子有严恢。今其第六十三章见于郭店简甲组,其他两章则不见于郭店简和《韩非子》。

吴起(前440—前381),卫人,曾用《老子》第六十七章"夫慈以战则胜,以守

---

㉞ 宋钘生卒年据林志鹏新考,《宋钘学派遗著考论》,林书又专辟《老子学说对宋钘之影响》一节论之,可参阅。第336—340页。

则固"语意对武侯问。所引第六十七章为郭店简所无,韩非引之,或吴起所见所持本与韩非相近。

魏惠王(前400—319),《战国策·魏策》载其引《老子》第八十一章"圣人不积,既以为人己愈有,既以与人己愈多"语,八十一章不见郭店简和《韩非子》。

尹文子(前350—前285),《大道》篇引《老子》六十二章"道者万物之奥",第七十四章"民不畏死,奈何以死惧之"文,并皆郭店简、《韩非子》所无。

颜斶(前319—前301),齐宣王时人,《战国策·齐策》载其引《老子》"虽贵必以贱为本,虽高必以下为基,是以侯王称孤寡不穀"等语,此为今本《老子》第三十九章而文字略有不同,亦为郭店简和韩非本所无。

以上五人,除颜斶外,时代皆在郭店简(仅以墓葬年代计,其抄写年代或会更早)和韩非之前,其所引相同者,自可提早《老子》年代;其所引为郭店简无和韩非未引述者,可推知公元前五世纪至四世纪期间《老子》较郭店简之二十余章多,是郭店简非《老子》最古本,然此并不意味着郭店简为《老子》节钞本,因为《老子》来源是一点多线之模式。

所谓一点多线式,最初老子曾有口述或笔之于竹帛之文字,此为事实,然其最初所述所写不可能有三分之一《论语》的五千言长篇,前已论及。无论当时所述所写或多或少,其在老子后学之传授中,有一递相增衍之过程。此种过程,可从先秦其他诸子传授中得窥一斑。

**(二) 由先秦诸子传授情况看《老子》流传**

战国诸子,儒墨为显,孔子、墨子之后,儒分为八,墨离为三,此众所共知。兹就儒家论之,夫子死,有子张之儒,有子思之儒,有颜氏之儒,有孟氏之儒,有漆雕氏之儒,有仲良氏之儒,有孙氏之儒,有乐正氏之儒。各人皆本私意,推衍夫子之说,及至后来,异说纷陈。荀悦曾云:

> 仲尼作经,本一而已,古今文不同,而皆自谓真本经。古今先师,义一而已,异家别说不同,而皆自谓真本说。仲尼邈而靡质,昔先师没而无闻,将谁

使折之者?㉟

纷陈异说，虽无法折中，然皆是夫子一脉所传，弟子后学在理解、传抄、传授中所产生之异同。《论语》一书，系及门弟子相与论纂夫子问答，最为真切，然汉时犹有《齐论》《鲁论》与《古论》之别，及至定州发现简本《论语》，更见其差异。文字差异固与异说不同，然《论语》中尚有重复条目，如非后人窜入，乃见当时纂辑体例之不谨严。共纂一书，犹有异同，各自传授，更显差忒。荀子曾拥有七十子后学之篇什，两《戴记》为七十子后学所传，《孔子家语》亦子思及孔门后裔所集录流传，今试比较三书异同，文字、段落、说解之异，随处可见。及郭店简、上博简《缁衣》出，与传世本差异有目共睹。上博简《民之父母》出，其与《孔子闲居》《家语·论礼》篇幅、序次、文字等异同昭显于世。将《论语》与孙星衍或今人集录之《孔子集语》勘同，其篇幅之长短，文字之异同，语意之甲乙，问答之对象，处处显示出一源十流之景象。帛书《易传》面世，平地涌现许多夫子言论或七十子后学假借夫子而发之言论。凡此皆可全面观照孔门后学传承、阐述、推衍、发扬夫子学说之过程。此一过程，可从一千六七百年后之朱子传道中得一确证。《语类》一书，号称该博，是乃当时朱子言论，而学生各记所闻。然若雠对南宋时《池录》《饶录》、徽州本等诸种《语类》各人所记，文字、语句出入之大，可悟当时孔门七十子记录之一斑。

孔门之外诸子，无儒家传授之盛，加之独尊儒术之后，学说更加零散湮坠，然从向歆所校诸子中，仍能钩稽坠绪，以见一斑。刘向《晏子叙录》云：

> 其书六篇，皆忠谏其君，文章可观，义理可法，皆合六经之义。又有复重，文辞颇异，不敢遗失，复列以为一篇；又有颇不合经术，似非晏子言，疑后世辩士所为者，故亦不敢失，复以为一篇，凡八篇。㊱

---

㉟ 荀悦：《申鉴》卷二，《四部丛刊》本。其中"而皆自谓真本说"，原作"而皆自谓古今"，黄省曾谓"此处有误"，《玉海》卷四十三作"而皆自谓真古今"，文义亦不了然。今据胡应麟《丹铅总录》卷十一补。

㊱ 吴则虞：《晏子春秋集释》，中华书局 1962 年版，第 50 页。

晏子固辩士，后世之辩士，即使非晏子后学，亦是晏子之向慕、效习者。刘向校书，遇此不敢失坠，校而殿之书末。是《晏子》一书，有其后学者之言论矣。以此观《管子》《荀子》等诸子，虽刘向未言，而古史辨派尚证《管子》中有齐桓以后事，《荀子》《大略篇》以后五篇皆纷乱有不类荀卿之言者，此或即为管、荀后学所渐次增益之文字。

反观《老子》，言虽只五千有余，熟读而细分之，其可论者有以下几类：

1.运用古言古语。《老子》中文字，对勘先秦文献，往往有相同相近与相似者，如：

《老子》六十四章："慎终如始，则无败事。"《左传·襄公二十五年》引《书》："慎始而敬终，终以不困。"此皆本之《尚书·蔡仲之命》"慎厥初，惟厥终，终以不困"文。

《老子》七十九章："天道无亲，常与善人。"《后汉书·郎顗传》引作："《易》曰：天道无亲，常与善人。"司马迁《史记》引此作"或曰"，《说苑·敬慎》引作孔子观太庙《金人铭》所发之语。《尚书·蔡仲之命》亦有"皇天无亲，惟德是辅；民心无常，惟惠之怀"，语意相同。

《老子》第三十六章"将欲歙之，必固张之；将欲弱之，必固强之；将欲废之，必固兴之；将欲夺之，必固与之"是卓然名言，然《战国策·魏策一》任章引述"将欲败之，必姑辅之；将欲取之，必姑与之"，以为出于《周书》，《韩非子·喻老》引同《魏策》，唯"与"作"予"。[37]

《老子》第六章："谷神不死，是谓玄牝，玄牝之门，是谓天地根。绵绵若存，用之不勤。"《列子·天瑞》引此文而云"黄帝书曰"。俞琰云："《列子》引《黄帝书》曰：'谷神不死，是谓玄牝。'愚谓此语出《黄帝书》，老子所云亦出《黄帝书》也。"[38]《汉志》有《黄帝四经》四篇、《黄帝铭》六篇，王应麟以为即张守节《史记正义》所说"黄帝道书十卷"。[39]

《文子·道德》："老子曰：'上言者下用也，下言者上用也，上言者常用也，下

---

[37] 又《吕氏春秋·行论》："《诗》曰：将欲毁之，必重累之；将欲踣之，必高举之。"高诱以此"诗"为"逸诗"，其实盖亦周代档案中文字也。

[38] 俞琰：《席上腐谈》卷下，丛书集成初编，第0322号，第17页。

[39] 王应麟：《汉书艺文志考证》，《玉海》附，江苏古籍出版社、上海书店1988年版，第六册，第54页上。

言者权用也。'唯圣人为能知权。"《淮南子·氾论训》:"昔者《周书》有言曰:'上言者下用也,下言者上用也,上言者常也,下言者权也。'此存亡之术也,唯圣人为能知权。"⑩《文子》"常用""全用"二词,俞樾据《淮南子》谓"两'用'字皆涉上文而衍"。⑪《韩非子·说林》用其意,亦谓"此《周书》所谓'下言而上用'者,惑也"。谓《文子》之"老子曰"为文子语,固可,然此为文子用《周书》语抑或转述老子语?何以不直接用《周书》?《淮南子》大量摘录《文子》,何以独独此处不袭用"文子"或"老子"而要用"周书"?韩非化用此语,引自《周书》,可见此语确原本于《周书》。

以上与《易》《书》《诗》近同者,很可能是较原始的《老子》文本。盖老子作为周守藏室之史,专掌典籍,则其于周代典籍之熟悉不容置疑。作为守藏之史,于周室既衰之际传播典藏古书中之警世格言,或引用,或化用,皆自然而在理。《魏策》与《文子·道德》所引《周书》,或亦老子用之,而任章则直接引自《周书》。汉时淮南王宾客所见书尚多,其大段引录《文子》,此必见先秦所传《周书》如此,故不用《文子》。

《黄帝铭》六篇,论者谓《黄帝金人铭》《黄帝巾几铭》等属之。⑫《金人铭》孔子曾读而戒其弟子,是西周春秋之文。⑬《汉志》又有《黄帝君臣》十篇,班固注云:"起六国时,与《老子》相似。"顾实引《史记·荀孟列传》"慎到、田骈、接子、环渊皆学黄老道德之术"而云"前此未闻有此术也,故曰'起六国时'欤",意谓此书与慎到、田骈、接子、环渊之流有关。又以《列子》引"谷神章"为例云:"《周官·外史》掌三皇五帝之书。宰予问《黄帝》于孔子,孔子难之。《大戴礼·五帝德》周室既衰,史播五帝之书于民间,则其书虽出于六国时,而实传自上古也。"⑭《汉志》又有《杂黄帝》五十八篇,班固亦谓"六国时贤者所作"。诸书皆佚,无可勘正,然其中与《老子》语重复者必不止以上数例。盖战国时黄老道已盛行,故

⑩ 刘文典:《淮南鸿烈集解》,中华书局 1989 年版,上册,第 442 页。
⑪ 俞樾:《诸子平议补录》,中华书局 1956 年版,第 18 页。
⑫ 此说自刘勰《文心雕龙·铭箴》始,历代皆如此作解。参见姚振宗《汉书艺文志条理》,清华大学出版社 2011 年版,第 229 页。
⑬ 《孔子家语·观周》和《说苑·敬慎》有详细之记载。
⑭ 顾实:《汉书艺文志讲疏》,第 125 页。

黄帝与老子之言词多相近相似,混而不分。如贾谊《新书·修政语上》:"黄帝曰:道若川谷之水,其出无已,其行无止。故服人而不为仇,分人而不谞者,惟其道矣。"⑮其旨意句式,与《老子》无异。逮及战国,遂有谓出《老子》与出《黄帝书》之歧异。

2.前后重复。《老子》上下经八十一篇,其有前后重复之文字,前人早已指出,今结合简帛文本,举例校核如下:

《老子》第三章"不贵难得之货",又见于第六十四章,帛书本、郭店简、北大简同;第二十四章"物或恶之,故有道者不处",又见于第三十一章,帛书本、北大简同,郭店简无此句。第二十九章"为者败之,执者失之",又见于第六十四章,帛书乙本、郭店简、北大简同;第三十章"物壮则老,是谓不道,不道早已",郭店简无此句,又见于第五十五章,帛书本、北大简本同,郭店简本少"不道早已"四字。第三十四章"终不为大,故能成其大",又见于第六十三章,帛书本、北大简本同,郭店简本无此句。第五十二章"塞其兑,闭其门",又见于五十六章,帛书本、郭店简、北大简同;第六十三章"是以圣人犹难之",又见于第七十三章,帛书本、北大简本无此句,传世之严遵本、景龙碑本亦无此句。⑯ 以上仅分别句子有无,其间文字差忒、虚词有无、主语与词汇异同等,仍有许多舛错。个别重复重出,可归之为行文需要,然若本无前后关联,过多出现重句重文,便可由此想到战国纷争之际,各地老学道家各本师说私意传播思想,在章节段落未定之前提下,或置前,或缀后,及至综合各本,遂至重文复出。至于宁镇疆所举郭店简甲组一三号简"侯王能守之,而万物将自化"和一八~一九号简"侯王如能守之,万物将自宾"、甲组二七号简"闭其兑,塞其门"和乙组一三号简"闭其门,塞其兑"二语为"同义复出"。而笔者则认为,此更能体现老学传人在传授过程中用不同文字记录之事实,后一例"兑""门"两字必前后错舛。其出于郭店简,更能证明即使篇制短小之《老子》文本尚且不免夹杂不同传授者记录之文字,何况五千余言之整篇!

---

⑮ 阎振益、钟夏:《新书校注》,中华书局 2000 年版,第 359 页。

⑯ 金德建《老子四论》和宁镇疆《老子"同文复出"现象的初步研究》均已举例说明,见金德建《先秦诸子杂考》,第 60 页。宁镇疆文见《齐鲁学刊》2001 年第 4 期。

3.前后意义关联。《老子》一书又有上下、前后文句、意义互相阐释者。谭宝刚论证郭店简三组《老子》中，乙、丙两组系对甲组进行注解，即甲组为经，乙、丙组为传注。㊼《老子》中"夫""是以""故"等为句首词者，金德建认为可能系后人缀加，其后语对前言形成一种解释性格局。丁原植研究《文子》与《老子》，揭示出《文子》在某些章节中正在解释《老子》思想。㊽ 若能熟读《文子》，再体味《老子》各章文字，其前后互相传注、阐释，当不止此，此可知《老子》一书夹杂着老学后裔阐发《老子》文字形成过程，与诸子情况相似。

郭店简《老子》出土后，楚地流传《老子》文本已无可疑。陈鼓应由此逆推老子著书可能在洛阳、函谷关或长安，谓无论著于何地，流传到楚地，可见其影响之广。㊾ 邱德修推测当时传授《老子》有南北两派。战国末年，出土之睡虎地秦简《为吏之道》中"强良不得""君子不病也，以其病病也"等文字看，明显是《老子》"强梁者不得其死""圣人不病，以其病病"语句，且帛书乙本正作"是以圣人之不〔病〕也，以其病病也"，是秦地官吏所据本与楚地流传本同。再结合前引老学派人物地域遍及齐、楚、宋、卫、魏、秦等国，知其传播范围可谓广远。许慎说战国时各国文字异形，言语异声，以此种语言文字记录传播《老子》及老子学说，不仅文字异同，虚词有无多少皆在情理之中。就班固概述战国诸子所谓"各引一端，崇其所善，以此驰说，取合诸侯"之实况，可推想老学后裔在急切地论辩、游说之际，但崇所善，不及辨择地将先师、后学注释、阐发《老子》学说之文字甚至其他格言、古语冠以"老子"而"驰说"，以至逐渐掺入其中，此不仅可能，且亦不足为怪。

有鉴于两周篇章发展历史与《老子》一书中运用《易》《书》《诗》古语，前后重复矛盾和前后关联之经传式格局，可推想《老子》原初只是一位周代典藏史官，在周室既衰、诸子争鸣之际，援用自己长期浸淫之典籍中古语、格言、箴铭来传播一己之思想与主张。其原本在战国时被广泛传播，老学后裔各本私意，援引相近文献，递相增衍，故或长或短，亦同亦异。传播既广，历时既久，致老子原初

---

㊼ 谭宝刚：《老子及其遗著研究——关于战国楚简〈老子〉、〈太一生水〉、〈恒先〉的考察》，第184—190页。

㊽ 丁原植：《就竹简资料看〈文子〉与解〈老〉传承》，《道家文化研究》第十七辑，三联书店1999年版，第81—117页。

㊾ 陈鼓应：《从郭店简本看老子尚仁及守中思想》，《道家文化研究》第十七辑，第67页。

学说与老学派鼓吹、衍饰之说混而难分。当时为干世主,且无著作意识,故用之增之,皆无人指责。日积月累,其说遂多。究其形式,犹如降落伞之十多条伞绳,先本于一点,而后各自展延,最终又汇聚成一大伞。

**(三)由秦汉崇尚黄老推测《老子》之形成**

战国黄老道之盛行,前举人物已见阵容。从文本而言,被认为宋钘学派著作的《管子》中《白心》《心术上》《心术下》《内业》四篇,(50)吕不韦门客所著之《吕氏春秋》,马王堆帛书《经法》四篇,传世《文子》和竹简《文子》残本等,其思想、内容、文句皆与《老子》有割不断的联系与纠葛。由稷下学派盛传,知汉初之崇尚黄老、无为而治有其历史根源。杨树达、严灵峰从《史》《汉》诸书钩稽传记明载习《老子》或称好其术者凡得五十许人,截至司马迁即有近二十人。(51) 而从辕固生谓《老子》为"家人言"——意指为普通市井百姓之言(52)——而招致窦太后盛怒一事看,当时《老子》已盛传且为朝野所熟悉。征诸文本,可从两方面考察:

一是马王堆帛书甲、乙本和北大简本,由简帛本篇幅字数可推知,时至西汉中前期甚至战国末期,《老子》文本已与今传本接近,反映出秦汉之际由于黄老道之盛传和普及,原来长短不齐、多寡歧出的《老子》文本迅速集合归并,形成一个在一定程度上兼容众本文字之传本,唯其章节之划分,章次之先后,尚未能统一。且此时仍有各种短帙《老子》与之并行,未臻独此一本排斥众本之局面。

二是《汉志》载有四种《老子》研究著作,即《老子邻氏经传》四篇、《老子傅氏经说》三十七篇、《老子徐氏经说》六篇、刘向《说老子》四篇。传与说之体式,先秦已有,然据班固所注,此皆秦汉间之著,(53)反映出秦汉之际,尤其是汉初数十年中崇尚黄老道,相应说解之著也先后出现。而其篇数与汉以后之定本不一,正透露出秦汉之际各种《老子》文本之差异。

---

(50) 参见郭沫若《管子集校》和林志鹏《宋钘学派遗著考论》等论著。

(51) 杨树达:《汉代老学者考》,《增订积微居小学金石论丛》卷六,中华书局 1983 年版,第 275—282 页。严灵峰:《王弼以前老学传授考》所考略多于杨。《老庄研究》,台湾中华书局 1979 年版,第 531—602 页。

(52) "家人言"一词解释纷繁。熊铁基《秦汉新道家》第一章《从"稷下黄老"到"家人言"》解释为庶人(上海人民出版社 2001 年版,第 24 页),郑慧仁、黄卓颖《"家人言"辨正》释为普通百姓(《殷都学刊》2011 年第 4 期,第 118—121 页),两种意见相近。

(53) 姚振宗认为邻氏、傅氏、徐氏三家"传"与"说""是当文、景、武帝之初,黄老之学最盛"时之著作。见《汉书艺文志条例》,项永琴整理本,清华大学出版社 2011 年版,第 214 页。

# 三、由刘向《七略》重审古本《老子》之分章

观察帛书本和北大简本《老子》，字数虽接近今传本，然其分章尚乱。即帛书甲本略有章节符号，是否一定分章，尚有歧说；帛书乙本不分章；北大简本分七十七章；而严遵本分七十二章，各自不同。分析《汉志》所载，《老子邻氏经传》四篇，姚振宗谓："本经二篇，邻氏传二篇，经传合为一编，故下注'姓李名耳'。"[54]此说若有可能，则刘向之说四篇或同。然《老子徐氏经说》六篇如何分解，是经二篇，说四篇，抑是六篇皆说，难以质指。至于《老子傅氏经说》三十七篇，最为蹊跷，"三十七"适为今传本"道经"章数，傅氏若对汉初流行之上下二篇五千余字解说，岂会正巧断为"三十七篇"？是其只解《道经》，不解《德经》，还是傅氏所持只有《道经》，抑是傅氏所持是混道、德二篇中之三十七章？现在无法悬测。下面分析八十一章本之来历。

## （一）刘向《七略》所分八十一章本

今见明确对《老子》进行分篇分章者以北大简本为最早，分为上下二篇七十七章，而分为上下二篇八十一章者则以刘向和河上公《老子章句》为最早。刘说见于后人所引录者有二：一为宋谢守灏《混元圣记》卷三所引刘歆《七略》，文云：

> 刘向雠校中《老子》书二篇，大史书一篇，臣向书二篇，凡中外书五篇一百四十二章，除复重三篇六十二章，定著二篇八十一章。上经第一，三十七章；下经第二，四十四章。[55]

五十五年后，南宋淳祐六年（1246）董思靖《道德真经集解序》亦引刘歆《七略》，文云：

---

[54] 姚振宗：《汉书艺文志条例》，第214页。
[55] 谢守灏：《混元圣记》卷三，《中华道藏》第四六册，第49页。

刘向定著二篇八十一章,《上经》三十四章,《下经》四十七章。⑤

此两条佚文,清代洪颐煊、严可均以下直至章宗源、姚振宗、章太炎均未辑录。⑤ 现今考证简帛《老子》年代、章次者,虽引录而置之不理。⑤《别录》《七略》亡于唐末五代前后,六朝至唐代笺注《老子》者据杜光庭所记有五十八家,而《新唐书·艺文志》逸出者有三四十家,出于目录见之《道藏》者又有多家。其间引用刘向《别录》或刘歆《七略》者何止三五,故董、谢所引,必有所本。⑤ 向、歆校雠诸子程序,与六艺经典不同,汇校之初,先汇总中秘藏本和诸臣所藏本,雠对异同,勘落复重,以"中外皆有以相定"。如《晏子叙录》云:

所校中书《晏子》十一篇,臣向谨与长社尉臣参校雠,太史书五篇,臣向书一篇,臣参书十三篇,凡中外书三十篇,为八百三十八章。除复重二十二篇六百三十八章,定著八篇二百一十五章。外书无有三十六章,中书无有七十一章,中外皆有以相定。⑥

其他《孙卿新书》《筦子》等皆同。以此斠论《老子叙录》,知中秘有《老子》二篇,刘向所藏亦二篇,太史书一篇,五篇相加之章节得一百四十二章。亦以"中外皆有以相定"之原则校勘,最后"定著二篇八十一章",删除"复重三篇六十二章"。今八十一章加六十二章得一百四十三章,疑"一百四十二"为"一百四十三"之误。若此数不误,今八十一章已定,则复重之三篇似为"六十一章"。若数字皆不误,必各篇章次分合有异或断章零句为向、歆径自处理者,此虽无法逆料,然提示我人可从字数和章数两条思路去推测:

就字数而言,向、歆校书在成哀之际,比照今所见出土帛书甲乙本和北大简

---

⑤　董思靖:《道德真经集解序》,《中华道藏》第十一册,华夏出版社 2004 年版,第 276 页上。

⑤　刘向、刘歆撰,姚振宗辑录,邓骏捷校补:《七略别录佚文·七略佚文》,上海古籍出版社 2008 年版。

⑤　唯谢阳举《为五千言正名》(《广东社会科学》1997 年第 1 期)一文相信八十一章系刘向汇校《老子》时所定。

⑤　日本武内义雄《老子原始》曾怀疑谢氏之记录,而岛邦男《老子校正》则认为谢氏著《混元圣纪》时应该看到《七略》,皆臆测之见。

⑥　吴则虞:《晏子春秋集释》,第 49 页。

本字数,当时一种接近于今本五千多字之《老子》已流传颇广,此与司马迁所说为关令尹喜"著书上下篇言道德之意五千余言而去"之"五千余言"相吻合。向所校五篇中,有自己所藏二篇。《汉志》载刘向《说老子》四篇,知向于《老子》曾有研究。[61] 第不知其说篇幅大小若何,故亦不能推测其所持本字数章数是否接近所定著之本。中秘书《老子》如系历经汉初诸帝好黄老之学而留存者,则可能接近五千余言,若系除挟书之令后民间上献者,则有可能近于郭店简本之短篇字数。太史书一篇,若为司马氏所见,则定有五千余字,若非则或类似于郭店简本篇幅。故三种抄本之篇幅长短遂皆未可率尔指定。

就章数而言,由于帛书甲、乙本章数不定,北大简本分七十七章,严遵本分七十二章,其他如薛季宣、江袤所见古本亦不分章。以成哀时代之《老子》流传情况推测,中秘本、太史本、刘向本虽不排斥有短简小帙,然皆有可能是五千余言或接近五千言之本。前已揭橥刘向校雠诸子之原则,即合所有中外传本,删其复重,著为定本。从数学集合论观点来理解,即若将中秘本、太史本及刘向本(刘向所有之原本)各视为一个集合,视每本中各篇章或句(内容)为每本所代表的集合中元素,则刘向校定本乃可看作前述各本所代表之集合的一个并集。如同数学上在做集合并的运算时,不同集合内的相同元素是作为同一个元素出现在运算结果——并集中而不计重复一样,刘向对于各本的重复部分也只选择其中之一保留在校雠后之定本中。由于三种传本篇幅、章节不完全一致,可以图示如下:

此图衡以刘向《七略》已交代之条件,可能产生如下几种情况:

1.假设 A、B、C 三本篇幅不同,章节不同,又可分为:

(1)A、B、C 篇幅、章节皆不同,则每种本子必皆少于今传本之篇幅与章节。

(2)A 本篇幅、章节与今传本近同,则 B、C 本篇幅亦可近同,然其章节必少于 A;B、C 本章节又有 B 多 C 少或 C 多 B 少两种。篇幅近同而章节少,指分章少而章节字数多。

(3)A 本篇幅、章节与今传本近同,则 B、C 本篇幅少于传本,其章节亦皆少

---

[61] 顾实谓"今《说苑》《新序》有述《老子》,当即其说"。见《汉书艺文志讲疏》,上海古籍出版社1987年版,第117页。

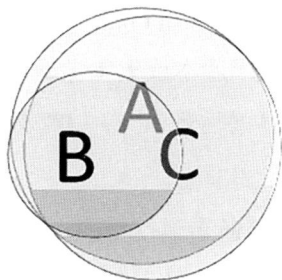

于 A；B、C 篇幅、章节多少又形成两两相对四种。当然一般情况下篇幅与章节成正比。

2.假设 A、B、C 三本篇幅相同,章节不同,又可分为:

（1）A、B、C 三本章节皆少于今传本,则刘向定著本八十一章系将三本集合后的总章数。

（2）A 本章节与今传本同,则 B、C 本章节之和是六十一章（或六十二章）;其中 B、C 分章容有多寡,具体无法确指。

3.假设 A、B、C 三本篇幅皆少于今传本,章节自亦少于今传本,刘向定著本八十一章系将三本集合后的总章数。然此种情况在西汉黄老之学盛行之后并有帛书本和北大简本篇幅参照下可能性不大。

由帛书本经黄老学盛行而到北大简本之篇幅推测,中秘本或刘向本中有一种篇幅接近五千余言之"足本",或者两种甚至连同太史本皆是接近五千余言之"足本"。如一种二篇近五千余言八十章,则其他两种三篇总共才六十二章,三篇多寡必不同。即或等而相仿,一篇不过二十章左右,与郭店简甲组章数相近;若其中一篇有三四十章,则其他一二篇或同郭店简乙组,或同郭店简丙组,皆有可能。由此而论,郭店简本之短篇小制,在《老子》一书流传中并非孤立现象。但若三种传本字数都接近五千言,则其中必有一种或两种之分章粗疏,包容性很大。

刘向以分章最多者为基准,取基准本所无而另两本所有并集为一新定本,分为八十一章。其所以定著八十一章,亦应有一说法。如其所持基准本即为八十一章,是为前有所承(此后文详论)。若为其校雠时所创,亦当推其用意。刘向是一位深通阴阳五行之学者,撰有《五行传记》(或名《洪范五行传论》)十一卷。假设其所据基准本如七十二章严遵本或七十七章北大简本,校核之间,或有出入多少,必须有所增益,而之所以增加到八十一章,必其心有所仿。杨希枚曾推测古籍中用神秘数字"八十一"之意图:

1.《史记·田儋列传》:"蒯通者善为长短说,论战国之权变为八十一首。"《汉书·蒯通传》文字近同。

2.《史记·扁鹊列传》张守节正义:"黄帝八十一难经序云……"[62]

蒯通之《长短说》系论战国游说之士权变之术,与《老子》君道、无为而治有所牵连。《黄帝八十一难经》用"黄帝"与"老子"比附,有一定联系,此经《史记》不载,始见于《隋志》和两《唐志》。然"八十一难"之名,见于汉张仲景《伤寒论序》,[63]《内经·离合真邪论》云:"黄帝问曰:余闻九针九篇,夫子乃因而九之,九九八十一篇,余尽通其意矣。"[64]《内经素问》始于"上古天真论第一",终于"解精微论第八十一"。又《灵枢·九针论》云:

> 黄帝曰:"……敢问九针焉生,何因而有名?"岐伯曰:"九针者,天地之大数也。始于一而终于九,故曰:一以法天,二以法地,三以法人,四以法时,五以法音,六以法律,七以法星,八以法风,九以法野。"黄帝曰:"以针应九之数奈何?"岐伯曰:"夫圣人之起天地之数也,一而九之,故以立九野,九而九之,九九八十一,以起黄钟数焉,以针应数也。"

《灵枢》亦始于"九针十二原第一",终于"痈疽第八十一"。皇甫谧以《针经》九卷、《素问》九卷当《汉志》《内经》十八卷。[65] 今诸书皆以"八十一"立篇,若

---

[62] 杨希枚:《古籍神秘性编撰型式补证》,《先秦文化史论集》,中国社会科学出版社 1995 年版,第 726 页。

[63] [日]森立之:《伤寒论考注》,学苑出版社 2003 年版,第 23 页。

[64] [日]森立之:《素问考注》,学苑出版社 2002 年版,第 692 页。

[65] 皇甫谧:《针灸甲乙经序》,人民卫生出版社 1984 年版,第 2 页。又《太平御览》卷七二一引皇甫谧《帝王世纪》云:"黄帝有熊氏命雷公、岐伯论经脉,旁通问难八十一为《难经》,教制九针,著《内外术经》十八卷。"中华书局 1985 年影印本,第三册,第 3194 页上。

非后人生事附会,则西汉对"八十一"之数已极为敏感。兹再援据其他史料为之参证:

　　1.《大戴礼记·易本命》:"三三而九,九九八十一,主日,日数十,故人十月而生。"《老子》亦治人之术,是否与此有关?

　　2.《老子》四十二章:"道生一,一生二,二生三,三生万物。万物负阴而抱阳,冲气以为和。"扬雄本其意而演为《太玄》八十一首,以与阴阳之六十四卦相区别。刘向卒于哀帝元年(前6),时扬雄已开始草《太玄》,或两人已有所交流。或当时以三为基点衍化成九、二十七、八十一早已成为常识,如《周礼》中元士、后妃都是以三九衍化而成,故校勘《老子》,凑成当时有共识的"神秘数字"八十一章。

　　以上杨氏所列两条,经笔者阐释与笔者所补两条,皆西汉时对"八十一"数字之认识。刘向校核《老子》时,不管其底本中有否如严遵本七十二章、北大简本七十七章,抑或其他分章之本,据其章数所余,必有不分章和分"大章"之本。当他校其分合,析其异同之际,各本之参差无疑是一种客观存在。校书当有所裁决,俾便写成定本,故必须定其章节。不管刘向校定《老子》章节时是受前引四条中某一条、两条甚至全部"八十一"数字概念之影响附会而定上下二篇为八十一章,皆与西汉意识形态和刘向知识结构相吻。

　　**(二)刘向上下经章数与河上公和葛洪之异同。**

　　所当进而讨论者,即是谢守灏和董思靖所引《七略》文,章节虽皆八十一章,而其上下经之章数却不相同。谢氏所引为"上经第一,三十七章;下经第二,四十四章",董氏所引是"《上经》三十四章,《下经》四十七章"。刘向所定,于二者之中必居其一,究竟何者为是,犹须推证。董思靖云:

　　　　河上公分八十一章,以应太阳之极数。上经三十七章,法天数奇;下经四十四章,法地数偶。刘歆《七略》云:刘向定著二篇八十一章,上经三十四章,下经四十七章。而葛洪等又加损益,乃云天以四时成,故上经四九三十六章;地以五行成,故下经五九四十五章,通应九九之数。清源子刘骥曰:矢口而言,未尝分为九九章也。严遵以阳九阴八相乘为七十二,上四十章,下三十二章。王弼合上下为一篇,亦不分章。今世本多依河上章句,或总为上下篇。⑥

董氏所叙之分章本有五种:

1.河上公本,上经三十七章,下经四十四章;

2.刘向《七略》所记,上经三十四章,下经四十七章;

3.葛洪本,上经三十六章,下经四十五章;

4.严遵本,上经四十章,下经三十二章;

5.王弼本,不分章。

其中分八十一章者又多出葛洪一种。宋刘骥说"未尝分为九九章",就先秦古本而言,此说由出土文献而得证明。河上公本和葛洪本都涉天地四时五行为说,唯刘向之三十四章和四十七章无太多玄说。河上公本和葛洪本分章之用意,道教经典中多有阐释。

颜佶解释王弼注本之篇章次第含义云:

　　《道经》象天,所以言上,《德经》象地,所以言下……寻宋古本直云王嗣辅,下称"注《道德》二篇",通象阳数极九,以九九为限,故有八十一章,以为上卷。

又卷四云:

　　分篇上下,法象天地。第一卷初并已有解。……上篇卅七章,总明常道,即以道为经初,此卷卅四章,通辨上德下德,亦以德为经。⑥

董思靖谓王弼本不分章,必亲有所见,而颜佶解王弼本章次,是刘宋时之王弼注古本已分八十一章。从分章不分章来推理,常理下是由不分章向分章过渡,

---

⑥ 董思靖:《道德真经集解·序说》,《中华道藏》第十一册,第276页上。

⑥ 敦煌伯二四六二号颜佶《玄言新记明老部》卷一、卷四,《中华道藏》第九册,第223页中、第226页上。

而不太可能原来分章之本被糅合一团而不分章。若此,则王弼原本不分章,至刘宋时已分八十一章。其所以分之模式,似来自河上公本。敦煌伯二三五三《道德真经开题》云:

> 此一部妙经,五千奥典,上下二卷,八十一章,各有表明,咸资法象,岂徒然哉?良有以也。故八十一章象太阳之极数,上下二卷法二仪之生育。是以上经明道以法天,下经明德以法地。而天数奇,故上经有卅七章;地数偶,故下经有卌四章。[68]

此段文字虽难定与道教有关,但出于东晋南朝之《太上洞玄宝元上经》有云:

> 观天文者,依吾《上经》。天文者,三光也。名为观者,占三光也。三光者,日月星也。……天于第一章分为二者,广生养之前,进引养生也。地于第八十一章合为一者,据杀藏之后,退避刑杀也。……是以在于五九之中,又出四九之外,自古及今,其名不去,是以上经三十七章也。

此解释《上经》所以为三十七章。又云:

> 察地理者,依吾《下经》。地理者,三色也。名为察者,候三色也。三色者,土山水也。……又二十二章以为冬咏,昆仑极中镇四序之际,四十五章是为属地,推功归天,揖敛让上,则下有四十四章矣。[69]

此解释《下经》所以为四十四章。洞玄部道经多为说理契真之书,《老子》《庄子》《列子》等属之。故《宝元上经》解释《老子》上下篇分章意义,自在情理之中。《上经》第一,三十七章;《下经》第二,四十四章。上、下之名,犹沿刘向之

---

[68] 敦煌伯二三五三号《老子道德经开题序诀义疏》,《中华道藏》第九册,第231页下。
[69] 《太上洞玄宝元上经》,《中华道藏》第八册,第174页中、下—第175页上。

旧,与今出土帛书、简本一致。其上下经章节数是否刘向所分,无有确证。谢守灏云:"参《传》称老子有八十一章,共云象太阳极之数,《道经》在上以法天,天数奇,故有三十七章;《德经》在下以法地,地数偶,故有四十四章。"⑦谢所参之《传》即《犹龙传》之类,故此与道教有关。而下云严君平分七十二章"全与河上公不合",则知道教《老子传》中河上公本之分章如此。河上公分《上经》三十七章《下经》四十四章,刘向分为《上经》三十四章《下经》四十七章,两者不同。

划清刘向本与河上公本之分野,再来分析葛洪本。谢守灏云:

> 葛洪等不能改此本章,遂灭《道经》"常无为"一章,继《德经》之末。乃曰:天以四时成,故《上经》四九三十六章,地以五行成,故《下经》五九四十五章,通上下经以应九九之数。⑦

谢氏所据不明,然《太上洞玄宝元上经》有云:

> 夫源一分为二仪天地,名曰两半。两半之中,原序有四……合会二经,二经开位,示明二仪,各有上下,以标四序。五千其文,以究五行,生育无穷,合德成功。数极乎九,四序因天,仍以相乘,四九三十六,是以《道经》三十六章,五行缘地,相乘法天,五九四十五,是以《德经》四十五章。天地众交,两九相乘,九九八十一,是二篇有八十一章。⑦

无论谢氏从何处获悉葛洪本分法,《宝元经》之说,应是最接近于葛洪所分之本意。葛洪分章原本未能为历代《道藏》完整保存,唯敦煌千佛洞存有残卷。敦煌斯四六八一Ⅴ号为《河上公章句注》残卷,存下卷,首题"老子《德经》下卷卷上·河上公章句",下注:

---

⑦ 谢守灏:《混元圣记》卷三,《中华道藏》第四六册,第49页。
⑦ 谢守灏:《混元圣记》卷三,《中华道藏》第四六册,第49页。
⑦ 《太上洞玄宝元上经》,《中华道藏》第八册,第175页上。

凡四十五章,德经法地,地在下,故德经为下。地有五行,五九卅五,故卅五章。事尽为章,义连为句。

据所注,知此为葛洪所分河上公本,可惜卷末至第七十七章"天之道其犹张弓乎……能以有余奉天下唯有"之后残损,[73]不能知"常无为"一章是否缀于其末。然敦煌伯二五九四、伯二八六四、斯二〇六〇、伯三二三七、伯二五七七、伯三二七七一组残卷,被定名为李荣注,正可与《正统道藏》李荣残本合成完璧。其中伯三二七七残卷末继八十一章"信言不美〔美〕言不信"后正是"道常无为而无不为"一章,与谢守灏所言正合。是葛洪分章理论和其理论施于具体文本,历六朝而不衰,为唐代李荣所承袭。严君平分七十二章,世有定论,无须费辞。王弼本原不分章,至刘宋时亦为人所分,其上下经章数章次与河上公同,反映出魏晋以后盛传于世之《老子》多倾向分章,此常理上固可认为分章便于理解与讲授,但其分法与所谓之《河上公章句》同,或许也与刘宋道教有关。

当然,在以上盛传的几种分章本《老子》之外,自汉历六朝隋唐至宋,仍有不分章之古本《老子》在流传。薛季宣云:"《古文老子》二卷,道德上下经也,无八十一章之辨,后先文字,亦多不与今本同。"薛氏据《史记》《列仙传》皆云著上下经,遂以为"汉人所言分章无说"。[74] 此乃不知《老子》流传之复杂原委。宋江衮云:"余昔于藏书家见古文《老子》,其言与今所传大同而小异,考其义一也,唯次序先后与今篇章不伦,亦颇疑后人析之也。"[75]江与薛同时人,其所见是否薛氏所藏之本,未能确定。然至少在南宋初年,尚有古本《老子》在流传。南宋有不分章之古本《老子》,知秦汉魏晋除上述分章本之外尚有多种不分章本。其篇章序次异同,今已莫可得知。所纠葛者,刘向本与河上公本虽《上经》《下经》章数不同,而总数皆为八十一章。唯此八十一章之分始于刘向抑是河上公,须有一明确判别。因河上公注《老子》事之有无及河上公注本年代,举世纷纷,舌战不已,故不得不对河上公注本

[73] 李德范辑《敦煌道藏》,全国图书馆文献缩微复制中心,1999 年版,第三册,第 1333、1345 页。

[74] 薛季宣:《叙古文老子》,《薛季宣集》卷三十,《温州文献丛书》,上海社会科学院出版社 2003 年版,第 420 页。

[75] 彭耜:《道德真经集说·杂说》卷下引,《中华道藏》第十一册,第 492 页中。按董思靖《道德真经集解·序说》引江说少中间一句(《中华道藏》第十一册,第 276 页中),故从彭书引录。

之年代有所论证。

### （三）河上公注本之年代

河上丈人最初见于《史记·乐毅列传》，晋以还流行《老子》河上公注。陆德明认为"河上者非老子所作"，[76]傅奕谓是南齐处士仇岳传家之本。释法琳《辩证论》和玄嶷《甄正论》也有质疑。开元初，史学家刘知几提出"《老子》书无河上公注，请存王弼学"。而司马贞等阿谀主上，请二家并行。唐代诸帝崇奉老子，玄宗天宝二载追号"大圣祖"，十四载注《道德真经》，自序云："撮其指归，虽蜀严而犹病；摘其章句，自河公而或略。"此其注《老子》参考河上公注之明证，可见于河上注颇为重视。自此之后，河上公注之真伪，一直成为老学中最具争议之公案。宋代晁公武《郡斋读书志》、黄震《黄氏日钞》和王应麟《汉艺文志考证》等仅是不信河上公授汉文帝《老子注》之事，于《老子》文字未有实质性考证。清段玉裁则察见注内有诠发王弼注义者，遂谓必王弼之后人所撰。[77] 近代马叙伦循段氏思路，摘剔王弼注文讹成正文而河上公注却将王注当作正文加以注释，及王弼注之后出现之经文错讹而河上公同其讹误之例，来证明其"出于王本乱离错讹之后"。复因其书梁元帝《金楼子》、阮孝绪《七录》录其书，皇侃《论语注疏》引其注，征之傅奕所说，推测为南齐处士仇岳所为。[78]

日本对河上公注之研究非常深入，二十世纪二十年代，武内义雄著《老子原始》，独辟蹊径，从敦煌残卷《老子道德经序诀》和《玄言新记明老部》入手，分析《序诀》前后段落之不同，复据《宋志》有葛玄《老子道德经节解》二卷，《古今图书集成》将《序诀》中第二段作为《节解》之序，《两唐志》有《节解》而不记作者姓名，《经典释文》于《节解》下云"不详作者，或云老子所作，一云河上公作"，而恰巧葛洪《抱朴子·遐览篇》有《节解经》一卷，参互比勘，于是认为：所谓河上公注《老子》就是葛玄《老子节解》。[79]

王明于二十世纪四十年代在武内之基础上，专作《老子河上公章句考》一

---

⑦⑥ 陆德明在《经典释文序录》中云河上公《章句》四卷"不详名氏"（中华书局 1984 年版，第 155 页），但在卷二十五《老子道经音义》末"欲"条下云："河上本作'吾将镇之'，河上者非老子所作也。"

⑦⑦ 段说见卢文弨《经典释文考证·叙录考证》引，《丛书集成初编》本，第 1201 号，第一册，第 20 页。

⑦⑧ 马叙伦：《老子校诂序》，中华书局 1974 年版，第 6—7 页。

⑦⑨ 武内义雄：《老子原始》，江侠庵：《先秦经籍考》中册，第 225—236 页。

文，考察河上丈人与河上公、《河上公章句》之主要思想及其与葛玄之关系，最后认为"战国之末，当有'河上丈人'，但并未为《老子注》。汉文帝时实无河上公其人，更无所谓《老子章句》，今所传《老子河上公章句》"，"盖当后汉桓灵之际，有人焉，类似矫仲彦者，笃好黄老，且慕道引行气之术，习染章句时风，托名于河上公，为《老子》作章句也"。⑧ 是将其年代置于葛玄（164—244）稍前。

后饶宗颐校笺敦煌本《老子想尔注》，考证出《想尔注》成书于东汉五斗米道之手，而《想尔注》中有部分注文来自《河上公注》，故谓河上公注亦成书于东汉，所谓"此由《想尔注》可考出河上《注》之年代"。⑧

岛邦男在研究殷墟卜辞之后，转向《老子》研究，于一九七三年出版《老子校正》一书，于河上公本之考察分为三个互相联系的问题：（1）据《序诀》考察河上公之传说。通过对张鲁《序》（即《序诀》第二段）、《老子经序》《神仙传》之比较和道—元气—太极之说法与《真诰·真命授》一致，遂认为成立于东晋与南朝梁之间，时间晚于武内和王明。（2）河上本《老子》和河上公注之形成。详细分析《道德真经序诀》和六朝至唐初之道教形势，论证河上公注本是如何从仇岳之手流出而成为通行之本。（3）河上公《章句》本。认为仇岳所据正文是葛玄本，复据严遵本、王弼本而改易之。其注文兼采严遵、想尔、葛玄、何晏、钟会、孙登、裴楚恩、郭象、罗什以及顾欢等说。⑧ 可见其认为河上公本时代应在罗什和顾欢之后。

继岛邦男之后不数年，楠山春树在一九七九年出版《老子传说的研究》。楠山认为河上公注以道教神仙思想作注，与王弼注同为现存最重要之注本，故特做深入研究。他认为，《神仙传》中重要仙人名字均出现在《抱朴子》中，独独不见河上公，故《河上公注》不会是葛洪所作。马叙伦谓傅奕说《河上公注》系仇岳所作，与顾欢注类似；饶宗颐提出《想尔注》袭用《河上公注》等，他均觉经不起推敲。河上公故事，在陆德明之后才盛行起来，前此的宋齐梁陈不见引用。通过对《河上公注》整体而缜密之研究，发觉其思想与《想尔注》《老子节解》不同。最后他提出一种新说，谓河上公注有一发展过程，即：后汉末《河上丈人注》（分八十

⑧　王明：《老子河上公章句考》，原载《国立北京大学五十周年纪念论文集》，1948 年版，引见王明《道家和道教思想研究》，中国社会科学出版社 1984 年版，第 297、302 页。
⑧　饶宗颐：《老子想尔注校证》，上海古籍出版社 1991 年版，第 82 页。
⑧　岛邦男：《老子校正》，汲古书院 1973 年版，第 25—34 页。

一章）——原本《河上公注》——刘宋《河上真人章句》——《河上公章句》（加入治身说和体内神仙思想）序列。[83] 亦即结合道教发展史，将今本《河上公章句》形成、发展分为四个阶段。尽管有些节点不无商榷余地，但却是最细密之研究。

一九八二年谷方剖析河上公注与《太平经》和《抱朴子》思想异同，得出其与《抱朴子》为同一思想体系之结论，因谓其系葛洪或葛洪门徒所撰。[84] 谷文发表后，金春峰撰文与之商榷。金文首先提出《河上注》与《抱朴子》思想迥异，其次摘出《河上注》中许多古义、汉义是与西汉时思想、观念、用语相吻，再揭示其使用了汉代"六情"和"部曲"两个专用名词，最后提出《河上注》思想反映了汉代黄老思想特征。故结论是：《河上注》不是东汉末期作品而是西汉人之文字。[85] 因金文得到张岱年等前辈肯定，故此结论在大陆被普遍接受，直至近年仍有撰文应符其说者。[86]

笔者之所以较为详细地列出各家主要观点，尤其是日本学者涉及道经之研究思路与结论，殆以任何一种古籍，其背后之历史背景都极其广阔，各种因素交互影响，纠结复杂，绝非单就该古籍本身文字和内容、思想即能做出正确判断。《河上公章句》在魏晋以后确实被道教纳入教团中作为主要经典。既然作为道经，就不得不深入到南北朝道教史中去考察，而不能停留在文本、词汇、章句体式层面上作解。一个世纪以来，中日学者为此付出了很大努力，揭开了历史蒙覆在《老子》一书上种种面纱。大较而言，中国学者较多地关注《河上公注》之词汇、内容、思想等，而日本学者在此之外，更涉及六朝道教史与《河上公注》之关系。前者固然有欠全面，而后者在局部细节上也不免愈求愈远。因道教作为宗教有其自身秘密性的需要，故道经文字也不免带有神秘性，时亦故弄玄虚。对这种不确定文字之解读，恒因人而异，很难有一致认识。然须警醒者，考证其词汇、内

---

㊤ 参见小林正美著、李庆译《六朝道教史研究》第二编第二章（四川人民出版社 2001 年版）和刘韶军《日本现代老子研究》第九章。

㊥ 谷方：《老子〈河上公章句〉考证——兼论其与〈抱朴子〉的关系》，《中国哲学》第七辑，生活·读书·新知三联书店 1982 年版。

㊦ 金春峰：《也谈〈老子河上公章句〉之时代及其与〈抱朴子〉之关系——与谷方同志商榷》，《中国哲学》第九辑，收入金春峰《汉代思想史》附录三，中国社会科学出版社 1987 年版，第 660—695 页。

㊧ 黄钊：《〈老子河上公章句〉成书时限考论》，《中州学刊》2001 年第 2 期。王宝利：《从避讳现象谈〈老子河上公章句〉的成书年代》，《兰州学刊》2006 年第 8 期。

容、思想以为东汉甚至西汉时期已有,就将其定为东汉甚至西汉作品,与因为某道经是南北朝或者隋唐时所出,遂认为是南北朝或隋唐时期文字一样,皆有欠周全。因语词、思想可以承袭前代,西汉有,东汉、魏晋仍可援用,同理,隋唐时所出之道经,其所叙述虽带有神秘意味,而内容、思想乃至所述情事仍可包有东汉、魏晋或南朝宋齐之史实。过分胶执,均有偏失。如欲针对性一一辨证,须另著一书。本文只能在充分考虑前贤观点之基础上,用简洁文字提出个人几点不成熟的思考。

1.《河上公章句》时代下限。南北朝道经《太玄部第八老君传授经戒仪注诀》论《河上公注》云:

> 读《河上》一章,则彻太上玉京,诸天仙人叉手称善,传声三界,魔王礼于空中,酆都执敬,稽首于法师。人生多滞,章句能通,故次于大字。系师得道,化道商蜀,蜀风浅末,未晓深言,托遘《想尔》,以训初回,初回之伦,多同蜀浅,辞说切近,因物赋通,三品要戒,济众大航,故次于《河上》。《河上》《想尔》,注解已自有殊,大字文体,意况亦复有异,皆缘时所须,转训成义,舛文同归,随分所及,值兼则兼通,值偏则偏解。⑧⑦

此经年代虽然晚,但其记述系师张鲁时事,而将《河上注》置于《想尔注》之前,⑧⑧当可致思。虽说托名河上公,自须置《想尔》之前,然体味其"《河上》《想尔》,注解已自有殊","皆缘时所须,转训成义,舛文同归,随分所及"云云,明显是教团系统中"所须"的"训义",其置前置后自有分寸。岛邦男谓其成书于隋唐前后,固不近事实。楠山立足于道教改篡古注为己所用,将河上公注分为四个阶段,很有启迪意义,唯其名称及先后尚可调整。从秦汉注疏体式而论,先有章句

---

⑧⑦ 《太玄部第八老君传授经戒仪注诀》,《中华道藏》第八册,第302页上。

⑧⑧ 《仪注诀》下文排列经典次序为:太玄部卷第一,老君大字本道经上;太玄部卷第二,老君大字本德经下;太玄部卷第三,老君道经上、道经下河上公章句;太玄部卷第四,老君德经上、德经下河上公章句;太玄部卷第五,老君道经上想尔训;太玄部卷第六,老君德经下想尔训;太玄部卷第七,老君思神图注诀;太玄部卷第八,老君传授经戒仪注诀;太玄部卷第九,老君自然朝仪注诀;太玄部卷第十,老君自然斋仪。《中华道藏》第八册,第302页中。

而后有注，尽管道经中"章句"和"注"颠倒混淆，从注疏史发展脉络上看，应该先有"河上公章句"或"河上真人章句"，而后才有"河上公注"或"河上丈人注"之名（楠山是据已乱的道经而叙述，无碍笔者所述）。道经中名称之混乱，适足以说明其对前代注疏体式之模糊与无知。

2.《河上公章句》之体式。"章句"体式可以上溯至西汉宣、元之际。章句之体，乃在于离章析句，对文字语辞、典章制度等予以诠释，每章之后对本章旨意加以概括提示。西汉之章句繁富，严遵之《指归》犹可见当时章句之一斑。东汉之章句简省，赵岐《孟子章句》可窥其貌，然其章末犹有一章旨意。反观《河上公章句》，极少字词训诂，而多在串讲句意，各章之后绝无概括的章旨，与王逸《楚辞章句》颇类似，皆章句简省后之产物。就此而论，其年代似与王逸（约89—158）相先后。即便考虑楠山氏之观点，《河上公章句》有为后人人为增饰、篡改之变化过程，似也很难与西汉之章句体式并论。

3.刘向对《老子》之校勘。古史辨思潮盛行下有一种倾向性意识，即凡《汉志》所不载之典籍，大多可疑，遂指为后人伪造。此系一偏之论，已为不断出土之简牍古籍所纠正。因向歆父子连同诸校官校勘中秘古书虽历有年所，亦为时不长，[89]不可能将中秘书全部校完。然《河上公老子章句》在《汉志》外，却未必能定为两刘未校。原因在于：(1)《老子》一书因西汉黄老道盛行而已称经，与六艺同为显学。(2)《七略》已经著录《老子邻氏经传》四篇、《老子傅氏经说》三十七篇、《老子徐氏经说》六篇、《刘向说老子》四篇，证明《老子》一类书已经整理校勘。尤其刘向有《老子》著作，他领校中秘书，更会关注此类书籍。如有与文帝相涉之《河上公章句》，中秘校勘不录其书，岂非重大失责？(3)刘向校勘《老子》，汇总中秘书二篇，太史书一篇，自己所藏二篇，共五篇一百四十二章。以《老子》上下经论之，实则只有三种，其篇章数取舍比率远远少于《管子》《晏子春秋》《荀子》等。在西汉，《老子》地位在其他诸子之上，刘向校勘时搜集到比其他诸子少的篇章，主观上不可能不努力搜求，只能归之于当时客观上之不足。假若有与文帝牵涉即使无注之《河上公老子》本文，岂能视而不见，焉可置而不校？

---

⑧ 据钱穆《刘向歆父子年谱》所载，向于河平三年（前26）领校中秘书，绥和元年（前8）卒；明年王莽复举其子歆领校，歆总群书而奏《七略》，后事则不了了之。

除非有所谓河上丈人之古注而逸在民间,不在刘向校勘视野范围内。然其所注文字不类西汉"章句"体式,而称"注"既非西汉传与章句时代产物,且注文少训诂而多析句意,亦非西汉常见。

4.《老子道德经序诀》所述内容与注疏发展史抵牾。关于《序诀》,自武内援以考证《老子章句》以来,日本学者已做极深入细致之研究,可以说其有点滴与道教和《老子》有关者皆有分析阐释。笔者于此补充一点。《序诀》第二段有云:"文帝好老子之言……有所不解数句,天下莫能通者,闻侍郎〔裴楷〕说河上公诵《老子》……河上公即授素书《老子道德经章句》二卷,谓帝曰:熟研此则所疑自解。余注是经以来,千七百余年,凡传三人,连子四矣,勿示非其人。"文为道流编造,固无须疑。所可注意者,是先言"说",继言"章句",后言"注",同述一事而用不同的注疏体式名称,说明编者胸中对这三种体式无所分别。刘宋之时,说、章句、注之体式早已混同不分,本可理解。但楠山思虑细密,信以为真地因其不同名称而排列出:后汉末《河上丈人注》——原本《河上公注》——刘宋《河上真人章句》——《河上公章句》之发展序列,殊失无谓。先秦两汉之注疏体式应是:传与说——章句——注——发展序列。其先"注"后"章句",既不符注疏体式之发展,也与现今有析句无章旨之《河上公章句》不一致。

5.《河上公章句》行气、固精、养神之治身观。《老子》作为黄老道经典之所以在战国秦汉间流行,乃以其无为治国之思想。《河上公章句》由治国延及治身,是一种衍化甚至是一种变化。其中治身之语词、思想虽见于西汉《齐诗》与《淮南子》等诸子中,但儒家经典和诸子中却不见治国与治身交互结合之阐述。此种行气、固精、养神之治身方法,追求神仙和长生不死的生死观,在东汉太平道的《太平经》中都有集中体现,[90]而在《黄庭经》《抱朴子》《五符序》以及《灵宝经》中有更具体阐述,故小林正美认为,"《河上真人章句》是由把《灵宝经》《上清经》与《道德经》同样尊崇的刘宋天师道三洞派所作"。[91] 同时他也认《序诀》第一、三、四、五段很可能"是成于作为刘宋仙公系《灵宝经》信奉者的天师道三

---

[90] 参见林富士《太平经的神仙观念》,《"中研院"历史语言研究所集刊》第八十本第二分,罗正孝《太平经生命观之研究》,南华大学宗教研究所 2004 年硕士论文,萧登福指导。

[91] 小林正美:《六朝道教史研究》,四川人民出版社 2001 年版,第 246 页。

洞派之手"。此可见南朝天师道和仙公系灵宝派之密切关系。敦煌斯六四五三《老子》残卷末有"五千文上下二,合八十一章四千九百九十九字,太极左仙公序、系师定河上真人章句"一语,⑫正是一种经本将两个教派绾合在一起的证据。又,四千九百九十九字本《老子》与《想尔注》本文字多少一致,《想尔注》本系师张鲁所作,⑬而此"河上真人章句"云为"系师"所"定",亦存在三种可能:(1)在张鲁之前,必是与张鲁有一定关系的教团中"先师"所为,而后张鲁得定而作为传教之教材。(2)即张鲁自己所作或为教团中人作而张鲁订定。(3)刘宋天师道托名张鲁。不管属于何种情况,都不可能早至西汉和东汉初期。

《河上公章句》时代牵涉问题远不止此,然从以上诸条,至少可以醒悟,其从内容到形式,从出现到运用,皆不可能是西汉章句时代产物。非西汉时作品,则不管是东汉末乃至魏晋刘宋,其分八十一章,必是依仿刘向校定文本之章数。由前所论述《河上公章句》与道教天师道、灵宝派等之关系,知其分章多涉玄虚,此可推知谢守灏所云刘向上经三十七章和下经四十四章之分法,很可能是道教在制作或改篡《河上公章句》时所定,他们依仿刘向所定之总章数而改变上下经章数,以展示其天数奇、地数偶之宗教性,达到"各有表明,咸资法象"之目的。河上公本上经三十七章下经四十四章来自南朝道教,则董氏所说刘向上经三十四章下经四十七章很可能确实引自《七略》。

**(四)从北大简本推测刘向校勘《老子》原则与过程**

刘向所分上下经章数,可从与河上公本、葛洪本之对照中确定,然其校勘时系将古本打乱按自己意图重新编纂,抑是因循古本章次,原是无法探知之事。唯今北大简面世,可略窥此中消息。将今本与北大简本章数章次对照,可发现两者之间微妙关系。北大简本第五十章(《下经》第六章)系合传世本《道经》六、七两章为一,第六十章(《下经》第十六章)系合传世本《道经》十七、十八、十九三章为一,第七十三章(《下经》第二十九)系合传世本《道经》三十二、三十三两章为一。则北大简本《下经》合并传世本《上经》四章,适为三十四章。当然,北大简本第

⑫ 敦煌斯六四五三残卷见李德范辑《敦煌道藏》,全国图书馆文献缩微复制中心,第三册,第 1173 页。
⑬ 见饶宗颐《老子想尔注校证》,上海古籍出版社 1991 年版。又《法京所藏敦煌群书及书法题记·道德经序诀》,《饶宗颐二十世纪学术文集》,台湾新文丰出版公司印行,第八卷《敦煌学》,第 578—580 页。

二十七、第二十八两章,传世本《德经》合为六十四章。若此六十四章即刘向校核后之本,则北大简本还必须有一合并传世本两章的一大章,方始两本章数相合。传世本六十四章是否刘向主观所合?据严遵本此两章亦合为一章,可推知刘向是秉承所持本已有形态,而非人为合并。虽北大简本与刘向校本尚有一章之差,然似是较为接近之本。若两本确实相近,则北大简一系之写本很可能是刘向校雠时所持五篇中之二篇。此中可透露出刘向校勘《老子》原则,即其在校核数种古本整理成定本之时,并未打乱其原有章序重新连缀,而是尽量依循古本或所持本章次做适当调整。此种原则可以平息由帛书甲、乙本出土后引起的一番争论。

帛书甲、乙本出土,其与今本有三处章序错乱:

1.四十章:反者道之动,弱者道之用……

四十一章:上士闻道勤而行之;中士闻道,若存若亡……

帛书甲、乙本两章上下颠倒。

2.二十一章:孔德之容,惟道是从……

二十二章:曲则全,枉则直,洼则盈,敝则新……

二十三章:希言自然,故飘风不终朝,骤雨不终日……

二十四章:企者不立,跨者不行,自见者不明,自是者彰……

帛书甲、乙本将“企者不立”一章置于二十一章“孔德之容”后,二十二章“曲则全”之前。

3.六十六章:江海所以能为百谷王者以其善下之……

六十七章:天下皆谓我道大,似不肖。

八十章:小国寡民,使有什百之器而不用……

八十一章:信言不美,美言不信……

帛书甲、乙本将第八十章、八十一章置于六十六章“江海所以”后,第六十七章“天下皆谓”之前。关于此三处错乱,帛书整理小组从文义关联出发,倡帛书本"顺序较通行本合理"说,[94]后论者影从。[95] 然论及从帛书到今本致误之由,高明等以为是错简,尹振环等却认为是人为改易。宁镇疆赞同错简说,且更进一步从"有机""首尾相应""类似性""同时性"等多角度进行阐说。[96] 迨北大简本一公布,上列三处次序与传本一致,更证明刘向校勘所持本与北大简本一系相同或相近,前此一切针对传本严肃谨慎之推理、猜测均告无谓。要使在帛书本到北大简本之间保留此种推理结果,就必须将帛书与北大简本置于同一发展直线上,否则仍失去推理意义。然若将后者视为前者之改易本,在黄老学盛行、研习老学者众多、各自仅凭抄本传授之西汉,有什么证据可以证明其关系? 传本与北大简本在章次上高度一致,然在分合上也不尽相同。如:

北大简《上经》二十一章(传本五十八章):·其正昏昏……人之废,其日固久矣。

北大简《上经》二十二两章(传本五十九章):·方而不割,廉而不刿,直而不肆,光而不耀。治人事天,莫如啬……

传本五十八章之末作"是以圣人方而不割,廉而不刿,直而不肆,光而不耀",将五十九章之前四句移置五十八章之后,帛书乙本有"是以"二字,无"圣人"二字,置于前章与传本相同,然严遵本却与北大简本一致。又:

北大简本《上经》六十九章(传本二十八章):·智其雄,守其雌为天下溪……圣人用则为官长。

北大简本《上经》七十章(传本二十九章):·大制无畔。将欲取天下而为之,吾见其不得已……

传本二十八章之末作"圣人用之则为官长,故大制不割",传世他本同,严遵本残缺。此处北大简本系因漏字而错抄,还是理解不同而别置,可以讨论,但前者北大简本不同于传本,却与严遵本一致,可知此处并非刘向校勘时改易旧貌,反而证明战国至西汉,老学后裔对《老子》皆有自己不同理解,各据一己之理解

---

[94] 马王堆帛书整理小组:《马王堆汉墓帛书壹·出版说明》,文物出版社 1980 年版,第 1 页。

[95] 如高明《帛书老子校注》(中华书局 1996 年版)、许抗生《帛书老子注译与研究》(浙江人民出版社 1982 年版)、金谷治《关于帛书老子——其资料性的初步探讨》(《道家文化研究》第三辑)、尹振环《帛书老子释析》(贵州人民出版社 1995 年版)等。

[96] 宁镇疆:《老子"早期传本"结构及其流变研究》,第 234—236 页。

抄录传授,遂致歧出不一。而传世各本文字虽多歧异,其分章则大体一致,即使河上公本、葛洪本上下经章数虽不相同,分章起讫却无差异,证明刘向校勘之后,其新校定本之框架,广为后世所遵行。把握刘向校勘原则,可以解释以下两个有代表性的疑问:

1.武内在《老子原始》中征引文献,列举其与今本《老子》文字与章次不同者数例,以为西汉与魏晋间,《老子》有"大肆更改者",而更改者主要是刘向。⑨⑦

2.宁镇疆用很大功夫研究《老子》分章和章次合并动机,认为今本《老子》中仍有不少短促之章,证明主持者在执行归并"零散""短促"章节之原则时贯彻得并不彻底。⑨⑧

武内将古今本异同归结为是刘向"大肆更改",而宁氏谓归并不彻底,则主要暗指有一位整理者为应符八十一章之数而不合并意义相同相近之"零散""短促"章节。经与北大简对照显示,刘向删重新编是事实,但其校勘必有一种原则,就《老子》而言,除章节略有分合变动外,章次却无很大改动。如果刘向校勘《老子》是打乱原有次序重新编辑,则现今《老子》中前后意义不相连属而隔三岔五却遥相呼应的章节、段落,以刘向渊博之学问,在一字一句校勘之时,岂会毫无察觉,岂可不予调整? 其所以留存至今,就是他当时不随意淆乱古本章次的校勘原则所致。不仅不随意淆乱古本章次,且不将合校五篇之外任何《老子》文字掺入其中,此就今所散见于战国秦汉文献中《老子》佚文,可证明其此一原则。《老子》佚文,据蒙文通辑集有二十余条,⑨⑨如:

> 《荀子·解蔽》:"道经曰:人心之危,道心之微。"
>
> 《韩非子·解老》:"得之以死,得之以生,得之以败,得之以成。"
>
> 《盐铁论·本议》:"老子曰:贫国若有余,非多财也,嗜欲众而民躁也。"

---

⑨⑦ 武内义雄:《老子原始》,江侠庵《先秦经籍考》中册,第273—274页。

⑨⑧ 宁镇疆:《老子"早期传本"结构及其流变研究》,第148页。

⑨⑨ 蒙文通:《老子征文》附《老子佚文》,见《道书辑校十种》,《蒙文通文集六》,巴蜀书社1998年版,第121—122页。按其中有数条未必是《老子》佚文,如所辑《吕氏春秋》高注"老子曰:不知乃知之",明系《文子·征明》之文。又如《初学记》卷六引"江海所以能为百谷王者,以其能不逆之也,苟有所逆,众流不至者多矣",见于傅玄《傅子·通志》,盖傅玄化用《老子》语。

《说苑·敬慎》:"老子曰:得其所利必虑其所害,乐其所成必顾其所败,人为善者,天报以福;人为不善者,天报以祸也。"

《太平御览》卷六五九:"上士学道受之以神,中士受之以心,下士受之以耳。"

以上诸条,尤其是经刘向整理之《说苑》所引《老子》文,刘向岂会不见不知,其不掺入今本《老子》中,证明其校勘时绝不将持校文本外之相关文字揽入新校本。此种校勘原则,可以推知一种史实,自战国中期以至刘向校书之前,各种长篇短帙的《老子》文本在各地流传,并被诸子百家引用,自刘向取五篇一百四十二章校勘定为上下两篇八十一章之后,不见于五篇内的文字,大多逐渐散佚,少部分只能作为佚文保存在个别文献中。

## 四、由《老子》一书之形成反思出土文献整理思路

司马迁谓老子是周守藏史。作为一位贮藏保管文档之史官,对西周以还统治者治国立身之经验格言、垂戒后世之忠诰训条、《诗》《书》经典之熟悉固无疑义。当王官失守之后,诸子各以其术鸣。老子据自己数十年接触、研习之文献,转录借用或以精炼的格言式文句撰写其学说,传播其救世治国思想,自在情理之中。唯格于时代文风,老子最初之撰作不可能一气挥洒洋洋五千言。迨老学后裔信从、追随、阐发老子学说,并在南楚、周秦、河洛、齐鲁等地广泛传播。传播之际,各本自己理解,为之传记训说,间有附益,逐渐扩充,形成一种因地域不同而文本多寡、序次各异的《老子》传本。反映在具体文本中,即是郭店三组简本和韩非所持喻解本。随着各地黄老学之传播与融合,各种异本《老子》逐渐汇聚合并,形成一种基本稳定的文本。汉初统治者援黄老思想治国,在各种篇幅长短、文字歧异、章节多少、章次错舛之文本中,渐次形成一个主要而通行的佳本。迨刘向校书,根据时行佳本,参照中外诸本,校定为上篇三十四、下篇四十七的八十一章新本。刘定新本的基本格局为后世所承袭,虽其虚词多少,上下经章节之间

尚有依违,然校定本之外散在民间的短帙和各种文献中的"老子"散句已被排除在《老子》之外,以致先后散失,仅留存鳞爪。东汉末到魏晋时期,道教教团援用刘本依天地奇偶数之宗教思想加以改篡,分成上经三十七章、下经四十四章的所谓河上公章句本,⑩复又据天地四序五行思想分成上经三十六章、下经四十五章之河上真人本。无论其上下经章节如何调整,总数八十一章之格局基本不变。⑩

　　《老子》一书,从老子创说始,经老学后裔阐述发挥,使文本增饰附益、汇聚融合,至刘向校成定本,复被道教改篡移易,中间所历之复杂因素,很多已在历史长河中消失,无法重新复原。然其中刘向校勘、道教篡改等史实,仍是考虑《老子》一书衍化和老学发展史上不可忽视之重要节点。二十世纪古史辨派考证诸子,对此二点几无涉及。一九七三年帛书《老子》出土,一九九三年郭店《老子》公布,学者从宏观与微观角度做深入细致之研究,取得了举世瞩目之成就,较之古史辨派水平,已不可同日而语,然对此二点仍认识不足甚至忽视无论。更有少数学者,热衷于就出土文本探寻所谓"老子原本"和简本先后以争创"新说",抢占"高地",对先秦诸子争鸣、古书流衍、向歆校书等史实少所关注,或知之不多。历史研究本是极为复杂之事,一桩事件,一个人物,一本著作,其背后所蕴藏之历史信息既无限丰富又极其复杂,且交互影响,随时而变。绝非可以置丰富史实于不顾,仅凭主观意识和想象,将研究对象置于平面上简单地创设甲说、另立乙说或开拓丙说,也非在现有甲、乙、丙说前提下,抛开辩证逻辑,仅用形式逻辑再创丁说、戊说、己说,更不是在甲、乙、丙、丁、戊、己诸说中不加思考地以是否符合一己观点而私意从违。昔张尔岐曾谓,注《老子》者人人胸中有一老子,而后之校《老子》者,诚所谓人人胸中各有一老子。诚哉斯言,今之探寻《老子》原本、节本者,亦皆人人胸中各有一《老子》也。然揆诸史实,不能有当,则所有认为某本是某本之原型,某本在某本之前之后,某为古本,某为节本云云,在证据不足之今

---

⑩　关于分上经为三十七章、下经为四十四章之缘由与始作俑者,笔者另有专论。

⑩　唐代傅奕曾据项羽妾冢所出古本校勘,亦分为八十一章。冢墓所出古本有可能为八十一章,然无实据,据马王堆帛书本、王弼原始本和宋人所见古本之分大章或不分章,冢墓本不分章之可能性很大,故傅奕在校勘古本时仍可能参照刘向定本或道教通行的河上公本。

日，皆枉费心机，徒劳无益之事。[102] 即使他日所有不同传本毕陈于前，亦难以理清谁先孰后，此殆以《老子》系一多方增饰，逐渐汇总之文本。故笔者以为，老子唯一，《老子》则既唯一又非唯一。著《老子》原始文本之老子，固唯一人，不容有二。《老子》之原始文本固亦唯一，及至老学后裔竞相阐述发挥，增饰附益，文本已非唯一。秦汉之际，各种增饰之本渐次融合，迨刘向校勘，力统众本以定一尊，然因众本尚存，语言多歧，异文讹字，章次甲乙，仍有差忒。道教兴起，教主援《老子》以为教，及教派分裂，各自增改移易其书，遂致非复刘向校定本之原貌矣。是以不充分认识向、歆等校书之功，则易被纷乱出土之简率竹帛文书所蛊惑而颠倒淆乱事实；若过分胶执《别录》《七略》之说，则又将使诸多古书蒙不白之冤。[103] 此即笔者胸中一极其复杂之《老子》。唯史事纷繁，读书有限，一隅之见，不敢自是，谨书此以求教于世之博雅君子。

二○一三年二月八日至三月十三日初稿

三月下旬二稿

本文为樊波成《老子指归校笺》一书之序言

【虞万里　上海交通大学人文学院特聘教授】

原文刊于《中国文化》2013 年 01 期

---

[102]　如木村英一云《荀子》作者所见《老子》之书不是今本《老子》之原型，以及帛书、郭店简出土后，许多学者千方百计想追寻出《老子》一书的增饰、衍化脉络，等等。

[103]　关于此一问题，笔者有《从向歆校书看出土文献与传世古书之关系》一文详论之，此不赘。

# 从"食烹之和"到"和民"

## 清华简《汤处于汤丘》"和"思想研究

曹　峰

**提　要:**《汤处于汤丘》是清华简中五篇与伊尹相关文献中的一篇。这五篇是一个整体,都和伊尹帮助商汤灭夏有关,反映出战国早中期知识界关于伊尹思想的系统认识。《汤处于汤丘》借助"食烹之和"来阐述"和民"思想,认为只有"和利万民"才能强大商邦、顺从天意、征伐夏桀。其"和"的观念和表达方式与《国语》《左传》《吕氏春秋》等文献所载烹调之道及其治国理念属于同一系列。通过与儒道两家"和"思想的比较,可以发现《汤处于汤丘》更倾向于道家一些。

**关键词:**汤处于汤丘　清华简　伊尹　商汤　烹调　和民

## 一、《汤处于汤丘》的基本情况

战国时期,有关"和"的论述极为丰富,这一点即便在出土文献中也有所反映,出土文献《汤处于汤丘》提及伊尹善于"食烹之和",并借此向商汤传授"和民"之道,这是传世文献所不见的珍贵资料,对于我们了解借助伊尹传达的"和"的理念,了解战国早中期的"和民"思想,了解伊尹"以滋味悦汤"的具体内容、过程,有很大帮助。在对《汤处于汤丘》展开研究之前,有必要首先考察清华大学

藏战国竹简所见伊尹类文献的整体情况,因为这有利于我们确定《汤处于汤丘》
的性质。

《汤处于汤丘》简文已经在《清华大学藏战国竹简(伍)》一书中正式公布。①
此篇由 19 支竹简组成,约 600 字,内容完整无缺。在已公布清华简中算是规模
较大的一篇。清华简因为是从香港古董市场回购的被盗流失文物,所以无法确
定其出土地,也没有科学的考古发掘记录。专家根据竹简形制、文字及其内容,
鉴定其年代为战国中晚期,C14 测定及树轮校正的年代为公元前 305±30。② 因
此《汤处于汤丘》成书的时代应该不晚于战国中期。此文原无篇题,篇题为整理
者所加。其内容是伊尹与汤之间的对话,在《清华大学藏战国竹简(伍)》中,还
有一篇伊尹与汤之间的对话,即《汤在啻门》。"清华大学出土文献读书会"指
出:"从竹简长度、宽度以及简背竹节位置和形状来看,《汤在啻门》简 21 与《汤
处于汤丘》第一组的 17 支简应同属一段'竹筒'辟制而成,若据此顺序,似乎将
《汤在啻门》排在《汤处于汤丘》之前更为妥当,且从编痕位置看,两篇当时很可
能编连在一册。"③也就是说在《清华大学藏战国竹简(伍)》中,有两篇伊尹的故
事,而且有意识地编在了一起。值得注意的是,在已经公布的清华简中,已经出
现了不少与伊尹有关的记载,如清华简第一册中的《尹至》《尹诰》,第三册中的
《赤鹄之集汤之屋》,④这样加起来就已经出现了五篇,数量相当可观。《尹诰》就
是《尚书》中的《咸有一德》,不过这和伪古文《尚书》中的《咸有一德》完全不是
一回事,而是真正的古文《尚书》。⑤《尹诰》并不长,主要内容讲伊尹与汤同心一
德,鉴于"天之败西邑夏",伊尹告诫汤要汲取夏灭亡的教训,千万不能失去民众
的支持,要懂得施惠于民。可见这则故事显然发生于商汤刚刚取代夏桀之后。
《尹至》也不长,全篇叙述夏因失去民心而灭亡的过程。主要内容讲伊尹从夏回

---

① 李学勤主编:《清华大学藏战国竹简(伍)》,上海:中西书局,2015 年。整理者为沈建华。
② 李学勤主编:《清华大学藏战国竹简(壹)》,上海:中西书局,2010 年。前言。
③ 清华大学出土文献读书会:《清华简第五册整理报告补正》,清华大学出土文献研究与保护中心网站,
2015 年 4 月 8 日。
④ 现在学界多将"赤鹄"读为"赤鸠",参见孙飞燕:《论清华简〈赤鸠之集汤之屋〉的性质》,《简帛》第 16
辑,2018 年。
⑤ 李守奎:《汉代伊尹文献的分类与清华简中伊尹诸篇的性质》,清华大学出土文献研究与保护中心网站,
2015 年 4 月 8 日。又见《深圳大学学报》2015 年第 3 期。

到商,告诉他在夏的所见所闻,由于夏桀施行暴政,百姓甚至说"余及汝偕亡"。而且夏已经出现种种灾异,于是商汤决定实施征夏计划。这则故事显然发生于商汤取代夏桀之前。从"惟尹自夏徂亳"来看,很可能印证了伊尹去夏做间谍的传说。这两篇从内容上看,都扣紧了民心所向这一主题。李守奎认为:"《尹至》《尹诰》是两篇性质相同、战国中期已经普遍流传的《商书》类文献。"⑥

第三册中的《赤鸠之集汤之屋》讲述了一个非常离奇的故事,巫术色彩非常浓厚。此篇简文记载了汤射获一只赤鸠,令小臣(伊尹)做成羹汤,汤的妻子强迫伊尹把羹给她吃,还让伊尹自己也吃,结果两人都具备了神奇的能力,伊尹因为害怕汤的惩罚而逃往夏国,结果商汤诅咒伊尹,伊尹倒在路边不能动弹,一群乌鸦要吃了伊尹,被为首的神鸟制止。伊尹能够听懂乌鸦们的话,知道上帝派了黄蛇、白兔作祟,要让夏桀生病。神鸟帮助伊尹恢复了健康,之后伊尹去了夏桀之处,帮助他斩杀了作祟的动物,得到了夏桀的信任,但一只白兔逃跑了。⑦

这显然是一个还没有结束的志怪故事,有学者认为应该属于小说。⑧ 但也有学者认为既然和《尹至》《尹诰》同抄,那么也应该属于《书》类文献,但性质仍属于小说。⑨ 不管内容如何离奇,通过苦肉计使伊尹得以进入夏国,并获得夏桀的信任,仍然是伊尹帮助商汤完成灭夏大业之过程的一个部分。因此和《尹至》《尹诰》乃至《汤处于汤丘》的内容是可以对应的。《赤鸠之集汤之屋》未完的部分,应该是伊尹探明夏的国情民情,最终潜回商邦。这就和《尹至》可以接应起来。我们不能用今人的眼光,因为文风的不同、内容的浅薄,就把《赤鸠之集汤之屋》独立出来,说这只是一篇志怪小说。是否可以纳入《书》类文献,还可以讨论,但这五篇被当时的人视为一个整体,是可以想象的。

---

⑥ 李守奎:《汉代伊尹文献的分类与清华简中伊尹诸篇的性质》,《深圳大学学报》2015年第3期。

⑦ 关于商汤使用苦肉计让伊尹获得夏桀信任,从而刺探夏的实情,《吕氏春秋·慎大》有比较详细的记载。《尹至》中的一些文字与之接近。所以李学勤认为"《慎大》的作者会见到这篇《尹至》或类似文献"。参见李学勤主编《清华大学藏战国竹简(壹)》,第127页。在笔者看来,《赤鸠之集汤之屋》就属于类似文献,虽然《慎大》没有采用《赤鸠之集汤之屋》的故事情节,但总体线索是一样的。

⑧ 黄德宽:《清华简与先秦"小说"——略说清华简对先秦文学研究的价值》,《复旦学报》2013年第4期。

⑨ 如李守奎指出:"从《赤鸠之集汤之屋》与《尹至》《尹诰》竹简形制完全相同、字迹相来看,当时同编一册的可能性很大,很可能当时是当作同类看待的。""这篇不仅完全合乎'其语浅薄,似依托也'的'小说家'言,也是文学意义上的最早的志怪小说。"参见氏著:《汉代伊尹文献的分类与清华简中伊尹诸篇的性质》,《深圳大学学报》2015年第3期。

再来看清华简第五册中与《汤处于汤丘》同抄的《汤在啻门》，这是一篇思想性很强的文章，内容是汤向小臣请教留存于今的"古之先帝之良言"，也就是说古之先帝是如何认识把握人世间最为根本问题的。这个根本问题可以总结为"何以成人？何以成邦？何以成地？何以成天？"四大问题。即构成"人""邦""地""天"各自最为重要的因素究竟是什么。伊尹的回答简明而神秘，那就是"五以成人，德以光之；四以成邦，五以相之；九以成地，五以将[之]。九以成天，六以行之"。显然，作者有好用数字传递宇宙间重要信息的倾向，这些数字中"五"出现最多，很可能与"五行"有关。⑩ 所以，在《汤在啻门》中伊尹化身为天道代言人。就文献性质而言，笔者以为："《汤在啻门》这部出土文献存在着大量对先秦思想史而言重要而有趣的现象。其中，从养生到治国、从天道到人道、重视利用数术、鬼神等自然规则、禁忌的力量，同时以'帝师类文献'的方式加以阐说，这些，都可以说与黄老道家有一定关联。"⑪就《汤在啻门》创作的时代而言，笔者从五行的角度做过考察，"《汤在啻门》体现出当时的思想家利用五行建构世界秩序的努力，但'五行'在《汤在啻门》中还不是唯一的、最高的标准，而且尚未见到明确的相生相克观念的运用，因此这只是一种狭义五行观，和秦汉之际将世界万象编入五行框架的广义五行观有很大的不同。清华简的抄写时代大约在战国中期，因此，《汤在啻门》的创作时代有可能在战国早期甚至春秋晚期。从五行观念演变的历史看，狭义五行观也大致和这一历史时期相吻合。"⑫

我们难以确认《汤在啻门》在伊尹与商汤故事时间序列中的位置，因为这些对话有可能被安排在灭夏之前，也有可能安排在商王朝建立之后。⑬ 但是《汤处于汤丘》的时间设计是很清楚的，那就是在伊尹成功地"以滋味悦汤"之后，被作为间谍派往夏国之前。此文先讲伊尹如何善于"食烹之和"，因为受到商汤赏

---

⑩ 关于《汤在啻门》所见"五"的观念，笔者有详细研究，参见曹峰：《清华简〈汤在啻门〉所见"五"的研究》，台湾《哲学与文化》2017年第10期。

⑪ 曹峰：《清华简〈汤在啻门〉译注》，日本《出土文献与秦楚文化》第10号（2017年3月）。

⑫ 曹峰：《清华简〈汤在啻门〉所见"五"的研究》，台湾《哲学与文化》2017年第10期。

⑬ 出土文献中，还有一篇伊尹与商汤的对话，那就是马王堆帛书本《九主》，此文有两个话题，一是分析八种不好的君主产生的原因，强调君主集权的必要性，防止君主被大臣专制；二是强调"主法天、佐法地、辅臣法四时、民法万物"，君臣万民必须遵循自然法则，才能"天下太平"。可见既有法家的倾向，也有黄老道家的倾向。和清华简所见五篇伊尹文献一样，《九主》所见伊尹与商汤的对话，毋庸置疑是假托的。但从对话设计的时间来看，应该是商王朝建立之后。

识,话题转到"和民"之道以及灭夏大计。但这时伊尹病了,于是商汤不顾自己身份的尊贵,三顾茅庐前往伊尹住地请教,甚至引起侍从的不满。伊尹向商汤阐述了夏桀为什么离心离德,征伐夏桀之前该如何自重、爱民,以及如何让臣下用命。总的来讲这是一篇政论,并没有太复杂的内容,也没有出现类似《汤在啻门》的宇宙情怀、天地之道。其中最为引人注目的是伊尹关于"和"的论述,这是以往的伊尹文献中所不曾看到的,有助于我们了解伊尹"以滋味悦汤"的具体内涵,也可以为战国时期"和"思想提供新的资料,因此具有较高的思想价值。

总之,清华简这五篇伊尹文献,把传世文献以及其他出土文献所见伊尹的主要特征全部都涵盖进去了。如出身卑贱、以滋味悦汤;以间谍身份进入夏地;作为天道代言者开启商汤;作为政治引领者辅佐商汤。这样就为伊尹构建了一条系统的、完整的故事链条。我们在讨论伊尹"和"的思想时,也必须置身于这样的背景之下,才能获得比较准确的观察。

## 二、《汤处于汤丘》关于"和"的论述

《汤处于汤丘》开始部分是这样一段文字:

> 汤处于唐丘,娶妻于有莘,有莘媵以小臣。小臣善为食烹之和,有莘之女食之,绝芳旨以粹,身体痊平,九窍发明,以道心嗌,舒快以恒。汤亦食之,曰:"允!此可以和民乎?"小臣答曰:"可。"乃与小臣惎谋夏邦。[14]

这段话的大意是:夏末之际,成汤居于唐丘之地,娶有莘氏之女为妻,小臣(伊尹)作为有莘氏之女的婚嫁陪臣一同随行。小臣非常懂得调和五味,做出的

---

[14] 释文采用沈建华:《汤处于汤丘》("人性、道德与命运《清华大学藏战国竹简中的〈汤处于汤丘〉〈汤在啻门〉与〈殷高宗问于三寿〉》"国际学术会议:德国埃尔朗根大学,2016 年 5 月 9 日—13 日)一文中的通行字体。但在标点上有所调整。如沈建华作"小臣善为食,烹之和。"我们认为不合适,调整为"小臣善为食烹之和"。以下所引沈建华观点,均出此文。不再一一出注。

饭菜极为美味可口,使人身体平和,各种身体器官以及心气都特别安宁舒畅。成汤也吃了,说:"味道很好,烹调之理也可以用于治国吧。"小臣说:"可以。"于是与小臣商量谋反夏王朝的事情。

小臣作为有莘氏女的媵臣一起来到商邦的故事,《史记·殷本纪》有记载:"伊尹名阿衡。阿衡欲奸汤而无由,乃为有莘氏媵臣,负鼎俎,以滋味说汤,致于王道。"《吕氏春秋·本味》也有记载:"(伊尹)长而贤。汤闻伊尹,使人请之有侁氏。有侁氏不可。伊尹亦欲归汤。汤于是请取妇为婚。有侁氏喜,以伊尹媵女。"显然《史记·殷本纪》和《吕氏春秋·本味》的记载更为详尽,可能《史记》和《吕氏春秋》是在参考了包括《汤处于汤丘》在内的资料后扩充而成的。

值得注意的是,《汤处于汤丘》开头部分在讲述"乃与小臣惎谋夏邦"后,接下来没有讨论具体的计策,而是开始讲伊尹患病,"三月不出",成汤"反复见小臣,归必夜",以至引发身边近臣不满的事。这和《史记·殷本纪》所见"伊尹处士,汤使人聘迎之,五反然后肯往从汤,言素王及九主之事"可以形成对照,只不过所言之事有所不同。[15]《汤处于汤丘》讲的主要是如何"和民",而《史记》所见"九主之事"见于马王堆帛书《九主》。可见《史记》对所见伊尹资料做了选择,但依然保存了礼贤下士的内容。在《吕氏春秋·本味》中,礼贤下士的内容得到更进一步的强调,变成了"事之本",即"求之其本,经旬必得;求之其末,劳而无功。功名之立,由事之本也,得贤之化也。非贤其孰知乎事化?故曰其本在得贤。"可见"事之本"可以具体化为"其本在得贤"。但《吕氏春秋·本味》没有展开伊尹如何面授机宜,而是把话题转向了烹调之术。《汤处于汤丘》则不然,在叙述完成汤如何礼贤下士之后,便是君臣对话和伊尹大段的发言,发言内容可以分为这样几个部分:第一,夏桀之德非常败坏,已经不可能再拥有天下。第二,因为成汤敬天爱民,举伐夏国一定会成功。第三,小臣告诉成汤,古之圣人如何自爱,那就是做事不走极端,懂得与百姓分利。第四,小臣告诉成汤,该如何为君为臣,那就是为君要爱民,为臣要恭命。

---

⑮ 《孟子》有"不召之臣"的说法,其中就提到伊尹。"故将大有为之君,必有所不召之臣;欲有谋焉,则就之。其尊德乐道,不如是不足与有为也。故汤之于伊尹,学焉而后臣之,故不劳而王。……汤之于伊尹,桓公之于管仲,则不敢召。"(《公孙丑下》)所以孟子有可能看到过《汤处于汤丘》或类似故事。马王堆帛书《伊尹·九主》也有:"汤乃自吾(御),五致伊尹。乃是其能,五达伊尹。"

　　因此，整篇文章的主旨在于做出伐夏之前的政治评估，而基调就是能否爱民，夏之将亡在于"民人趣忒"（百姓开始怀疑）、"民人皆督偶瑟"（意义不明，但一定是负面意义）。而成汤这一侧，不仅懂得如何为君、如何为臣，更重要的是懂得如何对待百姓。《汤处于汤丘》一开始就提出"和民"的重要性。虽然在后面的文字没有反复强调，但从字里行间可以看出基本上扣紧了"和"的主题。例如当成汤的侍从对于成汤对伊尹过于卑躬表示不满时，成汤的理由是"今小臣能展彰百义，以和利百姓，以修四时之政，以设九事之人，以长奉社稷"。所谓"展彰百义"，应该是能够容纳、打通不同的意见、不同的倾向。所谓"四时之政""九事之人"，是说伊尹能够因时而变，能够满足多元化的要求，使得不同职能的人各尽其才，因此社稷得以长治久安。[16] 所谓"和利百姓"，说明伊尹能够采取低姿态，在最大程度上让各种价值述求和利益述求都得到满足。

　　值得注意的是，"百义"一词，在先秦文献中并不多见，如《墨子·尚同中》云："子墨子曰：'方今之时，复古之民始生，未有正长之时，盖其语曰"天下之人异义"。是以一人一义，十人十义，百人百义，其人数兹众，其所谓义者亦兹众。是以人是其义，而非人之义，故相交非也。'"《墨子·尚同下》云："古者，天之始生民，未有正长也，百姓为人。若苟百姓为人，是一人一义，十人十义，百人百义，千人千义，逮至人之众不可胜计也，则其所谓义者，亦不可胜计。此皆是其义，而非人之义，是以厚者有斗，而薄者有争。是故天下之欲同一天下之义也，是故选择贤者，立为天子。"在墨子看来，"百义"绝不是件好事，只有在强有力的政治首领没有出现时，才会出现这种局面，这种局面必然会导致相互敌对，所以对于"贤者""天子"而言，"同一天下之义"就是首要之事，所以墨家提倡"尚同"。儒家虽然没有提到"百义"，但是对思想的多元、歧义的产生还是持警惕态度的。例如，孔子关于"正名"的论述："名不正则言不顺，言不顺则事不成，事不成则礼乐不兴，礼乐不兴则刑罚不中，刑罚不中则民无所措手足。"这段话在笔者看来实际上是"孔子作为一个政治家注意到预见到了名之不确定性、暧昧性、随意性

---

⑯　"九事之人"，沈建华认为指《周礼·大宰》中的九职。"一曰三农，生九谷；二曰园圃，毓草木；三曰虞衡，作山泽之材；四曰薮牧，养蕃鸟兽；五曰百工，饬化八材；六曰商贾，阜通货贿；七曰嫔妇，化治丝枲；八曰臣妾，聚敛疏材；九曰闲民，无常职，转移执事。"可备一说。

对政治会带来的影响。看到了语言在无法准确表意或为人无法准确接受时会出现的政治后果。意识到了'名'作为明确是非、建立标准之手段对社会政治所能产生的巨大作用"。⑰ 荀子对社会上思想不能统一,"析辞擅作名,以乱正名,使民疑惑,人多辩讼"(《荀子·正名》)的现象表示强烈愤慨,强调要由王者来"制名"。至于法家更是不遗余力地推行思想专制,秦始皇的"焚书坑儒"便是极致。与之相比,"能展彰百义"正是对伊尹对于不同价值理念、不同行为方式持宽容态度的表彰。

接下来分析小臣关于"古之先圣人何以自爱"的回答,这里面也透露着"和"的精神。

> 古之先圣人何以自爱? 不事问,不居疑,食时不嗜饕,五味皆哉,不有所重;不服过文,器不雕镂,不虐杀,与民分利。此以自爱也。

所谓"自爱",就是自我珍重、自我爱惜,伊尹所论述的品德颇有一些道家的味道,"不事问,不居疑"是一种无为的态度,即不事事过问,放手让下属做事而不加怀疑。⑱ 吃饭不好珍馐,各种味道都吃,没有特殊专一的偏好。⑲ "五味皆哉"的"哉"字,整理者隶定为"飵","飵"字,《说文》云"设饪也"。与《汤处于汤丘》同抄的《汤在啻门》在论述"五以成人"时说:"唯彼五味之气,是哉以为人。"可以理解为人必须通过五味的烹饪、调和与摄入来维持生命。平等对待世间万物,对构成世界、对构成生命的要素全部加以重视和吸收,是先秦和合思想的重要表现之一,这里也不例外,强调对不同食材一视同仁,保障生命对于各种物质的全面吸收。"不服过文,器不雕镂"以及"不虐杀",看上去是强调过朴素的生活,但也可以理解为是甘居平淡,不使自己走极端,以免养成好胜偏执之心,这与"和"的原理是一致的。最后"与民分利",是一种克制、退让的态度,以避免激化矛盾,促进和谐社会形成,正符合"和"的精神。

---

⑰ 曹峰:《中国古代"名"的政治思想研究》,上海古籍出版社,2017 年,第 112 页。
⑱ 沈建华译为"做事不昏庸、居之而不懈息",我觉得不合理,因为这和自爱无关。
⑲ "五味皆哉",沈建华译为"五味用小鼎,菜肴不重味",就是很朴素节约的样子。笔者的解释不同。

《汤处于汤丘》后面还谈到如何才能"为君爱民","远有所呕,劳有所息,饥有所食,深渊是济,高山是逾,远民皆极,是非爱民乎?"大意是,如果对于远方的人、对于劳作的人、挨饿的人都能给予照顾,那么人民无论多么偏远,都会跋山涉水前来投奔。这看上去是在讲好的君德及其感召力,但也可以理解为,好的君主善于处理、协调各种社会关系,不至于让弱势群体遭到抛弃、从而引发社会危机。所以依然扣紧了"和民"的主题。

总之,《汤处于汤丘》以伊尹善于"食烹之和"为引子,把烹调的原理运用到治国之上,阐述了一套"和民"的理论。认为"和利万民"是战胜夏桀最为重要的因素,"和"的重点在于调整君民双方的对立与矛盾,夏朝之所以亡,就在于激发了这一矛盾,而商朝之所以兴,就在于弥合了这一矛盾。所前文所示,清华简已经公布的五篇伊尹文献是一个完整的系列(当然不排除今后再出伊尹文献的可能),这五篇文风虽然不同、长短也有区别,但在伐夏以及建国大业上各有分工。《汤处于汤丘》属于战前的准备,强调如何用"和民"之道最大程度凝聚民心与国力。《赤鹄之集汤之屋》是为了刺探敌情,伊尹不惜牺牲自己深入敌国的故事,这一篇小说味道最浓。《尹至》讲述伊尹回来汇报敌隋,分析夏因何而失民心,并描述了伐夏的过程。《尹诰》在完成伐夏大业之后,伊尹敦促成汤要吸取夏亡的教训,懂得施惠于民。《汤在啻门》则从天道的高度,论述了"人""邦""地""天"的构成要素,还有五行论、气论,内容最为神秘,有天人合一的味道。可见这五篇基本上涵盖了传世文献所能看到的伊尹各种角色、各种思想和各种故事。[20]《孟子·万章上》有这样一段话:

> 万章问曰:"人有言'伊尹以割烹要汤',有诸?"孟子曰:"否,不然。伊尹耕于有莘之野,而乐尧舜之道焉。非其义也,非其道也,禄之以天下,弗顾也。系马千驷,弗视也。非其义也,非其道也,一介不以与人,一介不以取诸人。汤使人以币聘之,嚣嚣然,曰:'我何以汤之聘币为哉?我岂若处畎亩之中,由是以乐尧舜之道哉?'……吾闻其以尧舜之道要汤,未闻以割

---

[20] 依据《汉书·艺文志》,伊尹文献可以分成《诗》《书》所见部分、道家类《伊尹》与小说家类《伊尹说》,显然已经是按文风和思想主旨来分了。不像清华简这样,可以按照故事发生的序列来组合。

烹也。"

孟子为贤者讳,不信伊尹真的"以割烹要汤",他从儒家的角度对于伊尹的精神做出了总结和概况。从清华简这五篇来看,伊尹曾为庖厨的故事在战国中期以前确实广为流传,而被万章之徒所闻,孟子只是故意回避罢了。孟子对伊尹精神的总结也主要从他牺牲小我、服务大众的角度出发,至于伊尹"和"的观念、伊尹的天道观等,都被孟子有意识排除了,并把伊尹的精神向"仁义之道"靠拢,我们说这只是孟子个人有意为之罢了,不然很难理解《汉志》为何要把伊尹列入道家及小说家类,而非儒家类,[21]而清华简所见伊尹故事的系列则向我们还原了当时伊尹形象的完整面貌。

## 三、从"和"的角度看此文的思想属性和时代特征

笔者以为,《汤处于汤丘》所见"和"的思想,主要可以从两个视角展开分析,第一,烹调之"和";第二,"和民"。这两个角度,一个与"和生万物"的理念有关,一个与"以和惠民"的理想有关。

关于伊尹论烹调中的"调和",传世文献中,《吕氏春秋·本味》描写较多,我们来看以下这段话:

凡味之本,水最为始。五味三材,九沸九变,火为之纪。时疾时徐,灭腥去臊除膻,必以其胜,无失其理。调和之事,必以甘酸苦辛咸,先后多少,其齐甚微,皆有自起。鼎中之变,精妙微纤,口弗能言,志不能喻。若射御之微,阴阳之化,四时之数。故久而不弊,熟而不烂,甘而不哝,酸而不酷,咸而

---

[21] 《孟子》书中多次提及伊尹,可见孟子看到过很多伊尹的资料,而且非常欣赏伊尹,并把他塑造成儒家的理想人物。向净卿:《清华简〈汤处于汤丘〉与孟子仁政学说》("首届中国哲学博士生论坛"论文,中国人民大学,2018年9月27日)则认为孟子的仁政学说、"时政"观念、分工学说、君臣关系学说吸收了《汤处于汤丘》中具有黄老道家倾向的思想,如"和利万民""四时之政""设九事之人""汤访伊尹"等。

不减,辛而不烈,澹而不薄,肥而不膄。

《汤处于汤丘》的重点在于"和民"与伐夏,"食烹之和"只是一个引子,并没有细说。《吕氏春秋·本味》的开头提了一下尊贤,但后面大段论述了烹调之理。这对我们理解"食烹之和"有很大帮助。上面这段话说的是,"调和之事",要以"水"为基本,然后综合各种材料,调节各种味道,掌握各种火候。这里面的道理,极为精微,几乎无法意会言传。但最好的味道如"久而不弊,熟而不烂,甘而不哝,酸而不酷,咸而不减,辛而不烈,澹而不薄,肥而不膄"所示,一定是居中平衡之道,不走向极端。"×而不×"的表达方式,在早期文献中,可以说极为多见,这里仅举孔子和老子的言论。例如《论语·八佾》:"关雎,乐而不淫,哀而不伤。"《论语·述而》:"子温而厉,威而不猛,恭而安。"《论语·述而》:"君子和而不同"。《论语·卫灵公》:"君子矜而不争,群而不党。"《论语·尧曰》:"君子惠而不费,劳而不怨,欲而不贪,泰而不骄,威而不猛。"《老子·第十章》:"生而不有,为而不恃,长而不宰。"《老子·第五十八章》:"圣人方而不割,廉而不刿,直而不肆,光而不曜。"《老子·第八十一章》:"天之道,利而不害;圣人之道,为而不争。"在孔老看来,最高的境界就是对于"度"的拿捏。既能达到理想的效果,又不至于走向极端,这是他们的共识。《汤处于汤丘》:"不事问,不居疑,食时不嗜饕,五味皆哉,不有所重;不服过文,器不雕镂,不虐杀。"可以说也类似这样的境界,或者说是"食烹之和"在政治上的延伸和发挥。通过烹调言说"和"的道理,从文献看,最早见于《左传·昭公二十年》所载齐景公与晏婴关于"和同之异"的对话中:

> 齐侯至自田,晏子侍于遄台,子犹驰而造焉,公曰:"唯据与我和夫。"晏子对曰:"据亦同也,焉得为和?"公曰:"和与同异乎?"对曰:"异。和如羹焉,水火醯醢盐梅,以烹鱼肉,燀之以薪,宰夫和之,齐之以味,济其不及,以泄其过,君子食之,以平其心,君臣亦然。君所谓可,而有否焉,臣献其否,以成其可,君所谓否,而有可焉,臣献其可,以去其否,是以政平而不干,民无争心,故《诗》曰:'亦有和羹,既戒既平,鬷嘏无言,时靡有争。'先王之济五味、和五声也,以平其心,成其政也,声亦如味,一气,二体,三类,四物,五声,六

律,七音,八风,九歌,以相成也;清浊小大,短长疾徐,哀乐刚柔,迟速高下,出入周疏,以相济也。君子听之,以平其心,心平德和,故诗曰'德音不瑕',今据不然,君所谓可,据亦曰可,君所谓否,据亦曰否,若以水济水,谁能食之,若琴瑟之专一,谁能听之,同之不可也如是。"

这段话主要通过"和羹之道"讲述"和"与"同"的差异,就是"同"不等同于"和","同"意味着单一和死亡,而"和"意味着多元、包容,意味着取长补短、相辅相成。因此,要想"平其心,成其政",只有让不同的事物"相成""相济",通而不涩,才能展现出强大的生命力。这段话和《国语·郑语》以下的话应该属于同一思想背景:

夫和实生物,同则不继。以他平他谓之和,故能丰长而物归之;若以同裨同,尽乃弃矣。故先王以土与金木水火杂,以成百物。是以和五味以调口,刚四支以卫体,和六律以聪耳,正七体以役心,平八索以成人,建九纪以立纯德,合十数以训百体。出千品,具万方,计亿事,材兆物,收经入,行姟极。故王者居九畡之田,收经入以食兆民,周训而能用之,和乐如一。夫如是,和之至也。于是乎先王聘后于异姓,求财于有方,择臣取谏工而讲以多物,务和同也。声一无听,色一无文,味一无果,物一不讲。王将弃是类也,而与剸同。天夺之明,欲无弊,得乎?

这段太史史伯和郑桓公之间著名的对话,发生于西周末年周幽王时期,以前学界已经做过大量分析,例如以研究和合学闻名的张立文指出:"金木水火土是人生天地之间日用常行的五种差异性质能元素。善于和合这五种元素,就能风调雨顺、五谷丰登,就可生机勃勃、王道荡荡。相反,如果片面追求类同,强调一统,那么,毁弃多样,毒害生灵,势必危亡。"[22]他还认为"和实生物,同则不继"的和合生意,萌发于先民"异德合姓"的婚育经验。如《国语·晋语》里,有"异姓则

---

[22] 张立文:《和合哲学论》,人民出版社,2004年,第40页。

异德,异德则异类,异类虽近,男女相及,以生民也"。因此,这里虽然没有以和羹之道为背景,但思想观念是一致的,即只有糅合不同性质的事物,才能让万物焕发生机,如果一味追求"割同",那就死路一条。[23]

《汤处于汤丘》没有展开具体的和羹之道,所以我们只能通过《吕氏春秋·本味》《左传·昭公二十年》《国语·郑语》来推测伊尹所述"食烹之和"的内涵,可能这也是一种对"度"的高超把握,是一种不走极端、不求同一的和合理念,甚至可能包含着"和生万物"的哲学思想。从时代上讲,夏末商初伊尹当然早于春秋初年的史伯和春秋晚年的晏婴。但我们可以确信,包括清华简在内的大量伊尹故事应该是战国时人的假托,因此,把史伯和晏婴的话视为《汤处于汤丘》"食烹之和"的背景也是完全可以成立的。因为《汤处于汤丘》中说伊尹"能展彰百义,以和利百姓,以修四时之政,以设九事之人"的"长奉社稷"之道,以及"不事问,不居疑;食时不嗜饕,五味皆哉,不有所重;不服过文,器不雕镂;不虐杀"的为君之道,与史伯"声一无听,物一无文,味一无果,物一不讲"的原理和晏婴所述"相成""相济"的精神是相通的。

如果说《汤处于汤丘》成于战国时期,那么,就有可能受到过史伯和晏婴思想的影响。[24] 但是,反过来说史伯和晏婴的话受到了类似《汤处于汤丘》等伊尹传说的影响而做出进一步发挥也是成立的。因为善于烹调之道,从而悟出"和"之重要性的伊尹传说,可能已经流传很久。《国语·周语中》记载周定王为晋侯使者随会宴享时说:"五味实气,五色精心,五声昭德,五义纪宜,饮食可飨,和同可观,财用可嘉,则顺而德建。"也是从包括"五味"在内的多样性出发,导出了"和同"的可能性与必要性。[25] 五行学说的发展更是为和合思想的发展提供了哲学基础,如前引《国语·郑语》就有"先王以土与金木水火杂,以成百物"之说。考虑到与《汤

[23] 《国语·郑语》这段话的前面提到:"虞幕能听协风,以成乐物生者也。夏禹能单平水土,以品处庶类者也。商契能和合五教,以保于百姓者也。周弃能播殖百谷蔬,以衣食民人者也。"即虞幕、夏禹、商契、周弃这些最有成就的先王,他们的成就全部体现为对事物多样性的充分利用,并使其各得其所。这也是"和"思想的充分体现。商契的"和合五教"与《汤处于汤丘》的"展彰百义"有异曲同工之处。

[24] 如果我们不相信《汤处于汤丘》是商代初年伊尹思想的真实记录,那么我们也不能轻易相信史伯和郑桓公之间的对话就是西周晚期的真实记录。因为这同样有可能是后人的伪托。

[25] 需要注意所谓是,先秦文献中有很多"上下和同"之类的话,这和仅仅尊重并强调多样性的"和"不同,而是多样性基础上向着一元的靠近、趋同。例如《管子·法禁》:"昔者圣王之治人也,不贵其人博学也,欲其人之和同以听令也。"

处于汤丘》同抄的《汤在啻门》强调的"五以成人,德以光之;四以成邦,五以相之;九以成地,五以将[之]。九以成天,六以行之"中有比较强烈的五行元素,㉖我们虽然认同《汤处于汤丘》是战国文献,但此文有可能承继了比较早期的"和"思想,只不过《汤处于汤丘》将其作为一种广为人知的道理,没有再做具体说明。

总之,就从烹饪之道导出的"和"思想而言,我们很难在《汤处于汤丘》与《左传·昭公二十年》及《国语·郑语》这两篇重要文献之间排出时间先后,㉗但应该属于同一思想系列。用食物调和之理来论述治国之道或者万物生成的哲学原理,很可能有悠久的历史渊源并流传甚广,如《吕氏春秋·本味》《史记·殷本纪》所示,其原理、其故事直到秦汉之际还在广泛传承。

再来看"和民"一词,这个词以及相关词汇,在中国早期文献中就已频频出现。例如《尚书·梓材》说"皇天既付中国民越厥疆土于先王,肆王惟德用,和怿先后迷民",这是周公说先王通过德政来和悦殷的遗民。《尚书·洛诰》说"公称丕显德,以予小子扬文武烈,奉答天命,和恒四方民",这是成王对周公说自己要努力做到让四方之民都和悦。《尚书·无逸》说"自朝至于日中昃,不遑暇食,用咸和万民",这是周公说周人先祖兢兢业业、鞠躬尽瘁,用诚来协和万民。张永路认为这里的"和民"概念,"被用来表述以周公为代表的周初为政者施行德政保民和民,这也就是以往研究者经常提及的周初保民思想"。㉘

到了《国语》等文献,"和民"更为多见,如《国语·周语上》有"王事唯农是务……若是,乃能媚于神而和于民",即只有搞好农业,才能上使神灵下使百姓高兴。《国语·周语上》有"先王知大事之必以众济也,是故被除其心,以和惠民",即成就大事必须依赖万民,因此君主必须破除心中邪念,才能团结、施惠于民。其他如《国语·周语下》记载太子晋劝谏周灵王不要做"不和民"的事;《国

---

㉖ 详见曹峰:《清华简〈汤在啻门〉所见"五"的研究》,台湾《哲学与文化》2017 年第 10 期。郭梨华则指出,从思想旨趣看,"人—邦—地—天"这四者共同构成一种"天人之和"。"这是最大极至之'人之和',是将人置于人文社会之邦国中,同时也置于自然之天地氛围中,人唯有处于自然与人文之交融中才得以'和'"。郭梨华:《清华简〈五〉关于"味"之哲学研究》,"道统思想与中国哲学国际学术研讨会",成都:四川师范大学,2016 年 10 月。

㉗ 《左传·昭公二十年》及《国语·郑语》中记载的事件,也未必是西周晚期或春秋晚期的真实记录,也很有可能是战国时人的创作。

㉘ 张永路:《价值与理想——〈国语〉和合思想研究》,人民出版社,2016 年,第 161 页。

语·鲁语上》说"民和"才能"神降之福";《国语·晋语四》说周文王能够"柔和万民";《国语·晋语九》说赵简子以"民必和"作为自己的执政目标。

因此,政治能否取得成功,"和民"即百姓是否和悦、亲附是一个重要的标志,这是一个从西周初年就开始追求的、古老的理念。《汤处于汤丘》在使用"和民""和利万民"时,很可能也有这方面的考虑,即能否通过执政者的德政,让百姓实现美满的、愉悦的生活。《汤处于汤丘》作为战国时代创作的伊尹故事,在描述伊尹批判夏桀的统治导致"民人趣忒""民人皆督偶瑟",并激励商汤"淑慈我民"时,可能承继了这类有着悠久传统的保民意识。不过,需要注意的是,虽然《汤处于汤丘》没有具体展开"食烹之和"的具体原理,但是此文毕竟是由此入手的。伊尹"以滋味悦汤"后开始阐述政治原理的历史记载也极为丰富。因此,我们不能抛开"食烹之和"去谈"和民",认为《汤处于汤丘》的"和民"仅仅是德政意识下的保民惠民行为。从逻辑上看,"食烹之和"是前提,"和民"是结果,不然就没有必要从"食烹之和"导入。所以从"和生万物"的线索去理解《汤处于汤丘》的"和"思想显然更为合理,从政治行为的角度看,这种"和民"理念就是执政者竭力克制自己的欲望和偏见,对事物的多样性、思想的多元性给予最大限度的尊重和宽容,努力把握好处事的"度",不多干预,不走极端,从而导致和谐的、生机勃勃的政治局面。笔者认为这才是《汤处于汤丘》"和"思想的本质所在。

这里还有必要提及《中庸》所谓舜的品德"执其两端,用其中于民",以及《中庸》中孔子的话"君子和而不流""中立而不倚"。这也是一种反对"过"与"不及"的思维。在反对走极端这一点上,《中庸》与伊尹的思想确实有相似之处,可能正因为这种相似,孟子会说伊尹接近尧舜。但两者之间的区别也是很显著的,《中庸》的"和"建立在不改变自己基本立场的前提下,随机应变,对自己的处事方式做适当地调整。从这个角度看《中庸》的名言:"喜怒哀乐之未发,谓之中。发而皆中节,谓之和。中也者天下之大本也,和也者天下之达道也。致中和,天地位焉,万物育焉。"就容易明白,《中庸》的"中和"并不是对事物多样性、复杂性的彻底尊重,归根结底是对理念、操守的坚持,所以要"慎独"。

与之相比,道家也重视"和",例如《黄帝四经·道原》云:"一者其号也,虚其舍也,无为其素也,和其用也。"这是说"一"是"道"的名号,"虚"是"道"的处所,

"无为"是"道"之本，"和"是"道"之用。因此这样的"和"一定不会预设自我的立场，而是以虚无的姿态、无为的方式对待万物。这样的"和"不是儒家"和而不同""和而不流"的"和"，而是"闭九窍，藏志意，弃聪明，反无识，芒然仿佯乎尘垢之外，逍遥乎无事之际，含阴吐阳而与万物同和者"（《文子·精诚》）的"和"，即对主观意念的舍弃；是"神明接，阴阳和，万物生矣"（《文子·精诚》）的"和"，即对立两极相互融摄，从而生出新的事物；㉙是"与民同欲则和"（《文子·微明》）、"漠然无为而天下和"（《文子·下德》），即通过政治上的无为和谦逊，君主向人民靠拢。

上博简《天子建州》有一段话："洛尹行身和二，一喜一怒。"结合这段话前面关于文武、阴阳的记载，我们理解这说的是洛尹"立身行事"不走极端，善于调和阴阳喜怒之气，实行中和之道。林文华推测"洛尹"就是"伊尹"，因伊、洛地理相近，"伊尹"又称为"洛尹"。㉚ 这虽然属于推测，但从伊尹的思想特征看，确实可以关联起来。《天子建州》是一篇综合儒道思想的文献，而这段话位于"文阴而武阳"章，这一章阴阳家以及黄老道家的思想色彩特别浓厚。㉛

所以道家的"和"是建立在尊重事物多样性、差异性基础之上的"和"，是不同性质事物间的相互涵摄与融合，是统治者在政治上所采取的无为的、克制的姿态（用《老子》的话讲就是"和其光、同其尘"）。

通过与儒道两家"和"思想基本理念的对比，我们认为《汤处于汤丘》倾向于道家更多一些，首先烹调之理是对材料、味觉等多样性的充分摄取和极大发挥，就是说，让多元性、丰富性得到最大限度的保存与体现，是味之"和"的秘诀。㉜其次，通过烹调之理延伸出来的治国之理，则是对"百义"的彰显，是对"四时之政""九事之人"的充分利用，是"自爱"即对臣下的尊重、对自我的约束、和与民的"分利"，从而达到众望所归的向心力，类似《黄帝四经·六分》所云："万民和辑而乐为其主上用。"

---

㉙ 《鹖冠子·环流》云："阴阳不同气，然其为和同也；酸咸甘苦之味相反，然其为善均也；五色不同采，然其为好齐也；五声不同均，然其可喜一也。"也指出差异与和谐是一体之两面。

㉚ 林文华：《〈天子建州〉零释》，简帛网，2007 年 10 月 10 日。

㉛ 曹峰：《上博楚简所见阴阳家思想的影响——以〈三德〉、〈天子建州〉为中心》，台湾《哲学与文化》2015年第 10 期。

㉜ 如果说有一个基础的话，那即是"水"，但"水"正是虚无和柔弱，可以容纳一切的象征。

关于《汤处于汤丘》的学派属性,学界多倾向于认为属于道家,例如李守奎引用宋王应麟的话:"于兵权谋省《伊尹》《太公》而入道家,盖战国权谋之士著书而托之伊尹也。"[33]认为《汤处于汤丘》属于兵权谋,而兵权谋可以纳入道家。同时他认为此篇和《赤鹄之集汤之屋》一样,也有小说家的特征。郭梨华将《汤处于汤丘》与《汤在啻门》两者并论,从"味"与"气"的关系角度出发,提出:"可以发现清华简这两篇简文,确实在殷商之'和羹'思维的流传中,开展出属于'味—气'论述之特质,展现出既有道家思想的传承,又与战国时期《管子》思想有所关联,这正展现其归属黄老思维的特质。"[34]郭梨华把出土文献所见伊尹资料分为三类:"一类是与《尚书》、伪古文《尚书》有关之清华简(一)之《尹至》《尹诰》;一类是夹杂史事的野史或小说类记载,如《赤鹄之集汤之屋》与部分之《汤处于汤丘》;还有一类是与思想论述有关,可探究其中之哲学义理,如部分之《汤处于汤丘》《汤在啻门》《九主》。"郭梨华详细论述了第三类资料,她认为:"其思想包含有政治思想、气与味等,这些思想论述也都蕴藏着与战国时兴盛之黄老思想相关,其中气与味之论述,既与生命之源、生命之和有关,也以譬喻形式展现其与治国思想的联系。""思想史上被归为'伊尹'思想的特质在'味—气'与治国思想,而这两种特质正可与黄老思想有所联系。"[35]笔者在考察《汤在啻门》之际也指出:《汤在啻门》体现出养生以治国的思想特色,黄老道家尤其重视这个问题。伊尹是道家的重要人物,'地真'是特有的道教用语,'四神''九神''天尹'也很有可能和道家、道教中的'神人''真人''天人'等神仙有关,因此后世道家、道教可能从《汤在啻门》这类文献中吸收过资源。就鬼神观而言,《汤在啻门》既重视鬼神,又不惟鬼神,既重视人的理性思考,又借重鬼神作为禁忌所能产生神秘力量,因此和将鬼神视为绝对力量的墨家无关,思想倾向更接近黄老道家。"[36]《汤处于汤丘》与《汤在啻门》两者既然同抄,显示两者在思想上或许有共同的倾向,用烹调之理推展治国之道,可以说也是养生以治国的体现。同时,在前文中,笔者分析了儒道两种"和"的思想,也认为《汤处于汤丘》更近道家。因此就结论而

㉝ 王应麟:《汉制考·汉书艺文志考证》,中华书局,2011年,第213页。

㉞ 郭梨华:《出土资料中的伊尹与黄老思想》,台湾《哲学与文化》2017年第11期。

㉟ 郭梨华:《出土资料中的伊尹与黄老思想》,台湾《哲学与文化》2017年第11期。

㊱ 曹峰:《清华简〈汤在啻门〉所见"五"的研究》,台湾《哲学与文化》2017年第10期。

言,笔者也认为《汤处于汤丘》确实具有一定道家倾向。

## 四、余论

如前所述,从"和"思想角度看,《汤处于汤丘》应该是战国中期以前知识界假托伊尹而成的一篇文献,其"和"的思想,无论是用烹调论"和",还是"和民"观念,可能有更早源头。就思想属性而言,已经具有一定的道家倾向。需要再三指出的是,笔者只是说此文具有一定道家倾向,而不是说就是道家。李守奎指出:

> 春秋、战国是个百家争鸣的时期,学术自由而活跃,还没有形成钦定的官方独尊一家的思想,各家主张有交迭,有冲突,师法也未必像后人推断的那么泾渭分明。用汉代学者的分类标准去衡量先秦文献,难免陷入削足适履的尴尬处境。汉代学者也会遇到类似的问题,但有折中的办法,"小说家"就是其中之一。[37]

笔者深表赞同,"小说家"的定性,看似着眼于其文体,有时可能正是难以定性的权宜之举。不应该用汉以后"六家"或"九流十家"的框架去限定先秦思想尚未定向的文献,但我们也不能因此就不考察其思想的大致倾向。本文就是从"和"思想的角度做出的一种尝试。

本成果受到中国人民大学 2018 年度"中央高校建设世界一流大学(学科)和特色发展引道专项资金"支持。

【曹　峰　中国人民大学哲学院教授】
原文刊于《中国文化》2018 年 02 期

---

[37] 李守奎:《汉代伊尹文献的分类与清华简中伊尹诸篇的性质》,《深圳大学学报》2015 年第 3 期。

# 汉简考历

俞忠鑫

## 一、前言

20世纪以来，在我国境内，主要是西北的甘肃等地，出土了大量的竹简木牍，其中数量最多的是汉代的简牍。几十年来，国内外的许多学者对此倾注了大量的心血，付出了辛勤的劳动，也进行了艰苦的探索和研究；近年来，已经公开发表的简牍出土资料和简牍研究论著越来越多，简牍研究者的队伍迅速扩大，一门新兴的学科——简牍学正在逐渐形成。

迄今为止，所有出土的简牍之中，以汉简为最多；所记内容，最主要的是两大类，即手抄古籍和当时的实用文书。1949年后出土的汉简中，手抄古籍的比例较大，如武威《仪礼》简、银雀山兵书简、定县《论语》简、阜阳《诗经》简等。1949年前出土的汉简，内容多为戍边人员的日用簿籍和军事文书。1949年后出土的汉简中，也有一部分是戍边人员的簿籍文书，而且数量较大，但是至今未见发表，所以无从立言。

汉简的实用文书，往往记有书写日期，研究人员可以据此把许多零散的不同内容的簿籍文书,较为完整地恢复其原来的形式,以便进一步研究当时的社会生活和军事、经济等各方面的真实情况。为此,陈梦家先生曾经想利用汉简中所记载的日期,排列出一份详细的《汉简年历表》,但是陈先生已经逝世二十多年了,《汉简年历表》却一直未见发表。另外,近年来陈直先生也做了许多汉简的考订工作,著有《居延汉简系年》一文;但是,首先是没能利用居延汉简以外的其他汉简材料(这是文章本身体例所限),范围有所局限;其次是陈先生大约未能见到居延汉简的图版照片,可能有时不免凭主观猜想而误改汉简记日。

要排列出详尽的《汉简年历表》,应该利用可能找到的一切汉简材料,在可能的情况下,尽量结合原版照片,核实所记的内容,这样排出的《汉简年历表》才是切实可信的。本文就是根据这一宗旨,把目前所能见到的有记日的汉简全部集中起来,按照时间先后的顺序排列,并对其中一些记日文字有缺损的汉简,或所记具体时日不明确的汉简,就能力所及,做了一些考订的工作。

本文所依据的材料,主要是1949年前出土的居延汉简,载于中华书局1980年版《居延汉简甲乙编》。本文称引时,在简号前冠一"居"字,以区别于其他汉简。其次是疏勒河流域出土的汉简,简号前冠一"疏"字;其主要部分载于罗振玉、王国维的《流沙坠简》和张凤的《汉晋西陲木简汇编》,本文称引时也采用二书的编号;在二书之外的,则采用沙畹编号。再其次是1973年新出土的居延汉简,这一部分汉简的详细材料至今未见公开发表,本文只能转引各类有关的论著,主要是甘肃人民出版社1984年出版的《汉简研究文集》。此外,散见于各种有关文物、考古方面的杂志和专著中的有记年的汉简,也都就搜求所及,尽可能多地收入,称引时都各各注明出处,以便覆核。

本文在写作过程中,始终都得到导师姜亮夫先生的亲切指导,在此谨表由衷的感谢。

## 二、汉简考历

0010(武帝)大始元年十二月辛丑朔戊午(前96)

疏 413（流沙坠简·杂事类 5）

按：大始，即太始。刘义叟《长历》、汪曰桢《历代长术辑要》、陈垣《二十史朔闰表》皆列太始元年十一月辛丑朔。《汉书·五行志下之下》："太始元年正月乙巳晦，日有食之。"（中华书局 1983 年版《汉书补注》上册，第 648 页）则正月当为丁丑朔，而三表皆为上年闰十二月丁丑朔。陈梦家《汉简缀述》以为三表误闰，当为"是年（按指太始元年）闰十二月辛未朔。闰在岁终，犹沿汉初殷历的旧例。"（中华书局 1980 年版，第 232 页）看若如此，则太始元年正月丁丑朔……十二月辛丑朔、闰十二月辛未朔，与《汉书·五行志》及本简皆合，但是各月朔日的干支与实际推算相差一月之数。今按太初改历以后，废除岁终置闰法，而以无中置闰，《汉书·律历志下》："推闰余所在……中气在朔看二日，则前月闰也。"王先谦《补注》引李锐曰："《左传·文公·文公元年》孔《疏》云：'古历十九年为一章，章有七闰。入章三年，闰九月；六年，闰六月；九年，闰三月……'今以三统术推之，如入章三年……应闰九月；入章六年……应闰六月；入章九年……应闰二月。"（《汉书补注》上册第 424—425 页）从太初元年算起，第九年恰好是太始元年。若依李锐说，则闰天正二月，即闰上年（天汉四年）十二月。刘汪陈三表皆同李锐说，但与《汉书·五行志》不合。今谓是年实依孔疏闰天正三月，即闰太始元年正月，则正月丁丑朔，乙巳晦（合于《汉书·五行志》），闰正月丙午朔……

孔《疏》闰三月，李锐及三表皆闰二月，其间的差别不是传抄的错误，而是在推算中对近似值的取舍标准不同所致。古代的四分历、三统历都按照 19 年 7 闰的周期安排闰月，这是因为 19 个回归年的日数和 235 个朔望月的日数近乎相等。

四分历：$365\frac{1}{4} \times 19 = 6939.75$

$$29\frac{499}{940} \times 235 = 6939.74998$$

三统历：$365\frac{385}{1539} \times 19 = 6939.7530864$

$$29\frac{43}{81} \times 235 = 6939.75308$$

但是，19 个历年只有 $19 \times 12 = 228$ 个历月，所以有 $235 - 228 = 7$ 个闰月。这 7 个闰月平均安插在 228 个历月中，则每隔 $\frac{228}{7} = 32\frac{4}{7}$ 个月就有一个闰月。这就是 19 年 7 闰的置闰规律。

从蔀首开始：

第一个闰月在 $1 \times 32\frac{4}{7} \doteq 32\frac{4}{7}$　32 个月之后；

第二个闰月在 $2 \times 32\frac{4}{7} \doteq 65\frac{1}{7}$　65 个月之后；

第三个闰月在 $3 \times 32\frac{4}{7} \doteq 97\frac{5}{7}$　97 个月之后；

第四个闰月在 $4 \times 32\frac{4}{7} \doteq 130\frac{2}{7}$　130 个月之后；

第五个闰月在 $5 \times 32\frac{4}{7} \doteq 162\frac{6}{7}$　162 个月之后；

第六个闰月在 $6 \times 32\frac{4}{7} \doteq 195\frac{3}{7}$　195 个月之后：

第七个闰月在第 $7 \times 32\frac{4}{7} \doteq 228$ 个月。

因为 $32 = 2 \times 12 + 8$ 所以当闰第 3 年天正 9 月

$65 = 5 \times 12 + 5$ 所以当闰第 6 年天正 6 月

$97 = 8 \times 12 + 1$ 所以当闰第 9 年天正 2 月

$130 = 10 \times 12 + 10$ 所以当闰第 11 年天正 11 月

$162 = 13 \times 12 + 6$ 所以当闰第 14 年天正 7 月

$195 = 16 \times 12 + 3$ 所以当闰第 17 年天正 4 月

$228 = 18 \times 12 + 12$ 所以当闰第 19 年天正 12 月

根据上面的推算，第 9 年当闰天正 2 月，合于李锐之说。但是上面的推算中，32、65、97、130……等整数都是取了前面各常分数的不足近似值，如果按照四舍五入的取舍原则，上述常分数中，第三和第五个闰月所对应的常分数的分数部分应该进一，而其余常分数的分数部分应该舍去。这样，第三和第五两个闰月就比其余各闰月再推迟一个月,即第三个闰月应当在入章 9 年的天正 3 月;第五个闰月应当在入章 14 年的天正 8 月。这个结论就跟孔《疏》相合了。

第一个闰月所对应的带分数 $32\frac{4}{7}$,按照四舍五入的原则,也应该进为 33;但是四分历的推闰月法则规定:"推闰月所在,以闰余减章法,余以十二弃之,满章闰数得一,满四以上亦得一。"(《后汉书·律历志下》,中华书局 1984 年版《后汉书集解》下册,第 1082—1083 页)意即分数的分子要大于四方可进一,所以 $32\frac{4}{7}$ 仍然舍去分数而为 32。

古人推历置闰,很可能合于孔《疏》而与李锐之说不合。按照孔《疏》,太始元年当闰天正三月,即闰人正正月,《汉书·五行志》的记载正好可以证明这一点。敦煌所出五代后唐同光四年历(p.3247)也有类似的情形。刘汪陈三表皆为同光三年闰十二月己丑朔,四年正月戊午朔;而敦煌历则为同光四年正月己丑朔,闰正月戊午朔(刘复辑《敦煌掇琐》卷八十八,第 348—350 页)。这种情形与上述太始元年的置闰情况正好相同。敦煌历又记同光四年闰正月二日己未为"雨水、正中",闰月而有中气,可见并未严格按照"无中置闰"的原则推历。太始元年的置闰,当亦如此。

至于本简作"太始元年十二月辛丑朔","十二"当是"十一"之误。疏 177(流沙坠简·杂事 8)"五凤元年十二月乙卯朔",王国维《考释》曰:"右简据太初术推之,十二月应得乙酉朔,乙卯乃十一月朔。'二''卯'两字,必有一误。"(上虞罗氏宸翰楼影印本《流沙坠简》第 2 册,第 2—47 页)据此也可以说本简"二""丑"两字,必有一误。

我国古代历法种类繁多,但用以推历,出入不会很大。朔日之差至多一、二日,闰月之差不过一月,绝不可能迟闰一年。陈梦家认为当闰太始元年十二月,此说似犹可商。

0171(宣帝本始四年历谱)(前 70)

居 111.6(乙 84 版);居 111.3(乙 85 版)

按：原文作

二日

丁未　　　　　　　　甲辰

丙子　　　　　　　　癸酉　建　反支

丙午　　　　　　　　癸卯

乙亥　　　　　　　　壬申

乙巳　　　　　　　　壬寅

甲戌　　　　反支　　辛未

这是十二个月每月二日的干支，往前推一日，即得每月朔日的干支：

一日

丙午（正）　甲戌（四）　癸卯（七）

辛未（十）

乙辛（二）　甲辰（五）　壬申（八）

辛丑（十一）

乙巳（三）　癸酉（六）　壬寅（九）

庚午（十二）

干支后的数字是月序数。同时出土的木简有地节年号，在这段时间内而符合上列月朔干支表的，只有本始四年。

简文中的两处"反支"，是古代的迷信历法。《后汉书·王符传》："公车以反支日不受章奏。"李贤注："凡反支日用月朔为正。戌、亥朔，一日反支；申、酉朔，二日反支；午、未朔，三日反支；辰、巳朔，四日反支；寅、卯朔，五日反支；子、丑朔，六日反支。见《阴阳书》也。"（中华书局版《后汉书集解》，第576页）本简六月癸酉朔，八月壬申朔，故皆二日反支，合于《后汉书》李注。

汉俗忌反支日。《汉书·游侠传·陈遵》："王莽败……（张）竦为贼兵所杀。"颜师古注引李奇曰："竦知有贼，当去；会反支日，不去，因为贼所杀。"（中华书局版《汉书补注》，第1555页）关于反支的最早记载，见于湖北云梦睡虎地秦墓竹简《日书》，写作"反枳"："反枳　子丑朔六日反枳　寅卯朔五日反枳　辰巳朔四日反枳　午未朔三日反枳　申酉朔二日反枳　戌亥朔一日反枳　复卒其日

子　有复反枳　一月当有三反枳"。（文物出版社 1981 年 9 月版《云梦睡虎地秦墓》图版，第 142 页）

简文中"癸酉"下的"建"字，也是迷信历法。建，是建除十二神之一。《淮南子·天文》："寅为建，卯为除，辰为满，巳为平，主生；午为定，未为执，主陷；申为破，主衡；酉为危，主杓；戌为成，主少德；亥为收，主大德；子为开，主太岁，丑为闭，主太阴。"（四部丛刊初编缩本《淮南子》卷三，第 22 页下）这里的寅、卯、辰、巳……亥、子、丑，是正月节之后逐日的地支名。十二神轮流值日，叫作十二值。

古人又把十二地支分配于东南西北等十二方位，如正北为子，东北偏北为丑，东北偏东为寅，正东为卯，东南偏东为辰……所谓子午线、卯酉线，就是贯穿南北、东西的线。北斗七星的斗柄，随着季节的推移而指向不同的方位。

《淮南子·天文》："子午、卯酉为二绳，丑寅、辰巳、未申、戌亥为四钩，……日冬至，则斗北中绳；……日夏至，则斗南中绳。"（同上，第 19 页上）

《夏小正》："正月……初昏，参中，斗柄县在下。……六月，初昏，斗柄正在上。……七月，……斗柄县在下则旦。"（丛书集成本《夏小正正义》第 1 页、第 2 页）

正月节那天的初昏，北斗七星的斗柄柄头的星，即破军星，或称捻光星（大熊座 7 星），它指向寅的方向，叫作建寅，二月节的初昏，它指向卯的方向，叫作建卯，等等。因此，正月节之后的寅日的十二值为"建"，次日即卯日为"除"，等等。因为十二地支和十二值都是以十二为周期而循环的，所以，到了二月节之后，寅日的十二值仍是"建"，卯日的十二值仍是"除"，等等。为了使"二月建卯""三月建辰"等既符合实际天象，又符合十二值建除的名称，就规定在节气那天重复前一天的值日，这样，二月节之后的寅日的十二值就不再是"建"，而是"建"的前一值日"闭"，寅日之后的卯日，其十二值才是"建"。如果二月节恰好是卯日，则前一日寅日虽为"建"，二月节重复前一天的值日也为"建"，仍合于"二月建卯"。同理，三月节之后的辰日的十二值为"建"，四月节之后的巳日的十二值为"建"，等等。《协纪辨方书》卷四《义例二·建除十二神》引《历书》曰："历象以建除满平定执破危成收开闭凡十二日，周而复始，观所值以定吉凶。每月交节，则叠两值日。其法从月建上起建，与斗杓所指相应。如正月建寅，则寅日起建，顺行十二辰是也。"（台湾影印文渊阁四库全书第 811 册，第 236 页）

关于建除十二值的最早记载,也见于湖北云梦睡虎地秦墓出土竹简《日书》:

第 743 简:秦除　　正月建寅除卯盈辰平巳定午挚未披申危酉成戌收亥开子闭丑

第 744 简:二月建卯除辰盈巳平午定未执申披酉危戌成亥收子开丑闭寅

…………

第 754 简:十二月建丑除寅盈卯平辰定巳挚午披未危申成酉收戌开亥闭子(文物出版社版《云梦睡虎地秦墓》图版 117—118)

另一种《日书》所载略有不同:

第 921 简:正月建寅余卯吉辰实巳窨午徼未冲申剽酉虚戌吉亥实子闭丑

第 922 简:二月建□□辰吉巳实午窨未徼申冲酉□□□□吉子实丑闭寅

…………

第 932 简:十二月建丑徐寅吉卯实辰窨巳徼午冲未剽申虚酉吉(戌实)亥闭子(同上,图版 146—147)

两种《日书》所用十二值名称互有不同,前一种为"建除盈平定挚(执)披危成收开闭",后一种为"建余(徐)吉实窨(窨)徼(敫)冲剽虚吉实闭",可见当时十二值的名称尚未十分固定。

本简在"癸酉"下著一"建"字,因为简文所记为各月二日干支,根据十二值的安排规律,即正月节后的寅日为"建",二月节后的卯日为"建"……,可知八月节后的酉日为"建"。因此,"癸酉"当是八月二日(本简所记共有十二个干支,"癸酉"在第八位,也可说明它是八月的干支),并且此日必在八月节之后。如敦煌所出《大唐同光四年具注历》载:

七月大建丙申……

…………

廿二日乙亥火平　　魁

(以上《敦煌掇琐》卷八十八,第 364—366 页)

廿三日丙子水平下弦(白露)八月节……

□四日丁丑水定　　沐浴吉

□五日戊寅土执　伐木吉

廿六日巳卯土破　天恩大吉

廿七日庚辰金危　天恩终造吉

廿八日辛巳金成　玄鸟归　天恩大吉

廿九日壬午木收　没　罡

卅日癸未木开　毋仓大吉

（以上罗振玉辑《贞松堂藏西陲秘籍丛钞》）

八月小建丁酉……

一日甲申水闭　葬埋吉

密　二日乙酉水建　修车吉

（以上刘复辑《敦煌掇琐》卷八十八，第366页）

八月二日乙酉的十二值为"建"，这是因为七月廿三日丙子为八月节白露，其十二值重复前一日而仍为"平"，以后逐日递推而得。同光四年即公元926年，从本文附表（限于篇幅，附表从略）可以查得，是年七月廿三日丙子即相当于格里历9月6日，而白露恒在格里历每年9月7—9日；清代以前皆按平气推历，自然不够精密，9月6日与9月7日相差一日，当属正常现象。

同理，本简所记本始四年八月二日癸酉为"建"，则八月节白露必在此之前。用太初术推算，本始四年白露在八月十日辛巳：

《汉书·律历志下》："推日月元统，置太极上元以来外所求年，盈元法除之，余不盈统者，则天统甲子以来年数也。"（中华书局版《汉书补注》，第424页）

有关法数：元法4617；统法1539；策余8080　太极上元至太初元年的积年23639040为元法4617的整数倍，可先行除去。太初元年（−103）至本始四年（−69）的积年为：

　　（−69）−（−103）＝103−69＝34；

又曰："推冬至：以策余弃入统岁数，盈统法得一，名曰大余；不盈者名曰小余，除数如法，则所求冬至日也。"（同上，第425页）8080×34＝274720；274720÷1539＝178……778；178÷60＝2……58；

得：天正十一月壬戌（$59\frac{778}{1539}$）冬至。

又曰："求八节，加大余四十五，小余千一十。求二十四气，三其小余，加大余十五，小余千一十。"（同上，第425页）

八节是指二分、二至和四立，冬至至其后最近的一个"八节"立春，实际经过三个节气，即 $45\frac{1010}{1539}$ 日，则一个节气共有 $15\frac{1010}{4617}$ 日。

自冬至至白露经过 17 个节气，共计：

$$17\times15\frac{1010}{4617}=255\frac{17170}{4617}=258\frac{3319}{4617}$$

$$\equiv18\frac{3319}{4617}日（mod\ 60）$$

冬至后 $18\frac{3319}{4617}$ 日为：

$$59\frac{778}{1539}+18\frac{3319}{4617}=59\frac{2334}{4617}+18\frac{3319}{4617}=$$

$$77\frac{5653}{4617}=78\frac{1036}{4617}\equiv18\frac{1036}{4617}（mod\ 60）;$$

得：白露为辛巳（$18\frac{1036}{4617}$）。

本始四年八月壬申朔，辛巳为八月十日，相当于格里历 9 月 8 日，合于白露在格里历 9 月 7 日至 9 日的规律。

但是本简所记八月二日癸酉（即格里历 8 月 31 日）为"建"，则白露当在此日之前，与上文推算及格里历中白露的安排规律不合，因此，本简所记是否确为本始四年历，就很值得怀疑了。

对于本简，可疑之处有三：

1.本简所记非本始四年历；

2."癸酉"下非"建"字；

3.本简所记各月干支的日期非二日；

第一，终汉之世，各月朔日干支与本简所载二日干支相合的，只有宣帝本始四年(前70)和桓帝建和二年(148),从伴随出土的木简上所记的"地节二年"年号来看,本简应属前者。

第二,即使认为本简所记属于后者,即建和二年,其八月朔日壬申,相当于格里历8月31日,二月癸酉相当于格里历9月1日,八月节白露也绝不可能在癸酉日即格里历9月1日之前。由此可见,"癸酉"下一字不可能是"建"字。

第三,如果本简所记非二日干支,则可能的情况为一日或三日。但这样一来,又不合于"反支"的规律。根据前引《后汉书》注,"申酉朔二日反支",本简六月癸酉朔,八月壬申朔,正合"二日反支"之例。看本简所记为一日干支,则六月甲戌朔,八月癸酉朔;"戌亥朔一日反支",合于六月甲戌朔,而于八月癸酉朔不合。看本简所记为三日干支,则六月壬申朔,八月辛未朔;"午未朔三日反支",合于八月辛未朔,而于六月壬申朔不合。都不能使六月、八月同时符合。

总之,六月、八月的同一日期为反支的,只可能是六月癸酉朔、八月壬申朔,即本简所记必为二日干支;由此,本简所记为本始四年历也无可疑。唯有八月二日癸酉下的"建"字,从白露八月节不可能在八月二日之前这一点来看,这个"建"字是不应当有的。细看图版简影,字迹模糊不清,不能断定是否确为"建"字。但从各方面的情况来看,"癸酉"下不可能是"建"字,即使真是"建"字,也一定是缮写时的讹误。


0370(宣帝五凤二年历)(前56)

居37.40(乙32版)

按:简文原释为:"廿二　丙子　丙午　乙亥　乙巳　甲戌　甲辰　甲戌 癸卯　癸酉　壬寅　壬申　辛丑　辛未。"

对此,陈梦家断为永元十七年历谱(中华书局1980年版《汉简缀述》,第235页),日本学者森鹿三断为元凤四年历谱(《汉简研究译丛》第一辑,第122页)。

今谓二人所定皆误。永元十七年十月十一月连大,而本简则五月六月连大;又同时出土诸简有"元凤""地节""元康""甘露""初元"等年号,与永元十七年相去一百六七十年,陈梦家的结论显然是错误的。

至于森鹿三所定的元凤四年,也不确。本简所记共13个干支,说明该年当有闰月，但元凤四年并无闰月。森鹿三以为元凤三年不当有闰月，而元凤三年十二月当为元凤四年正月，这样，月数是凑足了十三个月，但是月朔干支仍不相符。为此，森鹿三将本简所记干支释为"廿一日"，但细看图版简影，"廿"下二道横划清晰可见，不可能是"廿一"。由本简所记各月廿二日的干支，可以推知各月朔日的干支，与元凤三年十二月起至元凤四年十二月止的十三个月的朔日干支都相差一日，所以，森鹿三所定的元凤四年历也是站不住脚的。

今按：原简图版"廿"字之下，实有三道横划，只是第三道横划的痕迹极淡，不易察觉。本简所记当为各月廿三日干支，由此而推得的各月一日干支为："甲寅　甲申　癸丑　癸未　壬子　壬午　壬子　辛巳　辛亥　庚辰　庚戌　己卯　己酉。"正好符合五凤二年的各月朔日干支，且五凤二年亦有闰月。从时代上看，五凤二年也与同时出土的其他各简相合。所以，从各方面来看，都可证明本简所记必为五凤二年历谱。

（编者附注：此是俞忠鑫先生《汉简考历》一文的节选，原文收列有记日的汉简 1307 条，节选部分只录 3 条）

【俞忠鑫　浙江大学人文学院教授】

原文刊于《中国文化》1991 年 02 期

# 陈垣敦煌劫余录序

陈寅恪

一时代之学术，必有其新材料与新问题。取用此材料，以研求问题，则为此时代学术之新潮流。治学之士，得预此潮流者，谓之预流（借用佛教初果之名）。其未得预者，谓之未入流。此古今学术史之通义，非彼闭门造车之徒，所能同喻嗜者也。敦煌学者，今日世界学术之新潮流也。自发现以来，二十余年间，东起日本，西迄法英，诸国学人，各就其治学范围，先后咸有所贡献。吾国学者，其撰述得列于世界敦煌学著作之林者，仅三数人而已。夫敦煌在吾国境内，所出经典，又以中文为多，吾国敦煌学著作，较之他国转独少者，固因国人治学，罕具通识，然亦未始非以敦煌所出经典，涵括至广，散佚至众，迄无详备之目录，不易检校其内容，学者纵欲有所致力，而凭借末由也。新会陈援庵先生垣，往岁尝取敦煌所出摩尼教经，以考证宗教史。其书精博，世皆读而知之矣。今复应中央研究院历史语言研究所之请，就北平图书馆所藏敦煌写本八千余轴，分别部居，稽核同异，编为目录，号曰敦煌劫余录。诚治敦煌学者，不可缺之工具也。书即成，命寅恪序之。或曰，敦煌者，吾国学术之伤心史也。其发见之佳品，不流入于异国，即秘藏于私家。兹国有之八千余轴，盖当时唾弃之胜余，精华已去，糟粕空存，则此残篇故纸，未必实有系于学术之轻重者在。今日之编斯录也，不过聊以寄其愤慨之思耳！是说也，寅恪有以知其不然，请举数例以明之。摩尼教经之外，如八

293

婆罗夷经所载吐蕃乞里提足赞普之诏书,姓氏录所载贞观时诸郡著姓等,有关于唐代史事者也。佛说禅门经,马鸣菩萨圆明论等,有关于佛教教义者也。佛本行集经演义,维摩诘经菩萨品演义,八相成道变,地狱变等,有关于小说文学史者也。佛说孝顺子修行成佛经,首罗比丘见月光童子经等,有关于佛教故事者也。维摩诘经颂,唐睿宗玄宗赞文等,有关于唐代诗歌之佚文者也。其他如佛说诸经杂缘喻因由记中弥勒之对音,可与中亚发见之古文互证。六朝旧译之原名,借此推知。破昏怠法所引龙树论,不见于日本石山寺写本龙树五明论中,当是旧译别本之佚文。唐蕃翻经大德法成辛酉年(当是唐武宗会昌元年)出麦与人抄录经典,及周广顺八年道宗往西天取经,诸纸背题记等,皆有关于学术之考证者也。但此仅就寅恪所曾读者而言,其为数尚不及全部写本百分之一,而世所未见之奇书佚籍已若是之众,倘综合并世所存敦煌写本,取质量二者相与互较,而平均通计之,则吾国有之八千余轴,比于异国及私家之所藏,又何多让焉。今后斯录既出,国人获兹凭借,宜益能取用材料以研求问题,勉作敦煌学之预流。庶几内可以不负此历劫仅存之国宝,外有以襄进世界之学术于将来,斯则寅恪受命缀词所不胜大愿者也。

【陈寅恪　中山大学历史系教授】
原文刊于《中国文化》2001 年 Z1 期

# 敦煌卷子的整理和敦煌艺术的保护

姜亮夫

　　中国文化在几千年的发展中曾有若干次突然的古籍的发现。最早的是孔子壁中书,就是汉人所说的"古文",但是这批书汉代人似乎也有些模模糊糊,没有完整地传下来,只是在汉人的著作中称为壁中书或古文。这应该算历史上第一次的古文献的发现,可惜我们现在已经看不到了。

　　第二次发现就是所谓汲冢竹书,但是留传下来我们还得见的只是《周书》《竹书纪年》《穆天子传》这么三五种东西,数量极少,而且这些书被当时收着的人用当时通行文字写出来,其本来面目也颇难肯定,譬如《竹书纪年》,清代学者的考证已经众说纷纭了。

　　第三次发现就要算我们敦煌遗书的发现了。这次发现可了不得,不仅数量之大,而且种类之多,恐怕全世界无与伦比。还同时发现了大量的惊动全世界的艺术珍品即敦煌的壁画塑像,这也是全世界无有可比之物的。这里面不管是文书也好壁画也好,除中国固有的东西外,还吸收了印度、中亚、西亚乃至欧洲的宗教方面的、艺术方面的以及许多生活用具方面的东西。它不仅改变了我们对唐代的许多社会风俗习惯、语言文字的认识,乃至唐代的政治制度研究也受影响极大。所以我们一点也不夸饰地讲,这是整个人类的宝库,我们都有责任来保护这一人类历史文化遗产。我只举一件很小的事情来说明:火祆教、景教,有许多小的宗教宗派在世界上已经亡了,在中国还勉强有点遗存,这不是最可宝贵的东西是什么呢?

我们现在话归本题。我在开会中说过经卷缀合问题,先谈谈这个问题。经卷缀合有一个先决条件,就是卷子必须齐备,但目前各国公开公布的经卷并不完整,我们在暗中摸索知道有些国家藏的经卷还没有公布出来,它的公共机关:图书馆、博物馆、大学庋藏的还没公布,民间更不得了。比如我们以前调查过,苏州民间藏的卷子就不下二百余件。当然我们不能拿苏州来做比较,苏州是个文化之邦,且最早收集者亦为苏州人,不过我听说四川有一个报告,说到民间收藏的敦煌卷子还有二三百件,不仅卷子,连剥下来的壁画也不在少数。举我们云南来讲,这真是小邑了,而云南博物馆也藏有十多件卷子,还有七八幅剥落下来的壁画。要是把全世界民间的东西都拿出来的话,说不定比现在公布者少不了多少。这件事希望世界各国的政府重视,当成国家的一件事情来收集,愿捐献者非常欢迎,不愿捐献者高价收买,收买之后立刻摄成显微片子,并希望送我们或卖给我们中国一份。中国应把敦煌研究作为世界性的研究,不仅把所得卷子公开于世界,即敦煌壁画也应该全部印出来向世界公开。这可以说是求遗书于天下的办法,是我们想要整理这些卷子,研究这些壁画的初步工作。这个工作做好了,敦煌学的工作就便于做了。作为人类遗产大家都可以享受,至少书本上的享受大家都可以得到。

## 一、经卷整理

首先是缀合。敦煌卷子装订的式样最多是一张张剪贴起来的,也有少量的蝴蝶装,极少数是裱背装,这三点装束是主要的。不管哪一种都有一个毛病:它要脱落的。所以一个卷子,好的脱成三个二个,不好的说不定脱成二三十个。我曾把巴黎所藏的《金光明经》,大概有七八卷之多,同伦敦、中国等各处的《金光明经》缀合着试试,一缀合就发现《金光明经》在敦煌的卷子至少有六种,还有在民间未发现的。缀合起来的这一件大概是开元天宝间的东西。这件事以个人力量来不及做,希望敦煌中心负责佛经的同志先开始做。我们杭大三年前也曾有人用碛砂藏经来对显微片子,也缀合了几件,但这个工作是几位同学搞的。他们一方面对这个东西不熟练,一方面对佛经内容知道得很少,所以这个工作未能搞下去。缀合还有几个比较简单的方法,一个是分类,把佛经、道家、儒家经典分类;然后是定名,然后是历史,还有地理,还有社会,还有语言文字。按这个分类编个目录出来。分类编目要定时定人定地点,先编工具书。工具书我有一个,是我妻子替我编的,就是根据各个卷子上大德、经僧、藏经人、寺塔,哪一年这个大德、藏经人什么时候有,据此可查出抄者藏者的时代。我定名为《敦煌碎金》。这本书当然不完整,不仅将来民间发现的东西要补进去,就是现已公布的东西我当时看到的也不完整。还有,一个经可能有好几种翻译本子,都是一个名称,所以要是发现同我们现在藏经有所不同是不足为怪的。比如鸠摩罗什翻译的东西到玄奘又重新翻过,这也是在我们研究佛教经典时应注意的。不仅佛经卷子,其他卷子也有此种现象,如《李陵答苏武书》,我们发现已有六个本子,据文学史家研究此系伪作,但把民间藏的还不知的几个《李陵答苏武书》的卷子对比起来,一定可以发现它演变的痕迹,然后可以说明哪一个是最早的伪作,哪一个是最后的伪作,那么这不仅是敦煌卷子里的问题可弄清楚,就是《昭明文选》里的那篇文章是什么也可以弄清楚了。这是敦煌卷子整理的第一步工作。

第二步,我们用什么方法来整理这已破损的卷子。法国人的办法是用一张透明的纸把卷子糊起来,有些卷子被他糊光掉了,有一面已经看不见了。刘半农在巴黎抄韵书卷子,有些糊过的他已看不清,所以他的《敦煌掇琐》有一部分缺佚。这种拿透明纸糊起来的办法不是好办法。现在科学已经发展,将来一定会有人想出办法使破烂缺损、模糊不清、被灰尘封闭的卷子上的问题得到妥善解决,但这也不是一个小的工作。

我们有了一个好的目录,有了编排起来的次序,就可以把敦煌经卷全部校勘一过,从中知道哪些经是在某个时代最流行的,哪些经是在某个时代错误最多的,哪些经是残缺而可修补的。这些事情点点滴滴做下去以后,然后我们才说得上有一个完整的《中华大藏经》,做一个总结。其他经卷也可仿照这个例子,如儒家卷子也可做个敦煌儒家卷子的总结。他如敦煌韵书卷子、字书卷子、社会史科卷子,都可一样一样做总结,然后由全国的出版社将这些东西一样样印出来。这些书可以纠正历代书中的是非得失,日本的大正藏收有敦煌卷子,但没有经过像我们所说这样的详细整理,所以有不少错误。

附带说一件事情,就是所有卷子里面同历史有关系的问题一定要参考史书,互相参证。关于当时的社会问题、风俗习惯以及唐五代对西北的关系,有些不一定属于历史问题,而属于社会问题,还有的属于军事问题,应同汉简相参证。同历史文献相参证,是比较容易了解的,同汉简相参证就比较难。因为汉简主要是在汉以前,而我们敦煌所发现的文物都在六朝以后,中间有一段残缺的历史。然而汉简所关涉到的许多社会问题,如物价问题、社会风俗习惯问题以及同西域诸国的关系问题,都可以做研究敦煌的人了解敦煌前一个阶段社会情况的参考。这是我们特别提出来作为上面讲经卷问题的一个补充。

再就是卷子的真伪问题。有两种情况:一种是卷子本身的真伪。我曾发现,在伦敦也好,巴黎也好,有当时写卷子的人冒名顶替的事情。卷子的用纸、书法、装订方法,写卷子的人和收藏卷子的明明是一个人,但却是两个时代的东西,后者就是冒名的。但这个为数不多。另外一种假冒就是我们现在的许多北京的、河南的许多造假古董的人会造假纸,造假纸的方法是用一种什么药来熏,熏后样子是非常像的,然后找些书法还可以的人学唐代写经的字,学好后就大量假造。当时我搞敦煌时曾经有人拿假古董来卖给我,我没有什么本事真正认识它的真假,我只有把纸映在阳光下细细查看,一看就看出来了。现在即使是仿照敦煌卷子作假的纸,不过是福建的官堆纸、北京的白踏纸,这两种纸都是以竹子为原料做的,不像唐代用的是麦秆、稻秆、麻秆做的。敦煌卷子的用纸,一种是楮白纸,这个比较粗糙一点;一种是桑皮纸,是上过蜡的。桑皮纸大体用来写老子《道德经》与佛教中的大经,属好的一类。至于说到墨,大概是两种,好的是柳条烧的,烧成灰加胶水做成块状;另外一种是用锅底渣子刮下来,加胶水弄的,这类卷子用手轻擦,手上会有墨迹,好的墨手上是擦不脏的,这也是鉴定真伪的一个法子。据说罗振玉手里卖出来的卷子很多就是这种假造的东西。这种东西原在上海日本浪人手中最多,我们能把这两种东西弄清楚,便不至于上当。

还有一点就是文字。敦煌经卷不仅是汉字,汉字当然是主要的,但也掺杂有西藏文、西夏文，还有极少数的非正式抄卷是在卷子上画一画，这类东西大概以波斯文最多，其次是吐火罗文。国外收集敦煌卷子他们辨识外国文字的能力比我们强得多，尤其是德国人、英国人，印度人也不少。国内也有人搞，搞藏文、西夏文在国内注意较早，也有个在世界学术界有地位的学者，叫王静如，现在在北京民族学院。

## 二、敦煌艺术及其保护

1.起因。敦煌的发现在中国最早是叶鞠裳，他的《缘督庐日记》里提到，他去做甘肃的学政时，有在敦煌做知县的人来送礼，就是一个卷子。他追查后，国内的士大夫才普遍知道。其实在叶氏前，斯坦因的《考古录》早就出来了。接着国内的杂志上一件件透露巴黎、伦敦乃至日本所藏卷子的目录。俟伯希和的《敦煌壁画图谱》出来，于是国内晓得敦煌还有这样规模的艺术品，不仅引起中国人注意，也引起世界的注意。于是不断有人去看敦煌的东西，敦煌的艺术品全部暴露了。中国要抗战了，于右任他们在南京，后搬到重庆，组织人到敦煌去勘察，组织了一个敦煌艺术筹备委员会，定了20多个人。那时向达、我、常书鸿三人被推为先锋去看看。因日本飞机轰炸得太厉害，我不能将在上海刚结婚的妻子丢在四川，没有去。向达去了，常书鸿后来也去了。我从此知道敦煌不但有大量经卷，还有这么多艺术品。就在敦煌筹备委员会组织好时，张大千已去敦煌，蹲了下来，工作就是摹壁画，大概蹲了三年或五年之久，回来就把所摹精品印了两集，每集是十张还是二十张，我记不得了。这样国内的人就普遍看见敦煌的好东西了。当时跟去的有谢稚柳，他也是学画的，但他自知画不过张大千，就写了本《敦煌艺术系录》，于是敦煌艺术品究竟有些什么，我们能知道全貌了。谢稚柳的《系录》写得很好，他在敦煌摹的画没有拿出来。后来，现在在浙江美院工作的史岩先生也到敦煌去了。他用编号把敦煌洞窟的东西讲一下，把这个同谢稚柳的《系录》对，完全合得上。向达到敦煌，又把莫高窟以外的榆林窟的东西全部做了目录。上面这些目录及伯希和的《敦煌艺术图谱》就是我们来研究敦煌造型艺术的基础。后来成立了敦煌文物研究所,常书鸿带着妻子女儿去莫高窟,发誓要在那里干一辈子。

2.敦煌造型艺术的内容。敦煌艺术的内容简单说是两种:一是塑像,一是壁画。拿实际内容来讲,一种是关于佛陀从生到死的佛传内容,从出生,到出家,到涅槃的过程,一段段画下来;佛像两侧有胁侍,有金童玉女,佛像座下往往有供养人像,此外也有单画菩萨不画释迦像的。最特别的是维摩诘问病。此外还有张义潮时代,与继承张义潮时代的曹氏父子时代,这两家人都非常信佛,所以洞窟中许多可能都是张曹两家造的,是唐末五代的东西。

上面讲到的佛家的佛传、胁侍、金童玉女、供养人等,都是以佛教为内容的,张义潮、曹元忠出行图是民间官僚的。还有反映民间工作的如耕作、厨房、转运、打猎、建筑等,几乎历史上所有的劳作都可在敦煌找出来,只是有多有少就是了。

这些艺术品我们怎样整理呢?大体说来,塑像需修补残断的肢节,怎样修补是个技术问题。国内找修菩萨的人极难,恐怕还要训练一批工人。还有塑像所用的是些什么材料,用什么来修补漆染,尤其是色彩材料现在几乎没有了,现代的色彩材料用来修古庙几乎不行。我曾在昆明做过修复古庙的主持人,那时工人已没有了,其子其徒略有几个,色彩就简直没有办法。染在瓦当木头上还没有问题,一漆到菩萨上问题就来了,比原色艳丽得多,时间一久就变黑。修补壁画颜料尤要斟酌。所以问题不仅要有人研究与原作接近的颜料,配成与原作近似的颜色,才谈得上修补,否则很危险。另外还发现塑像与壁画里有油脂,是什么,外国人研究过,研究不出来。张大千说是蓖麻油,这话有些接近,但谁敢去试呢?法国有个人研究这些染料油脂,得不出结果来。所以整理敦煌艺术品,说来容易,做来很难。佛像中有一个很好,但有巴掌大一块变黑了。怎么办?还有藻井上的画也是了不起的,除了花卉之外,里面画的大都是飞天,有的残缺不仅是颜色掉了,简直是残了,要补画。补边缘的花卉还行,补飞天就难了,因为飞天的身子是扭扭曲曲的,丝带绸带与身子绕在一起,若不懂绘画的人把舞带画成飞天的身子,就要闹笑话的。因此我有一个主张,不一定现实,但科学发展到一定程度就可能做到。我建议把壁画一洞一洞地造个仿制品,这个仿制品放在西安或北京最妥当,西安在高原,易于保护;北京的土质很好,但说话容易,做起来是很难的;也建议将敦煌石窟中的塑像、壁画都用有机玻璃保护起来。

### 三、敦煌的保固与土地的改革及水的问题

就外形来看,好像莫高窟、榆林窟没有什么问题,流沙山沙一天到晚流下来,为什么这么多年还在流? 这个沙是不是流沙山本身的东西? 要是它本身的东西,它应成为低矮的山了,但据伯希和、斯坦因记载,是个很高的山,这是个怪事。有个外国人说这是北方吹来的黄土被流沙山挡住,到沙流时流下来;若是这样,就可在流沙山北边大种树木,这个问题就能解决。不过这个问题恐怕牵涉到莫高窟前的党河、奉河到莫高窟榆林窟两窟的地貌问题。徐松的《西域水道记》和《水经注》讲到河西走廊水的时候,也说地下暗流的水从玉门关到敦煌,水势是不小的,但为什么现在的党河会完全干涸? 是不是玉门关的水已经不向敦煌流了? 要请地质学家去探测一下。要是敦煌水是玉门关流来的,而玉门关的水不是咸的,党河的水却是咸的,这个问题怎么解决? 我个人想,从玉门关到敦煌是不是盐卤的土质,所以水流过把盐质化入带进来了。叶鞠裳在《缘督庐日记》里提到过敦煌的蔬菜简直不能吃;党河向西走,有一个月牙池,这个池的水又是淡水。现在在敦煌工作的人是用水管把月牙池的水接过来。一方面有净水,一方面有咸水,所以莫高窟的水是个问题。要治水,不仅是将来水源枯竭的问题要找到根源,也要寻到一个永久性的改良水源的办法。我们可以说水是莫高窟生命的基础之一;这个问题解决了,才可说得上怎么计划来把莫高窟的艺术文化发展下去,保护下来。

我想,可以把党河两岸栽上杨柳同桃花,党河水流之间应大量引种玉藻,河南一个县盐卤地就是种玉藻改良过来的。这个方法敦煌可否引用,我不敢说,要请专家研究。关于莫高窟这块山丘同榆林窟的山丘的保护方法,我想只有一个——栽树。应在敦煌山背后,隔莫高窟五六尺的地方种一大排枋树,因为枋树的根皆细枝,不会分出大的枝脉,即使插入莫高窟地下,也不会损坏莫高窟。另外枋树有种胶质,流入地下可使之坚固得像石碴,在枋树后面隔四尺处栽菩提

树、隔菩提树四尺后栽樟树,樟树后再栽白杨树。樟树木质坚硬,受得了风沙袭击,而白杨树是树木中长得最快的一种树,它可以在短时间内把莫高窟四周变成茂盛的林区,使莫高窟将来不致因风沙袭击而受损。这样一来,莫高、榆林两山周围的损害可减少。到那时水改良了,山也保固了,我们在此盖三幢五幢大楼,让旅游者爱住多少时间即住多少时间。还可以建立一个大学,就叫作莫高窟大学,这里面除了莫高窟的艺术、经卷的研究外,还要成立一个印度语系,叫一班学生读印度文。这班学生将来可送到印度阿旃达去做二三年的研究。这不仅是文化的交流,而且是文化的传播。其他的系也应招收外国学生来留学,这样使我们莫高窟的艺术、文物成为人类共有的大宝藏。

最后,我有一个募捐的建议,就是为保护敦煌这一人类的文化宝藏,希望大家出一份力,去敦煌的人每人捐一元钱,一年下来也很可观。更欢迎世界各大财团的支持。这样,我们的很多工作就有一个经济基础,就便于做了。

(本文系根据作者在 1988 年国际敦煌学术研讨会开幕式上的讲话整理而成)

【姜亮夫　杭州大学古籍研究所教授】
原文刊于《中国文化》1991 年 01 期

# 敦煌吐鲁番文书研究笔谈

季羡林

最近几十年以来,敦煌吐鲁番学在世界范围内,已经成为一门显学,东西许多国家参与此项研究的学者,灿如列星。我国老中青三代学者,置身其间,做出了自己的贡献。特别是最近几年以来,一批中青年学者脱颖而出,累有创获,为世界学人所瞩目,为我国学术研究增光添彩。1988 年在中国敦煌吐鲁番学会国际学术讨论会的开幕词中,我曾讲了两句话:"敦煌吐鲁番在中国,敦煌吐鲁番学在世界。"得到了与会的中外学者的赞同。原因是,大家都同意,学术乃天下之公器,不是哪一个国家哪一个人所得而私之的。我们提倡团结协作,互通有无,集全世界有关学人的力量,共同推进这一门学科的发展。这将大大有利于增强世界人民之友谊与理解,这是可以肯定的。也正是为了这个目的,我们现在写了五篇笔谈,向世界同行汇报我们的研究情况。《诗经》说:"嘤其鸣矣,求其友声。"我们求的是友声。我们相信,我们得到的也将是友声。

1989.12.7

【季羡林　中国科学院哲学社会科学部委员,北京大学终身教授】

原文刊于《中国文化》1990 年 01 期

# 敦煌学研究揭开晚唐五代宋初西北史的新篇章

荣新江

　　公元九世纪中叶前后,是中国西北地区历史上的一个重要的转折阶段。840年,位于蒙古高原的漠北回鹘汗国被黠戛斯击破,部众大批西迁,进入河西走廊和天山东部地区。842年,青藏高原的吐蕃王国内乱,赞普朗达玛遇刺身亡,吐蕃在河陇和塔里木盆地南部的统治秩序迅速崩溃,这些地区的各族民众纷纷从吐蕃统治下解放出来,组成新的集团,扩充实力,抢占地盘。到九世纪末、十世纪初,以敦煌为中心的瓜沙地区是汉人为主导的归义军节度使政权,酒泉、张掖地区是由西迁回鹘的一支组成的甘州回鹘王国,以吐鲁番盆地为中心由西迁回鹘的主力构成西州回鹘王国,东面的凉州(武威)有吐蕃系的嗢末部活动,西面的于阗则由原尉迟家族重新执政,鄯善(罗布泊)地区经退浑(吐谷浑)、璨微(萨毗)最终成为小月氏遗种仲云人的天下。此外,还有龙家、南山、通颊等部族,也是举足轻重的力量。然而,由于晚唐、五代、宋初的中原各代王朝,都没有能力直接控制上述地区和民族,因此对于九世纪中至十一世纪初西北各民族变迁史的丰富内容,了解甚微,留下来的记录多是归义军、甘州、西州回鹘、于阗王国等地方政权遣使朝贡的记载,对于当地各族政权内情和他们之间的政治、经济、文化交往,则付阙如。敦煌莫高窟藏经洞出土了一大批属于这个时期的汉文公私文书,以及一些弥足珍视的回鹘文、藏文、于阗文、粟特文文书,为我们探讨西北民族变迁,特别是沙州归义军史提供了丰富的原始资料。

最早接触敦煌写本的一些中国学者,从他们所见极其有限的文书中,就意识到重建归义军史的重要性。罗振玉写成《补唐书张义潮传》《瓜沙曹氏年表》(《雪堂丛刻》,1914),成为归义军史研究的奠基之作。此后,王重民《金山国坠事零拾》(《国立北平图书馆馆刊》9:6,1935)、孙楷第《敦煌写本张义潮变文跋》(《图书季刊》3:3,1936)《敦煌写本张淮深变文跋》(《史语所集刊》7:3,1937)、向达《罗叔言〈补唐书张义潮传〉补正》(《辽海引年集》,1947)、唐长孺《关于归义军节度使的几种资料跋》(《中华文史论丛》1,1962)、姜亮夫《唐五代瓜沙张曹两世家考》《中华文史论丛》(1979:3)、《瓜沙曹氏年表补正》(《杭州大学学报》1979:1-2)等前辈学者的论著,发掘出不少写本文书或石窟题记中的新资料,填补了许多空白,大致勾勒出归义军政治史的脉络,并涉及归义军与甘州、西州回鹘的关系问题。然而,由于80年代以前,大批敦煌资料尚未公布,而上述大家的治学重点也不在此。所以,对归义军政治史的精细研究,以及从各种角度对归义军政权各个方面的探讨,是1980年以后逐步开展起来的。

历任归义军节度使的更迭,是归义军政治史研究的中心课题,其年代的确立,则可为其他方面的研究奠定基础。近年来,这方面的研究取得了比较明显的成果。其中从张淮深死到张承奉立的一段史事,十分隐晦难明。孙修身《张淮深之死再议》(《西北师院学报》1982:2)据文书、碑铭、题记,否定了罗振玉、向达以来"索勋杀张淮深"的成说。李永宁《竖牛作孽,君主见欺——谈张淮深之死及唐末归义军执权者之更迭》(《敦煌研究》1986:2)肯定了上文的观点,并据《张淮深墓志铭》《沙州进奏院状》等,指出杀淮深者应是张义潮子淮鼎。淮鼎临终又将子承奉托付索勋,勋却自任节度,终被嫁给李明振的义潮女张氏及诸子杀掉。荣新江《晚唐归义军李氏家族执政史探微》(《文献》1989:3)则揭出过去不够明了的李明振妻与诸子排挤承奉而独揽政柄的事实。此外,贺世哲《从供养人题记看莫高窟部分洞窟的营建年代》(《敦煌莫高窟供养人题记》,1986)系统地考察了敦煌石窟中的题记资料,补充了许多晚唐归义军史实。关于张承奉所建金山国的研究,过去仅有王重民《零拾》一文。近年,王冀青《有关金山国史的几个问题》(《敦煌学辑刊》3,1982)对《零拾》所定金山国905年建国说提出疑问,并怀疑在 908 年。李正宇《关于金山国和敦煌国建国的几个问题》(《西北史地》1987:2)、《谈〈白雀歌〉尾部杂写与金山国建国年月》(《敦煌研究》1987:3)二文,指出了 905 年说所据"乙丑年"的错误,并提出 906 年说。然均未考虑藤枝晃《敦煌历日谱》的 910 年说。关于曹氏历任节度使的年代和事迹,贡献最大的是贺世哲、孙修身《〈瓜沙曹氏年表补正〉之补正》(《甘肃师大学报》1980:1;又《瓜沙曹氏与敦煌莫高窟》,载《敦煌研究文集》,1982 及贺世哲上引文略同)。对其中某些年代提出重要补充的是荣新江《敦煌卷子札记四则——关于曹议金的去世年月问题》(《敦煌吐鲁番文献研究论集》2,1983)、唐耕耦《曹仁贵节度沙州归义军始末》(《敦煌研究》1987:2)、谭蝉雪《曹元德、曹元深卒年考》(《敦煌研究》1988:1)。根据以上研究,虽然目前仍有一些年代系属推测,但已基本可以列出一张较为完善的"归义军节度使世系图"。此外,荣新江《沙州归义军历任节度使称号研究》(1988 年中国敦煌学术讨论会论文)考察二百多条史料,对历任节度使生前死后由低到高的各种加官称号做了系统分析,从另一个角度检验了上列世系,并力图建立归义军史基本资料的年代体系。

在归义军史的其他方面,也发表了一批有分量的论著,如冷鹏飞《唐末沙州归义军张氏时期有关百姓受田和赋税的几个问题》(《敦煌学辑刊》1984:1)、杨际平《唐末宋初敦煌土地制度初探》于土地、赋税制度,姜伯勤《唐五代敦煌寺户制度》(1987)于寺院经济,卢向前《关于归义军时期一份布纸破用历的研究》(《敦煌吐鲁番文献研究论集》3,1986)于使府体制,黄盛璋《沙州曹氏二州六镇与八镇考》(《1983 年全国敦煌学术讨论会文集:文史·遗书编》上,1987)于军镇建置,李正宇《敦煌学郎题记辑注》(《敦煌学辑刊》1987:1)、《〈敦煌廿咏〉探微》(《古文献研究》,1989)于教育文化,荣新江《敦煌文献和绘画反映的五代宋初中原与西北地区的文化交往》(《北京大学学报》1988:2)于文化传播等,限于篇幅,不能一一列举。

利用敦煌文书研究唐宋之际西北民族,往往是把它们和归义军的关系问题放在一起来考察。比较综合性的研究有汤开建、马明达《对五代宋初河西若干民族问题的探讨》(《敦煌学辑刊》4,1983)和荣新江《归义军及其与周边民族关系初探》(《敦煌学辑刊》1986:2)。对于归义军与回鹘的关系,学者们做了大量的研究,但迄今仍有很多不明之点,因此也就众说纷纭。刘美崧《论归义军节度与回鹘关系中的几个问题》(《中南民族学院学报》1986:3)对二者前期的关系,执论较钱伯泉《归义军与安西回鹘的关系》(《1983年全国敦煌学术讨论会文集:文史·遗书编》上)为公允。五代时期,多集中在对前人已刊的重要文书的重新解说上,如孙修身《敦煌遗书P2992号卷〈沙州上甘州回鹘可汗状〉有关问题考》(《西北史地》1985:4)、《跋敦煌遗书伯2992号卷背几件文书》(《新疆文物》1988:4)、《敦煌遗书伯3016号卷背第二件文书有关问题考》(《敦煌学辑刊》1988:1-2)、杨圣敏《敦煌卷子P3633号研究》(《中国民族历史与文化》,1988)、苏哲《伯2992号文书三通五代状文的研究》(《敦煌吐鲁番文献研究论集》5)等皆是。对于西北民族研究更重要的是新史料的发掘和运用。在汉文文书方面,邓文宽《张淮深平定甘州回鹘史事钩沉》(《北京大学学报》1986:5)引入《儿郎伟》,李正宇《归义军曹氏"表文三件"考释》(《文献》1988:3)和《晚唐五代甘州回鹘重要汉文文献之佚存》(《文献》1989:4)都提供了新史料,张广达、荣新江《有关西州回鹘的一篇敦煌汉文文献》(《北京大学学报》1989:2)从S6551讲经文中,复原出五代时期西州回鹘的官制、民族、宗教的部分情况。在民族语言文书方面,黄盛璋《〈钢和泰藏卷〉与西北史研究》(《新疆社会科学》1984:2)和王尧、陈践《归义军曹氏与于阗之关系补正》(《西北史地》1987:2)分别介绍了一件于阗文和藏文文书,也有一些学者正致力于回鹘文书的译注。但对于新史料的解释,特别是对于年代不明的民族语文书的使用,应当格外谨慎。黄盛璋《敦煌于阗文书与汉文书中关于甘州回鹘史实异同及回鹘进占甘州的年代问题》(《西北史地》1989:1)和《敦煌于阗文几篇使臣奏稿及其相关问题综论》(《敦煌研究》1989:2)二文所引于阗文书,因系根据英国学者贝利很不完善的英译文再译成汉文的,很难凭信;而对于年代的解说也没有考虑更多的可能性,以致所论有和其1984年文有自相矛盾处。关于于阗文书年代,请参看张广达、荣新江《关于敦煌出土于阗文献的年代及其相关问题》(《纪念陈寅恪先生诞辰百年学术论文集》,1989)。

对于在西北地区活动的一些小部族,近年也开始了初步的探讨,黄盛璋《论璨微与仲云》(《新疆社会科学》1988:6)、《敦煌文书中"南山"与仲云》(《西北民族研究》1989:1)、荣新江《通颊考》(《文史》33)、《龙家考》(《中亚学刊》4)等论文的发表,一定会引起关心西北史的学者的兴趣。

　　以上对大陆近十年有关唐宋之际西北史的研究做了十分简要的评述,限于篇幅,许多论著未能列入,而台港地区和日本、欧美的研究成果更是一概未提。总起来说,这十年的成果是很大的,而且多姿多彩。但存在的问题也不少,上面所举就有许多观点相对立的论著。通过以上回顾,我们对今后的工作有两点期望:一是加强对新史料的发掘、整理和研究;二是批判地继承国内外已有的研究成果,在讨论一个问题时,尽可能地将涉及该问题的正、反面资料和前人论说均加考辨和评说,这是提高研究水平的一个重要方面。

【荣新江　北京大学历史系教授】
原文刊于《中国文化》1990 年 01 期

# 敦煌宗教研究的回顾和展望

方广锠

敦煌学是一门新兴的地区性、综合性学科。如果我们探究这门学科之所以产生的诸多因素,则宗教,尤其是佛教所占的比重之大,无疑是不容忽视的。然而,宗教研究在敦煌研究中的现状却与它在敦煌学中所占的重要地位很不相称。可以说,在敦煌学的诸多学科领域中,宗教研究相对最为薄弱。1983 年夏中国敦煌吐鲁番学会成立以来,历次的学术讨论会上,宗教组的人数最少,以致有时不得不与其他学科组合并开会。1983 年以来,我国敦煌学蓬勃发展,各种研究论文如雨后春笋,宗教方面的文章则显得颇为寥落。以《敦煌研究》为例,1983 年创刊以来共出版十八期,发表各类论文二百六十余篇,其中宗教方面的论文不足三十篇,且不少是论述佛教艺术的。1988 年北京召开的学术讨论会上,与会代表,包括一些外国学者纷纷呼吁必须加强对敦煌宗教的研究。会后,部分同志也曾酝酿筹备成立中国敦煌吐鲁番学会宗教分会,以协调力量,促进敦煌宗教研究的发展。然而,由于种种原因,筹备工作进展缓慢。

当然,自 1983 年学会成立以来,我国学者在敦煌宗教研究方面还是取得了不少令人瞩目的成果。举其大者,约有如下数端。

首先应当提到的,是姜伯勤先生积十年辛劳完成的力作——《唐五代敦煌寺户制度》(中华书局,1987 年)。姜先生在这本书中详细探讨了八至十世纪敦煌寺户制的各种表现形态,它的衰落过程和佃农租佃制扩大的过程,认为这实际上就是 845 年在内地开始的中古律寺经济体制决定性衰落的同一进程在沙州地区的体现。作者还探讨了寺户制衰落对敦煌佛教义学衰落的影响,提出了一些启发性的意见。从二十世纪三十年代上半期以来,我国学者就十分重视寺院经济,力图从上层建筑与经济基础相结合的角度,对佛教进行立体的研究。近些年来这一研究更呈蓬勃向上的趋势。姜伯勤先生把敦煌的寺户制度当作一个标本详加解剖,把它当作了解我国部曲荫户制度衰落时封建社会经济结构变迁的一把钥匙,从而把这一研究推上一个新的高峰。他的研究成果对我国佛教研究的进一步深入,无疑具有重要意义。这一研究成果的取得,也说明敦煌遗书的重要价值及敦煌佛教研究的确是大有可为的。

对敦煌佛教遗书的录文、补校、考释、研究仍是这一时期敦煌佛教研究的热点。在这方面比较引人瞩目的首推对六祖《坛经》的整理与研究。现知敦煌遗书中共保存了三个《坛经》的写本。一是斯坦因本,一是敦煌县博物馆藏任子宜本,一是旅顺博物馆原藏大谷光瑞本。斯坦因本已于 1928 年刊入《大正藏》;大谷光瑞本现下落不明,但龙谷大学藏有照片,尚未正式刊布;任子宜本则近年由杨曾文先生整理校录,即将由文物出版社出版。任继愈先生通过对敦煌本《坛经》的研究,指出所谓“传法偈”是慧能系僧人为了争夺禅宗第六代祖师的正统地位而创制的,并非历史事实(见《敦煌〈坛经〉写本跋》,载《1983 年全国敦煌学术讨论会文集》)。杜斗城在《关于敦煌本〈佛说十王经〉的几个问题》(载《世界宗教研究》,1987 年第 2 期)中对敦煌遗书《佛说十王经》的名称、年代、真伪、性质乃至与佛教“七斋”的关系做了较为全面的研究,在敦煌遗书的个案研究方面,可称是一个成功的范例。方广锠在《敦煌写经〈佛说孝顺子修行成佛经〉简析》(载《南亚研究》,1988 年第 2 期)一文中,通过对《佛说孝顺子修行成佛经》的分析,指出传统所谓的疑伪经并非全部都是中国人撰述的,其中相当一部分仍系域外传入的典籍,为整理敦煌遗书中的疑伪经提供了新的思路。

中国佛教很早就出现高僧佛教与民众佛教的区别。以往,由于资料的匮乏,我们对民众佛教的研究较为薄弱。敦煌遗书的发现则为我们提供了大量的原始资料,使我们对中国民众佛教的研究成为可能。近年来,在这一领域内较为引人瞩目的有关于刘萨诃的研究等。刘萨诃是东晋著名的民众佛教领袖,后代的佛教徒甚至把他奉为"刘师佛",与释迦牟尼比肩。但由于历代高僧对这位民众佛教的领袖甚为不齿,故关于他的资料传世甚少。前此,已有不少学者注意到敦煌出土的刘萨诃的资料,做了一些有益的探索。孙修身先生的《刘萨诃和尚事迹考》(载《1983 年全国敦煌学术讨论会文集》)结合敦煌遗书、壁画及传世材料,对刘萨诃一生的行迹做了全面的探讨,提出不少新的看法。饶宗颐先生在《刘萨诃事迹与瑞像图》(载《敦煌研究》,1988 年第 2 期)一文指出,刘萨诃故事的演变可分为三个阶段,并对孙修身先生文章中的某些观点质疑。我们相信,经过诸位先生的共同努力,刘萨诃的身世及其在中国佛教史上的地位将会更加明晰,这对我们全面理解中国佛教史无疑极有补益。此外,龙晦先生在《论敦煌词曲所见之禅宗与净土宗》(载《世界宗教研究》,1986 年第 3 期)一文中利用敦煌词曲研究了禅宗与净土宗在民间的流布与活动,在利用俗文学研究民俗化佛教方面做了有益的尝试。

敦煌研究院的诸位先生,如贺世哲、孙修身、施萍亭、李永宁、杨雄等,还结合敦煌壁画,把研究重点放在敦煌佛教的特点、经变、讲经文、佛教史迹画的流变与考释方面,取得不少出色的成果。其中尤其值得一提的是贺世哲先生的《敦煌莫高窟隋代石窟与"双弘定慧"》(载《1983 年全国敦煌学术讨论会文集》),该文通过对莫高窟隋代石窟的考察,指出:在隋代"破斥南北""双弘定慧"这一佛教潮流的影响下,敦煌莫高窟的题材内容也发生了很大的变化,出现许多新情况,从而证明敦煌石窟虽然远处河西走廊的西端,在空间上远离中原王朝,但是它的题材内容的演变,却与中原王朝的政治形势、佛教发展脉络贯通,不可分割。本文的价值不仅在于探索了敦煌壁画题材演变的一般规律,并且触及不少敦煌地区性佛教的特点,对我们进一步研究敦煌佛教,具有启发性。

敦煌汉文佛教遗书的分类问题,也是近年来人们关心的问题之一。敦煌佛教遗书的重要性,已是人所共知的事实。王重民先生遗文《记敦煌写本的佛经》(载《敦煌遗书论文集》,中华书局,1984 年)对此有详尽的叙述和中肯的评价。但是,敦煌佛教文献究竟应怎么分类? 每类包括哪些内容? 至今未在学术界形成一个统一的意见。我们知道,陈垣先生所编《敦煌劫余录》所收佛教遗书,凡已入藏者均按《阅藏知津》的顺序排列;未入藏者附于其后,未作细分。英伦《翟理斯目录》中的佛教遗书,入藏部分依《南条目录》;未入藏部分分作 13 类,另有不少则归入世俗文书类。显得杂芜混乱,不伦不类。法国的《注记目录》则将已入藏佛典按《大正藏》顺序排列;未入藏部分分作 20 类,此外也将不少未入藏文书归入所谓"杂类",排除在佛教文书之外。苏联的《孟西可夫目录》则依《翟理斯目录》而作斟酌损益。总之,在佛教文书的分类方面,目前是见仁见智,百花齐放。当前,敦煌遗书的整理编目工作正在逐步展开,如何设计一个较为科学、合理的分类方案,将是我们整理敦煌汉文佛教遗书时的一大难题。周丕显先生主张可将敦煌佛经分作入藏经、别译经、伪经、注释经等四大类(见《敦煌佛经略考》,载《敦煌学辑刊》,1987 年第 2 期)。袁德领先生认为可分作三藏、疏释、历史、寺院文书、音韵文学等五大类(见《敦煌遗书中佛教文书简介》,载《敦煌研究》,1988 年第 1 期)。方广锠则提出分作入藏典籍、未入藏翻译典籍、疑伪经、疏释、史传、寺院文书、经录、其他等八大类的构想(见《敦煌遗书中的佛教著作》,载《文史知识》,1988 年第 10 期)。这一问题目前尚未展开深入的讨论,但随着敦煌遗书编目工作的进一步发展,它将成为我们一个不可回避的课题。

近年来对河西、高昌、吐蕃、于阗、大月氏佛教的研究也取得不少成果。其中李正宇先生《敦煌地区古代祠庙寺观简志》(载《敦煌学辑刊》,1988 年第 1、2 合集)依据各方面的资料,梳理了 92 座祠庙、道观、佛寺的基本情况,为敦煌宗教研究提供了极大的方便。此外,对于阗文、回鹘文佛教文书的研究,对敦煌佛教经录及佛教藏经的研究也取得不少成果。

近年来,我国敦煌学界对道教、摩尼教、祆教、景教等宗教的研究正呈现方兴未艾之势。其中尤以对摩尼教的研究成果较为突出。举其荦荦大者,则有林悟殊先生《摩尼教及其东渐》(中华书局,1987 年)。该书充分利用了敦煌出土的摩尼教资料,对摩尼教及其在中国的传播做了详细的研究,对敦煌的摩尼教资料也做了细致的考证。林悟殊先生穷年累月从事摩尼教研究,功力之勤,令人感佩,其成果也已得到国内外学术同行的充分肯定。另外,杨富学、牛汝极两位的《牟羽可汗与摩尼教》(载《敦煌学辑刊》,1987 年第 2 期),探讨了摩尼教成为回鹘国教的经过,也是一篇值得注意的佳作。

由于敦煌学本身与宗教有着不可分割的密切关系,因此,敦煌学各个学科几乎都有与宗教相关的内容。关于这些方面的研究成果,在此就不一一列举了。总之,从总体看,敦煌宗教的研究仍落后于其他学科领域,当务之急,是否尽快组织力量,协调攻关,把有限的力量集中投入到紧迫的课题上,尽量避免重复劳动和无效劳动。例如,尽快建立宗教分会,分工协作以整理佛教文献,编制目录,分门别类地出版录文集,等等。由于从事敦煌宗教研究的人本来不多,因此,制定切实可行的近期研究课题和中远期规划,集体攻关,将是扭转敦煌宗教研究被动落后局面的有效方法。

【方广锠　中国社会科学院世界宗教研究所研究员】

原文刊于《中国文化》1990 年 01 期

# 敦煌目录学述评

阎万钧

敦煌学研究工作越是发展,对敦煌目录学的要求就越是迫切。敦煌目录方面的工作在七十年代中到八十年代末取得了可喜的成绩。对此,我们做一次简单的介绍与述评。

## 一、各种馆藏目录

七十年代末期以来,国内一些图书馆、博物馆陆续发表了所藏敦煌汉文遗书卷子目录。其中主要的有七种:

1.《敦煌文物研究所藏敦煌遗书目录》 敦煌文物研究所资料室编 发表在《文物资料丛刊》第一期(1977 年) P54—67。

该目录以流水号为序,自〇〇〇一至〇三六七号,共三六七件。

目录中题名下有"说明"、录"题记"。该所所藏的这批卷子是 1944 年于莫高窟前土地庙内清代残塑像中发现的北朝写经六十七卷,残片若干。其他是 1949 年后征集来的,其数量占一半以上。

2.《关于甘肃省博物馆藏敦煌遗书之浅考和目录》 秦明智编 发表在

《1983 年全国敦煌学术讨论会文集·文史·遗书篇上》 P459—499。

该文分两部分,第一部分为"几卷遗书浅考",是对前凉《法句经》、西魏《贤愚经》、唐代道教文约和道观的三篇考证文。第二部分为"遗书目录",共收遗书一百三十七种,流水号顺序排列,从〇〇一至一三七号。各卷号题名下附"题记""时代""说明"三项。说明重点是装帧、缺损、起讫、尺寸、行数字数、纸质与张数等。"题记"有的录原文。该目录为提要式目录。

3.《敦煌县博物馆藏敦煌遗书目录》 敦煌县博物馆荣恩奇整理 发表在《敦煌吐鲁番文献研究论集》第三辑 北京大学出版社 1986 年出版 P542—585。

敦煌县博物馆所藏的藏经洞所出的遗书,是 1953 年前后县政府陆续移交给县文化馆的,其中汉文遗书多为历次运动中收交及陆续从民间征集的。遗书有汉文和藏文两种,卷式遗书共三百一十五卷,汉文七十八卷,藏文箧叶式写经共八千四百八十二页。

该目录共收汉文文书七十八件,按流水号顺序排列,自〇〇一至〇七八号。每件著录有详细的文物性兼善本题跋性的提要,说明装帧、尺寸、纸质、张数、行数、字数、起讫、缺损等情况。著录首题、尾题、经品题等。该目录也是一种内容较丰富的提要式目录。

4.《西北师院历史系文物室藏敦煌经卷录》 曹怀玉整理 发表在《西北师范学院学报(社科版)》1983 年第四期 P44—46。

该室所藏敦煌经卷为五十年代初,在兰州市收购而得,汉文藏文的都有,残全共二十二件。该目录收汉文文书十五件,流水号顺序排列,自〇〇一至〇一五号。其中〇一三至〇一五号三件无提要,〇一三号收佛曲四件,〇一四号收佛经残卷三件,〇一五号收藏文经卷三件,共计二十二件。有提要的十二件,提要体例、作法与前三种目录略同。提要中的辨伪说明是该目录的一大特点。

5.《上海图书馆藏敦煌遗书目录》 吴织、胡群耘编 发表在《敦煌研究》1986 年二—三期 P93—107;P89—101。

本目录以隋唐写经为主,题名后括号内的号码为馆藏号。汉文敦煌文书部分自〇〇一至一八二号,共一百八十二件,按流水号次序排列,有详细的版本性提要记录,基本上全录后人题签题跋是其特色之一。自一八三至一八九号为"中国非敦煌所出古写经"七种,为附录一。一九○至二二四号为"日本古写经卷"三十五种,为附录二。这样就与敦煌写经区别开来。

6.《天津市艺术博物馆藏敦煌遗书目录》 刘国展、李桂英编 发表在《敦煌研究》 1987年第二期 P75—95。

同期《敦煌研究》中发表了马大东所著《天津艺术博物馆所藏经卷及社会文书述略》一文,替代了该目录的说明。文中云:

> "我馆自建馆以来,一直重视对敦煌文物的征集、收藏和保管,至今,敦煌文物(包括经卷、社会文书等),业已成为我馆收藏的重要组成部分。

> "我馆收藏的古代经卷、论疏及社会文书等,总计三百余件,绝大部分为佛教经卷、论疏。来源大体可分为两部分,一部分为本馆多年来向社会征集所得,达数十件,另一部分为我国著名文物收藏家周叔弢先生1979年捐献的二百五十六卷。上述收藏,均为手写本,所书文字,绝大多数为汉文,也有几件为藏文。还有些主要以汉文书写,但也间以藏文。"

天津馆藏卷的特点亦如马氏文中所云:即质地好;其表现为完整的卷子不少,经卷书法好;流传有序的记录不少。正像马氏文中所云:

> "从经卷的质地来看,遭虫蛀的经卷极为罕见,带有污迹的亦较少,有些经卷,钤有收藏者的印章,流传有序,尤其可贵的是,我馆珍藏有十余卷首尾完整的经卷。

> 还有一些是经残卷不残,即经文虽不完整,但所余都是成卷的,有的竟长达数十米。"

周叔弢先生所捐的经卷保存大多完好,很少有残损严重的只言片纸的经卷。经卷的书法艺术性很高,抄写工整,其中多为唐人经卷,社会文书类较少见。

该目录收录的经卷、论疏目录共收正编一九七件,附录三件,共二百件。从津一至津一九七号。及津附一至津附三号。按流水号顺序排列。该目录每卷均有详细提要,记"时代""首题""尾题",有的录经中品题。记纸张长短,行数、字数等。有"说明"指出该卷的某些应注意的特点。总的看,目录写得简洁明快,出自内行手笔。

7.《"国立中央"图书馆(台北)善本书目》增订本 1967年12月初版

该目录收录该馆全部所藏敦煌卷子,共一百五十余卷。其中包括《敦煌遗书总目索引》之"散录"中《前"中央"图书馆藏卷目》所录的六十六卷。该馆将敦煌卷子大致分入其"子部释家类""子部道家类"中。将敦煌卷子分类并归入善本书总目录是该目录一大特点。从目录学的角度看,亦为一大优点。

一馆之内的目录终应以统一为宜,该目录中有些不准确的差误,可用近期台湾出版的五种有关论文加以补充与纠正。列名如下:

《"国立中央"图书馆(台北)所藏敦煌卷子题记》 潘重规编 载于《敦煌学》第二辑("国立中央"图书馆藏敦煌卷子专辑 1975年)

同辑中又载《台北图书馆藏敦煌古钞目录》 (日本)石田干之助编,及《台北"中央"图书馆敦煌卷子考》 (日本)牧田谛亮编

《"国立中央"图书馆敦煌卷子考》 李清志著 载于《"国立中央"图书馆馆刊》新十八卷二期(1985年12月)

《"国立中央"图书选展馆藏敦煌卷子叙录》 潘重规著 载于《"国立中央"图书馆通讯》八卷四期(1986年2月)


## 二、《敦煌劫余录续编》


该《续编》是北京图书馆对馆藏敦煌汉文遗书卷子所作的补充性目录。实际上也是一种馆藏目录,但因它收录文书卷数多,又是对陈垣先生所编的《敦煌劫余录》的续编,有一定的影响,故将《续编》单立一节叙述。

《续编》是由北京图书馆善本组在1981年编写完毕的。该《续编》收录了《敦煌劫余录》编辑以后,北京图书馆又收集到的一〇六五件敦煌遗书。下面我

们简单地介绍一下《续编》的编纂方法及我们的看法。

1.《续编》的著录项参照《敦煌劫余录》。在排列次序上，一改按帙分类编排的方法，而按书名目录排法，将卷名依笔画多少顺序排列。这种字顺目录，从图书馆目录学的角度看，它实在只能是一种专科性质的书名目录。我们知道只有分类目录才可以叫作真正的图书馆目录，分类目录为图书馆的基本目录。而书名式目录无论是在卡片式还是书本式目录中都是辅助性的目录。书本式目录只以书名目录反映馆藏，这在现代大图书馆出版物中实属罕见。首先它不便于读者使用，其次对于某些原无卷名的敦煌汉文文书，后人代拟题名，经过研究，每有改动，会造成目录反映的不准确与重复。因此采用书名目录为敦煌文书题名的主要目录形式是不十分恰当的。

2.《续编》采用与众不同的索书号，是带"新"字的四位数流水号。这样便不能与《劫余录》相衔接，同时与全馆的总藏书号（排架号）更不能融合。图书馆的馆藏目录应号码统一，不断增加新的排列方式的号码，而又不能取代其他旧号，只能使藏书号越来越复杂。这对于示范性很大的图书馆来说是欠考虑的。

3.《续编》的著录方式完全仿《敦煌劫余录》，各卷著录有"附记"，但只是带有录题记、记特点、述内容，有考证的"提要"的卷子并不多，仍然没有克服历史时代所遗留下来的困难，和《敦煌劫余录》一样是一部不完备的带提要的目录。

《续编》并没有把北京图书馆在《劫余录》以后没有入编的卷子全部收录，仍有一两千件敦煌汉文遗书没有反映出来，今后还需要再出三编。

《续编》的著录各项，还存在着一些错误与不足。

1.对一些原不应录入的非敦煌卷子的古代写经，也录入了《续编》中。例如，新〇七七二号"宝行王正论一卷"，《续编》题要中记："尾题皇后藤原氏光明子……敬写。"又"天平十二年五月一日记一行"，"卷后有光绪九年十月八日翁同龢观"。很明显，这个卷子是日本著名书法家藤原皇后在日本圣武天皇天平十二年（740 年）所写。翁同龢的题记，比藏经洞被发现早十七八年。推测这个卷子是杨守敬等人从日本带回来的。另外，在题名下，把这个卷子著录为"北朝写本"也不准确。光明皇后是日本著名女书法家，生于 701 年，卒于 760 年，此卷写于 740 年（唐玄宗开元二十八年），所以此卷应著录为相当"盛唐"或"唐代"的写本。

2.没有注意学术研究动态,没能正确反映最新专家学者的研究成果。例如新一四九〇号,题录为:"变文、写本,经名据签题(舍身饲虎)俟考。"这个卷子是郑振铎先生原藏,他在他所著的《中国俗文学史》第六章"变文"中提到那部"身喂饿虎经变文"。周绍良先生在其所著的《关于"身喂饿虎经变文"》这篇文章中已明确指出,它是《金光明最胜王经》第二十六"舍身品"经文。而被郑先生误认为是变文。周绍良先生的文章早已在1962年发表,在1982年《敦煌变文论文录》下册也收编了此文。竟被《续编》的编者所忽略。

《续编》还有其他一些不足与错误,我们就不一一举出了。

## 三、《敦煌遗书最新目录》

台湾黄永武所编《敦煌遗书最新目录》是配合一百四十六册《敦煌宝藏》而编写的,这是敦煌学目录工作中最新最大的工程。书中的基本内容为:

1.《英伦所藏敦煌汉文卷子目录》:收录自斯〇〇〇一至七五九九号。碎片,新编号一至一九七号,木刻一至十九号。目录中纠正刘氏、翟氏题名者数百号,是最大贡献。无提要,与《宝藏》一至五十五册配套。

2.《北平所藏敦煌汉文卷子目录》 据胶卷号自〇〇〇一至八七三八号。只有题名,无提要,纠正《劫余录》错误若干。与《宝藏》五十六至一一一册配合使用。

3.《巴黎所藏敦煌汉文卷子目录》:收录自伯二〇〇一至六〇三八号。著录方式同前两录,纠正王氏《劫经录》题名若干种。与《宝藏》一一二至一三五册配合使用。

4.《列宁格勒所藏敦煌卷子目录》:即为《苏联科学院亚洲民族研究所藏敦煌汉文写本注记目录》(两册)的中译本,编者为孟西科夫。仅译出题名,无提要。该目录是《宝藏》的参考性目录。

5.《敦煌遗书散录》:共收十六种目录。其中一至十四种,即《敦煌遗书总目索引》中"散录"的前十四种,其中第一、十两种所录有所增加。第十五种"其他"所录为《宝藏》第一三六册中之"散"字号题名,共一五六号。第十六种"欣赏篇",所录为《宝藏》第一三八至一四〇册中诸卷题名。共录伯号一五〇号,苏号二十九号,香港一卷一号。

《敦煌遗书最新目录》可充《敦煌遗书总目索引》的补正简编本。该目录的功绩在于补正,遗憾的是该目录仅列流水号题名。

黄永武先生另有《敦煌古籍叙录新编》,由台湾新文丰出版公司 1986 年出版。该书是将王重民先生原著《敦煌古籍叙录》按各条"叙录"拆开影印,后附各条所论及之原卷照片影印件。该书载原件照片,有补充,使用比王氏原书方便。但卷帙繁重,售价昂贵,非巨富者难以购买。

## 四、几种新型敦煌目录

八十年代以来,敦煌学目录的编纂已不只局限于敦煌汉文、藏文遗书的编目,而是向各个新的领域开拓。其表现可从四个方面叙述。

1.有关敦煌学著作单行本和论文的目录索引的编纂:

《敦煌学与西域文明文献研究目录》上篇《敦煌学文献研究目录》(中文篇)由北京图书馆参考研究部戚志芬、阎万钧编,发表在《敦煌研究》试刊 2 期(1982年)和创刊号(1983 年)上。该目录是七十年代以后第一个有系统学科分类的敦煌学目录,分类的依据,主要是日本《东洋学文献类目》的分类。

《敦煌学论著目录(1909—1983)》 刘进宝编 1985 年 5 月甘肃人民出版社出版。

《中国敦煌吐鲁番学著述资料目录索引(1909—1984)》 卢善焕、师勤编 1985 年 8 月陕西社会科学院出版。

《敦煌学研究论著目录》 郑阿财编 1987 年台湾汉学研究资料及服务中心出版。

这些目录索引给敦煌学的研究者提供了极大的方便。

另有具备多种语种的敦煌学目录稿本。

《敦煌吐鲁番论著目录初编·欧文部分》 敦煌吐鲁番学北京资料中心编 1988 年 8 月。

《敦煌吐鲁番论著目录初编·日文专著部分》 敦煌吐鲁番学北京资料中心编 1988 年 8 月。

《敦煌学研究专著目录(中文·日文·西文)》 敦煌研究院资料中心编印 1988年8月。

2.敦煌研究院资料中心编制发表了"敦煌学文献资料分类类目表"载于《敦煌研究》1987 年第 3 期。该表将有关敦煌学的著作在图书分类法中的位置及其复分的方法等问题提上了图书分类工作研究的日程。

3.国内藏文文书编目工作有关情况:

《河西吐鲁番经卷目录跋》 黄文焕著 见《世界宗教研究》第 2 期 1980 年 8 月。

《河西吐蕃卷式写经目录并后记》 同著者见《世界宗教研究》 1982 年 1 月。

4.《北京图书馆藏敦煌遗书目录索引》 陈晶、王新编 敦煌吐鲁番北京资料中心 1988 年 8 月油印本。可供查检北京图书馆拍的敦煌卷子的缩微胶卷(《劫余录》部分)的盒号与顺序号,并可查该号在《敦煌宝藏》中的册、页位置。


## 五、《敦煌学目录初探》

《敦煌学目录初探》 白化文、杨宝玉合著 河北人民出版社 1989 年 5 月出版。

《初探》一书总结了国内外敦煌学目录工作五十余年来发展的概况。指出:(1)英、法、俄、日等国藏敦煌遗书的院、馆,虽拥有多数珍品敦煌汉文遗书,但编目工作却又迟又慢,成为以后编纂全目障碍之一。(2)已公布的目录多为馆藏目录,不能反映全貌,更有甚者,至今有人还深藏固拒,不公布于世,给今后编目工作造成人为的障碍。(3)已公布的目录多是原来的财产账,采用流水号式著录。(4)各馆藏目录,大部以特藏目录面貌出现,自成体系。(5)各馆目录著录时多带有文物性质,虽兼有图书馆和博物馆目录的双重性质,却给目录纳入正规图书馆目录系统造成困难。

《初探》作者有系统、有重点地介绍了几种国内外有一定影响和有实用价值的敦煌学目录。敦煌学的目录有广义与狭义两种概念。作者所论,属只涉及敦煌藏经洞所出文物性质的文献的狭义敦煌学目录。所以在介绍目录时也只是从狭义角度介绍了《敦煌劫余录》《敦煌遗书总目索引》《敦煌劫余录续编》等及英、法、苏、日等国编纂馆藏敦煌汉文遗书目录的情况。

《初探》在最后提出:"比较一下国内和国际上敦煌学目录和目录工作的发展过程,不能不令人遗憾地看到,目前国内工作的最高成就还是《敦煌遗书总目索引》……我们应该认真总结国外编目的经验教训,提高我们的水平。"

《初探》是我国第一部系统地研究敦煌目录学的专著。它的贡献在于开辟了敦煌目录学研究的新领域。将敦煌目录工作从简单、单一的编目工作上升为具有系统理论的一门新学科。从此使敦煌目录工作纳入科学系统的轨道。

【阎万钧　北京图书馆中文咨询室主任】
原文刊于《中国文化》1990 年 01 期

# 敦煌吐鲁番文书与唐代均田制研究

邓文宽

北魏太和到唐代开元天宝年间实行近三百年之久的均田制,一直是战后研究中国中古社会性质和土地制度的大课题。近几十年来,由于敦煌、吐鲁番发现的大量唐代手实、户籍文书相继面世,经中外学者悉心考释,倾力研讨,对唐代均田制的认识得以日渐明晰。

"均田制"这一概念,望文生义,极易理解为"均分土地的制度",其实这同其本意大相径庭。"均田"一词,不始自唐代,也不肇端于北魏孝文帝。《汉书·王嘉传》载,王嘉上疏中云:"诏书罢苑,而以赐【董】贤(驸马都尉)二千余顷,均田之制从此堕坏。"孟康注道:"自公卿以下至于吏民名曰均田,皆有顷数,于品制中令均等……"《史记·商君(鞅)列传》亦有"卒定变法之令……明尊卑爵秩等级,名以差次名田宅……"的记载。可知,"均田制"的本始含义是按等级高低不同,占田多少有差;同一等级者,占田数额相等。其思想产生可远溯战国。至唐代,作为封建国家法典的《唐律疏议》亦曾规定:"王者制法,农田百亩,其官人永业准品,及老、小、寡妻受田各有等级。"其法律含义与战国、汉人所言"均田"一脉相承。无论从史源学和唐代立法,还是从敦煌吐鲁番文书所载均田制执行的实际,都不能认为均田制是均分土地的制度。

作为封建中央王朝的土地管理法规,唐代均田制包括内容十分广泛:职田、公廨田、驿田、屯田、贵族品官永业田、百姓百亩之田、寺观僧尼道士占田、商人占田等都在其内。但就其主导方面,则是贵族品官永业田和百姓百亩之田两项内容。

唐令规定,贵族品官受永业田包括职、散、勋、爵四类人:职事官从正一品到从九品下阶,散官五品以上,勋官从上柱国到武骑尉,爵位从亲王到男爵,各个等级占田从100顷到60亩不等,同一等级则数额均等。同时,所"受"田土数额只是允许占田的最高限额,并非实授。不足者可以"请授",超过者即"占田逾制",国家要行使权力加以干预,进行"括田"。由于敦煌、吐鲁番地处唐朝边陲,从文书中还很少能看到高品官员的大数额占田,但史籍却不乏记载。人们从文书中看到的以勋官占田实例为多,但多数勋官"已授田"远不足额。它印证了唐令规定的勋官授田数实际上只是允许占田的最高限额,并非实授。尽管文书中职、散、爵占田实例尚少,但窥斑知豹,从勋官占田的实际情况可以推测,唐令所以规定贵族品官"永业田"数,是既保证各类官人在占有土地方面享受特权,但同时又要加以限制,以防土地急遽兼并。另一方面,唐令还规定,官人永业田"皆传子孙,不在收授之限",由此又知,贵族品官的永业田是其私有土地;文书所见勋官的"勋田"自不例外,只是封建国家对其最高数额加以限制而已。

相对贵族品官永业田而言,无论是史籍留存唐令的法定内容,还是从敦煌吐鲁番文书所见实例,普通民户的"百亩之田"都要丰富得多,从而人们在这个问题上也就获得了多层次、多侧面的深刻认识。敦煌文书中的《大足元年沙州敦煌县效谷乡籍》(P.3557、P.3669)、《开元十年沙州敦煌县悬泉乡籍》(P.3898、P.3877)、《天宝六载敦煌郡敦煌县效谷乡□□里籍》(S.4583)、《天宝六载敦煌郡敦煌县龙勒乡都乡里籍》(P.2592、P.3354、罗振玉旧藏、S.3907)、《大历四年沙州敦煌县悬泉乡宜禾里手实》(S514),吐鲁番文书中的《贞观十四年西州高昌县宁和才等户手实》《武周载初元年西州高昌县宁和才等户手实》,以及大谷文书中的"欠田簿""退田簿""给田簿"等,都为研究唐代均田制增添了不可多得的珍贵资料。

唐令规定,普通民户中的丁男和十八岁以上的中男可"受"永业田二十亩,口分田八十亩,是为宽乡之制;狭乡则口分减半,即永业田二十亩,口分田四十亩。其他还有关于老男、笃疾、废疾、中男、小男及寡妻妾等"受田"定制。这一制度,由敦煌、吐鲁番文书得到证实。唐代敦煌属宽乡,吐鲁番属狭乡,故文书中这两个地区丁男应授田额分别为一百亩和六十亩,其他人口也与唐制相合。

唐制丁男应授田百亩,其思想渊源同样十分古朴。《孟子·梁惠王上》有"五亩之宅,树之以桑""百亩之田,勿夺其时"的说法;《荀子·大略篇》有"家五亩宅,百亩田,务其业而勿夺其时"的记载;《汉书·食货志》载李悝为魏文侯作尽地利之教,亦言一夫"治田百亩";同志又载古制"民受田,上田夫百亩,中田夫二百亩,下田夫三百亩";西魏时,苏绰在著名的《六条诏书》中也说:"夫百亩之田,必春耕之,夏种之,秋收之,然后冬食之。"由上看出,五亩之宅,百亩之田,是封建时代小农经济理想的产物,其渊源可溯自春秋战国时代的儒家学说。后世由西晋占田制,中经北魏均田制,又经西魏北周、东魏北齐、隋朝直到唐代均田制,思想体系概出一源。唐代规定丁男和十八岁以上中男"授田"百亩正是由此衍化而来。成丁和十八岁以上中男授田百亩,老男、中男、寡妻妾"授田"各有等差,同一等级授田均等,同样也是"均田"。

如同贵族品官永业田是法定允许占田的最高限额,丁男的百亩之田和其他人口所占田数也是法定允许的最高限额,并非实授。不足者可以"请授",超过者则须"还公"。就敦煌、吐鲁番两地实际授田情况来看,绝大多数民户都未达到"应授田"额,因此户籍上关于土地通常胪列的大项目有:"应授田""已授田"和"未授田"。"应授田"是该民户可以占有土地的最高限额,"已授田"是户籍上该民户实际占有土地的数额,"未受田"是户籍上实有土地数额同允许占有土地最高限额间的差数。但如果超过"应受田"数,那就是"占田过限",封建国家也要行使权力进行干预,不过文书中这种情况比较少见。

就户籍上应授田数和已授田数的关系而论,学者们发现,应授田数相同的民户,已授田数却相差很大;应授田数不同的民户,已授田数却有不少相同或相近,实际情况千差万别。由此获得认识,应授田数同已授田数之间不存在相应的关系,换言之,民户的已授田不可能来自官府的平均分配。

再就户籍上已授田中的永业田和口分田的关系而言,学者们同样发现,在登录户籍时,一般都是先满足永业田,剩余部分则归入口分田。甚至还出现如下情况:将一整块田地上的一部分登为永业田,剩余部分登为口分田,如大历四年宜禾里手实唐元钦户,"一段叁拾伍亩廿一亩永业一十四亩口分",显然,想在这三十五亩田地上区分出哪二十一亩是永业田,哪十四亩是口分田,是绝不可能的。其他类似的混合登记文书还有多件。它们一致表明,户籍上的所谓"永业田"和"口分田",只是一种登记形式,不存在根本的性质差别,其实都是民户的私有土地。

此外,人们从文书中还看到,有的民户"已授田"中包括了"买田"。将买来的田地也计入"已授田",就更证明了"已授田"属于民户的私有土地。

除以上诸端,敦煌、吐鲁番文书还表明,唐代除封建中央王朝规定有应授田额,亦即允许占田的最高限额,各地因具体情况不同,在实际调节民户占田数额的过程中,另有"乡土法"存在。"乡土法"今不见于唐代史籍,但在日本令中有所保存。唐令规定丁男在宽乡可占田百亩,狭乡可占田六十亩,只是其基本规制,具体到各个地区,则须视情况要另作"乡土法"。在敦煌,一般授田标准额(乡土法)为:丁男、中男二十亩,当户主的小男及老男、寡妇等非丁男口十亩,勋官三十到五十亩;在吐鲁番,丁男、中男、十亩,老男、寡妇四亩,当户主的小男、丁女、老男、寡妇五亩。这就是说,当地官府判定一个民户是否授足土地,虽然户籍上的"应授田"额是以中央制度计算的,但实际执行中并不以唐令规定的"应授田"额为基准,而是以当地平均授田标准额为准绳。民户的欠田、退田、授田都是以此为依据进行的,至少在敦煌,吐鲁番两地是如此。这显示了唐朝国家制度的原则性和实际执行中灵活性的一致。

对于均田制执行中民户土地的欠、退、授,人们从敦煌、吐鲁番文书尤其是从大谷文书(主要出自吐鲁番)中的"欠田簿""退田簿"和"给田簿"获得了较为明确的认识。首先,这些文书证明了土地还授曾经实行过,从而不能认为唐朝均田令只是一纸具文而无实际意义。其次,民户土地的还授数额一般都很小,是在一、二亩或二、三亩之间,这是由于吐鲁番地区已垦地本就很少所致。再次,民户退田"还公"主要限于以下几种情况:绝户退田、逃户退田、死亡后"户内回授"仍有剩余退田,此外还有其他几种。绝户和逃户都是土地无人继续耕种,易致荒芜,为法律所不容许;死退则是因户内人口自然减少,其地除回授户内其他人口充作永业口分外,仍超过当地的授田标准额,则需将多余部分退出"还公",以授受田不足户。第四,还、授土地都需经过严格的程序:欠田户户主要向里正呈递辞文,请受土地,退田户户主要向里正呈报退田原因及应退亩数。这两种文案由里正造成"欠田簿"和"退田簿",上报县衙。县令核实后,再据本县欠田和退田的实际情况,由属吏造出"给田簿",县令据之在规定时限内"对共给授",并立具文案,登入户籍。农民这一小额土地的所有权便由此转移,但并未改变其民有性质。第五,县令在授田时要遵循"先课役后不课役,先无后少,先贫后富"的原则,无论贫富,能否承担课役是第一位原则,其次才是有无土地,第三才是贫富等第。它表明,封建国家所以要在民户之间进行小额土地占有的调整,其首要目的是保证国家能征收到赋役,不是要在民户中间平均分配土地,这恰同封建国家的剥削本质相表里。

概而言之,唐代均田制的实质,是封建中央集权国家的土地管理法规。其核心内容是保证贵族品官在土地占有方面享受特权,但这个特权并非无限,而是要有所限制;对于普通民户来讲,则是力图保证其能够占有小块土地,以维持正常的社会生产和生活。这也正是其立法精神之所在。如果将均田制错误地理解为平均分配土地,或者以民户"已授田"是否达到"应授田"额去衡量,自然就会得出均田制未尝实行的结论;但如果我们把握了它的本质含义,那么敦煌、吐鲁番文书就已经昭示,这一土地管理法规是毫无疑义地实行了的。根据敦煌、吐鲁番文书,并结合唐代史籍进行研究,多数学者日益认识到,从总体上看,唐代是一个以私有经济为主体的封建社会,私有土地制度是唐朝封建统治大厦赖以存在的主要经济基础。

总之,敦煌吐鲁番文书已经极大地推进了唐代均田制研究。但并不等于所有问题都已完全解决。如对户籍上的"自田""部田"等,至今仍聚讼纷纭;又如均田制是否在内地也得到推行,认识也不一致;即便是对大谷文书中的欠田、退田、给田文书,至今也还有完全不同的理解。相信随着研究的深入,学者们的认识会逐步接近并最终获得一致。

【邓文宽　中国文物研究所研究员】

原文刊于《中国文化》1990 年 01 期

# 为了文明的尊严

## 关于敦煌文物的归还

**冯骥才**

敦煌藏经洞发现的百年纪念日即将到来。于是,一个中国文化界无法放下的问题,再次焦迫地摆在面前:敦煌文物何时归?

敦煌藏经洞是二十世纪中国乃至世界最重大的文物发现之一,同时也是最富悲剧性的。三万多件珍贵文物,流散到十多个国家。这是有史以来出土于一地的文物,经受最惨重的一次文化瓜分。

然而今天,对于敦煌文物的物归原主,我国文化界却依然忧心忡忡,并不乐观。不大相信当初把敦煌文物弄出中国的那些国家,眼下会回心转意,把东西送回来。这因为近三十年,他们对此的各种强辩与巧辩说得实在太多,这表明他们对敦煌文物的占有欲强旺依旧,没有任何松动与超越前咎的觉悟。

在藏经洞被发现了一个世纪的今天,历史已经没有秘密。藏经洞发现史与蒙难史的所有细节,都明明白白写在纸上,任何辩驳皆无意义。然而,我们还是要强调如下的事实:

一、藏经洞的发现者是敦煌道士王圆箓,时间是 1900 年 6 月 22 日。

二、最早认定藏经洞文物价值的是甘肃学台、金石学家叶昌炽,时间是 1903 年。

三、1904 年 3 月,敦煌县令汪宗瀚对藏经洞文物进行一次调查后,遂命令王圆箓将文物就地封存。这是正式的政府行为。

四、英国人斯坦因于1907年3月16日，法国人伯希和于1908年2月25日，前后抵达敦煌莫高窟。他们都是先得知藏经洞有珍贵文物出土，随即直奔文物而来，并都以少许银钱买通文物看守人王圆箓，启封取走大批珍罕绝世的敦煌文物，运回各自国家。随后是日本人大谷探险队的吉川小一郎和橘瑞超，以及俄国人奥登堡等。

这里之所以要强调这一连串事实的细节，是要说明——斯坦因和伯希和不是敦煌藏经洞文物的发现者。他们是在藏经洞文物被发现和被封存之后，设法将其启封取走的。可能有些人被当年的伯希和在洞中翻阅敦煌遗书的那帧照片所迷惑，以为那是在进行考古发掘。但相反——那绝不是在发掘现场进行考古鉴定，而是为了取走文物而做的识别性筛选。这一点，必须认清。

我们承认斯坦因和伯希和是两位优秀的考古学家，伯希和还是一位天才和罕世的法国汉学家。他们对敦煌学的确都做出了历史性的贡献。特别是伯希和，他与斯坦因的不同之处是，斯坦因第二次探险的目的，是割取莫高窟壁画，只不过因那里的佛教徒太多，他不敢下手。伯希和不但没有伤害壁画，相反对莫高窟进行有史以来首次的考古调查，而且学术意义很高。但还是要指出，即使是这样——即使在当时，他们取走敦煌藏经洞文物也是非法的。也就是说，他们对敦煌学的贡献与他们非法取走敦煌文物，是两件事，不是一件事，不能一概而论，应该分而论之。

当然，这行为在当时的西方看来，并没有什么不可以的。从十八世纪中期到十九世纪前期，西方中心主义的肆虐，有着所向披靡的殖民主义背景。这便使他们的考古狂潮从希腊顺利地越过地中海，将金字塔中法老的干尸，以及长眠地下的亚述、巴比伦、苏美尔和赫梯等古王国那些美丽的残骸，一个个搬到太阳之下，然后再搬到他们的国家，入藏他们的博物馆和图书馆中。跟着一路自西向东，进入了古老的印度和中国。殖民者从来无视殖民地的文化主权。这是那一个时代的偏执和荒谬，不是谁能避免的。故而长期以来，对于西方的学术界来说，殖民地的"土著"人自己的任何发现，都不算数；而他们之中第一个看到的才是发现者。在学术领域里，殖民地人自己的研究成果不能成立，这些成果最多仅仅是提供了一种素材性的参考,只有他们的研究成果才能得到学术承认。故此,西方的一些著作总说斯坦因是敦煌文物甚至莫高窟的发现者。包括《大英百科全书》也这样写。斯坦因没到敦煌之前的一千多年,莫高窟一直有中国人在那里。难道它一直等候这位英国人来发现?而且斯坦因到了敦煌,拜见当时的敦煌县令王家彦时,王家彦对他常识性地讲了莫高窟的历史,还送给他一部《敦煌县志》,他才知道莫高窟由何而来。这也算一种考古发现?在这里,发现这两个字显然已超过考古学的意义,它似乎还包含另一层意思,即谁"发现",谁就是它的主人。就像儿童游戏那样,谁先看见就算谁的。如今,虽然殖民地时代已经过去,但这种源远流长的背景和根深蒂固的思维定式,仍然使今天的一些人不能走出那个荒谬绝伦的历史误区。这也是敦煌文物不能归还原主的最深的根由。

然而,今天思辨这一问题,并非只是为了责怪过去,而是为了一种超越。

因为二十世纪,人类文明遗存的处境实在艰辛。殖民主义掠夺、战争抢劫、盗窃走私,再加上一些殖民地缺乏严格的文物保护法,那里的人们又缺乏文化的自觉,致使不少文明遗址遭到破坏。文物从它的发生地流散各处,后果极其混乱,不少文明遗址已经支离破碎,失去了它所必需的完整性。

在世纪的交接中,接过二十世纪这个糟糕的文物状况的新世纪应该怎么做?是承续二十世纪那个谬误,还是纠正历史,还文明以文明?

1900 年,敦煌藏经洞出土的五万件文物,绝大部分是中古时代的文书。同一地点出土如此浩博和珍罕的古代文书,举世独有。而且它内含无涯,包容恢宏,极大角度地囊括了那一时期中国社会及其对外交流的历史信息。然而,其中深刻的意义,只有当它置身于这文明的发生地,才能真正充满感染力地显示出来。

文物——尤其是重要文明遗址和重大文化发生地的文物,都有着不可移动的性质。它们天经地义属于自己的本土。它是那一方水土的精髓,是历史生命活生生的存在,是它个性经历的不可或缺的见证。文物只有在它发生过的本土上,才是活的,才更具认识价值。这就是说,人类的一切文明创造,都有它自身的完整性,都有它不可移动与不被肢解的权利。这权利是神圣不可侵犯的。它是文明的尊严,也是人类的一种尊严。

谁先认识到这一点上，谁先步入文明。

刻下，一些欧洲国家不是已经开始交换第二次世界大战中相互劫去的文物吗？这应被视为告别野蛮、自我完善、走向文明的高尚行为。因为，当今的人们已经深知，文明遗址中的文物不是一种变相的财富。谁把它当作财富来占据为己有，谁就亵渎了文明本身。站在这个文明的高度上说，谁拒绝文物归还原主，谁就拒绝了文明。

1909 年，伯希和将已经运出中国的敦煌遗书，选取若干带回北京，展示给我国学者罗振玉、蒋斧、董康、王仁俊等人。当学者们获知那些绝世珍奇已落入外国人手中，即刻展开一场义动当世、光耀千古的文化大抢救行动。学者们一边上书学部，敦促政府清点藏经洞的劫后残余，火速运抵京都；一边将这情况公诸国人，于是更多的学者加入进来，对敦煌遗书展开迅疾而广泛的收集、校勘、刊布与研究。它显示了我国知识界实力雄厚、人才济济和学术上的敏感。随后，学者向达、王重民、刘复、于道泉、王庆菽等，奔往巴黎与伦敦去查寻和抄录那些遗失的宝藏。学者姜亮夫几乎倾尽家财，自费赴欧，去抢救散失在海外的文化遗产。他们一个字一个字地把流落他乡的敦煌遗书抄录回来。很多人一干就是多少年！这种强烈的文化责任感通过梁思成、张大千、常书鸿、段文杰，一直像圣火一样传递至今，照亮了中国的学术界和戈壁滩上灿烂的敦煌。可以说，近百年我国知识界的所有重要人物，差不多全都介入了敦煌！

敦煌的文化抢救是我国文化史上第一次抢救行动。它标志着中华民族在文化上的觉醒。显示了我国学术界高度的责任感和强烈的文化主权意识，以及一种浩荡的文化正气。同时，也表现出我国作为一个文明古国和文化大国，始终具备的文化高度。

二十世纪初，我国著名学者陈寅恪有感于敦煌受难之惨剧，说出铭刻于敦煌史上一段著名的话："敦煌者，吾国学术之伤心史也。其发见之佳品，不流于异国，即藏于私家。兹国有之八千轴，盖当时唾弃之剩余，精华已余，糟粕空存，则此残篇故纸，未必实有系于学术之轻重耳。在今日编斯录也，不过聊以寄其愤慨之思耳！"

这痛心疾首的话，有如霜天号角，曾呼叫着当时国人的文化良心；又如低谷悲鸣,唱尽一代学人痛楚尤深的文化情怀。但余音袅袅,不绝如缕,依然强劲地牵动着我辈的文化责任。从今天的世纪高度看,这桩没有了结的敦煌公案,不仅是敦煌——也是人类文明犹然沉重的一段未了的伤心史。因此,今天我们不是仅仅为了捍卫文物的主权,而是为了捍卫文明的尊严,来呼吁和追讨敦煌文物。那就不管别人是不是觉悟,我们都要不遗余力地呼吁下去。催其奋醒,重返文明。先人创造的文明,是一种自发的文明,尊重先人的创造,才是一种自觉的文明,故而,只有在敦煌文物归还故土,世界各大文明遗址流散的文物全部物归原主,我们才能踏实地说:地球人类真的文明和进步了。因为人类的进步的前提,就是不再重复过去的谬误。

【冯骥才　天津大学教授】

原文刊于《中国文化》2001 年 Z1 期

# 鸠摩罗什《通韵》考疑暨敦煌写卷 S.1344 号相关问题

王邦维

一

　　伦敦收藏的敦煌写卷中，标号 S.1344 的是一份残卷。残卷正面是数通唐令，抄写颇为零乱，并有涂鸦。唐令标出了年代，可以辨识的有咸亨、垂拱、天授、证圣、长安、景龙、开元几种年号，但并未都依时间先后排列。残卷背面分别抄写有两部分文字。第一部分文字首句"鸠摩罗什通韵"，但以下是否即抄录的所谓鸠摩罗什撰写的《通韵》一文，并不很清楚。第二部分文字则比较明确，首题"修多罗法门卷第一，纪王府掾太原郭铨奉敕撰"，以下是抄录的内容。纪王是唐太宗第十子李慎，《旧唐书》《新唐书》中有传，初封申王，贞观十年封纪王。两部分文字为一人所抄。从正面所抄唐令的年代和纪王府掾郭铨的名号以及书写字体等推测，大致可以判断这份写卷是初唐或中唐时所抄，中唐时可能性更大一些。原卷未见，倘原卷正反面判别无误，依照惯例，正面的唐令抄写在前，而背面的文字抄写在后，则正反面文字抄写的时间相差不远。背面的文字，翟理斯（Giles）目录依第二部分内容著录为《修多罗法门》，同时认为前一部分文字也是郭铨所著,把它称作 introduction on Indian phonology(印度音韵学概论)。翟理斯说它与印度音韵学有关,确实不错,但说它是郭铨所著,却没有任何根据。二十世纪五十年代末六十年代初刘铭恕先生编《斯坦因劫经录》,全文抄录了前一部分文字,称为"论鸠摩罗什《通韵》"。从刘铭恕先生这一题名来看,似乎他并不认为这是鸠摩罗什原著,而只是后人关于此的一段论述。香港饶宗颐先生,当今硕学鸿儒,于中国文史之学,著述宏富,自二十世纪六十年代中期起,即注意到这份写卷。饶先生根据残抄的第一句话,断定这就是久佚的鸠摩罗什所撰《通韵》一书,并由此发表了一系列有关的考论。我所见到的最直接的几种有:1.《梵语 R̄、R̄、L、L̄四流音及其对汉文学的影响》;2.《〈文心雕龙·声律篇〉与鸠摩罗什〈通韵〉》;3.《鸠摩罗什〈通韵〉笺》。这几篇文章,连带其他一些相关的文章,最后都收集在饶先生一九九〇年在香港出版的《中印文化关系史论集·语文篇——悉昙学绪论》一书中。饶先生所论,颇多精义。我在这里,所要讨论的,也是这份写卷中有关鸠摩罗什《通韵》的一些问题,但其中有些意见与饶先生不一致,不揣谫陋,提出来,希望得到饶先生和其他通人的指教。

## 二

先谈鸠摩罗什《通韵》一书。

众所周知,鸠摩罗什是东晋十六国时期最有名的佛经翻译家。罗什译经,据僧佑《出三藏记集》卷十四中《罗什传》所讲,有三百余卷。《出三藏记集》卷二实际著录三十五部,二百九十四卷。宝唱《名僧传》和慧皎《高僧传》所记大致相同。但罗什自己著作并不多。汤用彤先生《汉魏晋南北朝佛教史》一书,有一节专论"什公之著作",考论颇详。至于《通韵》一书,历代经录及僧传中从未见记载。已考定的罗什的著作中,也没有相近或相似的作品。我们现在知道鸠摩罗什著《通韵》一事,除了这份敦煌写卷以外,再就只有同样出于敦煌的写卷《佛说楞伽经禅门悉昙章》前僧人定惠的序,序文讲:

唐国中岳释沙门定惠法师翻注,并和秦音,鸠摩罗什《通韵》鲁流卢楼为首。

另一抄本作:

并和秦音,亦与鸠摩罗什法师《通韵》鲁留卢楼为首①。

这一段序文,说明唐代"翻注"《悉昙章》的定惠法师确曾见过一种鸠摩罗什著《通韵》,并且其中有"鲁流卢楼为首"的内容。只是定惠的序,短短一两句话,未能给我们提供其他更多的信息。不过,可以肯定的是,《禅门悉昙章》序中讲到的鸠摩罗什的《通韵》,与 S.1344 号写卷上提到的《通韵》是一回事。序中的定惠是唐代人。从写卷上抄写的其他内容推断,两个写卷抄写的时间也是在唐代,都有助于证明这一点。因此,S.1344 号写卷上的内容,以及定惠的序,便是我们今天了解唐代曾经存在过的这部题为鸠摩罗什《通韵》一书的最主要的根据。我们要做考证,也只能由此出发。

## 三

饶宗颐先生《鸠摩罗什〈通韵〉笺》一文,已经抄录了 S.1344 号写卷上全部有关的文字,并做了详细的笺证。饶先生相信,鸠摩罗什著有《通韵》一书无疑,S.1344 号写卷上抄录的即《通韵》原书。饶先生认为,定惠序言中讲到的鲁流卢楼四流音,S.1344 号写卷上也讲到"鲁流成班",这是罗什曾撰此书的证据之一。可是,我以为,这却正是此书非罗什所著的反证之一。我的看法是,四流音之说,最早是由北凉昙无谶翻译大乘《大般涅槃经》而传入汉地的。正是昙无谶在翻译时首先取"鲁流卢楼"为四流音的译字。所有后来论者,无论所论为"十四音"

---

① 写卷编号北京鸟字 64 号、P.2212。有关的残卷还有 P.2204、P.3082、P.3099、S.4583 号。

"十二音""十六音",以至无论涅槃师或后来专门治悉昙学的僧人,凡论及流音,俱由此开始,因而与《大般涅槃经》有关。鸠摩罗什来华译经,时间在昙无谶之前,虽然《高僧传》中有关于鸠摩罗什议论天竺汉地文体不同的记载,但却很难找到证据可以说明罗什在长安翻译经典时曾专门传授过悉昙之学,以至于撰成《通韵》这样的著作。因此,罗什撰《通韵》一事,极可怀疑。对此,除这一项外,还可举出几处疑点。下面再试做一些说明:

1.在鸠摩罗什翻译的大量经典和他的著作中,绝未见四流音之说的一丝痕迹。各代论者,在谈到梵文字音,尤其是四流音时,所引资料,最早都只追溯或只能追溯到《大般涅槃经》,实际上即追溯到昙无谶所译,一般称为"北本"的《大般涅槃经》。这一点,五十音,包括四流音的译字可以证明。而所谓南本《大般涅槃经》,虽然常常被误解为南朝僧人慧观、慧严以及谢灵运所翻译,实际上则只是改治,改治的依据,一是无谶所谓四十卷本《大般涅槃经》,一是法显所译六卷本《大般泥洹经》,二者中主要是前者。这一点,南本的经题就写得很清楚。倘再对照三种译文,便更为清楚②。法显译《大般泥洹经》,时间虽稍早于昙无谶翻译《大般涅槃经》,但译出的时间也在罗什去世之后。饶先生认为,"慧观、慧严皆什公及门,此南本著据法显于东晋末所得六卷本而增改者,法显于《文字品》中译 r f l l 为厘厘楼楼四字,此则作鲁流卢楼,正承什公之学,事至明显"。结论是"可明《大般涅槃经·文字品》译鲁流卢楼四音乃出于什公《通韵》,故与法显所译不同"。这一看法,似乎缺乏明证。实际的情况是,南本用鲁流卢楼作 r f l l 的译字,既不是出于罗什所撰《通韵》,也不是慧观等人的首创,而只是从无谶的译本照抄而来。除非找到证据,证明昙无谶使用的译字也是从鸠摩罗什继承而来,否则,恐怕就很难做出"鲁流卢楼"四译字出于罗什之学这样的结论。而事实上当时无谶译经,僻在北凉一隅,是一件独立的事,未曾听说与鸠摩罗什有何关系。再有,改治《大般涅槃经》,谢灵运参与其中。康乐又撰有《十四音训叙》,专论梵文的字音,可是我们今天所见到的几段佚文,却丝毫未提到罗什,而只举《大般涅槃经》为依据。与康乐一起改治《大般涅槃经》的慧观、慧严,康乐撰《十

---

② 今《大正藏》本作:"宋代沙门慧严等依《泥洹经》加之。"其他古本一作"三藏昙无谶译,梵沙门慧严、慧观同谢灵运再治",或作:"北凉沙门天竺三藏昙无谶译,梵宋沙门慧严、慧观同谢灵通再治。"

四音训叙》时所问从的慧睿,与康乐交游论学甚密的竺道生,都是罗什的弟子,亲炙罗什,并为一代义学名僧;康乐本人信佛,又博识能文,为一代文宗,从情理上推论,倘罗什著有《通韵》或类似的著作,康乐不应不知,也不应不提及。在康乐之前或之后的注疏家,撰写有关《大般涅槃经》的疏解极多,其中论到四流音时,也都如此。

2.S.1344 号写卷中有"半字满字,乃是如来金口所宣"句。此处将半字满字与如来之说相联系,正是《大般涅槃经》中所宣传的主题之一。自昙无谶译出《大般涅槃经》后,遂广为流行,成为中国佛教判教理论中主要说法之一,此前未之闻也。这也是写卷中文字成于《大般涅槃经》译出之后的证据之一。

3.写卷中有许多字句,与唐代所流传的一种《涅槃经悉谈章》极为相似。《涅槃经悉谈章》一书,今有民国初年罗振玉影刻日本旧写本。原本前有残缺,起始第一句为:"舌中音者,吒吒知知是双声,吒咤茶拏是叠韵。悉谈,鲁流卢楼为首生。"我们今天知道的所谓罗什所撰《通韵》中最重要的一句,与此完全相同。其他加"以头为尾""以尾为头""尾头俱尾""竖则双声""半阴半阳""耶(邪)正相加""单行独只""摘(擿)掇(缀)相连"等用语,二者也完全相同。有意思的是,《涅槃经悉谈章》也题作"罗什三藏翻译",并且说明是日本僧人宗睿在唐咸通三年(862)在明州开元寺从一马姓僧人处抄写而来。但它其实只是托名之作。S.1344 号写卷上的文字与《涅槃经悉谈章》十分相似,二者又都声称是鸠摩罗什所翻译或所撰,使人很可以怀疑有互相因袭的关系。而从文字和行文的结构以及本身的体裁内容来看,S.1344 号写卷上的文字因袭《涅槃经悉谈章》的可能性更大,因为后者讲的是梵文字音的拼合,在这里是基础,而前者则是一种泛论,兼及梵汉,从情理上推断,应该是先有彼而后有此。《涅槃经悉谈章》既非罗什所译,《通韵》以及 S.1344 号写卷上的文字是否罗什所撰,也更成疑问。关于《涅槃经悉谈章》非罗什所译一节,下面将再谈到。

4.写卷中又讲到"罗文":"罗文上下,一不生音","顺罗文从上角落,逆罗文从下末耶(邪)"。从上下文看,此处罗文似指悉昙章中梵文字音互相拼合的一种图式。把梵文字音各种不同的拼合形式用图表纵横竖直地表示出来,是否在印度或中亚当时就如此,不得而知,但罗文一名,似乎只是中国的悉昙家以及其后的等韵学家们为这种图表所作的命名。这一命名,恐怕出现得比较晚,唐以前未见有记载。宋本《玉篇》后题名神珙所著的《四声五音九弄反纽图》末尾有"罗文反样",讲的是汉语的声韵拼合,有人解释:"神珙以二个十六字名罗文反,此则相对十六字,纵、横、角可读之,故云罗文也。"③神珙的生卒年代不能确知,但序中提到"唐又有阳宁公、南阳释处忠,此二公者,又撰《元和韵谱》"。定为唐宪宗元和(806—820)以后的人大致无误。罗文一名的出现,虽然应在此之前,但恐怕不会早至罗什译经的东晋年间。其他如"傍纽""正纽"一类的用语,虽然据《封氏闻见记》卷二,永明时周颙已经"切字皆有纽",但罗什时是否即已出现"傍纽""正纽"之语并为罗什所用,也极可怀疑④。

5. 饶先生《鸠摩罗什〈通韵〉笺》一文中有一节"《通韵》年代上限与菩提流支之关系"。其中讲到:"《通韵》一文,与日本高野山三宝院藏宝历五年僧行愿翻刻本《涅槃经·文字品》、'番昙罗文'中之序文,大致相同,其中有云:'本音梵语汉言,并是菩提流支翻注。'末亦题曰'罗什法师翻译'。"菩提流支来华,在北魏宣武帝时,永平元年到洛阳,晚于罗什一百余年。行愿的刻本,饶先生说,罗振玉曾刊行过,但我未能觅得。不过,只是根据饶先生的叙述,就可以知道,当时还有一种题为鸠摩罗什翻译的解释《大般涅槃经》中的《文字品》的"悉昙罗文"。这几种书,所谓鸠摩罗什法师《通韵》,还有题为罗什翻译的《涅槃经悉昙章》,以及既题为罗什翻译又说是菩提流支翻注的《涅槃经·文字品》的"悉昙罗文",在内容和文字上都有很相似的地方,相互间究竟谁因袭谁,谁是作者,在出现的当时,

---

③ 饶宗颐先生《鸠摩罗什〈通韵〉笺》引此段解释,"其解说云",此处复引。我见到的两种清刻宋本《玉篇》,一种是曹寅扬州诗局刻本,一种是张氏泽存堂刻本,都没有这段解说。出处待查。张氏刻本篇末神珙《反纽图》后无"罗文反样"一名。另唐时来华求法的日本僧人圆仁也传一种《九弄十纽图》,其中载一文,与神珙《反纽图》自序所言略同,而说"梁朝沈约著九弄之文"。"九弄"的名目有"正纽、傍纽、叠韵、罗文、绮错、傍韵、正韵、双声、反音",再加"单韵"一项,则成"十纽"。这里也有"罗文"一名。圆仁文宗开成年间来华,时间与神珙相近,可能稍晚。圆仁原书未见,此转引自张世禄《中国音韵学史》第六章第一节。沈约是否创"九弄"之说,"九弄"名目是否如唐时所传,其中尚存疑问,俟后考。但即便相信沈约创此"九弄"名目,"罗文"一名亦只能追溯到齐梁。

④ 卷二,声韵条。神珙《反纽图》"自序"亦云:"昔有梁朝沈约,创立纽字之图。"传沈约立诗律"八病","八病"中有"傍纽""正纽"二病。唐宋人所传及解释不一。见传魏文帝《诗格》、宋魏庆之《诗人玉屑》卷十一等。日僧空海《文镜秘府论》西卷则列有"二十八病",立目更详。安然《悉昙藏》卷二列一梵字表,梵字傍标以"正纽""傍纽"以及"通韵""落韵"等语。安然称为"悉昙韵纽"。但这与解释诗律诗病又有不同,二者之间的关系,尚待细考。所有这些术语的使用,最早恐怕不能早于齐梁。我怀疑其中一些或者更晚至唐。

似乎就已经不太清楚。这说明什么呢？我想，恐怕只能说明三种书都不是罗什的作品。

## 四

以上所论，都与《大般涅槃经》的译出有联系，因此，鸠摩罗什与《大般涅槃经》的关系，是一个值得考虑的问题，因为我们已经看到，不仅是《通韵》，还有几种类似的书都与此有关。罗什在后秦时来华，他的佛学造诣，为当时第一，这点毫无疑问。罗什在长安十余年，大力宏传中观之学。中观最重要的几部经典，至他始被完整地译出，但他在世时，《大般涅槃经》并未到达汉地。罗什去世后数年，慧睿到南方，与道生、谢灵运等讨论《法华》《大般涅槃经》和《大品》诸经，撰《喻疑论》，就讲到罗什在世时《大般涅槃经》未到汉地⑤。慧睿是鸠摩罗什门下大弟子之一，自称"法言无日不闻，闻之无要不记"，所讲应该说是可靠的。与慧睿同时，以讲与《大般涅槃经》密切相关的"一阐提皆有佛性"，所倡一时如石破天惊的竺道生，虽曾就学于罗什，当时也"未闻《涅槃》大部"。只是大约百年之后，有人才将鸠摩罗什与《大般涅槃经》联系在一起⑥。隋章安灌顶《大般涅槃经玄义》卷下讲慧严、谢灵运等改治《大般涅槃经》，开足品数事时说：

> （宋）文帝尚斯典，敕道场寺慧观、乌衣寺慧严，此二高明，名盖净众，康乐县令谢灵运，抗世逸群，一人而已，更共治定。开《寿命》，足《序》《纯陀》《哀叹》，开《如来性品》，足《四相》《四依》《邪正》《四谛》《四例》《文字》《鸟喻》《月喻》《菩萨》，凡十二品，足前合二十五品，掣三十六卷，则一万偈。谶云经义已足，其文未尽，余有三品，谓《付嘱》《烧身》《分舍利》二万言，未来秦地耳。小亮云是罗什足品。由来关中不闻《涅槃》，恐其言为谬。《经录》

---

⑤ 《出三藏记集》卷五载，其中讲："什公时虽未有《大般泥洹》文……"
⑥ 章安《涅槃经玄义文句》卷下："东晋大德沙门道生法师，即什公学徒上首，时属晋末（末）宋初，传化江左，讲诸经论，未见《涅槃》大部。"

称谢灵运足品，相承信用。

小亮指灵味宝亮，齐梁时名僧。先是宋时有僧人名道亮，曾摈居广州，时人称其为大亮，或称广州大亮，而称宝为小亮。章安所记，说明齐梁时确已有人将慧严等改治《大般涅槃经》，开足品数事与罗什联系在一起。但这在众多的涅槃师中，算是一个例外。章安本人，也不以小亮的说法为然，他只相信经录的说法。当然，开足品数事，确实不是罗什所为。明了鸠摩罗什与《大般涅槃经》没有直接的关系，便可知道，唐代时流传的认为是罗什翻译的《涅槃经悉谈章》一类的书，都是托名之作。罗振玉仅仅依据书中后记所引《禅林录》这类晚出的资料以及日本僧人宗睿、圆载等入唐求法时依据寻获的经典所编成的目录，而断定"是书撰于晋世"，实在是一种误解。和《通韵》一样，《涅槃经悉谈章》也是"鲁流卢楼为首生"。同类的书，当时大约还流行有另外几种。日僧圆仁的《入唐新求圣教目录》在记载《悉谈章》一卷之后，又记载有一种《大般涅槃经如来性品十四音义》，"二本"，又注明："并前是同本，然一卷著朱脉（墨）为别也，罗什译出。"然而鸠摩罗什时《大般涅槃经》文本既然未到中国，很难相信罗什会专门翻译或撰写其中一品的音义或类似的书。时代更晚，以专治悉昙学而著名的日本僧人安然也见过这部《大般涅槃经如来性品十四音义》，他在他所编《诸阿阇梨真言密教类总录》中提到这部书说："罗什，仁、睿是二本，然一卷著朱脉（墨）为别也。"一种书有两种传本，可见其流传本身就比较混乱。我的看法，唐以前绝未见记载的《通韵》，在唐时流行，也是同样一种情形。

## 五

我们再回到《通韵》本身的内容上来。S.1344 号写卷在"鸠摩罗什法师《通韵》"一句后即讲："本为五十二字。"关于梵文字音的数目，在中国从来说法不一，有四十二、四十六、四十七、四十九、五十、五十一、五十二诸说。安然《悉昙藏》卷五一一胪列，引书虽较欠条理，但颇详细。至于每种说法从何处来，究竟哪一种说法正确,问题相当复杂,姑置勿论。各种说法中,传五十二字说者不多,今日可见,只有隋净影慧远。慧远之说,安然已引,但更详细的内容保存在慧远所著《大般涅槃经义记》中。饶宗颐先生因此撰《北方慧远之悉昙章》一文,与论《通韵》的数文一起收入《中印文化关系史论集·语文篇》一书中。依安然等的说法,慧远所传,是"牟尼三藏胡地之本,非梵地之章"。慧远自己也称作"胡章":"胡章之中有十二章,其悉昙章以为第一。于中合有五十二字。悉昙两字是题章名,余是章体。"《通韵》不管是何人所撰,主张的是五十二字说,与慧远所传是一个系统,二者之间是否另有关系,目前缺乏更多的材料,只好存而不论。

不过,有一点似乎还可以指出来,题名鸠摩罗什撰的《通韵》虽然主张的是五十二字说,但罗什所译《大品》和《智度论》两部经典,提到的却是四十二字说。我们不知道罗什是否因此就一定主张四十二字说,但《大品》和《智度论》是罗什一生所译最重要的经典,卷帙最是浩大,罗什翻译时用心亦最多。这一点,或者可以为我们考虑这一问题做一参考。

## 六

《悉昙藏》卷一在论及"梵文本源"时提到僧睿:

> 僧睿法师是什门人,什生龟兹,东天竺人,所传知是东天本也。

《悉昙三密抄》卷上之上在论到悉昙章的地域之分时亦同,但不过只是抄安然之说。

这里给人一个印象,是僧睿曾传一种悉昙章。又因为僧睿是罗什的门人,所传应是罗什之学。其中的疑问还是,僧睿传悉昙章一事,除此之外不见任何其他文献中有记载,尤其是早期的文献。而僧睿传的什么,也不清楚。再有,罗什生龟兹,龟兹与东天竺相距万里,此事至为清楚,不知安然何以将二者联系在一起?安然汇抄群书,而稍作编排,这是否是一种抄误?我颇怀疑这里的僧睿为慧睿之误,因为僧睿与慧睿是一人还是二人,在齐梁时已经就有人弄不太清楚。一直到今天,也还如此⑦。

## 七

讨论到这里,已经可以做一小结。把上面所论,归纳起来,我的意见是,唐代所传的题名鸠摩罗什法师所撰的《通韵》,疑点很多。从 S.1344 号写卷以及也是敦煌写卷中所传的《佛说楞伽经禅门悉昙章》前僧人定惠的序所转引的内容和各方面的证据来看,很难说它是罗什所著。它恐怕只是一部托名之作。这是一。同时还有一个问题需要加以考虑,就是,即使我们承认《通韵》是托名罗什之作,是否 S.1344 号写卷上所抄即为这部托名的《通韵》呢?回答还是不肯定的。因为写卷上最后讲到,"宫商角徵,并皆罗什八处轮转",仍然不大像是托名罗什本人的口气。从全文看,应该是对托名罗什所撰《通韵》一书的一种抄述。在敦煌写卷中,各类撮抄或抄述,林林总总,形形色色,内容各异,极为常见。这也是其中之一。就此而言,刘铭恕先生最早拟定的"论鸠摩罗什《通韵》"一名,倒似乎比较恰当一些,虽然所谓《通韵》,也未必真是罗什所撰。最后,要说明一下,做这样的结论,是不是意味着就否定了 S.1344 号写卷上所抄文字的价值呢?我想也不。因为它毕竟为我们保存了一种至少是在唐代就已经流传的关于印度悉昙学以及汉语等韵学的资料。从这一点讲,其中也有许多有价值、值得我们注意的地方。有关的其他方面的问题,希望以后有机会再做讨论。

【王邦维　北京大学东方学系教授】

原文刊于《中国文化》1992 年 02 期

---

⑦ 例如前引慧睿《喻疑论》,因为一题"长安睿法师",有人以为是指僧睿而非慧睿。见任继愈主编《中国佛教史》,第二卷,北京,1985,第二章第九节。但这恐怕是误解。汤用彤先生以为睿法师指慧睿。他的看法是正确的。

# 敦煌写卷 S.1344(2) 号中所谓
# "鸠摩罗什法师《通韵》"之研究

谭世宝

在伦敦大英博物院所藏 S.1344(2) 号敦煌写卷中,有二十九行文字曾被刘铭恕先生称为"论鸠摩罗什《通韵》"①。前辈大师饶宗颐先生对此文书曾做开拓性的研究。发表过一系列有关论著。② 其最近之一说,是认为这部分文字为《鸠摩罗什法师通韵》之原文。③ 而王邦维先生对此有些异议。其要点在于认为所谓《通韵》并非鸠摩罗什所撰。④ 笔者对此文书及有关问题也颇有兴趣,现提出一些浅见,敬请方家教正。

## 一、是《通韵》之原文抄件还是简介

就目前的资料来看,笔者认为唐人著述中所提及的鸠摩罗什《通韵》当是后人伪托的可能性较大。对此问题王邦维先生已有论及。而笔者愚见则要更进一

---

① 参考王邦维《鸠摩罗什〈通韵〉考疑暨敦煌写卷 S.1344 号相关问题》,《中国文化》第七期,第 71 页。
② 见《选堂集林》下《论鸠摩罗什〈通韵〉》,及《中印文化关系史论集·语文篇》所载《梵语R̃、R̄、L̃、L̄四流音及其对汉文学之影响》《鸠摩罗什〈通韵〉笺》《〈文心雕龙·声律篇〉与鸠罗什〈通韵〉》等。
③ 见《中印文化关系史论集》,第 41 页。
④ 见《中国文化》第七期,第 75 页。

步排除 S.1344（2）号写卷为所谓《通韵》抄件之可能，并否定刘铭恕把它称为"论鸠摩罗什《通韵》"之说。笔者认为 S.1344（2）前二十九行文字的内容涉及所谓《通韵》及《悉昙章》等著作。因此它绝非所谓《通韵》之抄件或单纯论《通韵》之文，而是综合简介有关《通韵》《悉昙章》的序文。其证如下：

1.S.1344（2）其实包括两部分文字。其前二十九行是缺题之文。因为首句顶格写作"鸠摩罗什法师通韵"，这显然不是题目而是正文内容。自首句以下二十九行文字是连贯而下，并无任何分隔。直到第三十行才稍低一格写作"修多罗法门卷第一纪王府掾太原郭玲奉敕撰"。这是文题及作者的抄录格式，标志由此以下为另一著作之抄录，由此可反证前此之二十九行是另一缺题之文。

2.S.1344（2）前二十九行文字据说与日本高野山三宝院藏宝历五年僧行愿翻刻本《涅槃经·文字品》"悉昙罗文"中的序文大致相同。⑤ 饶先生认为"《悉昙罗文》序文实袭自《通韵》"⑥。而王邦维先生则认为"相互间究竟谁因袭谁，谁是作者，在出现的当时，似乎就已经不太清楚"，其结论是认为《通韵》及《涅槃经悉昙章》等书"都不是罗什的作品"。⑦ 王先生此论颇有道理，但似乎忽略了从 S.1344（2）本身找更直接的证据和结论。

因为从 S.1344（2）前二十九行的文字格式及内容看，并非只论及所谓《通韵》，其在第十七行的第三字之后空了一格，后接之句为"又复《悉谈章》……"，可见由此开始论及的已非《通韵》，而是《悉谈章》。在《选堂集林》所载 S.1344（2）论鸠摩罗什《通韵》的录文分为两大段，以"又复悉昙章"以下为第二段，这是正确的，只可惜未把"悉昙章"视为另一著作加上书名号。⑧

由于 S.1344（2）的首二十九行文字至少论及《通韵》及《悉昙章》两种著作，而其内容又如饶先生所指出，与《涅槃经·文字品》"悉昙罗文"中之序文大致相同。因此可断定 S.1344（2）这部分内容的性质也应是序文而非正文。同时其撰抄之年理应后于其所涉及的《通韵》及《悉昙章》。由此可进一步断定应是其抄改"悉昙罗文"之序文而非相反。

---

⑤ 同③，第 42 页。
⑥ 同③，第 55 页。
⑦ 同④，第 73 页。
⑧ 见《选堂集林》下，第 1458—1459 页。

在日僧安然所集《诸阿阇梨真言密教部类总录》卷下《诸悉昙部》载有"《罗什悉谈章》一卷"⑨。又圆载《新书写请来法门等目录》载有"《涅槃经悉谈章》一卷，罗什三藏翻译，九张"⑩。足证唐人认为鸠摩罗什有"悉谈章"之译作，假如 S.1344（2）所提及之《悉谈章》是指此一卷九张之文，则所谓《通韵》之正文内容理应篇幅更多些。因为其对《悉谈章》之介绍只用了近十三行文字，而对《通韵》则用了十六行以上的文字介绍。其结尾说："……故略要文，后有学之，所知焉尔。"可知其对《通韵》之介绍是很简略的。这是序文之通例，否则就本末倒置了。《大般涅槃经悉谈章中国品》之序文末尾也是以"略述云尔"之句作结。⑪

## 二、内容之辨释

S.1344（2）虽然只是所谓《通韵》及《悉昙章》之简介，但涉及悉昙学史上一系列基本问题，疑问甚多，限于时间功力，本文只探讨其中一二。

1.所谓"本为五十二字"之分析。

S.1344（2）起首说：

> 鸠摩罗什法师通韵本为五十二字，生得一百八十二文。就里十四之声，复有五音和合，……

上文之"本为五十二字，生得一百八十二文"之句，颇为费解。究竟"五十二字"以何种方式"生得一百八十二文"呢？原文既无解说，研究者亦未加诠释。或以为"五十二字"之说本出于隋慧远《大般涅槃经义记》⑫，"或只断其与慧远

---

⑨ 见《大正藏》第 55 册，第 1110、1130 页。
⑩ 同上。
⑪ 见马渊和夫《日本韵学史研究》，第 91 页。
⑫ 同③，第 61—64 页。

所传是一个系统",但"二者之间是否另有关系,目前缺乏更多材料,只好存而不论"⑬。其实,从现有材料足可断定此"五十二字"说与彼慧远之"五十二字"说是名同而实异的两回事。

首先,《大般涅槃经》的经文本身(不论是法显还是昙无谶或慧观之本)只记载了五十个悉昙字,属于《涅槃经》系统的悉昙学家所应用的悉昙字实际都不会超出五十字之范围。慧远表面上主张"五十二字"说,其实只是在《涅槃经》所提供的五十字前加上"悉昙"两字,而这两字只是"题章名",至于"章体"则仍然是五十字。在五十字中,实际用于拼音的只有四十六字,其中以"噁、阿"等"初十二字是生字音",以"迦、佉已下三十四字是其字体"。其拼音生字之法就是以初十二字与后三十四字轮回拼合,故首轮拼出结果是四百零八字。⑭ 因此,安然正确地指出慧远之"五十二字"说"非谓根本字母之数"⑮。类似之例甚多,如智广虽然主张悉昙字总数为五十一,但他既把非生字所用的里等四文除掉,又认为其最末一个"罗声全阙生用",故其初章之拼合也是将"前三十四文对噁、阿等十二韵呼之,增以摩多,生字四百有八"⑯。属于《涅槃经》系统的还有四十七字、四十九字、四十六字等说,⑰然而殊途同归,与前举五十、五十一、五十二诸说一样,最终用于拼音的也只是四十六字,首轮拼合的结果都只是四百零八字。可能是有鉴于此,地婆诃罗译《方广大庄严经示书品》就只载录四十六个悉昙字⑱。

综上所述,笔者认为 S.1344(2)的五十二字说是极为独特而又不合理。从未见有人说"五十二字"或其他数目字能产生出"一百八十二文"。反之,一百八十二文只能分解为十四乘十三,七乘二十六,二乘九十一等,所分解的两部分相加之和又与五十二相去甚远,与前述各家之悉昙字数之分解组合迥异。由此可断其中必有讹误。

---

⑬ 同①,第74页。
⑭ 同③,第61—64页。
⑮ 见《大正藏》第84册,第373、485页。
⑯ 同上。
⑰ 参考《罗常培语言学论文选集》第54页及所附"四十九根本字诸经译文异同表"。
⑱ 同⑮,第372、407页。

2."十四之声"与"十四音"。

在前述首两句之后，S.1344（2）接着说：

> ……就里十四之声，复有五音和合，数满四千八万……⑲

其后文又说：

> ……十四音者，七字声短，七字声长。短者吸气而不高，长者平呼而不远……

以上"十四之声"及"十四音"的介绍，表明 S.1344（2）的撰抄者属于错误的一派，其结果益显混乱难解。

据现有资料，"十四音"之说源出于《涅槃经》，法显译《大般泥洹经》卷五《文字品》说：

> ……云何字本？佛告迦叶，初十四音名为字本。是十四音常为一切诸字之本。⑳

又昙无谶《大般涅槃经》卷八《如来性品》也有类似之说：

> ……有十四音名为字义……是十四音名曰字本。㉑

所谓"字本"亦称"根本字"，指悉昙的基本字母。因此，上述两经在进一步解释"字本"时即逐一把五十个悉昙字及义列出。可见，若依经义，则"十四音"不可能解作十四个字之音。但在唐代以前便有相当多人误解了《涅槃经》上述

---

⑲ "四千八万"或录作"四千八百"，见③第 43 页，然据同书第 30 页录文及第 57 页原件照片，当为"万"而非"百"。

⑳ 见《大正藏》第 12 册，第 413、887 页，引文依其注㉗。

㉑ 同上。

"十四音"之义,因而产生了"解单"与"解复"两大派之争。所谓"解单"主张一音代表一个悉昙字,把十四音解作十四个字。但是悉昙字母中光声势字便有十二、十四、十六等异说,因此"解单派"对于确定哪十四个字为十四音又有异说。其共同之点在于只把声势字列入,而把体文字排除出十四音之外。《隋书·经籍志叙》云:"……西域胡书,能以十四字贯一切音。"此说显然是由"解单"派误导之结果。因为依《涅槃经》之说是以"十四音常为一切诸字之本",也就是说由十四音可以拼出一切字。而《隋书》之说则颠倒过来,变成"以十四字贯一切音"。这就完全搞乱了悉昙中的音字关系。从语言文字史来看,实际上也是先有语音后有文字。所以,音为字本是对的。反之,以字为音本是大错特错。况且拼音生字是非有声势文与体文两部分不可,单有声势文是不能拼音生字的,也就不成其为"字本"了。正是有鉴于此,"解复派"主张一音可代表数个悉昙字,十四音是指包括声势字与体文字在内的全部悉昙根本字。例如冶城智秀主张以十二声势的"两字为一音,合有六音"。"次从迦佉以去有二十五字,五字为一音……合为五音,足前为十一也。次从耶啰以去有九字,三字为一音……合有三音,足前为十四音"。安然"谓此解为能",并指出:"上直言有十四为字本,仍次第解释四十六字,何得独取前者为音,后者非音耶?"[22]这是根据《涅槃经》的原始记载,批评"解单派"独取前者即声势文为音,而把后者即体文视为非音不当。显然,"解单派"是无法解答安然这一质疑的。当然,"解复派"也有异说,其中优劣,本文不打算细论。总而言之,关于"十四音"的问题是古代中日悉昙学界众说纷纭的难题,饶先生的专论《唐以前十四音遗说考》[23]可资参考。张世禄先生曾引吴稚晖的考证,认为"原初所谓十四音,是赅括声势和体文的……大概到了玄应把《涅槃经文字品》引入《一切经音义》内,而谓'其十四字,如言三十三字如是合之',才把许多体文屏出于《十四音》之外,而以《十四字》专指声势"[24]。吴氏之说有微误,在于不知玄应之误在唐以前已大盛。隋章安灌顶撰《大般涅槃经疏》卷十二《文字品》总结隋以前有关"十四音"的六家异说,其中"解单"占四

---

㉒ 同⑮,第 378 页。

㉓ 同③,第 97—112 页。

㉔ 见张世禄《中国音韵学史》下册,第 26—27 页,台湾商务印书馆 1978 年版。

家，"解复"只占两家。㉕然而后来在日本，则似乎是"解复"逐渐占优，这在前引安然《悉昙藏》的记载评论可知。另外，还可补充说明一点，就是"解单"发展到最后，形成了慧琳从根本上否定"十四音"而提出"十二音"之说。慧琳把"十四音"之谬归咎于昙无谶依龟兹国文字而不用天竺国音旨翻译《大般涅槃经》，㉖其实这是天大的冤枉，如前所引述，无论是昙无谶或法显所译之经文，都无其所谓"误除暗、恶两声，错取鲁留卢娄为数，所以言其十四"。这一错误，其实只是某些"解单"者的主张，如梁朝开善寺智藏法师及宋谢灵运、隋泽州慧远等皆是。㉗持此论者虽然稍多，但毕竟只是注家之言，故持异说争论者亦多。慧琳既误把此注家之误当作无异议的经文误译，又有意标榜自己的正误功劳。因而说："哀哉！已经三百八十余年，竟无一人能正此失。"其实慧琳此说不但误导当时之人，使得为之作序者皆标榜其"十二音"之新说，㉘而且至今尚未见有人正其失。其对"十四音"研究之错误影响可谓既大而深远。

现在，再继续探讨 S.1344（2）内的问题。饶先生曾经扼要地指出："十四之声谓元音十四音，五音即五毗声。"㉙这里可补充说明一点，就是 S.1344（2）在这里是采纳了"解单派"的说法，而这一说法首先是与其首句"本为五十二字"说发生矛盾。因为这里的"本"字就是指"字本"亦即悉昙的"根本字"，㉚既然承认"本为五十二字"，那么就不应同时主张十四音只是指"元音"。由此可见 S.1344（2）的撰抄者对其抄写的字句缺乏系统的正确理解。

3.所谓"五音和合"与"唯佛与佛能知"S.1344（2）云：

> 复有五音和合，数满四千八万，唯佛与佛能知，非是二乘恻（测）量，况乃凡夫所及，纵诵百番千遍，无由晓达其章。

---

㉕ 参考③，第98页。

㉖ 见《大正藏》第54册，第470页，参考③，第114—115页。

㉗ 参考③，第110—111页。

㉘ 见《大正藏》第54册，第311页。

㉙ 同③，第43页。

㉚ 《悉昙藏》卷三说："然字者，梵有二音：一名阿刹罗也，是根本字也；二者哩比鞞，是增加字也。根本者，即是本字。如阿字最初者，即是根本也……非但阿字，从迦佉等乃至婆诃皆是根本音。"见⑮，第388页。

饶先生曾指出,所谓"五音和合",似可以僧宗"用宫商于十四(音)中"解之。[31] 在另文饶先生又认为"五音即五毗声"[32]。然而无论用哪一说,我们都无法从"十四之声"与"五音和合"得出"数满四千八万"的结果。难怪它声明这是"唯佛与佛能知",我辈凡夫,当然是"无由晓达其章了"。因此,只能做揣测性的评论。

首先,拙见认为此处之"五音"似非指"五毗声"。因为假如用"五毗声"与"十四之声"和合便已"数满四千八万",那么还需要"九超声"吗?反之,既然压根就不再提及"九超声",那就可以推断其"五音"当包括而非排除"九超声"。否则,亦与其"本为五十二字"之说不符了。至于把"五音和合"解作"用宫商于十四(音)中",似尚可斟酌。按僧宗原语为"传译云十四音者,为天下音之本也。如善用宫商,于十四中随宜制语,是故为一切字本也"[33]。其意谓悉昙的拼音生一切字法,如同汉文的善用宫商五音来生一切字。并非教人把汉语的宫商五音与悉昙的十四声势和合而可以作为"一切字本",拼出一切字,因为这是绝对不可能的。悉昙的声势字只能与其体文配合才能成为字本。这点唐慧均亦曾清楚指出:

……有十二音、十四音、复有十六音,音为本,本能出字等也。梵音屈曲以因之转变,复成一切字本也。如此间音唯有五,谓宫、商、角、徵、羽。字本因此,生三万六千余字也。[34]

这段话可以说是前引僧宗语之正确发挥,其主旨是说明梵汉两种语言文字的"生字"方式的相似点,而不是教人把两者混淆。

那么,"五音和合"究竟是何意呢?拙见认为这似应是南北朝至隋唐间产生的一种新提法。张世禄先生曾指出:

----

[31] 见注③书,第26—27、43页。

[32] 同上。

[33] 同上。

[34] 同⑮,第369页。

……魏晋间，反切韵书已经风行，可是对于语音上音色的差异和音调、音势等变化的现象还没有分开来论列，因之当时借用宫、商、角、徵、羽这五音的名称来区别字调，往往并不认为单纯音调等变化的关系而把音素的差异也包含在内。后来竟把这五音的名称错作区别音素之用。

接着张先生以神珙《五音之图》及守温《韵学残卷》的《辩宫商徵羽角》为例证，做结论说：

把这五个字音分别形容它们发音的部位和情状，并不是单就辅音而言，还包含着这些字音里元音性质的关系。这种含混的辨音，一方面启示了韵素上"等呼"的区分，一方面在后代又配成了"五音""七音"，用这些名称来表明声组上发音部位的差别。㉟

其实根据前述僧宗及慧均之语可补充说明一点，就是在南北朝至隋唐已有人把由声、韵、调三者构成的一切汉字之音归结为"五音"。在这里，"五音"是和梵字的"十四音"即包括声势与体文在内的根本字音做比较分析的。至于用"五音"对梵字的毗声做比较分析有大影响而又作者清楚的著作是慧琳《一切经音义》的《辩文字功德及出生次第》。其文云：

……称呼梵字，亦五音伦次，喉腭断齿唇吻等声，则迦左绉弹跛五声之下，又各有五音，即迦佉谁伽仰，乃至跛颇么溶莽，皆从深向浅，亦如此国五音宫商角徵羽。五音之内，又以五行相参……㊱

唐宗睿和尚也有类似之说：

……真旦五音谓宫商角徵羽，即是喉腭舌齿唇字其处音也。天竺五音

---

㉟　同㉔，第 24—25 页。
㊱　同㉘，第 470 页。

谓迦左吒多波即是喉腭舌齿所发音也。㊲

由此可见,慧琳等所谓天竺五音是指由迦至莽的二十五个毗声,虽然不少悉昙家持此见,然而,S.1344(2)的"五音和合"则似乎不能按慧琳这一系统的含意来解释,而是属于与《涅槃经悉昙章》同类的梵汉混合之悉昙学系统。例如《大般涅槃经悉谈章中国品》云:

> ……就经本十四音中,复有七音而合会。十四音者,七字声短,七字声长。短即吸气而难听,长即手(当作平)呼而不远。轻音重和,平上短长,随去入之音声。略述云尔。㊳

这里的"经本十四音中,复有七音而合会"的句式与 S.1344(2)的"就里十四之声,复有五音和合"显然同类。由于 S.1344(2)只有序文而无正文。故其"五音和合"成谜,而《悉谈章》则有正文,故其"七音"可知如下:

(1)胸藏音者,指"噁啊"等十二声势。

(2)牙中音者,指"迦佉"等五体文与十二声势的拼合。

(3)齿中音者,指"遮车"等五体文与十二声势的拼合。

(4)舌中音者,指"吒佗"等五体文与十二声势的拼合。

(5)喉中音者,指"哆他"等五体文与十二声势的拼合。

(6)唇中音者,指"波颇"等五体文与十二声势的拼合。

(7)和会音者,指"耶啰"等九体文与十二声势的拼合。㊳

由此可见,"七音而合会"乃指十二声势与三十四体文之合会而成七类音。据此类推,则 S.1344(2)的"五音和合"亦当包括声势与体文全部根本字的拼合。对此亦可再提出一些旁证:

---

㊲ 同⑮,第 668 页。

㊳ 同⑪,参见第 91—92 页。

㊳ 同上。

首先，《大般涅槃经》中所载梵字五声为：1.吸气；2.舌根；3.随鼻；4.长短；5.超声。[40] 而《大般泥洹经》所述较详细，其文如下：

> 吸气之声、舌根之声、随鼻之声、超声、长（按：原缺"短"字）声。以斯等义和合此字，如此诸字和顺诸声入众言音，皆因舌齿而有差别。[41]

可见 S.1344（2）的"五音和合"当出于经文的"五声和合"生字说。对于五声在悉昙根本字中的分配，虽然注家众说纷纭，但对长短声是指声势则似无疑义。如《悉昙藏》卷五载：

> ……梁武云：二十五字初五字为舌根声，后二十字为随鼻声也。长短者如前十二字也。超声者，一云九字是超声，一云庵痾两字也。[42]

然而，经文的"五声"之名毕竟较为含混，以致注解纷纭，莫衷一是，故后来就被改为比较明晰的"五音"之名。如《悉昙秘传记》便把十二摩多分为口内、舌内、唇内三种音，遍口十字亦是如此划分，对二十五毗声虽然以牙、齿、舌、喉、唇等划分，同时又标上唇内、舌内、口内等。[43] 又如《悉昙轮略图抄》卷三载"五音事"之图，把十二声势及三十四体文都用"宫商角徵羽"来划分。又其所载的"当中间事"之图，则以"牙齿舌喉唇"来划分三十四体文，以"喉腭舌齿唇"来划分十二声势。[44] 此外，同书卷二所载"摩多体文事"之图，则似乎综合了上举两图的内容。既以"宫商角徵羽"来划分摩多与体文，又以"唇舌唇舌口"来划分摩多，以"牙齿舌喉唇"来划分二十五毗声。[45]

综上所述，笔者认为所谓《通韵》是与《悉谈章》同类的梵汉混合的悉昙学著

---

⑩　参见⑳，第 414、888 页。

⑪　同上。

⑫　同⑮，第 409、643、659、668 页。

⑬　同上。

⑭　同上。

⑮　同上。

作,其"五音和合"之说源出于《大般泥洹经》的"五声和合"说,而其"五音"之名实意义,当与《悉昙轮略图抄》卷三所载之图同类。

至于"唯佛与佛能知"之说亦可能只是隋唐以来出现行时的非正统佛教悉昙学之谬说。因为《大般涅槃经》明确说:"凡夫之人学是字本,然后能知是法非法。"[46]《大般泥洹经》亦说:"童蒙众生从此字本学通诸法是法非法,知其差别。"[47]可见,正统的佛教悉昙学与世俗悉昙学一样,认为世俗之人乃至童蒙小孩都可学通悉昙文字的。对于 S.1344(2)所持此类谬说之源流影响,留待另文再论。

4.S.1344(2)中的《悉谈章》探讨。

S.1344(2)前二十七行的第二部分起首说:

> 又复《悉谈章》:初二字与一切音声作本。复能生声,亦能收他一切音声。六道殊胜语言悉摄在中。于中廿五字,正能出生长短。超声不能收他,唯当地(他)自收。后有一百廿字,为他所生,复不生他,正得为他收。

前文已论及,S.1344(2)中的《通韵》与《悉谈章》是两部不同之著作,只要我们弄清了上文所说字数音关系,就更明白其与《通韵》所说的结构系统有很大差异。首先,"初二字与一切音声作本"是什么意思呢?未见有人论及,其实这是很关键的。笔者认为"初二字"可以肯定或误或漏。因为遍览现存悉昙学资料,从未见有所谓"初二字"能作"一切音声"之本,尽管在根本字数目上有四十六至五十二等异说。另外,此说亦犯了某些悉昙学者之误,把音为字本颠倒为字作音本,而且是以"初二字"作为"一切音声"之本,可说大错特错。其实,这里的"初二字"应是"初半字"之误。《大般涅槃经》云:"佛言:善男子说初半字以为根本。"[48]《大般泥洹经》云:"佛告迦叶,初现半字为一切本。……是故半字为一切诸字之本。"[49]经文中的"初半字"及"半字"就是指悉昙的根本字,其所以称为半

---

⑯ 同⑳,第413、887—889页。
⑰ 同上。
⑱ 同上。
⑲ 同⑳,第413、887—889页。

字,主要原因是声势与体文拼合才成为音意俱全之字。古代悉昙家对此有不少较为正确的解释。例如梁武《涅槃疏》云:"十四音皆是半字。"[50]又隋慧远《大般涅槃经义记》卷四云:"如来略答:于中初明半字为本,名悉昙章以为初半。"[51]又隋章安灌顶《大般涅槃经疏》卷十二载:"初半字者,世法名半字,佛性名满字。"[52]又惠均《玄义记》云:"……十四音名字本者,满字之半,即此半字合而成满。故以十四音为字本,十四音皆是半字。"[53]由此可见,若把"初二字与一切音声作本"改为"初半字与一切音声作本",就等于说"十四音与一切音声作本",这就既合上述经文及注家之说,又合乎情理。

再看"于中廿五字",饶先生指为毗声廿五字[54]是对的。至于"复有一百廿字,为他所生"之意,尚可探讨。拙见认为这里讲的当是紧随毗声之后的超声生字之情况。在悉昙学家中,有一派主张四十七根本字,其中包括声势十二,毗声廿五,超声十。如智广《悉昙字记》把四十七字分为十二韵和三十五体文,其中最后十个称为"遍口之声"。[55]理论上,用"十遍口之声"与十二韵拼合一番是可以得出一百廿字的。同样,S.1344（2）在下文说"就中有四百廿字,竖则双声,横则牒韵",这里的"四百廿字"和前述"一百廿字"是前人未有注解的,但也是关键的数字。在《大般涅槃经悉谈章中国品》则作"总有四百廿字,竖则双声,横则叠韵",[56]显然这四百廿字不可能只是廿五毗声与十二声势或十四、十六声势拼合的结果。因为四百廿字是根本无法用廿五来整除的。因此,从纯理论的角度推断,只有三十五体文与十二声势拼合一番,才会得出四百廿字。然而,这"四百廿字"与前述"一百廿字"都是不切实际的计算结果,因为主张四十七根本字的人,其实际用于生字的体文只有三十四个而非三十五个,就是智广本人也是如此。前引《悉昙字记》的首轮生字结果也只是四百零八而非四百二十。即使是

---

[50] 同⑮,第410页。

[51] 见《大正藏》第37册,第707页。

[52] 见《大正藏》第38册,第110页。又《悉昙藏》卷七引此为河西法朗语,同⑮,第432页。

[53] 同⑮,第432—433页。

[54] 同③,第51页。

[55] 同㉘,第1186页。

[56] 同⑪,第90—93页。

标榜四百廿字的《涅槃经悉昙章》，实际也是以三十四体文和十二声势拼合。[57] S.1344（2）上述数字方面的讹误，显示了其实质是伪造之悉昙学。诸如此类的伪学，显然是源于胡地，而流于中国、日本。安然《悉昙藏》卷一对此曾有较系统的揭露批评。兹引述其说如下：

> ……今此《大悉昙章》本末两卷之内，都有一万六千五百五十字也。……自初单迦字至四合字，皆以十二转呼之，一万六千五百五十字也。然是后人以意作此合法，天竺梵文未见此式而已。[58]

这里点明《大悉昙章》的拼合生字法是把五十字中的体文单字以及二合、三合、四合之字都与十二声势拼合，是"后人以意作此"。其后文更进一步指出："智广、全真并云无尽，而云一万六千五百五十字也，故知是和人黯推而所造矣。"说明《大悉昙章》的拼合方法及字数乃日本人"黯推而所造矣"。其后又指出："裴家记云，西国牟尼三藏《梵汉对译悉昙》，泽州疏中具载文。故知此亦胡人所黯造也。"[59] 由此可见始作俑者乃西域胡人也。

最后要说明一点，S.1344（2）的"初二字"说之误，似乎亦有渊源。安然《悉昙藏》又载："《百论》云，劫初大梵王将七十二字来化于世间，世间皆不信，故吞七十字，唯留于二字著口之左右，谓阿之与沤。故外道经初皆安此二字，言阿无沤有。谓一切诸法不出有无义故安于经初，以表吉相。"[60] 因此，假如"初二字"不是"初半字"的无意笔误，而是有意立异，则其所据当是这种外道的"二字"谬说讹传。

---

㊐ 同⑪，第 90—93 页。
㊒ 同⑮，第 374—375 页。
㊓ 同上。
㊔ 同上。

## 三、结语

综上所述，笔者认为 S.1344（2）号写卷前二十九行文字是对所谓《通韵》及《悉谈章》作简介之序文。由于被序者为伪悉昙学之作，而抄序者之水平亦劣，以讹传讹，颇多漏误混乱，故难解处甚多。本文仅就其中几点做初步的探讨。余疑涉面甚广，且待续做进一步研讨。饶宗颐先生及王邦维先生有关问题之佳作，对本人启迪很大。另外，本人在研究过程中，承蒙北京大学荣新江先生鼎力提供参考资料，在此一并表示敬谢之意。

【谭世宝　山东大学历史文化学院教授】
原文刊于《中国文化》1994 年 02 期

# 《庐山远公话》新校

项　楚

敦煌变文的发现迄今已近一个世纪了。最早汇集变文材料成书的是周绍良编《敦煌变文汇录》(1954年)，而影响最大的则是王重民等编《敦煌变文集》(1957年)。潘重规评论说："王编根据一百八十七个写本，过录之后，经过互校，编成七十八种。每一种，篇中有旁注，篇末有校记。就资料供应、披阅便利方面看来，已被国际学者公认是所有变文辑本中最丰富的一部。王重民先生自己也称：'这可以说是最后最大的一次整理。'因此，自西元一九五七年出版以来，海内外研究变文的学人，无不凭借此书为立说的根据。无疑地，《敦煌变文集》在国际学术界中已建立了崇高卓越的地位。"(《敦煌变文集新书引言》)《敦煌变文集》的问世极大地推动了敦煌变文的研究，这是有目共睹的。不仅如此，它还提供了极其丰富的唐五代口语文献资料，促成了蒋礼鸿《敦煌变文字义通释》等若干名著产生。在大陆地区近代汉语研究热潮的背景下，出现了数以百计的校正《变文集》文字错误的论文。其实《变文集》代表了当时变文研究所达到的水平，由此招来许多补正的论文，正表明《变文集》促进学术进步的作用。

不过《敦煌变文集》并不是"最后最大的一次整理"。1984年潘重规《敦煌变文集新书》在台北出版，这是第二代的变文集。编者是国学大师黄季刚先生的学术传人，学识渊博，并且目验了巴黎、伦敦和台北所藏的全部变文原卷，因此

《新书》在吸收《敦煌变文集》全部内容的基础上,纠正了《变文集》的大量错误,并且补充了新的内容,"后出转精"的赞誉当之无愧。由于台湾海峡两岸当时处于隔绝状态,大陆地区的大量相关论文《新书》的编者无从寓目,因而也留下了一些遗憾。

1997 年,张涌泉、黄征《敦煌变文校注》出版,这是第三代的变文集。校注者充分吸取了第一代、第二代变文集的优点,同时对数量巨大的全部相关论著的成果兼收并蓄,因而是集大成的著作。校注者对敦煌俗字和俗语词研究有素,因而去取精当、立说有据,是迄今录文最可靠、收文最丰富的变文全辑本。正因为如此,读者更期盼它达到"毫发无遗憾"的境地。笔者近日阅读了《校注》中《嚧山远公话》一篇,下面提出若干补校意见,供作者和读者参考。

**遂焚无价宝香,结跏敷座,便念《涅槃经》。(二五二页)**

**校注**:结,原录从"足"旁。徐校:"当作'结'。"下文"结跏敷座","结"字亦从足旁,皆偏旁类化字。

**楚按**:所校是,"敷座"亦应作"跏坐","结跏跏坐"即打坐。《大智度论》卷七:"诸坐法中,结跏跏坐最安隐,不疲极。此是坐禅人坐法,摄持手足,心亦不散。"慧琳《一切经音义》卷八《跏趺》:"上音加,下音夫,皆俗字也,正体作加跗。郑注《仪礼》云:跗,足上也。顾野王云:足面上也。案《金刚顶》及《毗卢遮那》等经,坐法差别非一,今略举二三,明四威仪皆有深意。结跏趺坐,略有三种。一曰吉祥,二曰降魔。凡坐皆先以右趾押左股,后以左趾押右股,此即右押右,手亦左居上,名曰降魔坐,诸禅宗多传此坐。若依持明藏教瑜伽法门,即传吉祥为上,降魔坐有时而用。其吉祥坐,先以左趾押右股,后以右趾押左股,令二足掌仰于二股之上,手亦右押左,仰安跏趺之上,名为吉祥坐,如来昔在菩提树下成正觉时,身安吉祥之坐,手作降魔之印,是故如来常安此坐,转妙法轮。若依秘密瑜伽,身语意业,举动威仪,无非密印,坐法差别,并须师授,或曰半加,或名贤坐,或象轮王,或住调伏,与此法相应,即授此坐,皆佛密意有所示也。"《祖堂集》卷一七《岑和尚》:"大通智胜佛虽十劫在菩提树下金刚座上结跏趺坐,犹是菩萨,未成佛故。"

**我从无量劫来，守镇此山，并不曾见有。僧人来投此山，皆是与我山中长福穰（禳）灾。**（二五三页）

楚按："有"下句号删，"不曾见"的宾语是"有僧人来投此山"之事。

**是日夜（也），拣炼神兵，闪电百般，雷鸣千钟（种），彻晓喧喧，神鬼造寺。**（二五三页）

校注：项楚校："据'彻晓喧喧'之语，可知事情发生在夜间，'日'字当是衍文。"按：当是"夜"通"也"，"是日也"下逗，表示这天开始点兵造寺，通宵达旦乃成。"夜""也"多可通借，如伯二七一八王梵志诗："损失酬高价，求嗔得也磨？""也"字斯四六六九作"夜"。本文后有"是夜倍程"，"夜"原写"也"，旁改"夜"。即其例。"是时也""是日也"之类皆说话人的套语。

楚按："夜""也"虽可通假，此处"夜"字却非"也"字通假。盖书手欲写"是夜"，误写"是日"，发觉后补写"夜"字于下，而未及涂去"日"字，遂成"是日夜"矣。按神鬼助远公造寺的传说，当是源自《莲社高贤传·慧远法师》："（慧）永乃谓刺史桓伊曰：'远公方当宏道，而贫道所栖，隘不可处。'时师梦山神告曰：'此山足可栖神，愿毋往。'其夕大雨雷震，诘旦林麓广辟，素沙布地，楩楠文梓，充布地上，不知所自。伊大敬感，乃为建刹，名其殿曰神运，以在永师舍东，故号东林。"云"其夕"，云"诘旦"，可知正是夜间之事也。

**有寺号为化成之寺。**（二五四页）

校注：成，原录校作"城"。按：此盖臆改，于史无征。"化成"乃取义于"化力所成"，谓非人造，故"成"字不误。

楚按：原录校"成"为"城"是有根据的，《续高僧传》卷一六《法充传》："末住庐山半顶化城寺修定，自非僧事，未尝妄履。"白居易《游大林寺序》："自遗爱草堂历东西二林，抵化城，憩峰顶，登香炉峰。"明徐渭《化城寺》："过溪无虎啸，枉送远禅师。"按庐山有三化城寺，其上化城寺乃慧远所建。"化城"后人亦有作"化成"者，宋陈舜俞《庐山记》卷一："次上化成院，亦义熙中远公所立也。""化城"取义源自《妙法莲华经·化城喻品》："譬如险恶道,迥绝多毒兽,又复无水草,人所怖畏处。无数千万众,欲过此险道,其路甚旷远,经五百由旬。时有一导师,强识有智慧,明了心决定,在险济众难。众人皆疲倦,而白导师言:我等今顿乏,于此欲退还。导师作是念:此辈甚可愍,如何欲退还,而失大珍宝。寻时思方便,当设神通力,化作大城郭,庄严诸舍宅,周匝有园林,渠流及浴池,重门高楼阁,男女皆充满。即作是化已,慰众言无惧,汝等入此城,各可随所乐。诸人既入城,心皆大欢喜,皆生安隐想,自谓已得度。导师知息已,集众而告言:汝等当前进,此是化城耳。我见汝疲极,中路欲退还,权作此化城,汝今勤精进,当共至宝所。"

**是时红焰连天,黑烟蓬悖。**(二五四页)

　　**校注**:悖,原录校作"勃"。按:"蓬悖"为联绵词,不烦校。

　　**楚按**:联绵词虽然字形并不固定,但此处"悖"却应作"㶿",以形近误书。"蓬㶿"为烟火浓盛之貌,亦写作"爟㶿""蓬勃"等,如《长阿含经》卷一九:"黑烟爟㶿起,赫烈难可睹。"又:"灰汤涌沸,恶气爟㶿。"《妙法莲华经·譬喻品》:"臭烟爟㶿,四面充塞。"《太平广记》卷三八二《杨师操》(出《冥祥记》):"到一处,有孔极小,唯见小星流出,臭烟蓬勃。"

**若要贫道驱使,只是此身。若要贫道,只须莫障贫道念经。**(二五五页)

　　**楚按**:第三句脱"身"字,应作"若要贫道身"。这段文字是回答上文"将军为当要贫道身? 为当要贫道业?"而说的,"若要贫道身"正与"为当要贫道身"相对应。

**若也来迟,遣左右捉来,只向马前腰斩三截,莫言不道!**(二五五页)

　　**校注**:不道:不讲义理,邪恶。《魏书》卷七二《阳尼传》载《演赜赋》:"志行褊小,好行不道。"

　　**楚按**:"莫言不道"犹云"勿谓言之不预",是预先警告的话。《韩擒虎话本》:"若一人退后,斩刹(杀)诸将,莫言不道!"本篇下文:"若也只对一字参差,却到贱奴向相公边请杖,就高座上拽下决了,趁出寺门,不得为众宣扬,莫言不道!"两处"莫言不道"也都是预先警告的话。

**我适来于门外设誓,与他将军为奴,永更久住不得。**(二五六页)

校注:永,原录作"来"。江蓝生校:"'来'字应属上。"按:原卷作"永","永更"即"更","永"起加强语气的作用。

楚按:原卷所写实为"来"字,此字应属上,作"与他将军为奴来",江校是。

**道安开讲,敢(感)得天花乱坠,乐(药)味花香。**(二五六页)

校注:项楚校:"'乐'当作'药'。"按:项校是,"药"指花卉,《捉季布传文》有"花药园中影树身"句。

楚按:今日思之,拙校"乐"当作"药"是不正确的。"乐味"是佛经中的妙药,《大般涅槃经》卷七:"譬如雪山,有一味药,名曰乐味。其味极甜,在深丛下,人无能见,有人闻香,即知其地当有是药。过去往世有转轮王,于此雪山,为此药故,在在处处,造作木筒,以接是药。是药熟时,从地流出,集木筒中,其味真正。王既没已,其后是药或酢或咸,或甜或苦,或辛或淡,如是一味,随其流处,有种种异。是药真味,停留在山,犹如满月。凡人薄福,虽以镶斫,加功困苦,而不能得。复有圣王,出现于世,以福因缘,即得是药真正之味。善男子,如来秘藏,其味亦尔,为诸烦恼丛林所覆,无明众生不能得见。一味者,喻如佛性,以烦恼故,出种种味。"变文中的"乐味"即是此药。

**风经林内,吹竹如丝。**(二五六页)

校注:吹竹,疑当作"翠柳",盖"如丝"者非竹之貌。

楚按:原文"吹竹"不误,"吹竹如丝"谓风吹竹林,发出音乐之声。"丝"指弦乐器,《周礼·春官·大师》:"皆播之以八音:金、石、土、革、丝、木、匏、竹。"郑玄注:"丝,琴瑟也。"

**自拟到东都，见及上下经台，陈论过状，道我是贼，令捉获我。**（二五七页）

楚按：中二句应作"见及上下，经台陈论过状"。"上下"本是对尊长的敬称，颜师古《匡谬正俗》卷八《上下》："荀爽《与李膺书》云：'舍馆上下，福祚日新。'此盖古来人士致书相问之常辞耳。凡言上下者，犹称尊卑，总论也，此类非一。是以王逸少父子与人书，每云上下数动静，上下咸宜。上者属于尊亲，下者明谓子弟。为论及彼之尊上，所以上字皆为悬阙。而江南士俗近相承与人言议及书翰往复，皆指父母为上下，深不达其意耳。"按"上下"不仅以称父母，凡尊上乃至官长皆可称为上下，如《燕子赋》（甲）："燕子文牒，并是虚辞，眯目上下，请王对推。"《水浒》三九回："戴宗坐下，只见个酒保来问道：'上下，打几角酒？要什么肉食下酒？或猪羊牛肉？'"本篇的"见及上下"即见官的意思。本篇的"经台"则应与下句"陈论过状"连读，即向官府投诉。"经"即向人投诉，《太平广记》卷一二六《郭霸》："俄而霸以刀子自刺乳下，搅之，曰：'大快！'家人走问之，曰：'御史孙容师刺我。'其子经御史顾琮讼容师，琮以荒乱言不理。""台"本是六朝时期的中央政府及其衙署，《文选》卷四〇任昉《奏弹刘整》："辄摄整亡父旧使海蛤到台辩问。"唐代的监察机构御史台亦简称"台"，《太平广记》卷一二六《万国俊》："唐侍御史万国俊，令史出身，残忍为怀，楚毒是务，奏六道使，诛斩流人，杀害无数。后从台出，至天津桥南，有鬼满路，遮截马足，不得前进。"本篇的"陈论"即是投诉，《祖堂集》卷一五《归宗和尚》："时有江州东林寺长讲《维摩经》及《肇论》座主神建问：'如何是触目菩提？'师乃跷起一脚示他。座主云：'莫无礼！'师云：'不无礼，三个现在，座主一任拣取。'座主不会，遂置状于江州陈论刺史李万卷。李公判云：'……奇哉！空门弟子，不会色空，却置状词投公断理。'"因此原文这几句是说，远公打算见官，向官府呈递诉状，告发白庄是贼。

**且见远公标："身长七尺，白银相光，额广眉高，面如满月，发如涂漆，唇若点朱，行步中王，手垂过膝。"**（二五七页）

校注：徐校："'王'疑当作'正'。"刘凯鸣校："'王'乃'巨'之讹。《说文》：'巨，规巨也。'巨、榘、矩，古今字。"按："中王"似不误。佛经有三十二大人相之说，不限于佛。具此相者在家为轮王，出家则开无上觉。《法界次第》下之下："人天中尊众圣之王，故现三十二相也。"《三藏法数》四十八："九、手过膝相，手长过膝者；……十九、身如狮子相，身体平正、威仪严肃如狮子王者。""如狮子王"盖与"中王"义近。又潘重规"中王"作"牛王"，云："原卷'牛'字，《变文集》误作'中'。"按：原卷作"牛"，即"中"字的手书，非"牛"字。且"牛王"亦费解。

**楚按**：本段原文有两处可议。一，校注一五八条云："标：插在身上的表记，用以说明所卖人畜货物的价格、特点等情况。"故校注者在原文"标"下施冒号、引号，而以"身长七尺"至"手垂过膝"等八句纳入引号之中，作为"标"上的说明文字。其实"身长七尺"等八句是作者的叙述文字，写众人眼中所看到的远公的殊异形貌，校注者所加的冒号、引号皆应删去。盖"标"作为出售物件的标记，上面不一定必须写上物件的相关情况，如《水浒》三回："见一条大汉，头戴一顶抓角儿头巾，穿一领旧战袍，手里拿着一口宝刀，插着个草标儿，立在街上，口里自言自语说道：'不遇识者，屈沉了我这口宝刀！'"这个"草标儿"就只起标记作用，而不可能写上宝刀的有关情形。二，原卷所写正是"牛"字，而非"中"字，潘重规作"牛王"是正确的。"牛王"即牛中之殊胜者，佛经多以"王"称同类中之优异者，如云"象王""山王"等，《无量寿经》卷下："犹如牛王，无能胜故；犹如象王，善调御故；如师子王，无所畏故。"《宗镜录》卷五〇："又诸经内逗缘称机，更有多名，随处安立。以广大无边，目之为'海'；以圆明理显，称之曰'珠'；以万法所宗，号之为'王'；以能生一切，诺之曰'母'。"按牛之行步，平正有力，《妙法莲华经·譬喻品》："驾以白牛，肤色充洁，形体姝好，有大筋力，行步平正，其疾如风。"故佛书多以"牛行"比喻行步稳健，有大人之相。《续高僧传》卷一七《慧思传》："身相挺特，能自胜持，不倚不斜，牛行象视。"《景德传灯录》卷六《江西道一禅师》："容貌奇异，牛行虎视，引舌过鼻，足下有二轮文。"敦煌遗书斯六六三一《四威仪·行威仪》："行步徐徐牛顾视，高观下盼不移神。"本篇云"行步牛王"者，即言远公动止殊特，有大人之相也。

**我今世上过却千万留贱之人，实是不曾见有！**（二五七页）

　　**校注**：留贱：卑贱。"留"当为留住之意。孙奭《律音义》"流"字下引建隆四年制："犯徒者，加杖、免役。犯流者，加杖、留住，三流俱役一年，加役流者三年。""留住"即犯流刑被远配边鄙留住服役的，故"留贱之人"即指罪犯、奴仆之类。

　　**楚按**：此说尚未惬当人意。窃谓"留"即"良"之声转，"良贱之人"即良人和贱人，亦即平民和奴婢，"千万良贱之人"即指不论身份高低贵贱的无数之人。

**此个量口并不得诸处货卖，当朝宰相崔相公宅内只消得此人。**（二五七页）

　　**校注**：消：需要，盖二字合音。下文"只消得此人""身上有何伎艺消得五百贯钱"，皆同。

　　**楚按**："消"即消受、享用之义，《唐语林》卷一："卢钧进士出身，历中外五十年，岂不消中书一顿饭？"《故圆鉴大师二十四孝押座文》："休消贿货耽淫欲，莫恼慈亲纵酒狂。"苏轼《永和清都观道士童颜鬒发问其年生于丙子盖与予同求此诗》："自笑余生消底物？半篙清涨百滩空。"《古尊宿语录》卷三七《鼓山先兴圣国师和尚法堂玄要广集》："据何眼目，消得人天应供？"

**我昨夜梦中见一神入我宅内，今日见此生口，莫是应我梦也！**（二五八页）

　　**校注**："神"下原录有"人"字。按：原卷先写"人"字，旁改写为"神"字，故"人"字不当录出。

　　**楚按**：原卷并非改"人"为"神"，而是补写"神"字。"神人"就是"神"，扬雄《长杨赋》："听庙中之雍雍，受神人之福祐。"

**生身讬母荫在胎中，临月之间，由（犹）如苏酪。**（二五九页）

　　**校注**：苏酪，即"酥酪"，比喻临产血流洒地，如乳酪流淌。

　　**楚按**：这里的"临月"是指怀孕的第一个月，"酥酪"是形容受精初期的胚胎，慧琳《一切经音义》卷四七《对法论音义》（玄应撰）："羯罗蓝，旧言歌逻逻,此云凝滑。父母不净合和,如蜜如酪,泯然成一,于受生七日中,凝滑如酪上凝膏渐结,有肥滑也。"

**男在阿孃左边,女在阿孃右胁,贴着附近心肝。**(二五九页)

楚按:"贴着"当属上,管着上面两句,谓男在阿孃左边贴着,女在阿孃右胁贴着。按《阿毘达磨藏显宗论》卷一三:"若男处胎,依母右胁,向背蹲坐;若女处胎,依母左胁,向腹而住,女男惯习左右事故。"所说的男右女左的位置,正和本篇的男左女右的位置相反。按《八相变》载摩耶夫人"举手攀枝,释迦真身从右胁诞出",可知男右女左的位置是佛书的一般说法。

**既先忍子,还须后死。即此为"生"。**(二六○页)

楚按:末句"此"下应脱"名"字,"生"下应脱"苦"字,原文应是"即此名为'生苦'"。盖此段所说为"生苦",此句为总结本段之语,故云"即此名为'生苦'",犹如以下各段总结语作"此即名为'老苦'""此即名为'病苦'""即此名为'死苦'",等等。

**大限不过百岁,其中七十早希;人人同受百岁,能得几时!**(二六○页)

校注:人,原录作"三"。按:"三人同受百岁"费解,"三"当作"人"。此盖原卷涉次行"三思"之"三"而误。"人人同受百岁"谓每人皆禀受百岁之天年。斯七七八、斯一三九九王梵志诗:"傍看数个大憨痴,造宅舍拟作万年期。人人百岁乃有一,纵令七十长少稀。□□□□期却半,欲似流星光暂时。中途少小撩乱死,亦有初生婴孩儿。无问男夫及女妇,不得惊忙审三思。"意与此同。

楚按:原文"三"字不误,"三人同受百岁",谓三人寿命相加,可得百岁,则一人之寿命不过三十三岁而已,故下接"能得几时",言其寿命不长也。若改为"人人同受百岁",正与作者原意相反。按权德舆《古兴》:"人生大限虽百岁,就中三十称一世。"正是"三人同受百岁"之意。

**从此道安说法,不能平等。**（二六二页）

　　楚按:上句"此"下脱"知"字,作"从此知道安说法不能平等",上文正有"便知道安上人说法,不能平等"之语。

**听得一自(字)之妙法,入于身心。**（二六二页）

　　楚按:原校"自"作"字",非是。原文"自"字乃是"句"字形误,下文有"得一句妙法,分别得无量无边"之语,可为证也。

**着街衢见端正之人,便言前境修来。**（二六二页）

　　校注:着,原录作"著"。项楚注:"'著'当作'若'。"按:原卷作"着"(卷内皆同,原录多有改为"著"者,"着""著"并行,今凡录作"著"者悉依原卷作"着"),为介词,义同"于"。《全唐诗话》卷一《王维》条:"在泉为珠,着壁成绘。""著"即"在""于"之意。

　　楚按:"著""着"二字,在敦煌写本中本多混用,并无实质的不同。至于《全唐诗话》的"在泉为珠,着壁成绘",是说处于泉中则为珠,附着壁上即成绘,"着"不必理解为介词。而把本篇的"着街衢"说成是"于街衢",也觉得勉强。原文"弟三是有相者"以下的一段话,是设想"有相"的两种情形,"着街衢"云云便是其中之一,"着"为"若"的形近之误是有可能的。

**适来据汝宣扬,不若(弱)于道安,与我更说多少。**（二六三页）

　　楚按:第二句"不"上原卷有"也"字,作"也不若(弱)于道安"。末句"多少"原卷作"少多",校记已经指出,正文亦应改正。

**相公先遣钱二百贯文,然后将善庆来入寺内。**（二六四页）

　　校注:遣,疑有误。前文云:"相公每日朝下,常在福光寺内听道安讲经,纳钱一百贯文。"用"纳"而不用"遣"。或"遣"下脱"纳"字。

　　楚按:"遣"字不误。"遣"的本义是派遣,这里的"遣钱"是派人预先送钱的意思,故前面用了"先"字。

**其时善庆亦其堂内起来,高声便唤,指住经题。**(二六四页)

  校注:指,原录作"止"。按:原卷先写"止",又接写"指",盖为表示以"指"改"止"之意。

  楚按:第一句第二个"其"字应是"自"字之误,作"自堂内起来"。末句原卷先写"止"字,又接写"指"字,但这个"指"字上面又加一点,表示涂抹,则原卷仍是"止住经题",谓打断经题,原录作"止"是正确的。

**汝见今身,且为下贱,如何即得自由佛法! 付嘱国王大臣,智者方能了义。**(二六四页)

  楚按:第三句作"如何即得自由",谓远公身为下贱奴隶,没有人身自由。"佛法"是下句的主语,应连下作"佛法付嘱国王大臣",盖佛教在传播中有意借助国王大臣等的势力,故有此说,如《仁王护国般若波罗蜜经》卷下《奉持品》:"我以是经付嘱国王,不付比丘、比丘尼、优婆塞、优婆夷,所以者何? 无王威力,不能建立。"唐太宗《佛遗教经施行敕》:"如来灭后,以末代浇浮,付嘱国王大臣,护持佛法。"《景德传灯录》卷二一《杭州龙华寺彦球禅师》:"从前佛法,付嘱国王大臣及有力檀越。"

**但之好好立义将来,愿好相祗对。**(二六五页)

  楚按:上句"之"字是"知"的同音字,"但知"就是只管,"知"是语助词,不为义,如王绩《过酒家》:"对酒但知饮,逢人莫强牵。"王梵志诗一六三首:"打骂但知默,无应即是能。"又上句末二字"将来"应属下句,作"将来愿好相祗对",谓以后愿好相祗对。

**遂揽典尺,抛在一边。**(二六五页)

  楚按:"典尺"无注,不可解,"典"字应是"界"字形误。"界尺"是书案上用以镇压书纸的尺状物,《新五代史·赵光逢传》:"光逢在唐以文行知名,时人称其方直温润,谓之'玉界尺'。"宋陶毂《清异录》卷四《睢宗郎君》:"界尺曰由准氏。"宋王铚《默记》卷下:"一日,其子援至所居乌龙寺僧房,有玉界尺在案上,乃公所爱。"清纪昀《阅微草堂笔记》卷一:"一日,忽登禅床,以界尺拍案一声,泊然化去。"按"界尺"亦作"戒尺",清顾思张《土风录》卷三《界尺》:"或作戒尺,谓以戒饬塾童,即古夏楚之意。"佛教说法传戒时亦有"戒尺",用以敲击发声,以警觉大众。《敕修百丈清规》卷下《沙弥得度》:"设戒师座几,与住持分手,几上安香烛、手炉、戒尺。"

**若也祇对一字参差,却对贱奴向相公边请杖。**(二六五页)

校注:对,原录作"到"。按:"到"为"对"之俗字"对"之省误,故径改。

楚按:此说非是。原文是说贱奴本人向相公边请杖,而非某人对着贱奴向相公边请杖,原录"到"字是。这个"到"字是轮到的意思,如《朝野金载》卷二:"御史非常任,参军不久居,待君迁转后,此职还到余。"《大唐新语·谀佞》:"若食逆者心肝而为忠者,则兰之心肝当为太子诸王所食,岂到汝乎?"《五灯会元》卷一五《天王永平禅师》:"指挥使未到你在。"王梵志诗〇三九首:"我老妻亦老,替代不得住,语你夫妻道:我死还到汝。"又一三四首:"我见那汉死,肚里热如火,不是惜那汉,恐畏还到我。"

**如来留教随经,皆因阿阇世尊谈宣,是人总会。**(二六五页)

楚按:校注者于"阿阇世尊"旁加专名线,则是以"阿阇世尊"为一人矣。但"世尊"为佛的十种称号之一,佛经中并无"阿阇世尊"之说,只有"阿阇世王"之称。阿阇世王为释迦牟尼时代中印度摩竭陀国频婆娑罗王之子,曾弑父害母,《观无量寿佛经》卷上:"尔时王舍大城有一太子,名阿阇世,随顺恶友调达之教,收执父王频婆娑罗,幽闭置于七重室内,制诸群臣一不得往。国太夫人名韦提希,恭敬大王,澡浴清净,以酥和麨,用涂其身,诸璎珞中,盛蒲萄浆,密以上王。尔时大王食麨饮浆,求水漱口,漱口毕已,合掌恭敬,向耆阇崛遥礼世尊,而作是言:'大目犍连是吾亲友,愿兴慈悲,授我八戒。'时目犍连如鹰隼飞,疾至王所,日日如是授王八戒。世尊亦遣尊者富楼那为王说法。如是时间经三七日,王食麨蜜,得闻法故,颜色和悦。时阿阇世问守门者:'父王今者犹存在耶?'时守门人白言:'大王,国太夫人身涂麨蜜,璎珞盛浆，持用上王。沙门目连及富楼那从空而来，为王说法，不可禁制。'时阿阇世王闻此语已，怒其母曰：'我母是贼，与贼为伴，沙门恶人，幻惑咒术，令此恶王多日不死。'即执利剑，欲害其母。时有一臣，名曰月光，聪明多智，及与耆婆，为王作礼，白言：'大王，臣闻《毗陀论经》说劫初以来，有诸恶王，贪国位故，杀害其父一万八千，未曾闻有无道害母。王今为此杀逆之事，污刹利种，臣不忍闻，是旃陀罗，我等不宜复住于此。'时二大臣说此语竟，以手按剑，却行而退。时阿阇世惊怖惶惧，告耆婆言：'汝不为我耶？'耆婆白言：'大王，慎莫害母。'王闻此语，忏悔求救，即便按剑，止不害母。敕语内官，闭置深宫，不令复出。"阿阇世既为世间恶王，显然不能称为"阿阇世尊"，本篇此数句应作："如来留教随经，皆因阿阇世。［世］尊谈宣，世人总会。"第三句之首脱一"世"字，盖涉上"世"字作一重文符号，书手抄写时又脱去也。此句之"世尊"即是第一句之"如来"，指释迦牟尼。然而阿阇世王既有弑父害母恶行，为何又说"如来留教随经，皆因阿阇世"呢？原来佛书记载，阿阇世王后来向佛忏悔，皈依佛法，为佛教之大护法。释迦牟尼涅槃之后，迦叶等结集佛教经典时，阿阇世王为大施主，如《大智度论》卷二："频婆娑罗王得道，八万四千官属亦名得道。是时王教敕宫中，常设饭食，供养千人。阿阇世王不断是法。尔时大迦叶思维言：若我等常乞食者，当有外道强来难问，废阙法事。今王舍城常设饭食，供给千人，是中可住结集经藏。以是故选取千人，不得多取。是时大迦叶与千人俱，到王舍城耆阇崛山中，告语阿阇世王：'给我等食，日日送来，今我等结集经藏，不得他行。'"《大唐西域记》卷九《摩竭陀国下》："竹林园西南行五六里，南山之阴，大竹林中有大石室，是尊者摩诃迦叶波在此与九百九十九大阿罗汉，以如来涅槃后，结集三藏。前有故基，未生怨王为集法藏诸大罗汉建此堂宇。"按"未生怨王"即阿阇世王的异译，故本篇云"如来留教随经，皆因阿阇世"也。

**《涅槃经》文既有，众生于此修行，若也经法全无，凭何如（而）出世？**（二六六页）

楚按：第二句"于"当作"依"，作"众生依此修行"。盖唐五代西北方音"于""依"音同，因而相混。如《前汉刘家太子传》："其子于父言教，至于彼处磻陁石上,有一太子,端严而坐。"于父言教"就是"依父言教",即是其例。

### 雷音之下,有鼓难鸣;碧玉之前,那逞寸铁!(二六六页)

楚按:第二句"有"字为"布"字之误,典出《汉书·王尊传》:"太傅在前说《相鼠》之诗,尊曰:'毋持布鼓过雷门!'"颜师古注:"雷门,会稽城门也,有大鼓。越击此鼓,声闻洛阳,故尊引之也。布鼓谓以布为鼓,故无声。"《抱朴子内篇·金丹》:"闻雷霆而觉布鼓之陋。"《维摩诘经讲经文》:"我即还同明(鸣)布鼓,维摩直似振春雷。"

### 既言我佛慈悲为体,如何不度羼提众生?(二六六页)

楚按:"羼提"本是忍辱的音译,施于此处却未合。此处及下文的多处"羼提"皆应作"阐提",即"一阐提",佛教称断尽善根、不信佛法的极恶之人为"一阐提"。《大般涅槃经》卷五:"一阐提者,断灭一切诸善根本,心不攀缘一切善法,乃至不生一念之善。"又卷九:"譬如燋种,虽遇甘雨,百千万劫,终不生芽;芽若生者,亦无是处。一阐提辈亦复如是,虽闻如是大般涅槃微妙经典,终不能发如是心芽;若能发者,无有是处。何以故?是人断灭一切善根,如彼燋种,不复能生菩提根芽。"又卷一九:"一阐提者,不信因果,无有惭愧,不信业报,不见现在及未来世,不亲善友,不随诸佛所说教戒,如是之人,名一阐提,诸佛世尊所不能治。"又卷二六:"一阐名信,提名不具,不具信故,名一阐提。"

### 梨适来所说言词大远,讲赞经文大错,总是信口落荒。(二六六页)

校注:项楚校:"'远'似应作'违'。"按:项校近是。

楚按:今日思之,原文"远"字是,"大远"即背离佛道极远。"远"表示远离佛道,如《祖堂集》卷二《第二十祖阇夜多尊者》:"今此头陀,不久当堕,与道悬远。"《景德传灯录》卷一九《韶州云门山文偃禅师》:"你诸人更拟进步向前,寻言逐句,求觅解会,广设问难,只是赢得一场口滑,去道转远。"《法演禅师语录》卷中："眼亲手办，未是惺惺；口辩舌端，与道转远。"

**如今若见远公，还相识已否？**（二六七页）

校注："若"上原录有"者"字，当为"若"之形近误字，衍。

楚按："者"字似不衍，"如今者"就是"如今"，"者"表示语气提顿。

**道安闻语，由（犹）自身怀疑惑。**（二六七页）

校注：自身，原录作"身自"。蒋绍愚校："'由身自怀'应为'由自身怀'之误。"兹据乙转。

楚按：原文"身"字为涉下"自"字的误字，应删去，此句作"犹自怀疑惑"。

**轮回数遍，不愚（遇）相逢，已（以）是因缘，保债得债。**（二六八页）

楚按：原校"愚"作"遇"，但"不遇"与"相逢"自相矛盾。"愚"并不是"遇"之误，而是"虞"之误，"不虞"即不料，表示意外，如韩愈《泷吏》："不虞卒见困，汗出愧且骇。"

**从今已后，更不复作苦。劝门徒弟子欠债，直须还他。**（二六八页）

楚按：第二句应作"更不复作"，"作"指上文的"负他人债"之事。"苦"字属下，"苦劝"即苦苦地劝告。"苦"即极力，《世说新语·排调》："尔时例不给布帆，顾苦求之，乃得。""欠债"亦应属下，末二句作："苦劝门徒弟子，欠债直须还他。"

**是时远公由（犹）未了，遂被会下诸［众］并及相公，再请远公重升高座。**（二六八页）

楚按：第一句"由"字上应脱"道"字，"道由（犹）未了"就是话还没有说完，《古今小说·任孝子烈性为神》："道犹未了，嚷动邻舍、街坊、里正、缉捕人等，都来缚住任珪。"敦煌变文中亦作"道由（犹）未竟"，《汉将王陵变》：

"道由未竟,灌婴到来。"

**骨貌神姿,世人之罕有。**(二六八页)

　　楚按:下句原卷无"人"字,作"世之罕有"。

**贫道是一界(介)凡僧,每谢君王请(清)命。**(二六八页)

　　校记:项楚按:"'请命'当作'清命',下文'二愿莫违皇帝清命',正作'清命'。又下文'且依皇帝请命','请命'也应作'清命'。"兹据校。

　　楚按:今日思之,此处"请命"不误,下文的"清命"却应作"请命"。"请命"就是邀请,《大般涅槃经》卷一六:"是优婆夷,夏九十日,请命众僧,奉施医药。"《景德传灯录》卷二五《天台山德韶国师》:"帝王请命,师赴王恩,般若会中,请师举唱。"《五灯会元》卷一〇《清凉泰钦禅师》:"国主请命,祖席重开,学人上来,请师直指心源。"

**儒童说五典,释教立三宗。**(二六九页)

　　校注:"童"当为"重"之形讹,"重说"当为"说重"之倒,"儒说"与"释教"对,"重"与"立"对。

　　楚按:据校注所说,则上句当作"儒说重五典",非是。其实原文"儒童说五典"完全正确,正与下句"释教立三宗"为对。"儒童"就是孔子,佛教或称孔子为"儒童",如法琳《辨正论·九箴篇》原注引《空寂所问经》云:"迦叶为老子,儒童为孔子,光净为颜回。"又《破邪论》卷上引《清净法行经》云:"佛遣三弟子震旦教化,儒童菩萨彼称孔子,光净菩萨彼云颜回,摩诃迦叶彼称老子。"吉藏《三论玄义》卷上:"设令孔是儒童,老是迦叶,虽同圣迹,圣迹不同。"

**地流长平之水,园开不朽之花。**(二六九页)

　　校注:此句原录作"地平长流之水",与下句"园开不朽之花"不相对,故予乙转。

**楚按:**原录"地平长流之水"正与下句"园开不朽之花"为对,不必乙转。"平"即溢满之义,谓水与岸平,正与下句"开"字相对。孟浩然《望洞庭湖赠张丞相》:"八月湖水平,涵虚混太清。"王湾《次北固山下》:"潮平两岸阔,风正一帆悬。""平"皆为满溢,与此处的"平"字相同。

【项　楚　四川大学中文系教授】

原文刊于《中国文化》2001 年 Z1 期

# 敦煌《六祖坛经》读后管见

**潘重规**

禅宗,是中国佛教史上影响最大的宗派,而《坛经》则是被后世奉为禅宗唯一的经典,也是中国人所写佛教著作中唯一被尊称为经的典籍。《坛经》记录了禅宗创始人惠能的言论,代表了禅宗的基本观念,在中国思想史上同样占有崇高和重要的地位。

过去读《坛经》的人,大多数是以明藏本的《坛经》为唯一通行的读本。到了近代,敦煌的写本发现了,日本的兴善寺本、大乘寺本出版了,《坛经》的研究才进入了新的阶段。谈到敦煌写本《坛经》,现藏伦敦不列颠图书馆,编号为斯五四七五,日本大正新修《大藏经》,按原本不分章节校定,编入第四十八册。日本学者铃木贞太郎、公田连太郎分章节的校定本刊行后,并收入民国普慧《大藏经》。流通行世,逾数十年。此外尚存世的敦煌写本:一为北京图书馆藏八〇二四号写本,首尾不全。一为敦煌市博物馆所藏任子宜本。一为旅顺博物馆原藏大谷光瑞本。大谷光瑞本现下落不明,但日本龙谷大学藏有照片①。各本文字虽小有异同,却可能出自同一个底本。由于敦煌写本文字的书写习惯,与后世颇

---

① 参阅方广锠:《敦煌宗教研究的回顾和展望》(一九九〇年六月北京出版中国文化第二期,第 5 页)、向达:《西征小记》(唐代长安与西域文明,一九五七年,北京,第 368 页至第 369 页)、柳田圣山:《敦煌本〈六祖坛经〉的诸问题》(敦煌佛典と禅,第 36 页,日本大东出版社)。又龙谷大学藏本,仅存照片二页,见井ノ口泰淳等编《旧关东厅博物馆所藏大谷探险队将来文书目录图版》。

异,历来都认为是抄写的讹误。故宋仁宗至和三年(一〇五六)吏部侍郎郎简《法宝坛经》序云:"六祖之说,余素敬之。患其为俗所增损,而文字鄙俚繁杂,殆不可考,会沙门契嵩作《坛经》赞,因谓嵩师曰:'若能正之,吾为出财模印,以广其传。'更二载,嵩果得曹溪古本,校之,勒成三卷。"可见宋代人即视写本文字为鄙俚繁杂。直至现代,学者仍多持此种见解轻视写本。如近人任继愈教授敦煌《坛经》写本跋云[②]:"敦煌本《坛经》错字别字,连篇累牍,说明传抄者的文化水平不高。"至于日本学者矢吹庆辉、铃木大拙、宇井伯寿、柳田圣山诸教授,莫不鄙视《坛经》写本,名之为"恶本"。宇井伯寿"第二禅宗史研究"(昭和十六年岩波书店)卷首"《坛经》考",历指敦煌写本偏旁之误(如打捣作木、往作住、代作伐等)[③]。此种看法,颇易对写本内涵产生一种不信任感。因此许多研究敦煌学的学者,对着满目谬误的恶本,抱着鄙视浅劣抄手的心理很容易造成了误抄误认的过失。遇到读不通处,更常常自以为是,擅自改动。于是各逞臆说,造成了读敦煌写本的一大障碍。

我经过长期涉猎敦煌写本之后,启发了我一个客观深入的看法。我认为语言文字,是心灵思想的符号。人人都有表达思想的欲望,人人都有创造语文的权利。所以《荀子·正名篇》说:"名无固宜,约之以命。约定俗成谓之宜,异于约则谓之不宜。"荀子所谓名,即是文字。所谓约定,即民意所公认。所谓俗成,即大众所通用。文字经约定俗成,足为标准,谓之正字。正字既已通行,复有人改变正体,斯为新造之字。新造之字,如得大众认可,获大众使用,这亦是约定俗成。约定俗成的文字,便不容任何人把它抹杀。根据这一理念,加以观察,许多敦煌写本中我们认为是讹误的文字,实在是当时约定俗成的文字。它们自成习惯,自有条理,它们是得到当时人的认同的。我们站在现代人的立场,觉得违背了我们的习惯,我们认为它是错误。如果站在他们的立场,他们亦会觉得我们违背了他们的习惯,会认为我们是错误。例如现代人把疑问词写作"么",而敦煌写本多作"摩"或"磨"。其实摩、磨、么都没有疑问的意义,同样都是用的同音通

---

② 见《一九八三年全国敦煌学术讨论会文集文史遗书编》下册,第369页,敦煌文物研究所编,甘肃人民出版社出版。

③ 柳田圣山:《敦煌本〈六祖坛经〉的诸问题》(敦煌佛典と禅,页卅二至卅三)。

假字。现代人认为敦煌写本是抄手的错误，敦煌写本的抄手同样可以说现代人是错误。因此如果不通晓敦煌文字书写的习惯条理，就很难读通敦煌俗写文字。现存的敦煌卷子，一篇作品，往往有多个写本，可以互相校对，互相印证。例如敦煌变文集中伍子胥变文："有两个外甥"，一本写作"有两个生甥"，另一本写作"有两个男甥"，因此知道外、生、男都是外字。又如太子成道经："四天王唤衣太子"，一本作"四天王唤于太子"；"启告于我"，一本作"启告依我"。又丑女缘起："今世足衣足食"，一本作"今世足于足食"，因此知道"衣""依""于"三字可互相通用。又如太子成道经："谁之弟子"，一本作"谁知弟子"；降魔变文："三世诸佛"，一本作"三世之佛"，因此知道"诸""知""之"三字可以互相通用。我综合历年来研究所得，一九八〇年八月，在台北"中央"研究院召集的汉学会议中，提出了一篇"敦煌卷子俗写文字与俗文学之研究"的论文（见"中央"研究院国际汉学会议论文集，一九八一年十月）。我把敦煌文字俗写的习惯，归纳成字形无定、偏旁无定、繁简无定、行草无定、通假无定、标点无定等条例。字形无定，如人、入不分，雨、两不分，瓜、爪不分等；偏旁无定，如木、扌不分，亻、彳不分等；繁简无定，如佛作仏、含作含等；行草无定，如风作𠘨、门作冖等；通假无定，如"是"通事，"须"通虽等。标点符号亦和现代通行符号大不相同，如删除符号作"卜"等。这种种现象，正和辽代沙门行均编纂的《龙龛手鉴》完全相符。原来《龙龛手鉴》是根据宋以前写本编成的一部字书，所以亻部的字和彳部不分，瓜部的字和扌部不分，木部的字和才部不分。甚至同一个雨字，可以用作两，亦可以用作雨，并同收在雨部中。这种种状况，证明了敦煌写本使用的文字，正是当时通行的文字，而不是近代人眼中心中的恶本讹字。

我们认清了这一事实，我们必须承认敦煌写本确是当时普遍通行的抄本，并非被后世轻视的所谓误本恶本。我们把这种错觉扫除后，再仔细观察这个伦敦所藏的《坛经》写本，便应该承认它是一个很质朴、很接近原本的早期抄本。这个抄本，据印顺法师说[4]：

---

④　印顺法师:《中国禅宗史》，一九七五年二月台北重版，第246—247页。

慧能在大梵寺"说摩诃般若波罗蜜法,授无相戒"。传说由弟子法海纪录,为《坛经》的主体部分。这在慧能生前应该已经成立了。等到慧能入灭,于是慧能平日接引弟子的机缘,临终前后的情形,有弟子集录出来,附编于被称为《坛经》的大梵寺说法部分之后,也就泛称为《坛经》。这才完成了《坛经》的原型,可称为曹溪原本。

我们根据印顺法师的说法来观察伦敦藏本,可以说是非常接近原本的。首先看伦敦藏本的题目,写作:

南宗顿教最上乘摩诃般若波罗蜜经

六祖惠能大师于韶州大梵寺施法《坛经》一卷

兼受无相戒　　弘法弟子法海集记

《坛经》被尊称为经,当然是出于当时人和后学者的推崇。为什么称为《坛经》? 这是由于开法传禅的坛场而来。当时的开法,不是一般的说法,是与忏悔、发愿、归依、受戒等相结合的传授,这是称为"法坛"与"坛场"的理由,也就是被称为"坛经""坛语"的原因⑤。《坛经》一开始就说:"惠能大师于大梵寺讲堂中升高座,说摩诃般若波罗蜜法,受(敦煌俗写文字受、授不分,受即授)无相戒。……刺史遂令门人僧法海集记,流行后代。"说的法是南宗顿教摩诃般若波罗蜜经的法。说法的人是六祖惠能。同时又授无相戒,所以说"兼授无相戒"。记录的人,是弟子法海。写本的内容和写本的题目是互相吻合的。后来传刻的坛经,就把原来的题目改动了。由敦煌写本的题目看来,敦煌本是很接近原本的抄本。

其次,我们看敦煌写本末尾有一段题记,是抄写人说明抄写的来历。《坛经》开始便说:"刺史遂令门人僧法海集记,流行后代,与学道者承此宗旨,递相传授,有所依约,以为禀承,说此坛经。"又说:"大师往漕溪山,韶广二州行化四

---

⑤　同注④,第 245 页。

十余年。若论门人，僧之与俗，三五千人说不尽。若论宗指，传授坛经，以此为依约；若不得坛经，即无禀受。须知去处、年、月、姓名，递相付嘱。无坛经禀承，非南宗弟子也。"六祖临终前，又嘱咐门人法海、志诚、法达、智常、志通、志彻、志道、法珍、法如、神会说："汝等十弟子近前，汝等不同余人，吾灭度后，汝各为一方头。""十弟子！已后传法，递相传授，一卷坛经，不失本宗。不禀授坛经，非我宗旨。汝今得了，递代流行，得遇坛经者，如见吾亲授。十僧得教授已，写为坛经，递代流行，得者必当见性。""大师言：今日已后，递相付授，须有依约，莫失宗旨。"可见坛经是说法的记录，编成坛经后，便被用作修行的课本。各为"一方头"的十弟子，当然持有写本，其他弟子门人亦应有传抄本。伦敦藏敦煌写本，似乎就是传抄本之一。我们看它末尾一段题记说：

> 此坛经，法海上座集。上座无常，付同学道漈。道漈无常，付门人悟真。悟真在岭南漕溪山法兴寺，见（同现）今传受此法。如付此法，须得上根之心，信佛法，立大悲，持此经以为依承，于今不绝。和尚本是韶州曲江县人也。如来入涅槃，法教流东土，共传无住，即我心无住。此真菩萨，说真示，行实喻，唯教大智人。是旨依，凡度誓修行，修行遭难不退，遇苦能忍，福德深厚，方授此法。如根性不堪，材量不得，虽求此法，建立不得者，不得妄付坛经。告诸同道者，令知密意。

据这段题记，这位抄写坛经的人，可能是和悟真同时的南宗弟子，亦许就是法海、道漈的门人。抄写时间，可能在六祖去世之后不超过三十年的时间[6]。六祖灭度的时间是先天二年（七一三），这个写本的底本应是在西元七四〇年前后，由这位南宗弟子抄录保存的。至于后人种种窜改的猜想，似乎都未必合于事实。因为坛经是六祖门下修行顿教法的依据，是学侣们共同禀受的课本，是师徒辈递相传抄的教材，这位岭南的南宗弟子，抄写了这部坛经，并记下这部坛经的来源，说明此坛经的集记人是上座法海，又说明法海和尚是韶州曲江人，以及法

---

⑥　任子宜藏敦煌坛经写本末尾这段话亦与伦敦藏本没有差异，可见根据的底本是相同的。

海和尚传付坛经的同学弟子。由题记叙说,可以看出抄写承传的经过。他私人抄写保存,作为清修的典范,岂容旁人窜改!有人说,与神会同时的南阳慧忠国师曾说:"吾比游方,多见此色,近尤盛矣。聚却三五百众,目视云汉,云是南方宗旨,把他坛经改换,添糅鄙谭,削除圣意,惑乱后徒,岂成言教!苦哉!吾宗丧矣!"可见坛经早有人窜改。不过,慧忠国师北国游方,见人改坛经是一回事;岭南弟子私人的抄本,不容旁人窜改,是另一回事。这一未经窜改的私人抄本,闷藏在敦煌石窟千年后,被人发现,它的接近原本的真实性,似乎是不容怀疑的。

我们再看,敦煌写本坛经一气写下,不分章节,和划分章节的后世刻本不同。这是由于刻本经后人科判润色,分出章节,修饰词句,又杂糅事迹,一再增改,与原本愈去愈远。惟宋初惠昕所编刻的坛经,其底本为唐代写本,改动亦较少。惠昕本分二卷十一门,编定的时间为宋太祖乾德五年(九六七)五月⑦。铃木大拙昭和八年(一九三三)复制兴善寺藏本,号称为兴善寺本,前有手写的惠昕序文:

> 我六祖大师,广为学徒说见性法门,总令见性成佛,目曰坛经,流传后学。古本文繁,披览之徒初忻后厌。余以太岁丁卯,月在蕤宾,二十三日辛亥,于思迎塔院分为两卷,凡十一门,贵接后来,同见佛性者。

兴圣寺本最后还保留了写本的附记云:

> 洎乎法海上座无常,以此坛经付嘱志道,志道付彼岸,彼岸付悟真,悟真付圆会,递代相传付嘱,一切万法不离自性也。

伦敦藏本、敦博馆藏任子宜本和惠昕所据的写本,都是溯源于上座法海。兴圣寺本凡五传,但没有说明是同学或是门人,却比敦煌本的悟真又多了一位圆会,应该是晚一二十年的抄本。两本的传授,不完全是师与弟子的传承,同门间亦可彼此传抄。所谓付者,只是付与同门或弟子传抄。并不一定如传衣之传,只

⑦ 铃木大拙、胡适考定。

此一衣,代代递传。所以敦煌、惠昕二本的传授次第,虽小有不同,但仍有其共同性,那就是都从编集坛经的上座法海而传到悟真。法海与悟真间,敦煌本是法海的同学道漈,兴圣寺本是志道与彼岸。志道亦是六祖十弟子之一,亦是法海的同学⑧。可见早期的写本坛经,是同门间彼此研习的讲义。宋以后的刻本坛经,则是问世流通的出版著作。早期讲义,是听讲的笔录,随听随记,不分章节,文字亦较质朴,接近口语。流通问世的刻本,则力求读者悦目易晓,故章节分明,文辞亦多加修饰。内容情节,更是刻意增添。增添的情节,有的可能是当时的事实,有的是合情合理的描写,有的则是刻意的夸张,或荒诞的传说。刻本愈后,原本的真相改变愈多。因此敦煌写本只有一万二千字,惠昕根据写本改编后的刻本亦不过一万四千字,以后的明藏本竟增加到二万一千字⑨。

我们看敦煌写本,六祖说他往黄梅求法时,只有简单几句:"惠能闻说,宿业有缘,便即辞亲,往黄梅冯墓山礼拜五祖弘忍和尚。"惠昕本便补充了辞亲以前一段合情合理的叙述:"惠能闻说,宿业有缘,乃蒙一客取银十两,与惠能令充老母衣粮,教便往黄梅礼拜五祖。惠能安置母毕,便即辞亲。"又如神秀作偈,未得印可,五祖命再作一偈,构思不得时,敦煌本说:"秀上座去数日,作不得。有一童子于碓坊边过,唱诵此偈。"惠昕本作:"神秀作礼便出。又经数日,作偈不成。心中恍惚,神思不安,犹如梦中,行坐不乐。复经两日,有一童子于碓坊过,倡诵其偈。"中间刻意描写神秀失意不安情况,不似惠能说法口吻,显为惠昕本后加。又如六祖自言拜读神秀偈语,并自作一偈,请人题壁,敦煌本只说:"童子引能至南廊下,能即礼拜此偈。为不识字,请一人读,惠闻已即识大意。惠能亦作一偈,又请得一解书人于西闲壁上题著。"到了惠昕本,便详细说出了读偈题偈人的姓名履历。它说:"童子便引惠能到南廊拜偈颂,为不识字,请一上人为读,若得闻之,愿生佛会。时有江州别驾姓张名日用,便高声读。惠能一闻,即识大意。因自言亦有一偈,望别驾书于壁上。别驾言:'獦獠!汝亦作偈,其事希有。'惠能启别驾言:'若学无上菩提,不得轻于初学。俗谚云:下下人有上上智,上上人有

---

⑧ 参阅《中国禅宗史》,第 265 页。

⑨ 参阅胡适坛经考之二,《跋日本京都堀川兴圣寺藏北宋惠昕本坛经影印本》。(台北正中书局一九七五年出版,胡适禅学案,第 86—88 页。)

没意智。若轻人，即有无量无边罪。'张日用言：'汝但诵偈，吾为汝书于壁上，汝若得法，先须度吾，勿忘此言。'"又如六祖得传衣法后南归，敦煌本只说："若住此闲，有人害汝，汝即须速去。能得衣法，三更发去。五祖自送能于九江驿，登时便五祖处分：'汝去努力，将法向南，三年勿弘此法。难起（去）在后，弘化善诱迷人，若得心开，与吾无别。'辞违已了，便发向南。"惠昕本便添了许多描写，说："若住此闲，有人害汝，汝须速去。惠能言：'本是南中人，久不知此山路，如何得出江口？'五祖言：汝不须忧，吾自送汝。其时领得衣钵，三更便发南归。五祖相送，直至九江驿边，有一只船子。五祖把橹自摇。惠能言：'请和尚坐，弟子合摇橹。'五祖言：'只可是吾度汝，不可汝却度吾，无有是处。'惠能言：'弟子迷时，和尚须度；今吾悟矣，过江摇橹，合是弟子度之。度名虽一，用处不同。惠能生在边方，语又不正，蒙师教旨付法，今已得悟，即合自性自度。'五祖言：'汝今好去，努力向南。五年勿说佛法。难起（去）已后，行化善诱迷人，若得心开，与吾无别。'辞违已了，便发向南。"惠昕本还有补缀事实，附注在一章之末，预备插入正文的情况。如敦煌本云："唯有一僧，姓陈名惠顺，先是三品将军，性行粗恶，直至岭上来趁，把著惠能，即还法衣，又不肯取。'我故远来求法，不要其衣。'能于岭上，便传法惠顺。惠顺得闻，言下心开。能使惠顺即却向北化人来。"惠昕本作："唯一僧，俗姓陈，名惠明，先是四品将军，性行粗恶。直至大庾岭头，趁及惠能。便还衣钵，又不肯取。言我求法，不要其衣。惠能即于岭头，便传正法。惠明闻法，言下心开。惠能却令向北接人。惠能后至曹溪，又被恶人寻逐，乃于四会县避难。经五年，常在猎人中；虽在猎中，每与猎人说法。至高宗朝，到广州法性寺，值印宗法师讲涅槃经。时有风吹幡动，一僧云幡动，一僧言风动。惠能言：'非幡动、风动，人心自动。'印宗闻之悚然。"惠昕本加叙少许情节之后，在悟法传衣门的末尾，又用小字双行记云："祖谓明曰：'不思善，不思恶，正与么时，如何是上座本来面目？'明大悟。"这个附注，后来刻本坛经，便都改编成为正文了。像这类添加情节的文字，显然都是惠昕本为坛经做的补充。

其他文字间的异同，由于敦煌写本文辞质朴，较近口语；刻本经后人润色，则较近文言。如敦煌本云："使君问：'法可不是西国第一祖达磨祖师宗旨？'大师言：'是。'弟子见说达摩大师化梁武帝，帝问达磨：'朕一生已来，造寺布施供养，有功德否?'"惠昕本作:"韦公曰:'和尚所说,可不是达摩大师宗旨乎?'师曰:'是。'公曰:'弟子闻达摩初化梁武帝,帝问曰:朕一生造寺供僧,布施设斋,有何功德?'"惠昕本于"可不是达摩大师宗旨"下加一"乎"字,"大师言是"下加"公曰"二字。"弟子见说达磨"改为"弟子闻达摩",皆是润色口语,变成文言。又如敦煌本:"神秀师常见人说,惠能法疾直指路。"惠昕本作:"秀闻能师说法径疾,直指见性。"敦煌本:"汝等不同余人,吾灭度后,汝各为一方头。"惠昕本作:"汝等不同余人,吾灭度后,各为一方师。"把"见说"改为"闻",把"头"改为"师",很明显的,都是把口语改为文言。从最早的刻本来观察增改的情况,更可证明敦煌本确是现存行世的最早写本,亦是最接近原本的写本。

不料这个伦敦藏敦煌本坛经,亦即最接近原本的坛经,问世不久,却被胡适之先生提出了神会伪造坛经的新见解,造成了震撼坛经的大问题。他的荷泽大师神会传(《胡适文存》第四集)云:

> 敦煌本坛经说:先天二年,慧能将死,与众僧告别,法海等众僧闻已,涕泪悲泣,唯有神会不动,亦不悲泣。六祖言:"神会小僧,却得善不善等,毁誉不动;余者不得。……"最可注意的是慧能临终时预言——所谓"悬记":上座法海向前言:"大师,大师去后,衣法当付何人?"大师言:"法即付了,汝不须问,吾灭后二十余年,邪法辽乱,惑我宗旨。有人出来,不惜身命,第佛教是非,竖立宗旨,即是吾正法,衣不合传。……"此一段今本皆无,仅见于敦煌写本坛经,此是坛经最古之本,其书成于神会或神会一派之手笔,故此一段暗指神会在开元、天宝之间"不惜身命,第佛教是非,竖立宗旨"的一段故事。……二十余年后建立宗旨的预言是神会一派造出来的,此说有宗密为证。宗密在禅门师资承袭图里说:传末又云:"和尚将入涅槃,默受密语于神会,语云:从上已来,相承准的,只付一人。内传法印,以印自心,外传袈裟,标定宗旨。然我为此衣,几失身命。达磨大师悬记云:至六代之后,命如悬绝。即汝是也。是以此衣宜留镇山。汝机缘在北,即须过岭。二十年外,当弘此法,广度众生。"这是一证。宗密又引此传云:"和尚临终,门人行滔、超俗、法海等问和尚法何所付。和尚云:所付嘱者,二十年外,于北地弘

扬。"又问谁人。答云:"欲若知者,大庾岭上,以网取之。"(原注:相传云:岭上者,高也。荷泽姓高,故密示耳。)这是二证。(重规案:宗密记荷泽得法传受事迹,与坛经颇相近,只能说宗密说本于坛经,不能指为坛经是伪造的证据。坛经本非伪造,如何可轻易说,"凡此皆可证坛经是出于神会或神会一派的手笔"。)凡此皆可证坛经是出于神会或神会一派的手笔。(重规案:柳宗元曹溪第六祖赐谥大鉴禅师碑云:"中宗闻名,使幸臣再征不能致,取其言以为心术,其说具在,今布天下,凡言禅皆本曹溪。"中宗使臣传言之际,度当亦以坛经进呈,故云"其说具在,今布天下",天下共闻的坛经,神会如何能够伪造?)敦煌写本坛经留此一段二十年悬记,使我们因此可以考知坛经的来历,真是中国佛教的绝重要史料。……今据巴黎所藏敦煌写本之南宗定是非论及神会语录第三残卷所记,滑台大云寺定南宗宗旨的事,大致如下。唐开元二十二年正月十五日,神会在滑台大云寺演说菩提达摩南宗的历史,说:"达摩……传一领袈裟以为法信,授与惠可,惠可传僧璨,璨传道信,道信传弘忍,弘忍传惠能,六代相承连绵不绝。"他说:"神会今设无遮大会,兼庄严道场,不为功德,为天下学道者定宗旨,为天下学道者辨是非。"他说:"秀禅师在日,指第六代传法袈裟在韶州,口不自称为第六代。今普寂禅师自称第七代,妄竖和尚为第六代,所以不许。"他又说,久视年中,则天召秀和尚入内,临发之时,秀和尚对诸道俗说:"韶州有大善智识,元是东山忍大师付属,佛法尽在彼处。"这都是大胆的挑战。其时慧能与神秀都久已死了,死人无可对证,故神会之说无人可否证。[规案:六祖密受弘忍衣法,乃神秀口说。《全唐文》卷十七载中宗召曹溪惠能入京御札云:"朕请安、秀二师宫中供养,万几之暇,每究一乘,二师并推让云:'南方有能禅师,密受忍大师衣法,可就彼问。'今遣内侍薛简驰诏迎请,愿师慈念,速赴上京。"这是神秀说六祖密受衣法的坚证。王维六祖能禅师碑铭亦说:"(忍大师)临终,遂密授以祖师袈裟。"这些清楚翔实的记录,充分证明了坛经所载六祖自述得衣法的经过,决非虚构。即使神秀复生,他亦会承认而不会否认。胡先生动辄说坛经是神会伪造、六祖根本没有传受弘忍衣法等空话,眼前摆着的事实,不知胡先生如何否认得了。]但他又更进一步,说传法袈裟在慧能处,普寂的同学广济曾于景龙三年十一月到韶州去偷此法衣。此时普寂尚生存,但此等事也无人可以否证,只好听神会自由捏造了。(规案:普寂尚生存,如何说"无人可以否证"?同学偷法衣,如何可以不辩白?神秀是"两京法主,三帝国师",普寂是神秀嫡胤,信众无数,有的是"宿将重臣""贤王爱主",为什么要听神会自由捏造?)当时座下有崇远法师,人称为"山东远",起来质问道:"普寂禅师名字盖国,天下知闻,众口共传,不可思议。如此相非斥岂不与身命有雠?"神会侃侃地答道:"我自料简是非,定其宗旨。我今谓弘扬大乘,建立正法,令一切众生知闻,岂惜身命?"这种气概,这种搏狮子的手段,都可以震动一时人的心魄,故滑台定宗旨的大会确有"先声夺人"的大胜利。先声夺人者,只是先取攻势,叫人不得不取守势。神会此时已是六十七岁的老师,(重规案:普寂此时年八十三,比神会更为老师。)我们想象一个眉发皓然的老和尚,在这庄严道场上,登师子座,大声疾呼,攻击当时"势力连天"的普寂大师,直指神秀门下"师承是傍,法门是渐"(宗密承袭图中语),这种大胆的挑战当然能使满座的人震惊生信。即使有少数怀疑的人,他们对于神秀一门的正统地位的信心也遂不能不动摇了。所以滑台之会是北宗消灭的先声,也是中国佛教史上的一大革命。圭传说他"龙鳞虎尾,殉命忘躯",神会这一回真可说是"批龙鳞,履虎尾"的南宗急先锋了。……他的势力在这一千二百年中始终没有隐没。因为后世所奉为禅宗唯一经典的六祖坛经,便是神会的杰作。坛经存在一日,便是神会的思想存在一日。我在上文已指出坛经最古本中有"吾灭后二十余年,……有人出来,不惜身命,第佛教是非,竖立宗旨"的悬记,可为此经是神会或神会一派所作的铁证。神会在开元二十二年在滑台定宗旨,正是慧能死后二十一年。这是最明显的证据。坛经古本中无有怀让、行思的事,而单独提出神会得道,"余者不得",这也是很明显的证据。此外还有更无可疑的证据吗?我说,有的。韦处厚(死于八二八)作兴福寺大义禅师碑铭(《全唐文》七一五),有一段很重要的史料:"在高祖时有道信叶昌运,在太宗时有弘忍示元珠,在高宗时有惠能筌月指。自脉散丝分,或遁秦,或居洛,或之吴,或在楚。秦者日秀,以方便显。(适按,此指神秀之五方便,略见宗密圆觉大疏钞卷三下,五方便原书有敦煌写本,藏巴黎。)普寂其胤也。洛者曰会,行总持之印,独曜莹珠。习徒迷真,橘枳变体,竟成坛经传宗,优劣详矣。吴者曰融,以牛头闻,径山其裔也。楚者曰道一,以大乘摄,大师其党也。"大义是道一门下,死于八一八年,其时神会已死五十八年。韦处厚明说檀经(坛经)是神会门下的"习徒"所作。(传宗不知是否"显宗记"?)可见此书出于神会一派,是当时大家知道的事实!但究竟坛经是否神会本人所作呢?我说,是的。至少坛经的重要部分是神会作的。如果不是神会作的,便是神会的弟子采取他的语录里的材料作成的。但后一说不如前一说的近情理,因为坛经中确有很精到的部分,不是门下小师所能造作的。我信坛经的主要部分是神会所作,我的根据完全是考据学所谓内证。坛经中有许多部分和新发现的神会语录相同,这是最重要的证据。我们可以略举几个例证。(例一)定慧等【坛经敦煌本】善知识,我此法门以定慧为本。第一勿迷言慧定别。定慧体一不二。即定是慧体,即慧是定用。即慧之时定在慧,即定之时慧在定。善知识,此义即是定慧等。【坛经明藏本】善知识,我此法门以定慧为本。大众勿迷言定慧别,定慧一体不是二。定是慧体,慧是定用。即慧之时定在慧,即定之时慧在定。若识此义,即是定慧等学。【神会语录】即定之时是慧体,即慧之时是定用。即定之时不异慧,即慧之时不异定。即定之时即是慧,即慧之时即是定。何以故?性自如故。即是定慧等学。(第一卷)(例二)坐禅……(例三)辟当时的禅学。……(例四)论金刚经……(例五)无念……以上所引,都是挑选的最明显的例子,我们比较这些例子,不但内容相同,并且文字也都很相同,这不是很重要的证据吗?……如果我们的考证不大错,那么,神会的思想影响可说是存在坛经里。柳宗元作大鉴禅师碑,说:"其说具在,今布天下,凡言禅皆本曹溪。"我们也可以这样说神会:"其说具在,今布天下,凡言禅皆本曹溪,其实是皆本于荷泽。"南宗的急先锋,北宗的毁灭者,新禅学的建立者,坛经的作者——这是我们的神会。在中国佛教史上,没有第二个人有这样伟大的功勋、永久的影响。

总括胡先生的主张,他认为神秀与惠能同做过弘忍的弟子,当日既无袈裟传法的事,也没有"旁""嫡"的分别。"师承是旁的口号,不过是争法统时一种方便而有力的武器。"(《胡适文存》第四集《楞伽宗考》,第226—234页。)在胡先生的心目中,神会为了争法统,捏造出五祖传衣法,命慧能为六代祖的事实。又伪造一部坛经,作为自己得受悬记的凭证。这一位轰轰烈烈、不惜身命、为师门争正义、为佛法明是非的烈士高僧,被胡先生考证后,竟成了一个捏造事实、假造文书、死争名位的卑鄙小人。为了六祖传衣,坛经弘法,甚至为了神会的殉道精神,我们不能不对胡先生说法,加以辩白。

根据胡先生提出神会伪作坛经的证据,最重要的有四桩:一是坛经有神会"定佛教是非"的悬记;二是坛经无怀让、行思的事,而单独提出神会得道,余者不得;三是韦处厚大义禅师碑铭明说坛经是神会门下的习徒所作;四是坛经中有许多部分和新发现的神会语录相同。现在分别加以观察。

1.胡氏认为敦煌本坛经有"神会定佛教是非"的悬记,因此断定坛经是神会所伪造。此一判断,应该建立在"凡有悬记预言的典籍皆属伪造"的前提下方能成立。况且坛经所记,是否悬记预言,仍须审慎认定。今细察敦煌本坛经所记六祖言行,类习平实,无丝毫卖弄神通之处。如敦煌本坛经中记神秀命门人伺听六祖说法意旨,后出宗宝本坛经云:"志诚禀命至曹溪,随众参请,不言来处。时祖师告众曰:今有盗法之人,潜在此会。志诚即出礼拜,具陈其事。师曰:汝从玉泉来,应是细作。"六祖显然是一个卖弄神通,夸示能够先知的人。但伦敦藏敦煌本坛经则称是志诚聆法后,自认从玉泉寺来偷听时,六祖才幽默地说:"汝从彼来,应是细作。"冲融豁达的胸襟,令人千载下仍然存在着光风霁月的感觉。六祖南归,行至大庾岭,陈僧追来,六祖即还衣法。陈僧自言只为求法,不为争夺衣钵而来。宗宝本坛经却说:"趁及惠能,惠能掷下衣钵于石上云:此衣表信,可力争耶?能隐草莽中,惠明至,提掇不动,乃唤云:行者行者,我为法来,不为衣来。惠能遂出。"惠能如果没有神通,衣钵何至提掇不动。神会如果伪造悬记预言,便应该多方渲染,如同后出坛经的描写。但全部敦煌本坛经,没有丝毫描写六祖卖弄神通能够先知之处。六祖临终之时,上座法海追问大师去后,衣法当付何人。大师说"依祖师意旨,衣不合传"。以下所谓"悬记"的一番话,可能也只是六祖就事作答,六祖是岭南人,有语音种种的限制,行化仅在南方。神秀在北方大弘渐教，六祖素有所闻（神秀弟子志诚南来曹溪听法，必然有所陈述）。神会是六祖晚年最得意弟子，六祖称赞他"得善不善等，毁誉不动"。临终前，可能秘密传法与神会，并勖励他北归后弘扬南宗顿法。正如五祖夜至三更时，唤惠能至堂内，其夜受法，人尽不知。所以六祖临终前，法海问大师去后，衣法当付何人？大师言："法即付了，汝不须问。吾灭后二十余年，邪法辽乱，惑我宗旨。有人出来，不惜身命，定佛教是非，即是吾正法，衣不合传。"宗密禅门师资承袭图云："和尚（六祖）将入涅槃，默授密语于神会，语云：从上已来，相承准的，只付一人，内传法印，以印自心。汝机缘在北，即须过岭，二十年外，当弘此法，广渡众生。"宗密的话，似乎颇近事实。六祖推测情事，预料二十年后，神会因阐扬南宗顿法，必与神秀弟子大判是非，这是就事论事的衡量，谈不上是"悬记""先知"。至于六祖能否先知，这是谁都不敢断言的。不过根据敦煌本抄者的题记，这番话确是六祖门下的广东弟子法海记集，道漈、悟真等传抄的坛经原文。广东人景仰惠能，称之为"生佛""肉身菩萨"，神会如何能窜改广东弟子护持世守的最重视的抄本。如果说世间一定有神会伪造的坛经，那亦绝不是伦敦藏敦煌本的坛经。

2.坛经无怀让、行思的事，而单独提出神会得道，余者不得。胡先生认为这也是神会伪造坛经的证据。其实，坛经所记弟子的事迹，都局限于六祖晚年随侍左右的弟子，并非如史记"仲尼弟子列传"，将孔子全部有成就的弟子一一列举。而在六祖将死与众僧告别时，法海众僧涕泪悲泣，唯有神会不动，亦不悲泣，这亦是当时实事。六祖言："神会小僧，却得善不善等，毁誉不动，余者不得。"在当时十僧中，神会是北方人，年辈较晚，而修行成绩最高。十僧排名，上座法海是第一，是随侍六祖最早最久的岭南弟子，而神会第十居末，六祖又称他为神会小僧。这都是伦敦本坛经真实的记录，而在后出坛经就把神会名次提升为第四了。我们不能把真实的记录，硬指为是作伪的证据。

3.胡先生指韦处厚大义禅师碑铭明说坛经是神会门下的"习徒"所作。胡先生说法前文已具引出。胡先生引韦碑"在高祖时有道信叶昌运，在太宗时，有宏忍示元珠，在高宗时，有惠能筌月指"前，节去了韦碑极重要的几句话："应身无数，天竺降其一；禅祖有六，圣唐得其三。"这分明是说禅宗六祖，一祖达摩是天竺人，四祖道信、五祖弘忍、六祖惠能都是唐朝人，显得唐朝禅宗之盛。至于二祖惠可、三祖僧璨是唐代以前人，因此省略不提。这几句话说明了禅宗确实有六祖，六祖确实是惠能。胡先生偏说六祖传衣法是捏造的事实。韦碑说"竟成坛经传宗"，胡先生却歪曲误解为神会门徒制作坛经。我们细看韦碑的本文。韦碑叙述六祖以后禅宗分布的情况，神秀、普寂是一枝，神会是一枝，更明白看出神秀没有获得祖位，身份和神会平列，显然六祖惠能是"嫡"，神秀是"傍"。而在神秀之下，普寂是神秀的传人，故云"普寂其胤也"。神会自得甚高深，所以说"得总持之印，独曜莹珠"；但是从他学习的门徒，往往迷失真谛，如逾淮之橘，竟变成了徒具形式的"坛经传宗"。"坛经传宗"，是六祖传法方式的一个词头，印顺法师说：

> 在坛经的敦煌本中，发现了明确的解说，如说："大师言十弟子！已后传法，递相教授一卷坛经，不失本宗，不禀授坛经，非我宗旨。如今得了，递代流行。得遇坛经者，如见吾亲授。"……在传法同时，要传一卷坛经。坛经不只代表慧能的宗旨，又是作为师弟间授受的依约（依据、信约），凭坛经的传授，以证明为南宗的坛经，是被"传"被"付"的，是传授南宗宗旨的"依约"，这就是"坛经传宗"。（见印顺法师《中国禅宗史》第247—249页。）

这一解释是很正确的。胡先生把"坛经传宗"解释为"坛经"及"传宗"两部书名，而把成字解释为"撰成""撰作"的意义，显然是错误的解释，完全是胡先生臆见构成的空中楼阁。

4.坛经中有许多部分和新发现的神会语录相同。胡先生认为这是神会伪造坛经的最重要的证据。其实，神会是六祖的入室弟子，得六祖的真传，他不惜身命，拼死力争的就是要竖立六祖南宗顿教的教义。他的语录和坛经相同，正是他根据坛经来宣扬师说的证据。如何能说是伪造坛经的重要证据呢？

统观胡先生的新说，理论证据，均不能使人信服。但中外的学者，受胡先生的影响，亦有认为伦敦本坛经有后来窜入的部分。我的看法是，无论是否有神会伪造或后人窜改的坛经，它都与伦敦藏敦煌石窟的坛经没有关系，因为敦煌本坛经是六祖弟子上座法海所集记，交由他的同学、门人传抄保存。他们珍护信守，作为修持的凭依,不但自己不敢窜改,更不会容许别人窜改。六祖临终吩咐十弟子说:"十弟子! 已后传法,递相教授一卷坛经,不失本宗。不禀授坛经,非我宗旨,如今得了,递代流行。得遇坛经者,如见吾亲授。""十僧得教授已,写为坛经,递代流行,得者必当见性。"可见坛经虽未公开传播,却在同门间相互切磋。如有人伪造窜改,岂不遭同门群起围攻。伦敦藏本坛经出自广东人法海门下所传钞,断断没有给神会伪造的理由。如果说世间确有神会伪造或他人窜改的坛经,那亦绝不是伦敦所藏的交代得十分清楚的广东僧人传钞的坛经。例如惠昕本坛经亦是广东僧人所传钞,但它落在后人手中,被后人改编增窜,刊刻问世。而伦敦藏本坛经,封闭在莫高窟中,千年后被人无意发现,所以它能够完完整整保存它的本来面目。我在读坛经时,脑海中时时激荡着胡先生伪造窜改的种种浮议。是非混淆,内心至感痛苦。明知识见浅短,岂敢妄测高深。但管窥所及,不一倾吐,寸心终觉不安,用是略举所见,以求正并世通人,当来读者。

一九九二年五月廿五日　于台北寓居

【潘重规　台湾中国文化大学中国文化研究所教授】

原文刊于《中国文化》1992 年 02 期

# 敦煌写本《六祖坛经》中的"獦獠"

**潘重规**

伦敦藏敦煌写本《六祖坛经》记录了六祖自说求法的经过。他说：

> 惠能慈父，本官范阳，左降迁派南新州百姓。惠能幼小，父小（又）早亡，老母孤遗，移来[南]海，艰辛贫乏，于市买（卖）柴。忽有一客买柴，遂领惠能至于官店。客将柴去。惠能得钱，却向门前，忽见一客读《金刚经》。惠能一闻，心明便悟。乃问客曰："从何处来，持此经典？"客答曰："我于蕲州黄梅县东冯墓山礼拜五祖弘忍和尚，现今在彼，门人有千余聚。我于彼听见大师劝道俗但持《金刚经》一卷，即得见性，直了成佛。"惠能闻说，宿业有缘，便即辞亲往黄梅山礼拜五祖弘忍和尚。弘忍和尚问惠能曰："汝何方人？来此山礼拜吾。汝今向吾边复求何物？"惠能答曰："弟子是岭南人新州百姓，今故远来礼拜和尚，不求余物，唯求作佛。"大师遂责惠能曰："汝是岭南人，又是獦獠，若为堪作佛！"惠能答曰："人即有南北，佛性即无南北。獦獠身与和尚不同，佛性有何差别。"

六祖口中提及的"獦獠"，丁福保《六祖坛经笺注》曾加以解释，云：

獚音葛,兽名。獠音聊,称西南夷之谓也。《一统志》八十一:"肇庆府,秦为南海郡,地属岭南道,风俗夷獠相杂。"山谷过洞庭青草湖诗:"行矣勿迟留,蕉林追獚獠。"注曰:"山谷赴宜州贬所,岭南多蕉林,其地与夷獠相接。《韵会》:"獚者,短喙犬。獠,西南夷。"

规案:獚獠连为一词,盖始见于《坛经》写本。考杜佑《通典》卷一百八十七《边防三》"南蛮"上,"獠"云:

獠盖蛮之别种,往代初出自梁益之间,自汉中连于邛笮川谷之间所在皆有(原注:此自汉中西南及越巂以东皆有之)。俗多不辨姓氏,又无名字,所生男女,长幼次第呼之。其丈夫称阿謩、阿改,妇人阿夷、阿等之类,皆其语之次第称谓也。依树积木以居其上,名曰干栏,干栏大小随其家之口数。往往推一酋帅为主,亦不能远相统摄。父死则子继,若中国之党族也。獠王各有鼓角一双,使其子弟自吹击之。好相杀害,多仇怨,不敢远行。性同禽兽,至于忿怒,父子不相避,唯手有兵刃者先杀之。若杀其父,走避于外,求得一狗,以谢其母,然后敢归。母得狗谢,不复嫌恨。若报怨相攻击,必杀而食之。递相劫掠,不避亲戚,卖如猪狗而已。亡失儿女,一哭便止。被卖者号叫不服,逃窜避之,乃将买人捕逐,若亡叛获,便缚之。但经被缚者,即服为贱隶,不敢更称良矣。唯执楯持矛,不识弓矢,用竹为簧,群聚鼓之,以为音节。为绉布,色至鲜净。大狗一头,买一生口。性尤畏鬼,所杀之人,美胡髯者,必剥其面皮,笼之于竹,及燥,号之曰鬼。鼓舞祀之,以求福利。俗尚淫祀,至有卖其昆季妻孥尽者,乃自卖以供祭焉。铸铜为器,大口宽腹,名曰铜爨,既薄且轻,易于熟食。蜀本无獠,李势时,诸獠始出巴西、渠川、广汉、阳安、资中、犍为、梓潼(原注:今蜀川之内),布在山谷十余万落,攻破郡县,为益州大患。自桓温破蜀之后,力不能制,又蜀人东流,山险之地多空。獠遂夹山傍谷,与人参居。参居者颇输租赋,在深山者仍为匪人。至梁武帝,梁益二州(原注:今汉川蜀川郡县地),岁岁伐獠,以自裨润,公私颇籍为利。后魏宣武帝正始初,将夏侯道迁举汉中附魏。宣武帝遣尚书邢峦为梁益二州刺史以镇之。其后以梁益二州控摄险远，乃立巴州（原注：在今清化郡）以统诸獠。后以巴酋帅严始欣为刺史。又立隆城镇。隆城所管獠二十万户，所谓北獠也。岁输租布。魏明帝孝昌初，据城叛，入梁益二州。并遣将讨之，攻陷巴州，执始欣斩之。后梁州为梁氏所陷（原注：今汉中郡），自此又属梁矣。后周武帝平梁益，令所在抚慰。其与华人杂居者，亦颇从赋役，然天性暴乱，旋致扰动，每岁命随近州镇出兵讨之，获其生口，以充贱隶，谓之压獠焉。复有商旅往来者，亦资以为货，公卿达于人庶之家有獠口者多矣。其种类滋蔓，保据严壑，依林走险，若履平地。性又无知，殆同禽兽。诸夷之中，最难以道义招怀也。

以上《通典》据旧史详述南蛮獠族之源流，《唐书》卷二百二十二《南蛮列传》更详述唐代獠族之状况，兹摘记如后：

南平獠，其王姓朱氏，号剑荔王。贞观三年，遣使内款，以其地隶渝州。有飞头獠者，头欲飞，周项有痕缕，妻子共守之。及夜如病，头忽亡，比且还。又有乌武獠，地多瘴毒，中者不能饮药，故自凿齿。

大抵剑南诸獠，武德贞观间数寇暴州县者不一：巴州山獠王多馨叛，梁州都督庞玉枭其首。又破余党符阳、白石二县獠。其后眉州獠反，益州行台郭行方大破之。未几，又破洪雅二州獠，俘男女五千口。是岁，益州獠亦反，都督窦轨请击之。太宗报曰："獠依山险，当拊以恩信。胁之以兵戚，岂为民父母意耶！"贞观七年，东西玉铜獠反，以右屯卫大将军为龚州道行军平之。十二年，巫州獠叛，夔州都督齐善行击破之，俘男女三千余口。钧州獠叛、桂州都督张宝德讨平之。明州山獠又叛，交州都督李道彦击走之。是岁，巴洋集璧四州山獠叛，攻巴州。遣右武侯将军上官怀仁破之于璧州，虏男女万余，明年遂平。十四年，罗窦诸獠叛，以广州都督党仁弘为窦州道总管击之，虏男女七千余人。……高宗初，琰州獠叛，梓州都督谢万岁、兖州刺史谢法兴、黔州都督李孟尝讨之。万岁、法兴入洞诏慰遇害。显庆三年，罗窦生獠酋领多胡桑率众内附。上元末，纳州獠叛，寇故茂都掌二县，杀吏民，焚廨舍,诏黔州都督发兵击之。大历二年,桂州山獠叛,陷州,刺史李良遁去。贞元中,嘉州绥山县婆笼川生獠首领甫枳兄弟诱生蛮为乱,剽居人,西川节度使韦皋斩之,招其首领勇于等出降。……戎泸间有葛獠,居依山谷,林菁逾数百里,俗喜叛。

其种落张侯、夏永与夷獠梁崇迁、贾问及西原酋长吴功曹复合兵内寇,陷道州,据城五十余日。

长庆初,以容管经略使留后严公素为经略使,复上表请讨黄氏。兵部侍郎韩愈建言:黄贼皆洞獠,无城郭,依山险,各治生业,急则屯聚畏死。

邕管节度使辛谠以从事徐云虔使南诏结和,赍美货啖二洞首领。太州刺史黄伯蕴、屯洞首领侬金意、员州首领侬金勒等与之通谋。员州又有首领侬金澄、侬仲武,与金勒袭黄洞首领黄伯善。伯善伏兵瀼水,鸡鸣候其半济,击杀金澄、仲武,唯金勒遁免。后欲兴兵报仇,辛谠遣人持牛酒音乐解和,并遗其母衣服。母,贤者也,让其子曰:节度使持物与獠母,非结好也,以汝为吾子,前日兵败瀼水,士卒略尽,不自悔,复欲动众,兵忿者必败,吾将囚为官老婢矣!金勒感悟,为罢兵。

观以上《唐书》南蛮传叙述,獠族皆通称"獠",或称"夷獠""生獠"。以其居处,则称"山獠""洞獠""峒獠"。冠以姓氏,则曰"葛獠""黄贼洞獠",或举其特征,曰"飞头獠"。其他则皆举地区曰:"南平獠""乌武獠""巴州山獠""符阳白石二县獠""眉州獠""洪雅二州獠""益州獠""东西玉铜獠""巫州獠""钧州獠""明州山獠""巴洋集壁四州獠""罗窦诸獠""琰州獠""罗窦生獠""桂州山獠""嘉州绥山县婆笼川生獠""戎泸间葛獠"。其泛见《唐书》诸纪传者,如:

卷一百七十《王锷传》:"迁岭南节度使,广人与蛮杂处,地征薄,多牟利于市。"又《赵昌传》:"累迁虔州刺史,安南酋獠杜美翰叛,都护高正平以忧死。拜昌安南部护,夷落向化。"

卷一百八十二《卢钧传》:"擢岭南节度使。海道商舶始至,异时帅府争先往贱售其珍,钧一不取,时称洁廉。专以清净治。蕃獠与华人错居相婚嫁,多占营第舍,吏或挠之,则相挺为乱。"

卷二百九《酷吏周利贞传》："先天初，为广州都督。利贞颛事剥割，夷獠苦其残虐，皆起为寇。"

卷一百六十三《马总传》："元和中，以虔州刺史迁安南部护，廉清不挠，用儒术教其俗，政事嘉美，獠夷安之。"

卷一百六十七《王式传》："我自缚叛獠，非为寇也。"

卷一百九十《钟传传》："洪州高安人。时王仁芝猖狂，江南大乱，众推传为长，乃鸠夷獠依山为壁，至万人，自称高安镇抚使。"

卷一百二十三《李峤传》："高宗击邕岩叛獠。"

卷一百二十五《张说传》："说上疏曰：今北有胡寇觎边，南有夷獠骚徼。"

卷一百一十二《韩思彦传》："巡察剑南，益州高赀兄弟相讼，累年不辍。思彦敕厨宰，饮以乳。二人寤，齧肩相泣曰：'吾乃夷獠，不识孝义，公将以兄弟共乳而生耶！'"

卷五《玄宗本纪》："开元十四年二月，邕州獠梁大海反。"

卷一百二十七《裴佶传》："迁黔中观察使。韦士文为夷獠所逐，诏佶代之，部夷安服。"

卷一百六十八《柳宗元传》："诰京兆尹许孟容曰：今抱非常之罪，居夷獠之乡。"

卷一百八十六《邓处讷传》："以处讷为邵州刺史。朗州武陵人雷满者，本渔师，有勇力。时武陵诸蛮数叛。高骈擢满为裨将，镇蛮军。先是陬溪人周岳与满狎，因猎宰肉不平而斗，欲杀满不克，见满已据州，悉众趋衡州，逐刺史徐颢，诏授衡州刺史。石门峒酋向瓌闻满得志，亦集夷獠数千，屠牛劳众，操长刀柘弩寇州县，自称朗北团，陷澧州，杀刺史吕自牧，自称刺史。向瓌召梅山十峒獠。"

卷一百九十三《庞坚传》："（祖玉）出为梁州总管，巴山獠叛，玉枭其首，余党四奔。"

卷一百九十七《韦仁寿传》："山獠方叛。"裴怀古传："或曰夷獠难亲。"

卷二百三《于邵传》："为道州刺史，未行，徙巴州。会岁余。部獠乱，薄城下。邵励兵拒战，且遣使谕晓，獠乞降。"

卷二百五《列女传》："符凤妻某氏，字玉英，尤姝美。凤以罪徙儋州，至南海,为獠贼所杀。"

卷二百七《宦者杨思勖传》:"邕州封陵獠梁大海反。"

凡所指称,独不见"獦獠"之名号,而獦獠一词,又唯见于写本之《六祖坛经》。若如丁氏笺释獦犬之解,是五祖轻鄙獠族,有逾常人,揆之祖师悲心,无乃不类。余窃以为敦煌写本,多当时人俗写文字,写本中"獦"字,乃"猎"字俗书。姑就台北"国立中央"图书馆所藏一百余卷敦煌写本检寻之,"獦"字凡四见,皆当为"猎"之俗写,兹列举如下:

(一)《大方便佛报恩经》,石门图书公司印("敦煌卷子"第 266 页):"我等宿世造何恶行……为田獦鱼捕。"(附图一)

(二)《佛说父母恩重经》("敦煌卷子"第 271 页):"迦夷国王入山射獦,挽弓射鹿。"(附图二)

(三)《大般涅槃经》("敦煌卷子"第 652 页):"佛告迦叶,我般涅槃七百岁后,是魔波旬渐当阻坏我之正法,譬如獦师身服法衣。魔王波旬亦复如是。"(附图三)

(四)《优婆塞戒》("敦煌卷子"第 849 页):"十一作獦师。"(附图四)

以上四个写本的"獦"字,必当认定是"猎"字。伦敦藏写本《正名要录》,是一部区别正字和俗写字的字书,其中正字的"腊",俗写作"臈"(附图五),亦可为"猎"作"獦"之补充证明。因此,我认为敦煌《六祖坛经》写本的"獦"字亦应当是"猎"的俗写字。獠是夷蛮之人,居山傍水,多以渔猎为生。佛教戒杀生,田猎鱼捕是极大恶行,身为猎师更是触犯经律重罪。岭南华人与獠民杂处,多从事渔猎,自然与学佛之路背道而驰。六祖来自华夷杂居的岭南,五祖称他为"猎獠",无疑是说:"一个身犯重罪的野蛮人还能作佛吗!"后来六祖得受衣法后,辞别时,五祖嘱咐他努力向南,大弘佛法。兴善寺本《六祖坛经·悟法传衣门》说:

> 辞违已了,便发向南。……惠能后至曹溪,又被恶人寻逐,乃于四会县避难。经五年,常在猎人中,虽在猎中,每与猎人说法。

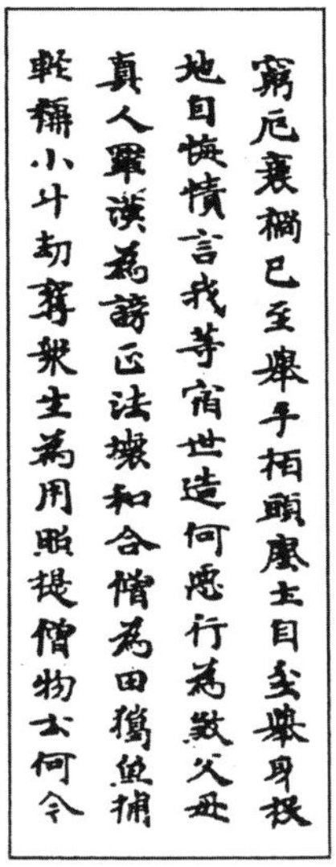

附图一　《大方便佛报恩经》片段影印

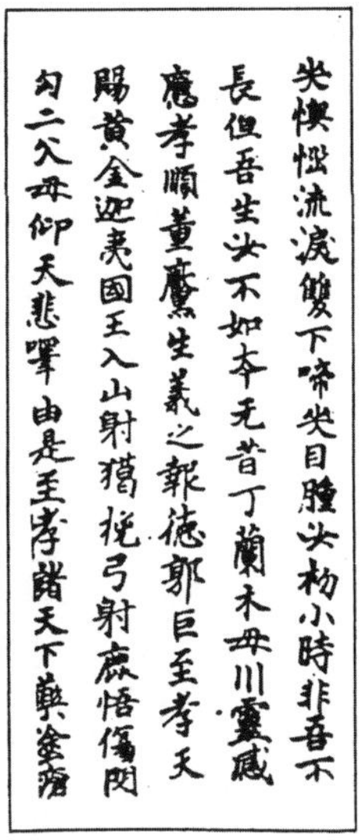

附图二　《佛说父母恩重经》片段影印

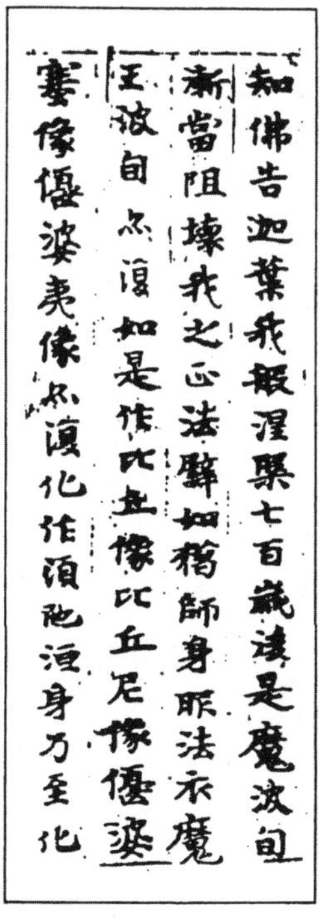

附图三　《大般涅槃经》片段影印

附图四　《优婆塞戒》片段影印

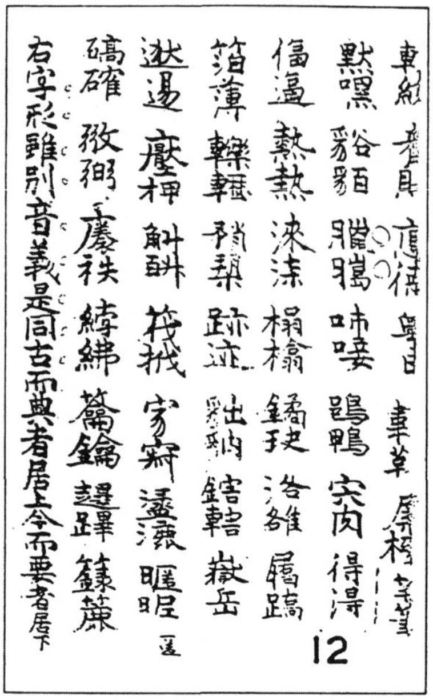

附图五　《正名要录》（影自《伦敦藏敦煌卷子选辑》）

高丽传本《六祖坛经》说得更加详细：

　　能后至曹溪，又被恶人寻逐，乃于四会县避难猎人队中，凡经一十五载，时与猎人随宜说法，猎人常令守网，每见生命尽放之。每至饭时，以菜寄煮肉锅。或问，则对曰："但吃肉边菜。"

由此看来，不但獠夷常事田猎，即六祖亦曾长年过着猎人的生活。说不定六祖还是受了五祖斥责猎獠——从事罪行的獠人——的刺激，因此长年置身猎人队中，抱着我不入地狱谁入地狱的精神来修行弘法也未可知。这一个《坛经》写本"獦"字的问题，虽然未见有人提出，似乎还是值得加以研究。管窥所得，不敢自信，草成此文，敬祈海内外大雅宏博，加以指正！

【潘重规　台湾中国文化大学中国文化研究所教授】

原文刊于《中国文化》1994 年 01 期

# 《坛经》中"獦獠"一词读法

## ——与潘重规先生商榷

蒙 默

　　《中国文化》第九期载潘重规先生《敦煌写本〈六祖坛经〉中的"獦獠"》一文，考此"獦獠"之"獦"为"猎"字之俗写，旁征博引，洋洋洒洒，五千余言，宜若可以论定矣，而潘先生虚怀若谷，谦光照人，谓"管窥所得，不敢自信，草成此文，敬祈海内外大雅宏博加以指正！"逊愿之情，令人感佩，谨将读后所疑写成于此，幸潘先生有以教之。

　　案"獦"为"猎"之俗写，《颜氏家训·书证篇》载有明文。谓"自有讹谬，过成鄙俗，……'猎'化为'獦'，'宠'变成'寵'"。卢文弨《补注》："《贾谊书·势卑篇》：'不獦猛兽而獦田彘，所獦得毋小。'是以'獦'为'猎'也。"是"獦"之为"猎"，其说其证皆前于潘先生所举证之敦煌写本佛经及《正名要录》数百年，且《正名要录》所著乃"臘"字而非"猎"字，还不如《家训》明确。不审潘先生为何弃早取晚、弃明取昧？

　　且"獦"字虽可为"猎"字之俗写，而《坛经》"獦獠"之"獦"是否即为"猎"之俗写，则又未必也。盖汉字之有数读数义者甚夥，此"獦"字亦有数读数义，诸书载之甚明。《玉篇·犬部》："古曷切，獦狙，兽名。"《广韵·曷韵》："獦，古达切，獦狙，似狼而赤，出《山海经》。"《集韵·曷韵》："獦，獦，居曷切，獦狙，巨狼，或从葛。"此皆音葛，并据《山海经·东山经》："北号之山，……有兽焉，其状如狼，赤首鼠目，其音如豚，名曰獦狙。"是一读一义也。《集韵·曷韵》："歇、獥、獦、獦，许葛切，短喙犬，或作獥、猲、獦。"《说文解字·犬部》："獦，獦獢，短喙犬也。《诗》曰：'载猃獦獢。《尔雅》曰：'短喙犬谓之獦獢。'"段玉裁《注》："《毛诗》作歇，《尔雅》又作獥。"是"獦"又为歇、獥、猲之或体。《御览》卷五九八引戴良《失父零丁》曰："此其庶形何能备，请复重陈其面目，鸱头鹄颈獦狗喙，眼泪鼻涕相追逐。"戴良，东汉初人，是汉代已以"獦"为"猲"也。《玉篇·犬部》《广韵·月韵》皆言："獦，许谒切，獦獢，短喙犬也。"是此字当音歇，《集韵》音葛，误。是二读二义也。《广韵·叶韵》载："獵，良涉切，戎姓，俗作田猎字，非。"《集韵·叶韵》亦载："獦，力涉切，戎姓。"此即"猎"字之俗写，是三读三义也。《贾子新书》也写猎字如此，见此种写法甚早，于《颜氏家训》见北朝已通行于北土；《类聚》卷九引梁萧若静《石桥》诗云："连延过绝涧，迢递跨长津，已数逢仙客，再曾度獦人。""獦人"显当读为"猎人"，是南朝亦已流行于南方。故敦煌写本佛经多用此俗写也。

以上獦字三读三义，首读当为本义，二、三读皆借字。但三读用于《坛经》之"獦獠"，皆觉扞格难通。盖"獦獠"之"獠"字，人皆知其为我国古代少数民族名称，为今仡佬族之先民。芮逸夫先生《僚为仡佬试证》（载《历史语言研究所集刊》第十本）言之甚详，此不赘引。若读"獦獠"为"獦狙獠""獦獢獠"，或读为"巨狼獠""短喙犬獠"，不仅绝无旁证，且皆不辞之甚。然而丁福保《六祖坛经笺注》、郭朋《坛经校释》，皆取短喙犬以释，实难令人首肯。潘先生读"獦獠"为"猎獠"，意为"打猎獠人"，显为远胜丁、郭二家。然如此读必当以獠人有打猎之习俗为前提。经详检诸书，皆未见獠人有打猎好尚之记载。有之，始于南宋范成大《桂海虞衡志》、周去非《岭外代答》：獠"以射生食动为活，虫豸能蠕动者皆取食。"然"射生"之说，与《魏书》《周书》《北史》各《獠传》所载獠人"不识弓矢"之记载相矛盾。芮逸夫撰《僚人考》（载《历史语言研究所集刊》第二十八本下册），有见于此，释之曰："上引两条（按指范、周二著）均提及'射生'，则僚人似已知弓箭了，但当为接受邻族文化而来。"此言甚是。盖今日仡佬语中之"弓"字为早期汉语借词之"nu$^{55}$（弩）"，证其早期确无弓箭，后始自汉族传入，故用汉语借词（详《贵州民族研究》1986、2 张济民文）。此与芮氏之说正合。南宋始有獠人"射生"之说，则汉族弓箭之传于僚族，略当北宋时期，最早不过晚唐五代，故作于唐初之《北史·獠传》犹言獠人"不识弓矢"，则唐初固不得有"猎獠"之称也。

又案"仡佬"一词,盖仡佬族自称之音译。但仡佬族之自称因方言之不同而有差异。《仡佬语简志》言:"仡佬族因方言不同,自称 klau˧（仡佬）,或 qau˧（稿）,aiðru˧（阿欧）,halkei˧（哈给）,to˧ʔlo˧（秃落）。klau˧ qau˧ ðru˧、kei˧、ʔlo˧ 等字同源。"由于自称本有差异,译写时又因时、因地、因人而有不同,故仡佬一词在古代文献上有多种写法:晋《华阳国志·南中志》写作"鸠獠",唐《元和郡县志·锦州》写作"犵獠",《新唐书·南蛮传》写作"葛獠",宋《老学庵笔记》写作"犵獠",《溪蛮丛笑》写作"犵狫",《宋史·西南溪峒诸蛮传》写作"犵獠",元《云南志略》写作"土獠",《招捕总录》写作"葛""犵佬",《元史·世祖纪》写作"秃老"。诸书写法虽有不同,而其读音则多为"仡佬"一声之转,故学者皆以为"仡佬"一词之异写,无异辞也。

《坛经》之"獦獠",当亦为"仡佬"之异写。唐宋时有写"仡佬"为"葛獠"者,不仅见于《新唐书·南蛮传》,且见于北宋初作品《太平寰宇记》之黔州,亦见于南宋末作品《舆地纪胜》之黔州,"葛"加犬旁以示鄙侮之意,遂写为"獦獠"矣。"獦獠"一写亦不仅见于《坛经》,五代时前蜀之王承肇,小字"獦獠儿",载于《十国春秋》本传;宋黄庭坚《过洞庭青草湖诗》,有"行矣勿迟留,蕉林追獦獠"之句;米芾《寄薛郎中绍彭诗》,亦有"怀素獦獠小解事,仅趋平淡如盲医"之句。元周致中《异域志》亦以"獦獠"为獠,且有"打牙獦獠"一词,显即习见于明清地志之"打牙仡佬",则"獦獠"为"仡佬"之异写亦无疑也。

《北史·獠传》言:周文平梁益之后,獠"与华人杂居者,颇从赋役。然天性暴乱,旋致扰动,每岁命随近州县讨之,获其生口,以充贱隶,谓之压獠焉。公卿达于庶人之家,有獠口者多矣。其种类滋蔓,保据岩壑,依林走险,若履平地。性又无知,殆同禽兽,诸夷中最难以道义招怀也。"故獠人于唐宋之世最为人贱,而"獠"与"獠子"亦常被用作詈词(见《大唐新语》《朝野金载》《新唐书·褚遂良传》《全唐诗》),《坛经》"獦獠若为堪作佛",亦贱鄙视同禽兽之詈语也。

因此,《坛经》中之"獦獠"不当读为"猎獠",而当读为"仡佬",此"獦"字只借其音葛而已,而与"獦狙"之义不涉,与"獦獢"字则音义俱不涉。

【蒙　默　四川大学历史文化学院教授】
原文刊于《中国文化》1995 年 01 期

# 《诸文要集》残卷校录

**白化文　李鼎霞**

敦煌遗书中《诸文要集》残卷,今藏北京大学图书馆。据张玉范女史《北京大学图书馆藏敦煌遗书目》(将在《敦煌吐鲁番文献研究论集》第五集中刊布)揭载,略云:

一九一　诸文要集残卷　唐大历二年(767)写　卷子

长二八〇厘米,高廿九厘米。厚纸七张。第一纸残甚,余均有残损。凡一五三行,行廿至廿八字不等。纸长四十三厘米,廿三行。纸质粗,墨栏,字不工,匡高廿五.七厘米。前十一行残缺不完,第十二行:"蜜激扬隐奥莲花世界指掌可观如意宝珠触目咸睹";末题:"诸文要集一卷"。尾有题记云:"大历二年三月学仕郎李英写"。

第二纸纸背有临圹文七行。

为便于说明,以下先做出录文、校记,再就此卷略作解说性质之后记。

## 一、录文并校记

**【录文格式说明】**

一、原卷直行书写,今改为横行。每行所录字数悉依原卷,加标点。原有一二字间空白处,略依原卷格式写录。各行上加行次号码。

二、字体悉依原卷。俗体字、错别字、古化简化字等均照写。其中如"惠""慧"不分,"符""苻"无别之类,以其为阅卷者所熟知,照录而不加辨识。另有不易辨识者,后加圆括弧中正体字以辨正之。

三、补字用方括弧加字。缺字多而不能计数者,以空白表示;缺字而可计数者,以每字一☐号表示。衍文应削去者,加【】表示,并做校记说明。

四、应做校记处,附加①②等注记;校记统列于录文之后。

**【录文】**

1.　　　　　　宝富乐

2.　　　　　　　向者有感☐通释

3.能☐☐得而称者欤　叹仏号头

4.音。妙法弘而甘露洒,双林晦影万塔分。

5.不昧。叹号头　诸佛法身览美者齐

6.焕(焕)矣金亐(身),为暗室之灯炬;秘哉奂典,作庙者之

7.伏唯律师:如玉之润,如镜之朗。誓防草系,无求生以养人;思救☐☐

8.☐☐☐☐☐真襟(操)莫夺(夺),仪梵弥坚。禅师号头　惟禅师道滕(胜)

9.☐☐印。顼(顿)悟禅宗。持惠镜以照心,知心若幻;临法池以鉴质,悟质如泡。

10.无生之惠①洞明,不减之智斯得。卷之则心水千里,伸之则悬崖万仞。

11.法师号头　惟法师戒忍双净,定惠兼修。明镜常朗,虚无不悟。开阐秘

12.密,激扬隐奥。莲花世界,指掌可观;如意宝珠,触目咸睹。

13.☐☐☐☐②处谦光以日新,尊礼度而无散。惟忠惟孝,如珪☐☐☐

14.□□踊,松筠抱其操;清廉有则,冰镜比其心。常与礼诵之缘,竸(競)超檀

15.郍(那)之业。　患差(瘥)号尾

16.倾(顷)因摄养乖方,久婴疢疾;默念大觉,用保微躯。善㦤(愿)既従(从),天

17.仏咸启。若欲醍醐之味,如餐甘露之浆。苦患顿(顿)除,身心遍悦。不胜

18.感贺,敬竖良田。　凶斋号尾　岂谓逝水沦波,悲泉落照;百龄□(莫?)

19.延,千秋俄毕。存亡断绝,痛切心魄。今建福缘,用之[资]冥助。惟其□③

20.断轮回。肜(愿)斋号尾　既而殷信法云,输诚仏日。常恐识夙(风)腾鼓(鼓),苦

21.海波涛。所以家族平安,灾殃殄(殄)灭。敬崇是福,每以修斋。我国家聪

22.明文思,光宅天下。奄有四海,乘衣万方。眷彼黎人,择用良牧。匡理王

23.道,简在帝心。普天庶类,莫不休悦。发辉仏事,敬谢金言。

24.三宝都尾　惟愿获功德力,成菩提心。拔烦怅(恼)生死之灾,作解脱坚(固)④

25.之果。遐(遐)龄永固,劫石踊而莫踊;福智长资,芥城尽而莫尽。

26.叹刺使德政　惟公股肱王室,匡赞邦家;仕重大川,委临方岳。于是割

27.苻千里,建节百城。执扇宣夙(风),褰帷演化。朱帘始憩,下车扬仁惠

28.之风;翠盖将临,拂座置坛郍(檀那)之供。上佐　惟公萱兰蕰(蕴)德,

29.金石吐心。任顿(顿)褰帷,轍(职)陵分竹。助宣于千里,茂续(绩)逾匡。演化于百城,

30.□猷自远。槐庭始阙,即陈清净之筵;云盖才顷,先献芬芳之供。

31.大曹　惟公櫂质升荣,驰名莈(从)轍(职);寇(宪)章黎庶,轨范人伦。播□崒(幹)

32.于冰□⑤,胶凝辉于水镜。抚潢沙而恤狱,已流恩惠之谣,晶舟(丹)笔

以缓

33.形（刑），更逸（遗）宽平之誉。既外敷　皇化，约金科以拯四生；内薄玄徽，披玉

34.牒而崇三☐［宝］。县令　惟公簪缨茂族，诗礼承家。寔朝野之元龟，信

35.人伦之藻镜。于是任光墨绶，臧（职）绾铜章。制锦一曹，调弦百里。扇

36.仁凤（风）而训俗，青鸾已翔；宣真化以字人，白鸟俄集。加以翘诚柰菀（苑），会

37.缁侣于槐庭；耸虑香国，献芳珍于兰供。承（丞）　　惟公金声凤振（振），玉誉早

38.闻。列位名班，升荣美职。心珠下照，弼游刃以宣风；仁镜低临，助牵丝而阐

化。积（激）扬百里之美，独绾一曹之政。虔恭宝座，敬仰毫光。主薄（簿）

40.惟公才高命伐（代），思逸凌云。驰雅俗之宪章，擢搢绅之龟镜。于是职监

41.【佩玉印以全真。播】⑥万里，宣制锦之芳猷；任察一同，藻烹鳞之美质。均金

42.科而士滥（鉴），佩玉印以全真。播千载之美声，降一乘之胜轨。慰（尉）

43.惟公邓菀（苑）披芳，荆岩厓（藏）玉。位陪制锦，迍（匡）藻化而扬辉；职辅调弦，奏

44.清规而逸韵。思流万里，洒春露于豪（毫）端；威勖（励）四人，耀秋霜于兰际。是以

45.嘉声远珎（振），令石被（披）宣。藻虑金园，驰诚宝地。　文　斯栖神【道】

46.襟（禁）⑦菀（苑），历想文场。猎百氏之精华，漱九流之淳（纯）粹。于是词芳

47.郑地，辩藻谈天。故得擢职荣班，驰名简位。翘心奉国，

48.想净土以虔诚；稽首宾王，凭德雄而衍庆。　　　武

49.斯乃夙摽勇悍,早植(知)骁雄。七德在心,六奇居念。于是弦惊来箭,穿

50.杨叶于堞前;马急去鞭,控排花于坞上。岂直啼猿抱树,亦得落雁

51.翻空。故得位赞戎班,荣参武列。将欲底平四海,启四弘以驰诚;严诚☐

52.兵,凭六道而稽首。　僧　栖神道树,欲相禅池。知爱网之婴(撄)身,悟

53.智船之运已。于是凝心四谛,译念三乘。故得解素披缁,抽簪落发。☐

54.高名于宝地,参胜侣于金园。独枕四流,迥超三界。成法门之枝干,☐

(为)⑨

55.品物之津梁。　祯　尼　斯乃行本芬芳,性多秀孋(丽)。柔襟雪

56.映,淑质霜明。故得披妙服以真仪,解罗裳于宝地;袭芳缘而

57.化侣,落云发于金园。蓯(粧)臺(台)艳粉,弃若灰尘;花帐香茵,厌如瓦

砾。辞镜

58.台而登月殿,背灯幌而入星宫。居三宝之妙门,为四生之称首。

律师

59.应生五浊,迹绍四依。行月灯明,戒珠圆净。律仪之规宿著,道品之

典盍(盖)

60.殷。岂期业风罢扇,掩尘路以寘真;爱水销容(溶),证灰身以示灭。

61.于是绞(经)行路侧,无闻振锡之音;藻性池傍,永绝乘杯之影。

62.禅师　性抱恬虚,志怀淡怕(泊)。育想四空之宅,怡神六度之方。起爱

网以

63.孤游,拂尘罗而高躅。系情猿于意树,羁识马于身田。为品物之津

64.梁,寔含虚之称首。岂徒凝襟胜寂,入三昧以无埽(归);乱想正真,乘六

65.通而莫返。于是幽栖树下,空留宴息之跂(踪);贫里巷中,无复头陀

之影。

66.考　斯乃英誉早闻,芳猷素远;人伦领袖,朝野具瞻。岂斯(期)舟

67.壑俄迁,魂随阅水;至孝等孝心感应严训。忽攀风以缠哀,抚寒泉而

68.永慕。金乌异往,☐☐之痛逾深;银箭难留,尊己☐☐爱及。　　　姪

69.斯乃性本柔和,行当贞洁。母仪含于淑质,慈范叶于谦恭。岂期灾

70.入业崖,奄钟芳菉(叶)。至孝等福潜灵祐,矕隔慈颜。俯寒泉以穷哀,践

71.霜露而增感。色养之礼,攀拱木而无依;顾复之恩,仵禅林而契福。

72.患差(瘥) 公倾(顷)以寒暑差傻(互),摄养乖方,染时疫于五情,抱烦疾于六府(腑)。

73.力微动止,怯二鼠之张胜;气惙晨霄,惧四蛇而之毁[箧]⑩。于是翘诚菩愿,

74.沥款能仁。故得法药冥资,鬃(医)王潜祐。烦痾顿解,久患消除。甘露恒清,

75.祥风永扇。 妇人患差(瘥) 夫人倾(顷)以瘴厉(疠)缠身,风气侵体,眉嚬目苦,辍

76.鸾镜于妆台;鬓堕云愁,颓凤钗于枕席。于是驰诚胜境,沥(历)想玄津。

77.蒙送香风,惠之甘露。因☐(之?)爽晤(悟),自尔康和。惟愿观音驾日,洒芳液以清襟;

78.大势垂花,扇香风而荡虑。六尘永散,八苦长销。延惠命于千龄,坚法

79.身于十力。 金铜像 斯乃镕金写妙,再启金仏之姿;铸宝图

80.真,还分宝树之影。珠唇疑笑,隐花句于花台;莲脸将开,披菜(叶)文于

81.菜(叶)座。威灵罕测,谅瞻仰之难思;色相身求,因归依而有属。雕庄(妆)既毕,累

82.愿斯圆。敬设清斋,虔诚福庆。 画像 斯乃绚众彩而绘圣,蕴妙

83.色以仪真。兰艳唇端,花图脸际。翠山凝顶,粉月屏(开)豪(毫)。黛菜(叶)写而眉鲜,青

84.莲颇(披)而目净。姿含万彩,凝湛质于鸡峰;影佩千光,似分身于鹫岭。

85.仏堂 斯乃竭宝倾珍,敬造仏堂一所。基如地蹢,甍似空飞。栋累游檀,梁

86.裁文杏。雕窗吐月,洞户迎风。簷斯(嘶)宝铎之音,栱曳金绳之影。妙圆精舍,

87.实曰仁祠。严莹既周,伫申嘉庆。 庆经 斯乃疏襟法宇,藻性真

88.☐(如)⑪。轻万金以重金言,弃千宝而尊宝偈。于是墨流肌血,缮鹿苑之芳

89.襟;笔折躯骸,纪龙宫之奥典。遥叶贯花之旨,远屏(开)甘露之□。□□

90.六庆之因,并契三明之果。　庆幡　斯乃素流芳誉,凤播清规。

91.长修胜境之因,每□□(启庄)⑫严之念。于是绣天缋而散彩,镂霞绮以分辉。缀

92.玉环珠,敬造神幡一口。雕文曳迥,影摇香阁之风;艳藻荣(紫)空,影耀花园之

93.美。架虹衢而荡色,临凤刹以高县(悬)。冥薰(熏)之惠乃资,净福之因逾积。

94.丈夫　门负英豪。伐(阀)标名族。间阎之旐盖长纫(幼)承风,为里闬之楷模;

95.邻伍钦德,实雄莘(英?豪?)而物望。亦推揩乎贤,驰声郡县袛遵(边)者也。

96.妇人　族嗣英风,宗高彦伯。温容韶雅,淑礼和柔。勤四德而穆六亲,说

97.母仪而闻妇律。名流郡邑,霑宠禄之弥荣;声振芳鲜,沐兰闺之永

98.誉。男　纫(叨)沐黉儒,冀鸿渐而居陆;长勤幹勇,希振□(翼?)以鸣阴。半武

99.半文,不离衣训;奉忠奉教,光备(被)邦家。终成阀阅之□,方珮簪缨之锦。名

100.哉令子,具(其)难誉乎!　　女　花出妖(夭)桃,色开秾李。兰芳郁而秀美,宝

101.镜添姿;金玉明而成珠,银花曜彩。声驰内外,誉满家荣。穆穆谦谦,是何神仙

102.之能比也!　新妇　内训持家,纺绩之功弥著;温和令誉,雍穆之礼唯

103.高。颜色未亏于四邻,晨昏岂辞(辞)于堂上。⑬勤勤翼翼,实名家之子者欤!

104.奴婢　不谓报落青衣,业拘墨网。身无自在之役,名应驱驰之艰。心惧嗔嫌,

105.□(功?)勤扫洒。既寝盗之余报,乃酬赏之往日。勖此虔诚,一⑭从

善愿。

106.文官　　比者精勤俎豆,缊(蕴)习英儒。孝尽于家,忠尽于国。每祈天王一愿,

107.流品秩以居荣;大国一陈,方冀理人之政。常兴愿于至圣,至冥念于幽微。

108.受官天禄,既至福而潜耻,岂敢寝而天(无→無)陈。故此家庭役大斋而庆荷⑮

109.入宅　　加以卜兆清居,选奇福地。召杠(匠)人以构图,日映红梁;专工力以削成,月

110.晖朱柱。檐楹攒集,栋宇参差。华屋与玉砌争光,绮院与琼堂艳色。既

111.逢功毕,袸合吉征。或恐惊动出工,轻触鬼神,凡力匪能消状,圣得(德)方可殄

112.除。故就新居,虔诚妙供。　　叹圣僧　　良功(工)厥素,真相犹存。欲拟六

113.通;方凝九定。应恒沙之供,并在一时;运微尘之躯,都无少念。成慈本行,

114.与彼福田。既承七觉之威(戒? 灭? 威?),毕座高僧之首。　庆经　万仏同宣,三乘共

115.轨。阅金言于掌内,垂玉露于毫端;天(添)宝偈于骨中。若乃动雷音,澍法雨,惊龙俗,润萌牙(芽),诚

116.八正之广途,疗三毒之良药。芳连鹫岭花,宝贯龙宫锦。☐(绣?)袄光而更辉,宝

117.轴舒而复卷。　　庆仏　　其像乃卅二相,尽开金色;万八千世,宛在玉

118.豪(毫)。一礼一称,福集如海;再观再睹,罪泮冰山。　　庆菩萨　菩萨乃四弘德络(备),

119.十地功圆,顿超缘觉之乘,次补如来之座。念之者随心而降福,礼之者

应红(经)以

120.消殃。　义井　其并乃察星图,徽水府,凿穷郊,发濛泉。下环空

121.以吸海,上呀(砑)天而吐云。草树由是繁/生兹(滋),人畜于焉广/得济。推(惟)愿身齐圣名,

122.将琼玉以同坚;寿等灵泉,与金轮而不易。

123.义桥　已乃灵仙作轨,神水/贞石为林。等长虹之截川,疑半月之衔海。东西据地,

124.南北千里非遥;上下依天,▨▨▨途无滞。惟愿仁慈广运,为物津梁。地惟(维)无县(悬)度

125.之宾,天河断输毛之鹊。　长幡　长幡乃蜀兼(缣)裁[成]⑯,齐纨间错/起。长虹贯日,未可

126.比其▨斑;彩凤抟空,安得方其齐美。　二道场播齐/分尺素⑰,妙饰丹青。

127.相一会以齐德十地而相/次取下云霞纥(绝)影惣(总)慈八相之目,方彼四门之化。黄羊应乳,讵假传

128.闻;白马逾城,悠(攸心?)在月。与调达而角力,掷象空间;将车迟以俱驰,降▨

129.天际。云霞绝影如龙,向初日以争辉。　浮图　远瑑荆玳(珉)。/博▨香埿(泥)。玄▨玉趾。成兹雁

130.▨,类彼蜂台。宝龛将月殿争辉,露檠(盘)与星楼错影。白/朝云足级(促膝),明/朗月

131.添珠。灵相俨如,/永安,舍利斯在。　官事　不择善/良用,犹/谋缨罗

命旦黄沙之
网。 内,魂摇舟(丹)

132. 笔之前。类飞俄(蛾)之投 唯有 一心,至求三宝。幸得 近该天泽, 狱 微命
火,同弱草之经霜。 运 官无滥。

再生, 思答
喜报

133. 鸿恩,聿修香水。 逆修 生不作福,没后难知。未尽 百年, 逆 修厶
少无男女,衣复孤贫。莫保 预
(某)七。

134. 从良 比 诠有德,乳哺代亲。奉事当堂,并无罪 咎。念慈仁孝,有彼成
缘家务,策使非恒。 过。
生。释

135. 放从良 房□物录。惟愿人唯等秀,贵贱齐同。舍 怨对(怼) 之根藏⑱,结
任为南北。 烦恼
菩提之

136. 花萼。放羊 当使恨山石上,长为得道之资;王舍城中,永睹生天
眷属。

137. 之报。 满月 门宜贵子,梦得兰英。白应 春 来,玄符月上。 庶下
欢 通用

138. 故知宝车摇影,娇若凝珠;玉栢调□,笑如花面。巧随母惠,能逐父聪。
□(目?)

139. 妒流星,眉欺初月。惟愿 金枝 比秀, 玉叶承 荣。早蒙 膝 下之恩,日有
琼枝 金室流 乳

陵云 之
怀霜

140. 气。亡[儿]⑲取金柯已下云⑳岂说体危朝 露,魂切 夜。夙念欲 承家□
德。 □□咸 流芳

141. 随珠璧。故于是日云云 亡 夫 自惟崇目远袭天□金 夫 冀保春月□
妻 妻

142. 荣九禊。岂期霜 域并萼,风切连枝。㉑厶(某)乙等夜泣朝悲,俄经七七。
摧半月,影吊孤魂。

143.惟太夫人族贵自天,风流惟月。深姿蕴玉,圣德惟霜。等孟母之鸿

144.慈,载修庭阃,若曹大家之清藻,独振闺闱。富贵若天,贞明☐

145.背。志 敦怀 妇礼,仪叶母仪。还将训子之 方风 ,更佐 若字 人之美。

146.蕴崇德谋,竭诚奉孝。信义周于乡党,礼乐贯于阃阎。

147.岂谓逝水沦波,悲泉落照。了硆阿迢㉒,千秋永离。嗟存亡☐☐☐

148.道年;痛切心俯(腑)。今建福脵(缘)之会,寘(置)资(兹)去灭之魂。
用☐☐虚,永脱

149.苦难。

150.大觉之存也,惟情惟☐;大觉之化也,曰慈曰悲。绀光遐照,白圆明☐

151.启四生而五常乐者为矣㉔厥橛    十莝付付付

152.《诸文要集》一卷

153.                    大历二年三月学仕郎李英写

【校记】

①原写"者"字,复于其右侧补一行书"惠"字。

②前四字夺去,当第五字处空。

③似是行书"永"字之半。

④坚字下夺一字,臆补"固"字。

⑤"冰"字下夺一字,可补作"冰天""冰操""冰厅"等。

⑥本行(41行)首七字"佩玉印以全真播",原应写在下一行(42行),写录者误写于此处。发现后未作改削,径连写与前"职监"二字意义相连之"万里"。

⑦"道"字右侧标有"ㄑ"削去号。

⑧似是草体"标"字。

⑨"为"字臆补。

⑩此字漫漶,臆补。

⑪"如"字臆补。

⑫"启""庄"二字臆补。

⑬"勤勤"二字之右,有小字四:"已下不用"。

⑭原写"以"字,于右侧标"ˇ"削去号,复于其下写"一"字。

⑮此下应属未写完,此则不完。

⑯"裁"字下应缺一字,臆补。

⑰此句应为四字句,首字缺。或即为"齐分尺素",前二字并列写。

⑱"靼犠"二字不识。

⑲"亡"字虽与上下字连写不空,实为一小标题。下应缺一字,臆补。

⑳"取'金柯以下'云",估计意为取139行"金枝此秀"以下诸句,通用于此。"枝"误写为"柯"。

㉑自"厶乙"以下,为祭亡母所用之另一则。

㉒"畣""遚"二字不识。

㉓"亡"字下估计至少缺失七字。

㉔自150行起首至此字为一则,缺小标题。以下七字可能为另一人随意乱写。

## 二、后记

原卷首残,存153行。其152行为尾题,153行为写录者题记。卷子题名,写录年月,写录者,均甚为明晰。现存之1—151行,则杂录应用文字片段57则。为醒目起见,表列于下:

| 序号 | 小标题 | 起止行次 |
|---|---|---|
| 1 | | 1　　3 |
| 2 | 叹仏号头 | 3　　5 |
| 3 | 叹号头 | 5　　6 |
| 4 | 【律师号头】 | 7　　8 |
| 5 | 禅师号头 | 8　　10 |
| 6 | 法师号头 | 11　　15 |

| 序号 | 小标题 | 起止行次 |
|---|---|---|
| 7 | 患差（瘥）号尾 | 15　18 |
| 8 | 凶斋号尾 | 18　20 |
| 9 | 愿斋号尾 | 20　23 |
| 10 | 三宝都尾 | 24　25 |
| 11 | 叹刺使德政 | 26　28 |
| 12 | 上佐 | 28　30 |
| 13 | 六曹 | 31　34 |
| 14 | 县令 | 34　37 |
| 15 | 承（丞） | 37　39 |
| 16 | 主薄（簿） | 39　42 |
| 17 | 慰（尉） | 42　45 |
| 18 | 文 | 45　48 |
| 19 | 武 | 48　52 |
| 20 | 僧 | 52　55 |
| 21 | 祯尼 | 55　58 |
| 22 | 律师 | 58　61 |
| 23 | 禅师 | 62　65 |
| 24 | 考 | 66　68 |
| 25 | 妣 | 68　71 |
| 26 | 患差（瘥） | 72　75 |
| 27 | 妇人患差（瘥） | 75　79 |
| 28 | 金铜像 | 79　82 |
| 29 | 画像 | 82　84 |
| 30 | 仏堂 | 85　87 |
| 31 | 庆经 | 87　90 |

| 序号 | 小标题 | 起止行次 | |
|---|---|---|---|
| 32 | 庆幡 | 90 | 93 |
| 33 | 丈夫 | 94 | 95 |
| 34 | 妇人 | 96 | 98 |
| 35 | 男 | 98 | 100 |
| 36 | 女 | 100 | 102 |
| 37 | 新妇 | 102 | 103 |
| 38 | 奴婢 | 104 | 105 |
| 39 | 文官 | 106 | 108 |
| 40 | 入宅 | 109 | 112 |
| 41 | 叹圣僧 | 112 | 114 |
| 42 | 庆经 | 114 | 117 |
| 43 | 庆佛 | 117 | 118 |
| 44 | 庆菩萨 | 118 | 120 |
| 45 | 义井 | 120 | 122 |
| 46 | 义桥 | 123 | 125 |
| 47 | 长幡 | 125 | 126 |
| 48 | 二道场幡 | 126 | 129 |
| 49 | 浮图 | 129 | 131 |
| 50 | 官事 | 131 | 133 |
| 51 | 逆修 | 133 | 136 |
| 52 | 放羊 | 136 | 137 |
| 53 | 满月 | 137 | 140 |
| 54 | 亡【儿】 | 140 | 141 |
| 55 | 亡夫妻 | 141 | 142 |
| 56 | 亡母 | 142 | 149 |
| 57 | | 150 | 151 |

**【说明】**

1 号,内容残缺太甚,姑作为一则。4 号,小标题应在 6 行之尾,佚失,今代拟题。21 号,"祯"字疑衍。27 号,据其内容,似为问疾、答书之混同,今姑依原卷作一则。48 号之"二"字,疑为"第二"之简;据此对应,47 号"长幡"之前似应有一"一"字。56 号,代拟小标题。57 号,原无标题,亦未代拟。

按,唐释道世于显庆四年(659)编成《诸经要集》二十卷,后从而扩充成《法苑珠林》百卷,乃类书体裁。今二书并存。《诸文要集》一卷,未见公私书目著录。然既以"要集"自名,当是昉《诸经要集》之体,而规模、水平则远不逮矣。内容则杂录书启,似同"书仪"。字句与敦煌卷子中书仪各卷雷同处亦多。加之抄录者为学仕郎,故颇疑为一种高级学童之应用文范,而编录水平不高,或竟为李英自编自录之个人箧中宝也。所录均为节选。书仪中常见"已上六道同一头尾"(如 P.2481 所录多处)字样。今所见本卷中"号头""号尾"者,当是书牍之起首、结尾专名,而"都尾"者,某一大类同内容书牍可共用之结尾也。

【白化文　北京大学信息管理系教授

李鼎霞　北京大学图书馆副研究员】

原文刊于《中国文化》1990 年 01 期

# 敦煌本《甘棠集》与刘邺生年新证

张锡厚

　　刘邺及其《甘棠集》，两《唐书》与其他史料记载甚少。自敦煌遗书问世以后，王重民先生率先将巴黎国家图书馆藏伯希和编号四○九三卷，著录为刘邺《甘棠集》①。其后，贺光中、吴其昱先生又有专文进行整理研究②，为刘邺《甘棠集》重显于世做出重要贡献。

　　本文仅就《甘棠集》的著录、文体和刘邺的生年略作补说和证明于后，不当之处，敬祈赐正。

## 一、敦煌本《甘棠集》补录

　　伯四○九三，册叶装，原卷首尾俱残。首起"上中书门下状"，下讫"贺官道著昌辰，功宣名部，坐拥旌旗之贵，行图襦袴"。未署撰人及集名，唯抄本内卷一至卷三之末分别题"甘棠集一卷""甘棠集卷第二""甘棠集卷第三、甘棠集卷

---

① 王重民：《巴黎敦煌残卷叙录》（《图书季刊》新二卷第二、三期），又见《敦煌古籍叙录》，商务印书馆 1958 年版。

② 贺光中：《甘棠集（敦煌佚本）》，《马来亚大学中文学会学报》第二期，1960 年 12 月出版；吴其昱：《甘棠集与刘邺传研究》，《敦煌学》第三辑，1976 年 12 月出版。

第四"。《敦煌古籍叙录》著录为"甘棠集",并考定为刘邺所撰,其证有三:

> 《新唐书·艺文志》别集类,著录刘邺《甘棠集》三卷,其证一也。集卷三有《上高尚书启》云"伏奉厶月日牒,著摄陕州参军充观察巡官者",《又启》云"伏蒙慈造奏授太子正字充防御巡官者"。考《旧唐书·邺本传》"高元裕廉察陕虢,署为团练推官,得秘书省校书郎"(卷一百七十七);然则高尚书即元裕,其证二也。又集卷一有《贺濮王充成德军节度使表》及《奉慰西华公主薨表》,证以《旧唐书·宣宗十一子传》(卷一百七十五),及《新唐书·诸公主列传》(卷八十三),再照以邺所历官,莫不时当事对,其证三也。

由此三证,"叙录"云:伯四〇九三《甘棠集》,"殆唐刘邺所作也"。《敦煌遗书总目索引》著录"伯四〇九三,甘棠集(存卷一至卷四之半),唐刘邺撰。册叶装,共三十一叶。第三十一叶上面写《平脉略例》,下面为《般若波罗蜜多心经》"。《敦煌宝藏》著录为《甘棠集》,未署撰人。

1976 年,吴其昱先生的《〈甘棠集〉与刘邺传研究》(以下简称"吴文")对伯四〇九三的原貌著录最详。吴文云:"此册装订如现代流行之练习簿,但较狭长,共用纸十六张,每四张中折为一组,分为十六页。全册四组,共六十四页。用白丝线于书脊穿孔连接为一册。所用楮纸,如今桑皮纸,甚厚,有水纹。每页高29.6 公分,宽 11 公分。通常每页写八行,每行二十六字。有乌丝栏,每页栏上空约 1.3 至 0.9 公分,栏下空约 1.4 至 0.9 公分。墨书,楷体,有时亦略带行体。表状八十八通(内一通只存状题,疑误重,故实仅八十七通)。自第三页第一行始,自上至下,直行,各行自左至右,至页六十二第八行止。每卷及每通奏状开始时,均不换行书写,但留空白一二字。"③吴文考证该卷撰人时,又引用卷四中《谢进士及第让状》及《谢不许让兼赐告身》(刘邺特敕赐及第事,见《唐摭言》卷九),并推定敦煌本《甘棠集》为刘邺所撰。

但是,吴文与叙录在考证《甘棠集》卷三《上高尚书启》时存在着严重分歧。

---

③ 同②。

叙录根据《旧唐书》卷一百七十七《刘邺传》"高元裕廉察陕虢,署为团练推官,得秘书省校书郎",认为高尚书即高元裕。吴文据《新唐书》卷一百八十三《刘邺传》"陕虢高元裕表署推官,高少逸又辟镇国幕府"的记载,认为高尚书非指高元裕,而是高少逸。今查《旧唐书》卷一百七十一《高元裕传》"元裕登进士第,本名允中,大和初,为侍御史,奏改元裕。累迁左司郎子","开成三年充翰林侍讲学士","会昌中,为京兆尹。大中初,为刑部尚书。二年,检校吏部尚书、襄州刺史、加银青光禄大夫、渤海郡公,山南东道节度使。入为吏部尚书,卒"。《新唐书》卷一百七十七《高元裕传》谓:"高元裕,字景圭,其先盖渤海人。第进士,累辟节度府,以右补阙召,道商州……累迁尚书左丞,领吏部选。出为宣歙观察使,入授吏部尚书。拜山南东道节度使,封渤海郡公,奏蠲逋赋其众。在镇五年,复以吏部尚书召,卒于道,年七十六,赠尚书右仆射。"纵观两《唐书》高元裕本传所载,元裕似无"廉察陕虢"之举。而高元裕之兄高少逸,在大中年间确曾任职陕地,《旧唐书》卷一百七十七《高少逸传》:"长庆末为侍御史,坐失举劾,贬赞善大夫,累迁谏议大夫,乃代元裕。稍进给事中,出为陕虢观察使。"《新唐书》卷一百七十一《高少逸传》云:"长庆末为侍御史,坐弟元裕贬官,左授赞善大夫,累迁左司郎中……会昌中为给事中,多所封奏。大中初,检校礼部尚书,华州刺史,潼关防御,镇国军使。入为左散骑常侍,工部尚书,卒。"④由于高少逸曾"出为陕虢观察使"和"潼关防御、镇国军使",所以刘邺入幕之后,才有可能"著摄陕州参军充观察巡官"(《上高尚书启》),"奏授试太子正字充防御巡官"等相应的职位。又据《资治通鉴》卷二四九载,唐宣宗大中八年(854)"秋九月丙戌,以右散骑常侍高少逸为陕虢观察使"。则刘邺本传所谓"高元裕廉察陕虢",当系"高少逸"之误。除叙录、吴文所做的考证外,还可从《甘棠集》卷三所载《与同院于瑰判官》《与同院令狐侍御》《与同院李判官名汤》的三封书信得到进一步证明。

这三封书信都是刘邺在高少逸"出拜雄藩","询求幕吏"(《上高尚书启》),"出临藩镇","东求僚属"(《又启》)的情势下而写的,目的在于为高氏招纳贤良,以偿报德感恩之心,因而他在每一封书信中无不直言"尚书俱选英僚,必资

---

④ 《旧唐书》卷十八下《宣宗纪》大中十年四月癸丑,"以给事中、渤海郡开国公、食邑二千户高少逸检校礼部尚书、华州刺史、潼关防御、镇国军等使"。

贞实"（《与同院于瑰判官》），"尚书俱选英僚，先求重价"（《与同院令狐侍御》）；"尚书初领戎藩，大开宾幄，必资贤彦"（《与同院李判官名汤》）。充分表达尚书求贤若渴愿望。所言尚书，实非别人，亦为高少逸也。其证有三：第一，于瑰，《新唐书》卷七二下《宰相世系表》"瑰，字匡德"，因避宋讳改作"正德"。《广卓异记》卷十九"兄弟二人及第"条引《登科记》："于珪，大中三年状元及第。珪之弟玙，大中七年状元及第。"徐松《登科记考》从之。按两《唐书》俱无玙，《东观奏记》云："杨仁瞻女嫁前进士于瑰。"则作"瑰"为是。《全唐诗》卷五六四存于瑰诗二首，并云："大中七年进士第一人。"岑仲勉先生《郎官石柱题名新考订》云："《广记》一八二，内有云'同年首冠於瑰'，'於'应作'于'，旧籍常于、於互讹……瑰为大中七年状元。"故而《与同院于瑰判官》称"伏以判官鸾鹤奇姿，烟霞彩瑞。蕴千钧之重德，垂万古之高名。自冠甲科，迹参戎幕"。那么刘邺必在大中七年于瑰"自冠甲科"以后，才写下这封"驰丹恳于朱门"的书信。

《与同院令狐侍御》称"伏以侍御儒苑驰声，相门传庆"，"自高攀桂枝，贵袭芸香"。则此令狐侍御应是宰相后裔，且进士及第者。吴文推断"似是令狐滈"。《旧唐书》卷一百七十二《令狐滈传》："滈少举进士，以父在内职而止。"其父"绹罢权轴，是岁及第"。《新唐书》卷一百六十六《令狐滈传》又云："滈避嫌不举进士，其父绹罢相后，进士及第。"《唐语林》卷七："令狐绹罢相，其子滈进士。"《登科记考》卷二十二谓滈于大中十四年（860）前，进士及第。《资治通鉴》卷二百四十九唐宣宗大中十三年（859）八月，"宣宗既崩，言事者竞攻其短"，十二月丁酉"以绹同平章事，充河中节度使"。可见滈登科及第是在大中十三年绹罢相以后，而刘邺于大中八年为高尚书俱选英僚时已称滈"高攀桂树"，显系溢美之词。

李汤者，《旧唐书》卷一百七十六《李宗闵传》云："宗闵弟宗冉，宗冉子深、汤。汤累官至给事中，咸通中践更台阁，知名于时。"[5]《新唐书》卷一百七十四《李宗闵传》云："宗闵弟宗冉，其子汤，累官京兆尹，黄巢陷长安，杀之。"李宗闵，字损之，宗室郑王元懿之后，贞元二十一年进士及第，元和七年入朝为监察御史，累迁礼部员外郎。《与同院李判官名汤》称汤"门传积庆，神授英姿。泛金玉之

---

⑤ 《旧五代史》卷一〇八《李鏻传》谓："伯父汤，咸通中为给事中。"

清音,挺松筼之雅操",亦相暗合。由于两《唐书》所载李汤事迹过于简单,尚难考知汤是否"即趋轩屏"。不过,刘邺致书于李汤、于瑰、令狐滈的时间应在大中八年高少逸"出临藩镇"的时间以后。

第二,根据史载高少逸于唐宣宗大中八年秋九月"为陕虢观察使",大中十年(856)四月癸丑为"检校礼部尚书,华州刺史,潼关防御镇国军等使",因而高少逸"东求僚属,允副金阶,辟命初行,英旄尽至"(《又启》)之举,必在"出临藩镇"之后,亦即大中十年左右。刘邺为了感荷尚书"奏授试太子正字充防御巡官"的《又启》当写于是时,而自称"伏奉厶月日牒,著摄陕州参军充观察巡官"的《上高尚书启》所云:"厶艺本荒芜,性惟愚僻,但甘幽口,岂望超升。会无进取之门,实有退藏之愿。伏遇尚书三十三丈,询求幕吏,信任门人。容弱羽于邓林,置纤鲜于嘉沼。"亦可订正本传所云"置为团练推官"之误。由刘邺对高尚书的知遇之恩,感激涕零,由启称"今者光膺宠命,出拜雄藩",则不难断定《上高尚书启》撰于高少逸出为陕虢观察使的大中八年。

第三,高元裕"廉察陕虢"之说,既然史传无证,当不足据。至于高元裕在世年代,两《唐书》本传亦无确切记载,吴文据高元裕碑传考其生卒年为(777—852),"大中六年卒于官"。与《新唐书》云元裕"年七十六",相合,但与刘邺《上高尚书启》的时间相悖。从而可证刘邺《甘棠集》所云"高尚书""尚书",非指高元裕,实属元裕之兄高少逸。因此,《甘棠集》卷一至卷三的表状,乃刘邺于大中八年著摄陕州参军充观察巡官时,代高少逸所撰。卷四所载的表状如《谢召试并进文五首状》《谢进士及第让状》等,则是刘邺自咸通元年(860)入为朝官翰林学士⑥时所撰。

刘邺《甘棠集》散佚已久,世无传本,唯宋元以来官私书目尚著录之。《崇文总目》卷五:"《甘棠集》三卷,唐刘邺撰。"《新唐书》卷六十《艺文志》:"刘邺《甘棠集》三卷。"《秘书省续编四库阙书目》:"刘邺《翰苑集》一卷,阙。"《通志》卷七十:"《甘棠集》三卷,唐刘邺撰。"《宋史》卷二百〇八《艺文志》:"《刘邺集》四卷,又《从事》三卷。"上述著录的不同之处在于,《崇文总目》《新唐书》《通志》均著

---

⑥ 《旧唐书》卷十九上《懿宗纪》:咸通元年二月,"以右拾遗刘邺充翰林学士"。

录为"甘棠集三卷",而《四库阙书目》《宋史》则称《翰苑集》一卷、《刘邺集》四卷,《从事》三卷,与前此著录大相径庭。但从另一方面看,也恰恰说明刘邺的著述绝不限于已著录的《甘棠集》三卷,而且还有别集、"翰苑""从事"之类著述流传于世,直到敦煌遗书发现唐人抄本刘邺《甘棠集》四卷,才进一步证明宋以后著录的三卷本并非完备的刊本。

"叙录"云:"邺集宋人已不著录,亡佚已久,其文之存于今者,仅《乞赠恤李德裕疏》残篇,赖《旧唐书》本传以传。今获原集,所得为已多矣。是集残存四卷,而《新唐书·艺文志》著录作三卷,疑三或当为五之误。"叙录所云"三""五"之疑,缺乏根据,全为臆测。吴文指出"《宋史·艺文志》之《从事》三卷,似即《甘棠集》,同书所载《刘邺集》四卷,似包括《甘棠集》三卷、《翰苑集》一卷,则写本前三卷相当于《甘棠集》,第四卷相当于《翰苑集》也",亦为推测之词,难以为证。因此,在无法见到刘邺著述全貌的情况下,我们还应尊重敦煌唐人抄本内原题"甘棠集卷第四"的客观事实,无须做任何比附,更何况卷四之后半已佚,而残损部分是否还有卷五或其他卷数,尚难定论。所以初步拟定敦煌本《甘棠集》四卷,虽与宋以后书目著录未合,但实有所据。

还有一个值得注意的事实,那就是在目前已整理的敦煌本《甘棠集》四卷,却全然未见《旧唐书》刘邺本传、《全唐文》卷八百〇二所载《乞赠恤李德裕疏》,这是为何呢?

首先,司马光怀疑其为伪作,他在《通鉴考异》卷二十三《唐纪》咸通元年九月"刘邺请赠李德裕官"条云:"裴旦《李太尉南行录》载咸通二年九月二十六日右拾遗内供奉刘邺表,略云:'子烨贬立山尉,去年获遇陛下惟新之命,覃作解之恩,移授郴县尉,今已没于贬所。'又曰'血属已尽,生涯悉空'。又曰'孤骨未归于茔域,一男又陨于江湘'。又曰'其李德裕特请赐赠官'。敕依奏……烨,懿宗初才徙郴县尉,未详,或者后人伪作之,非邺本奏也。"司马光又按曰:"刘邺追雪在懿宗时,此说殊为浅陋,今不取。"[7]陈寅恪在《李德裕贬死年月及归葬传说辨证》一文,认为"李德裕大中三年(849)十二月十日卒于崖州,其柩于大中六年

⑦ 又见《资治通鉴》卷二百五十《唐纪》:咸通元年十月"敕复李德裕太子少保、卫国公赠左仆射"。注引《考异》文。

422

（852）夏由其子烨护送北归,葬于洛阳"。而《南部新书》《北梦琐言》诸书"皆以德裕归葬在懿宗即位以后。盖与《通鉴考异》所引裴旦《南行录》载,刘邺咸通二年九月二十六日表中'孤骨未归于茔域'之语,俱为后人伪传伪作之史料",因而陈氏认为"德裕之归葬与烨之内徙及德裕之追赠元本自各为一事,不相关涉"⑧。这为考察刘邺《乞赠恤李德裕疏》的真伪提供了重要线索。

根据目前所见资料,记有刘邺上表事者,主要有五:1.《旧唐书》刘邺本传:"咸通初,左拾遗、充翰林学士刘邺以李德裕贬死珠崖。大中朝以令狐绹当权,累有赦宥,不蒙恩例。懿宗即位,绹在方镇,属郊天大赦,邺奏论之曰:'故崖州司户参军李德裕,其父吉甫,元和中以直道明诚,高居相位,中外咸理,讦谟有功。德裕以伟望宏才,继登台衮,险夷不易,劲正无群。禀周勃厚重之姿,慕杨秉忠贞之节。顷以微累,窜于遐荒,既迫衰残,竟归冥寞。其子烨坐贬象州立山县尉。去年遇陛下布惟新之命,覃作解之恩,移授郴州郴县尉,今已殁于贬所……特乞圣明,俯垂哀愍,俾还遗骨,兼赐赠官。'"

2.《北梦琐言》卷一:"邺,敕赐及第,登廊庙,上表雪德裕,以朱崖神榇归葬洛中,报先恩也。"(又见《太平广记》卷三百八十七)

3.《南部新书》庚:"咸通中,令狐绹尝梦李德裕诉云:'吾获罪先朝,过亦非大,已得请于帝矣。子方持衡柄,诚为吾请,俾穷荒孤骨,得归葬洛阳,斯无恨矣。'他日,令狐率同列上奏,懿皇允纳,卒获归葬。"

4.《新唐书》刘邺本传:"咸通初,擢左拾遗,召为翰林学士,赐进士第。历中书舍人,迁承旨。邺伤德裕以朋党抱诬死海上,令狐绹久当国,更数赦,不为还官爵。至懿宗立,绹去位,邺乃申直其冤,复官爵,世高其义。"

5.《资治通鉴》卷二百五十《唐纪》六十六,唐懿宗咸通元年九月:"右拾遗句容刘邺上言:'李德裕父子为相,有声迹功效,窜逐以来,血属将尽,生涯已空,宜赐哀闵,赠以一官。'冬十月丁亥,敕复李德裕太子少保,卫国公,赠左仆射。"

以上所记除《南部新书》谓"令狐率同列上奏"外,均明确肯定刘邺为李德裕追雪上表,但在内容上却有明显差异。《旧唐书》谓"俾还遗骨,兼赐赠官",《南

---

⑧ 转引自《李德裕贬死年月及归葬传说辨证》,《金明馆丛稿二编》,上海古籍出版社1980年版。

部新书》《北梦琐言》谓"卒获归葬","归葬洛中";《新唐书》《通鉴》则谓"复官爵","赠以一官"。《通鉴》还具体记载"敕复李德裕太子少保"等官爵,可见刘邺为李德裕追雪上表,实为有史可征。至于表的内容,可能因好事者鉴于刘报李恩的传统观念而随意增删所致。诚如陈寅恪先生所考:"德裕之获许归葬,据李潜所作烨墓志,实由'先帝(宣宗)与丞相论兵食制置西边事',自是可信之实录。""故疑德裕之归葬,敏中实与有力焉"。另据李德裕妾刘致柔墓志之第四男烨后记,"壬申岁(大中六年)春三月,扶护帷裳,陪先公旌旐发崖州,崎岖川陆,备尝险艰,首涉三时,途经万里,其年十月,方达洛阳。十二月癸酉迁附,礼也"⑨。而烨虽获归葬其父于洛阳,葬讫仍返贬所,大中十四年夏六月二十六日以疾终于郴县之官舍。咸通元年刘邺为李德裕追雪上表(从《通鉴》说),故而表内不当再出现"孤骨未归于茔域"或"朱崖神榇"等语,此系后人所增,亦已明矣。譬如《唐语林》所载,就兼取归葬、赠官两说:

> 卷三"赏誉"云:懿宗尝行经延资库,见广厦钱帛山积,问左右:"谁为库?"侍臣对曰:"宰相李德裕。以天下每岁度支备用之余,尽实于此,自是以来,边庭有急,支备无乏。"上曰:"今何在?"曰:"顷坐吴湘贬崖州。"上曰:"有如此功,微罪岂合诛谴!"由是刘邺进表雪冤,遂许加赠。
>
> 卷七"补遗"云:卫公既殁,子煜(烨)自象州武仙尉量移郴州郴县尉,亦死贬所。刘相邺为谏官,先世受恩,独上疏请复官爵,乞归葬。卫公门人,惟塞士能报其德。

卷七所引复官归葬之说,与《旧唐书》同。而卷三所云"懿宗",司马氏《通鉴考异》转引《金华子杂编》时,则作"宣宗",其文字略有异同,引录如下:

> 宣宗尝私行经延资库,见广厦连绵,钱帛山积,问左右曰:"谁为此库?"侍臣对曰:"宰相李德执政日,以天下每岁备用之余尽实此,自是已来,边庭

---

⑨ 转引自《李德裕贬死年月及归葬传说辨证》,《金明馆丛稿二编》,上海古籍出版社 1980 年版。

有急,支备无乏者,兹实有赖。"上曰:"今何在?"曰:"顷以坐吴湘狱,贬于崖州。"上曰:"如有此功于国,微罪岂合深谴!"由是刘公邺得以进表乞雪之。上一览表,遂许其加赠,归葬焉。

司马氏在引此条时,按云:"宣宗素恶德裕,故始即位即逐之,岂有不知其在崖州,而云'岂合深谴'!"可见《金华子杂编》记为宣宗许其加赠归葬,已被司马氏指为不实。但是《唐语林》却直记为懿宗,进而引发"刘邺进表雪冤,遂许加赠",全未涉及归葬事,司马氏所疑,似可释然。

总之,刘邺为李德裕追雪上表,这是有史可稽的事实。若言表内兼有遗骨归葬之说,系由好事者增改所致,则为是;而吴文以"《甘棠集》卷四有上懿宗表五通,独无此表",遂断言"所传刘邺追雪李德裕表当系伪作",恐难成说。因为敦煌本《甘棠集》四卷,尚属残卷,焉知残缺部分就绝无此表呢?

敦煌本《甘棠集》四卷所存表状书启凡八十八篇(内一篇有题无文),细目如下:

卷一,上中书门下状、贺瑞莲表、上中书门下状、贺元日御殿表、贺除濮王充成德军节度使、贺赐春衣表、谢冬衣表、谢端午衣表、谢恩赐历日状、奉慰西华公主薨表、端午进马并鞍辔状、寿昌节进马并鞍辔状、进鹞子状、同前状、同前状、为割股事上中书门下状,计十六篇。

卷二,贺崔相公加仆射状、贺令狐相公加兵部尚书、贺裴相公加户部尚书、贺魏相公加礼部尚书、贺门下令狐相公状、贺史馆魏相公状、贺户部裴相公状、贺淮南崔相公状、贺正上四相公状、贺正上西川白相公状、贺正上淮南相公状、贺诸道节察正、贺正上两中尉并长官状、贺冬上四相公状、贺冬上四川白相公状、贺冬上淮南杜相公、贺冬上凤翔崔相公状、贺冬上宾客马相公状、贺冬上镇州王相公状、贺冬与翰林学士兼丞郎给舍书、贺诸道初冬状、贺冬与两枢密状、贺冬与两中尉,计二十五篇。

卷三,贺卢仆射状、贺郑大夫状、贺承旨萧侍郎、贺沈舍人权知礼部、贺中书杜舍人、答归补阙书、贺凤翔裴尚书、贺湖南李中丞、贺冬上四相公状、贺冬上太子太傅杜相公、贺冬上四相公状(有题无文)、贺冬上西川白相公状、贺冬上淮南崔相公、贺冬上诸道节察、贺冬上两枢密状、贺冬上两中尉、贺土突骠骑、贺西门枢密状、贺冬上杜相公状、贺崔相将军加银青阶、上高尚书启、又启、与同院李判官名汤、与同院于瑰判官、与同院令狐侍御，计二十五篇（内一篇"有题无文"）。

卷四，贺正、夏首、令狐学士、谢召试并进文五首状、谢充学士、谢进士及第让状、谢不许让兼赐告身、谢设状、上白令公充学士状、上三相公状、上白相公状、上河中令狐相公状、上毕相公状、上张郎中状、谢赐绯上白令公及三相公状、上冯舍人、贺李谏议除给事、贺李给事除京兆尹、上四相公贺冬状、贺赦、与方镇贺冬、贺官（以下残佚），计二十二篇。

敦煌本《甘棠集》是目前发现刘邺著述最多最为完整的唐人抄本，其撰写年代，已如前述，约在大中八年（854）至咸通初年（约860），若编集成册，还要在其后一段时间，至迟亦不得晚于敦煌抄本的出现。那么，敦煌本的抄写时代又在何时呢？

为了考察敦煌本《甘棠集》（伯四〇九三）的时代，首先要察看原卷首尾所存的内容。第一页有字五行，似为练笔习字之杂写：第一、二行为借契，书写零乱："家中欠匹帛合遂亦心……""庚寅年四月五日九日立契龙勒乡百姓曹贤昌……"第三、四行更为杂乱无章，可辨之字有"入入入……""佛光""孔孔行寺也入社司""夫子"等。第五行"庚寅年正月五日社司，天生白友圣，平子平留心"。

第二页有字七行：骨举指来疾者，贤脉也大口手令/庚寅年六月七日衫子污衫口口庚寅/茶酒论一卷并序乡贡进士敷王撰，窃见神农，曾尝/丁亥年四月，庚寅年四月六日立契，敦煌乡百姓郑继温伏缘家中欠火匹白/遂于洪润乡百姓樊钵略面上贷帛练壹匹，长叁丈捌尺，幅阔贰尺一寸/其绢利头现还麦粟肆硕，其绢限至来年拾月口填还，若于限/期不还者看。

第六十三页，颇为齐整的抄有原题"平脉略例一卷"，九行。第六十四页为玄奘译《般若波罗蜜多心经》八行。无年代题记。

原卷第十六页第五行于《为割股事上中书门下状》题下，杂写"庚寅年四月六"，因与状文无关，然后用墨笔圈去，以下接抄状文。

从抄写在敦煌本《甘棠集》的首尾文字，可见的干支纪年有"庚寅年四月五日九日""庚寅年正月五日""庚寅年六月七日""丁亥年四月""庚寅年四月六日""庚寅年四月六"等。除丁亥年比庚寅要早四年外,余皆为庚寅年六月七日以前所写。由于上述文字是抄写在《甘棠集》之封面封底,因此可以初步判定《甘棠集》本文抄写在这些杂文字之前,亦即庚寅年以前。

由刘邺撰写《甘棠集》内表状的最迟年代咸通初年(约860),至敦煌藏经洞之封闭年代宋真宗咸平五年壬寅(1002)⑩,其间相距一百四十二年,出现庚寅纪年三次:唐懿宗咸通十一年(870);后唐明宗天成五年(930);宋太宗淳化元年(990)。从卷内不避宋讳"匡""胤"等字来看,可以判定《甘棠集》之抄写时代在宋淳化元年以前,而庚寅之杂写,当在咸通十一年或天成五年。由于咸通十一年,刘邺尚在朝为官,本人是否自编文集,史无记载,而且原卷第二页尚有"丁亥年四月",若为咸通八年(867)的纪年,与著者拟写表状的时代更为接近,因此刘邺在咸通八年即编成该集并传抄于敦煌地区的可能性是极小的,当然也不会有咸通十一年庚寅之杂写了。因此,可以肯定敦煌原卷所载庚寅年之杂写的最早时代为天成五年庚寅,而《甘棠集》的抄写时代亦当在咸通十一年之后至天成五年之前。由于该集之抄写仍避唐讳"世"等,可以进一步判定它的抄写时代在晚唐,即广明元年(880)刘邺去世后的一段时间,不会迟至五代时期。从而说明敦煌本《甘棠集》的不朽价值不仅是抄写时代最早,而且是天壤间唯一孤本,洵可宝矣。

## 二、《甘棠集》的文体初探

从敦煌遗书发现的刘邺《甘棠集》,虽题为"集",却与见诸书目著录的"别集"类作品有着截然不同的特点,它不是编集包括刘邺诗文的全部著述,而是专门选录表状书启之类的文字。这就使人不能不提出这样的疑问,该集是刘邺自编成集,还是他人选编为帙,为何又拟名"甘棠集"呢?从两《唐书》刘邺本传来

---

⑩ 孙修身:《西夏占据沙州时间之我见》,《敦煌学辑刊》一九九一年第二辑。

看,均未言及刘邺有集传世,直到元至正三年(1343)编成的《宋史·艺文志》,才著录"《刘邺集》四卷",这已是很晚的事了,恐非刘集的原编本,极有可能是后人代拟之集名。由于原书已佚,今天已无法证实它与敦煌本的关系。至于敦煌遗书伯四○九三于每卷之首尾径题为"甘棠集",与宋代官私书目则又不谋而合,这又可断定唐宋时期不仅有刘邺《甘棠集》流传于世,而且远及西陲尚保存有珍贵的唐人抄本。至于拟名为"甘棠",其义深远。相传周武王时,召伯(奭)巡行南国,曾憩甘棠树下,后人"思其人,敬其树",因作《甘棠》诗,《诗经·召南》即保存其篇。后被用作称颂官吏政绩之词,如刘禹锡《衢州徐使君遗以缟纻兼竹书箱因成一篇用答佳赠》诗:"闻道天台有遗爱,人将琪树比甘棠。"白居易《别州民》诗:"甘棠无一树,那得泪潸然。"章碣《赠婺州苏员外》诗:"烟月一时搜古句,山川西地植甘棠。"而刘邺在表状中亦往往称引"甘棠""棠阴""棠树",如云"睿奖已明于苦节,□光更漏于甘棠"(《谢赐春衣》),"心驰阙下,路滞棠阴"(《谢冬衣表》),"虽常持峻节,靡惭棠树之封"(《谢恩赐历日状》),借以表达臣下对圣德的颂赞。而在《贺正上西川白相公状》"守棠阴而问俗",《贺冬上四相公状》"但切棠阴是庇"等,则又是对达官显贵赫赫政绩的称颂。再者从刘邺所撰写的表状书启等文字无不充满这种颂扬美誉、感恩报德的思想,或许这便是被拟名"甘棠集"之缘由。

敦煌本《甘棠集》所载表状书启为八十七篇,按行文格式和表现手法,显然缺乏文学的艺术特性,与其说是文学作品,还不如说是更接近于表现官私事务的公文之一体,如《贺元日御殿表》云:

> 臣厶言得当道进奏官状报,伏承今月一日御含元殿者。伏以陛下天赞雄图,神开宝绪。纳祐而王猷兹始,发生而圣运惟新。素雪方销,散皇明而已远;绿波初起,流睿渥而逾深。臣内省庸虚,叨蒙近寮,一辞绩席,再历正朝,虽拥红旄,且违丹陛,敢望鸿鸾之列,徒增犬马之心。掩泪难收,高隔烟霄之路;称觞难及,空瞻日月之光。唯竭清诚,少酬弘造。限以恪居廉镇,忝守诏牒,不获趋拜朝庭,仰观盛礼,无任感恩,惶恋屏营之至。

这是一篇上表祝贺皇帝元日御殿的官样文章，从其开头、结尾的具文套语来看，无一不表现输忠纳诚的士大夫风范，似可归入表状笺启书仪之一类⑪。而其述事言情之处，则兼用清新流畅的四六骈语，显示出富丽堂皇的文采，把唐代官场的书面致辞提高到新的水平。

从敦煌本《甘棠集》所载表状书启的内容及其写法来分析，约可分为四类：其一，贺表贺状，如贺元日、贺正、贺冬、贺瑞莲、贺官、贺赦等，在写法上又略有不同。以时令为主旨者，首从节候变化写起，次为颂扬状主之贺词，再写本人叨蒙厚奖之谦词，末为套语。如《贺正上四相公状》云：

> 伏以节及建寅，时当降祚。青阳启肇，玄律唯新。相公业茂□川，才应命代。亲观盛礼，首荷明君。鸾池之瑞日初秾，最宜三楼；鸰树之祥风渐暖，弥畅万机。永践台阶，常承睿渥。厶叨蒙厚奖，获彼殊荣。临郡邑以分忧，每惭旌斾；企门轩而莫及，但激愚衷。从结下诚，何酬重德。限以官守，不获随例拜贺。

这篇贺正状文具有格式严谨、言简意赅的特点，可以视为代表作，不过这种四段式的写法也不是一成不变的，有时可以随着状主的身份、地位之不同而有所增删，或可写成极为简略的贺词，如《贺冬上诸道节察》：

> 伏以节及升辰，时当亚岁。光阴稍改，华裔交初。尚书寄重藩垣，望深台□。守土以彰其旧德，济川唯待于新恩。永奉昌期，常承睿渥。厶违仁既久，拜贺无由，仰恋恩私，不任诚恳。

以贺官为内容的表状，首为赞誉状主之词，次为加官晋爵的贺词，末为套语。如《贺崔相将军加银青阶》云：

---

⑪ 周一良：《敦煌本书仪考（之二）》，《敦煌吐鲁番文献研究论集》，北京大学出版社 1987 年版。

将军韵齐金石,德比珪璋。怀辅国之深谋,挺匡君之大节。烟霄路上,流一代之清风;日月光中,洒万方之渥泽。自昭彰懿绩,焜耀高名,承密物而畅道皇猷,赞雍熙而从容紫禁。声驰海内,望美朝端。今者出自至公,特垂新命。授衔珠之显衮,闾阎增岩;升列戟之崇阶,门阑益咸。普天之下,孰不具瞻。厶常沐庇庥,不任欢抃。

若是由状报得到加官的消息,在贺表的开头还要有一段套语,如《贺除濮王充成德军节度使表》云:"臣厶得进奏官状报。厶月日敕除濮王开府仪同三司充镇冀等州节度使者。"以下再按程式叙写贺词。

以贺瑞莲、贺赦为题的表状,则多以三段式写法,首具状由,次为颂扬赞誉之词,末为套语,如《贺赦》云:

伏睹今日制大赦天下者。伏以圣上钦承丕绪,虔奉宝图。展盛礼于圆丘,播鸿私于率土,或举繙紫之曲,俄伸解纲之仁。此皆相公翊赞皇猷,丹青景运。百辟贺垂衣之化,万方瞻补衮之勋。限守卑职,不获拜贺。

其二,谢表,如谢赐春衣、冬衣、赐绯、谢召试等,大都以四段式写法为主。首具状由,或兼及节候变化,次言叨蒙重委,输忠纳诚之词,复述激切感恩之义,末为套语。如《谢冬衣表》云:

臣厶言:中使厶至宣奉圣旨,慰劳臣及参佐官吏僧道百姓等,并赐臣敕书手诏各一封,大将衣四幅者。玄律开冬,清风戒候。忽降非常之泽,弥增不称之惭云云。臣叨领藩垣,函逾星琯,心驰阙下,路滞棠阴。虽必竭凡材,而何当圣奖。陛下仁深煦育,德洽雍熙,严气初升,天慈口及。丝纶荐委,曾无一缕之功;锡袭频颁,更觉双旌之贵。况花攒宝尺,沾洒仙毫。窃用襦量,但愧纤微之质;徒知轻暖,岂酬重叠之恩。珍华而喜动三军,温燠而寒销万井。封章欲献,难书铭镂之情;驲骑将回,无限沾离之泪。其大将衣臣并准诏给付讫。臣与将士等无任感(恩),惶惧之至。

　　他如《谢充学士》《谢进士及第让状》及《谢不许让兼赐告身》等，因系谢状，同样要首标缘由，如云"右臣今日奉宣圣旨以臣守本官充翰林学士者"，"右伏奉今日敕赐进士及第者"，"右伏奉宣圣旨以臣持赐进士不令陈让兼守本官充翰林学士者"，皆直言进状之由，一目了然，其后则以效忠尽节，感恩报德为主，文辞亦稍有变化。

　　其三，进物状，如进马及鞍辔，进鹘子等，若是节日进献，首要言明节日特征，次述所献之物及其夸饰之词，末为套语。如《端午进马及鞍辔状》云：

　　　　右伏以角黍良辰，浴兰令节。徒思献寿，且阻朝天。前件马及鞍辔等颇似驯乘，粗施雕镂。诚非骓骏，固异瑰骑。骁腾或胜于追风，将嘶内厩；焕烂虽惭于照地，愿奉驰驱。轻渎宸岩（严），无任战越屏营之至。

若非节日进献，则直述其事，语更简练，如《进鹘子状》云：

　　　　右件鹘子，彩羽初劲，花毛已齐。雄姿不愧于鹰鹯，锐气可摧于燕雀。邀禁林而振迅，唯候飞（原脱一字）；当御苑以驱驰，仍希百中。诚惭任土，或望凌风。轻渎宸宸，不任战越之至。

若谢状与进献，合为一体时，在写法上则以谢状为主，进献之事，仅附言之。如《谢召试并进文五首状》：

　　　　右臣伏奉圣旨召入翰林院试者。臣才能浅薄，器试凡庸。谏垣方渐于叨荣，禁署忽蒙于诏试。已贡雕虫之艺，仍非染翰之功。冒犯宸严，无任战越屏营之至。其所试诗赋及制等，谨随状封进。谨奏。

　　其四，类似书信的启状，如《上高尚书启》《又启》《上白相公状》《与同院于瑰判官》《与同院令狐侍御》等，虽意在陈情述事，披肝沥胆，在写法上亦离不开程式化的框框。如《上高尚书启》云："厶启伏奉厶月日牒著摄陕州参军充观察巡官者。恩光忽被，奖擢非常，兢惧央容，捧戴无力。"开头即言明上启之由，然后才转入正题，铺陈颂扬赞美高尚书之词，如云"天钟间气，业茂经邦"，"坚挺出世之才，正直事君之节"，极尽夸饰誉美之能事。接着笔锋一转，抒写知过感恩之情，深切动人：

> 厶艺本荒芜，性唯愚僻，但甘幽蛰，岂望超升。曾无进取之门，实有退藏之愿。伏遇尚书三十三丈，询求幕吏，信任门人，容弱羽于邓林，置纤鲜于嘉沼。庆同毛义，空铭报德之心；荣过秘生，无限感恩之泪。身轻草芥，施重丘山。……下情无任感激惭惶之至。

从其首尾的具文套语来看，已近官样文章，几乎失却书信的意义。

当刘邺被授予翰林学士、恩赐进士及第之后，会写有类似书信的状文，表达感恩激切之情，在写法上也以公文程式为主，特别首尾之具文套语，更为典型。如《上三相公状》云：

> 右今月奉宣守本官充翰林学士者。厶伶傅之羽，忽翥青云；蹭蹬之鳞，将游碧海。以荣以惧，贺宠若惊。厶道本孤单，才唯拥肿。官序虽留于辇下，梦魂长寄于江干。已分陆沉，敢期迁擢。相公不遗凡质，特降殊私，拔于群萃之中，置在七人之列。而又俯纶薄技，特枉至心。谏垣方愧于叨荣，禁署忽蒙于怙职。发已凋之木，倍感阳春；昭欲逝之魂，宽为阴德。纵有涓尘之士，何酬海岳之仁。无任感恩激切之至。

他如上白相公、令狐相公、毕相公等状也都采取类似《上三相公状》的写法，只是在文辞选用上不尽相同而已。

此外，还有几篇本应以书信形式传事言情，但也写成公文的形式，如《与同院李判官名汤》《与同院于瑰判官》《与同院令狐侍御》，从原题上还看不出是状启，还是书信，若就具文套语而言，则又属状文一类的官场应酬文章。如《与同院于瑰判官》云：

　　伏以判官鸾鹤奇姿,烟霞彩瑞,蕴千钧之重德,垂万古之高名。自冠甲科,迹参戎幕。已礼郡铣之美,仍彰阮璃之才。发词苑之菁华,高标桂影;耸士林之节操,憩歇棠阴。尚书俱选英僚,必资贞实。判官光膺辟命,允副群情。羔雁自去,宛是昔时之地;风烟不改,方追往日之欢。厶内省幽沉,早垂趋谒。忽蒙简署,徒切兢惶。驰丹恳于朱门,星霜既久;拜清光于盛府,旬朔是期。将契私诚,难任喜抃。

　　该文首称于瑰判官之奇姿才德,名冠甲科;次述尚书俱选英僚,光膺辟命;末书致书之由和将契私诚的喜悦心情。若排除首尾之具文套语,则是一篇情恳意切的短文,一旦写成状文,难免陷入公文程式化之中,大大冲淡其文学气息。

　　从以上分析,不难看出《甘棠集》所收的表状书启之类文字,已接近书仪之一体,故而要恪守固定的程式和用语,以适应官场公文和礼仪应酬的需要,因此它的实用价值,往往超过其文学艺术特性,不可等同于文学作品。不过由于它在练字造句、铺陈排比上,尚离不开文学的表现手法,具有一定的文学色彩和可读性,所以才能得到人们的喜爱并远传至西部边陲。具体地说,有以下几个特点:

　　第一,刘邺的表状着重于社会事件的客观叙述,不同人物的颂扬赞誉以及竭诚尽节思想的生动描绘。因为表状属于官方公文性质的文字,它在记述事件上要特别注意消息来源及其发生的时间、地点等概念,一点也不能含糊其事。如《贺瑞莲表》云:

　　臣厶言:臣得进奏官厶状报:厶月日大明(宫)里嘉德殿前,池内有瑞莲一枝,向上生花两朵。有进止令穿附莲花具宝图,宣示宰臣及文武百寮者。睿感上通,灵心照答,秀发沼(原脱一字),芳呈瑞莲。伏惟陛下,军(君)膺十龄,光膺雨耀。阐雍熙之至道,和育养之深仁。化自根源,恩深草木。典刑将措,灾沴潜消。幡喜气于宸中,播英声于海外,故得见兹秾艳,契彼祥经。摇紫禁之辉光,一枝凝秀;出清波而菡萏,双影分红。可谓叠庆连休,超周越漠。大明宫里,田田而足表皇明;嘉德殿前,灼灼而弥彰圣德。臣叨蒙重委,获睹殊祥。踊跃之诚,倍百常品。

首段文字即把进奏官厶状报,何时何地出现何种瑞莲及其进贺表之由,交代得一清二楚;然后铺陈贺词,盛赞皇明圣德;末具套语。另如《谢赐春衣表》云:"臣厶言:中使厶至奉宣圣旨,慰劳臣及参佐官吏僧道百姓等,赐臣春衣一副,牙尺一枚,大将衣四副者。"《谢端午衣表》云:"臣厶言:中使至奉宣圣旨赐臣手诏敕书各一封,端午衣两副,金花银器若干事,百索一轴,大将衣四副者。"这类谢表不仅要在开端开列赐物清单,而且还要在表末申明其"大将衣臣并准诏付讫",这大概也是官用文章不可或缺的形式。

在《贺瑞莲表》中,还可读到作者由瑞莲而引发颂扬陛下至道深仁的言辞:"阐雍熙之至道,和育养之深仁。化自根源,恩深草木,典刑将措,灾沴潜消。"尤为难得的是,作者在另外一些表状中还能针对人物的不同身份,选用不同的语言以示表扬誉美之意。如颂西华公主曰:"伏以分辉玉叶,禀庆延源,礼合箴规,行修图史。绥荣下嫁,垂雨露而偏深;奄及乘仙,况烟霄而不返。鸾镜之轻尘任委,凤楼之高月徒清。四德销沉,六宫酸痛。"(《奉慰西华公主薨表》)赞濮王曰"庆霄钟秀,震绪呈祥。凤禀温恭,生知信厚","德镇而烽烟永息,令行而河朔遥清。上答睿慈,下明军律"(《贺除濮王充成德军节度使表》)。誉高尚书曰:"衔书三十三丈,道高前古,德迈当时。断自宸宸,出临藩镇。苍生积望,方瞻傅说之岩;黄阁将归,必擅萧何之柄。"美崔相公则曰"岳降英灵,天资厚德,庄敬执大臣之礼,操持成王者之师。伴游夏之词锋,光开日月;蹑萧曹之训范,道冠严廊"(《贺崔相公加仆射状》),如此等等。遣词炼句,处处讲究分寸,铺陈排比,无不切合人物的身份地位,而某些夸饰溢美之词,也表现出作者攀附奉迎的心理。

有时为了达到输忠纳诚、感恩报德的目的,作者往往运用一些谦虚逊让、叨蒙奖擢或披肝沥胆、声泪俱下的字句,抒写个人的激切情怀,亦不乏真情实感的流露。如《谢进士及第让状》云:

> 右伏奉今日敕赐进士及第者。臣内顾凡姿,累沾渥泽。伏承严命,以感以惭。伏以选在禁闱,必资明试。盖虑不政词业,上闻宸聪。陛下谓臣词有可观,猥加鸿奖,便令充职,已是殊私。今蒙别赐出身,实惭有亏大体。既无前例,岂敢辄当。臣获偶圣明,骤叨官秩。辞七人之旧例,骞耄内庭;逢万乘

之深知,跨腾前古。有兹咸美,已冠群伦。其特赐进士及第敕,伏乞陛下却寝成命,俯遂愚衷。庶使青史之书,无惭真笔;紫霄之泽,永被孤根。沥胆隳肝,非同饰让。无任感恩涕泗兢惶之至。

在另外一些表状中,作者又不时谦称"厶门地孤单,艺能寡浅,九霄迷路,四海无家,绝望显荣,已甘沉弃"(《上张郎中状》),"风尘贱品,瓦砾庸资,学匪精专,知惭富赡,已甘沉弃,绝望升腾"(《上河中令狐相公状》),"厶艺本荒芜,性唯疏拙,素多羁蹇,敢圣骞翔"(《上白相公状》),"臣迹本孤危,业非泣济,正抱亡羊之叹,全无倚马之能"(《谢设状》)等。从这些自视卑微的词句里,我们不难看出像刘邺这样一位门第孤单、绝望显荣的知书达理之士,只有巧妙地利用自己的贫贱身世和誓倾肝胆的语言,才能把看似平淡的表状写成有声有色的文字。

第二,刘邺的表状书启虽然貌若千篇一律,固守成规,既无跌宕起伏的情节结构,又缺乏波澜壮阔的艺术场景和生动鲜明的人物形象,乍读起来,兴趣索然。但是,只要细细品味,还是可以发现作者在语言运用上颇具匠心,也有着值得称道的地方。首先,由于表状的篇幅有限,作者必须善于选用高度概括、凝练优美的语言叙事状物,抒情达志,以增强表状的说服力和感染力,如《贺淮南崔相公状》云:

> 伏以相公鸾凤奇姿,烟霞异彩。蕴佐时之盛业,垂旷代之殊功。词擅菁华,处丹禁而不言温树;学穷源委,捧紫泥而常对天地。而行重人伦,德标邦杰,事归激俗,政必绝伦。故得入践岩廊,出居藩翰,两为雨露,十度在风。亲日月之沐光,尽□台耀;溅云霄之渥泽,咸沐恩波。而积著陶钧,荣辞昂鼎,固陈谦让,或劝浇浮,阴阳已知,进退惟政。今者光〔膺〕宠命,出自宸衷。再登韩信之坛,不换萧何之印。旌旗动色,偏宜登路之导。淮海凌波,必助济川之思。岂叹九重之远,将闻三入之斯。率土普天,咸知庆赏。厶累蒙大庇,常感至仁,即获拜迎,难胜喜抃。

据《资治通鉴》卷二百四十九《唐纪》载,唐宣宗大中九年七月甲午:"以门下侍郎、同平章事崔铉,同平章事,充淮南节度使。"⑫本状应写于是年七八月间。短短二百余字,把崔铉的学识才华、品行节操、佐时盛业、旷世殊功及其出居藩翰、再登将坛的业绩,写得生动感人,可谓言简意赅。

其次,作者为了增强语言的概括性和艺术表现力,往往在铺采设色、排比对仗上选用清新富丽、音韵铿锵的字词,即使引用事典故实也能化入平淡的叙述之中,亦无掉书袋之嫌。如写瑞莲云:"摇紫禁之辉光,一枝凝秀;出清波而菡萏,双影分红。可谓叠庆连休,超周越汉。大明宫里,田田而足表皇明;嘉德殿前,灼灼而弥彰圣德。"(《贺瑞莲表》)把花生两朵的瑞莲与歌颂皇明圣德巧妙地融合在一起,不仅具有色光之美,而且能引发人们皇恩浩荡之思。

在谢赐衣表中,作者善于抓住季节变化与衣饰的不同特征,予以概括的描述,寥寥几笔,即可勾勒出鲜明的形象。写春衣:"况鳞明透日,雕镂成花。乍规裁制之功,尤切秉持之誓。既荣陋体,又及偏俾。"写冬衣:"况花攒宝尺,沾洒仙毫。窃用襦量,但愧纤微之质;徒知轻恩,岂酬重叠之恩。珍华而喜动三军,温燠而寒销万井。"(《谢赐冬衣表》)写端午衣:"捧宸翰而天波尽在,佩仙衣而暑湿全销。宝器初开,铭镂之心倍切;渌丝将展,绸缪之赐难念。"(《谢端午衣表》)根据不同季节所赐之衣,选用贴切形象而又对仗工整的语言,烘托出各自不同的特点,使读者不能不感到赐衣之美而文字亦晶莹可爱。

写季节变化,通常也是通过极其凝练的笔墨,突出地描述季节变化的特征,短短几句,也能给人留下深刻的印象。写贺正:"伏以丽日初迟,鲜云乍举,如及发生之候,方欢纳祐之辰……江湄柳色,如催欲啭之声莺;池上春光,若必归之凤。"(《贺正上淮南相公状》)"伏以节变三元,运逢千载,敕是交欢之日,方当纳祐之晨。"(《贺正》)"伏以开元令节,纳祐良辰,雪彩初融,春晖发动。"(《贺正上两中尉并长官状》)同样是写贺正,选词用语,却又不尽相同。

写贺冬:"节及推移,时当清晏,已表发生之兆,宜申拜庆之诚。"(《贺诸道初冬状》)"玄律推移,黄钟肇应。庆深尧日,节及周正。"(《贺冬上凤翔崔相公状》)"伏以初谐律历,稍换光阴,式当行庆之辰,乃是如正之节。"(《贺冬上太子

---

⑫ 《旧唐书》卷十八下《宣宗纪》:"大中九年八月,以门下侍郎、守尚书右仆射、监修国史、博陵县开国伯、食邑一千户崔铉检校司空、同平章事兼扬州大都督府长史、充淮南节度副大使,知节度使事。"

太傅杜相公》）"伏以迎日佳辰,初阳令节,展变而四方交泰,发生而万物照苏。"
(《贺冬上西川白相公状》）虽然同是贺冬,在写法上分别以四言、六言、七言句为
主,同样富有变化。

在颂扬官佐的誉词中,若须引用事典,也以习见者为主,十分自然妥帖。如
颂扬令狐侍御时云:"侍御儒苑驰声,相门传庆。蕴冲深之粹气,悬峭拔之孤标。
剑气晶荧(莹),玉音疏越。鹡鸰原上,齐密行于曾颜;文翰场中,化雄词于贾马。
自高攀桂树,贵袭芸香,常推掷地之珍,弥振谈天之谍。"(《与同院令狐侍御》）而
在《令狐学士》一文中,又云:"学士曾颜密行,鲍谢清流。蕴经济之通材,抱冲天
之伟量,瑞色才明于昆岫,芳声已振于瀛洲。今者雅令至公,允膺妙选。青泥紫
琐,窦鸾式候于仪刑;丹地石渠,随于步武缙绅之内。"虽然同写一人,但在不同状
文中能够如此得心应手地化用典故,亦显示作者驾驭语言的能力。

再者,刘邺为适应表状书启行文的要求,主要以四六文为主,或骈或散,或雅
或俗,自由挥洒,清新流畅,表现出灵活多变的语言风格。如《夏首》云:

> 伏以运偶昌辰,时当维夏。垅麦飞芒之际,阶蓂吐叶之初。伏惟台庭,
> 高居揆路。道超千古,弥彰翊赞之功;节机三春,益茂变化之和。

这篇原题为《夏首》的颂词,从其首尾全无具文套语的形式,很可能是经过
删削而成。垅麦飞芒,阶蓂吐叶,皆可成文入颂,适见作者并非一味追求富丽典
雅。《贺正》云:

> 乡闾尽识其恩威,阡陌每闻于歌咏。宫鸟已洽,向春树而翱翔;苑马初
> 驯,向碛砂(而)蹀躞。冰释见济川之兆,山明宜列垂之导,永保休祥,弥彰
> 景福。

这里选用的喻词亦是世间或自然界非常普通的现象,再以人们日常习用的
词语,稍加修饰,即呈现出一位传扬于乡间阡陌的官员形象,而春树宫鸟,苑马碛
砂、冰释山明,又勾画出一幅景福弥彰的升平世界。《又启》云:

厶才非杰俊,志切退藏。烟霞之野性方深,江海之恩波忽及。才趋俭府,宛是膺门。永忘溪壑之虞,迥脱风波之俭(险)。迹同孤带,已叨莲府之光;名异一枝,遽忝桂官之袭。将何艺业,称此辉华。始排霄汉之程,益助晨昏之庆。地唯分袂,难胜郎伯之知;雪满阳(原脱一字),频减莱安之限。百生多幸,万殒难酬。空推贯月之诚,少助宣风之化。铭肌以誓,沥血而书。

这是刘邺被高少逸奏授试太子正字充防御巡官之后写的启文,以作者志甘幽沉、性唯烟霞的孤傲情怀,与高少逸恩波忽及、遽忝桂官的奏授之力,对举成文,一伏一起,情深意切,字字句句,铭心沥血,使对仗工整的四六文更加充满感情色彩,亦增强可读性。

第三,尽管刘邺的表状书启写得颇具特色,不失为典范之作,但由于深受公文程式的条条框框所限,亦难免手法单调、形式呆板、套语较多甚或词句重复之嫌,特别是经常使用的三段式、四段式的表现手法,已成为固定的、不可改变的行文模式。比如写谢状时,作者必须首先开列所赐物品的名称、数量,进献物品时同样也要先描述一下所献之物的名称、特点,而其他一些表状,开头也必须要有一段具状之由。这种官方公文式的写法,使本应生动活泼的文字,变得枯燥起来。至于某些颂扬赞誉之词和行文套语,更难免流入公式化概念化之中,从而使作者的文学才能难以得到充分施展的机会,这是文体程式化造成的必然结果。

作者在言情状物时,不可避免地要使用一些雕镂夸饰的形容词,由于表状的内容相近,有时也难免出现词句言同或重沓的现象。如云:"叨荣既深,无能于折槛;禁闱怗职,仍有惭于挥毫。"(《上毕相公状》)"谏垣方愧于叨荣,禁署忽蒙于怗职。"(《上三相公状》)在《上张郎中状》又云:"谏署正惭于折槛,禁垣俄忝于辉(挥)毫。"前后对照,除句法略有变化外,所要表述的思想和字词,则同多于异。再如"阴德潜彰,被丰肌于朽骨;天波遂降,活微命于枯鲜"之句,同时可以在《上白令公充学士状》和《上张郎中状》找到它的踪影,这种语句的雷同必然会减弱作品的文学价值。不过,瑕不掩瑜,刘邺表状书启还是有着很多值得称道之处,所以才能作为官方文书的范本编集成帙,流传于世,远至西部边陲也保存着它的唐人抄本,当无足怪矣。

### 三、刘邺生年新证

刘邺生于何时？两《唐书》本传无具体记载。吴文根据《唐语林》卷三"刘三复"条，认为"邺最早生于长庆三年（823）冬"，此说似过于笼统，且有未明之处。兹将《唐语林》所载，转录如下：

> 刘侍郎三复，初为金坛尉。李卫公镇浙西，三复代草表云："山名北固，长怀恋阙之心；地接东溟，却羡朝宗之路。"卫公嘉叹，遂辟为宾佐。时杭州有萧协律悦，善画竹，家酷贫。白居易典郡，尝叙云："悦之竹举世无伦，颇自秘重，有终岁求其一竿一枝不得者。"又遗之歌曰："余杭邑客多羁贫，其中甚者萧与殷。天寒身上衣犹葛，日高甑中未扫尘。"悦年老多病，有一女未适。他日，病且亟，谓其女曰："吾闻长史刘从事，非有通家之旧，复无举荐之力，欵自（案此下原缺一字）众为贤侯幕府，必有足观者。今知未婚，吾虽未识，当以书托汝。"三复览其书，数日未决。会夜梦有黄衣使，致蕙一束于其门。翊日，言于卫公，公曰："蕙，萧也，此固定矣。"三复遂成婚。

三复者，邺之父也。《旧唐书》卷一百七十七《刘邺本传》云："父三复聪敏绝人，幼善属文，少孤贫，母有废疾，三复丐食供养，不离左右。久之不遂乡试。长庆中，李德裕拜浙西观察使。三复以德裕禁密大臣，以所业文诣郡干谒，德裕阅其文，倒屣迎之，乃辟为从事管记室。母亡，哀毁殆不胜丧。德裕三为浙西凡十年，三复皆从之。大和中，德裕辅政，用为员外郎，居无何罢相，复镇浙西，三复从之……又从德裕历滑台、西蜀、扬州，累迁御史中丞。会昌中，德裕用事，自谏议给事拜刑部侍郎，弘文馆学士判馆事。"

李德裕之所以欣赏三复的才识，邺本传谓"以所业文诣郡干谒"。《唐语林》

则云"三复代草表"⑬。但不管以哪种方式,李德裕嘉许三复,辟为宾佐,这是客观存在的事实。李德裕三为浙西凡十年,"三复皆从之",也有史可稽。《旧唐书》卷十六《穆宗纪》载,长庆二年九月癸卯:"御史中丞李德裕为润州刺史、兼御史大夫、浙江西道都团练观察处置等使,以代窦易直。"《旧唐书》卷一百七十四《李德裕本传》谓"九月,出李德裕为浙西观察使"。此则为李德裕于长庆二年九月第一次出为浙西观察使的重要根据。《资治通鉴》卷二百四十三《唐纪》则云:"长庆三年三月壬戌,德裕出为浙西观察使,八年不迁。"胡三省注云:"至文宗大和三年,用裴度荐,始征李德裕于浙西,又为李宗闵所排,出帅滑。"同书卷二百四十四唐文宗大和三年(829)八月,"征浙西观察使李德裕与兵部侍郎,裴度荐以为相"(《旧唐书》本传同)。可见,《通鉴》所载长庆三年李德裕为浙西观察使,"八年不迁",诚非虚哉。退一步讲,即使李德裕是长庆二年九月出镇浙西,由赴任到例行公务尚需一些时日,因此三复诣郡干谒或代李德裕草表,则应在长庆三年以后。那么,三复经德裕撮合,与萧悦女成婚,亦不会早于长庆三年,由结婚到生子,刘邺似应生于长庆三年以后,而不会在长庆三年冬。

要考证刘邺的生年,还必须理清其父三复与萧悦女成婚的时间,《唐语林》谓,"悦年老多病,有一女未适,他日,病且亟",才对其女言及婚事,也就是说当萧悦患病危重之时,才意欲将女许配给三复。萧悦者,兰陵人,唐代著名画师。《历代名画记》卷十:"萧悦,协律郎,工竹,一色有雅趣。"《宣和画谱》卷十五云:"萧悦,不知何许人也。时官为协律郎,人皆以官称其名,谓之萧协律。唯喜画竹,深得竹之生意,名擅当世……一经题品者,价增数倍。题悦画竹诗云:'举头忽见不似画,低耳静听疑有声。'其被推称如此,悦之画竹可想见矣。"并著录《乌节照碧》《梅竹鹁鹣》《风竹》《笋竹》等图。白居易为杭州刺史时,曾为僚属,过从颇密。据《白居易年谱》载,长庆二年七月,白居易"自中书舍人除杭州刺史,宣武军乱,汴河不通,乃取道襄汉赴任,途经江州,与李渤会,访庐山草堂。十月,

---

⑬ 《唐语林》卷二云:"李德裕镇浙西,有刘三复者,少贫苦,有才学。时中使赍诏书赐德裕,德裕谓曰:'子为我草表,能立构否?'三复曰:'文贵中,不贵速得。'德裕以为然。三复又请曰:'中外皆传公文,请得以文集观之。'德裕出数轴,三复乃体而为表,德裕尤喜之。遣诣京师,果登第。"《北梦琐言》卷一谓:"唐大和中,李德裕镇浙西,有刘三复者。"(以下略同)

至杭州"⑭。白氏自到杭州得识萧悦之后,曾酬赠诗五首:

其一,《醉后狂言酬赠萧殷二协律》:

> 余杭邑客多羁贫,其间甚者萧与殷。天寒身上犹衣葛,日高甑中未拂尘。江城山寺十一月,北风吹砂雪纷纷。宾客不见绨袍惠,黎庶未沾襦袴恩。此时太守自惭愧,重衣复衾有余温。因命染人与针女,先制两裘赠二君。吴绵细软桂布密,柔如狐腋白似云。劳将诗书投赠我,如此小惠何足论。我有大裘君未见,宽广和暖如阳春。此裘非缯亦非纩,裁以法度絮以仁。刀尺钝拙制未毕,出亦不独裹一身。若令在郡得五考,与君展覆杭州人。

其二,《画竹歌并引》:

> 协律郎萧悦善画竹,举时(一作世)无伦。萧亦甚自秘重。有终岁求其一竿一枝而不得者。知予天与好事,忽写一十五竿惠然见投,予厚其意,高其艺,无以答贶,作歌以报(一作答之),凡一百八十六字。云:

> 植物之中竹难写,古今虽画无似者。萧郎下笔独逼真,丹青以来唯一人。人画竹身肥拥肿,萧画茎瘦节节疏。人画竹梢死羸垂,萧画枝活叶叶动。不根而生从意生,不笋而成由笔成。野塘水边碕岸侧,森森两丛十五茎。婵娟不失筠粉态,萧飒尽得风烟情。举头忽看不似画,低耳静听疑有声。西丛七茎劲而健,省向天竺寺前石上见。东丛八茎疏且寒,忆曾湘妃庙里雨中看。幽姿远思少人别,与君相顾空长叹。萧郎萧郎老可惜,手颤眼昏头雪色。自言便是绝笔时,从今此竹犹难得。

其三,《予以长庆二年冬十月到杭州,明年秋九月始与范阳卢贾、汝南周元

---

⑭ 朱金城:《白居易年谱》,见《白居易集笺校》附录三,上海古籍出版社 1988 年版。

范、兰陵萧悦、清河崔求、东莱刘方舆同游恩德寺之泉洞竹石,籍甚久矣,及兹目击,果惬心期,因自嗟云,到郡周岁,方来入寺,半日复去,俯视朱绶,仰睇白云,有愧于心,遂留绝句》:

> 云水埋藏恩德洞,簪裾束缚使君身。暂来不宿归州去,应被山呼作俗人。

其四,《岁假内命酒赠周判官萧协律》:

> 共知欲老流年急,且喜新正假日频。闻健此时相劝醉,偷闲何处共寻春?脚随周叟行犹疾,头比萧翁白未匀。岁酒先拈辞不得,被君推作少年人。

其五,《忆杭州梅花因叙旧游寄萧协律》:

> 三年闲闷在余杭,曾为梅花醉几场?伍相庙边繁似雪,孤山园里丽如粧。蹋随游骑心长惜,折赠佳人手亦香。赏自初开直至落,欢因小饮便成狂。薛刘相次埋新陇,沈谢双飞出故乡(原注:薛刘二客,沈谢二妓,皆当时歌酒之侣)。歌伴酒徒零散尽,唯残头白老萧郎。

长庆二年十月,白居易到达杭州不久,就写下第一首酬萧悦、殷尧藩之作,诗云"江城山寺十一月,北风吹砂雪纷纷",大约是十一月间,天气寒冷,而萧殷二人,身犹衣葛,居易"因命染人与针女,先制两裘赠二君",并有此酬赠之诗。虽言及萧悦之贫寒,投赠诗书,尚未言其病。其后不久,白居易为答谢悦之画竹,"厚其意,高其艺",作《画竹歌》以报之,该诗除盛赞萧悦下笔逼真及其高超技法外,又云"萧郎萧郎老可惜,手颤眼昏头雪色。自言便是绝笔时,从今此竹犹难得"。萧悦衰老之态已溢于言表,虽转述悦自言绝笔,仍未写其病况。当此之时,悦尚无嫁女之意。

长庆三年九月，白居易与卢贾、周元范、萧悦等同游恩德寺，留有七绝（即第三首诗），此时萧悦既可与之同游，绝不至于病并不起，当然亦无《唐语林》所书"病且哑"之状。长庆四年元旦，白居易还向萧协律周判官赠酒赠诗（第四首），此时白氏五十三岁，虽有白发，但同"手颤眼昏头雪色"的萧悦相比，只好发出"头比萧翁白未匀"的慨叹。从诗中"共知欲老流年急，且喜新正假日频"，"闻健劝酒"，"偷闲寻春"等句来看，萧悦的健康状况似仍可拈酒伴游，共度美好的时光。

长庆四年五月，白居易秩满，除太子左庶子分司东都，月末离杭，与萧悦分别之后，直到宝历元年（825），居易在洛阳忆及杭州梅花和诸旧游，又写下第五首寄萧悦的信"三年闲闷在余杭，曾为梅花醉几场"，"赏自初开直至落，欢因小饮便成狂"。也就是说居易在杭三年，萧悦虽已贫寒衰老，但依然可以在伍庙、孤园，游骑赏花，欢饮成狂，那是一番多么值得回忆的时光。然而，时过境迁，昔日的歌酒之侣，薛刘二客，谢沈二妓，死的死，散的散，正可谓"歌伴酒徒零散尽，唯残头白老萧郎"，只有萧悦尚在，足堪寄慰。总之，从以上所引白居易酬赠萧氏之作，不难说明萧悦病哑嫁女之举似在是年前后，不会早于白居易离杭之前，那么，三复成婚于长庆二年，次年邺生之说，仍可商榷。

要考证刘邺的生年，还必须注意到《旧唐书》卷一百七十七《刘邺本传》所载"邺六七岁能赋诗，李德裕尤怜之，与诸子同砚席师学"[15]的事实，邺既能与德裕诸子同砚席师学，则其年龄不会相差甚远。关于李德裕的子女，吴文根据陈寅恪《李德裕贬死年月及归葬传说辨证》做以下推断：

> 据所引《唐茅山燕洞宫大同炼师彭城刘氏墓志》，德裕与妾临淮刘致柔（788—849）生三子二女。志又谓刘氏卒于己巳岁，享年六十二，归李后四十一年而卒，则刘氏于元和三年（808），年二十一归李，长子不知生于何年，但至早不得在元和四年（809）以前。中子为前比部员外郎浑[16]，刘氏卒时尚在。四子烨（吴文作"晔"，下同）为德裕与润州丹徒徐盼所生，据陈文所引

---

[15] 《新唐书》卷一百八十三《刘邺本传》云："邺六七岁能属辞，德裕怜之，师诸子共学。"

[16] 《刘氏墓志》云："中子前尚书比部郎浑，独侍板舆，常居我后。"

《滑州瑶台观女真徐氏墓志》，盼于大和己酉（829）十一月，卒于滑州官舍，年二十三。盼长庆二年壬寅（822）年十六以绝代之姿归李，生二子，长子多闻，早卒。次子烨。后来德裕之裔皆出自徐氏。又据所引李烨墓志，烨卒于大中十四年庚辰（860），年三十五，当生于宝历二年（826）。

《旧唐书》卷一百七十四《李德裕本传》谓："德裕三子。烨，检校祠部员外郎，汴宋亳观察判官，大中二年，坐父贬象州立山尉。二子幼，从父殁于崖州。"《新唐书》卷一百八十《李德裕本传》则云："子烨，仕汴宋幕府，贬象州立山尉。懿宗时以赦令徙郴州。余子皆从死贬所。"《旧唐书》书德裕有三子，《新唐书》除烨外，则称"余子"，未言其详。吴文所考刘氏于元和三年归李，生三子二女，史传无载。中子浑，亦未知生于何时。长庆二年，李德裕镇浙西前后，有绝世之姿的徐盼归李，"生二子，长子多闻，早卒，次子烨。后来德裕之裔皆出自徐氏"。《刘氏墓志》云："幼子烨、钜，同感顾复之恩，难申欲报之德，朝夕孺慕，余心所衷。"则钜年龄较幼，亦非刘氏所生，既与烨并称，当出自徐氏。可见只有烨、钜及其后诸子（指"从死贬所"者），邺方可与之"同砚师学"。烨生于宝历二年，而刘邺的生年，亦当在是年前后。若据白居易酬悦之诗，居易刺杭三年，与悦曾有贻画答诗、赠袍送酒，同游饮醉之谊，悦虽已头白衰老，尚无"病且亟"之状，须要以画托女于三复之危急时刻，更何况宝历元年，居易还有"唯残头白老萧郎"之句。换言之，若宝历元年，萧悦尚在世，则其嫁女必在是年以后"病且亟"之际，故而不可能早于宝历元年，刘邺的生年亦不会早于宝历二年，这样方可与烨的年岁相仿，从而伴烨及其诸弟同窗共读。大中初，李德裕遭贬逐，"邺无所依，以文章客游江浙，每有制作，人皆称诵"（见《旧唐书》刘邺本传）。直到大中十四年，烨再殁贬所，刘邺上《乞赠恤李德裕疏》云："倘德裕犹有亲援可期振荡，微臣固不敢上论以招浮议，今骨肉将尽，生涯已空。皆伤荣戟之门，遽作荆榛之地，孤骨未归于茔兆，一男又没于湘江。特乞圣明，俯垂哀愍，俾还遗骨，兼赐赠官。上弘录旧之仁，下激徇公之节。"此虽然为追雪报德之作，实亦有感于同窗好友殁于贬所而发自肺腑之书，可谓情挚意切，感人至深。

至于刘邺的卒年，两《唐书》本传皆谓死于黄巢攻陷长安之后，邺从驾不及，与崔沆、豆卢瑑匿于金吾将军张直方家。旬日,巢严切追捕,三人夜窜为所得,迫以伪命,称病不应,俱为所害。又据史载,唐僖宗广明元年(880)十二月五日,黄巢入长安,旬日捕获邺等三人,则其遇害当在本年末,若以公历推算则已是(广明二年(881)一月间发生的事。若邺生于宝历二年,享年五十五岁。

【张锡厚　中国社会科学院文学研究所研究员】

原文刊于《中国文化》1994 年 02 期

# 《销释真空宝卷》考辨

喻松青

## 一

《销释真空宝卷》抄本一卷，三十年代和宋元刻的西夏文藏经同在宁夏发现，北京图书馆收藏。

此宝卷不分品，全文约计七千言。前有《举香赞》及《开经偈》。开卷略有缺失，《举香赞》有三段，缺第一段之"一心好向皈依佛"七言偈语一首及小曲之前四句。经文由白文及韵文两部分组成。韵文分十字、七字两种。全卷以十字韵文为主体，句法为三、三、四。末尾有《五更梧叶儿》及《五更黄莺儿》两种曲调，还有《收经偈》。

关于此宝卷所产生的时代，一直存在着争议。因为它和宋元刻的西夏文藏经同在宁夏发现，当时即据此定为元抄本。如果确实如此，那它就是我们所能见到的最古的宝卷了。相传最早的宝卷《香山宝卷》，为宋代普明禅师于宋崇宁二年（1103）所作，纯系伪托，不可靠。

1931 年,胡适发表《跋〈销释真空宝卷〉一文》①,对元抄本之说提出异议。他认为此宝卷中虽称孔子为"大成至圣文宣王",这个称号起于元大德十一年(1307),到明嘉靖九年(1530)始改称"至至先师",但这样一个称号,绝不会一经公布便被民众文字所采用,也不是一经政府改号原称便会消灭,所以它只能证明此卷不会写于元大德之前,却不足证明不出于嘉靖之后。胡适特别注意宝卷中的一段"唐僧西天取经"的故事:

> 唐圣主,烧宝香,三参九转,
>
> 祝香停,排鸾驾,送离金门。
>
> 将领定,孙行者,齐天大圣,
>
> 猪八界(戒),沙和尚,四圣随根(跟)。
>
> 正遇着,火焰山,黑松林过,
>
> 见妖精,和鬼怪,魍魉成群。
>
> 罗刹女,铁扇子,降下甘露,
>
> 流沙河,红孩儿,地勇夫人。
>
> 牛魔王,蜘蛛精,设(摄)人(入)洞去,
>
> 南海里,观世音,救出唐僧。
>
> 说师父,好佛法,神通广大,
>
> 谁敢去,佛国里,去取真经。
>
> 灭法国,显神通,僧道斗圣,
>
> 勇师力,降邪魔,披剃为僧。
>
> 兜率天,弥勒佛,愿听法旨。
>
> 极乐国,火龙驹,白马驼经。
>
> 从东土,到西天,十万余里,
>
> 戏世洞,女儿国,匿了唐僧。
>
> 到西天,望圣人,殷勤礼拜,

---

① 《国立北平图书馆馆刊》第五卷第三号,1931 年 6 月出版。

告我佛，发慈悲，开大沙门。

天宝藏，取真经，三乘教典，

暂时间，一刹那，离了雷音。

取真经，回东土，得见帝王，

告我佛，求忏悔，放大光明。

到东土，献真经，唐王大喜，

金神会，开宝藏，字字分明。②

胡适将此与《唐三藏取经诗话》、吴昌龄的《西游记杂剧》③和吴承恩的百回本《西游记》相比较，提出了九条证据，证明《销释真空宝卷》中的取经故事，不是根据元朝流行的《西游记》，而是根据吴承恩百回本《西游记》。由于吴承恩死于万历八年（1580），其书流传至西北一带，至少需要三四十年。所以他判断《销释真空宝卷》之著作至早不得在万历中期（约 1600 年）以前，也许还要更晚一点，当是晚明的作品。

俞平伯不同意这一判断。1933 年他发表了《驳〈跋销释真空宝卷〉》一文④。他认为宝卷所叙西游记故事，未必和百回本《西游记》完全相同，也未必和《西游记杂剧》完全不同，也有同杂剧而异小说的情况存在。所以此卷既与宋元刻本在同处发现，除非另有确证证其晚出，则假定为元抄本或明初抄本似无不合，至少要比晚明更近点情理。

1934 年，郑振铎发表了《三十年来中国文学新资料发现记》一文⑤，定《销释真空宝卷》为元抄本。

1949 年后，赵景深在 1961 年 7 月 8 日《文汇报》上发表《谈〈西游记〉平话残文》。他把朝鲜古代的汉语教科书《朴通事谚解》所引用的元代《西游记平话》故事⑥和《销释真空宝卷》对比，看出二者有八处相同。凡是宝卷中提到的，差不多

---

② 引自《国立北平图书馆馆刊》第五卷第三号所刊之《销释真空宝卷》。

③ 今人认为是杨景贤所作。

④ 《文学》，第一卷第一期，1933 年 7 月出版。

⑤ 《文学》，第二卷第六期，1934 年 6 月出版。

⑥ 这是日本学者太田辰夫首先发现的。

都可以在《西游记平话》中找到。因此，他断定《销释真空宝卷》是元末明初的作品，并且说他解决了《销释真空宝卷》的时代问题。

1987 年，刘荫柏在《〈西游记〉与元明清宝卷》一文中，推断《销释真空宝卷》是元代中晚期之作品⑦。

上述各种对《销释真空宝卷》著作时代的判断，都仅仅是依据宝卷中所叙述的西游取经故事，这是很不够的。现在来看，宝卷中的西游取经故事无疑是出于元代的《西游记平话》，胡适认为出于吴承恩的百回本《西游记》，是大大的失误。其时《朴通事谚解》中的《西游记平话》，尚未被人发现，也是致误的客观原因。但是，如果仅仅依据《销释真空宝卷》中引用了元代的《西游记平话》故事，而断定此宝卷在元代，也难免会发生错误。因为元代的《西游记平话》一书，明代仍在流传，明初《永乐大典》就引用了它，现存者有《梦斩泾河龙》一节。而且也不能排除明中叶和晚期仍有可能流传，特别是比较偏僻闭塞的西北地区。

总之，上述的各种观点，实际上都没有解决《销释真空宝卷》的时代问题。

我们知道，最早的宝卷大都与民间宗教信仰有关，是民间宗教教派的经卷。我们要判断《销释真空宝卷》产生的时代，首先要研究宝卷经文的思想内容，了解它所宣扬的教义和信仰，分析它所属的教派，从而得知它活动的时期。其次要研究宝卷中所载的法系——即传承关系，从中发现可靠的线索。这样才能比较确切地判明《销释真空宝卷》究竟是什么时代的作品。本文即从这两方面入手，做出新的探索和考证。

## 二

《销释真空宝卷》在开首的《举香赞》中写道："《无为卷》，最堪夸，功能无价。"按，《无为卷》是指明正德年间撰写的罗教的五部重要经典，即《苦功悟道宝卷》《叹世无为宝卷》《破邪显证钥匙宝卷》《正信除疑无修证自在宝卷》及《巍巍

---

⑦ 《文献》，1987 年第四期。

不动太山深根结果宝卷》,其中《破邪宝卷》有两册,故简称五部六册,为罗教创始人罗清(1442—1527)所撰。五部六册问世后,影响很大,因其异端思想,引起佛教正统僧人的不满和反对。如明代名僧莲池袾宏(1535—1615)曾在其《正讹集》中说道:"有罗姓人,造五部六册,号《无为卷》,愚者多从之。……彼口谈清虚,而心图利养,名无为而实有为耳。人见其杂佛经,便谓亦是正道,不知假正助邪,诳吓聋瞽。凡我释子,宜力攘之。"不仅视五部六册为异端邪说,斥责甚厉,并号召正统佛徒,群起而攻之。与此相反,《销释真空宝卷》却对罗清及其五部六册极为赞赏,给以很高的评价。从民间秘密宗教的一般情况来看,每个独立的大教派,在它们自己的经卷中,主要是歌颂和赞扬本派或本派有师承关系或密切联系的其他教派首领以及他们的经卷。对于和本教派不相干的教主和经卷,不会大唱赞歌。由此,可以初步看出《销释真空宝卷》和五部六册之间的关系。

当然,更重要的还是要根据经文的内容加以考察,探讨它们的思想和教义,这样,我们就会发现《销释真空宝卷》和五部六册两者的内容和观点,大都一致或近似。

"元"是罗清宇宙观的核心。无为和无为法,为罗清的五部六册所标举。所谓无为和无为法,它与有为和有为法相对立,后者是指万物生灭变化的实体形相,无为和无为法则认为宇宙本体原无一物,一切法相皆虚无空幻。因此,一切修炼也都不必执着有形,无成无修,即能自证自成,永得解脱。在五部六册中,无为和无为法是至圣至上的不二法门。

如《叹世无为宝卷·破迷显证品第十》:"无为法门在立中,扫除万典觅无生,一法包含无量法,一门劈破万般门。"《破邪显证钥匙宝卷·破出阳有为法定时刻回品第十四》:"这个无为,诸佛不识,能了虚空,阎王皆惧。""有为之法还有苦,执着阴阳不明心。有为之法还有尽,无为妙法永无穷。"都是宣扬无为法门的神通妙用,它能解除轮回沉沦,它有不生不灭的永恒。

《销释真空宝卷》阐述无为和无为法,追随罗清亦步亦趋。如:"入无为,真三昧,合祖空门","入无为,真三昧,芥子藏身","不得了,无为法,怎躲阎君",等等。无为和虚空相联系,是为真三昧,它无处不存。无为法亦能摆脱以阎王为主宰的生死轮回。这些都是罗清的观点。

无为、无为法和真空、真空法,在五部六册和《销释真空宝卷》中,有着相同的意义。它们的区别在于:"无"偏重于法门,"空"为万物宇宙本体,但二者的概念,时常混淆,难以分割。五部六册中有大量的经文宣扬真空和真空法,最系统和集中的是《苦功悟道宝卷》的《达本寻源品第七参》和《混元一体品第十六》,对真空为宇宙的本源详为阐述:"忽然间,参一步,心中欢喜。想当初,无天地,什么光景。空在前,天在后,真空不动。天有边,空无边,佛得法身。这真空,往上参,无有尽处。这真空,往下参,无底无穷。这真空,往东参,无边无际。这真空,往西参,无尽无穷。这真空,四维参,无边无际。这真空,是佛身,一体虚空。""问曰:老君夫子何处出? 答曰:本是真空能变化。问曰:山河大地何处出? 答曰:本是真空能变化。……"经文下面把天地日月、五谷田苗、三千诸佛,甚至二十四孝,都说成是真空变化。同时,以真空本源为法则的真空法,也成为无往不胜,无坚不摧,至高无上的法中王了:"有人晓得真空法,十八地狱化天堂。有人晓得真空法,南北东西无遮挡。有人晓得真空法,娘就是我我就是娘。有人晓得真空法,本性就是法中王。"

罗教的续灯二祖秦洞山,在《无为正宗了义宝卷》中说道:"四维老祖传妙法,直指真空是本家"(《一理不分品第二十三》),"本性真空广无边。檠架三千及大千。……本性真空不动摇,大地山河空架看。……本性真空大道根,未有万物先有空。……"。"四维老祖"即罗清,他传授真空法,秦洞山续其真传。《销释真空宝卷》又继承发展。《销释真空宝卷》的卷名即可表示它是一本阐讲真空真谛的宝卷。其内容也确实如此。它阐讲真空的经文很多,如:"古弥陀,空劫外,原是真空。""劝今人,离四相,识得真空。""菩提子,亦无形,本性真空。""无阴阳,无明暗,又无住所。无寒暑,无凋变,又无我人。又无言,又无说,又无字角。又无来,又无去,本性真空。""到人法,双忘外,照见真空。"所谓"双忘外"的说法,也是继承了罗祖的思想。五部六册中的《破邪显证宝卷·破无上甚深妙理血脉论行坛品第二十一》,曾把无字无物、无生无死、无僧无俗、无佛无人、无善无恶、无念无想、无阴无阳、无禅定无时刻、无刀山无地狱、无东方无西方、无垢净无古今……视为真空境界,这就是双忘的修行。

作为本源的真空和法中王的真空法,在五部六册中又幻化为神祇加以尊奉。

《苦功悟道宝卷·孤光独耀品第二参》，描写罗清"昼夜烦恼，梦中哭痛，惊动虚空老真空，发大慈悲，从西南放道白光，摄照我身"，罗清在老真空发来的白光中醒悟得道。《销释真空宝卷》中的老真空，更是一位拟人化的神祇了。"有真空，老祖师，大开方便。西来意，传与你，谨谨（紧紧）加功。""有龙蛇，乱混杂，凡圣不辨。将油面，合一处，体上不明。亏真空，老祖师，提开油面。劝今人，离四相，识得真空。""多亏了，老祖师，亲来指示。遇着我，真空祖，说与来踪。为头儿，先指与，归家大路。后说与，一声佛，立命安身。"显而易见《销释真空宝卷》中的真空老祖师，是从五部六册的"老真空"发展而来。

罗清五部六册的思想主旨，即拯救在苦海中沉沦的众生。归回真空家乡。他称苦海为流浪家乡，称西方乐土为真空家乡。西方乐土即天堂、极乐世界、净土，是理想的归宿。这一归宿是一种精神的彻悟，却被描绘为美妙的实体。而在许多民间宗教的教派中，更使它从彼岸转化为此岸，成为世俗化的理想。

五部六册中有很多"离家乡，在苦海，万万生死。我如今，到家乡，永不轮回"之类的经文（《苦功悟道宝卷·乐道酬思品第十七》）。这种度人救世的思想，成为明清时期民间秘密宗教各个教派共有的教义和信仰。它实由罗清发其端，以后代有发展。罗祖嫡传弟子大宁撰写的《明宗孝义达本宝卷》，也是宣扬脱离流浪苦海，回归真空家乡（参见卷下之卷首）。《销释真空宝卷》对于迷失苦海，受苦沉沦，最后回归家乡的叙述，更为具体和丰富。奉家乡亲父母之命召唤苦海贫儿（五部六册中称"穷子"）回程的使者是弥陀佛。真空家乡又称安养国、佛国土。并对安养国中的富丽华贵景象以及回乡后父子团圆的情景，做了描绘，丰富和发展了罗清真空家乡的说教。

值得注意的是，五部六册里引用了"唐僧西天取经"故事。如《叹世无为宝卷》云：

> 三藏师，取真经，多亏护法，
> 孙行者，护唐僧，取了真经。
> 三藏师，取真经，多亏护法，
> 猪八戒，护唐僧，取了真经。

　　唐三藏,取真经,多亏护法,

　　沙和尚,护唐僧,取了真经。

　　老唐僧,取真经,多亏护法,

　　火龙驹,护唐僧,取了真经。

　　三藏师,度众生,成佛去了,

　　功德佛,成佛位,即是唐僧。

　　孙行者,护佛法,成佛去了,

　　他如今,佛国里,掌教世尊。

　　猪八戒,护佛法,成佛去了,

　　他如今,现世佛,执掌乾坤。

　　沙和尚,做护法,成佛去了,

　　他如今,在佛国,七宝金身。

　　火龙驹,护唐僧,成佛去了,

　　他如今,佛国里,不坏金身。

　　其来源盖出于元代的《西游记平话》,而非出于吴承恩的百回本《西游记》。因为五部六册最早的版本是明正德四年(1509)刊行的,而吴承恩(1500？—1580？)是时仅十岁左右,根本不可能写作百回本。

　　《销释真空宝卷》更是大段地引用了"唐僧西天取经"故事,其来源也是出于元代的《西游记平话》,本文前一节已谈到,兹不赘述。宝卷中有"极乐国,火龙驹,白马驼经"之句,是驼经之白马原为火龙驹,此点正与《叹世无为宝卷》所叙相合。(百回本中的白马为"敖闰龙王玉龙三太子",是"玉龙"而非"火龙",见第十五回。)

　　此外,《销释真空宝卷》宣传三教合一,强调"明师指点""洞明四句",反对邪法,反对修寺建塔、烧香念佛、谈法哄钱等,都和五部六册同。

　　当然,它们之间也有相异之处。例如五部六册尊奉无极圣祖为最高神祇,而《销释真空宝卷》则代之以真空老祖。罗教教义本有禅净结合的成分,而《销释真空宝卷》更是强调了"一声佛"(弥陀佛)的功用,净土宗的色彩更为浓厚。

总的说来,《销释真空宝卷》和五部六册有着明显的师承渊源关系,即使是二者的相异之处,仍表明了它们的同宗同源。


## 三

《销释真空宝卷》既赞颂罗清的五部六册,其宣扬的教义又与罗教颇多相同之处,因此,其作者究竟是谁,我们首先会在罗教的传人中去寻找。

据今所知,罗清家族的支脉其传承关系如下:

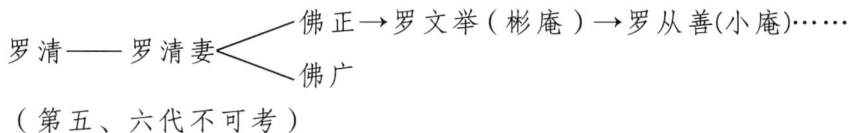

$$\text{罗清} \text{——} \text{罗清妻} \Big\langle \begin{array}{l} \text{佛正} \to \text{罗文举(彬庵)} \to \text{罗从善(小庵)} \cdots\cdots \\ \text{佛广} \end{array}$$

(第五、六代不可考)

罗文举为第三世,他曾校证过其祖的五部六册。万历四十三年(1615),南京无为教徒曾为刊行。罗从善为第四世,据万历四十一年(1613)周如砥所撰《追思记》(《苦功悟道卷》罗文举校订本所附)云:“今祖之四世孙讳从善,别号小庵者,继志达事,绰有祖风。”但无论是罗文举或罗从善,他们只是为五部六册做校定和出版工作,并未留下本人所撰的经卷。

罗教的另一支在南方浙闽一带流传。其传承关系如下:

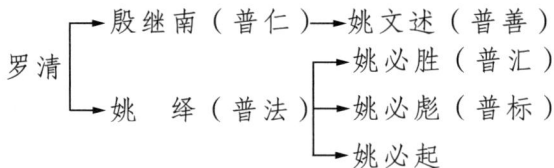

$$\text{罗清} \left\{ \begin{array}{l} \text{殷继南(普仁)} \to \text{姚文述(普善)} \\ \\ \text{姚} \quad \text{绎(普法)} \left\{ \begin{array}{l} \text{姚必胜(普汇)} \\ \text{姚必彪(普标)} \\ \text{姚必起} \end{array} \right. \end{array} \right.$$

据考,这一支的殷继南和姚文述都自称为罗祖转世。殷继南生于嘉靖六年(1527),万历十年(1582)为官方拿获处死。姚文述生于万历六年(1578),三十一岁时(万历三十六年1608)正式加入罗教,顺治三年(1646)被官方杀害。他们都以五部六册为其经典,未自撰经卷问世。这一支派的重要经典《三祖行脚因由宝卷》是康熙年间的作品,其中也未提及《销释真空宝卷》。这一支派入清以后称老官斋教或斋教。

因此,罗氏家族一支和传入南方的老官斋教一支,都没有人撰写过《销释真空宝卷》。

又,罗清的嫡传弟子释子大宁,于正德十三年(1518)拜罗祖为师,皈依罗教。他著有《明宗孝义达本宝卷》《心经了义宝卷》和《金刚了义宝卷》。这一支似无传人,未见任何文献资料。《销释真空宝卷》和他没有关系。

罗教还有一支是在北方传教,其传承关系于下:

罗清→李心安→秦洞山→宋孤舟→孙真空→于崑岗→徐玄空→明空

这就是崇祯十二年刊行的《佛说三皇初分天地叹世宝卷》中所说的"度传灯,共七位,续祖源根"。此宝卷的作者是第七祖明空。卷中的《应科接续传灯人七名品第六》,载有一篇《十字颂》,写明了这一支派撰写的经卷名目和卷数。

头一位,心安祖,遗留《语录》,
心安集,共六部,刻本开通。
洞山祖,留《了义》,通传大道,
上中下,三册终,印造刻通。
孤舟祖,十七年,留下宝卷,
留《双林》,上下卷,刻造通行。
旧儿峪,孙祖师,受苦无数,
留《真空》,二册经,万载标名。
崑岗祖,闻妙法,三十七载,
留《丛林》,上下卷,接续传灯。
玄空祖,在山中,苦修数载,

留《般若》,七部经,刻造通行。

西天有,四七祖,东土立世,

无为门,有七位,续祖传灯。

此品还有一处也有明确记载,可与《十字颂》参照:

今将一辈一辈接续传灯祖师,调断分明。头一位续灯心安李祖,洞明心性,才得心安,留《语录》上中下,名为三乘也。……二位续灯孤舟宋祖,留《双林》上下。……三位传灯真空孙祖,留《真空》上下。……五位崑岗于祖,留《丛林》上下。……六位玄空徐祖,留《般若莲花》。……七位明空,后续收源,留《了义》《保命》《真空》宝卷上下六册。⑧

由此可知罗教这一支的第四代传灯孙真空,曾撰有《真空宝卷》上下两卷。又,第七代传灯明空,也曾撰《真空宝卷》上下两册。

按,孙真空的《真空宝卷》今尚存,其全名是《销释真空扫心宝卷》。宝卷的名称和本文研究的《销释真空宝卷》不同,多了"扫心"二字,其内容亦异。可以断定两者虽然都简称《真空宝卷》,但并非同一部经卷。

明空的著作今存《佛说大藏显性了义宝卷》《销释童子保命宝卷》《销释印空实际宝卷》和《佛说三皇初分天地叹世宝卷》,并无《真空宝卷》。《佛说三皇初分天地叹世宝卷》第六品《十字颂》中所列《真空宝卷》,疑是《印空宝卷》之误。又,第六品中所载的七代传灯关系,也与《销释真空宝卷》所载法系,完全不同。这也说明《销释真空宝卷》并非明空所作。

探讨《销释真空宝卷》的作者,既然排除了以上所说的三支罗教传人,也否定了罗祖的嫡传弟子大宁,那么,势必会想到是否罗教还有流传在其他地区迄今未被人们所发现的另一支派?而这一支派的传人中,有人撰写了《销释真空宝卷》。这就要从《销释真空宝卷》中所载的和罗教三个大支派法系人名完全不同

---

⑧ 转引自泽田瑞穗《增补宝卷研究》中《罗祖的无为教》一文。

的续灯关系中去探索。

《销释真空宝卷》有两处记载了其法系。一处说：

> 论始初，已前时，无人通晓，
>
> 有古拙，传无济，佛性圆通。
>
> 有明期，和清引，亲传祖意，
>
> 通僧官，说教典，显望（妄）明真。
>
> 论无相，共无为，亲传三昧，
>
> 有无住，坐山林，自己真功。
>
> 隆（原卷旁注"雷"字）恩寺，说善财，人缘广大，
>
> 宝金山，仿功案，接引迷人。
>
> 有印宗，度徒弟，进求如意，
>
> 说陕西，有万逢，烧火寻真。
>
> 论大方，老和尚，见闻之觉，
>
> 说蕴空，修净业，劝人修行。
>
> 王了禅，说三元，集爨之物，
>
> 有觉山，说情识，立命安身。

第二处记载如下：

> 六祖归，涅槃时，南顿北渐，
>
> 后来时，诸佛子，各立禅宗。
>
> 从无始，至如今，一花五叶，
>
> 愚痴人，不解意，另开门风。
>
> 把正法，隐藏了，年深日久，
>
> 从生下，老古拙，重整莲宗。
>
> 南大方，北无际，诸佛出世，
>
> 说印宗，和善财，又有真空。

亏我祖,老真空,大开方便,

教贫兄,才识的,去路来宗(踪)。

第一处记载法系较详。第二处具体法系记载只"从生下,老古拙"至"说印宗,和善财"共三行。现在根据较详的第一处记载并参照第二处所说,将其法系整理表列于下:

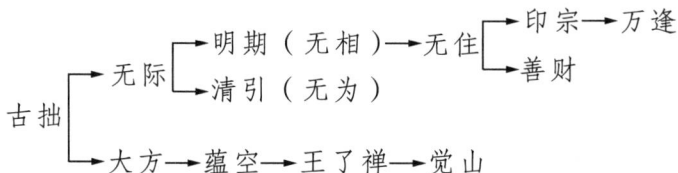

对于此表,需做以下的解释和说明。

(一)"无济"乃"无际"之误,有"南大方,北无际,诸佛出世"一句可证。胡适在《跋〈销释真空宝卷〉》一文中指出此点是对的。"无际"和罗清大有关系。据斋教经典《龙华科仪》所附《罗祖简史》云:"罗祖到了九华山白云洞拜求李头陀大师参究其理(大师为临济宗第二十五代祖师,法号真空,道名无际禅师)。罗祖受大师指明皈家路径,日夜勤修坐禅。罗祖不久即看清了宇宙实相,悟明心理。大师已经知道,罗祖解得真空妙理,可以授佛法印:'我为汝立法号曰悟空,同我住在白云洞,可以护持正法。'罗祖精益求精,究根究本,明悟诸法,过了三年,有一夜在禅定之间,看见西南边白光照摄,坐定的罗祖心花发朗,明见了本地的风光,透彻了宇宙本体的真理。"⑨斋教教主殷继南、姚文述,均为罗清传人,所述无际和罗清的传承关系,恰和《销释真空宝卷》记载相合。此点值得注意。《销释真空宝卷》抄本1931年于宁夏发现,宁夏去斋教流传的浙、闽、台等地,相距数千里之遥,两者所记相同,而且无际的法号为真空,引人深思。

《罗祖简史》所云罗祖法号悟空,有王源静的《苦功悟道宝卷》"开心会要"本可考。其《里外透彻品第十三参》有注云:"师(按,即王源静之师兰风)云:'悟空

---

⑨ 佛教龙华派大乘斋门教科《龙华科仪》,台湾民德堂1985年版。

老祖,参到实际理地,只是自己受用家风,诸人分上,犹恐不及。'"关于"西南边白光照摄"一事,罗清在《苦功悟道卷》中《孤光独耀品第十二参》说道:"朝西南,端然坐定,忽然间,心花发朗,心地开通,洞明本地风光,才得纵横自在。"可以证实。只是罗祖拜无际为师才解真空妙理一事,五部六册中无有记载,罗清在《苦功悟道卷》里只说:"老真空,发慈悲,梦中光见。梦中里,放白光,摄省己身。"无际禅师究竟和罗清有无师徒关系,还遽难否定。也许罗清在五部六册中为了强调和突出自己的教主地位和开创之功,而对此事有所隐讳。

(二)"有明期,和清引,亲传祖意"和"论无相,共无为,亲传三昧"乃是一回事。"明期"即"无相","清引"即"无为"。"清引"当指罗清,清乾隆十八年七月十九日雅尔哈善的奏折中,称罗教之祖为罗因,又《龙华科仪》所附《罗祖简史》说:"罗祖师,姓罗,讳因,字清,法号悟空。"有可能因为罗祖名清,又名因,因"清""因"而被称或讹称为"清引"。而罗清自号为无为居士,这是为大家公认的事实。所以"和清引""共无为"指的都是罗祖。

"明期"疑是兰风老人。他曾评释全部五部六册,宣扬罗教教理,因此也受到一些正统佛徒的攻击。如密藏禅师在《藏逸经书标目》中评其《冰壶集》云:"号兰风,当时以静坐,得少光景,无师承喝破,遂认得悟道,生大欢喜,为魔所承。由是竖指擎拳,胡言汉语,冯陵南北,以铁嘴自称,恬不知耻。畚年著此书,后住苏州天池山,年老力强,著作尤甚。万历辛巳九年(1581),余坐夏武林,尽得览阅,今忘记其名矣,有于罗道五部六册,悉为评颂,而羽翼其流传者。其知见混滥,视法舟、慈度、法光辈,仅倍什佰,而贪婪淫恶,则千万亿,乃至算数譬喻,所不能尽也。真近代魔种哉!"

《苦功悟道宝卷》的"开心法要"本,署为"临济正宗第二十六代兰风老人评释。时皇明万历岁在丙申(按,即万历二十四年,1596)孟春之吉。法嗣松庵道人王源静补注重刊。"《太山深根结果宝卷》的"开心法要"本又前署"临济正宗第二十六代兰风定释,嫡嗣松庵无住道人源静重集。"由此可见兰风和无住(王源静)确有师承关系。因此《销释真空宝卷》所载无际——明期——无住这一法系,其中明期很可能就是兰风,其身份相符合。《龙华科仪》所附《罗祖简史》言无际禅师(李头陀)是临济宗第二十五代,也正好比兰风长一辈。

（三）"无住"乃实有其人，生平可考。他就是王源静。《苦功悟道宝卷》的"开心法要"本，后面附有《传临济正宗第二十七代无住静公行实碑》。碑文云："今心斋王公者，讳源静，别号无住。乃临济下云仍，还受二十六代之宗旨。公初诣淮上，叩敬庵金公之旨，次入兰风老人之室……公受法旨，卜地而居，无可意者，遂变佳城为兰若，买隙地作丛林，栖隐韬光。……一日门弟子率同志数十辈，罗拜公前，出兰师之旧集（按，指兰风评释之罗清五部六册），求公直释，公遂允诺……奈何稿成而公已示寂。有《辞世偈》曰：'六十四年始得知，许多憎爱业相随。打开识锁忘人我，透彻情关绝是非。月印千江明上下，水流万派接高低。天然造化无生灭，随处风光乐有余。'言毕脱去，在丙申二月二十日戌时也。"由此可推知无住即王源静，生于嘉靖十二年（1533），卒于万历二十四年（1596），享年六十四岁。罗清《太山深根结果宝卷》的"开心法要"本，《既无好事帝王宰相归家品第二十一》中，有一段经文"多宝王，在家人，归家去了。岂争你，重毁谤，在家之人"，下有注曰："无住禅师云：'多宝王乃是如来，因中应化，在多宝国中为王，早旦升殿，夜夕坐禅。……'"这位无住禅师正是王源静的自称。

不知什么原因，胡适在《跋〈销释真空宝卷〉》一文中，引录宝卷原文，将"无住"误为"无往"，竟使"无住"此人如谜般消去。擅长考据的专家，因一字之差，遂失去了宝贵的线索，这实在是很可惜的。

（四）《销释真空宝卷》所载法系中之印宗，与唐高僧印宗同名，不可误为一人。唐代高僧印宗，吴郡人，出家从师，通经典，精《涅槃经》，咸亨年间（670—674）从蕲春东山弘忍大师咨受禅法，复于番禺（今之广州）遇慧能禅师，两人曾有问答。慧能为禅宗南宗之创始人，即禅宗六祖。著名的偈语"菩提本无树，明镜亦非台，本来无一物，何处惹尘埃"就是他的作品。因此而得到其师弘忍大师（禅宗五祖）之赞许，密授法衣。他惧怕法衣为人所夺，逃至岭南，与印宗相会当在此时。依《销释真空宝卷》所言，"六祖（慧能）归，涅槃时，南顿北渐。后来时，诸佛子，各立禅宗"，"把正法，隐藏了，年深日久。从生下，老古拙，重整莲宗"，由古拙传到印宗，已是五代。第五代的这个印宗当然不是唐高僧印宗，这是不言而喻的。

《销释真空宝卷》中的印宗，是在西北一带传教。"有印宗，度徒弟，进求如意。说陕西,有万逢,烧火寻真"的几句经文,已经说明白了。无际这一支法系,由无际至印宗的徒弟万逢而结束,一共传了五代。这并非表示它只传了五代,而是表明撰写《销释真空宝卷》时,正好有了第五代的徒弟。同时,这也并非表示此一宝卷定是无际的第五代徒弟所撰作,却有较大的可能是第四代传人所作。据笔者考察,此卷的作者就是印宗,理由有以下几条。

①宝卷记载的法系,以印宗一支为最长,自古拙算起凡六世。

②宝卷经文:"有印宗,度徒弟",明确指出印宗收了一个名叫万逢的人作弟子。万逢的身份是"徒弟",其时尚未袭承教首。经文叙述的角度和用词,与印宗的身份和口吻较为切合。

③印宗是在陕西一带传教,他很可能就是当地人,《销释真空宝卷》中,有几处是以"俺"自称。如"俺禅定,演真经,有功能,最超群,鬼神钦敬","只这个,便是俺,归家大路"。陕西人即自称为"俺"。这几句经文也透露了作者是印宗的消息。明代陕西省所管辖的地区,包括今之陕西、甘肃和宁夏。所以《销释真空宝卷》抄本在宁夏发现,绝非偶然。它表明此一经卷流传于西北。

④宝卷中有一首偈语"空中月印潭中月,天边星摄水边星",两句单独排列一行,且比经文低两格,地位较为独特。偈语隐含"映照"(即"印")之意,且前句已点出"印"字。

⑤宝卷之尾有一篇七言韵语,最后两句是:"木人怀胎生下子,完石崩列(裂)放毫光。"民间秘密宗教的宝卷,卷尾常有隐藏教主姓名的文字,而且多半是韵语。如弘阳教宝卷《弘阳叹世真经》,最后一品有"土也十一提本性,十早吾井觅觅绵,立字下头四回字,才召全可是名言",即隐教主韩高招之名。前引《销释真空宝卷》卷尾偈语,暗示真人降世。所隐是"李元"二字。此即宝卷作者和已经承袭教主者的姓名。"木"字下加"子"字,即"李"姓,"完"字去其宝盖头即"元"。石头崩裂放毫光,乃齐天大圣孙悟空出世之传说故事。按,万逢乃姓"万"名"逢",他有姓有名,而印宗乃是法号,无姓。因此"李元"应是印宗的俗家姓名。

综合以上五条理由,可以判断《销释真空宝卷》的作者是印宗,俗姓李,名元,陕西人。至于《销释真空宝卷》所产生的时期,也可试作一番考索。按此卷不分品,形式素朴,所附曲子,只有《五更梧叶儿》和《五更黄莺儿》两个曲调,当是早期宝卷作品。宝卷中所载法系之中有无住(王源静),其人生于嘉靖十二年(1533),卒于万历二十四年(1596)。无住即此宝卷之作者印宗之师。印宗之撰作,应在无住卒后,因此撰作年代之上限,当可断为万历二十四年。明天启以后,天灾人祸相继而来,社会极度动荡。天启四年(1624)已进入"下元甲子",正是所谓"末劫"时期。此时产生的宝卷,常宣传"无生老母创世""三阳劫变""末劫来临"等,有十分鲜明的社会变故屡起的时代特色,而这些《销释真空宝卷》并未涉及和反映。因此,《销释真空宝卷》写作年代的下限,可以断为万历四十八年(1620),即万历朝的最后一年。所以,《销释真空宝卷》当产生于万历二十四年至四十八年之间,即1596至1620这二十多年里。

《销释真空宝卷》所载法系,表明它与罗教有着统属关系。它宣扬的教理,也和罗教近同。因此可以判断它是罗教传入西北的一支。他们自立门户,建立了自己的法系。其法系中可能渗入了某些传说成分,如开山祖师"古拙"其人。而且也难免有自我标榜和夸大失实之处,如说无相(兰风)是无为(罗清)的师兄。这些都是民间秘密宗教各个派系常有的做法。这个宝卷信仰"真空老祖师",是从罗清五部六册《苦功悟道宝卷》的"老真空"而来,但有所发展。它的地位和作用,相当于五部六册中所宣扬的"无极圣祖",是创世主,也是拯救众生的祖师。《龙华科仪》所附《罗祖简史》中的李头陀,即无际禅师,法号真空,从其教义来看,无际其人也无非是万物主宰者真空老祖之"显化"而已。

【喻松青　中国社会科学院近代史研究所研究员】

原文刊于《中国文化》1995 年 01 期

# 新发现的两种《西游宝卷》考辨

陈毓罴

一

新发现的两种《西游宝卷》,全名称是《佛门取经道场·科书卷》(以下简称《取经道场》)及《佛门西游慈悲宝卷道场》(以下简称《西游道场》),见王熙远著《桂西民间秘密宗教》所收录的《魔公教经卷》[①]。它们是为了超度亡灵、祈福禳灾而举行法事,即做道场所用之台本,属于宝卷中的"科仪"一类。李世瑜《宝卷综录》中未著录。

魔公教是长期流行在广西的百色、田林等县的一种民间宗教。它糅合了儒道释三教,尤其是吸取了道教正一教、淮南天心正教等教派的教义和仪式。熟谙该教道务的宗教职业者称为魔公。其教形成较为完整的体系大约在清代乾隆以后。桂西地区在明清时期有大量移民自川、黔、鄂、湘、赣等地迁居至此,因此代代相传保存了移民先辈们从各省携来的民间宗教经卷,这是魔公教一部分经书的来源。《取经道场》和《西游道场》当是如此。《西游道场》的抄录者在卷末注

---

① 王熙远:《桂西民间秘密宗教》,广西师范大学出版社,1994年7月。

明"滕(誊)录古本道场",虽为 1967 年所抄[2],并不算远,其来源可能很早。

这两种宝卷,内中都叙述了唐三藏师徒四众去取经所经历的诸般苦难,一路上,孙行者、猪八戒和沙和尚擒妖捉怪,克服重重障碍,终于取经而归。经卷对此加以描绘,赞颂了他们的坚定信念。

《取经道场》可分为两个部分,其前半系讲述西游故事,其后半是《十王道场》[3],叙述世间亡人遍历地狱,十殿阎王赦免其罪,引入龙华会。《西游道场》全为讲述西游故事,但其末尾之唱词云:"《升天宝卷》才展开,诸佛菩萨降来临。阴超逝化生净土,阳保善卷永无灾。"是迎神词而非通常之送神词,由此可以推知其后半是《升天宝卷》,今已佚去。按,《升天宝卷》乃《目连救母出离地狱升天宝卷》之简称。

于是我们可以了解这两种宝卷实具有不同之功用。《取经道场》乃是用于饯行道场之台本。饯行道场是为亡者送行的小型灵活的道场,作法事之时间不长,或三日,或七日,规模也不大,三位、五位或九位僧人即可举行。它主要是通过一系列仪式和经咒,使死者在两三天内顺利通过十殿审判,转生天界。《西游道场》乃是用于盂兰盆会之台本。盂兰盆会在夏历七月十五日即中元节举行,规模大,僧人多。其来源据西晋竺法护所译之《佛说盂兰盆经》云[4],目连之母死后为饿鬼,在地狱受苦,佛告目连,每年七月十五日以百味饮食供养十方僧人。至宋代以后,由供佛及僧众而转变为以超荐亡人为重点,进而超度一切孤魂野鬼,盂兰盆之百味饮食不再是供僧而是施鬼。关于目连救母之故事也逐渐转移到以目连入地狱寻母的艰难及最后设法超度母亲为主要线索,如《目连救母出离地狱升天宝卷》即是如此。

从篇幅上看,《取经道场》的前半部分(即讲述西游故事部分)与现存的《西游道场》大致相当,各有韵文约二百句。

从形式上看,《取经道场》前半部分全为韵文。以"三、三、四"的十字韵文为

---

② 《佛门西游慈悲宝卷道场》抄本,卷末注明"1967 年丙申年十月初六日滕(誊)录古本道场"。

③ 《佛门取经道场·科书卷》中的这一部分,内有"具此十王道场者,实冥途之炬烛及苦海之舟,利益无穷,报应弗爽"及"微尘刹土诸群品,同八(入)十王大道场"之词句。

④ 《佛说盂兰盆经》是一部伪经,非天竺原有,乃产自中土。

主，也有七言韵文，还有四句七言而在中间夹上四句五言自成一段的韵文格式。其后半部分《十王道场》是韵散相间，韵文有五言和七言。《西游道场》为韵散相间，韵文有五言、七言及俗曲三种。主要格式是先写一段散文，再写十八句七言韵文，后有一俗曲及四句五言偈语。如此循环往复，计有六次之多。韵文之前，均先标“唱”字。

笔者将这两种《西游宝卷》与《朴通事谚解》及三十年代在宁夏所发现的《销释真空宝卷》（以下简称《真空宝卷》）中所记载的西游故事做了比较对照，发现它们有一些相同及类似之处，也有一些可以相互补充和发明的地方，系同出于一源，即元代的《西游记平话》。《西游记平话》一书已佚，今残留《梦斩泾河龙》一节，见《永乐大典》卷 13139。我们过去是从朝鲜古代的汉语会话书《朴通事谚解》及民间宗教的宝卷《销释真空宝卷》里得知《西游记平话》的一些情节，窥其端倪。现在新发现了《佛门取经道场·科书卷》及《佛门西游慈悲宝卷道场》，便可对之有更多的了解。明代吴承恩的百回本《西游记》是以《西游记平话》中故事为其创作素材，我们对《西游记平话》了解得多一些，就能由此窥知伟大作家进行艺术构思的匠心。当然，这是很有意义的事。

这里需要解释一下，为什么桂西地区能保存下来其来源甚古而不见今人著录的两种早期《西游宝卷》？按其发现的具体地点是广西的田林县浪平乡。此是田林县与凌云、乐业等县交界之地，十分偏僻，而且遍地垌子岸场，地少石多，土地贫瘠。历代官宦弁兵、会党游勇乃至土匪强盗都视此为不毛之地，战乱烽火也很少燃及。居住此地区的汉族移民，多信奉魔公教，他们代代相传，保存了先辈们自各祖籍省份带来的民间宗教文化以及一些教派的经卷。由于年代久远，真正的古本经卷难以保存至今，他们只有以辗转传抄的方式，将“古本”保存下来，为其所用。这种抄本由于抄录者文化水平不高，难免会有讹字，但其内容很少有篡改之处。

作为一种民间宗教，魔公教过去一直不为世人所知，其所保存的《西游宝卷》当然也就湮没无闻。幸而今天得见天日，现在是到了发掘、整理和研究它们的时候了。

本文所引经卷，经笔者校定，改正之处均用括号标出。

## 二

《取经道场》里叙说唐僧取经的经过如下：

止(贞)观殿上说唐僧，发愿西天去修行。

唐王闻说心欢喜，通关文牒往前行。

满朝文武并宰相，大排鸾驾送唐僧。

玉手搭肩亲嘱咐，取了真经便回程。

大唐王，传圣旨，忙排鸾驾。

似群真，离了朝，相送唐僧。

三藏师，拜辞了，唐王圣主。

选良辰，合吉日，便要登程。

将领着，孙行者，齐天大圣。

西方路，上逍遥，降伏妖精。

猪八戒，逢恶山，开条大路。

沙和尚，流沙河，大显神通。

师拿着，金钵盂，九还(环)锡杖。

火龙驹，三太子，相伴西行。

从东土，到西天，十万余里。

每晓行，并夜走，全无退心。

到深山，并恶岭，迷踪大路。

魔鬼岭，虎狼哑(哑)，过步难行。

多亏了，杀虎王，送出山林。

师徒们，心欢喜，又往西行。

正行道(到)，火焰山，黑松林内。

见妖精，和鬼怪，魑魅成群。

到黄昏,刘白猿,撑船摆渡。

风野山,难行走,挟步难行。

黄风山,黑风洞,黑熊断路。

又遇着,黄袍怪,鬼王接引。

多因(目)怪,来打搅,不能前行。

莲池国,盖山观,要灭唐僧。

白(伯)猿(眼)山(仙),秦(奏)国王,西京闭(备)战。

师徒们,一见了,胆战心惊。

都云(头)割,下油锅,柜贵(中)猜物。

孙行者,金銮殿,大显神通。

凭神通,三件事,全都得胜。

排銮驾,送山城,又往西行。

蜘蛛精,红孩儿,神通不小。

大力王,摄唐僧,无处跟寻。

师徒们,无投奔,号啕大哭。

多亏了,南海岸,救苦观音。

半空中,常引路,不坏愆者。

太白星,指引路,教子唐僧。

若不是,众徒弟,神通广大。

谁敢往,佛国里,去取真经?

三藏师,一路行,忧心不尽。

方才到,佛国里,大觉雷音。

到灵山,见佛境,赛过西天。

入雷音,见圣容,殷勤礼拜(敬)。

师徒们,在佛前,一齐下拜。

愿我佛,发慈悲,大转法轮。

佛如来,就吩咐,惠安和尚。

唐王主,差三藏,来取真经。

连忙去,开宝藏,来点经卷。

从头看,交真经,细说分明。

佛慈悲,经万卷,济生因果。

咐唐僧,清净拾,即便回程。

我们再看三十年代发现的《真空宝卷》里关于西游故事的全部经文,可以看出,不但内容近似,而且同样是用"三、三、四"的十字韵文。

正(贞)观殿上说唐僧,发愿西天去取经。

唐圣主,烧宝香,三参九转。

祝(炷)香停,排鸾驾,送离金门。

将领定,孙行者,齐天大圣。

猪八界(戒),沙和尚,四圣随根(跟)。

正遇着,火焰山,黑松林过。

见妖精,和鬼怪,魍魉成群。

罗刹女,铁扇子,降下甘露。

流沙河,红孩儿,地勇夫人。

牛魔王,蜘蛛精,设(摄)人(入)洞去。

南海里,观世音,救出唐僧。

说师父,好佛法,神通广大。

谁敢去,佛国里,去取真经?

灭法国,显神通,僧道斗胜。

勇师力,降邪魔,披剃为僧。

兜率天,弥勒佛,愿听法旨。

极乐国,火龙驹,白马驼经。

从东土,到西天,十万余里。

戏世洞,女儿国,匿了唐僧。

到西天,望圣人,殷勤礼拜。

告我佛，发慈悲，开大沙门。

开宝藏，取真经，三乘教典。

暂时间，一刹那，离了雷音。

取真经，回东土，得见帝王。

告我佛，求忏悔，放大光明。

到东土，献真经，唐王大喜。

金神会，开宝藏，字字分明。⑤

以上引文中，《真空宝卷》和《取经道场》相同及近似的句子不少。如"正（贞）观殿上说唐僧，发愿西天去取经"，《取经道场》中"取经"二字作"修行"；"将领定，孙行者，齐天大圣"，《取经道场》中"定"作"着"；"正遇着，火焰山，黑松林过。见妖精，和鬼怪，魑魅成群"两句，《取经道场》也有，只有三字之差，"遇着"作"行道（到）"，"过"作"内"。字句虽有小异而意义却相同。

两卷所叙之人、地、事，大致相同，略有差别。亦有取舍之不同，繁简之相异，然它们的取经故事都出于《西游记平话》，殆无可疑。

《真空宝卷》写了"火龙驹，白马驼经"，可知白马系火龙所化，而《取经道场》写"火龙驹，三太子"，更点明了火龙驹原是龙王之三太子。按，元末明初杨景贤之《西游记杂剧》里有《木叉售马》一出⑥，讲明此马乃南海火龙三太子，为行雨差池，法当斩罪，如来佛奏知玉帝，着它化为白马，与唐僧代步驮经。吴承恩所写与此不同，他写白马是西海龙王敖闰之子，唤作"玉龙三太子"，为纵火烧了殿上明珠，犯了天庭上的死罪，经观音向玉帝说情，让它下凡，与唐僧做个脚力。事见百回本《西游记》之第十五回⑦。

《取经道场》中所写的"黑熊断路"和"多目怪"，不见于《真空宝卷》。但《朴通事谚解》所记的《西游记平话》情节有黑熊精及多目怪。后来吴承恩也写入百回本，见第十七回与七十三回，他点明"百眼魔君又唤作多目怪"，是个蜈蚣精。

---

⑤ 《销释真空宝卷》，《国立北平图书馆刊》，第五卷第三号，1931 年 6 月。

⑥ 《木叉售马》为杨景贤《西游记杂剧》之第七出，见隋树森编《元曲选外编》，中华书局，1959 年出版，第650 页。

⑦ 金陵世德堂刊本《新刻出像官板大字西游记》，二十卷，一百回，前有万历二十年陈元之序。

《取经道场》中的黄风山和黄袍怪，也不见于《真空宝卷》。但《朴通事谚解》中有黄风怪。吴承恩百回本，黄风山见于第二十回及二十一回，此处叫作黄风岭，黄风岭上有黄风怪，当是同一故事。又，黄袍怪见于第二十八回，他住在碗子山波月洞，是天上的星宿奎木狼下凡。

《朴通事谚解》和《真空宝卷》都未提到《取经道场》所写的"鬼王接引"，但这并不意味着《西游记平话》无此故事。因为《朴通事谚解》只是毛举故事情节，并非情节的一览表，全部网罗无遗，而《真空宝卷》叙西游故事，对情节是有所取舍的。吴承恩把"鬼王接引"写入了百回本，见第三十七回，鬼王乃被妖精害死的乌鸡国王之幽灵。

《取经道场》中写了"大力王，摄唐僧，无处跟寻"，大力王即是牛魔王，《真空宝卷》中"牛魔王，蜘蛛精，设(摄)人(入)洞去"，亦写到此事。《朴通事谚解》未记入牛魔王，而吴承恩的百回本中却有，其事见第五十九回至六十一回，是将牛魔王和火焰山的铁扇公主(罗刹女)写在一起的。吴承恩通过樵夫之口介绍铁扇公主是大力牛魔王之妻，还写火焰山之土地神，率领阴兵，挡住败阵的牛魔王，唤道："大力王，且住手。唐三藏西天取经，无神不保，无天不佑，三界通知，十方拥护。快将芭蕉扇来扇息火焰，教他无灾无障，早过山去。"只是百回本中并无牛魔王把唐僧摄入洞中之情节。

值得注意的是《取经道场》中所写"到黄昏，刘白猿，撑船摆渡。风野山，难行走，挟步难行"。刘白猿和风野山不见于《朴通事谚解》及《真空宝卷》，亦不见于百回本《西游记》。《取经道场》这一段是从"正行道(到)，火焰山，黑松林内。见妖精，和鬼怪，魍魉成群"直到"多因(目)怪，来打搅，不能前行"，写的都是妖精鬼怪，"刘白猿"列在其中。我们看《取经道场》开卷的头一段唱词，也可作为佐证。

> 昔日唐僧去取经，惊动南海观世音。
> 净瓶拈在手，嘱咐与龙神。
> 掌(撑)船并摆度(渡)，尽是鬼妖精。
> 八爪金龙来下界，化匹白马载唐僧。

刘白猿既然"撑船摆渡",乃是妖精无疑。顾名思义,当是白猿精。白猿精之进入古代小说,著名的作品有《吴越春秋》⑧和唐传奇《补江总白猿传》。《西游记平话》中的白猿精,是伪装善人在水上陷害唐僧,还是在被降伏以后助唐僧过河,已不可考。吴承恩在百回本中舍弃了这个情节,却受此启发,另写了一个六耳猕猴,串演了一场真假孙行者的闹剧,相当精彩。事物有真便有假,假者恒多真者寡。试看,有假唐三藏骑着白马,有假猪八戒挑着行李,有假沙僧拿着锡杖,还有假孙行者双手捧起一张假冒唐太宗名义所开的通关文牒,他们也要去取经⑨。吴承恩的这个艺术构思是奇妙的。

《朴通事谚解》相当详细地记载了《西游记平话》中车迟国斗圣的故事。国师先生号伯眼大仙,又号烧金子道人,见国王敬佛法,便使黑心,要灭佛教,大肆迫害和尚。他要和唐僧在君王面前斗胜,起头坐静,第二柜中猜物,第三滚油洗澡,第四割头再接。结果失败了,死在孙行者手里,露出本相,原来是个虎精。《真空宝卷》里说:"灭法国,显神通,僧道斗胜。勇师力,降邪魔,披剃为僧。"有人认为这是说灭法国而非车迟国,不是一回事,百回本《西游记》中就有一个灭法国与车迟国并列。笔者认为有可能是《真空宝卷》作者之误记,也有可能"灭法"作为一个形容短语,灭法之国即消灭佛法之国,灭法并非定是国名。

《取经道场》中作"莲池国",可能是由"车池(迟)国"蜕化而来,《西游道场》中有"车池(迟)国奉三清全无妙门"之句可证。"莲"字之中有一"车"字,固可讹写,但更可能是因为唐僧师徒降妖去怪,重振佛教,国王舍身出家,披剃为僧,将车池(迟)国改名为莲池国,莲花满池即佛国也。这正如吴承恩百回本写灭法国后来改名为钦法国一样。那么,《取经道场》中把车池(迟)国说成是莲池国,也不能算错。

斗圣的方法,《真空宝卷》未细写,《取经道场》所写的与《朴通事谚解》并无显著的出入,只是次序有错乱,且少了一项"坐静"。按坐静乃是佛道两家必习之事,似非决胜之道。

参加斗圣的妖魔一方,《朴通事谚解》明确说出是伯眼大仙及其徒弟鹿皮,

⑧  见《太平广记》卷四四四"畜兽十一"。
⑨  见百回本《西游记》第五十七回《真行者落伽山诉苦　假猴王水帘洞誊文》。

吴承恩的百回本改作虎力大仙、鹿力大仙及羊力大仙。《取经道场》中"白猿山"显为"伯眼仙"三字之讹误。"伯"及"仙"都漏掉偏旁而成"白""山","猿"与"眼"也音相近。此伯眼仙是据《西游记平话》而来。

为什么《西游记平话》里写车迟国斗圣，把失败的一方取名"伯眼"呢？按"伯眼"可谐音"百眼"，指蜈蚣精，但《朴通事谚解》所述《西游记平话》的情节，其中已列入了多目怪，而且明确写出"伯眼"原是个虎精。可见此处"伯眼"谐音"百眼"之说不能成立。笔者认为，此名仍为谐音，但所谐之音并非"百眼"而是"伯颜"。伯颜实有其人，赫赫有名，乃是元世祖忽必烈的中书左丞相，率兵南下灭宋的主帅。元代因有民族压迫，战争中又大肆屠戮，人心思念故国，民众视伯颜为罪魁祸首，痛恨尤深，故而在《西游记平话》中借题发挥，把这位颇有虎威的上将军化为虎精，尽管穷凶极恶，终于斗不过孙行者，死在他手里，露出了原形。平话作者以此表达了当代民众的愤懑情绪。除此之外，我们尚难找到对"伯眼"一名的更合理的解释。吴承恩在百回本中写虎力大仙，则融合了明代嘉靖时被尊为国师的大道士陶仲文的某些特点，也不乏弦外之音。这都是时代使然。

在元末明初杨景贤的《西游记杂剧》中，交付唐僧经卷的是大权修利菩萨，他是金刚大藏的看守者。吴承恩百回本写的是阿傩和伽叶。而《取经道场》与之相异了，出现了惠安和尚。《西游道场》亦然，它有这样的唱词：

> 昔日唐僧去取经，六年辛勤入雷音。
> 合掌礼拜慈尊面，惟愿我佛转法轮。
> 忙唤惠安从头捡，推开宝藏取真经。
> 交付唐僧来收拾，白马驮经转回程。

按：历史上的惠安和尚有二。一为刘宋时人，比丘，不知何许人，少时被掳为荆州人奴，十八岁出家，住邑中之琵琶寺，颇有异行，后入蜀，途自火化，南阳刘虬闻其事，曰："得道之人也。"另一为唐代比丘，善厌胜诅咒之术，唐中宗神龙中游北京,唐休璟供养之,居数年忽遁去⑩。从时代上看,应是前者。但何以此惠安被尊为如来佛座下之弟子?民间通俗小说出现此人有何渊源?待考。

取经的归途中是否还有妖魔来捣乱?《取经道场》对此是持肯定的态度。它继续来描写:

> 从东土,到西天,十万余里。
>
> 遇妖精,前拦路,抢取真经。
>
> 众徒弟,神通大,腾云驾雾。
>
> 把妖精,除灭了,夺回真经。
>
> 将真经,展开看,全无一字。
>
> 师徒们,一见了,胆战心惊。
>
> 急转至,世尊前,从头苦告。
>
> 说惠安,开经处,问要金银。
>
> 取假经,到东土,唐王见罪。
>
> 师徒们,很费心,六年辛苦(苦辛)。
>
> 佛如来,唤惠安,跪在殿前。
>
> 将素珠,轮在手,八(问)寸(寻)原因。
>
> 佛如来,财心动,迷心不改。
>
> 把咽喉,来锁住,送了残生。
>
> 惠安师,慌张了,从头捡点。
>
> 付唐僧,亲收拾,白马驮回。

可见归途中还会遇到妖精,它们不是以吃唐僧肉为目的,而是要夺取真经。孙行者和他的两个师弟还得与妖魔厮杀。吴承恩在百回本中则不是这样写法,他改成为燃灯佛知道了阿难、迦叶是将无字经传去,便命座下的白雄尊者前去夺取,好使唐僧再来求有字真经。夺经者是神佛手下的侍者而非妖精。这样处理

---

⑩ 见比丘明复编撰《中国佛学人名辞典》,台湾方舟出版社,1974年。

也许有其道理,可以避免枝蔓。上引《取经道场》的故事出于《西游记平话》,这种写法自有其深刻性;而且把惠安和尚勒揹唐僧之罪直归如来,指责如来佛"财心动,迷心不改",写孙行者几乎要动武,亦属大胆之笔。吴承恩不敢如此写,是为了维护佛教教主的尊严。但他在第九十八回中对阿傩与伽叶在交出真经之前的一段描写,世故人情,刻画入神,也十分出色。他写道:

> 二尊者复领四众,到珍楼宝阁之下,仍问唐僧要些人事。三藏无物奉承,即命沙僧取出紫金钵盂,双手奉上道:"弟子委是(实)穷寒路遥,不曾备得人事。这钵盂乃唐王亲手所赐,教弟子持此,沿路化斋。今特奉上,聊表寸心。万望尊者不鄙轻亵将此收下,待回朝奏上唐王,定有厚谢。只是以有字真经赐下,庶不孤(辜)钦差之意,远涉之劳也。"那阿傩接了,但微微而笑。被那些管珍楼的力士,管香积的庖丁,看阁的尊者,你抹他脸,我扑他背,弹指的,扭唇的,一个个笑道:"不羞!不羞!需索取经的人事!"须臾,把脸皮都羞皱了,只是拿着钵盂不放。

未被吴承恩写入百回本中去的还有下面的情节。《取经道场》在开卷处写道:

> 昔日唐僧去取经,抬头观见一夫人。
> 岩崖山又险,高山顶接云。
> 石头烧马脚,无烟火自生。
> 若在此山过不得,回头难见圣明君。
>
> 夫人跪拜告唐僧,山遥路远受苦心(辛)。
> 日行鬼窝路,处处见妖精。
> 索桥八百里,清波万丈深。
> 若还得见如来面,教妖十死九还魂。

后行礼拜告唐僧,请僧诵传大乘经。

行者观看见,属山狗见(现)行(形)。

戒刀提在手,便要斩妖精。

化乐天宫都不见,唐僧独坐一山林。


　　山狗精化身为一夫人,提醒唐僧前途要受苦辛,处处都有妖精,要唐僧怜惜它们,为它们诵传大乘经,使之超生。《西游记平话》有此情节,是由《大唐三藏取经诗话》发展而来。诗话里写了白虎精化身为白衣妇人被猴行者识破事。但平话里添进了妖精向唐僧警告前途艰难,要他为妖魔诵大乘经,是宣传佛法。吴承恩大概不喜欢这种怜惜恶人的无原则的慈悲思想,便舍弃了这样的处理方式。百回本中,向唐僧发出警告的是浮屠山乌巢禅师,事见第十九回。因他在偈语中说了"野猪挑担子"和"多年老石猴",引起孙行者之恼怒,举起金箍棒乱捣其乌巢,只见莲花生万朵,祥雾护千层。他教唐僧在遇魔障时大念《多心经》⑪,可以消灾。吴承恩还写了观音化身为老母,事见第十四回,她送唐僧一顶嵌金的花帽,并传授《定心真言》,即《紧箍儿咒》,目的是制服孙行者。至于《大唐三藏取经诗话》中的白虎精,在吴承恩的笔下便发展成白骨精。三打白骨精的情节,仍表现了吴承恩之不能怜惜恶人的思想。

　　值得注意的是,在《取经道场》的这段描写中,孙行者是用戒刀来斩妖精。《朴通事谚解》叙车迟国斗圣事,说孙行者打了伯眼大仙两铁棒。看来《西游记平话》中孙行者并非使单一的兵器。按,雕刻及画像中所反映的也是如此。福建泉州开元寺之西塔——仁寿塔,其第四层有火龙三太子、唐三藏及猴行者之雕像,猴行者手持朴刀。此塔建于南宋嘉熙元年(1237)。广州博物馆藏有元代磁州窑生产之磁枕,上有唐僧师徒四众之画像,孙行者手持铁棒在前开路。元末明初杨景贤《西游记杂剧》,在第十九出《铁扇凶威》里,写铁扇公主与孙行者斗法,她唱道:"这扇子柄长面阔,锁铁贯,嵌金磨,骨把握薄,妖气罩,冷风多。云端顶上观见我。铁棒来抽身便躲,戒刀着怎地存活,我着戒刀折,铁棒损,力消磨。"

---

⑪　即《般若波罗蜜多心经》,略称应为《般若心经》或《心经》。玄奘曾译此经。

可见铁扇公主使用的兵器是一柄铁扇⑫，而孙行者则是使刀弄棒。他降伏沙和尚是用生金棒，而把红孩儿砍下洞去是使戒刀。

笔者认为，孙悟空（后来成为孙行者）以如意金箍棒作为唯一兵器，乃是吴承恩这位伟大作家的精心构思。百回本一开始，就在第三回写美猴王嫌他那口刀着实椰榔，不遂心意，便到龙宫求宝。他不要大杆刀、九股叉和方天戟，单取了那重一万三千五百斤的如意金箍棒。这原是天河定底的神珍铁，即大禹王留下的治水时定江海深浅的一个定子，霞光艳艳，瑞气腾腾。这件神奇兵器可大可小，甚至缩小成为绣花针。孙悟空手持金箍棒，打进了地府，大闹了天宫。在西天取经的路上，经历了激烈的战斗，有多少妖魔毙命在他的棒下！孙悟空配上了金箍棒，真是相得益彰，八面威风。

## 三

《西游道场》也和《取经道场》一样，其中描述了唐僧一行在去西天取经之中所克服的艰辛苦难。它是这样写的：

> 伏以大乘经典，原在西城（域）之国；三教垂慈，方传东方之教。如是三藏离了东京，往西径奔，遇妖魔而压禁，伏救苦以现形。叛伏行者、八戒与沙僧。师徒四众同住（往），逐一逢灾遇魔而临险，全赖大圣威光，异口同音，心无退转。［唱］
> 要往灵山亲拜佛，九九灾难受苦辛。
> 昔日唐僧去取经，路逢悟空孙大圣。
> 收伏悟能猪八戒，又怡（收）悟净号沙僧。
> 手携钵盂共锡杖，火龙太子伴西行。

---

⑫ 由铁扇如何发展到百回本中的芭蕉扇，笔者曾在 1963 年 5 月 12 日及 19 日《光明日报》之《文学遗产》专刊上发表《从"过火焰山"看吴承恩对情节的处理》一文，其中有论述。

晓行夜宿每投奔,遥望灵山拜世尊。

妖精鬼怪啖人肉,魍魉成群要灭僧。

黑松岭下无行路,火焰山下好烦懑。

狼虎塔内人难过,黄蜂恶怪更惊人。

不是众徒神通大,难保僧人见世尊。

西游妙典,万古流传,无坏亦无崩。千般苦楚,万种难辛,监牢固人,不损一尘。捻花已(以)后,灵山见世尊⑬。

西方微妙法,凡圣两皆空。

众生来信受,地狱化天宫。


如是三藏师徒逐日登程,遇妖魔而神通降怪,遇国界而倒换关文。女人国、子母河泛阴寡阳,车池(迟)国奉三清全无妙门。高山峻岭,猪八戒而开条大路;流沙恶水,[沙]悟净而大显神通。黑雄(熊)拦路,受千般之苦;白龟摆渡,有万幸之缘。[唱]

终朝辛苦连连遇,何日得到大雷音?

昔日唐僧去取经,临国见帝换关文。

贫僧东土奉圣旨,要往西天取真经。

多见(目)鬼怪来打搅,大力妖魔摄唐僧。

蜘蛛精布天罗网,红孩儿飞火焰盆。

众徒哮吼无投奔,多亏南海观世音。

沿途若非他拥护,怎得雷音见世尊?

去也去也往西方,奔入灵山竺国乡。

原是金禅(蝉)来脱化,今日得入我佛堂。

投见大佛,求取真经,离凡要超圣。灵山胜境,历历分明,山河朽坏,这个安宁。春日来无花不放春。

灵山真祖意,凡圣莫教差。

---

⑬ 《桂西民间秘密宗教》对此卷俗曲之断句多误,此处经笔者校正。

指日登彼岸，便作老佛家。

所叙唐僧师徒遭难之地，如黑松岭、火焰山、车池（迟）国、流沙河，《取经道场》里也有，惟黑松岭作黑松林，车池（迟）国作莲池国，当是同样的故事。女人国见于《朴通事谚解》所叙述《西游记平话》之情节，《真空宝卷》作女儿国。子母河为独出，当也是《西游记平话》所有。猪八戒在高山峻岭之间开条大路，即《朴通事谚解》中之薄屎洞，《真空宝卷》中的戏世洞（稀屎洞之雅称）故事。白龟摆渡是过通天河。这些素材都被百回本《西游记》采用了。

值得注意的是狼虎塔，不见于《朴通事谚解》及《真空宝卷》。《取经道场》中有虎狼哑（垭），与魔鬼岭并列，想是另一处遇难的所在，和狼虎塔是两回事。查吴承恩的百回本《西游记》，有两处写入塔逢魔。一处是第二十八回，回目作《花果山群妖聚义　黑松林三藏逢魔》，孙行者负气出走，回归花果山，猪八戒化斋未归，沙和尚去寻找，唐僧独自走出黑松林，发现了一座宝塔，金顶放光，他来到塔门之下，揭起竹帘，一个妖魔正睡在石床上，众小妖把他拿下。此妖即黄袍怪，是天上的星宿奎木狼下凡。另一处是第六十二回，回目作《涤垢洗心惟扫塔　缚魔归正乃修身》，唐僧和孙行者在祭赛国的金光寺里扫塔，扫到第十层，唐僧倦了坐下，孙行者又往上扫两层，见两个妖精在那里猜拳吃酒，当场将它们拿下。原来它们是偷了塔上宝贝的万圣龙王之部下，一个是黑鱼精，一个是鲇鱼怪。由此看来，第一处与"狼虎塔"近似，但并无虎怪，只有狼精。又，《取经道场》里有"黄袍怪"之名。吴承恩大概是把"狼虎塔"与"黄袍怪"合并在一起而做了改写。

《西游道场》所叙之妖魔鬼怪，如黑熊精、多目怪、大力妖魔、蜘蛛精、红孩儿，《取经道场》里也有，"大力妖魔"作"大力王"，即牛魔王。这些都分见于《朴通事谚解》与《真空宝卷》。惟"黄蜂恶怪"独出，与《朴通事谚解》所列之"黄风怪"疑非一事。黄蜂本来就是一种螫人的昆虫，尾端有钩状毒刺，内贮毒液，其巢大者如巨钟，房连数百层，群起而螫人，可以致死。《西游记平话》作者将它幻化为妖精，完全是可能的。百回本《西游记》里无此怪，所写的黄风大王是黄毛貂鼠精。

红孩儿在斗法中是飞起火焰盆，这和百回本《西游记》大不相同。吴承恩采用《西游记平话》中的红孩儿作素材，又有了大大改进。一是把红孩儿安排为牛魔王和铁扇公主（罗刹女）之子。孙行者制伏了红孩儿，便结下了深仇，尤其是铁扇公主爱子心切，决不会自动献出芭蕉扇，过火焰山就大难特难了，矛盾更加尖锐，情节益发紧张。杨景贤《西游记杂剧》中的红孩儿是鬼子母之子，鬼子母原是观音收在座下作"诸天"，而铁扇公主却是风部下祖师，凡是风神都属她掌管，只因带酒与王母相争，反却天宫，在铁锉山居住。百回本的处理方式与之有很大的差异。吴承恩所做的另一改进，是把红孩儿描写成一个十分刁钻机灵的妖怪。他的兵器和法宝不是火焰盆，而是手挺火尖枪，与孙行者大战。当他败下阵来，就一只手捏着拳头，往自家鼻子上捶了两拳，口里喷火，鼻子里迸出浓烟，火焰齐生。他还命小妖推出五辆车子，火光涌出，连喷几口，只见红焰焰大火烧空。这火乃是他修炼成的三昧真火，龙王下雨犹如火上浇油。这些描写富于想象，生动有趣，使故事生色不少。

《西游道场》和《取经道场》一样，有火龙太子和惠安和尚，只是无惠安索要人事的描写，当系省略。

唐王饯别场面，有一处细节描写，为《朴通事谚解》和《真空宝卷》所未提到，《西游记杂剧》里也无，而被吴承恩所采用。

> 于是斋筵暂住，水陆停修，接盟玄奘为御弟，故称法号唐三藏。钦赐通关文牒，御驾饯送出城。金口嘱咐，取得真经早回，御酒三杯，金手捵尘玉盏，是时三藏不改（解）其故。
>
> ［唱］
> 宁吃本乡一块土，莫受他乡万两金。

《取经道场》里也有这处细节，描述如下：

> 昔日唐僧去取经，安排鸾驾送唐僧。
>
> 御手搭肩上，金口劝唐僧。
>
> 寡人亲嘱咐，早早便回程。

宁作本乡一块土，莫念他乡万两金。

而百回本《西游记》是这样描写的：

太宗道："今日之行，比他事不同，此乃素酒，只饮此一杯，以尽朕奉饯之意。"三藏不敢不受。接了酒，方待要饮，只见太宗低头，将御指拾一撮尘土，弹入酒中。三藏不解其意。太宗笑道："御弟呵，这一去，到西天，几时可回？"三藏道："只在三年，径回上国。"太宗道："日久年深，山遥路远，御弟可进此酒：宁恋本乡一捻土，莫爱他乡万两金。"三藏方悟捻土之意，复谢恩饮尽，辞谢出关而去。

唐王在临别时说的这两句话，《西游道场》《取经道场》和百回本《西游记》都有出入，用词略有不同。虽以吴承恩所写最佳，其他两卷也不失为警句，都蕴含着热爱祖国、热爱故土的思想。

《西游道场》里有的地方也含有哲理，发人深省。如：

东土步入西方境，十万程途有余零。
道高何妨山峻险，心诚自然鬼神惊。
不怕妖魔及鬼魅，虚空自有活神灵。
要闻如来真是(实)语(义)⑭，仍是铁杵磨绣针。

## 四

《西游记平话》是元代的作品，日本学者太田辰夫和中国学者赵景深曾加论

---

⑭　佛经的开卷大多有一《开经偈》云："无上甚深微妙法，百千万劫难遭遇。我今见闻得授持，愿解如来真实义。"宝卷亦仿此。

证⑮。我们现在还可以添加一个内证，即"伯眼大仙"之命名，前文已有说明，见第二节。有人认为，《朴通事谚解》所记之事是在明初，此点还无法得到证实。即使如此，也不能证明《西游记平话》是明代的作品。正如清代在北京能在书肆中买到《三国志通俗演义》和《忠义水浒传》，我们能说这两部名著是清人所撰写的吗？

《真空宝卷》的撰作时代，前人有过争论。有人说是元代，有人说是元末明初，有人说是晚明。但长期以来，在文学史著作中及有关《西游记》的论文中，一般均认为是元代作品。1995年7月出版的《中国文化》第十一期上，发表了喻松青《〈销释真空宝卷〉考辨》一文，对此问题做了详细的考察。她指出《真空宝卷》开卷《焚香赞》有"《无为卷》，最堪夸，功能无价"之句，《无为卷》是明代正德年间罗教创始人罗清所撰写的五部重要经卷，即所谓《五部六册》在当时的略称。《真空宝卷》之中所宣扬的教理也和罗教近同，而且所载之法系表明它与罗教有统属关系。她判断罗教有一支传入西北，自立门户，其教首撰写了此卷，时间是在明万历二十四年至四十八年（1596—1620）之间。此宝卷引用了元代的《西游记平话》故事，不足为奇，因为《西游记平话》一书，明代仍在流传，明代《永乐大典》就曾收录，明中叶和晚期此书在某些地区仍可见到。喻松青此文之论断，大抵可信。

《取经道场》与《西游道场》之撰作年代，比《真空宝卷》早还是晚，抑或同时，这是一个值得研究的问题。笔者认为它们比《真空宝卷》早，试申述理由于下。

《取经道场》与《西游道场》都在标名中有"佛门"二字，其内容是利用通俗小说的故事来宣传佛教思想。统观两卷，并无宣传民间秘密宗教教义和修行秘诀之处。它们是作为佛教之通俗宣传而撰写的，用来做佛教道场之台本，后来却为民间秘密宗教所利用了。其利用的方式有两种，一种是原封不动地搬过来，成为其教派之经卷，如后来的魔公教之利用西游宝卷；另一种是对原作加以摘引或改编，用以宣传民间秘密宗教某个教派之教义。民间秘密宗教利用佛经和佛教宝

---

⑮ 太田辰夫：《〈朴通事谚解〉所引〈西游记〉考》，发表于昭和三十四年（1959年）。此文收入太田辰夫《西游记研究》一书，研文1984年出版。赵景深《谈〈西游记平话〉残文》，《文汇报》1961年7月8日。

卷或模仿之,则是常见之事。

《西游道场》开卷有一段七言韵文:

> 三世诸佛不可量,钵(波)旬诸佛入涅槃。
> 留下生老病死苦,释迦不免也无常。
> 老君住在南阳乡,烧丹炼药有谁强。
> 留下金木水火土,老君不免也无常。
> 大成至圣文宣王,亘古亘今教文章。
> 留下仁义礼智信,夫子不免也无常。
> 贞观殿上说唐僧,发愿西天去取经。
> 大乘教典传东土,亘古宣扬至迄今。

《取经道场》里也有一段七言韵文,放在西游取经故事结束之后,而在十王道场开场之前:

> 三世诸佛不可量,眉间常放白毫光。
> 留下生老病死苦,我佛不免也无常。
> 老君住在南阳乡,烧丹炼药有谁强。
> 留下金木水火土,老君不免也无常。
> 聪明智慧文宣王,亘古亘今教文章。
> 留下仁义礼智信,圣人不免也无常。
> 普天率土佛梵刹,真如界内一非荣。
> 兜率天宫击法鼓,安阳国里撞金钟。
> 极乐国王谈妙法,娑婆世界演真经。
> 我佛祖法悟大乘,菩提打坐有功能。
> 普化摇铃归法界,都是超凡入圣人。

再来看《真空宝卷》,它在开经偈之后也有七言的韵文:

三世诸佛不可量,波寻(旬)诸佛入涅槃。

留下生老病死苦,释迦不免也无常。

老君住世烂(南)阳乡,烧丹炼药有谁强。

留下金木水火土,老君不免也无常。

大成至圣文宣王,亘古亘今论文章。

留下仁义礼智信,夫子不免也无常。

道冠儒履释迦(袈)裟,三教元来是一家。

江南枳壳江北桔,春来都放一般花。

唐僧西天去取经,一去十万八千程。

昔日如来真口眼,致(至)今拈起又重新。


由以上三段引文,可以看出,《真空宝卷》模仿《西游道场》和《取经道场》的痕迹是明显的。从放在开卷之地位到"大成至圣文宣王"的词句,则和《西游道场》更为接近。历数释迦、老君及孔子都不免无常之苦,《西游道场》和《取经道场》都宣扬大乘,而中国佛教理论正是侧重宣扬大乘佛教之慈悲救世、普度众生的思想。然而《真空宝卷》却是鼓吹三教一家,这正是很多民间秘密宗教在教义上的一个要点。由感悟人之生死无常而皈依大乘,在逻辑上较为合理。由不免无常而得出三教一家的结论,未免牵强。

《取经道场》云:"若不是,众徒弟,神通广大。谁敢往,佛国里,去取真经?"《西游道场》云:"不是众徒神通大,难保僧人见世尊。"都是同样的意思。而《真空宝卷》却云:"说师父,好佛法,神通广大。谁敢去,佛国里,去取真经?"虽是模仿,却歪曲原意,把神通广大者归之于唐僧而不是他的三个徒弟,这和《西游记平话》的原意是不符合的。像《真空宝卷》如此写法,显然是为了抬高民间秘密宗教教主和道首的地位,在他们眼里唐僧是教主和道首的象征,故尊崇之,说他神通广大。

《真空宝卷》之韵文约有588句,其中西游故事只有27句,约占全卷的廿二分之一。它开卷时叙说西游故事,只是一个"冒头",主体部分是宣传这个教派的教义——真空思想。《西游道场》和《取经道场》两卷主要是通过叙说西游取经故事来宣传佛教及其经典,各有写西游故事的韵文约200句。这是它们的根本差异。

以上情况表明,《真空宝卷》受了《西游道场》与《取经道场》之影响,这两种《西游宝卷》之撰作要早于《真空宝卷》。两卷都用了"文宣王"的谥号来称孔子。《西游道场》里还称"大成至圣文宣王",这是元大德十一年(1307)追加的谥号,到明嘉靖九年(1530)才改为先师孔子。此一现象也值得重视,它表明《西游道场》与《取经道场》之撰作必在元大德十一年至明嘉靖九年(1307—1530)之间。至于《真空宝卷》中之"大成至圣文宣王,亘古亘今论文章",乃是沿袭《西游道场》而来,故不足以作为判断其写作时代之根据。

《西游道场》卷末有"《升天宝卷》才展开,诸佛菩萨降来临"之唱词,值得我们特别注意。《升天宝卷》即《目连救母出离地狱升天宝卷》之略称。郑振铎师曾藏有此卷,他在《中国俗文学史》一书里说:

> 叙述佛经故事的宝卷,所见极多,且也最为民间所欢迎。《目连救母出离地狱升天宝卷》是其中最早且最好的一个例子。
>
> 这个宝卷为元末明初写本,写绘极精,插图类欧洲中世纪的金碧写本,多以金碧两色绘成。(斯类选本,元明之间最多,明中叶以后,便罕见。)惜缺上半。以此与《目连变文》对读之,颇可以知道其演变的消息。今坊间所传《目连宝卷》,与此本全异,盖已深受明人戏文及清代《劝善金科》诸作的影响了。[16]

此卷现藏于北京图书馆。末页之图画,如迎着阳光看,可以看清是一座碑,

---

[16] 郑振铎:《中国俗文学史》,第318页,商务印书馆,1938年。笔者曾受业于郑振铎先生。1949年秋,在北京大学中文系三年级学习,亲聆他所讲授的《民间文学》(即俗文学)及《水浒传》两门课程。时郑师任文物局局长,在北大兼任教授。1957年冬,笔者在苏联莫斯科大学文学系做研究生,郑师来莫斯科,在苏联科学院东方学研究所做学术讲演,讲《中国小说史》,历时一周。笔者前往拜谒并听课,亲见彼邦汉学家对他之敬重。次年郑师前往中东途中,飞机失事,遽归道山。广陵弦绝,思之怆然,撰一挽联,以吊吾师。联云:"堂上弦歌传大道  门前桃李泣春风。"

上部及左右有三条金龙缠护。其碑文曰:"敕旨　宣光三年　穀旦造　弟子脱脱氏施舍。"宣光为元人退居蒙古所立之年号。宣光三年(1372)相当于明太祖之洪武五年。由此可以进一步确定此一写本之年代,其成书应还要早些。这是地道的中原文化,乃自中土播迁而来。

笔者认为,《佛门取经道场·科书卷》和《佛门西游慈悲宝卷道场》,应该正像其标题中所标识的那样,原先都只叙说西游故事,而在流行了一段时期之后,才在后面各自加上《十王道场》或《目连救母出离地狱升天宝卷》。那么,这两部西游宝卷的撰作时代还要提前。

综合多方面的情况来考察,可以判断它们是元末明初之作。

【陈毓罴　中国社会科学院文学研究所研究员】

原文刊于《中国文化》1996 年 01 期

# 令章大师李稍云

项　楚

　　敦煌本《佛说观弥勒菩萨上生兜率天经讲经文》云："诗赋却嫌刘禹锡,令章争笑李稍云。"(《敦煌变文集》,第 653 页)这位与刘禹锡并列的李稍云究竟是何许人呢? 他是生活在初、盛唐之交的酒令专家。这里说的"令章",就是酒令,如韩愈《祭河南张员外文》："衡阳放酒,熊咆虎嗥,不存令章,罚筹蝐毛。"孙棨《北里志》："郑举举者,居曲中,亦善令章,尝与绛真互为席纠。"《太平广记》卷二百五十七《周颋》(出《抒情诗》)："唐处士周颋洪儒奥学,偶不中第,旅浙西,与从事欢饮,而昧于令章,筵中皆戏之。"敦煌本《维摩诘经讲经文》："真珠帘外停丝竹,玳瑁筵中罢令章。"(《敦煌变文集》,第 557 页)唐人饮酒行令,除了有一套严格的规则(即所谓"觞政")之外,最主要的就是即席应对的词章,这就是"令章"。倒文作"章令",如敦煌本《叶净能诗》："天师有章令,使宴乐欢娱?"又:"还(逭)是一个道士,妙解章令,又能饮宴。"(《敦煌变文集》,第 221 页)简称则为"令",花蕊夫人《宫词》："新翻酒令著词章,侍宴初闻忆却忙。宣使近臣传赐本,书家院里遍抄将。"可见当时已有专门汇集酒令的专书了。变文中与刘禹锡对举的李稍云,就是唐代的令章大师。今天治唐代文学的人,对他已很陌生,但在当时,他却是享有盛名的。元稹《寄吴士矩端公五十韵》："予时最年少,专务酒中职。未能解生狞,偏矜任狂直。曲庇桃根盏,横讲捎云式。"诗中的"捎云式",就是李

486

稍云的酒令程式。任半塘《敦煌歌辞总编》卷三[十无常]："酒席夸打巢云令。行弄影。"（〇六〇二首）任氏曰："'巢云令'俟考。"窃谓"巢云令"当作"稍云令"，"巢""稍"音近，仅声母稍别，因而致误耳。"稍云令"指李稍云创立的酒令程式，与元稹诗的"捎云式"是一个意思。《敦煌歌辞总编》"补遗"载《高兴歌》亦云："壶觞百杯徒浪饮。章程不许李稍云。"（补一一三首）按此篇见于敦煌写本斯2049、伯2488、伯2544、伯2555、伯2633、伯3812、伯4993各卷，可见当时流传甚广。作者署名"江州刺史刘长卿撰"，应非人们习知的"五言长城"刘长卿。标题一作《酒赋》，但核考其实，本篇实是七言歌行，并非赋体，亦非歌辞。歌中的"章程不许李稍云"，和变文中的"令章争笑李稍云"意思相同。又李肇《国史补》卷下亦云：

> 古之饮酒，有杯盘狼藉、扬觯绝缨之说，甚则甚矣，然未有言其法者。国朝麟德中，璧州刺史邓宏庆始创"平""索""看""精"四字令，至李稍云而大备，自上及下，以为宜然。大抵有律令，有头盘，有抛打，盖工于举场，而盛于使幕。衣冠有男女杂履舄者，长幼同灯烛者，外府则立将校而坐妇人，其弊如此。

其中提到"至李稍云而大备"，可见他对推动风靡唐代上下内外的饮酒行令风尚的作用。至于李稍云的事迹，则见于《太平广记》卷二百七十九《李捎云》（出《广异记》）：

> 陇西李捎云，范阳卢若虚女婿也。性诞率轻肆，好纵酒聚饮。其妻一夜梦捕捎云等辈十数人，杂以娼妓，悉被发肉袒，以长索系之，连驱而去，号泣顾其妻别。惊觉，泪沾枕席，因为说之。而捎云亦梦之，正相符会。因大畏恶，遂弃断荤血，持《金刚经》，数请僧斋，三年无他。后以梦滋不验，稍自纵怠。因会中友人逼以酒炙，捎云素无检，遂纵酒肉如初。明年上巳，与李蒙、裴士南、梁褒等十余人泛舟曲江中。盛选长安名倡，大纵歌妓。酒正酣，舟覆，尽皆溺死。

"李捎云"就是"李稍云","捎""稍"皆通作"梢"。《文选》卷十二郭璞《江赋》:"骊虬摎其址,梢云冠其嶢。"李善注引《孙氏瑞应图》曰:"梢云:瑞云,人君德至则出,若树木梢梢然也。"这应该就是李稍云取名之义。从《广异记》的记载,可以考知李稍云的生活年代。他的岳父卢若虚,是陈子昂的友人卢藏用之弟,终起居郎、集贤殿学士(见《新唐书·卢藏用传》),著有《南宫故事》三十卷,并参与《唐六典》的修撰(见《新唐书·艺文志二》)。与李稍云同船遇难的李蒙,开元五年进士及第,他应试的《籍田赋》载于《文苑英华》卷七十。这次沉船事件,是当时的一件轰动新闻,其后亦流传不绝,故唐人笔记小说屡有记载,而且大都笼罩着一层宿命论的色彩。除了《广异记》外,最早的记载见于张鷟《朝野佥载》卷一:

> 开元五年春,司天奏:"玄象有眚见,其灾甚重。"玄宗震惊,问曰:"何祥?"对曰:"当有名士三十人同日冤死,今新及第进士正应其数。"其年及第李蒙者,贵主家婿,上不言其事,密戒主曰:"每有大游宴,汝爱婿可闭留其家。"主居昭国里,时大合乐,音曲远畅。曲江涨水,联舟数艘,进士毕集。蒙闻,乃逾垣奔走,群众惬望。才登舟,移就水中,画舸平沉,声妓、篙工不知纪极,三十进士无一生者。

张鷟与李稍云是同时代人,不过此条文字亦见李冗《独异志》卷上,《太平广记》卷一百六十三亦引作《独异志》。又《太平广记》卷二百一十六《车三》(出《定命录》)云:

> 车三者,华阴人,善卜相。进士李蒙宏词及第,入京注官。至华阴,县官令车三见,诳云李益。车云:"初不见公食禄。"诸公云:"应缘不道实姓名,所以不中。此是李蒙,宏词及第,欲注官去,看得何官?"车云:"公意欲作何官?"蒙云:"爱华阴县。"车云:"得此官在,但见公无此禄,奈何?"众皆不信。及至京,果注华阴县尉。授官相贺,于曲江舟上宴会。诸公令蒙作序,日晚序成,史翙先起,于蒙手取序看。裴士南等十余人,又争起看序。其船偏,遂

覆没。李蒙、士南等，并被没溺而死。

以上《朝野金载》《广异记》《定命录》等三处记载的沉船事件，细节或许稍有出入，但其中李蒙三处皆见，裴士南两处出现，它们所写的是同一件事，则是肯定无疑的。据《朝野金载》，知道这一惨剧发生在开元五年（717 年）；据《广异记》，知道发生在这一年的上巳日（农历三月三日）。这便是李稍云的卒日。

唐代饮酒行令的风尚，是上层社会社交活动的重要方式之一，从上引《国史补》可见一斑，此外还屡屡形诸元、白等许多著名文人的诗咏之中，并且出现了皇甫松《醉乡日月》等专门著作。然而在这些交际活动中产生的数量巨大的"令章"，绝大多数都失传了，只是在唐人笔记中还偶然保留了极少一部分，清俞敦培《酒令丛钞》卷一曾加以搜集。遗憾的是，唐代最负盛名的令章大师李稍云的作品，却连一首也没有流传下来，以致连他的姓名也几乎湮没不闻了。不料在变文中却提到了他，并且与著名文学家刘禹锡相提并论，这不免会引起读变文的人的疑惑，以致有的研究者怀疑李稍云就是李翱（见《敦煌学辑刊》1987 年第 2 期，第 47 页）。所以写了这一则札记，作为对变文的一条注释吧。

【项　楚　四川大学中文系教授】
原文刊于《中国文化》1991 年 01 期

# 敦煌本《孝子传》与睒子故事

程毅中

　　《敦煌变文集》里收录了一种《孝子传》，是用好几个写卷编纂起来的，原来都没有题目。其中用作底本的伯 2621 号卷首残缺，卷末却有"事森"两字，好像就是书名，很可能是一部类书的题目。古代类书有《史林》《类林》《华林遍略》等，"森"比林更稠密，所以用作书名也是可以解释的。卷中还有"廉俭篇"的小题，显然是书中的一个门类。舜子这一条开头是"孝友舜子姓姚"。这"孝友"两字来得突兀，大概原来是"孝友篇"的小题，脱了一个"篇"字，第二行"舜子姓姚"又和第一行连写了，因此误读成了一句。孝子事迹只是这个写卷中的一部分，它本来没有"孝子传"的名称，把这一部分摘录出来和其他写卷合并成一篇《孝子传》，是没有任何根据的。另一个斯 5776 号也像是一种类书的残卷，第一条失名，下面王祥、王修、王褒、吴猛、伯夷叔齐五条，只有吴猛一条下注明"出孝子传"，其余也有注明出处的，它本身并非《孝子传》也可以想见。

　　敦煌遗书中有不少类书，其中存有孝行门的并不少见。如伯 2524 类书残卷内有孝养、孝行、孝感等门类，也包括王祥、吴猛等条；伯 2537 号《略出籝金》卷内有仁孝篇，也有引自"孝子传"的条目；伯 3636 号类书残卷内有补孝、续孝的故事若干则，也有条目引自"孝子传"。此外，敦煌本句道兴《搜神记》开端有"行孝第一"的标题，似乎原本也是分门别类的，但现存各卷都没有第二个门类，所收故事只有少数几条是孝行事迹。又如吐鲁番出土文书中有一个薛道衡《典言》残卷，其中也有孝子故事的门类，可以作为敦煌类书残卷的参校资料。如果把这些遗书中的故事辑集起来，可以编成一本古孝子传，将比《敦煌变文集》本《孝子传》更为丰实。然而原来的出处并非全是"孝子传"，只能说是敦煌遗书中孝子故事的汇录。

《敦煌变文集》本《孝子传》里还收了三个残卷，即斯389号、伯3536号、伯3680号。这三个残卷都没有标题，除了全为孝子故事外，还有一个共同的特征，就是在叙述故事之后，都用一首（或两首）诗作结，体制上近似诗话体的话本。这三个残卷更值得我们注意。这里先分别概述一下三个残卷的内容。

第一卷斯389号。残存郭巨、舜子、文让三条，前面还有半条残文，包括诗一首，大意是孝子明达为了养母，卖了儿子，其妻割奶身亡。这个明达姓刘，见于宋金的二十四孝图（详后）。故事出处待考。

郭巨埋儿，事见《法苑珠林》卷六十二引刘向《孝子传》，《太平御览》卷四百一十一引作刘向《孝子图》，又见今本干宝《搜神记》卷十一，句道兴《搜神记》亦载其事。《法苑珠林》年代较早，可据以参考：

> 郭巨，河内温人，甚富。父没，分财二千万为两分弟，己独取母供养，住自比邻有凶宅无人居者，共推与居，无患。妻生男，虑养之则妨供养，乃令妻抱儿，己掘地，欲埋之于土中，得一釜黄金，金上有铁券曰："赐孝子郭巨。"

伯2621号引《孝子传》没有分财给弟弟的情节，但对郭巨与妻子商量埋儿的过程有具体描写，故事性较强，与句本《搜神记》近似。斯389号所载故事很简略，也有一些细节描写，如郭巨劝说其妻说："儿死再有，母重难（当作'难重'）得。你可杀儿存母。若不如是，母饿死。"天赐黄金上的说明文字作："金赐郭巨，官不得侵，私不许取。"最后以诗作结：

> 郭巨专行孝养心，时年饥险苦来侵。
>
> 每被孩儿夺母食，生埋天感似（赐）黄金。

从郭巨一例,可以看出这本《孝子传》故事情节并无增饰,而最主要的特点就是多出一首诗。

舜子故事,也见《法苑珠林》卷 62 引刘向《孝子传》,与《史记·五帝本纪》及《孟子》等书所说虞舜事迹稍有不同,主要一点是说舜为瞽叟舐目,瞽叟眼睛复明。文字比较粗拙,而且还有脱误,故事情节当出自民间传说。伯 2621 号引"太史公本纪",故事较为繁复,与《史记》根本不同。《舜子至孝变文》则更为曲折详尽了。斯 389 卷故事也很简要,但最后一段说:"瞽叟疑是舜,令妻引乎,遂往市都,高声唤云:'子之语声,似吾舜子。'舜知是父,遂拨人向父亲抱头而哭,以舌舐其父眼,其眼得再明。市人见之,无不惊怪。"与《法苑珠林》所引刘向《孝子传》大体相同,而文字却通顺明白多了。结尾两首诗说:

> 瞽叟填井自目盲,舜子从井历山耕。
>
> 将来冀都逢父母,以舌舐眼再得明。
>
> 孝顺父母感于天,舜子涛(掏)井得银钱。
>
> 父母抛石压舜子,感得穿井东家连。

这两首诗也见于《舜子至孝变文》,可见它在民间广为流传,可以互相移用。

文让事见《太平御览》卷 411 引萧广济《孝子传》,叙事很简略。斯 389 卷的故事还较为详尽曲折。最后诗曰:

> 至哀行闻(孝)感天闻,事母惶惶出众群。
>
> 乃至阿娘亡殁后,能令鸟兽助培坟。

斯 389 卷后面还残留向生一行,详见伯 3536 卷。

第二卷伯 3536 号,残存闪子、大舜、向生、王褒四条。需要特别指出的是,第一条闪子故事,基本完整,只因墨色暗淡,不易辨认,因此《敦煌变文集》本《孝子传》的纂辑者没有采入,其实这一条故事非常重要,留待后面再做详细论述。

第二条大舜,已见斯 389 卷,只有个别文字出入。

第三条向生,较斯 389 卷完整,故事源流不详。讲的实际上是媳妇不孝而遭雷劈的故事,属于惩戒性质。这类故事在前人志怪小说中常见,如《冥报记》中的河南妇人事,就是同一类型。结尾的诗写得拙劣不通,韵脚也找不出来,可能是有脱误。

第四条王褒,即王哀,见于《晋书》卷 88 本传及多种《孝子传》,今本干宝《搜神记》卷十一亦载其事。《晋书》本传说:

> 痛父非命……庐于墓侧,旦夕常至墓所拜跪,攀柏悲号,涕泪着树,树为之枯。母性畏雷,母没,每雷,辄到墓曰:"哀在此。"

伯 3536 卷把攀树啼哭的事也归并在母亲坟前,做了一点艺术加工。

第三卷伯 3680 号,残存王褒、王武子两条和丁兰、闪子的两条残文。

第一条丁兰只剩一首诗:

> 丁兰刻木作慈亲,孝养之心感动神。
> 图舍忽然偷斩却,血流洒地真如人。

丁兰故事也见于《法苑珠林》卷 62 引刘向《孝子传》及郑缉之《孝子传》。《太平御览》卷 482 引《搜神记》佚文与这首诗的内容更为接近。句道兴《搜神记》里也有丁兰故事,较此更详,可以参看。

第二条王褒故事,已见伯 3536 卷。

第三条讲王武子出征,十年不归。其母患病,媳妇割股给母吃,病果立愈。实际上讲的是王武子妻行孝故事。这个故事也见于宋金的二十四孝图。据本文说是开元二十三年的事,年代最晚,应是这个写卷的上限。宋金时代的二十四孝图没有说明文字,只凭这个敦煌写卷才能了解王武子故事的内容。

第四条闪子故事,只存残文。《敦煌变文集》本的纂辑者没有用伯 3536 卷合校,又移录作"闪子",所以没有引起研究者的注意。现在以伯 3536 卷为底

本,并用伯 3680 卷校录如下:

> 闪子者,嘉夷国人也。父母年老,并皆丧明。闪子晨夕侍养无阙,常着鹿皮之衣,与鹿为判(伴),担瓶取水,在鹿郡(群)中。时遇国王出城游猎,乃见□下有鹿群行,遂止,张弓射之。悟(误)中闪子,失声号叫云:"一箭煞三人!"王闻之(知)有人叫声,下马而问。闪子答言:"父母年老,又俱丧明。侍养无人,必定饿死。"语了身亡。诗曰:
>
> 闪子行尊孝老亲,不恨君王射此身。
>
> 父母年老失两目,谁之(知)一箭煞三人。

这个闪子何许人也?就是梵文 Syamaka 的音译。《洛阳伽蓝记》卷五所说:"阿周陀窟及闪子供养盲父母处皆有塔记。"(周祖谟校释本)就是这个闪子。《六度集经》卷五、《僧伽罗刹所集经》卷上译作睒,《杂宝藏经》卷一译作睒摩迦,《大唐西域记》卷二译作商莫伽,都讲到了他被毒箭射死的故事,但没有着鹿皮衣的细节。《佛说菩萨睒子经》专讲这个故事,与敦煌本《孝子传》所说比较接近。经文说佛向阿难讲述过去无数世,迦夷国中有一长者,没有儿子,夫妻两目皆盲,当时菩萨愿当他们的儿子,供养父母终身,于是托生他们家,名为睒。与《孝子传》相应的一段经文如下:

> 父母时渴欲饮,睒着鹿皮之衣,提瓶行汲水,麋鹿众鸟亦复往饮水,不相畏难。时有迦夷国王入山射猎,王遥见水边有麋鹿,引弓射鹿,箭误中睒胸。睒被毒箭,举身皆痛,便大呼言:"谁持一毒箭射杀三道人者!"……睒语王言:"非王之过,自我宿罪所致。我不惜身命,但怜念我盲父母年既衰老,两目无所见,一旦无我,亦当终殁,无所依仰。以是之故,用自懊恼酷毒耳。"(《大正藏》第三卷)

经文后面还讲到盲父母来摸到睒子的尸体,呼天抢地,喊道:"若睒有至诚至孝者,天地所知,箭当拔出,毒药当除,睒当更生。"结果释梵四天王下来,把神药灌入睒子口中,箭自拔出,睒子便复活如故。最后佛告诉阿难:"宿命睒身,我身是也;时盲父者,今现父王阅头檀是也;时盲母者,今现我母夫人摩耶是也;迦夷国王者,阿难是也;时天帝释者,弥勒是也。"这是一个佛本生故事,在中国早已流传,敦煌 299 窟壁画即睒子本生变,建于北周。可见这个故事在唐代以前就已广为传播,以后与中国的孝子故事合流,成为宣扬孝道的通俗文学。伯 3536 卷的故事只摘取了经文中的一段,"闪"与"睒"是音译不同;迦夷国仍用原名,只是用"嘉"字代替"迦"字。同音字假借,这在敦煌遗书里是不足为奇的。不过它没有讲到盲父母感天动地而睒子终于复活,未免悲剧气氛太浓,有失宣扬孝道的本意。伯 3680 卷中"国"字写作"圀",还是武后造的新字。它虽然写于开元二十三年(735)之后,但恐怕也不致太晚。

更值得注意的是,睒子故事列入了二十四孝图和诗,一直流传到了现代。历来相传的二十四孝故事,可能产生于晚唐五代。敦煌遗书中有一卷《故圆鉴大师二十四孝押座文》(翟理斯编目 8102,伯 3361,斯 3728),已收入《敦煌变文集》卷七。后两个写卷上署明"左街僧录圆鉴大师赐紫云辩述",作者是有年代可考的。根据斯 4472 卷《左街僧录与缘人遗书》,得知云辩卒于广顺元年(951)。启功先生曾考证出:"云辩与杨凝式同时,曾居洛,与妓女作诗嘲讽,事见宋张齐贤《洛阳缙绅旧闻记》。"这条资料可以说明这位圆鉴大师除了俗讲之外还参与了世俗的娱乐活动。他不顾清规戒律,竟和歌妓调笑嘲戏,可见他的俗讲之类也不会全是佛门的正经。他讲的二十四孝正文没有留存下来,无从知道这二十四个孝子的名单,只在押座文中提到了舜、王祥、郭巨、老莱子、孟宗、黄香和释迦、目连的事迹,包括了历史人物和佛经人物。因此睒子故事很可能就已收录在内。至于舜、王祥、郭巨等,当然属于二十四孝的基本队伍了。

二十四孝的名单是逐步定型的,可能还有不同地域的不同传承。1958 年河南孟津县出土的北宋崇宁五年(1106)张君墓石棺刻有二十四孝画像,据石棺上的榜题,其人名为:赵孝宗、郭巨、丁兰、刘明达、舜子、曹娥、孟宗、蔡顺、王祥、董永、鲁义姑、刘殷、元觉、睒子、鲍山、曾参、姜诗、王武子妻、杨昌、田真兄弟、韩伯俞、闵损、陆绩、老莱子(见《文物》1984 年 7 期,黄明兰、宫大中《洛阳北宋张君墓画像石》)。山西长子县石哲公社出土的金代正隆三年(1158)墓壁画二十四孝图,名单与此相同。(见《文物》1985 年 6 期,山西省考古研究所晋东南工作站《山西长子县石哲金代壁画墓》)山西永济县张营公社出土的金代贞元元年(1153)姚氏青石棺刻二十四孝图,人名与北宋张君墓基本相同,只是有王怖而没有陆绩。这些宋金二十四孝画像里都有睒子和郭巨、丁兰、刘明达、舜子、王祥、董永、王武子妻等,但是没有向生、王褒、文让,所以不能说它和敦煌本"孝子传"是同一传承。其中睒子都不作"闪子",与通行的佛经译名相同。

据山西省考古研究所晋东南工作站的报告,金代壁画中的睒子图像为:"睒子赤足裸腿,身披鹿皮,手提陶罐,坐于地上。左绘一武将身穿铠甲骑于马上,直视睒子。旁有一卒,穿短甲,手持彩旗。右侧墨书'睒子'二字。"这个武将可能就是嘉夷国王,与后世所传的猎人形象不同。

迄今流传的二十四孝诗,相传为元人郭居敬所作。但王圻《续文献通考》卷七十一把郭居敬列为宋人。小传说:

> 郭居敬,尤溪人,性至孝,事亲左右承顺,得其欢心。尝摭虞舜而下二十四人孝行之概,序而诗之,名《二十四孝诗》,以训童蒙。

又有人说《二十四孝》为元人郭守正所编,见韩泰华《无事为福斋随笔》卷上[按郭守正字正己,景定甲子(1264)曾撰《增修校正押韵释疑》,不知是否此人]。不管现存《二十四孝诗》是谁所作,二十四孝故事当然不是从元代才开始流传的。实际上,从敦煌本《故圆鉴大师二十四孝押座文》出现以后,二十四孝故事的起源已经提早到了五代之前。敦煌本的三个残卷,虽然不能断定它就是二十四孝诗的前身,但其中的虞舜、郭巨、睒子、王褒、丁兰五人,都在二十四孝名单中长期保留着席位,则是无疑的。

现存《赵子固二十四孝书画合璧》,据说是南宋赵孟坚和画家刘松年合作的二十四孝图并赞,原经项子京收藏,后来成为清宫的藏品,印有"乾隆御览之宝",本是珍贵的文物和文献,有 1933 年北平古物陈列所的珂罗版影印本。这是一种较早的二十四孝图,我们从这本画册上看到了另一份二十四孝的名单:

　　1.虞舜　2.杨香　3.孟宗　4.王祥　5.郭巨　6.王裒　7.董永　8.丁兰
9.朱寿昌　10.剡子　11.仲由　12.老莱子　13.汉文帝刘恒　14.江革
15.陆绩　16.闵损　17.吴猛　18.蔡顺　19.庾黔娄　20.曾参　21.黄香
22.崔山南祖母唐夫人　23.姜诗　24.黄庭坚

　　这本画册次序非常混乱，不按时代先后，也没有其他体例可循。其中朱寿昌、黄庭坚两人是宋代人，当然是宋代或更晚一些加进去的。二十四孝的名单在流传中不断变化，但上面这个名单相当稳定，一道保持到二十世纪的三十年代还是如此。

　　赵孟坚所写的孝子事迹，与敦煌遗书有所不同，比较接近史书。如虞舜小传就没有舐目复明的情节。也有一些情节比较接近于敦煌遗书所叙述的故事。如：

　　　　汉郭巨，家贫，有子三岁，母尝减食与之。巨为妻曰："贫乏不能供母，子又分母之食。盍埋此子？儿可再有，母不可复得。"妻不敢违。巨遂掘坑三尺余，忽见黄金一釜，金上有字云："天赐黄金，郭巨孝子，官不得夺，民不得取。"

　　像"官不得夺，民不得取"的话与敦煌本中"官不得侵，私不许取"相似，显然有一定的承传关系。

　　我们再来看剡子的一条：

　　　　周剡子，性至孝，父母年老，俱患双目，思食鹿乳。剡子乃衣鹿皮，去深山入鹿群之中，取鹿乳供亲。猎者见而欲射之。剡子具以情告，乃免。

　　这里的"剡"字似为"睒"字的形误，但"剡"字本有两读，一读作 yǎn，一读同"睒"（shàn）。它大概是直接从佛经的睒子故事演化而来，并非承受敦煌本闪子故事的系统。唐五代以后，一直有一个译作"睒子"的孝行故事在流行，可以说是另一个系统的传承。后世流行的"剡子"故事已经对睒子本生故事做了重大修改。首先是把迦夷国的睒子说成是周朝人剡子,第二是把取水改造为取鹿乳,第三是把射死他的国王改变为猎人,第四是根本没有射箭。猎人为什么"欲射之",也没有说清楚。而剡子的孝行也很不卓著,只有衣鹿皮入鹿群取鹿乳供亲这一件事迹,既没有"一箭杀三人"的悲惨境遇,更没有《佛说菩萨睒子经》里原有的菩萨发愿去给盲目长者当儿子和睒子中毒箭后又遇救复活的动人情节。这个剡子故事变得平淡无奇,然而却长期保留在二十四孝里,历久不废,到底是什么原因,还很值得研究。

从宋末直至现代,出现过各种版本的二十四孝图,绝大多数都有剡子"鹿乳奉亲"这一幅,孝子事迹与赵孟坚所写小传大体相同,但多出了诗赞。所见多种版本文字互有出入,现据日本天保十四年(1830)刻本《分类二十四孝图》和民国乙亥(1935)郭氏双百鹿斋刻本《二十四孝图说》参校,移录其诗如下:

> 亲老思鹿乳,身挂褐毛衣。若不高声语,山中带箭归。

在其他一些版本里,"剡子"又形讹为"郯子"。"若不高声语"又作"不敢高声语"。我们不妨再看一下咏虞舜、郭巨、王褒、丁兰的四首诗:

> 队队耕田象,纷纷耘草禽。嗣尧登宝位,孝感动天心。
> 郭巨思供给,埋儿愿母存。黄金天所赐,光彩照寒门。
> 慈母怕闻雷,冰魂宿夜台。阿香时一震,到墓绕千回。
> 刻木为父母,形容在日身。寄言诸子侄,及早孝双亲。

这些五言诗写得都很平庸,比敦煌本的七言诗并不高明多少,但以诗作赞的文体还是一致的。此后,也有一些文人新写的二十四孝诗。如1923年北平永盛斋刻本《二十四孝图说》中就收有《鹿乳奉亲》的五言八韵排律诗:

> 麋鹿成群至,谁能识一郯("剡"字的形误)。蒙皮施巧计,奉乳有余甘。

朴橡林争入,苹蒿路共探。梦非寻郑野,膳欲备陇南。吸想云浆溢,毛兼雪色含。游踪追帝舜,仙驭骇苏耽。羊跪情偏似,龙官纪凤谙。平原谁纵猎,带箭我何堪!

还有 1935 年潮阳郭氏双百鹿斋刻本《二十四孝图说》中收有对凫老人潘守廉写的《二十四孝图咏》,其中《鹿乳奉母》诗云:

莘野鹿鸣呦复呦,物非同类乳难求。化装别有生新法,猎户惊心佳话留。

至于坊刻的通俗唱本,也都有睒子故事,但情节更为简单,文字错讹极多。如文顺堂刻本的《新刻二十四孝全本》中唱道:

第六行孝是睒子,父母思想鹿乳吃。身背鹿皮山中去,得乳归家与亲食。

又一个总文堂刻本《二十四孝》所唱又稍有不同:

第六行孝是郯子,母病心中想鹿乳。身披鹿皮往深山,取得鹿乳母病安。

这个唱本把盲父母改成母亲一人,又说是因病想吃鹿乳,根本不谈中箭与否,和佛经原文距离更远了。

有一本 1931 年北平中央刻经院印的《二十四孝宣讲》宝卷,关于郯子的故事讲得更详细,说他是周朝洛南人,因父母眼病需要鹿乳医治,才去取乳,最后说郯子孝名传至朝廷,周室天子赐他孝廉官职,又赠白金千两。这个故事就更加民族化了。

以睒子故事作为一个典型例证,可以说明佛教传入中国之后逐渐汉化的过程。睒子故事被收入了二十四孝,用以宣扬中国人传统的孝道。孝是封建统治者用以治天下的精神支柱之一。俗讲僧人为了迎合统治者和广大群众的伦理观念,大力宣扬孝道,把中国人喜闻乐见的孝子故事作为俗讲的内容。从僧人来说,接受了儒家"百行孝为先"的思想,把佛教经典中可以为宣扬孝道服务的内容和本国历史故事结合起来了。对于听众来说,也从孝行故事和其他俗讲文学中接受了佛教思想的熏陶。如《故圆鉴大师二十四孝押座文》中所说:"佛身尊贵因何得?根本曾行孝顺来。""如来演说五千卷,孔氏谈论十八章,莫越言言宣孝顺,无非句句述温良。""佛道孝为成佛本,事须行孝向耶娘。"不过,到了后世的二十四孝故事里,睒子完全被汉族文化所同化了。在敦煌遗书里,睒子身上的佛教色彩已经冲淡了许多;在二十四孝图咏里,不仅佛法无边的幻变情节全已抹掉,而且嘉夷国的睒子也被改成了周人剡子。剡子取鹿乳奉亲,穿着鹿皮进入山林。就那么一个简单的故事,竟流传了约千年之久。可能也反映了讲唱者和听众都被封建孝道观念所束缚,把二十四孝故事当作经典来传授,即使在通俗说唱文学里也相承不变。当然,也有变化的东西。但更多的是儒家提倡崇实、不言怪力乱神的思想影响。因此睒子故事通俗化的过程,也就是民族化、现实化的过程。

敦煌写卷中的三个残卷,在孝子故事后面都以诗赞作结,非常近似后世的二十四孝图咏。三个残卷可能原来是一种书,但不是一个抄本。如闪子、王褒两条互见于伯3536卷和伯3680卷,舜、向生两条互见于斯389卷和伯3536卷,说明现存的三个残卷不是一个写本。它和类书里所引的孝行事迹不是一种书,自应分别辑录。其中五个人物一直保留在二十四孝的名单里,另外还有一部分列名在二十四孝里的董永、王祥、曾参、闵损等人,估计在敦煌遗书里也会有类似的诗赞,不过现已亡佚了。

从敦煌俗文学到民国时期的俗文学,都把二十四孝故事作为传统题材,可见其影响之深远。而且其流传之广,超过了一般通俗文学。甚至在日本也有许多版本的二十四孝图咏。如鲁迅在《朝花夕拾》的《后记》里所举到的日本小田海仙本(我所见的日本刻本题作海仙王瀛画,又像是中文名字),还有日本刻的《日记故事大全》里也收有二十四孝图咏。正如鲁迅在《二十四孝图》一文中所说:

"这虽是薄薄的一本书,但是上图下说,鬼少人多,又为我一人所独有,使我高兴极了。那里面的故事,似乎是谁都知道的;便是不识字的人,例如阿长,也只要一看图画便能够滔滔地讲出这一段的事迹。"鲁迅童年时代的印象,可以说明二十四孝故事流传的原因和影响,然而其流毒也不浅,鲁迅对此曾有极尖锐的批判。我们对于通俗文艺中的佛家或儒家的说教,应该给予充分的估计,力求做出全面的评价。对于敦煌俗文学,恐怕都应作如是观。

【程毅中　中华书局编审】
原文刊于《中国文化》1991 年 02 期

# 唐代的一个俳优戏脚本

## 敦煌石窟发现《茶酒论》考述

赵逵夫

【内容提要】本文从对敦煌变文《茶酒论》的分析考察中发见：完全用代言体对话形式写成的《茶酒论》可以被看作是唐代俳优戏演出脚本的实例。由此断定，我国在唐代以前已经有了可以付之演出实践的戏曲脚本。作者认为《茶酒论》是一份珍贵史料，能够对今人认识唐五代的戏曲发展状况和剧本创作情况提供帮助。

　　敦煌石室发现的通俗文学作品中，有一种题为《茶酒论》，是完全用代言体的对话形式写的。这个作品自发现以来，虽然刘半农编《敦煌掇琐》、王重民等编《敦煌变文集》等都收入，但并未引起人们的重视。经研究，它是晚唐时人模仿俳优戏写成，后来又被俳优用作演出脚本。实际上它也就成了一个俳优戏的脚本。

　　《敦煌宝藏》伯2718卷《茶酒论》末尾的抄录人题款为：

开宝三年壬申岁正月十四日知术院弟子阎海真自手书记

　　"开宝"是宋太祖年号，开宝三年即公元970年。当时，《茶酒论》已在社会上广泛流传,仅敦煌石室发现的本子,就有六种①,而且有不少异文和错字。以作者署名而言,伯2718卷作"王敷",斯5774卷作"王款"。到底叫什么,恐怕当时的抄录者就已经不能确知了。此均可见已流传很久。文中有"罗织平人"一句。"平人"一般作"平民",指老百姓。此处作"平人",似避李世民讳。据此来看,《茶酒论》似作于唐代。似乎可以说,《茶酒论》填补了我国唐五代戏剧脚本的空白,对于认识当时俳优戏的发展状况有着很大的意义。

## 一、从形式上看其戏剧的特征

《茶酒论》的末尾借着"水"的口说:"若人读之一本,永世不害酒颠茶风(疯)。"看来作者不是有意要写一个用来表演的戏剧脚本,但是,无论是形式上、内容上,还是在语言风格上,它都表现了戏剧的特征,反映了作者是有意地模仿戏剧的表现形式。

下面先从形式方面做一考查。

首先,这篇作品除了近结尾处"两个政(正)争人我,不知水在旁边"一句是作者出面叙述之外,其余全是代言体的对话。我们知道,代言体,这是戏剧在形式、体制方面的最重要的特征。作者用拟人的手法,设茶、酒、水三个人物,代表社会上不同地位,不同类型的人。通过它们的争论来表现劝世的内容,语言生动、形容毕肖。为便于读者了解,今抄录开头四段对话如下(各卷文字异同,择善而从:以意校者,在括号中注明正体或本字):

> 茶乃出来言曰:诸人莫闹,听说些些。百草之首,万木之花。贵之取蕊,
> 　　重之摘芽。呼之'茗草',号之作'茶'。贡五侯宅,奉帝王家。

---

① 这六个卷子是:伯2718卷(全。前有题目及撰写人身份、姓名,后有抄写人题记)。斯5774卷(存开头至"一世荣也"。前面的题目署名为:"《茶酒论》一首,乡贡进士王款撰。"序只至"儒因,不可从头"。正文有缺乱,似为随手而书)。斯406卷(开头至第三段"据此从由,阿你"。以下三行残存一些零星文字)。另外,伯2910卷、伯2972卷、伯2875卷未见,只从王重民等编《敦煌变文集》知其大概。

时新献入，一世荣华。自然尊贵，何用论夸！

酒乃出来：可笑词说！自古至今，茶贱酒贵。单醪投河，三军告醉。君王饮之，叫呼万岁。群臣饮之，赐臣无畏。不死定生，神明歆气。酒食向人，终无恶意。有酒有令，人（仁）义礼智。自合称尊，何劳比类！

茶谓酒曰：阿你不闻道：浮梁歙州，万国来求，蜀川濛顶，其山蓦（摩）岭；舒城太胡（湖），买婢买奴。越郡余杭，金帛为囊。素紫天子，人间亦少；商客来求，船车塞绍。据此踪由，阿谁合少？

酒为（谓）茶曰：阿你不闻道：剂酒干和，博锦博罗。蒲桃九酝，于身有润。玉酒琼浆，仙人杯觞。"菊花""竹叶"，君王交接。中山赵母，甘甜（甜）美若。一醉三年，流传今古。礼让乡间，调和军府。阿你头脑，不须干努！

以下各段互相驳斥，针锋相对，同样都是代言体的对话。

关于最后一段开头的"两个政（正）争人我，不知水在旁边"一句，我认为，它同后代剧本中科介的性质相同。在现存最早的南戏剧本中，也往往夹一些叙述性文字，看起来不像后代科介那样简练，这是因为当时的表演程式还不完善和固定，因此有时对人物的活动要做些说明。如《张协状元》：

（白）孩儿复爹妈："自古道，一更思，二更想，三更是大梦。大凡情性不拘，梦幻非实；大抵死生由命，富贵在天，何苦忧患。"爹娘见儿苦苦要去，不免与他数两金银，以作盘缠。再三叮嘱孩儿道："……"孩儿领爹娘慈旨，目即离去。②

早期剧本中这类说明性的文字，是演员表演发挥的依据（并未做很具体的规定），它是并不影响全剧代言体的性质的。

---

② 本文所引《张协状元》及《宦门子弟错立身》《小孙屠》文字均据钱南扬《永乐大典戏文三种校注》，中华书局 1979 年 10 月版。

应该指出,《茶酒论》中有些说明性文字也表现出了比较固定的格式。《茶酒论》除开头两段之外,以下各段对话都是以"茶谓酒曰"或"酒谓茶曰"领起(有的本子"谓"误作"为"当系辗转传抄所致。斯5774卷第三段开头即作"茶谓酒曰",伯2718,伯2972两卷之末段都作"水谓茶酒曰",可证)。全篇以一致的"□谓□曰"领起人物的对话,虽没有后代剧本的"□白""□唱"简便,但也算是一种固定格式。这种将叙述语言规格化、符号化的现象,是戏剧脚本开始完善起来的标志之一。

其次,其中有的词语的用法同有关资料所反映我国唐宋时代的戏剧术语大体一致。

作品开头"茶""酒"发话以前都有"出来"二字。这"出来"正是从戏剧表演的角度说的,是作者模仿戏剧的表现。唐代崔令钦《教坊记》:"凡欲出戏,所司先进曲名。"又说"戏日内伎出舞"。可见唐代演员上场表演称为"出戏"或"出"。又《太和正音谱》引苏轼诗:"搬演古今事,出入鬼门道。""鬼门"是戏台上下场门的专称(宋元至近代一直如此),"出入"即指上场和下场。直至现在,人们看戏也习惯于说"先出来个什么人物","后出来个什么人物"。包括《张协状元》在内的宋元南戏皆称一段为一"出",这个"出",也是由以一个人物的上场为一段的开始这个习惯而来。《景德传灯录》卷十四《云岩昙晟禅师》:"药山又问:'闻汝解弄师(狮)子,是否?'师曰:'是。'曰:'弄得几出?'师曰:'弄得六出。'"可见北宋时代已以表演一段为一"出"。那么,以上场为"出""出来"应产生更早。《茶酒论》的作者用"出来"表示人物的上场(以下各部分人物的对话中再未用"出来"二字),则"出来"是用了当时的戏剧术语,同于现代剧中的"上"。

再次,作品开头第一个人物上场后开始所说,同我国早期戏剧的静场词一致,反映出它同现存最早的几个剧本之间的渊源关系。《茶酒论》中写茶第一个上场,先说道:"诸人莫闹,听说些些。"剧才开始,其他角色尚未出场,说不上吵闹。这里"诸人"云云,是用了当时戏剧演出开始第一个上场人物的套语。戏开始以前观众闲谈、说笑,互相打招呼,自然吵吵闹闹,所以早期戏剧,第一个上场的人物往往先以"剧务"的身份说几句话,要求观众安静下来,注意看戏。《永乐大典》所存最早的三个南戏剧本,是此前大家公认的我国最早的三个剧本。这三个剧本中第一个上场的人物都有此类台词。请看《张协状元》第一出末上白《满庭芳》：

> 暂息喧哗，略停笑语，试看别样门庭。教坊格范，绯绿可同声，酬酢词源诨砌，听谈论四座皆惊，诨不比、乍生后学，谩自逞虚名。……厮罗（锣）响，贤门雅静，仔细说教听。

《宦门子弟错立身》第一出副末上白《鹧鸪天》说：

> 贤门雅静看敷演，《宦门子弟错立身》。

《小孙屠》第一出副末上白《满庭芳》说：

> 喧哗静，竚看欢笑，和气蔼阳春。

所以说，《茶酒论》中第一个人物上场有静场词语，并不是偶然的。它反映了我国唐代戏剧的演出体制。

此外，此篇的人物，虽设了三个，但主要是"茶"和"酒"，只是到结尾处"水"才出来做一收场。题目作"茶酒论"，也反映着这个情况。这种基本上两个人物表演的情况，同参军戏（唐代俳优戏）的情形是一样的。参军戏便是两个角色：一为参军，一为苍鹘，两个一问一答，进行争辩，互不服气（大部分情况是苍鹘说参军的这不对，那不对），二人通过机智的辩说，有趣的语言，引人发笑，并往往借以讽刺评说一些人事。

最后说一下：本篇名曰"茶酒论"，其题目的意义并不能如"司马迁论"一样，理解为"关于茶和酒的论说"或"关于茶和酒的论文"，而是"茶同酒的争辩"。《周礼·考工记》："或坐而论道，或作而行之。"《吕氏春秋·应言》："人与不入之时，不可不熟论也。"注："论，辩也。"又《史记·魏其武安侯列传》："今日廷论。"这些"论"字，都是辩论、议论的意思，为动词。如果理解为"关于茶和酒的论文",则同作品的实际便完全不合,而理解为"茶同酒的争辩",则与后代戏曲中的"潘杨讼"(秦剧名)一样,体现着戏剧的情节性。

从以上四点可以看出,《茶酒论》完全是用了戏剧的形式。它不但具有剧本的最本质的特征(从头到尾用代言体),而且在格式上、用语上同现在最早的南戏剧本有着共同点,同时,又比这些现存最早的剧本显得更为古朴和原始。所以,从形式方面来说,它是模仿当时的戏剧写的,反映了当时戏剧的大体式样。


## 二、从构思与语言看其俳优戏的风格

诙谐滑稽,是唐代俳优戏(参军戏)的最突出的特征。这是自王国维以来戏剧史研究者的普遍看法。即以名称而言,有的称之为"滑稽戏"(王国维《宋元戏曲史》、冯沅君《中国文学史稿》),有的称之为"近于讽刺的笑剧"(严敦易《元人杂剧选·跋》)。有的虽不依风格立名,但仍肯定其诙谐的特征。如苏兆奎《新戏考原》称之为"俳优戏"(此与作为歌舞戏的"伶剧"相对而言),而总结其特征是"依假故实,摹演情状,谐诙取欢,因而托讽"。周贻白的几本论著皆称之为"参军戏",而概括其特征说:"主要当为滑稽突梯的种种调谑,其不同于歌舞戏的地方固则在此。"(《唐代的乐舞与杂戏》,见所著《中国戏曲论集》)赵景深更说"所谓参军戏,也就是滑稽戏"(《中国古典戏剧传统概说》)。《全唐文·陆文学自传》说陆羽:"卷衣诣伶党,著《谑谈》三篇;以身为伶正。"《新唐书》卷一二一《陆羽传》说他"匿为优人,作诙谐数千言"。就可见当时优伶所演,皆诙谐可笑之节目。又《旧唐书》一三〇卷《李泌传》所附《顾况传》说:

> 顾况者,……能为歌诗,性诙谐。虽王公之贵与之交者,必戏侮之。然以嘲诮能文,人多狎之。……其《赠柳宜城》辞句,率多"戏剧文体",皆此类也。

则"诙谐"直接同当时的"戏剧文体"联系在一起。《茶酒论》在风格上正反映了唐五代俳优戏的诙谐特色,大体说来,主要表现在两个方面:一是构思,一是语言。

作者在构思上用拟人化的手法,设茶、酒、水三种日用品为人物,这首先同我国早期戏剧表演上的随意性有关。早期戏剧表演受脚本约束小,所以常常追求戏谑、调笑;又由于舞台设施的简单,表演上有着很大的虚拟性(这一点虽然后来有所减弱,但仍是我国戏曲的一个突出特征)。如《张协状元》第十六出,表现张协同贫女成婚场面,有一个丑角承担着"桌子"的角色:

(丑接唱):做卓(桌)底,腰屈又头低。有酒把一盏,把卓(桌)子吃。

(末白):你低声。

(旦唱):【红绣鞋】小二在何处说话?

(丑):在卓(桌)下。

(净):婆婆讨卓(桌)来看,甚希姹!

(丑起身)(净问):卓(桌)那里去了?

(丑接唱):告我娘,那卓(桌)子,人借去了。

同剧第十出丑和末分别扮着古庙的两片门扇。贫女敲门(打丑的脊背),丑相应地模拟喊出"蓬!蓬!蓬!"的响声,还说:"换手打那一边也得!"(意思是让打另一扇门,即打末的脊背)。比《张协状元》(南宋时作品)更早的唐五代时期,表演上的虚拟性要更大一些,应用更广泛一些。《茶酒论》用拟人化的手法表现了两个类型的人物的论争,在构思上也是受了当时戏剧的影响和启发的,带有我国早期戏剧的表现特征。这种拟人的表现形式,本身就具有诙谐、戏谑的性质。

再一点,同现存有关资料记载的唐五代优人的表演和最早的南戏剧本一样,语言完全口语化、通俗化,具有较强的生活气息,给人以生动、幽默的感觉。如其中茶所说:"阿你不知道,男儿十四五,莫与酒家亲。"水所说:"阿你两个,何用忿(忿)忿(忿)。阿谁许你,各拟论功?"这里"阿你""阿谁"同《张协状元》中的"阿婆"等一样,都是口语词汇。"男儿十四五,不与酒家亲"这类人民群众常说的熟语、谚语,在《茶酒论》中也不少。《茶酒论》语言的总的特点是"俗",因而远于"雅"而近于"谐"。同时,因为它的生动性、形象性和讽刺性,又带着一种幽默的气息。这从上面所引一些文字就可以看出。下面再引两小段以明之。其中酒说茶道:

> 茶吃只是腰疼,多吃令人患肚。一日打却十杯,肠胀又同衙鼓。若也服之三年,养虾蟆得水病鼓("鼓"原作"报",繁体相近致误也)。

茶说酒道:

> 吃了张眉竖眼,怒斗宣(揎)拳。状上只言"粗豪酒醉",不曾有"茶醉"相言。不免求首杖子,本典索钱,大枷楷项,背上抛椽。便即烧香断酒,念佛求天,终身不吃,望免迍邅。

形容喝茶多肚子胀如同"衙鼓"(古代衙门报时的鼓),得了水癥病样子如同虾蟆,为了说明酒醉的坏处,提出一个"茶醉"的说法再加以否定,以及述说酗酒斗殴的狼狈相等,都是既夸张又有风趣,揶揄针砭,兼而有之。

附带谈一下,这篇作品从头到尾是韵文形式,这同唐五代优人有准备情况下演出时的台词相同。如唐孟棨《本事诗》记载:

> 中宗朝,御史大夫裴谈,奉释氏。妻悍妒,谈畏之如严君。……时韦庶人颇袭武氏之风轨,中宗渐畏之。内宴,唱《回波词》,有优人词曰:"回波尔时栲栳,怕妇也是大好。外边只有裴谈,内里无过李老!"

《茶酒论》中也大部分是以四句为一节,或四言,或五言,或七言,大都齐齐整整,读来上口。

从以上这些方面来看,《茶酒论》不仅在形式上学习模仿戏剧的形式,在情节的构思上、语言上也同目前所存最早的南戏剧本有着一脉相承的关系,同有关资料所反映唐五代戏剧的基本风格一致。

"诙谐",我国唐五代戏剧风格上的最重要的特征,在这个作品中得到了突出的体现。

### 三、从内容看唐五代的戏剧精神

我国唐五代的俳优戏,其内容表现方面的突出特征是多寓有讽刺劝诫的意义。讽刺诫劝,是俳优戏的灵魂,也是我国古代优人的一个光辉传统。优人们常常在机智调谑之中,针砭时政,揭露贪暴,刺讥社会上一些丑恶的、不良的现象。鲁迅曾经说:"悲剧将人生有价值的东西毁灭给人看,喜剧将那无价值的撕破给人看。"俳优戏以诙谐滑稽为面目,而以"讽刺"为生命。《茶酒论》正体现出了这一点。分析起来,这篇作品具有以下两个方面的讽刺劝诫意义:

(一)它讽刺那些王侯、公卿、贵人、富户纵欲酗酒,大要酒疯,不是"张眉竖眼,怒斗宣(揎)拳",便是"多饶啾唧,街上罗织平人",有的甚至弄得"破家散宅,广作邪淫",害人害己。对那些无所事事,尽日饮茶的帝王、五侯、名僧大德等,也予以嘲讽,说如果尽日喝茶,便会"肠胀如同衙鼓","服之三年,养虾蟆得水病鼓"。这些都是有着普遍的社会教育意义的。

(二)茶和酒都把自己说得完美无缺,至贵至尊,把对方说得一无是处,一钱不值,很有些唯我独尊、妄自尊大的味道。这一点在作品中从头到尾都有体现,而到结尾处经水的一段评说,便更为明白。"茶不得水,作何相貌?酒不得水,作甚形容?米面干吃,损人肠胃,茶片干吃,只砺破喉咙。……江河淮海,有我即通,亦能漂荡大地,亦能涸煞鱼龙。"这里表现的思想与《庄子·秋水》河伯望洋兴叹一段相比,虽主客之易位,而意蕴则同。最后水的总结中又说:"由自不说能圣,两个何用争功?从今以后,切须和同。酒店发富,茶坊不穷,长为兄弟,须得始终!"也有规劝世人谦恭克己、互相和好的意思在内。

所以说,这篇作品的灵魂,也同样是"讽刺劝诫"。

以上我们联系有关唐五代戏剧表演的资料,联系《永乐大典》中发现的《张协状元》等三个最早的戏曲剧本,对《茶酒论》做了一番细致的考查,说明它无论在形式、风格还是精神上，都反映了我国唐五代俳优戏的情况。因此，虽然其开头说"若人读之一本，永世不害酒颠茶风（疯）"，似本意不在用以演出，而只供阅读，但根据它的形式、体制、风格、精神，我们完全可以把它看作唐五代戏剧脚本的一个实例。

### 四、被用为演出脚本的事实与舞台表演的可能性

有意思的是，在敦煌遗书斯 206 卷《茶酒论》抄本上，还反映出了这个作品被优人作为脚本使用的痕迹。斯 206 卷抄本前四段开头的文字是：

> 第一茶曰，茶乃出来言曰……
> 第二酒曰，酒乃出来言曰……
> 第三茶曰……
> 第四酒曰……
> （以下各段开头因卷文残缺，情况不明）。

为什么要在原文的"茶乃出来言曰"前加上"第一茶曰"的字样，在"酒乃出来言曰"前加上"第二酒曰"的字样，以下几段开头也依次加上顺序号呢？从阅读的角度说，这不是画蛇添足吗？我以为这正是演员为了对台词方便而加上的，是这篇作品曾被用以表演的证据。这样，我们就不能仅仅把它看作一篇模仿俳优戏而写的游戏文字，而应把它看作经过演出实践的唐五代剧本。

那么，人们会进一步地考虑：《茶酒论》设茶、酒、水为人物，这在舞台上如何表现？也就是说，用它作为演出的脚本可能吗？

下面我们从三个方面谈谈这个问题。

首先，从题材来说。从汉代画像石、画像砖来看，汉代的舞乐百戏中有鱼、凤、龙、豹等。江苏铜山县出土一汉画像石、一只很大的鱼下面伸出四条人腿，鱼前面有彩带飞舞。山东沂南一画像石上一条巨型的鱼，有三个戏鱼的人在鱼两

侧摇鬚而舞。这些"鱼"自然是用竹木扎成，布帛糊起来的。山东沂南汉画像石上的凤舞图，那凤昂首鼓翼，尾羽上扬后弯曲飘下，突出地显示了民间艺术夸张的表现手法。这个"凤"的下面同样露出穿着彩裤的人的腿。"凤"的前面有一个人，手持一根比人略高的棍，棍的上端作树枝状，可能象征着梧桐。自然，这个人是戏凤者。

汉代画像石反映的这些百戏在表演时是否有歌词，不得而知，但是，曲调属于汉代大曲的《白鹄》歌词是用于舞蹈或百戏表演的，则没有问题③。《白鹄》就是用拟人化的手法表现了夫妇间一方受难后生离死别的痛苦，是动乱社会中人们乱离情绪的反映。由此可见，拟人化的手法，在我国的表演艺术中是有着悠久的传统的。前文所举《张协状元》中丑扮桌子，丑和末扮门扇的例子，说明舞台上拟人化的表现在宋代戏剧中尚且常见。

其次，从表演方式来说。唐代的《鸟歌万岁乐》，扮鸲鹆者是头戴鸲鹆冠。那么，在舞台上表现，"茶""酒"，也可能是用头戴茶杯形、酒壶形帽子的方式。近代有的民间歌舞中以小麦、大米、洋芋等为人物，用代言体的对话形式表现农作物的生产、改良和人们丰收的快乐，其代洋芋发言者是手提洋芋形的灯笼，代小麦发言者是手提小麦形的灯笼，等等。像茶、酒、水等物，在民间艺人的手中，是可以有多种方法来表现的。实际上，按照我国戏曲虚拟、象征的传统，只要在演员服装的胸或背部有一个大大的"茶"字或"酒"字就解决问题了。

再次，从内容方面说。前面说过，《茶酒论》虽然没有什么情节，却表现了一个争论的场面，而且表现出了人物的不同思想情貌。因此，它给演员提供了发挥表演才能的机会。作者从茶、酒与人的关系上着眼，借他们的口描绘了不同阶层的人的不同思想、心态和作为，你争我辩，妙趣横生，充满了戏剧性。作品中的茶、酒都带着"人性"，演员可以完全把它作为一个人来表现。如茶说："我三十成名，束带巾栉。"酒说："岂不见古人才子吟诗，尽道：'汤来一盏，能养性命。'"（"能养性命"原作"能生养命"，盖误倒，今正）都是人的口气，表现着人的生活经历。与此相一致，作品中的茶、酒还表现出了不同的思想风貌。茶以自己浮江

---

③　其歌词见《宋书·乐志》"大曲"下，《乐府诗集》卷三十九。即《艳歌何尝行》。萧齐时代王僧虔的《宴乐技录》也曾予著录。

海、渡山川、至五侯宅、入帝王家,能与"明"(名)僧大德相处,又有"能去昏沉"之功,而深为自豪。他揭露酒"破家散宅,广作邪淫",使人"昏乱",以至有些人仗着他而"街上罗织平人"。酒,则是一派豪贵的腔调。他不仅自我辩解,"酒食向人,终无恶意;有酒有令,仁义礼智",夸耀自己通于贵人,"公卿所慕",并且同茶两相比较,自鸣得意,对茶表现着极大的轻蔑。他说:"致酒谢坐,礼让周旋。国家音乐,本是《酒泉》。终朝吃你茶水,敢动些些管弦?"他说茶"三文一缸,何年得富!"我们读这些,联想起来的绝不是茶与酒的优劣得失,而是社会上不同阶层、不同类型的人。大体上茶相当于处于小康地位者及一般的有闲阶级,酒则恰似豪贵。"茶"和"酒"既概括了社会上两个阶层的形象,他们的认识上又发生了冲突,那么演员也就完全可以进入角色,根据自己的生活体验去尽情表演。

根据以上三方面来看,《茶酒论》被作为俳优戏脚本而付之演出实践,是完全可能的。


## 五、在我国戏剧史研究上的价值

王国维《宋元剧曲史》在谈到宋金戏剧时说:

> ……而其本,则一无存,故当时已有代言体之戏曲否,已不可知;而论真正之戏曲,不能不从元杂剧始也。

《永乐大典》佚书中发现了《张协状元》《宦门子弟错立身》和《小孙屠》之后,虽然有的人对王氏推断过于谨慎颇有微词,但在当时来说,不失为一种实事求是的态度。《永乐大典戏文三种》公之于世以后,南宋时代是可以相信已有了代言体的体例完备的剧本,但北宋以前的情况如何?仍是未知数。任半塘先生的《唐戏弄》洋洋八九十万言,专门研究唐代戏剧的发展,其中用很多篇幅来探讨剧本的问题,提出了一些合于情理的推想。此书第五章之《剧本》一节云:

处今日而欲明了唐代剧本情形、非从三方面着眼不可：一乃唐人编剧本，具戏曲，有戏剧文体……；二乃借镜唐传奇推得种种……；三乃借镜唐变文推得种种……合此三者庶可得其全面之大概。诚以唐剧本之实物，今即一种不传，无可如何，始如此旁敲侧击，缘影求形。

只因为未能举出一个存于今日的剧本的实例，所以便招致了有的学者的批评④。看来对我国唐代以前一些有关材料如何理解，对唐代以前的戏剧发展水平在总体上应持一个怎样的估计，关键的问题在于剧本。《茶酒论》采用了拟人化的手法，而且原作者的本意不在于演出，因而还不能说是典型的唐五代剧本。但是他总算为我们提供了一个唐五代剧本的实例，让我们看到了当时诙谐戏剧的大体规模和剧本的大体式样。因而，无论如何，在我国戏剧史上是十分珍贵的资料。

我国唐五代时戏剧，大略言之，可分两类：一为歌舞戏，一为俳优戏。歌舞戏的发展同音乐词曲的关系很大，这里不谈。俳优戏起于俳优诙谐语及汉代百戏，而其他发展则同它的文学性的逐步增强有很大关系。摆脱玩耍和"即兴而作"的状况而发展为一种综合艺术，首先有一个编剧先行的问题。俳优戏的初级阶段，大约只是演员们事先加以构思、编排，甚至预作串演，确定其大体的内容和规模，但台词并不很确定，演员在场上仍可临时发挥。毫无疑问，这种戏的进一步地提高，还需要掌握文字工具，有一定文化知识和艺术经验积累的文人的参与。

从《新唐书·陆羽传》可以知道，唐代读书识字者有因生活变故等加入优伶队伍的，他们创作演出脚本，对诙谐类戏剧的发展做出了大的贡献⑤。但是，唐代知识分子还不像元代那样普遍没有出路，只能投身勾栏瓦舍之中。因而，像陆

---

④　周贻白：《唐代的乐舞与杂剧——关于〈唐戏弄〉一书的正谬》，收入周氏《中国戏曲论集》，中国戏剧出版社 1960 年 7 月第 1 版；《中国戏曲发展史纲要》，上海古籍出版社 1979 年第 1 版，第 53 页。

⑤　《全唐文》第 433 卷陆羽《陆文学自传》："陆子名羽，字渐鸿……始三岁。悯露，育乎竟陵大师积公之禅院，自幼学属文……或时心记文字，懵然若有所遗；灰心木立，过日不作。……困倦所役，舍主者而去，卷衣诣伶党，著《谑谈》三篇，以身为伶正，弄假吏，藏珠之戏。"唐段安节《乐府杂录·俳优》述"弄参军"之戏云："开元中，有李仙鹤善此戏，明皇特授韶州同正参军，以食其禄。是以陆渐鸿撰词，曰《韶州参军》，盖由此也。"陆羽作为一个有一定文化素养的人，加入优伶之中，其所著《谑谈》，乃参军戏节目。

羽这样的"剧作家",毕竟不很多。《茶酒论》的传播和应用的情况反映了唐代戏剧脚本的另一种来源:俳优们有时也从文人的游戏之作中寻找可以取用的材料。大约演员们有时候对这些材料也进行改编,从某种程度上体现了具有实践经验的演员同具有艺术创作才能的文人的结合。

由《旧唐书·顾况传》可知,中唐之时社会上已有所谓"戏剧文体"之说。顾况所作,可能是诗,也可能是文。但既曰"戏剧文体",则原意应主要指一种用于戏剧表演的文体。在《茶酒论》的戏剧特征和用于表演的事实被揭出之前,我们对于唐代的"戏剧文体"同戏剧演出,同剧本的改编之间的关系很不清楚。现在我们就可以肯定地说:我国在唐代以前已有了戏剧演出脚本,伶党以外的一些文人,对于唐五代戏剧的发展也是做出了贡献的。

诚然,《茶酒论》同唐五代黄幡绰、李可及、敬新磨等随时编造的那些诙谐答话、婉转讽谏、类似玩笑的表演相较,则包含的戏剧因素要多得多,不可与之同日而语。分析起来,有三个方面的不同。

第一,不是根据眼下发生的事情临时发挥编造,已经与一时一事的具体的功利、得失、是非分离开来。从思想内容上来说具有概括性而从创作的方法来说具有虚构性。因而,它在一定程度上具有文学艺术概括地、典型地反映生活的特征。

第二,演员同观众分离(不再将观众拉扯在表演情节之中),有了确定的戏剧角色,从形式上说已具备戏剧的特征而同开玩笑、讽谏等严格地区分了开来。

第三,创作与表演在时间上分离开来。它有预定的主题、情节,有一定的结构,因而它完全是一种创作。

所以,我们认为《茶酒论》可以帮助我们认识唐五代的戏剧发展状况和剧本的创作情况,是我国戏剧史上难得的史料。

当然,西汉后期的歌舞剧《公莫舞》有三个角色,有唱词、有情节,是一个三场的歌舞剧,而且演出脚本中也用了舞蹈术语,无论从戏剧本身达到的水平,还是剧本的体例,都是我们以前所根本没有想到的(详拙文《我国最早的歌舞剧〈公莫舞〉演出脚本研究》,刊《中国文史论丛》1989 年第一期)。根据这个来推测,我国戏剧发展到唐五代时期,应该有更为成熟的戏剧,更为完善的剧本。但是，我们认为，《茶酒论》这样的题材，这样的形式被倡伎俳优所用，无论从当时戏剧形式的多样性还是不同地域发展的不平衡性来说，也都是可能的。

总而言之，《茶酒论》使我们对我国唐五代戏剧的认识大大推进了一步，是我国戏剧史上一篇十分珍贵的史料。

【赵逵夫　西北师范大学中文系教授】

原文刊于《中国文化》1990 年 02 期

# 新博本吐火罗文 A(焉耆文)
# 《弥勒会见记剧本》第十五和十六张译释

季羡林

　　1975 年,在中国新疆吐鲁番地区发现了吐火罗文 A(焉耆文)《弥勒会见记剧本》残卷四十四张,八十八面。虽然还非常不完整,却是迄今发现的最长的《弥勒会见记》残卷,非常值得重视。原件用中亚婆罗迷斜体字母书写,长约三十二厘米,宽约十八个半厘米。大多数每面八行,少数六行。由于被火焚烧,残损特甚,没有一张、一面、一行是完整的,残损最厉害的每一面只剩下几个字。这同一个剧本的残卷,在 E. Sieg 和 W. Siegling 的 Tocharische Sprachreste(Berlin und Leipzig,1921)中已经刊布了一些,同样残缺不全,同新博本只有两面相同。通过西德刊本与新博本的互相补充,有几行接近完整,比如 $16^1/_1 5$、6、7,但仍然有空隙。因此,我们不知道,每一行究竟多长,含有多少字母,含有多少音节。

　　《弥勒会见记》回鹘文本,早已在新疆发现。约略八十年前,德国学者已经对此本进行了研究。回鹘文本自称是译自吐火罗文本。现收藏在德国的回鹘文本已由 A. von Gabain 等刊布(Maitrisimit,in Faksimile, herausg. von A. von Gabain, 1957, Franz Steiner Verlag, Wiesbaden)。1980 年,土耳其学者 Sinasi Tekin 又把全部欧洲现有残卷译为德文(Maitrisimit nom bitig,Dieuigurische Übersetzungen eines Werbes der buddhistischen Voui bhaṣika-Schule, Akademie Verlag,1980)。在中国,1959 年,在新疆哈密古代废墟中又发现了一大批回鹘文残卷,共有五百八十六页

之多。回鹘文本既然是出自吐火罗文本,对诠释吐火罗文本当然会有极大的帮助。我们甚至可说,没有回鹘文译本,吐火罗文本有些地方是无法了解的。但是也必须指出,两个本子之间,尽管有的地方对应紧密,几乎逐字逐句都能对应;但是有的地方则差距极大,好像是互不相关。总之,我的印象是,现存的吐火罗文本不可能是回鹘文本翻译的依据。

我在下面从新博本中选出两张四面加以研究,这就是第十五张和第十六张。从内容方面来看,其顺序应该是新博本标号 $1.16^1/_2$,$1.16^1/_1$,$1.15^1/_2$,$1.15^1/_1$,我之所以选这两张四面,是因为 Tocharische Sprachreste 中有相应的文字,可以互相补充。我首先简略地介绍一下故事情节,讲一讲吐火罗文 A 新博本的重要意义,其次是原件影印,再次是拉丁字母转写,接着是翻译,最后是解释。因为我自己不懂回鹘文,只能借助耿世民、李经纬、斯拉皮尔和多都坤等同志提供的译文。我特向他们表示衷心的感谢。

## 故事情节简介

《弥勒会见记剧本》共有二十七幕之多,内容是非常复杂丰富的。全部剧情请参阅 A. von Gabain 的介绍(见上引书,第 33—57 页)。我在这里选出的这两张,属于第一幕。这一幕讲的是如来佛释迦牟尼出世。四大天王、大梵天、天帝释等天上神仙互相转告,最后告诉了波婆梨(Badhari)婆罗门,让他派弟子弥勒去见佛。波婆梨举行祭祀,布施了所有的财物。一个名叫 Nirdhane 的婆罗门最后来到,索取布施。此时波婆梨已布施罄尽,无以应命,Nirdhane 于是诅咒他,在七日之内头破七块。为了让读者得到一个系统的概念,我从汉译《贤愚经》中,把有关的一段抄在下面,Nirdhane 在这里叫劳度差;敦煌壁画有劳度叉斗圣变:

> 波婆梨自竭所有,合集财贿,为设大会,请婆罗门。一切都集,供办肴膳,
> 种种甘美。设会已讫,大施哒嚫。一人各得五百金钱。布施讫竟,财物罄尽。
> 有一婆罗门,名劳度差,最于后至。见波婆梨:"我从后来,虽不得食,当如比

例,与我五百金钱。"波婆梨答言:"我物已尽,实不从汝有所爱也。"劳度差言:
"闻汝设施,有望相投。云何空见,不垂施惠? 若必拒逆不见给者,汝更七日,
头破七段。"(《大正藏》,4,432c)

这个内容,除了名字不同以外,与吐火罗文本和回鹘文本是完全一致的。在汉
文以外的其他本子中,故事按照下列内容继续下去:一个神仙 Purṇabhadre 来到波
婆梨家中,告诉他说:"不要惊惶! 不要惊惶! 你不会有任何危险。"波婆梨听了高
兴起来。Purṇabhadre 接着又告诉波婆梨说,我佛如来已经出世。他把如来佛的全
部故事都告诉了波婆梨。如来佛是净饭王的太子,净饭王是劫比罗伐窣堵国王。
如来身上有三十二大人相。他对尘世生活感到厌倦,深夜逃出王宫,出家修行成
佛。天上天下唯佛独尊。听到这个故事以后,波婆梨大为吃惊,他问:如来佛现在
何处? Purṇabhadre 说:在摩揭陀。波婆梨热切希望亲身拜佛。但年已老迈,无法
前往,哭了整整一夜。

## 吐火罗文 A 新博本的重要意义

新博本的发现与解读是有极其重要的意义的。这可以分两方面来谈。第一,
从印欧语系比较语言学方面来谈。十九世纪一直到二十世纪,这种比较语言学的
研究,经过欧美许多国家的学者们的共同努力,发展到了辉煌灿烂的程度,成为近
世人文科学的一枝奇花。但是,人类科学发展史证明了一个事实:有新材料发现,
科学研究就有新的飞跃。否则就有停滞的危险。专就印欧语系比较语言学而言,
人所熟知的许多语言,比如梵文、希腊文等,已经研究透彻。如果没有新发现,前进
就困难了。二十世纪初叶以来,先发现了赫梯文,一时趋之若鹜。这好像给印欧语
言的研究注入了新的活力。同时,在我国新疆,又发现了吐火罗文(A·焉耆文;
B·龟兹文)。这种语言具有许多特点。这又对印欧语言的研究注入了新的活力。
但是这种语言,过去从没有人知道过。完全靠一些梵文借词摸索推测,才初步弄清
了语法结构,认识了一些词汇。这当然是很不够的。我现在译释的《弥勒会见记

剧本》,是焉耆文中比较有系统的残卷。通过我的翻译和探索,给我们已经认识了的词汇库增添了几十个新词。对吐火罗文的研究,其意义十分重要。

第二,从中国戏剧史方面来谈。我们现有的几部《中国戏剧史》,实际上都只是"汉族戏剧史"。因为,既然称中国戏剧,就必须把少数民族的戏剧包括在内。这一点我们没有做到。

汉族在古代就有了戏剧,所谓俳优就是。但是,优是以调为主,不演故事,所以最初恐怕还没有剧本一类的东西。一直到了元代,才大规模地出现了剧本。这已经是十三四世纪的事了。所以,讲中国戏剧史,如果不把少数民族的戏剧包括在内,也只有五六百年的历史,不能算是很长的了。

现在,我们眼前有了吐火罗文剧本。吐火罗文虽然是印欧语言,但是残卷只有新疆有,我们只能把它算作中国古代少数民族语言之一。用这种语言写成的剧本当然必须归入中国戏剧。《弥勒会见记剧本》产生时代至晚是在唐代。这样一来,中国戏剧史一下子就拉长了六七百年。真正的戏剧史也应该重写了。新疆还发现了公元二世纪马鸣的剧本。但这应归印度戏剧史。我在这里不谈了。

还有一点更值得重视的事实是,新疆的吐火罗文和其他古代语言的剧本还很可能影响了汉族剧本的发展。关于这一点,请参阅王国维的《宋元戏曲考》和我的《关于吐火罗文〈弥勒会见记〉》,《现代社会与知识分子》,1989 年 1 月,第 78—80 页。

介绍到此为止,下面进入正文。我先把本文转写时使用的符号条列于此:

〔　〕　读法不能肯定

（　）　补充

〈　〉　根据 Tocharische Sprachreste 补充

////　残缺部分

—　缺一个音节

　　缺一个字母

原件影印

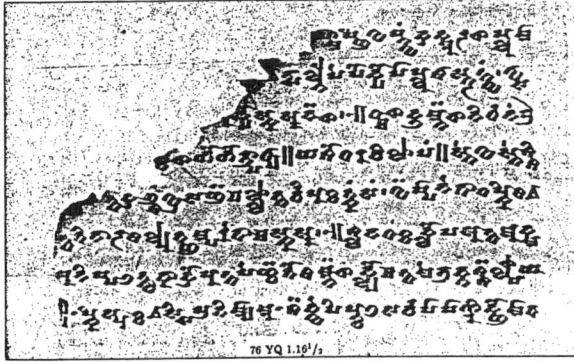

76 YQ 1.16¹/₂

▲ 1.16½

◀ 1.16½/₁

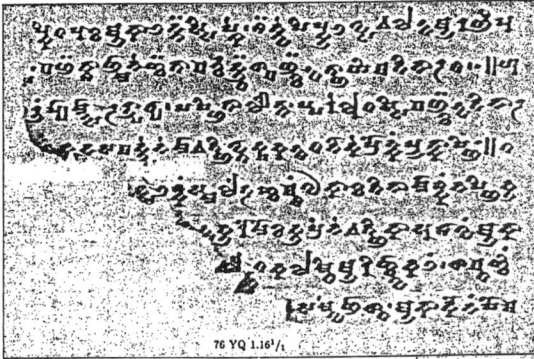

76 YQ 1.16¹/₁

76 YQ 1.15¹/₂

1.15½ ▶

1.15½/₁ ▼

76 YQ 1.15¹/₁

# 拉丁字母转写

## 1.16$^{1/2}$

1　////（Badhari bra）hma ṣñi wastwaṃ kakmuras , plumā

2　( m epreraṃ)//// n eṃtsālne pe ṣokyo pāplu śāstrantwaṃ◆ wsa

3　( elant ,)////　【ṣ】ukyo skassu näs ,◆/ ‖ tmas kumnäs , nirdhane brā

4　( maṃ)////(traṅ)kas bho bho upādhyā ‖ yaśodharavilāpaṃ ‖ sne wasteśśi

5　////—nt , krañsä wrasañä pallāntar ci puk , tkaṃ saṃ◆ wäṣpä ne tāt ,phis ,e

6　(ṣant) //// ( päñ kä)nt , tinā ras , lyutñam pare tāṃ , skassu ◆/śla natak ,
klopasunt ,akma

7　(1)//// ṣṣuni ṣpalantu kākropant ,señcä toṣam näs klyomant ,metraknaśśäl ṣi ya

8　////【yo】◆pkis puk , essi pratim yāmu◆ śäkwepi pkal , sarvapāṣāṇḍik ñomā ta

## 1.16$^{1/1}$

1　//// pkis ,puk ,ākāl , knässi pke◆śäkwepi pkul , wsā elant , ārar ñi pu

2　〈k niṣpalntu ✣ ni ////〉.s ,◆ pañ , ä kṣāñ mā mūc , ä tā park , kūcäs pañ kant ,
tñ āyiṃ , tinā ras ,◆ / ‖ yu

3　〈tkont , a(kmalyo)////〉( kā) rūṃ pyāmtsār , upādhyā ◆ paṣ ñi tālontāp
pare lutassi pañ känt , tinā ra

4　〈s ,◆ lok ,tkanäs ṣu ṣo ////〉k. nasaṃ , kuprene mā et ñi wtāk ṣakk ats ,dhan-
ike protkaṃ prutkāṣ ñi ◆ ‖ ta

5　〈rmmāṃ waśenyo bādhari traṅka【s ,】////〉 k⌢uya】 l ,śkaṃ smale traṅka
msaṃ okāk ,tinär ma śkaṃ naṣ ñi ku

6　〈【cä】śkaṃ pañ kant ,tāke ñi ‖ raskra arū nirdhane tra(ṅkas ,)〉//// ts ,
kuro mok ,kuprene et ñi kāsu śāwaṃ ākā

7　〈lantu knāsam ci◆ ku(pre ne)【n】u mā et ñi ◆ ‖ samakkorrenaṃ ‖ spat
koṃsaṃ ywā【rckā】////〉【pä】 lskes , kalam ci āriñc wākal ◆ saptañcim

8　〈koṃ śla klop , wrasal , spat pā(k ,)——p wākñam ci okaṃ patstsār sne kip
mok ,✣śäkwe【pi pkal ,】////〉 esam weñāst ,◆ ākā konaṃ ṣom ,

$$1.15^{1/2}$$

1 ////(mā)ṇ(i) bhadre purṇabhadre yakṣeñi tā

2 ////(ptāñkatkaṣ yā)p、ārkiśoṣṣaṃ pākar naslune bādhariṃ brāmnā

3 ////(p)t(ā)ñkat、kaṣṣinac waṣtas lañclune palkoras、‖ mā ni

4 //// tkaṃ、‖ purṇabhadre traṅkas śāwes ñäktasä tassas wram、

5 //// ñ brām ñkat、śaśärsār kar、◆brām、ñ kat、śkaṃ wlāñkat、śaśärs、wlāñkä
t、śkaṃ

6 〈vai〉(śrava ṃ śaśärs、)//// ske pyāṃ、maṃ tne dakṣiṇ āpatṣi bādhari
brāmmaṃ ptāñkatkaṣ yāp、kātklune wä

7 (rpnātär)////m m(e) trak、ymārak、ptāñkatkaṣṣ inacä śmas、‖ mā ṇibhadre
traṅkas、śärsā śä

8 (rsā)//// ◆ klyoṃ、metrak krasaṣ saṃ、śkaṃ ptāñkatkaṣṣinac waṣtas lantassi
kalkaṣ taṃ、

$$1.15^{1/1}$$

1 ////【kro】p、tmas、kucyo ne āriñcä wākas、omal、ysār ṣuṅkac kāpas、tamyo

2 ////s、bādhari brāmne waṣtu ‖ māṇibhadre traṅkas、piṣ tu bādhariṃ pśärs na

3 (ṣ)////śtwar lā ñ ä、tsopatsaṃ ynāñmuneyo ñäkciṃ ārkiśossas ṣu peṃ
winässi wo

4 ////tmas、bādhari brāmmaṃ nirdhaneṃ brāmnā warśeṃ kto ◆śla karye oṣeñi

5 ////(ku)sne taṃ brāhmaṃ spat pāk、pkāk ñi mrācä tsrassi ◆ mar saṃ canä

6 (k)//// ◆ saptañcäṃ koṃ śkaṃ spat pāk、mrācä lap wākñäṣ ñi

7 ////śäkwcpi puklā talke śaśśäṃ、bādhari ◆spat pā

8 (k、)//// ñ weñeñcä el、wawurā mrācä lap、

## 翻译与解释

$$1.16^{1/2}$$

1……波婆梨婆罗门回到自己家里以后,(感到像)升到

2(天上那样高兴,说道:)"在经法中坚持①是非常值得称赞的。我布施了②。

3……我高兴。"于是来了尼坦那③婆罗(门)

4……说道："喂,喂,师尊! ‖ yaśodharavilāpaṃ<sup>④</sup> ‖ (我)无依无靠。

5 ……好人们赞扬你,全世界(都如此)。实在说你应该对每一个人都是布施者<sup>⑤</sup>

6 ……(请给我五)百金币,我要还债<sup>⑥</sup>,我希望幸福。"对面有忧色的尼坦那

7(他说道:)……"这一些财物<sup>⑦</sup>是(我)积聚起来的。我为了(会见)圣弥勒

8 ……完全下定了决心布施掉,十二年(举行了)名叫 Sarvapāsāṇḍika 的祭祀<sup>⑧</sup>

## 解　释

① eṃtsālne, √ eṃts 的抽象名词,习见的形式是 eṃtsālune.

②wsā,√e 的过去时,主动语态,第一人数,单数。

③Nirdhana,意思是"无钱者"。

④《弥勒会见记剧本》是散文和韵文相间使用,有点像中国的京剧等剧种,道白、对话与歌唱交互出现。yaśodharavilāpaṃ是一个专名词。类似这样的名词还多得很,散文结束,韵文开始时就会出现这样的名词。Sieg 和 Siegling 认为这是诗律的名称。Werner Winter 认为这是唱词曲调的名称,见所著 *Some Aspects of "Tocharian" Drama：Form and Techniques*, JAOS, vol. 75, nr. 1, 1955 p.33。Winter 的解释是正确的。

⑤残卷只剩下 e,我想把它补充为 e(ṣant),是√e 的现在分词。

⑥lyutñam,我想把它解释为√lut 的虚拟语气(Konjunktiv)第一人称,单数。Wolfgang Krause 和 Werner Thomas 的 *Tocharisches Elementarbuch*, Heidelberg, 1960,§415,虚拟语气第七类,吐火罗文 AB 的附加词缀(Suffix)都是—ñ—。

⑦niṣpalantu,习见的形式是 niṣpalntu,参阅 Sieg 和 Siegling 的 *Tocharische Grammatik*,§140;W. Thomas,*Tocharisches Elementarbuch*, Band Ⅱ.

⑧此页相当于回鹘文本第一幕第十一张 a(正面)—b(反面);Ṣinasi Tekin, *Maitrisimit nom bitig*, I. Teil, S. 47; *Tocharische Sprachreste*, 215 a. 参阅 A. von Gabain, *Maitrisimit*, S. 23—24。

$$1.16^1/_1$$

1 ……我打算让愿望完完全全实现。我布施财物十二年,都没有了我

2 所〈有的财物〉①……我现在连五个铜板②都没有,怎么能给你五百金币呢?"(尼坦那)〈愁容

3 满面〉……③(说道):"请你可怜我吧,师尊!请给我这个可怜的人五百金币来还债④吧!

4 〈我从很远的地方来〉⑤……我是……如果你不给我,阔人肯定会把我关进监狱。"

5 〈声音颤抖,波婆梨说道⑥:〉"我为什么要说谎呀!我连一个金币⑦都没有,我怎么

6 〈能有五百金币呢?"尼坦那怒气冲冲地说道⑧〉:"……你这老东西⑨!如果你给我,我就会很好地把你那些大愿〈望

7 满足。如果你不给我,‖ samakkorrenaṃ ‖ 在七天之内〉……⑪你的心破裂⑫。在第七

8 〈天上,你就倒霉吃苦,我会把你炸为七块。你当心⑬吧,无耻的老东西!'十二(年)…〉我布施了',你这样说过。在最终这一天……

## 解 释

①根据 *Tocharische Sprachreste* 215 a2 补充。

②Kṣāṇ,此字在过去已知的残卷中没有出现过,根据回鹘文译本定为"铜板"。参阅 Ṣinasi Tekin 译本, I. Teil, S. 47:Ich habe nicht(einmal)soviel Besitz wie fünf Kupfer-(münzen), wie sollte ich gar imstande sein, fünfhundert yaratmag zugeben!

③根据 *Tocharische Sprachreste* 215 a3 补充。其中 a(kmalyo)是我补充的。

④ pare lutassi,参阅 $1.16^1/_2$ 6 lyutñam pare.

⑤根据 *Tocharische Sprachreste* 215 a4 补充。参阅 Ṣinasi Tekin 译本,S. 47—48。

⑥根据 *Tocharische Sprachreste* 215 a5 补充。

⑦回鹘文译本第一幕第十二张 a 似作"铜板"。参阅 Ṣinasi Tekin 译本,S. 48:Ich habe nicht(einmal) soviel Besitz wie ein Kupferstück.

⑧根据 *Tocharische Sprachreste* 215 a6 补充。

⑨kuro mok，回鹘文译本似有所不同，Şinasi Tekin 译本，S. 48：O törichter und unwissender Brahmane.

⑩根据 *Tocharische Sprachreste* 215 a7 补充。

⑪//// lskeṣ，似可补充为（pä）lshes，是 pältsäk"心思"的单数属格。kalam 不知何意。回鹘文译本适在此处有缺漏，无从臆猜。

⑫ *Tocharische Sprachreste* 215 b1 读作：ariñc wakalam。似有误，根据新博本，应读作 ariñc wakal，l 上面的符号是▼，而非◆。

⑬okam，含义不明。Sieg 和 Siegling 的 *Tocharische Grammatik*，§83Anm.没有解释。W.Thomas，*Tocharisches Elementarbuch*，Band Ⅱ，解释为 Vorsicht（?），似乎是正确的。回鹘文译本在此处与吐火罗文本不同，不能帮助我们解决这个问题。

$1.15^{1}/_{2}$①

1 ……Maṇibhadre 和 Purṇabhadre（两个）夜叉（相遇）②

2 ……Maṇibhadre 对 Purṇabhadre 说道："为什么毗沙门天王把佛天）出世的情况（告诉）波婆梨婆罗门③"？

3 （Purṇabhadre 说道：）……"看到（弥勒）在佛天那里出家以后。‖ 没有

4 ……地球。"④ ‖ Purṇabhadre 说道："伟大的天神对此事已经（商量过）。⑤

5 ……(Śuddhāvāsa 净居天神们）告诉了大梵天，大梵天告诉了天帝释，天帝释⑥

6 〈告诉了毗沙门天王……你们要努力让南印度（Dakṣinapat）的波婆梨婆罗门（知道）佛天已经出世⑦

7 ……让弥勒赶快到佛天那里去⑧。" Māṇibhadre 说道："我知道了⑨。

8 ……圣弥勒会知道的，他会到佛天跟前去出家的⑩

**解 释**

①在 $1.16^{1}/_{1}$ 之后和本页之前，*Tocharische Sprachreste* 215 b2 有一段话：nṣā

tuk̭ar yät kuyal ma prakte k̭alpitār 、:I ‖ —【pr.】wewñur̭as̭ 、r̭ask̭aryo pre yäs̭ ‖ tmas̭ 、
kum【s】e ////。我现在对这一段话做一些解释。与这一段话相当的回鹘文译文见第一幕第十三张 a, 4—7, 二者不完全一样。tuk̭ar, Sieg 和 Siegling 的 *Tochar-ische Grammatik*, §72 Anm. 讲到这个字, 但没有解释。根据回鹘文译本是否可以译为"在最终这一天, 你却对我吝啬"。tuk̭ar √ i. "吝啬"。下面可以译为: "你为什么受不到惩罚？"—【pr.】, 补充为 tapreṃ. 这一句话的意思是: "这样说完话以后, 他怒气冲冲地走了。"kum【s】e, 补充为 kumseñc, "走来"。

②回鹘文译本第一幕第十三张 a, 7—9。参阅 Şinasi Tekin 译本, I. Teil, S. 47。

③回鹘文译本, 同上, 11—15。参阅 Şinasi Tekin 译本, S. 48。

④这里有点问题, 回鹘文译本, 同上, 19—20: Maṇibhadre 说道: "既然这样, 没有说要告诉圣妙弥勒。"

⑤回鹘文译本, 同上, 21—22。

⑥回鹘文译本, 同上, 23—26。

⑦回鹘文译本, 同上, 26—29。

⑧回鹘文译本, 同上, 29—30。

⑨回鹘文译本, 同上, b, 1—2。

①回鹘文译本, 同上, b, 3—5。


1.15<sup>1/₁</sup>①

1……波婆梨婆罗门于是将因之而心裂, 热血从嘴里喷出, 因此②

2 ……(Purnabhadre 说道③:)"这就是波婆梨婆罗门的家。"Maṇibhadre 说道: "你去, 告诉波婆梨, 我④

3 ……(到弥勒那里去, 告诉他, 天帝释和)⑤四大天王从天上来到, 向他问候, 礼拜他的脚

4 ……" ‖ 于是波婆梨婆罗门为尼坦那婆罗门所诅咒⑥。满怀忧愁, 在夜里

5 ……(想到):"那个婆罗门是谁呀？让我的头总共裂成七块。但愿此事不发生⑦

6 ……在第七天上,我的头会裂成七块⑧

7 ……(外道们会幸灾乐祸地说:)波婆梨祭祀了十二年,裂成了七块⑨

8 他的头。'……他们会说:'他布施了,他的头(裂了)。⑩

## 解　释

① Sinasi Tekin 德译本,S. 49. I12,误,应改为 I10。根据回鹘文译本提供的故事内容,这一段应该在前面。

②回鹘文译本 13b,8—9。

③只剩下一个—ṣ 的字,拟补充为 traṅkas,"说"。参阅回鹘文译本 13b,10—12。但有一点困难。回鹘文多"那么你看!"四字。"你看",吐火罗文应为 pälkär,最后一个字母不是—ṣ。

④na,拟补充为 naṣ。

⑤根据回鹘文译本 13b,15—16 补充。

⑥ warśeṃ,此字不见于他处。回鹘文译本 13b,19:"之后,波婆梨婆罗门",20:"想起那个尼坦那婆罗门"。21:"诅咒的话"。因此,我猜想,warśeṃ 可能有"诅咒"的意思。kto,√kät,"撒",的过去分词。

⑦回鹘文译本 13b,22—25。

⑧回鹘文译本 13b,28。

⑨回鹘文译本 13b,29。

⑩回鹘文译本 14a,1—3。

1986.6.16 写成

1989.3.24 补充

【季羡林　中国科学院哲学社会科学部委员,北京大学终身教授】

原文刊于《中国文化》1989 年 01 期

# 新疆古代民族语言中
# 语尾-aṃ>u 的现象

季羡林

四十六年前,在 1944 年,我用德文写了一篇论文:*Die Unwandlung der Endung -aṃ in -o und -u im Mittelindischen*(《中世印度俗语中语尾-aṃ向-o 和-u 的转变》),发表在德国哥廷根科学院院刊上。论文的内容,正如题目所表达的那样,专门讨论语尾-aṃ向-o 和-u 转变的问题。我的论证是从公元前 3 世纪阿育王碑铭开始的。这是因为,一则阿育王碑铭是最古的资料,二则它又是最可靠的资料。在阿育王碑铭中,只有印度西北部的两块碑有语尾-aṃ变为-o 的现象,其余的都没有。因此,我必须假设-aṃ>o 是古代印度西北部方言俗语所独有的现象。

根据这一条主轴线索,我的论证继续展开。我论证了晚期佉卢文铭文,Dutreuil de Rhins 残卷,新疆古代佉卢文文书——于阗俗语和尼雅俗语,用混合梵语写成的佛典,Apabhraṃśa 等。这些都属于印度雅利安语言。在印度雅利安语言之外,作为旁支,我还极其简略地谈到了伊朗语系的于阗文和粟特文,以及属于印欧语系西文的吐火罗文 B(龟兹文)。之所以极其简略,是因为当时这方面的材料还不够多,而且我的注意力主要集中在印度雅利安语言上面。最后,经过了多方面、多角度的细致的论证,我在上面提到的假设就成了我的结论。我又根据这个结论推测出有这样音变现象的几部佛经——比如 *Lalitavistara*(《普曜经》)、*Saddharma-puṇḍarikasutra*(《妙法莲华经》)等,一定会同印度西北部有某种联系。

从那时到现在,四十五年过去了。就我阅读所及,我知道,有的外国学者赞成我的看法,有的就不赞成。一种新学说或者新意见提出来以后,有人赞成,有人反对;就连正确的意见得到普遍的承认,也还需要有一个过程,有时甚至旷日持久,这是世界学术史上常见的现象,毫不足怪。我就是本着这个认识,再加上坚持真理、修正错误的原则,随时密切注意世界各国的同行们对我的看法。经过了将近半个世纪,今天来重新检讨这个问题。赞成我的看法的,我现在不谈。我只谈反对我的看法的。[①]

从反对我的看法的学者中,我想举三个例子:一比利时,一西德,一美国。

比利时的例子我举 Étienne Lamotte,他的代表作是 *Histoire du Bouddhisme Indien*, *des Origines à l'Ère Śaka*(《印度佛教史,自滥觞至塞种时期》,Université de Louvain, Institut Orientaliste, Louvain-Ia-Neuve, 1976)。在这一本皇皇巨著中,有一节是专讲印度西北俗语(Ie Prākrit du Nordouest)的(P.628—632)。在这里,他谈到阿育王 Shāhbāzgarhi 和 Mānsehrā 两座西北部的碑,谈到佉卢文铭文,谈到 Dutreuil de Rhins 残卷的《法句经》(*Dharmapada*)等。他也列举了一些西北俗语的语音和语法的变化特点。但是根本没有讲到语尾 -aṃ>-o 和 -u 的现象,好像这个现象完全不存在似的。在本书 P.643 注 43 中,他提到了我开头说的那一篇论文,可见我的看法他是知道的。但为什么又不提呢? 只能有一个回答:他反对我的看法,反对到不屑一提的程度。

德国例子我举 Heinz Bechert。他最初是赞成我的意见的。但是,时隔不过两三年,他却突然来了一个一百八十度的大转变,又反对我的看法了。[②]

美国例子我举 Franklin Edgerton。他是唯一的肯用全力来反对我的看法的

---

① 1984 年,我曾写过一篇论文:《中世印度雅利安语二题》,其中《一□□再论中世俗语语尾 -aṃ>-o, -u 的问题》。下面的一些意见在这篇论文中已经有所涉及。现在谈新疆古代民族语言中的同一音变现象,为了叙述完整起见,不可避免地会有一点重复。上述论文见:《原始佛教的语言问题》,中国社会科学出版社,1985 年,第 86—96 页。

② 参阅上引论文,第 87—88 页。

学者,我对他表示敬意。但是,他的论证方法,我却实在无法苟同。③ 在他那一部同样是皇皇巨著的 *Buddhist Hybrid Sanskrit*, Grammar and Dictionary, Motilal Banarsidass, Delhi Varanasi Patna Madras, Reprint 1985, Vol. I: Grammar 中,在很多地方,他都谈到我对-aṃ>-o 和-u 的看法,都是持反对的意见。我并不认为这是坏事。每一个学者都有权发表反对意见,或者宣布自己创建的新说。不然的话,如果每个人都陈陈相因,墨守成规,不敢越雷池一步,学术绝不会有进步。但是,无论是反对意见,还是正面的新说,至少在自己的论证中应该是前后一致的,绝不能前后不一致,或以己之矛,攻己之盾。用一句通俗的话来说,就是必须"持之有故,言之成理"。否则,自己持之无故,言之不成理,如何能说服别人? Edgerton 的致命处就在于他前后矛盾,前言不搭后语。这样的例子在他的巨著中是能够找出来的,他对于语尾-aṃ或-aṃ>-o 或-u 这个音变现象的看法,就属于这一类。

我在下面按照在他的书中出现的前后顺序把他对于这个音变现象的意见胪列出来:

1·96④Edgerton 说:

语尾 aṃ 或 aṃ,不但是作为阳性、单数、业格和中性、单数、体格和业格,而且在其他任何地方(例如 aham, ayam)BHS⑤ 可以用 u 来取代,显然仅限于诗歌,由于韵律的缘故 m.c.⑥。这种形态上的取代现象在 §3·58 中有概括的叙述。在 BHS 中,我认为,这个 u 似乎不能被看作是 o 的缩减⑦,也不能认为它与 o 有任何联系。在 BHS 中,o 取代 aṃ的现象,我们只在 a-干阳性,单数,业格和中性,单数,体格和业格中找到极少的几个例子( §8·36),这里显然似乎是由于形态变化的混乱所致(体格变成业格,阳性变成中性)。因此,这情况似乎与尼雅和于阗文书以及《俗语法句经》( Dutreuil de Rhins 残卷)的西北俗语完全不同,在这

---

③ 对于这位学者我曾写过两篇论文来"阐述"他的看法:一篇是《再论原始佛教的语言问题》,一篇是《论梵文本〈圣胜慧到彼岸功德宝集偈〉》。前者见《原始佛教的语言问题》,第 16—40 页;后者见《文化:中国与世界》,第四辑,第 1—53 页。

④ 按照 Edgerton 书中原有的标号,下同。

⑤ Edgerton, *Buddhist Hybrid Sanskrit*(佛教混合梵文)之缩写,下同。

⑥ Metri Causa 之缩写。意思是,诗律要求是短音,而 aṃ或 aṃ 都是长音,所以才变为短音 u。

⑦ u 的 guṇa( 二合元音)是 o。o 变为 u,就是从量上来说缩减了。

里 o 和 u 二者一般都取代语尾 am(例子季文⑧有综述,参见 1·97)。我们也在 Ḍhakki俗语中(Pischel351)找到 u 取代 am 的现象,特别是在 Apabhraṃśa 中也有;Jacobi(Sanatkumāracaritam(Ap.)XXVIII)犹疑不决地建议把 u 看作是西部 Apabhraṃśa 的特点,与东部 Apabhraṃśa 的 a 相对立;Tagare 可是指了出来,a 在东部 Apabhraṃśa 比在西部 Apabhraṃśa 中较为习见,u 在各种 Apabhraṃśa 中都普遍能够找到(参见他所著的 Hist. Gram. of Ap.,第 108 页,111ff.在 a-语干的名词中;第 20 页第 8 行,242 和此外一些地方,在代名词的形式中)。根据 Tagare 的著作,我觉得,情况似乎是清楚的:在一般的 Apabhraṃśa 中,同在 BHS 中的一样,必须承认语尾 am 变为 u 的音变现象,虽然在 BHS 中,这变化只限于诗歌 m.c.。

1·97 专门谈我这篇论文,并提出了他不同意我的看法的理由。因为所提的理由都是非关键性的,不是要害,所以我在这里不摘录,也不去详细讨论。只有一点我认为还值得一提:在 Mahāvastu(《大事》)的各种手抄本和 Senart 的校刊本中,语尾-aṃ常常不对头,因为韵律在这里要求短音,而-aṃ是长音。Edgerton 推测,这些地方原来都应该以 a 或 u 取代 aṃ,至于究竟是哪一个,则谁也说不清楚。

3·58 u 取代 am(ām)Edgerton 说:

这个音变,其方言关系参阅 1·97,似乎只限于诗歌 m.c.·a-语干的单数,业格和中性,单数,体格和业格中有大量的例证(§8·30;也转入 ā-语干和加上语尾-a 的原辅音语干的单数、业格中)。它也出现于复数、属格取代 ānāṃ的 ānu 上,这个 ānāṃ是通过中世印度语的 ānāṃ而形成的;它还出现在代名词的复数、属格上(teṣu 取代 teṣāṃ,等等,§21·40)。还有 ahu 或 hu 代替 aham,vayu 代替 vayam,ayu 代替 ayam(§§20·7,38;21·79)。在 Mahāvastu 中绝少见;例子有 aśavalu(手抄本)ii.299.14 和 pareṣu(=pareṣāṃ)i.286.9。

8·30 Edgerton 说:

语尾-u 见于许多书的诗歌中。在散文中没有见到过;在 Mahāvastu 中似乎难以找到,在这里它比阳性、单数、体格的同一语尾还稀见得多。人们简直忍不住要把它看作是(阳性)体格用作业格,然后又传到中性。但是,-u 也用来取代

---

⑧ 指的是本文开头时提到的那一篇论文。

其他语尾-am（例如，ahu 代替 aham；§3·58）。因此，我们大概必须同 Pischel 351 和季羡林，§1·97 一样，承认这是-am,aṃ的一个语音发展。显然，这只是由于韵律的限制 m.c.。

8·36　Edgerton 说：

阳性、单数、体格的语尾-o 似乎也见于单数、业格和中性、单数、体格和业格，至少在 Lalitavistara 中是这样。

8·97　阳性、复数、业格语尾-u，Edgerton 认为，这只见于诗歌中，m.c.。基本上是单数、体格和业格的语尾，转入复数。

8·104　中性、复数、体格和业格的语尾-u，与阳性、复数、体格和业格同。

8·125　复数、属格的语尾-ānu。Edgerton 说："因为-u 作为-am，-aṃ（-ām）的代替品⑨（§3·58）而出现，-ānu 能够代替由梵文-ānām 而来的中世印度语的形式。"

9·23　ā-语干的单数、业格的语尾-u，只见于诗歌中，与单数、体格同。

20·7　人称代名词，第一人称：ahu,hu。Edgerton 说："只见于诗歌中，散文中没有。"

20·37　人称代名词，复数，第一人称：vayu。Edgerton 认为，这是 vayam 的缩减，只见于诗歌中 m.c.。

21·40　全称代名词，复数，属格的语尾-e̤su，代替-e̤sām。

21·53　全称代名词 imu，阳性、单数、业格。

21·54　阴性、单数、业格：imu。

21·55　中性、单数、体格和业格：imu，m.c.。

21·79　ayu 代替 ayam，只见于诗歌中，m.c.。

21·85　这是一个形态变化表。我在这个表中找到：

阳性、单数、业格：imu

中性、单数、体格和业格：imu，ayu

阴性、单数、业格：imu

---

⑨　原文是 reduction（缩减），意思是长音节缩为短音节。

在 Edgerton 的著作中语尾-am,-aṃ,-āṃ>语尾-u 的例子,大体上就是上述的样子。我在这里还要补充一点:Edgerton 还有一个说法(见§1·97),说-o 和-u 不能等同(equivalent),而我认为二者是能等同的。o 是 u 的 guṇa(二合元音),二者只有量的不同,而没有质的不同。二者的关系是历史发展的关系,我曾列过一个表:

阿育王碑铭　　　o

佉卢文碑　　　　o

佉卢文《法句经》　o u⑩

佉卢文尼雅俗语　o u

佛教混合梵语　　u(o 极少见)

发展线索清清楚楚。以上这种情况我在我的一篇论文中,⑪详细阐述过,不再重复。

我们读了 Edgerton 上面的叙述和解释,能得到什么样的结论呢? 恕我谫陋,我是什么结论也得不出来的,我是糊涂一团,不得要领。你看,Edgerton 一时说,这是由于变格(体格用作业格);一时又说,这是由于变性(阳性用作中性);一时又说,这是单数转入复数;一时又想承认,这是音变。究竟是什么呢? 我看,连 Edgerton 自己始终也没有弄清楚。以己之昏昏,焉能使人昭昭? 我说他前后矛盾,难道不是事实吗? 他只有一件得力的武器:m.c.,他到处使用这武器,从我上面的概述中清晰可见。他这件武器颇有一些迷惑能力,至今还有不少我见过面和没有见过面的学者,一提到-am,-aṃ>u 这音变现象,就把这件武器祭起,而不去深究,我颇感遗憾。这问题其实是异常简单的,我在那篇论文中论证是从阿育王碑铭开始的。众所周知,阿育王碑铭不是诗歌,与韵律绝无任何关系。只这一条就足以证明 m.c.在这里是绝对用不上的。此外,如果 m.c.真起作用的话,那么-am,-aṃ>-a 就是最简捷了当的办法,何必再绕一个弯子变成-u 呢?

总起来看,这问题并不复杂,只要承认-am,-aṃ,-āṃ>-u 是音变,一切疑团

---

⑩　参看 John Brough,*The Gāndhārī Dharmapada*,London,Oxford University Press,1962。

⑪　《论梵文本〈圣胜慧到彼岸功德宝集偈〉》,见《文化:中国与世界》,第四辑,生活·读书·新知三联书店,1988 年。

就都迎刃而解了。

以上所说，算是旧账新算，应适可而止，我就不再谈了，现在继续谈我的本题。

我在上面说到，将近半个世纪以来，我随时注意对我那一篇论文的反应。每有新书出版，只要同我所谈的问题有关，我必取来仔细阅读，拿这些新著作为标尺，来衡量我的说法，看着我闭门造的车出门能合辙到什么程度。我并不怕有不同的意见。我时时警惕自己，要虚怀若谷，随时准备修正错误。可是我所看到的新著却只能给我的看法提供新的材料，只能增强我的信心。这真叫作毫无办法！

我举两个例子。

1962 年，John Brough 的新著⑫出版以后，我认真通读了一遍，觉得对我的看法很有帮助。我把其中-aṃ>-o 和-u 的例子列成了一个表，收入我的论文《中世印度雅利安语二题——再论中世俗语语尾-aṃ>-o,-u 的问题》⑬中。另外把其有关-o 同-u 的关系的论断收入我的论文《论梵文本〈圣胜慧到彼岸功德宝集偈〉》中⑭。

1988 年出版的蒋忠新用拉丁字母转写的梵文本《妙法莲华经》⑮，有我写的一篇序。我在这篇序中列举了见于本经的-aṃ>-o,-u 的例证，证明 H.Bechert 认为《妙法莲华经》中没有 aṃ>-u 的现象的说法是站不住脚的。

所有这一些比较新出的著作，都不但没有反驳掉我的看法，而且加强了它。也许有人曾说："为了这样一个小问题，你何必刺刺不休亘半个世纪而不停呢？你简直成了一只好斗的公鸡了。"孟子说过："予岂好辩哉！予不得已也。"我决不认为这是一个小问题。这个问题同佛教在印度的传布以及向中亚、新疆一带的传播有很密切的关系，同佛教部派的分野有密切的关系，甚至同佛教大乘的起源也有密切的关系，是非弄清楚不可的。就是基于这个认识，我才长期锲而不舍，抓住不放。

上面论证中涉及的语言，仅限于印度雅利安语。印度雅利安语以外的语言，

---

⑫　见上面注⑩。
⑬　见《原始佛教的语言问题》。
⑭　见上面注③。
⑮　中国社会科学出版社出版。

我在 1944 年的论文中稍稍涉及。当时材料不够充分,我仅仅能够做到这一步。现在,这方面的资料越来越多了。这引起了我极大的兴趣。我想把视野扩大一些,观察 aṃ>u 的现象不再囿于印度雅利安语。这样对解决我上面提到的那一些分歧、那一些争论也许会有很大的益处。这样做,我觉得,用不着旁征博引,只需找到一本适当的书,就足够用了。

这样一本书我选定的是 Ronald E. Emmerick 的 *Khotanese and Tumshuqese*[⑯]（《于阗文与图木舒克文》）。我先按照原书的顺序把有关的资料条列如下：

P.204　3.2.3.1.3.1：

AV. Iraiịaṃ>Tumsh. drainu, Khot. drainu

P.210　3.2.3.3.3.2.1：

AV. azəm, OIA. aham>Tumsh. asu, azu, Khot. aysu

3.2.3.3.3.2.2：

－aṃ>u；āṃ>o。a 语干阳性、单数、业格的语尾是-u, Tumsh. 和 Khot. 皆然；Khot. a 语干干阴性、单数、业格的语尾是

3.2.3.3.3.2.3：

i 语干复数、属格和为格 AV. －īnạṃ, OIA. －īnāṃ

>inu

P.213　3.2.3.3.3.3.1：

AV. azəm, *azam>Tumsh. azu, Khot. aysu

P.214　3.2.3.3.3.3.6(2)：

*pitaram(阳性、单数、业格, cf. OIA pitaram)>pätaru

(3)：*višam>bätu

3.2.3.3.3.3.7：

AV. yūzəm, OIA yūyam>uhu；mayam>muhu

P.217　3.2.3.4.1.2.4：

AV. paṇṭam, OIA panthāṃ, *pantām>pando

───────────────

⑯　见 *Compendium Linguarum Iranicarum*, Wiesbaden 1989, Dr. Ludwig Reichert Verlag, 3, P.204-229.

P.218　3.2.3.4.1.3.1：

a 语干变化　单数，业格 balysu；复数，为格和属格 balysānu

3.2.3.4.1.3.2：

a 语干变化　单数，业格 kantho；复数，为格和属格 kaṃthanu

3.2.3.4.1.3.3：

i 语干变化　单数，业格 mulśdu；复数，为格和属格 hälśtänu

P.219　3.2.3.4.1.4：

中性 n 语干变化　复数，为格和属格 tcei'mañinu

3.2.3.4.2.1：

代名词变化　人称代名词第一人称，单数 aysu；第二人称，单数 thu；等一人称，复数，体格 buhu，muhu；为格和属格 māvu，mānu；第二人称，复数，体格 uhu；业格 uho，uhu；为格和属格 umāvu，umā nu

3.2.3.4.2.2：

在图木舒克文中，一些代名词与于阗文相对应，比如 asu，azu；有一些又较后者为古老，比如 to（你），AV.tū，于阗文 thu，可能来自体格 *tuvam（OIA.tuvam）。

3.2.3.4.2.4：

于阗文 buhu 可能来自 *vūjam，此字来自 Olran *vayam（AV.vāem，OIA.vayam）

从 Emmerick 的 Khotanese and Tumshuqese 一书中举出的-am>-u（-ām>-o）的例子就是这样多。例证其实已经够用了。因为图木舒克文的例子较少，我再补充一点。我选的是 Emmerick 的另一本书：*The Tumshuqese Karmāvācanā Text*（《羯磨诵念经》）[17]：

P.12　1.2：

asu"我"，较晚的 azu＝Kh.aysu.。

1.5：

śśaraṇu〈śśaraṇam

P.13　3.2：

---

acchu"我走了"〈 * ačyavam, O Pers. ašiyavam[18]

P.15　5.6：

复数,属格 uvāsānu, retenanu

P.16　7.1：

drainu retananu"三宝的",复数,属格,Kh.

draidu ratanānu

P.29　Glossary：

to"你"

图木舒克文和于阗文中 -am>-u, -o 的例子就举这样多。

从这些例证来看,这个音变现象绝非个别现象,它的覆盖率是相当高的,从名词、代名词,一直到数词、动词等都有。音变的迹象非常清楚,用不着多做解释。这个现象够令人瞩目的了。

从我上面的叙述中可以看出来,过去我们的争论只限于印度雅利安语,目光有局限,许多问题就不容易看清楚。现在,我把印度雅利安语以外的伊朗语也引了进来。我们的目光扩大了,看问题的角度增加了,这对解决我们的争论会有很大的好处。

也许有人会怀疑:印度雅利安语的音变同伊朗语的音变有什么关系呢? 我认为,有密切的关系。古代印度雅利安语同古代伊朗语是兄弟关系。这二者都没有 -am>-u, -o 的现象。可见这个现象是后来产生出来的。在两方面产生的时间几乎完全相同。这是时间问题。从地域上来看,从印度佛教向外传播的途径来看,有这样的音变的印度雅利安语和伊朗语同属于从印度西北部直至中国新疆的广大地区。这是地域问题。时与地都相同,其关系密切不是显而易见的吗? Emmerick 在 *Khotanese and Tumshuqese* 中[19]指出了于阗文与犍陀罗文( Gāndhārl )的密切关系,更可以证明这一历史事实。况且两方面的音变有惊人的相似之处(实际上是相同之处),比如复数、属格的语尾 -ānu 等,丝毫也没有留下令人怀疑

---

18　参阅 Herbert Härtel. Karmāvacanā, *Sanskrittexte aus den Turfanfunden* Ⅲ, 1956, Akademie Verlag, Berlin S.25 231 R2 1,2,5 都作 gato 231a 3 2 也作 gato。

19　P.228 3.2.3.4.7.4.1。

之处。只有一点稍微值得一提：伊朗语的-āṃ>-o，在印度雅利安语中不这样明确。但这并不能影响二者的密切关系。

总之，我的结论仍然同将近半个世纪以前一样：-āṃ,-aṃ,-āṃ>-o,-u 是音变，既不存在变格问题，也不存在变性问题。至于许多学者坚持不放的 m.c.，若用到图木舒克文和于阗文上，似乎就有点不伦不类了。

怎样来解释这个音变现象呢？我过去没有尝试过，别的学者也没有。我现在想提出一个解释。*Emmerick* 在 *Khotanese and Tumshuqese* 中[20]提出了一个唇音化（Libialisation）问题，指的是 a 可以唇化为 u。-aṃ,-aṃ,-āṃ>-o,-u，是否也可以用唇音化解释呢？请高明指教。

1990.1.8 写完


**附记** 我的学生钱文忠帮我借书，提供资料。没有他的帮助，这篇文章也许会写不出来的。


【季羡林 中国科学院哲学社会科学部委员，北京大学终身教授】

原文刊于《中国文化》1991 年 01 期

---

[20] P.211 3.2.3.3.3.2.4.2。

# 上代塞种史若干问题

## 《于阗史丛考》序

饶宗颐

　　今年五月，我应历史研究所之邀，讲述一些古史问题。停滞北京期间，北京大学荣新江兄尝两度会晤，承告知他多年以来，和张广达教授合著有关于阗国论文，即将汇集为《于阗史丛考》，由上海书店出版。他们两位累岁精力所萃，结合中外史料，对塞语文献的钻研，敦煌新出资料涉及于阗国号、从德太子（Tcūm-tte-hi）、使臣各种文书的断代研究，真是源源本本，殚见洽闻，为佛教史增入若干新叶，填补了许多空白，一向于阗文材料被视为畏途，通过两位教授的探索，死文字给弄活了。这回的结集，对中古西域史贡献之巨，史学界都有口皆碑，无待我来饶舌！

　　我对于阗史涉猎至浅，承命执笔为序，倍感惶悚，书中重要问题，我无资格参加讨论：但看本书开端从"上古于阗的塞种居民"讲起，关于在中国境内对远古塞族名称的推测，我有一些看法，姑且提出来，向二位先生请教。

## 一、上古塞种语，言文字统称为"胡书"

　　和田地区出土的塞种语，较于阗语更古老的像托姆舒克（Tumšuq）、木头沟

(Murtuq)语，都同属于伊朗语系。于阗语"山"称 ggara-，即 Av.之 gari-，梵语之
giri-；净土的"净"，于阗与托姆舒克语均作 vasuta-，即其一例①。语言学的研究证
明和田早期居民是塞种，操印欧语系中属伊朗系东支的塞语（Saka language），而
考古学及人类学的发掘，其头骨特征证明属于高加索种。在古精绝国（尼雅）出
土的佉卢书文书，其中有不少伊朗语借字，说明塞族语言在这一地区流布之广。
该地区在未经突厥化、伊斯兰化以前，所有语文，相当复杂，有婆罗谜文、佉卢文，
吐火罗文、窣特文、龟兹文、于阗文种种之不同，汉人都笼统地称为"胡书"。谢
灵运说"胡书者，梵书"，此指 Brahmi。又云"胡字谓之佉楼书"，即指 Kharosthi
（日僧安然《悉昙藏》卷一引）。以后从梁僧祐《出三藏记》的《胡、汉译经音义同
异记》，至隋彦琮的《辩正论》，一概称之为"胡书"。《水经注》二记龙城云："河
水又东，注于渤泽，即《经》所谓蒲昌海也。水积鄯善之东北，龙城之西南，龙城
故姜赖之虚，胡之大国也。"龙城即龙堆，说者谓即楼兰故地，蒲昌海即今罗布淖
尔。黄文弼据姜赖之虚一名推论楼兰土人必有姜戎，即塞种人之裔胄，甚是。
（《西北史地论丛》第 214 页）姜赖之虚，被称为胡之大国，及胡书之胡，这个"胡"
字应该指什么？是本文所欲探索的焦点。


## 二、蚌雕白种人头部记号与西亚 Halaf 相同


本书说道："公元前八世纪后，塞人逐渐出现于欧亚内陆，约前 650—620 年，
以斯基泰为名见称于希腊史籍，其分支侵入美索不达米亚上游叙利亚。"这是很
保守的说法，近年在甘肃灵台白草坡西周墓出土的铜戟上有白种人特征的人头
像，陕西扶风周原出土两件蚌雕白种人头像，说者认为即希腊史家所说戴尖帽的
塞种人，亦有称之为吐火罗人。② 最令人瞩目的是周原蚌雕像上刻有✚（巫）记
号，和西亚五千年前 Halaf 女神肩上的"✚"号完全相同。而"✚"这一符号作为
陶器的纹样在 Halaf 时期屡见不鲜，这一事实我曾撰文指出，引起国际学人的注

---

① 参看 R. E. Emmerick：*Saka grammatical Studies*：*The Language* 章。
② 参看 Lin Mei-Cun, *Tocharian People*：*Silk Road Pioneers*, Senri Ethnologioal Studies, no.32, p.91。

意,美国梅维恒复加以英译。③ 远古时代高加索地区人民与吾华可能有相当接触。W. B. Henning 所作《历史上最初的印欧人》(1978 年刊)提出:楔形文中经常出现的古提人(Guti)就是吐火罗人的前身。他假定公元前三千年的末期,古提人离开波斯西部,长途跋涉到了中国,仍过着游牧生活。"月氏"一名最初即源于 Guti(Kuči亦由 Guti 变来)。吐火罗一名源于 Tukri(此名亦见于楔形文),Guti 与 Tukri 是孪生兄弟,是历史上最初的印欧人,他们在波斯的出现先于赫梯人之到达小亚细亚。他这一新说,未为一般学人所接受。④ 现在我们看"✛"的记号,见于 Halaf 女神肩上,隔二千年后,重新出现于商周之际的塞种人雕像之上,说明高加索塞种在中国地区活动历史的悠久,月氏和吐火罗(疏勒河南榆泉盆地有地名吐火洛泉,论者以为即 Tochari 的对译),都属于塞种,古代迁徙频繁,东西互相接触,自是意中事。

## 三、从胡里安(Hurrian)文件看古代东、西的马政

《魏书·西域传》:于阗国"有好马、驼骡"。所以和阗的马钱,用马作花纹,标榜其特产。Hurrian 在世界史上被认为是最早把马政以及战车传入近东的民族。⑤ 他们建立的米丹尼王国(Mitanni)在一件与赫梯王所订的条约中,记载养马法及马拖车的训练出自米丹尼人 Kikkuli,同时用了一些和梵语相同的词汇,如"一"之 aika—相当于梵文的 eka;又出现若干吠陀的神名,像 Mi-it-ra(即 Mitra)、Aruna(Varuna)、In-da-ra(Indra),说明 Hurrian 是扮演沟通印欧两地、联结伊朗与印度语的重要角色。所以米丹尼被认为是雅利安人在美索不达米亚建立的国家。

---

③ 见 Sino-Platonic Papers, No. 26,"Questions on the Origins of Writing Raised by the Silk Road",by Jao Tsungi, University of Philadelphia, 1991.

④ 参看徐文堪:《从一件婆罗谜字帛书谈我国古代的印欧语和印欧人》(《季羡林教授八十华诞纪念论文集》第 373—403 页),对 Henning 之说的赞扬者与反对者,都有所论列。

⑤ Hurrian 民族历史,在埃及、赫梯史籍中多有记载。汉译史书,以谢德风等所译捷克有名学者 B.Hrozny(赫罗兹尼)的《西亚细亚、印度和克里特上古史》(三联,1985 年)一书最为详尽。参看该书第 146—151 页讨论米丹尼为雅利安人所建之王国。

有人以为中国马车制度是从西亚传入的。[⑥] 其实米丹尼马政记录这一赫梯文献的绝对年代，据说是公元前 1400 年，相当于殷代中期。甲骨刻辞中对于马名的记录相当详细，又有多马羌、小多马羌；方国有马方，官名有马亚、马小臣，屡屡言及马五十两（如《合集》11459），当然指战车。以马作为偏旁的契文，有骦、騽、鴽、骜、馱、駃、駥、騺等，騽字见《说文》，"一曰騽黄脊"。骜可读为骊，卜辞又有"赤骦"及"鴽鹌之名"。文云：

庚戌卜贞：王……于慶，鴽鹌（《合集》36836）。

于、马［方］……鹌趒（沿）"（《合集》36836）。

鴽鹌是双音字马名，如匈奴称马有"駃騠、騊駼（《逸周书·王会解》"禺氏騊駼"）、騂骙"之比。卜辞"爻戉"亦作"学戉"，鴽字如读为晓母之学（粤语），则"鴽鹌"可能是梵语 Haya 的对音。Haya 的意思是迅速（Speeding），亦是日神的标帜，所谓 Sapta sūrga 是"七日"之意，如《楚辞》的羲和为日御，Haya 表示七个御车的太阳，如吾华的十日。周初"轻吕"（《逸周书·克殷解》）剑名是外来语，

---

⑥ 美国夏含夷教授（Edward L.Shaughnessy）在他的中文本《中国马车的起源及其历史意义》（台湾《汉学研究》第 7 卷第 1 期）即主张马车是由两河文化输入的。他没有提到 Mitanni 这一有名的文件。他从 Piggott 的文章转引赫梯（Hittite）的材料，最早的有关文献是公元前 1700 年前后记载了安纳托利亚（Anatolia）王动用四十辆马车作战。他说里海的车子比殷墟的车早三百年至五五百年。他统计汉文资料，指出甲骨文中（《平津》2,212）只言擒获了两辆车（原文是"……閃车二閃"），证明此时马车还没有成为作战主力。又引《左传》昭公十三年，有车四千乘；昭五年，马总数达到四千九百辆之多。又据多友鼎记狝犹狁战役，一百二十七辆马车被缴获标志着要到公元前九世纪后半中国才进入战车成熟的时代。这种粗略的统计很有商榷的余地：甲骨文"閃"字可用于车若閃，同时亦用于马若干閃，閃殆是"两"字异形（金文大篆作"閅"），閃为省形。卜辞"閃"亦作数字用，如"虫閃半用"（《合集》11364）。以他辞"其鼎（卣）用三半（《合集》30997）证之，"閃"即"两"甚明，借"两"为"辆"非丙字。"马……閃"可以解作马车若干两，"马五十閃"的记载卜辞屡见，我认为应该释为马车五十辆。《逸周书·世俘解》云：

乙巳，陈本命新荒蜀磨至，告禽霍侯、父侯，俘侯侯小臣四十有六，禽御八百有三两，告以馘俘（用唐大沛《分编句释》本，引张惠言说：大臣不当以两计，御盖谓车）。

当日单就霍、艾两个侯国，便擒获八百三辆战车，《吕览·简选》："殷汤良车七十乘，必死六千人，战于郕。"以此证之，卜辞的马五十閃，即马车五十两。夏氏没有引用《逸周书》，大概认为不可靠。这里的擒八百零三辆的数字，已可与埃及在 Megidda 之役俘获八百玖拾肆辆相媲美。又夏氏引昭五年《左传》，原文无之，或出误记；昭十三年传，原文是这样的："七月丙寅，治兵于邾南，甲车四千乘，……遂合诸侯于平丘。"证之以春秋经，乃是鲁国的兵车数字，不是如夏氏所说"晋一次阅兵时集中的马车数字"。春秋时，有万乘之国、千乘之国（《孟子》已言之），很难拿来作统计依据的。因为此文关系重大，承夏氏邮赠，故附带在此加以讨论。

人所共知,"鸡䳕"如果是 Haya,亦相当有趣。《蒙古秘史》:

| 答驿儿 | 孛罗 | 豁牙儿 | 曲骒 | 阿黑骟恩秃 |
|--------|------|--------|------|-----------|
| dair | boro | gojar | külu-güd | aɣ tastu |
| 一只(马) | 一孛罗马 | 二只 | 骏 | 骟马 |

蒙语的曲骒兀(Külu)表示骏马,kikkuli 人名的取义,或与马有关系,蒙语取自回鹘,字母借粟特文(Sogdian)为之,源于 Aramaic script。殷代诸羌和塞种人必多有来往,血统不无混杂,印欧语渗入殷人语文,非不可能之事。卜辞对产马方国及马名的记载,年代与 Mitanni 正相若,东西两地的马政不妨同时发展,并驾齐驱,很难定它的先后,说远东源于近东,是不必要的。

本书说:"于阗语的aśśa,意为马,和瓦罕语的 yaš 相同。"按古波斯语"马",为 asa-,正与于阗语aśśa为同一语源。[7]

## 四、和阗马钱王号出自波斯传统模式

和阗通行的马钱二面皆有文字,一面是汉文曰:"重廿四铢铜钱",另一面是佉卢文:

> Maharajasa, rajati najasa, Mahatasa Gugramayasa。意思为:大王,王中之王,伟大者:矩伽罗摩耶娑。(见夏鼐:《和阗马钱考》)

榎一雄以为这是模仿大夏国王 Eucratides 一世(公元前 171—前 155)的铸币形式。其实这种"大王,王中之王"的称呼,是波斯王从苏美尔以来习用夸大式的最高统治者称谓套语,试比较如下:

苏美尔:

---

[7]　参 R. G. Kent:*Old Persian*:*Lexicon*,p.73,asa-条,又 Asagarta-,asabāya 各条。

Lugal Gal-u　　　（Great King）

Lugal Lugal meš.（king of Kings，下同。Lugal 即 King.）

巴比伦：

Šarru rabū

šar šarrūni

古波斯：

Xšâyaθiya Vazraka

xšâyaθiya xšâyaθiyâniâm

苏美尔在"大王，王中之王"下面本来还有"Lugal kur，Kur，meš"（king of all lands，kur 即地，meš 指多数）一句，和阗没有很大的版图，故不用此句，但称"伟大者"而已。和阗用驴唇书，是印度俗语；因其民属于塞种，所以仍旧沿袭波斯的称呼模式。

## 五、"胡"字含义的演变

"胡"字在历史上的含义屡有伸缩、转移、变迁。西方公元四世纪以降，横行于欧洲的游牧部族有 Huns，匈奴与 Huns 不是同族，曾经引起许多讨论和质疑。[8] 陈寅恪在《论五胡问题》中说："胡本匈奴专名。去 na 著 hu，故音译曰胡"。印度笈多时期碑铭均称匈奴为 Hūna，实有二音，去 na 而仅存首音，是说似不近理。《逸周书·王会解》记西面诸藩属：

禺氏（月氏）騊駼

大夏兹白牛

犬戎文马

数楚（孔注：北戎）每牛

---

[8]　见余太山《匈奴、Huns 同族论质疑》，《塞种史研究》，第 242 页。

匈奴狡犬

皆北向。

此处匈奴与塞种之月氏、大夏区分为不同种属。《汉书》晋灼注说："尧时曰荤粥，周曰猃狁，秦曰匈奴。"则匈奴是秦时的名称。秦以前的文献，有东胡（《王会解》"东胡黄罴"）、林胡（《史记·廉颇传》："李牧破东胡，降林胡"）、三胡（《史记·赵世家》索隐：林胡、楼烦、东胡）。胡与貉联称（《史记·天官书》"其西北则胡、貉、月氏诸衣旃裘引弓之民"），知原来的胡似非专属匈奴。至秦乃以胡专指匈奴，以匈奴为诸胡中之最强大者，谶书言"亡秦者胡"，贾谊《过秦论》"胡人不敢南下牧马"，皆指匈奴。而匈奴亦自称曰胡，观狐鹿姑单于致汉武帝书"南有大汉，北有强胡。胡者，天之骄子也"，可以为证。在中国人方面，则以北胡与南越对称。东汉高诱云"中国以鬼神之士（事）曰忌，北胡、南越皆谓之请龙"（《要略训》注），即其一例，胡遂成为北方异族的统称。汉代有"秦胡"（居延简"属国秦胡卢水"），指祖居秦地而未融合于汉族的少数异族。[9] 沮渠蒙逊即卢水胡人，其先世为匈奴左沮渠，以官为氏。高昌有屠儿胡（《吐鲁番文书》第6册），《北史·高昌传》云："文字亦同华夏，兼用胡书，《毛诗》《论语》虽习读之，而皆为胡语。"此高昌用胡语读汉人经典，实为双语国家，与和阗相同。[10] 汉简记有月支国胡支桂，年廿九，黑色，是分明非汉族而为支姓者。晋有支胡官印（上海博物馆藏"晋支胡率善仟长"印）。《后汉书·西羌传》："湟中月氏胡，其先大月氏之别也。"同书《邓训传》："先是小月氏胡分居塞内，……每与羌战。"则小月支亦称为胡，以其曾臣属匈奴之故。[11] 唐代，藏人专称粟特为胡，见 P.T.1263 藏汉对照字汇，藏文作 Sog.Po，首音分明是粟，或谓即西胡。[12] 至十三世纪，Sog.Po 用以指蒙古族，有人谓是"阻卜"的对音。

可见胡字含义广狭及转变的大概。以胡代表西北异族的通名，远至粟特，近

---

⑨ 赵永复考证，秦胡亦即秦人，见《两汉时期的秦人》，《历史地理》第9期。

⑩ 黄烈：《谈汉唐西域四个古文化区汉文的流行》，中山大学《纪念陈寅恪教授国际学术讨论会文集》，第414页。

⑪ 黄盛璋：《杂胡官印考》，《西北史地》1986年第4期。

⑫ 王尧：《吐蕃简牍综录》，第28页，粟特条。

及高昌皆然,和阗自然亦包括在内,故其言语文字亦可称为胡书。

大家都知胡名出于匈奴,匈奴且自称为胡,但何以有这一名称? 需要进一步加以解答。

## 六、虫 Hor 与 Hrw

由于于阗一带先民头骨多为高加索人,令人联想到远古的白色人种。

周原甲骨 H.11.2 有"虫白(伯)"一名,有人释虫,读为崇伯,是不对的! 虫应是虺,虺通作隗,隗姓在春秋时被称为怀姓九宗,《大戴礼·帝系》:"陆终氏娶于鬼方氏,鬼方氏之妹谓之女隤氏。"他们都是鬼方之族,殷周有鬼侯、西落鬼戎,与虺可能是一系。⑬ 王国维久已提出此说,人所共悉。虫、虺与怀、隗都与胡音相近。

在西藏北部及西北部地区,至今散居着许多被称为 Hor 的游牧民族,Hor 藏文作 ，在 P.T.216 号《藏汉对照字汇》,对回纥人称 Hor,但在 P.2762 则以 ，(Dur-gu)称回纥人,最早记载见于 662 年。⑭ 有人谓 Hor 是秦汉小月支之苗裔,亦有说宜改译为畏兀儿。⑮ 我则认为 Hor,实在应是"胡"字的音译在西北保存下来的残迹。Hrw 在圣经上称为 Horite。

Hurrian 胡里安人建立的米丹尼王国在埃及历史上被目为雅利安民族(Aryan race),他们的原住地在乌浒河(Qxus)药杀水(Jaxartes R.)源东北部山地之后面。米丹尼语言的影响向西扩展至奥伦特河谷(Orontes Valley),更东至尼尼微(Nineveh)。他们形成一个有力而文化优越的国家,从她的异邦喀斯特(Kassite)王朝统治下的巴比伦沿幼发拉底河(Euphrates)迤西促成商业的成长

---

⑬ 王晖:《"虫伯"及其种族地望考》,史念海编《历史地理论丛》,1990 年,第 2 期。

⑭ 王尧:《敦煌本吐蕃历史文书》新版,1992 年,第 179 页;又参森安孝夫:《突厥与霍尔(Hor)》,《亚非语言文化研究》14 集,1977 年。

⑮ 韩儒林:《穹庐集》,第 91 页,《乌鸽、Huiur 及 Hor》引美国 J.H.Edgar 说,谓即秦汉小月支之苗裔。

与繁荣。[16] 马的训练法影响最大,在哈杜沙什(Hattusas)地方(即赫梯人 Bogăs-köy 村遗址)[17]所出的文书,证明他们是人类文化上马和战车事业最大的贡献者。Hurrian 在埃及文献原称为 Hrw(Hur),在楔形文史料出现于 Mari 区域所见的称 Hur-lili。我认为 Hrw、Hur 即是"胡"这一名称的来源。

北方诸胡都是骑马民族,对马不能不加以重视与崇拜,和阗亦不能例外,他们的钱币即用马作为标帜。匈奴所以自称为胡,可能即取自此以养马闻于世的 Hrw、Hur 为名。匈奴的前身据说是獯育,相传为黄帝所逐(《史记·五帝纪》"北逐荤粥,合符釜山")。《史记·匈奴传》:"唐虞以上有山戎、猃狁、荤粥,居于北蛮,随畜牧而转移。"《诗》言"薄伐猃狁",不娶簋作"厰妖",妖即允,字从女。《左传》"允姓之奸","允姓"自是厰允之省称,多友鼎记"狁犹放兴,广伐京自","俘戎车百乘一十又七乘",是一场很重要的战役。匈奴、狁允的种别异名很多,《诗经·绵》:"混夷駾矣",混夷即绲戎。《匈奴传》记"秦穆公得由余,西戎八国服于秦,故自陇以西,有绵诸、绲戎、翟貜之戎"。颜师古《汉书》注:"混,夷也。"按混、绲亦可能是 Hur(Hrw)的对音。汉代秦地的胡广泛分布于河西走廊、青海,东至河北平原,由于秦穆的开拓土宇,分散为若干部落,到了汉代还保留着"秦胡"的称谓。

Hrw 在 Amarna 信件中称为 Hurrū-he,或 Hurwū-he,他处或称 Hurri、Hurra,意义是洞穴,原意可能指穴居的人。


## 七、塞种与瓜州之戎


塞种(Saka)之名西方文献始见于古波斯王大流士一世(公元前 521—前486,相当周景王二十四年至周敬王三十四年)Achaemenids 的 Behistam 碑文,汉代记载塞种更为具体。《汉书·西域传》:"塞种分散往往为数国,自疏勒以西

---

[16] 参看 J. H. Breasted:*A History of Egypt*,p.263 及同书有关 Mitanni 各条。

[17] John Garstang & O. R. Gurney:*The geography of the Hittiti Empire*. London,1959,Ankara 考古学研究所印行。

北,休循、捐毒之国皆塞种也。"从希腊史家之说,知波斯人泛称之为"Scythians saka"。在高加索地区,Scythian 语言有 Ossetic 者,今日仍为人所使用。塞种人的活动地带跨有欧陆,已为史家共认之事实。

《左传》昭九年记晋人率阴戎伐颍,周王责让之,谓:"先王居梼杌(凶人)于四裔以御螭魅,故允姓之奸居于瓜州,至晋惠公夷吾自秦归国,诱以俱来。"杜预注阴戎是陆浑之戎。僖二十二年传"秦、晋迁陆浑之戎于伊川",即是此事。在襄十四年传记晋惠公赐姜戎以可耕的田地之经过,十分详细,结合《左传》这三条材料,细心勘校,实在是同一桩事。杨氏《左传注》把允姓与姜姓分为二姓,指杜注误混,其说不确,因彼等同为晋惠公所徙之戎,不应强分为二。《史记·秦本纪》载穆公三十七年(公元前 623)用由余之计伐诸戎,益国十二,拓地千里。晋惠公携姜戎东迁,即在是时。襄十四传云:

> (晋人)将执戎子驹支,范宣子亲数诸朝,曰:"来! 姜戎氏。昔秦人迫逐乃祖吾离于瓜州,乃祖吾离……来归我先君。我先君惠公有不腆之田,与女剖分而食之。"

勘以昭九年传:

> 允姓之奸居于瓜州,伯父惠公归自秦而诱以来,使逼我诸姬,入我郊甸,则戎焉取之。戎有中国,谁之咎也?

可见同属瓜州之戎,虽一称姜戎氏,一称允姓,仍是一事。

荀济《论佛教表》引《汉书·西域传》之文云:"塞种本允姓之戎,世居敦煌,为月氏迫逐,遂往葱岭南奔。"他认为允姓即是塞种,必有根据。《水经注》二:河水"一源西出捐毒之国,葱岭之上,西去休循二百余里,皆故塞种也",说本《汉书·西域传》。徐松《补注》引颜师古注塞种即释种。《元和姓纂》云:塞姓,"天竺胡人之释后,即释种也"。荀济之说,徐松引用之。《后汉书·西羌传》:"自烧当至滇良,世居河北大允谷。"《水经注》二记积石之山在西羌之中,烧当所居也。

引司马彪曰:“西羌者,自析支以西滨于河首,左右居也。”大允谷当因允姓所居而得名。余太山新说以为允姓是Asii(希罗多德作Issedone)的对译,塞人有四种属,其中Asii和Tochari即允姓和大夏(《塞种史研究》)。按秦人迫逐的瓜州一带诸戎,名目繁多,是否都是塞种,尚无确证。《诗经》所载文王时的混夷即秦穆时的绲戎,不成问题:“混夷”和Hrw对音颇合。姜戎之祖吾离,如果是种族名,似可把“吾离”视为“胡里”Hurri的对译。Mitanni文件说明Hur-王国在欧印文明联系上的重要地位,时代与殷中叶相当。“胡”的名号在先秦后期已甚通行,可能“胡”一名先时即取自Hrw的王国以通指塞种诸戎,汉后袭用之,故“胡语”亦得通指塞种各种语言。鄯善龙城的姜赖之墟为姜戎旧地,亦得被目为胡之大国。我这一说,也许比较视胡作为匈奴广泛的异称,更为近实。至于周原蚌雕白种人,如果以文王时代的混夷目之,较之看作吐火罗人或广泛的塞种人,似乎更加贴切了。

## 余　论

殷周之际的西北劲敌,混夷可代表塞种,还有羌戎,是代表藏语系的民族。允姓之允,我以为是玁狁的“狁”字之异写,兮甲盘、虢季子白盘作“厰𤞞”,不嬰毁作“厰妾”,“允”即“厰允”的简称,《西羌传》之大允谷,即取允姓为名,足见“允姓”不能说是Asii的对译。襄十四年传分明说道“我诸戎饮食衣服不与华同,贽币不通,言语不达”,可见其非印欧语系的人种莫属。至于同时何以复称之为姜戎者,必其族久已和羌人混血成为杂种,像殷时有马方,又有多马羌及小多马羌(卜辞云“乎小马羌臣”,《合集》57176),当即羌与马方的混合。多马羌复有小多马羌,亦如月氏之有小月氏。姜(羌)戎从瓜州的内迁,和后来小月氏的内迁一样。《史记·建元以来侯者年表》,侯国騠兹,是小月氏若苴王稽谷姑封此。《索隐》曰:在琅邪。瓡摄为小月氏王扜者对邑,《汉书·地理志》:“河东有狐讘故城。”以后况前,种族迁徙是司空见惯的事情。

《水经注》四〇三危山引《春秋传》语,又云:杜林曰:“燉煌,古瓜州也,……

瓜州之戎,并于月氏者也。"阚骃《十三州志》亦云:"瓜州之戎,为月氏所逐。"(《太平寰宇记》引)则古明有此说。月氏,《管子·地数篇》音借作"牛氏",管子屡次言及玉起于禺氏(月支)之边山,去周七千八百里。殷妇好墓所出玉器多件,现已证明其玉料均来自于阗所产,有人取突厥语玉名 qāsch,以解释"月氏",谓月氏即是玉之译名。于阗与月氏有不可分之关系,于兹可见。《水经注》二:于阗南山,俗谓之"仇摩置,山多玉石",仇摩置亦作瞿摩帝,梵名 Gomati。又于阗梵名 Gostana(瞿萨旦那),本书考证牛头山于阗文拼法是 Cūttausanä,go 与 co 都是"牛","说明最早的一批居民对牛的重视和崇拜,或许透露迁徙而来的塞人对牲畜的重视"。其实对牛的崇拜原为印度的习俗,印度造字的圣人号 Govinda(瞿频陀),意义是 Obtainer of go(牛),[18]Go stana 训牛国,这完全是印度化的结果,附带说明于此。

上面我的一些不成熟的看法,趁本书的印行,略抒所见,愿治中外关系史的同好有以匡正之。

1992 年 8 月

【饶宗颐　香港中文大学名誉教授】

原文刊于《中国文化》1993 年 01 期

---

[18]　参拙作《选堂集林》下册,第 1442 页。

# 藏文本《罗摩衍那本事》私笺

柳存仁

一

敦煌原藏藏文本有关印度叙事诗《罗摩衍那》(*Rāmāyaṇa*)①故事(今姑称《罗摩衍那本事》)之残本现存凡六篇,其四篇即斯坦因(Sir Aurel Stein)携归英国者,现藏伦敦印度事务局图书馆(India Office Library, Commonwealth Relations Office, London)。民国十八年(1929)妥玛司(F. W. Thomas)首发现之,著文披露,②并曾为之区分 A、B、C、D 四个编号,以利寻检。③ 其后拉娄女士(Marcelle Lalou)又于伯希和(Paul Pelliot)携往法国之敦煌文书中发现其他两篇藏文之残

---

① 旧译此长诗之名亦作《罗摩延书》,如鸠摩罗什(Kumarjiva)译《大庄严论经》(*Sūtrāl amkaras´ āstra*)卷五;或《逻摩衍桥书》,如玄奘译《阿毗达磨大毗婆沙论》(*Abhidharmamahāvibhāsā- śāstra*)卷四十六;或《罗摩衍传》。兹不繁载。

② F. W. Thomas, "A Ramayana in Story in Tibetan from Chinese Turkestan", *Indian Studies in Honor of Charles Rockwell Lanman*, Cambridge, Mass., 1929, pp. 193-212.

③ 在印度事务局图书馆之编号实仅 No.737 一号,此 A、B、C、D 不过便学人研究之简称而已。图书馆 No. 737 名下,A 为 Ch.81,X;B 及 C 为 Ch. IX.3;而 D 为残片 Fragment 63. 参阅 L. de La Vallée Poussin, *Catalogue of the Tibetan Manuscripts from Tun-huang in the India Office Library*, London, 1962, p.234; No.737.

本亦与《罗摩衍那》故事中之罗摩（Rāma）与悉多（Sītā）相关,亦著文论之。④ 后女士编巴黎国家图书馆藏敦煌藏文钞本书目,遂循妥玛司之例,即名此二篇为 E 及 F 本。⑤ 妥玛司之文曾介绍四篇中前三篇之梗概,并英译出其韵句之一部分。盖钞本之叙述故事,则仍用散文体也。巴黎所藏之两篇,其 E 篇（编号 No.981）巴勃尔（J.K.Balbir）于 1963 年尝为之整理,译成法文。⑥ 同事狄庸先生（Professor J.W.de Jong）于 1971 年出版之《祝颂拉娄女士西藏研究论文集》中,亦曾法译 F 篇（编号 No.983,文中又分 Fa 及 Fb 两部分）。⑦ 顾统括此六篇钞本,董理成一专编之汉文译本,迄尚未得,即英、法或其他文字之全译本,亦仍告阙如。虽其中致艰困之因素非一,而钞本使用之文体,为一种尤古于古典藏语之文体,而以韵内部分之累重为尤甚,固其经营所遇艰屯之尤大者也。

据吾人粗浅之观察,藏文本之《罗摩衍那》本事必上缘于某一种梵文本《罗摩衍那》为其根源,此不待辩而可持为共信者也。第考其为何本,有何具体可信之实证,则又实非易言。学者固知《罗摩衍那》之本子繁多,固有累世穷年不能尽其籍者,观近贤研究其流传背景之著作,要可略窥其崖涘。⑧ 吾人今兹所欲留意者,则为此藏文钞本残存之《罗摩衍那本事》,既固当有其梵文本《罗摩衍那》文叙述相同者,而近岁印度学者集体研究费时十余年,审阅二千余钞本印本,去芜存菁,编纂而成之精校本既已问世,⑨而以此精校本为根据之新译本又已完成,⑩则以此梵文精校本或其译本与藏文残本故事相对照,或亦可稍窥其关系脉

---

④ Marcelle Lalou,"L'histoire de Rāma en tibétain",*Journal asiatique*,1936,pp.560-562.

⑤ Marcelle Lalou,*Inventaire des Manuscrits tibétains de Touen-houang conservés à la Bibliothèque Nationale*,II,Paris,1950,29-30:nos.981 & 983.

⑥ J. K. Balbir,*L'histoire de Rāma en tibétain d'arès des textes de Touen-houang*.Édition du texte et traduction annotée.Paris,1963.

⑦ "Un Fragment de I'histoire de Rāma en tibétain",*Études tibétaines dédiées à La mémoire de Marcelle Lalou*,Paris,1971,pp.127-141.

⑧ 试读季羡林先生《罗摩衍那初探》,北京:外国文学出版社,1979 年,第 23—85 页;Robert P. Goldman,*The Ramayana of Vālmīki*,Vol.I,"Introduction:History and Historicity",Princeton,1984,pp.14-59.

⑨ 关于印度学者集体整理而出之精校本及其在研究罗摩学上之贡献,看季羡林,前引,第 81—85 页;参阅拙著《神话与中国神话接受外来因素的限度和理由》一文注（38）;此文系 1995 年在台北汉学研究中心等机构主办之中国神话与传说学术研讨会宣读,闻论文集将于 1996 年印行。

⑩ 汉文译本有季羡林译《罗摩衍那》,共七卷,八册,北京:人民文学出版社,1980—1984 年;英文译本见本文注⑧所引 Princeton 大学出版社之新译本,亦系集体研究及翻译之成果,自 1984 年起已出四册,尚未出齐。

络之迹。狄庸教授为梵藏及佛教语言学之专家,兹先就其所撰《〈罗摩衍那〉——藏文旧本》一文中所叙此六篇藏文本事之节略,[11]取其新译本试比较之,笺其异同,或可使读者稍明其变异之情形。至于藏文《本事》之除直接梵文原诗外,实亦不免仍有被附近地域如尼泊尔、于阗及印度其他古典作品如《摩诃婆罗多》(Mahābhārata)之熏育者,此亦自不待言,尚非此小文所能兼顾者也。

狄庸先生在前引其论藏文旧本之大文内,已陈述其曾有意迻译全部六篇为英文或法文,其译本拟包一导言,藏文六篇之整理修订,六篇之翻译、注释及词汇。[12] 1977 年藏文六篇原文在其主编之《印度·伊朗学报》上发表,[13]至 1989 年而狄庸经营多年之英译本出。[14] 此书几可认为吾人所欸望多年之全译本,仅 B篇未译,盖译者谓 B 篇与 E 篇多重叠,惟仍于 E 篇相关之处为加注文。至于全书之节略,则其旧著论藏文旧本之节略盖可以当之也。在《印度·伊朗学报》发表藏文六篇原文后之次年及下一年(1978—1979),法国遂刊行影印原件之《敦煌古藏文手卷选集》,此六篇中之五篇悉收在内。[15] 1983 年中国王垚、陈践两先生译注《敦煌吐蕃文献选》出版,[16]收有所译此《本事》之 D 篇及 A 篇,及 B 篇第71 至 87 行与 A 卷情节相异部分。王、陈两先生译文之根据,即巴黎印行之影印《选集》也。王、陈两君之译本,季羡林先生于其大文《〈罗摩衍那〉在中国》曾介绍之,并为撰概述。[17] 拙文仍用狄庸先生论藏文旧本之节略者,以狄庸之文兼举各篇,并注行数,殊便藏文研究者之核对故也。妥玛司先生文中亦有情节概述,亦皆列篇、行,唯仅及 A、C、B 三篇。

———————————

⑪　J. W. de Jong, "An old Tibetan Version of the Rāmāyana", *T'oung Pao*, Vol. LVIII, 1972, pp.193—197.狄庸先生此文,亦收入其大著 *Tibetan Studies*(Tndica et Tibetica 25), Swisttal-Odendorf, 1994, pp.1—4,文中引征藏文本篇节之行数,稍有厘正,兹从此 1994 本。

⑫　前引,P.190; *Tibetan Studies*, p. 1.

⑬　"The Tun-huang Manuscripts of the Tibetan Rāmāyana Story", *Indo-Iranian Journal*, 19, 1977, pp.37—88.

⑭　*The Story of Rāma in Tibet* ( *Tibetan and Indo-Tibetan Studies*, 1 ), Stuttgart, 1989, 136pp.

⑮　*Choix de documents tibétains conserves à la Bibliothèque Nationale*. Présentés par Ariane Macdonald et Yoshiro Imaeda (今枝由郎). 2vols., Paris, Bibliothèque Nationale, 1978—1979,英国藏文四篇及法国国家图书馆藏 No.983(即 F 篇)俱收此辑之第一册内。其法国藏 No.981(即 E 篇),已先印在巴勃尔先生法文本译本内,见本文注⑥。

⑯　成都:四川民族出版社,1983。《罗摩衍那》译文,见第 99—139 页。

⑰　见《佛教与中印文化交流》(东方文化丛书),南昌:江西人民出版社,第 95—100 页。

## 二

藏文本《罗摩衍那本事》之情节,撮述如次:所注之篇目字母,即依妥玛司及拉娄女士两君所列,其汉语译名大体照王垚、陈践两先生,亦偶有与二君不同者,然每个名字仍皆注拉丁拼音,以便覆按。其笺释旨在说明藏文本与梵文精校本违异者,人地专名梵文俱从季羡林先生译《罗摩衍那》(见注⑩),亦皆附拼音。此处所谓笺译,仅从故事增减分歧演变性质之观点言之,非如普通之笺注能于原卷戏其深瑕而有偌大发明也。撮述之文,俱依狄庸先生析为四十六节,笺语则另行叙述之,以为区别:

(一)开卷述大洋中之一岛上有楞伽国(Lankapura)。D1—9,E2—7,B1—5。(数字指行数。)

(二)群魔有王,名药义高日(Yagśakori,又或作 Yagśakore,异名俱注在括弧内,以下例同),统治三界,神与人皆弗能敌。⑱ 群神乃议拟请毗尸罗婆(Viśravas)与吉祥天女(Śrīdevī)诞生一子力能降魔者以制之。D9—16,E8—16,B6—14。

笺云:《罗摩衍那》七卷中,其首卷《童年篇》(Bālakānda)及第七卷《后篇》(Uttarakānda)学者皆同意其撰写应迟于正文之第二卷至第六卷,而为晚出之增益。然其故事中最大之罗刹魔王罗波那(Rāvana)之父为毗尸罗婆,则不惟第七卷内有详述,较早者如第三卷《森林篇》(Aranyakānda)3-64-16(指第 3 卷第 64 章第 16 颂,以下例同),第六卷《战斗篇》(Yuddhakānda)6-49-9 俱有零星之透露。惟《罗摩衍那》7-9-1 至 25 罗波那(以其生而有十头,因又名陀娑羯哩婆【Daśagrīva】),为毗尸罗婆与罗刹须摩里(Sumāli)之女吉吉悉(Kaikasī)所生,其发生时间当在藏文本此处所

---

⑱ 婆罗门教之神,种类既多,品流亦异,于天神中不一定占甚高位置。故不能敌魔或罗刹(rākṣesas)。

叙故事之后,而事亦弗同。

　　欲究悉藏文本之整个故事如何与《罗摩衍那》仍有根本之关连,吾人当先察《罗摩·后篇》所说罗波那之历史。其事当分三截:(甲)先是生主(Prajāpati,此指大梵天 Brahmā)之子补罗私底耶(Pulastya)处修苦行,时为群女所窥。王仙特楞宾杜(Rajarsi Trnabindu)之女悦之,感而遂通。特楞宾杜以女献补罗私底耶,遂生毗尸罗婆,谓因听诵吠陀(Veda)而得趣也(7-2-27)。毗尸罗婆亦德行高超,仙人婆罗杜婆迦(Bhāradvāja)以女提婆波尔尼(Devavarninī)事之,遂生吠尸罗婆那(Vaiśravana)。吠尸罗婆那得大梵天恩宠,遂为财神(Kubera),又为四天王之一(7-3-14 至 17)。⑲(乙)又有罗刹名赫提(Heti),娶貌寝可怖之婆雅(Bhayā)为妻,生子毗鸠吉舍(Vidjutkeśa,7-4-17)。毗鸠吉舍纳女仙黄昏(Samdhyā)之女婆罗竭尝竭吒(Sālakatamkatā),生须吉舍(Sukeśa7-4-22)。女乐士耽,须吉舍用为父母所弃,此弃儿幸获大神湿婆(Śiva)优摩(Ūma)夫妇之眷爱(7-4-27 至 31)。有乾闼婆(Gandharva)村主(Grāmanī)遂以女提婆婆底(Devavati)嘱须吉舍为妻(7-5-2)。提婆婆底生三子:为摩厘耶梵(Mālyavān,6-26-5,7-5-5),须摩里与摩里(Māli)大力士(俱见7-5-5),皆勇猛大罗刹并得梵天恩惠者(7-5-11 至 13)。三弟兄皆娶乾闼婆那摩陀(Nārmadā)所生之三女为妻(7-5-31 至 37)。须摩里之妻名计突摩底(Ketumati,7-5-33),吉吉悉即其所生也。(丙)须摩里以吉吉悉长成,亲送之至婆罗门毗尸罗婆处。毗尸罗婆又纳之,遂生子女共四人,其排序如次:长子陀娑羯哩婆(Daśagrīva),即十头王罗波那(7-9-22,7-9-25),陀娑羯哩婆亦十头之义也。次又生子鸠槃羯叻拿(Kumbhakarna,6-49-9,7-9-26),次又生丑怪女首哩薄那迦(Śūrpanakhā,3-16-5,7-9-27),最后生子维毗沙那(Vibhisana,6-9-7,7-9-27)为殿。罗波那之雁行,《罗摩衍那》7-9-27 一颂述之已尽矣!同书3-17-25 言首哩薄那迦往寻哥哥伽罗(Khara);6-99-11 罗波那死后,其长后曼度陀哩(Mandodari)哭之,亦云伽罗兄弟,皆非正传也。惟财神吠尸罗婆

---

⑲ 此四天王指婆罗门教之阎罗(Yamarājā)、因陀罗(Indra)、婆楼那(Varuna),并吠尸罗婆那而为四。佛教亦有四天王,其多闻天王即此,佛经中或音译为鞞舍罗婆拿,吠室罗末拿,亦称毗沙门。

那为罗波那之异母兄,合上文(甲)、(丙)观之自明。

吉祥天女(Śrī 音译为尸哩、室利,又称 Laksmī,音译为罗乞什密),为大神毗湿奴(Visnu)之配。《罗摩衍那》第二卷《阿逾陀篇》(*Ayodhyākānda*)2-110-19 始见其名,在此处及以后文字中多用作比喻指写,未闻其有共毗尸罗婆相偶事。

(三)诸神因向毗尸罗婆及吉祥天女进言。毗尸罗婆与吉祥天女目成,相视一笑即诞一男儿。此子名多闻(rNam-thos-gyi-sras 即梵文 Vaiśravana,前笺所云天王)。多闻奋其神力在楞伽城中,大行杀戮,尽屠诸魔,惟留一婴曰玛拉雅本达(Malhyapanta,亦作 Malyapanta,Manlyapanta,Malyapa'da),即药义高日之遗孤也。D17-24,E17-23,B15-21。

笺云:目成一顾即诞一新生命,例如《罗摩》1-32-18 婆罗门周离(Cūlin)与女乾闼婆苏摩陀(Somadā)感通即生子即是。

(四)一婆罗门罗它那(Ratana)告玛拉雅本达以诸魔被杀事。玛拉雅本达欲复仇,遂虔事仙人(rsi)湿波钵信那(Śvapasina 或作毕秀若色那 Biśurasena);湿波钵信那者,大梵天之子也。D24-33,E23-32,B21-30。

笺云:大梵天之子甚多,如《罗摩》1-8-6 舍那鸠摩罗(Sanatkumāra),1-20-15 达刹(Daksa),1-33-2 之俱舍(Kuśa),1-53-8 及 1-64-15 之婆私吒(Vasistha)俱是。3-11-18 之毗陀特哩(Vidhātr)亦有是称。

(五)玛拉雅本达献其女弥吉生那(Mekesena,亦作 Mekasina,Megasina)于湿波钵信那。D33-43,E32-43,B21-30。

(六)湿波钵信那纳之。D43-51,A1-2,E43-51,B42-48。

(七)弥吉生那产三子:达夏支巴(Daśagriva)、阿巴噶那(Udpakana 亦作 Ampakarna)及质日舍那(Ciriśana 亦作 Birinaśa 百日那舍)是。大梵天赐达夏支巴有十首。玛拉雅本达告诸外孙前往楞伽城,三孙允之。A2-9,E51-59,B48-56。

笺云:诸神子(devaputras)于玛拉雅本达为外孙,固大梵天之孙也。故梵天宠之,而锡达夏支巴以十首。达夏支巴除尾音外从王、陈两先生音译,即季先生译《罗摩衍那》之陀娑羯哩婆,而阿巴噶那,以下文所录其言行考之,即《罗摩》书中十头魔王之幼弟维毗沙那也。惟质日舍那(下文或作百日那舍)藏文本言其在军中逃逸,于《罗摩》书中则无考。据《罗摩》7-9-22陀娑羯哩婆生即有十头,巨齿獠牙,非由恩宠。其获大梵天恩赐,则勤修万年之后许以任何神魔精灵俱不能加害(7-10-16至20)而已。十头魔王轻视人类,其许愿无能为之敌者不及凡人,故最终惟毗湿奴降为凡人得以除之。

(八)三神子后大天(Mahādeva)乞得超越群神之法力,遂败诸神,尽杀居住楞伽之神与人。E59-67,B56-63。其经过析述之如下:

(a)玛拉雅本达治具宴三神子,三神子允为之复仇。A9-16,C1-5。

(b)玛拉雅本达告诸神子以其父罗刹王药义高日本居楞伽及死事,嘱为之复仇。皆允诺。A16-22,C5-8。

(c)三神子自顾无力胜诸神,遂修炼供养,求大梵天赐以三种超人之能力:一,所射之敌人一箭即毙;二,长生不死;三,称雄于三界。大梵天以其存心恶,拒之。A22-30,C8-15。

(d)三神子改向大天祈予法力,达夏支巴自割一首以为献,大天亦弗之允。大天之妻邬巴岱(Upade 或 Umade)怜之,许赐以己之法力为助。三子不愿,且丑诋之。邬巴岱诅咒之,谓其众终必灭于一妇人。A30-41,C15-23。

笺云:大天即湿婆,湿婆之妻为优摩。王、陈两先生译音作邬巴岱即Upade 也,然异读作 Umade,盖即梵语优摩(Ūma)之藏译。大天之名屡见《罗摩衍那》1-35-9,1-54-12,1-54-16,可勿赘;6-82-35 大天对众神仙言:“为了你们的幸福,一女子要下凡杀死众魔。”(季羡林先生译本,下引皆同)亦即此事。向大神乞法术,必于虔修者苦行多时,供养如法,震动三界神魔皆惊之后,始蒙恩宠,《罗摩》7-5-8 至 14 所叙须吉舍之三子摩厘耶梵等之得大梵天施恩,可共此处相比照。此处言达夏支巴割一首献大天,《罗摩》第七卷言罗波那苦行时,一万年不进食物,每千年即割一首投掷祭火中奉献,至万年期满将割最后一首时忽大梵天来许之,始得偿所愿,而已去之头颅又得准恢复(7-10-10 至 22)为异数。3-30-17 之颂,盖撮述之。

(e)大天之臣钵罗赫娑提(Prahasti 或 Prahaste)亦悯之,欲以法力相授。三子又诃之为猴,钵罗赫娑提亦诅之,预言其众终必为一猴子所败。A41-47,C23-30。

(f)妙音天女亦怜之,化身三子之舌为妙舌,乃善为之辞。其言稍变而动听,大天遂允以(一)有权辖治诸神;(二)射出之头一箭当者必死;(三)如达夏支巴十头中之第一个头马头未遭断落,则得不死。获此法力后,三子乃罗刹又复猖獗,尽杀神人,楞伽复遭一劫。A47-56,C30-41:C 篇终。

笺云:妙音天女从王、陈二先生译。妙音又称辩才天女,梵文之 Sarasvati 直译则娑罗室伐底也,见《罗摩》1-2-30。《罗摩》书中罗波那为罗摩神箭直射其心房而死,见 6-97-13 至 19,未及马头事。

(九)达夏支巴赴北方之大洋乳洋见毗湿奴,欲与之交战,不能撼其身躯。E67-80,B63-77。A 篇及 C 篇无此节。

笺云:此节《罗摩衍那》中无之,然第七卷《后篇》实有陀娑羯哩婆之外祖父须摩里兄弟共毗湿奴大战,及大力士摩里被杀事,见 6,7,8 三整章。须摩里失败后,始更以女吉吉悉献之毗尸罗婆,生陀娑羯哩婆等兄妹四人。则此处所叙,与前史亦可谓互为影子耳。

(十)诸神受创又集议对付达夏支巴及罗刹群魔。大天谕诸神云已无能为役,使向毗湿奴求之。毗湿奴遂投胎为十车王(达舍罗陀 Daśaratha)之子罗摩

（Ramana），又以其子下凡为拉夏那（Lagśana）。又为使达夏支巴毁灭，一女神入其妻子宫。E80-92，B77-89。其事如次：

（a）诸神集议：以众神无法胜诸魔，众神遂创一能灭群魔之凡人降生为达夏支巴之女。A56-60。

　　笺云：拉夏那即《罗摩衍那》中罗摩之弟罗什曼那（Laksmana），而此降生为达夏支巴之女，其人即未来之悉多（Sītā）也。《罗摩衍那》中悉多非陀娑羯哩婆之女，惟言降生犁沟中则与生水渠中相同。《罗摩》2-110-23 至 52 悉多告阿奴苏奴（Anusūya）自己之经历，1-65-14 弥提罗（Mithilā）国王遮那竭（Janaka）告毗奢蜜多罗（Viśvāmitra）及罗摩，俱言犁沟中发现，而未言降世之故。7-17-7 至 31 则言魔王罗波那在大雪山遇梵仙俱舍驮缚竭（Kuśadhvaja）之女吠陀婆底（Vedavati），艳之，强以手捉其发。女本当嫔毗湿奴者，怒而蹈烈焰自焚，后重生犁沟中而为悉多。则是二说降生之原因仍将毋同也。

（b）达夏支巴之妻产一女。相者言女将不利于其父及群魔，遂弃置此婴铜匣中，放之中流。一印度农民收养之，名之为 Rol-rñed-ma，意谓"得自水渠者"。A60-65，E92-95，B89-92。

（十一）南赡部洲（Jambudvipa）国王十车王供养冈底斯山（Mt.Gaṅs-tise）五百阿罗汉（arhats）求子，众阿罗汉送一花，以遗王后。王后以其半予次后。次后生子罗摩，后三日王后生拉夏那。A65-73，E95-104，B93-99。

　　笺云：此处所记与《罗摩衍那》稍异，唯轮廓仍同。《罗摩》言国王在萨罗逾河（Sarayū）北岸举行盛大之马祀，有神灵自祭火中显现，赐以满盛牛乳粥（pāyasa）之宝瓶（1-15-9 至 18）。国王以其半予正后桥萨厘雅（Kausalyā），余一半之半予次后须弥多罗（Sumitrā），更以余之半予三后吉迦伊（Kaikeyī），最后剩余之半复予须弥多罗（1-15-25 至 27）。正后生罗摩，吉迦伊生婆罗多（Bharata），须弥多罗生罗什曼那及设睹卢只那（Śatrughna），则孪生也（1-17-6

至 9）。藏文《罗摩衍那本事》仅言有罗摩及拉夏那二子。北魏吉迦夜、昙曜合译《杂宝藏经》卷一《十奢王缘》亦有罗摩故事，为四后各生一子。此盖佛经承袭《罗摩》而稍变其形以合宣讲之需要者，又其孳乳也。

（十二）十车王助群神与阿修罗（asuras）战受伤，欲逊位而犹豫难定继承之人。罗摩辞让，王位遂为拉夏那所得。十车王旋逝世。A73—83,E104—111。

　　笺云：此处十车王之犹豫，盖心善罗摩，而拉夏那为长子，恐拂王后之意也。《罗摩》2-7-10 由驼背女奴曼他罗（Mantharā）起意，撺掇吉迦伊生恶念，至 2-9-2 至 3 而吉迦伊欲为子夺王位之意遂不可回。

（十三）拉夏那愿以统治四大洲之权柄奉罗摩，罗摩却之。拉夏那遂求得罗摩所御之只履置王座上，以为统御之象征，而己为之臣。A83—90,Fal—4,E111—116。

　　笺云：罗摩自愿贬逐，遵照其父十车王徇吉迦伊后之请以伊子婆罗多嗣位，及婆罗多坚欲罗摩返国勿自放山林间各节，俱见《罗摩》之《阿逾陀篇》。藏文拉夏那求罗摩之只履归而事奉之，其意亦与《罗摩》2-104-22,2-105-1,2-105-12 至 13,2-107-12 及 2-107-22 叙婆罗多之事同，第《罗摩》所述之履为一双金履而已。《罗摩衍那》中之罗摩有妃悉多及弟罗什曼那同栖山林，藏文则罗摩此时无妻，仍待悉多之发现；及娶悉多后，旋亦复位为国王，而其弟拉夏那仍随侍左右，又类《罗摩》第三卷《森林篇》及以后共罗刹作战（第六卷《战斗篇》）罗摩及罗什曼那兄弟间之各种情节与描绘也。此其异，抑又其同也。

（十四）"得自水渠者"长大，众农人谋为择夫。得罗摩。A90—96,Fa4—9,E116—119。

　　笺云：此时悉多之名尚未具，故《本事》仍以乳名称之。

（十五）众农民对罗摩以韵句盛赞"得自水渠者"之美。A96-109，Fa10-19为二十四诗句；E119-126 为十二诗句。

笺云：《本事》中嫁"得自水渠者"之人为农民，非如《罗摩》1-66-22 至23 嫁悉多许婚者为弥提罗国王遮那竭。

（十六）罗摩纳此淑女，锡以悉多王后之名，而己亦复位为国君。A106-109，Fa19-20，E126-128。

笺云：《罗摩》第三卷至第六卷记罗摩夫妇住山林十四年，于最后击败罗波那及群罗刹后始返国灌顶为王，见第六卷 6-115-42 至 45，6-116-9 以下多章。

（十七）药义高日之臣玛茹孜（Marutse）骚扰苦行修炼之婆罗门五百人，使其功行不得成就。国王罗摩助婆罗门，以一指环掷去伤玛茹孜一目，玛茹孜败而婆罗门众之修行始得功德圆满。众婆罗门祝福罗摩，谓以后所有为其箭射死者，转世得成为神。A109-119。

笺云：玛茹孜即《罗摩衍那》之摩哩遮（Mārica），事同而音亦近也。此处言玛茹孜为药义高日之臣，辈分似乎嫌高，下文又言其为达夏支巴所使，则与《罗摩》言摩哩遮为罗波那所使相同。虽然玛茹孜仍可能为老臣，而仕履下及药义高日之外曾孙，虽罗刹能变化无端，亦未免太老迈矣！据《罗摩》3-36-15（参看 1-18-5）摩哩遮所骚扰者，即为弹宅迦（Dandaka）净修林中大牟尼（muni）毗奢蜜多罗之祭坛。《森林篇》第36,37 章中，摩哩遮言曾两次遭遇罗摩，一次为箭射中，但无掷指环事（3-36-16；3-37-13）。婆罗门予罗摩之祝福，于《罗摩》中亦可见之，如第四卷《猴国篇》（Kiskindhākānda）大猴子王波林（Vālin）中罗摩箭死时，颂云："中了英雄射出的箭，死后可以升入天庭；罗摩的箭射中了他，他走上最高的路程。"（4-

17-8)，亦为一例。

（十八）达夏支巴有妹，曰布尔巴拉（Purpala 或 Phurpala），见罗摩而悦之。罗摩专爱悉多，遂拂其意。A119-130，E128-136。

　　笺云：布尔巴拉即《罗摩》书中之丑怪女首哩薄那迦，前文述罗波那之弟妹已及之。求爱之举见 3-16-21 至 22。罗摩因罗什曼那调侃丑女，拟于不伦，激怒命罗什割去首哩薄那迦之耳鼻（3-17-21）。首哩薄那迦被创，往见伽罗（即前笺叙述此处及他卷有以为首哩薄那迦之兄者），伽罗遣罗刹十四人往战罗摩，罗摩射之，俱殪（3-19-22）。其后伽罗更遣大军往攻，丧大将奕舍那（Dūsana，3-25-9 至 10，3-25-23）、底哩尸罗娑（Triśirasa，3-26-11 至 16），最后伽罗亦丧躯（3-27-25 及 3-29-27）。是役罗刹死者万四千人。

（十九）布尔巴拉遂说其兄达夏支巴以悉多之美，可往劫之。达夏支巴之臣玛茹孜劝达夏支巴勿往，达夏支巴弗听。A131-140，B136-143。

　　笺云：《罗摩衍那》叙摩哩遮本居山林间，时自变化为小鹿（3-37-2），遨游自恣。罗波那往见之，告以所图，嘱摩哩遮变为金色鹿（3-34-17），往诱悉多。摩哩遮以尝为罗摩所创，知其利害，劝罗波那三思。其第三卷《森林篇》35-37 共三章，为摩哩遮婉劝之辞，39 一章则其强烈之警告也。罗波那惑于首哩薄那迦之说诱（3-32-16 至 20），仍欲得之，而摩哩遮怵于罗波那之威势（3-40-1），终亦曲从其意。金色鹿 3-40-29 作五彩缤纷之宝石鹿。王垚、陈践两先生译作"奇珍异兽"[20]，或亦谓异鹿，不可名状也。

（二十）玛茹孜变为异鹿以诱悉多，悉多果命罗摩往捕捉之。拉夏那留后。

---

[20]　第 117 页。

玛茹孜于罗摩与悉多之间幻起风暴,使不相睹面。罗摩见异鹿,射之,玛茹孜呼曰:"慈悲!拉夏那!"使悉多闻之。悉多果促拉夏那往助其兄。A140-152,E143-155。

笺云:玛茹孜作风暴一节,《罗摩衍那》精校本无可与比照之情节。中箭时高呼慈悲,盖冒为罗摩乞援之声音,以动悉多使遣拉夏那去,遂令守护更无一人也。呼援见《罗摩》3-42-14 至 18,罗什曼那紧记罗摩之言,更不肯行,悉多复詈骂之,谓其无手足情,又诬其阴蓄夺嫂之怀(3-43-5 至 6)。

(二十一)拉夏那却不肯行,悉多疑且诅之,矢言予所否者任何男子犯我必被烧至焦烂。拉夏那遂往,去时亦发诅咒,云:"苟我无欺诈之心,汝夫妇必有一朝自生怨怼。"拉夏那既行,悉多又追悔命罗摩逐鹿之举。A153-162,E155-167。

笺云:《罗摩》中罗什曼那虽有愤疾,无此诅辞。骂人不必验,而神话民间故事中咒则必验,亦小说家捏合关节之伎俩耳。如悉多言,近我则焚,于下节已见其效力。

(二十二)达夏支巴来,初变一大象,继为一马,悉多皆弗之骑。达夏支巴怵于焦糜之誓,不敢触其身体,遂并悉多及其所在之一块土皆劫去。罗摩及拉夏那兄弟返,遂大索悉多。A162-171,$F_b$1-3,E167-176。

笺云:《罗摩衍那》中罗波那变形为一婆罗门、游方僧(3-44-2 至 3-45-22),故悉多接之以礼,无变象、变马之事。其劫夺悉多,仍用武力,势不能不触其身。如 3-47-16,3-47-19,3-50-8,3-52-29 各颂皆言或抓其发,或搂其身,或抱其躯,且同上云车(Puspaka),不能言无触摸。然罗波那固未尝陨其身也!第五卷《美妙篇》(Sundarakānda)5-57-4 作者假神猴哈奴曼(Hanumān)告诸猴子言冒险飞游楞伽之经验时,云罗刹头子罗波那"他的身躯由于自己的苦行为,没有因为碰了她而被消毁",是仍承认咒诅之说,一如 5-20-20 悉多自言能令罗波那烧成灰,惟谓其力不足为罗波那之害而已。同卷 5-18-6 罗波那又对悉多云"因为你不愿意,我没有碰一下你的身体",此则言两人间无合欢之缱绻,所论为又一事。两情相悦,亦既觏止,固罗波那窹寐以求而不得者,初欲诱之以情,动之以势,则予悉多以十二个月之限期(3-54-22),至第十个月将满限,又督促之谓仅有二月(5-20-8 至 9,5-26-7,5-31-27,5-35-8),不从将生啖其肉。

(二十三)罗摩兄弟行至一黑水流,发现其水自一猴王之幼子名须羯哩婆(Sugrīva)者之眼口鼻流出。询之,则言为其长兄波林所伤。须羯哩婆告罗摩兄弟可向逃往山上之三猴探问悉多之踪迹。A171-182,F<sub>b</sub>3-14,E176-183。

　　笺云:《罗摩》言罗摩两弟兄在寻访悉多途中邂逅迦槃陀(Kabandha),盖一项上无头,形状怪异,口面俱生腹间之巨大罗刹(3-65-15 至 20)。罗摩兄弟斫断其双臂,至其身体火化后,始于半空中出现,告知罗摩等当往寻为其兄波林贬黜之猴子须羯哩婆(3-68-1 至 11)。迦槃陀自云为陀奴(Danu)之子,因忤因陀罗(Indra)而致变形(3-67-7),而《猴国篇》罗什曼那又对哈奴曼言"吉祥天女的儿子名叫陀奴,受了咒诅变成罗刹像"(4-4-12)。说故事人顷刻间提破,更不以为矛盾也。

(二十四)三猴告罗摩云劫悉多者为一有十首之人,其第一个头为马头。罗摩与须羯哩婆相约,如须羯哩婆助其寻回悉多,渠亦必助须羯哩婆登位为王。A182-190,F<sub>b</sub>14-23,E183-193。

　　笺云:藏文《本事》之三猴皆须羯哩婆之属下,因罗摩之来惊恐始逃逸者。《罗摩衍那》言悉多被劫途中曾抛却上衣及首饰,落于五只猴子伫立之山顶上(3-52-1 至 3)。五猴即须羯哩婆及其部下也。故下文 4-6-7 至 12 须羯哩婆复自深洞中检出所藏拾得之衣物出示罗摩。4-7-4 须羯哩婆已誓言欲杀罗波那,以慰罗摩之心。4-5-13 至 16 两雄于篝火前订交,"围绕着火向右转行",信誓旦旦,然尔时尚无交换条件之承诺。4-10-27 至 29 罗摩答允定意射杀波林,其愿扶须羯哩婆即位,仍尽在不言中而已。故波林死,哈奴曼慰波林之孀陀罗(Tārā),曾主张为其子莺伽陀(Aṅgada)灌顶立为国王(4-21-11),至 4-25-11 罗摩提议以莺伽陀为太子,而须羯哩婆为王之事始定局(4-25-16)。

(二十五)波林、须羯哩婆兄弟大战。罗摩见两猴形貌逼似,恐误射须羯哩婆,故未用箭。波林之妻劝其夫勿再与弟相斗。A190-198,F_b23-24,E194-198。

  笺云:波林见弟在积私紧陀(Kiskindhā)洞大战,《猴国篇》即以积私紧陀名篇,其地亦猴王之堡垒也。罗摩未用箭事,见《罗摩》4-12-18 至 20;波林之妻陀罗劝波林勿再战,精校本此处未言及,唯下节则有之。

(二十六)须羯哩婆之尾系一镜,以便罗摩辨识。波林之妻再劝其夫。波林果为罗摩射死。A198-207,E198-207。

  笺云:须羯哩婆系一镜事,《猴国篇》则作为须羯哩婆项上系迦阇补湿比花(gujapuspi),见 4-12-35 至 36,又 4-14-8,则以此时此种象花正盛开也。陀罗劝夫,事在波林闻其弟大吼叫阵将出宫应战之前。陀罗之意一则云兄弟不宜阋墙(4-15-20),再则疑须羯哩婆已获外助,盖罗摩来之事先已由莺伽陀报闻也(4-15-14 至 23)。其言婉切,然波林不听,谓罗摩深明教法(dharma),必有所不为(4-16-5)。波林死见 4-16-25 至 27。

(二十七)罗摩及须羯哩婆各返己地。罗摩候须羯哩婆来,三年不至。遂发一箭射去,一箭上附一函云如再不来,波林行过之道路可为殷鉴。须羯哩婆得之,即率猴兵来赴。遂派三猴:巴秀(Pagśu)、森都(Sindu)及哈奴曼出发往觅悉多。罗摩授三猴致悉多书信一通,又戒指作为表记。A208-218,E207-218。

笺云：须羯哩婆所居之地，即前笺之积私紧陀洞。罗摩等返钵罗舍婆诺山中（Prasravana），见《罗摩》4-26-1 及 4-26-5。《罗摩》书中非云候期三年，仅雨季四个月，见 4-26-23，4-29-32 及 4-29-45。在此期间，哈奴曼曾劝须羯哩婆不须俟罗摩追问，应即践约发兵（4-28-9 至 26）。罗摩之责问，并非发箭，而为遣罗什曼那亲来传达罗摩 4-29-51 我之箭已在弓上之恫吓。藏文此处所云勿走波林行过之道路，4-29-48 及 4-33-18 两颂之文字皆与之贴合。猴王发令动员，见第 36 全章。所派众大猴至各处访查，限期一个月回报（4-39-61 至 62）。自 4-39-16 起至 43 章尾止，《罗摩》叙述派遣猴子至各地之文字颇零乱，且多增饰人名及地理、景色各项知识。但 44 章则条理至清晰：其派遣依四方言之，则舍多波厘（Śatabali）去北方，毗那陀（Vinata）去东方（4-44-3 至 4），猴王之岳父须私那（Susena）去西方，而尤重要者则哈奴曼偕达罗（Tara）及莺伽陀去南方（4-44-5）。精校本无致悉多书信，戒指惟付哈奴曼一人，上镌罗摩名字（4-43-11）。

（二十八）三猴搜索途中，甚苦口渴。因发现两鸭，循水路入一洞穴，遂至吉祥天女之女祖甲格磨（gTsug-rgyal sgeg-mo）之居。此女神作法命三猴闭目，醒则已被运至一座黑山前之大海滩。黑山非山，实一黑色巨鸟，盖两翼已遭焚灼。此鸟告三猴己名巴达（Padà），乃鹫王阿噶杂雅（Agajaya 或 Agajana）长子。因与弟森达（Sampadà）争王位竞赛速迟，俱飞离高山，回顾见其弟之翼近日行将为烈日所灼，急往护之，遂不顾燃及己翼，既失其角赛，并失其国。巴达又云悉多为达夏支巴所攫，其父鹫王，十车王之老友也，见而与之斗，曾夺得悉多。达夏支巴掷一铁丸来，其父以为食物，吞之，致烧心而死。故达夏支巴终夺悉多去。A218-238，E218-222（E 无入山洞一段）。

笺云：《罗摩衍那》第三、四卷所叙，与此处轮廓差同，而详略则异。《罗摩》云哈奴曼、莺伽陀一组向南方，搜索各处殆遍，疲倦饥渴思水（4-49-7）。见一洞穴，有纯金鸿雁及母鹅鸳鸯自洞中出（4-49-8，4-51-12）。众猴进入洞内，见幻化而成之金银殿屋、庶物及各种奇异景色。经一位圣人弥卢萨婆哩尼(Merusāvarni)之女、苦行女娑严钵罗婆(Svayamprabhā)相告,金屋为天女醯玛(Hemā)所有。昔年有檀那婆(Dānava)首长摩耶(Maya)与醯玛相爱,幻化成此屋。摩耶为天帝因陀罗所杀,而此屋仍为大梵天赐归醯玛。苦行女则看守此屋得也(4-50-10 至 17)。此山洞易入难出,娑严钵罗婆令众猴紧闭目,以法力送猴众出洞府(4-52-7 至 11)。藏文《本事》此处之神为吉祥天女之女,及女神令众人闭目出洞,盖《罗摩》简化之本,不则其所祖为《罗摩》本一种粗型,今本则后人增饰。巴达即《罗摩》中鹫王阇吒优私(Jatāyus)之兄商婆底(Sampati)。《罗摩》4-55-3 言其从山洞中出见群猴,闻鹫伽陀言其弟阇吒优私已死,亟相问讯。商婆底言兄弟二鹫曾共牟尼相博(4-60-4),欲逐日。阇吒优私力倦,为太阳之烈焰所烁,商婆底令隐己翼后,己翼被焚毁,遂坠此宾阇耶山(Mt.Vindhya)下(4-57-7,4-59-4,4-60-14)。商婆底告群猴言亲见悉多为罗波那所劫,现在楞伽城(4-57-15 至19)。然其后又言悉多被劫事实为其子须钵哩尸婆(Supārśva)所见(4-58-15 至 22),非亲验。此则传诵口述之事实,反复低回,矛盾而不之觉。诵唱者最喜音调,耽乐其中,或亦不之觉耳,而考之作考鉴者,遂为多事矣。又鹫王阇吒优私护悉多不胜为罗波那所害事,已见《罗摩》之《森林篇》(45 至 50章)。藏文本此处则巴达言救悉多者为其父,所言则一事。《罗摩》言罗波那用箭,非铁丸。其令鹫王致命,则撕打之下翅、足、肋骨皆为割断,非一铁所能伤也(7-49-36 至 38)。

(二十九)哈奴曼跃过大海,余两猴留后。哈奴曼发现悉多困居于一九重厚壁且无门之堡垒中。相见后哈奴曼以罗摩之书信与指环交悉多。A238-246,E222-229。

　　笺云:悉多在无忧园(aśoka 阿输迦)丛林中支提[21]内,虽有围墙(5-12-1,5-56-48),非九重无门之堡垒。而所作颂之无忧树林,则嘉卉灌丛,布叶垂

---

[21]　支提(caitya),似塔之建筑物,见《罗摩》5-13-15。

荫,诵之宛如读一篇赋(5-12-2 至 5-13-14)。哈奴曼交函与悉多事,《罗摩》无之;哈奴曼在林中交悉多镌有罗摩名字之戒指,见 5-34-2。悉多又以发髻付哈奴曼带返作证物,见 5-36-52 至 53。

(三十)悉多读罗摩之信。共二十行韵句。A247-256,E229-240。

(三十一)哈奴曼拔毁园中树木,又杀死不少奉派来擒之群魔。达夏支巴命其长子用一阳光制成之神异罥索捕捉之。罥索之网孔变大变细,仍无法网罗随机应变之哈奴曼。后司成就(siddha)之神告哈奴曼就范,始被擒。哈奴曼说群魔云愿照己父死时所行之法终命。众询问之,如法用布裹其尾,浸油而后烧焚之。哈奴曼带火周行全城各处滋事,大焚其房舍,又死若干罗刹。A256-272,E240-253。

笺云:《罗摩·后篇》言哈奴曼之父为风神,吉萨陵(Kesarin)为其名义上之父,母天女安阇那(Añjanā)。风神爱安阇那,生哈奴曼,事见 7-35-19 至 7-36-31,又见 4-65-8 至 28 猴子头领阎婆梵(Jāmbavat)告哈奴曼之语。所说皆可云哈奴曼本事,然未有言及风神或吉萨陵如何死法者。吉萨陵且从征楞伽(4-38-17),更无死所也。在楞伽城门战中哈奴曼所杀,有八万紧那罗(Kinaras),见 5-40-24 至 35;杀大将阎浮摩林(Jambumālin),见 5-42-1 至 18;又杀众大臣之子(43 章)及统兵将官五员(44 章)。第 45 章又杀太子阿刹(Aksa)。其以大梵天所赐之法宝缚住哈奴曼之因陀罗耆(Indrajit),则罗波那之次子也(5-46-35 至 36)。因陀罗耆为次子,明见 5-56-107。《罗摩》未细说缚哈奴曼之法宝为何物,但既用绳索,可能是罥索一类。惟法宝所有之绳索非普通绳索,故 5-46-46 云:"用法宝来捆缚东西,同别的捆缚不一回事。"5-46-47 又言:"用绳子一捆绑他,这梵天法宝就把他释放。"然哈奴曼为树皮所作之绳子所折磨,隐忍初无动静,盖欲被逮见罗波那魔王也。罗波那欲斩哈奴曼,劝阻之者其弟维毗沙那(5-50-5 至 17),其进言甚正,名已见前笺。

（三十二）哈奴曼仍返悉多处，悉多修书嘱带返呈罗摩。哈奴曼返，呈缄罗摩，罗摩读之。A272-286,E253-267。

　　笺云:5-54-1 至 8 无信函，哈奴曼共悉多珍重相别而已。5-63-19 至 23,5-65-1 至 3，及 5-65-33 至 35，悉多嘱咐之语言悉由哈奴曼向罗摩口传。

（三十三）罗摩等及猴子军出发向楞伽。奉命建渡海大桥之两大力猴玛古（Maku）与旦西（Damsi 或 Dan'du）相诟谇，罗摩劝解之。大军抵楞伽。达夏支巴之弟阿巴噶那劝其兄逃逸。达夏支巴弗听，阿巴噶那即逸去投附罗摩。A286-301,E267-275。

　　笺云:《罗摩衍那》无两猴争衅事。以大海汹涌，罗摩射箭示威，惊动海神。海神婆楼那（Varuna）出，命大水及鲨鱼鳄鱼悉皆收起，俾工巧大神坦缚湿特哩（Tvastr）之子那罗（Nala）得以造桥，见 6-15-1 至 9。投罗摩之阿巴噶那，即《罗摩》之维毗沙那，为罗波那最幼弟，已见前笺。其劝兄非劝其逃逸，惟谏当送还悉多耳，见 6-9-16 至 22。投罗摩事见第 11 章。

（三十四）有罗刹名奔木那（Bumrna）曾蒙天神恩赐许以长睡。达夏支巴及其众以溶化之万两铜汁灌其耳，又使千头大象踩其身，仍寐不寤。终命击十万大鼓，始能令醒。奔木那起，应战，吞食对方人若猴无数，然罗摩与哈奴曼俱得脱。奔木那旋又复入睡。A301-308。

　　笺云:奔木那在藏文《本事》中为独立人格，在《罗摩》则为罗波那之二弟，即鸠槃羯叻拿，前笺已详。以其体既勇猛，又喜游荡，一啖数千，生物几为其吞噬殆尽，大梵天始命之长睡不醒（6-49-23）。罗波那为之缓颊，改为六个月只醒一日（6-49-26）。然如故事所说，其醒时仍可为害无穷也（6-55-6 至 7,6-55-27 及 6-55-33）。罗波那作战，促之令醒，《罗摩》6-48-

35 记其杖鼓、大鼓、海螺敲吹喧天,不能动其毫末(6-48-35),至牵千头大象践蹂其身,斯为得之(6-48-47),指画正与藏文相反,然所叙仍同一事也。藏文《本事》为残钞本,未见有记奔木那之死者。《罗摩》叙其被杀,在哈奴曼杀图牟罗刹(Dhūmrākṣa,6-42-35)及阿甘波那(Akamprana,6-44-30),与尼罗(Nila)杀钵罗诃私陀(Prahasta,6-46-47)之后。罗什曼那射以七箭(6-55-76),罗摩射中其心(6-55-78),再射箭又被其用铁锤击碎(6-55-109)。最后罗摩用因陀罗箭射落其两臂(6-55-112至116),两足亦被射落(6-55-117),又击碎其头(6-55-123)。

(三十五)因军中需用,阿巴噶那建议派哈努曼往底斯山(Mt.Tise)取卑他萨兹巴('Britasa`dziba)药草。至则哈奴曼不识其药,乃连药拔其峰携回。众采药后,山仍送还原地。得药众人及群猴皆苏。A308-311。

笺云:底斯山即冈底斯山,藏语Gaṅstise,西文书称 Kailāsa,皆一地。《罗摩衍那》云因陀罗者发箭如雨如阳光之无所不到,罗摩及罗什曼那俱受伤,佯死以阻因陀罗者追击(6-60-41,6-60-47至48)。哈奴曼与维毗沙那同就阎婆梵问计。阎婆梵命哈奴曼往哩舍婆(Rshabha)与吉罗娑(Kailāsa)两山之间觅药山(6-61-31),采取四种药草(6-61-33)。至则药草皆隐形不出(6-61-58)。哈奴曼拔起药山,疾还大军所驻之山顶上。众嗅得仙草馨香皆得苏。哈奴曼又扛药山返回喜马拉雅山(6-61-66至68)。更飞还报讯罗摩。

(三十六)罗摩共达夏支巴大战。达夏支巴之幼弟百日那舍(质日舍那)逃去。拉夏那在阵中被害。达夏支巴施法术使己身隐形不见。罗摩向之挑战,诮其不敢轻露一足趾之所在。达夏支巴恶之,果出一趾,罗摩乘之,遂射落马首,达夏支巴死。其庞大之身倾倒落向己阵,又死罗刹无数。A311-323。

笺云:《罗摩》精校本无射马首事。战局既开,各祭法宝,斗阵累累。罗摩以利刃加箭弦上,曾射中罗波那头颅。但一头甫落,一头腔上又生,射落其头百数,仍不得死(6-90-20至24)。幸有天帝遣来为罗摩御车之御者摩多里(Mātali)进言,用梵天法宝之箭加念咒语,一箭射去直贯罗波那心房(6-97-1至17),而大憨斯除。此梵天宝贝,盖大梵天所赐之神箭,往昔弹宅迦净修林仙人阿竭多(Agastya)以赠罗摩者也(1-1-33至34及3-11-29至34)。

(三十七)罗摩至悉多被困之堡垒,越窗而入,救出悉多。罗摩又用药救活拉夏那。须羯哩婆及罗摩各返本国。罗摩夫妇返后,燕乐攸庆。悉多后诞一子,取名罗婆(Lava)。

笺云:《罗摩》叙罗摩既得楞伽城,先命哈奴曼往见悉多报讯(6-101-4至13),又命新灌顶之罗刹楞伽国王维毗沙那往接悉多来见(6-102-18)。及悉多来,见则罗摩言语甚恶,有休妻意(6-103-13至24)。悉多受屈,跃入罗什曼那为所堆聚之柴火自明,为火神救出(6-104-5至6-106-4),尚未言生子也。罗什曼那死而又生之事:6-88-35云十头王用莫耶所造短枪击中罗什曼那心窝。罗摩见罗什曼那倒仆阵前,谓其已被害(6-89-8)。须私那(Susena)知其未死,嘱哈奴曼仍往药草山。药草复隐匿,哈奴曼又拔起山峰,走托大山而退。须私那碾碎仙草,命罗什曼那嗅之,病即霍然(6-89-24)。

(三十八)哈奴曼受命为须羯哩婆之大臣。猴王及猴众置酒宴请罗摩、拉夏那及悉多来其国中盘桓。其后须羯哩婆死,众举哈奴曼嗣位。A328-333。

笺云:据《罗摩》则哈奴曼早为须羯哩婆之大臣。如《森林篇》4-6-1须羯哩婆告罗摩云"我的随从哈奴曼,我的大臣中最好的大臣"是也。《罗摩》无后来猴王设宴请各人事,惟罗摩等自楞伽返阿逾陀时,曾邀须羯哩婆及猴兵,维毗沙那及大臣同行并同乘云车(6-110-20至23)。

(三十九)哈奴曼初拒之,后遂接受继位。A333-340。

笺云:《罗摩》精校本无须羯哩婆死,哈奴曼嗣位事。

(四十)哈奴曼忘修致候书信及馈遗之常礼,罗摩寄函问之。哈奴曼悔甚,复谢之,双方情谊又恢复如初。A340-352。

笺云:精校本无此情节。

(四十一)有属国王宾巴拉(Benbala)叛。罗摩出征之前,先以悉多及其子嘱之玛拉雅那山(Mt.Malayana)上居住之五百仙人。悉多独出行,遗子于众人,不料罗婆仍随母后。众仙失其子,虑之,遂用俱舍草(kuśa)制一儿,与罗婆面貌酷肖。悉多偕罗婆返,喜之,又以为己子,字之曰俱舍。罗摩寻亦征服宾巴拉还。A52-368。

笺云:《罗摩衍那·后篇》有婆罗多之母舅吉迦夜(Kekaya)国王逾达耆(Yudhajīt)命其尊师梵仙迦里基耶(Gargya)来见罗摩,言有乾闼婆国家有两座城池可夺(7-90-12)。罗摩即命婆罗多之二子陀刹(Taksa)及补沙迦逻(Puskala)随婆罗多往征,遂据其地(7-91-3至9)。然非有反叛之国也。此外,则有群苦行者常为阿修罗摩图(Madhu)之子罗波那所凌虐,罗波那特有家传大天所赐之插杆,以为利器(7-53-3至19)。罗摩命弟设睹卢只那往除之,见55、56两章,罗波那死,见61章。此阿修罗之罗波那,与正传中之十头王罗波那非一,观于7-55-13罗摩以毗湿奴所制神箭予设睹卢只那时言"从前我杀罗波那,没有射出这枝箭",及7-60-14罗波那自称"有个罗刹罗波那,他是我姨母哥哥"可证。然此除阿修罗之插曲,亦只可言除害,不同于藏文《本事》之言国家叛乱也。

(四十二)一日罗摩偶闻里杂比族(Licchavi vimala)之支玛答巴(Dri-ma dag-pa)共其妻口角。支玛答巴责其妻不贞。其妻云悉多后尝共达夏支巴同栖一百年,而罗摩仍爱之,又何尤焉?更责其夫不谙妇人情性。罗摩欲问此妇所云之妇人情性为何,因与之约会。A368-386。

(四十三)里杂比族人之妻向罗摩言妇人之性情。A368-392。

(四十四)罗摩既信悉多后曾共恶魔同栖,情不能堪,即与之离异。悉多携二子罗婆、俱舍远行。A392-409。

(四十五)罗摩邀哈奴曼来。哈奴曼不见悉多,心异之。罗摩告以闻诸里杂比妇人之所言,及已共悉多仳离。A410-422。

(四十六)哈奴曼向罗摩解说达夏支巴不能接触悉多之故。罗摩始悟,又命接悉多及二子还。罗摩及悉多后同宴哈奴曼。哈奴曼返本国。罗摩、悉多及其二子居其遐年之故殿中,其乐融融。A422-440。

笺云:以上五节,《罗摩》精校本与之大节相似,而脉络与结局殊异。先是悉多已有身,罗摩闻宫中有贤人[22]议论,细询则知民之讹言有谓悉多曾从罗波那为不贞者(7-42-17至20)。罗摩患之,悉多遂被遣,由罗什曼那监护送至恒河对岸多摩婆河(Tamasā)丛莽间安置(7-44-16至17);盖遗弃之也。幸有仙人蚁垤(vālmiki,相传为《罗摩衍那》最早之撰述者)护持,悉多得安栖于蚁蛭净修林之苦行女茅舍(7-48-11至20)。产孪生二子俱舍与罗婆之夜,适设睹卢只那亦在此净修林借宿(7-58-1)。[23] 俱舍、罗婆之名,即因诞生时用俱舍草及草梗拭洗胎儿先后之故。罗摩在尼弥舍(Naimisa)林中举行马祀,各地婆罗门及须羯哩婆(猴众)、维毗沙那(罗摩众)俱被邀(7-82-8至10)。仙人蚁垤亦携俱舍、罗婆前往,并命二子唱诵其所撰之《罗摩衍那》,每日唱毕二十章(7-84-9)。罗摩听诗篇,复经蚁垤诉说,后悔孟浪,遂许二子为自己骨肉(7-88-2至4),然仍欲悉多发誓。悉多来,再发誓言自明,此时大梵天诸神亦莅止。忽地中涌出狮子座,地母出现抱悉多置座上,冉冉复入地中(7-88-10至14)。

哈奴曼之结局,《罗摩》亦与藏文《本事》稍异。7-39-14云哈奴曼来住

---

㉒ 此处之贤人,盖指各大臣,见《罗摩》7-42-3。
㉓ 俱舍与罗婆虽孪生,然俱舍先产(7-58-5至6),与藏文《本事》罗婆居长者相异。

阿逾陀欢聚一月后辞别，与罗摩互诉友情。罗摩认以"只要我的这故事能在人间流传，无疑你也就能够这样生活在人间"（7-34-19）。罗摩赴水离世之前，哈奴曼仍共一面（7-98-24），罗摩复申前言。是故事之流传，哈奴曼之事迹固可谓有甚大之贡献也。


# 三


余私笺藏文本《罗摩衍那本事》之文竟，仍有不得已于言者，则一为上述诸节所叙若干重要人物如大梵天、吉祥天女、毗尸罗婆……之类，愚所用之拉丁拼音皆为较习见之梵文读音，如 Brahmā, Śrīdevī, Viśravas，固以为一般读书界于此类名字，或较熟悉，[24]且欲其多能与笺文中引用《罗摩衍那》译本之处，人同则用词相同，比较易于沟通也。然即上文之节略中，亦有仍用藏文者，则译本诸家咸同，本文亦从之，盖其名字无相同之梵文。亦偶有例外，虽明知其事迹与《罗摩衍那》中某人物之事迹全同，而梵名不与之同音，如奔木那（Bumrna），即《罗摩》书中之鸠槃羯叻拿（Kumbhakarna）。拙文仍用奔木那者，盖如前文所述，此篇译名多袭用王、陈两先生所译，而或偶变之者。此处王、陈译作香木那，[25]愚按木那自系译音，香字不与原音谐，疑或系刻误，故改用奔木那之名，亦未暇计其工拙也。至于注意藏文本《罗摩衍那本事》与《罗摩》原本之关系，则前贤译者多已见及：如法文译者巴勃尔先生误以达夏支巴之弟阿巴噶那为鸠槃羯叻拿；[26]妥玛司以为阿玛拉噶那（Amalakarna）之名为鸠槃羯叻拿所派生；[27]狄庸译本注 A216 云巴秀、森都两猴之名不见《罗摩衍那》；注 A288 云玛古、旦西之名不见《罗摩衍那》；[28]皆是。此笺不过其附庸而已。

[24] 不然则如注[14]所举狄庸先生译本，皆用藏文译音，则大梵天为 Tshaṅspa，吉祥天女为 dPallhamo，毗尸罗婆为 rNampanthospa；……余不赘列。

[25] 第 128 页。

[26] 见注[6]引书，p.72。

[27] 见注[2]之文，原书 p.196。此处阿玛拉噶那之名实系译误，仍当作 Ampakarna 或 Udpakana，即阿巴噶那也。

[28] 见注[14]引书，p.66&70。

次当略叙各家译笔之情况。愚弗治藏学,乌能知其缀虑裁篇,肥辞瘠义? 此笺所记识者,一二名相之比核,情节之疏密而已。牛津大学妥玛司先生发现最早,迻译最先,治斯篇乃在七十年前。如前文所论,其译仅撮述 A,C,B 三篇之散文,又摘译其韵句之部分,以为先导。最后有甚短之补遗(Addendum),述 D 篇之篇幅,未甚及其内容。然其言以纸质、字体、尺寸长短及行数分布言之,"D 篇当为 A 篇之上文",㉙则所言甚确,且在诸家之前最先发此论者也。妥玛司所译情节有误处不多,愚可举者如(一)悉多之名藏文 Rol-rñed-ma("得自水渠者"),妥玛司以为梵文 Lilavati,㉚未能还证其训诂为悉多,此其一。(二)罗摩之弟拉夏那向罗摩乞只履供奉,A,E,Fa 本皆云然,妥玛司误以为变履,此其二。㉛(三)而尤不易解者,A312 云两军交战时,达夏支巴之弟百日那舍逃去,更无异说。妥玛司独云"百日那舍逃,达夏支巴以头箭射之死",无文字可证,此其三。㉜ 虽然,椎轮为大辂之始,微妥玛司之发现,诸篇或且蒿埋尘网蠹鱼间。妥玛司先生筚路蓝缕之功,不可没也。

自妥玛司之发现至近岁狄庸先生之译本出,此域外治梵、藏语文之学者一大开展也。至 1983—1984 年间王、陈两先生之译本出,季羡林先生之《罗摩衍那》全译本出,此为中国研梵、藏文学作品辟一新园地也。狄庸先生之译卷,英、法语皆尝从事,而至 1989 年出版之《西藏之罗摩故事》㉝出,则除 B 篇外,各篇咸具,粲然大备矣。狄庸之书所以题名"故事"(Story)者,盖先生先在《翻译名义大集》(*Mahāvyutpatti*)中发现 *Sitāharaṇaṃ*(藏文 *rol-rñed phrogs-pa*)㉞之题目,为以悉多被劫为题材之故事,因用此词,而故事词(梵文 *ākhyāna*,藏文 *gtam-rgyud*)亦并见九世纪初可能已编纂之《翻译名义大集》也。㉟ 顾书名仍用罗摩故事者,则以 E 篇(先有巴勃尔之法文译本)a-2 有残缺之"rgg[al po ra]ma na…"之语(第

---

㉙ 前引文,p.212。

㉚ 见 p.198.Lilavatī 为尊称女性仁慈宽厚之义,然非悉多之原义也。

㉛ 前引,p.198。

㉜ 同上,p.206。

㉝ 原书名及出版时地,并参注⑭。

㉞ 梵藏对译之《翻译名丛大集》据近贤考证,大约其编纂年代可溯至九世纪初。看 Akira Yuyama(汤山明), *A Bibliography of the Sanskrit Texts of the Saddharmapun-darikasutra*,Canberra,ANU Press,1970,pp.88-90.

㉟ 注⑪引文,p.191;*Tibetan Studies*,p.2。

1 行,译为国王罗摩),因称《西藏之罗摩故事》,盖其慎也。㊱ 狄庸之译各篇,其矜慎亦类是。所译本文之外,其审慎误虑之处,另撰注约二百七十余条,自己析释其遭遇困难之点,约有二十余条云,全句或一部分文句无从明了,惨淡经营,最可供学者玩味。书末附约五十页之藏文拉丁拼音,则每行俱编数字号码,更便对照及检查。其根据之原典,亦为英国印度事务局图书馆与巴黎国家图书馆所摄制极清晰之照片。㊲ 此则与王、陈两先生汉文译本据巴黎出版影印本《敦煌古藏文手卷选集》者同。王、陈两君书中,固尝有叙及狄庸·妥玛斯早年之著作者,㊳ 则狄庸先生斯篇,当亦为治藏学者所乐道。《小雅·鹤鸣》不云乎,“鱼潜在渊,或在于渚”,“他山之石,可以为错”,好学深思之士定不河汉斯言也!

王垚、陈践两先生译注之藏文《罗摩衍那》,主要为 D 篇下接 A 篇,除散文部分外,其难译之韵句亦多译出,末附 B 篇为 A 篇所无之部分,立意甚为严谨。唯书中并未似妥玛司、狄庸诸君之附印拉丁拼音原文,亦未细分节、行。此似稍逊于学术著作要求之精密。惟译笔大体流畅,且口语活泼尖利,或亦可谓能保存民间文学之原有风貌,未可厚非者也。且译述之中,因汉、藏历史风俗习惯密切关系,有非汉译无以得其神者。如《文献选》第 111 页云达夏支瓦(巴)㊴之妃生一女婴,“看相人相出她是一个消灭父亲和罗刹部众的人”。此“看相人相出……”之语,即愚所谓汉译之道地与传神也。又如第 124 页“罗刹王扔来一个特大红铁丸”,此铁丸亦当系汉藏民间信仰中之产品,A236 行作 lcags kyi thu lum,正是此丸。《四游记》中之《西游记》第八回孙悟空为如来佛祖压在五行山下,“饥食与他铁丸子,渴时与熔化的铜汁饮”,可供参证。若径译作“一块红铁”则凿。第 120 页巴里(波林与妙音)(须羯哩婆)兄弟大战,㊵厮打紧张之际,罗摩“被这奇

<hr/>

㊱ 愚此篇译狄庸先生书名用故事二字,盖愚谓《翻译名义大集》7128 汉译作“古语”实不足以尽梵藏词之原恉也。《史记·太史公自序》云“余所谓述故事,整齐其世传”,差为得之。

㊲ 见原书 p.86,云“excellent photographs”。

㊳ 作托玛斯·第庸,见第 102—103 页。书中他处所引西方学者如乌瑞(Géza Uray)、埃默瑞克(R.E. Emmerick)皆未注原名,仅有少数例外。其在他国出版之学志,亦未录原名称,学人若不易按图索骥,未免遗憾。

㊴ 原译达夏支瓦,拙文易作达夏支巴,稍近 Dašagriva(mDašagriba)梵、藏读音。

㊵ 波林王、陈译文作巴里,须羯哩婆作妙音。拙文此两处译音全从季先生译《罗摩衍那》,以便共笺文所述联系。季先生译须羯哩婆有时作妙项,系义译。作妙音或不如作妙项也。

异的情景吸引住了,忘了射箭"。其后罗摩告妙音云:"今天因为看呆了,精力分散。明天再战时,定能获胜。"译者"看呆了"一语,可谓信手拈来,甚隽。《水浒传》第十三回杨志斗索超,"月台上梁中书看得呆了",正是此概。然"看呆了"此三字,若易作他国语文,则又未免令人捻断几茎须矣![41]

译注中所用专名或普通名,容有可商者:如第 119 页以下猴王之子妙音(Sugrīva,bGrin bzaṅs),季羡林先生译《罗摩衍那》音译作须羯哩婆,义译则作妙项。《译注》作妙音。第 115 页玛茹孜作祟破坏婆罗门之修炼,"罗摩用一根牙骨朝他扔去,他的一只眼被打瞎后逃跑了",此"牙骨"他家译皆作指环。按,A116 行作 so rdub,似指环为妥。第 118 页达夏支瓦(巴)诱悉达(多),变成一头黄牛;第 129 页"牵来一千头黄牛在他(按,香[奔]木那)身上践踏",此二处"黄牛"当作大象;牛为 glaṅ,象为 glaṅ-po,而 A163 及 304 行俱为象也。第 113 页农民携"得自水渠者"往见罗摩,称颂淑女之美,韵句云"高贵齐腰之项链(练)无论怎样佩戴也显得幽雅动人",句中"高贵齐腰之项链"部分颇费解。按此句开首 A97 行及 Fa10 行俱读 ʼophral ba,据狄庸先生研究,phral ba 或当作 dpral ba,义谓前额。妥玛司译作"in herself"(在她身上)。[42] 惟巴勃尔亦尝读 E120 行之 ʼphre ba 为 phreṅ ba,义谓花环(guirlande),[43]颇有同于王、陈两先生《译注》之项链,然此仍是悬疑,且尚无解于"高贵齐腰"之形容句也。

译注文字似有添加者,参之各本尚难迹其根原。第 128 页云:"到了楞伽城,与罗刹定好了交战时间。结果,罗摩惨败。"最后一语他本皆无之。第 123 页有:"我是吉祥天女之女,祖甲格磨之妻。"检 A222 行,gTsug rgyal sgeg mo 即天女之女名。第 126 页达夏支瓦(巴)修习日光罥索,"派儿子名叫图倭的去放",此图倭之名亦不见 A256-272 及 E240-253。

译文之中偶有失译者,兹仅据狄庸先生译本,列举数条,或可供采撷补入:

第 109 页大梵天以神子包藏黑心,不允赐与成就句下漏:"他们把自己

---

[41] 狄庸先生法译本(见注 7)此处作"distrait par la sèene"(p.140)。

[42] 狄庸法译本,p.135,10·2;英译本作 dbral-ba,p.57(A97),义同。妥玛司译本,见 p.199。

[43] 引同上狄庸法译本,同页。

的肌腱割了下来，当做六弦琴的弦那样去弹它。”㊹

第114页农民对国王罗摩赞颂“得自水渠者”之韵句“走路时留下仙女莲花之足迹”之下漏“她开口说话，这些话使人的世界和神都高兴”㊺。

第119页“他俩(接，指罗摩弟兄)便随着足迹，跟踪而去”，“便”字下当补“拉开了弓”一句。㊻

第125页罗摩致悉达(多)之信“我为捕杀那诱骗人之珍兽，没有好好守在自己的地方”二句，似当作“我捕杀了那诱骗人的珍兽回来，你的芳容和脚下的一块土地都不见了”较谛，盖此处第二句失译也。原译第二句似加添语。㊼

第131页猴众推举哈奴曼继任王位，云“像您这样，几万只猴子中也无匹敌”，其意未充。原句：“在一万只猴子里没有一个像您那样人家推举他还是不干的”，盖应上句“为了接替王位亲兄弟开了战”也；当补入。㊽

同页，哈奴曼沉醉享乐，忘修敦睦之礼数，罗摩函责之，首句“心有障蔽亲友也会被抛弃，思念之情岂能长记心里？”或当作“一个亲爱的朋友就是在想念中也是可贵的，从你垂念及我不是已经有好些时候了么？”㊾

第132页哈奴曼复书云“不是威德的大王有错，亦非我自满、骄横”，次句当作“亦非您骄横看不起人”。㊿ 其下面数句：“春天里，缺水的鱼儿得了水，它会如醉如痴，忘却水池里的恩情”，末句“忘却水池里的恩情”当作“像初生之犊忘记了母牛”(A347行)。(51)

更有可商者，即第138—139页补译B篇71—87行部分。按B篇共99行，

㊹ 狄庸英译本，p.11，A22-30；p.12，C8-15。

㊺ 同上引，p.19，A96-106；p.20，Fal0-19。法译本，p.139。

㊻ 同上引英译本，p.26，A162-171；E167-176。

㊼ 同上，p.33-34，A247-256；E229-240。妥玛司译文，参注②，p.203。

㊽ 同上，p.40，A333-340。

㊾ 同上，p.41，A340-352。

㊿ 同上。

(51) 同上。此句妥玛司未译出，仅作“忘记了，……激动了起来”(p.207)。原句有：*be ba brjed bźin g.yeṅs pargyurd*。

妥玛司全译之。[52] 狄庸未译,但其英译本内拉丁拼音藏文部分,实收 B 篇全文。[53] 事实上各篇大体相同之叙述,其间细节亦常有出入,如王、陈译本所云虽情节基本雷同,"不过也还有各自的特点"也。[54] 细微之异处,实亦饶有趣味,研其情境者不宜忽之。如 E78 行云达夏支巴,挼毗湿奴之一耳(rna ba),B75 行则作一耳环(rna ca),二者之描写及感受自不尽同。王、陈先生译 B 篇,述达夏支瓦(巴)往见毗湿奴,漏去 B63-70 部分,故仍脱漏达夏支巴问询群臣毗湿奴居何处及同驾车蹈海往北方乳洋见毗湿奴之情节,亦读者之小损失也。

若为一般非研究性之读者计,则《本事》情节之繁复曲折,固亦如梵文本《罗摩衍那》之能引人入胜。王、陈译本于故事大端,遣辞用字虽颇加意刻画,仍有细琐译笔尚未曾曲曲道出者,兹拟为稍致补充,如云:

> 神子等向大梵天祈求成就。其所求者,为"何处为箭射中,即在何处死去。其余部分,永远不灭"(第 109 页),下文又云"祈求何处中箭何处死去"(第 111 页),此"何处"二字殊难解。藏文 A27 行及 C12 行,此何处当作何人,即"不论何人被我们一箭射中即死去"也;此译各家皆同。[55] "其余部分,永远不灭"实当作"绝不被杀死,永远长生",乃三神子所恳求之第二愿也。A28、C12 行 g.yun̓drun 寓不变、永久、自强不息义。[56] 盖长生符也。

> 神子长期献供、供养,"一位大德说:'大黑天不肯光临的话,请掌管语言的一位女神——妙音天女化为神子们的舌头,再去祈求……'"(第 111 页)。据 A47-56,C30-41 此处情节为大天(Mahādeva, Mahadeba)因存夙愿,仍不得不为之地,始命言语之神化为三神子之舌尖,于神子祈请时稍变其语辞,非别有大德也。大天在此《本事》及《罗摩衍那》中皆即湿婆,[57] 其妻优摩,在《本事》中名邬巴岱,前笺及证之。然湿婆又有大自在天之号

---

[52] 前引,p.p.209-212。

[53] 看 p.p.86-87,89-90,92,94-96,101-102,104-105。

[54] 第 104 页。

[55] 妥玛司译文,p.197;狄庸英译,p.p.11-12。见 A27,C12 行。

[56] 参看 Hugh Richardson, *A Corpus of Early Tibetan Inscriptions*, Royal Asiatic Society, 1985, p.176。

[57] 季羡林译《罗摩衍那》1-35-9 及注 310。

（Mahāiśvara，藏文 dBaṅphyugchenpo），大黑天（摩诃迦罗 Mahākala 或玛哈噶拉）复为大自在天之化身，其纠结乃益甚。B77–80 行众神在兜率天（Tusita dGàldan）集议，遂有大自在天询质主世间卜运者（'jigrtengiphyva），卜运者言达夏支巴伤害群神，谁尸其咎，而众神云可问大天之言。说部之情节，虽因多神教之信仰而罔顾其冲突，此处译文之大黑天似仍以从大天为谛也。⑱

第 112 页十车王将传位前寻思："心爱之王后始终侍奉我，做了许多于我有利之事，其子接替王位是合适的。"据 A75 行前两句当作"王后是向来受人尊敬和接受各种好处的"，此王后指正后（btsun mo gnaṅ chen），其子即拉夏那。《本事》中罗摩为次后所生。

罗摩共达夏支瓦（巴）决战前，译文云："罗摩与其弟商议道：'殊死鏖战，仍不能将仙女（按，指悉多）夺回，如何是好？'拉夏那请求前去应战，一箭就被射中。于是，罗摩再次亲自应战。"（第 130 页）此处有一关键性之情节需要循原句加以说明，故译文似可作："既然恶魔有法力射出的头箭一定会死人，他们商量说：'要是国王罗摩当头阵，他一定会被射死。就算后来有办法把王后救出来，她也要失去伴侣了。怎样才好呢？'年轻的弟弟拉夏那就要求先去应战。他被头箭射中之后，罗摩才加入战斗。"⑲

战斗时因达夏支瓦（巴）用幻术隐身，人不能见。罗摩挑之曰："'你敢不敢让出脚拇趾那样大的一块土地？'罗刹王十分骄横，就将脚拇趾往上抬，心中正在度量时，国王往他马头上射了一箭，马头惨叫一声，马头断了。"（同页）此段译文以意忖度之，亦大致可了，惟"心中正在度量"句之主词未明，遂不免令故事之趣致减色。按此度量之主角即为罗摩。罗摩既见足趾，心中即量度其处至马头间之距离，故一发而中其要害也。参A319 行。

写前文竟，仍有补遗者一则，附记于此：王、陈译本第 106 页云："大梵天之子

---

⑱ 妥玛司 p.211 误大自在天为帝释（Indra）。

⑲ 狄庸英译本，p.39，A311–323。王、陈译文第 129 页亦有"由于罗刹的成就，中箭者立即死亡"，然与下文似无照应。

毕秀若色那,住在降伏宫之吉姆园。"按此段 A 篇无之,王、陈两先生盖译自 B 篇 3l-32 行。毕秀若色那(Bisurasena)之名已见前节略。降伏宫藏文为 rNampar-rgyalba,梵语之 *vajaya*,义谓胜利,则译为降伏,亦无不合。惟吉姆园之专名,疑或有问题。B 篇及 E 篇俱有可与此处相比较之一段;两篇相关之人名不作毕秀若色那而为湿波钵信那(Śvapasina),二者实即一人,已见前节略;其居处则为降伏宫之辛哩哆丛林(*śin rtaʼi mtshal*,B29 及 E30 行),是此园林有名,非吉姆也。又第 126 页云哈奴曼不听悉达(多)之劝告,"去到罗刹的吉姆园,把所有的树连根拔起,树根朝天竖立,又将树梢往土里栽",检 A258 行,吉姆园之原文为 *sgyed mo tshal*。又悉达(多)被弃,"古夏(俱舍)母子三人离开王宫住到吉姆园"(第 136 页);后哈奴曼来朝,罗摩又告之猴王"现在他们一起生活在吉姆园里"(第 137 页)。按后二例原文 A409 及 421-422 亦俱作 *sgyed mo tshal*,其义为丛林、园林。是此处吉姆园之称似为译音。降伏宫之园林既有 Śinrta 之专名,自可音译,其余三处吉姆之称,或尚有可商。《翻译名义大集》3842 及 5614 俱有欢喜园(*skyed mostshal*),义为园苑,移来此处,不悉是否唐突? 仍当以质诸狄庸教授及并世诸贤也!

**附启** 前岁腊时承季美林先生远道惠赐其大译《罗摩衍那》八册;今春草拙文又荷单周尧、狄庸、卿希泰、辜美高、林耀椿、郑阿财诸先生或假以书报,或远寄影本,俾得完篇,并当申谢。一九九六年二月,识于堪培拉之和风堂。

【柳存仁 澳大利亚人文科学院院士,香港中文大学名誉教授】

原文刊于《中国文化》1996 年 01 期

# 读吐鲁番文书札记二则

王永兴

## 一、唐豆卢军是吐谷浑人组成的军队

全国敦煌学术讨论会文集载有陈国灿先生著《武周瓜沙地区的吐谷浑归朝事迹》一文,《敦煌吐鲁番文献研究论集》第二辑载有齐东方先生著《吐鲁番阿斯塔二二五号墓出土的部分文书的研究》一文,陈、齐二先生皆据吐鲁番出土有关武周时期吐谷浑归朝文书研究了几个问题,都有创新见解,读后,甚为钦佩。我熟读这一批吐鲁番文书,认为还有一些问题值得研究。这些问题之一:豆卢军这一名称如何解释以及由此而涉及的吐谷浑居住地区历史等。

吐鲁番出土文书第七册载有武周豆卢军牒为吐谷浑归朝事一(72T AM225:38),编者说明云:

> 本件钤有豆卢军经略使之印多处。

同书载有武周豆卢军牒为吐谷浑归朝事二(72T AM225:33),编者说明云:

本件(二)有豆卢军经略使之印。

同书载有武周豆卢军下诸营牒为备人马熟粮事(72T AM225:29),编者说明云:

本件有豆卢军经略使之印二处

这些都可说明有关吐谷浑归朝的史料大多为豆卢军文书。结合这一大批文书的内容,可以看出:这次吐谷浑脱离吐蕃的控制北返归唐的军事行动,得到唐军的支援配合迎接,豆卢军是唐军的主力。关于豆卢军,史籍文献记载很多,按《唐会要》七八"节度使(每使管内军附)"条云:

豆卢军,置在沙州,神龙元年九月置军。

《元和郡县图志》四〇"陇右道下",《新唐书》四〇"地理志·陇右道"也有相同的记载,但据《通鉴》二〇六"唐纪二二",这次吐谷浑归朝在武周圣历二年,则支援迎接吐谷浑北返的唐军主力豆卢军,在圣历二年已存在,置军之年最晚也是圣历二年,早于神龙元年六年。关于此点,上述陈国灿先生的文章已详考,又非本文主旨,不再评论。我要着重说的是:置在沙州这一军为什么名曰"豆卢"?豆卢这一名称如何解释?沙州置军而名曰豆卢的重要意义是什么?兹申论如下。

为了准确回答上述诸问题,首先必须简要论述与吐谷浑有关的史实。
《册府元龟》九六二"外臣部官号"云:

吐谷浑,晋末自称沙州刺史。

同书九六七"外臣部·继袭第二"云:

西北吐谷浑本鲜卑徒河涉归之子。（中略）而庶长吐谷浑西附阴山。（中略）树雒干死，弟阿豺立，自号骠骑将军沙州刺史，宋少帝封为浇河公。

据上引史料，在东晋末年及南朝初期，吐谷浑首领自称或自号沙州刺史，可见当时沙州在吐谷浑统治之下，有相当多的吐谷浑部族居住在沙州。《册府》所说晋末及南朝初期吐谷浑自称沙州刺史的沙州，大约在唐代的瓜、沙、河西一带。吐谷浑统治当时的沙州并有相当多的吐谷浑人居住该地区，这是可以肯定的。

《隋书》八三"吐谷浑传"云：

吐谷浑，本辽西鲜卑徒河涉归子也。初，涉归有二子，庶长曰吐谷浑，少曰若洛廆。涉归死，若洛廆代统部落，是为慕容氏。吐谷浑与若洛廆不协，遂西度陇，止于甘松之南，洮水之西，南极白兰山，数千里之地。其后遂以吐谷浑为国氏焉。（中略）炀帝即位，伏允遣其子顺来朝。时铁勒犯塞，帝遣将军冯孝慈出敦煌以御之，孝慈战不利。铁勒遣使谢罪，请降。帝遣黄门侍郎裴矩慰抚之，讽令击吐谷浑以自效。铁勒许诺，即勒兵袭吐谷浑，大败之。伏允东走，保西平境。帝复令观王雄出浇河，许公宇文述出西平以掩之，大破其众。伏允遁逃，部落来降者十余万口，六畜三十余万。

据上引史料，隋炀帝大业时，有大批吐谷浑部落降隋，这批降人的多数应入居毗邻吐谷浑的沙州、瓜州河西一带。根据以上诸史料和分析，唐代以前，有大批吐谷浑人住在沙州瓜州一带。我推测唐高宗时吐谷浑被吐蕃灭亡，居住在瓜州一带的吐谷浑人可能被驱逐南移吐蕃控制之境。上述情况，可以武则天时郭元振的话作为证明。按《通典》一九〇"边防六·西戎二·吐谷浑传"略云：

武太后朝，郭元振上安置降吐谷浑状曰：臣昨见唐休璟张锡等众议商量，其吐谷浑部落或拟移就秦（今天水郡）、陇（今汧阳郡），或欲移近丰（今九原郡）、灵（今灵武郡），责令渐去边隅，使居内地。（中略）臣以为并是偏见之一端，未为长久之深册。（中略）今吐谷浑之降者，非驱略而来，皆是渴慕圣化,冲锋突刃,弃吐蕃而至者也。臣谓宜当循其情以为制,勿惊扰之,使其情地稍安,则其系恋心亦日厚。当凉州降者(今武威郡),则宜于凉州左侧安置之。当甘州(今张掖郡)、肃州降者(今酒泉郡),则宜于甘、肃左侧安置之。当瓜州(今晋昌郡)、沙州降者(今敦煌郡),则宜于瓜、沙左侧安置之。但吐浑所降之处,皆是其旧居之地,斯辈既投此地,实有恋本之情。若因其所投之地而便居之,其情易安。

郭元振的这段话,对于申论本文主旨极重要,但首先必须明确这段话的时间性。据《新唐书》六一"宰相表"和同书一一三"张锡传",张锡在久视元年闰七月为宰相,据《通鉴》二〇七"唐纪二三",久视元年闰七月时,唐休璟为陇右诸军大使,不久即为魏元忠所代。唐休璟与张锡议安置内降吐谷浑的时间应在久视元年闰七月,郭元振上安置降吐谷浑状也应在同时或稍后。久视元年的前一年即圣历二年,此年六七月,大批吐谷浑人内附,即吐鲁番文书所记吐谷浑人进入瓜、沙、甘、肃、凉五州归朝内附,则郭元振建议安置者正是这一大批吐谷浑部落,可断言也。

文书残缺,残余记载的只是瓜、沙二州。但又明确记述,为了支援吐谷浑北返,唐使用的兵力为豆卢军、墨离军、建康军。按《旧唐书》三八"地理志"卷首"河西节度使"条略云:

建康军,在凉州西百二里,管兵五千三百人,马五百匹。

《唐会要》七八"节度使(每使管内军附)"条云:

建康军,置在甘、肃二州界。证圣元年,王孝杰开四镇回,以两州界回远,置此军焉。

豆卢军在沙州,墨离军在瓜州,建康军的情况如上所述。三军涉及瓜、沙、甘、肃、凉五州,这和郭元振上安置状中所说吐谷浑所降之处的五州完全相同。

安置状中的"但吐浑所降之处,皆是其旧居之地,斯辈既投此地,实有恋本之情"一句十分重要。这一句说明:在圣历二年以前的长时期内,早在东晋末南朝初以及隋大业年间,瓜、沙以及河西一带早已有大批吐谷浑人居住。到唐代初期,由于长期与汉人杂居,逐渐汉化,大批吐谷浑人成为从事农耕的汉人;但也一定有相当多的吐谷浑人仍保留骑射游猎的习俗,能武善战。唐政府把这些善战的吐谷浑人组建成备边的军队,这就是文书中记载的最迟在圣历二年已存在的豆卢军。

按《北史》六八"豆卢宁传"云:

> 豆卢宁,字永安,昌黎徒何人。其先本姓慕容氏,燕北地王精之后也。高祖胜,以燕。皇始初归魏,授长乐郡守,赐姓豆卢氏。或云北人谓归义为豆卢,因氏焉,又云避难改焉,未详孰是。

《隋书》三九"豆卢勣"传云:

> 豆卢勣,字定东,昌黎徒河人也,本姓慕容,燕北地王精之后也,中山败,归魏。北人谓归义为豆卢,因氏焉。

据此,鲜卑慕容氏因归义而为豆卢氏,则同出于鲜卑的吐谷浑人,因归义亦可为豆卢氏。我认为这就是最迟在圣历二年已建置的沙州豆卢军得名缘由。在唐中央官府或地方官府看来,无论是在唐初或隋大业时或远在晋末南朝初年入居沙州一带的吐谷浑人及其子孙,只要他们还未完全汉化且保留鲜卑旧习者,都可目为归义的吐谷浑人,因而称之为豆卢氏,由这样一大批人组建成的军队称之为豆卢军。

豆卢军得名的由来如上所述,这一史实反映了唐代前期,特别是圣历二年吐谷浑北返归朝之后,居住在瓜、沙河西地区的吐谷浑人是很多的。豆卢军可称之为吐谷浑人军队或以吐谷浑人为主体的军队。吐谷浑族在军事方面有如此重要作用,可以推断,在经济文化诸方面也要发生作用。研究瓜、沙河西地区历史者应重视吐谷浑族的历史以及有关吐谷浑人的史籍文献文物,否则,河西地区历史的研究就是不全面的。

居住在瓜、沙河西地区以至西北地区的少数民族很多,是唐史研究的重要课题。本文限于体例,仅举一例简论之。据敦煌县从化乡差科簿[伯三五五九(三)],此卷残存的二百五十七人几乎全是中亚昭武九姓胡。据此推测,全乡居民可能大多是昭武九姓胡。乡名"从化"也反映了全乡居民是从中亚昭武九姓胡移居敦煌者。胡汉杂居,汉文化影响胡人,胡文化也不能不影响汉人。这是民族问题,也是文化问题。多年以来,敦煌学研究者发现并研究唐户籍中存在的重要问题,不能解决。有的学者的提法似乎是创新见解,稍加研究,亦不能成立。近卢向前君著文(见行将出版的《清华大学纪念陈寅恪先生百年冥诞学术论文集》),以胡化婚姻之说解决了唐户籍中这一重要问题。民族与文化是先师陈寅恪先生史学体系的纲领,向前能解决多年来中日学者所不能解决的问题,在于他能遵循师祖的史学体系研究唐史。谨举出以告世之研究我民族文化史和唐史者。

## 二、唐开元一六年(728年)北庭节度申尚书省年终勾账稿残卷

日本学者池田温著《中国古代籍账研究》载有吐谷番残文书一件,池田温先生拟题为"唐开元十六年(728年)末庭州轮台县钱帛计会稿"。此一残文书包括三个断片:第一个断片三行,移录自罗振玉编《贞松堂藏西陲秘籍丛残》;第二断片十三行,内有著删除号者两行,移录自日本京都有邻馆藏卷;第三断片四行,亦移录自京都有邻馆藏卷。为了便于研究,兹据上述池田氏书全文移录如下。考虑到印刷出版上的困难,文书中著有删除号的行与字以及重复字句,皆不录,亦无损于文义。

(一)

1.□□傔从。十六年七月一日已后至十二月卅日已前,军府□

2.料并执衣白直课及诸色贷便:及马价纸价□使?□

3.及六月卅日已前破用回残钱等,总计当钱肆伯柒拾叁

4.（后　　缺）

（二）

［前　　缺］

　　　　秋冬两季

1.轮台县白直执衣,季别玖阡叁佰陆拾文。

2.计壹拾捌贯柒佰贰拾文。

3.军使八人料,从七月八月九月田

4.月十一月十二月,每月二千贰佰文,计一十三贯二百文。

5.一十一匹绝,绝别肆佰捌拾文［五千二百八十文二］

6.六匹纳马价值　　五匹纳纸价值

7.一百六十四匹大练,匹别肆佰文计六十四贯

8.叁拾三匹纳马价。壹拾肆匹,请得纳突厥马及甲价。

9.贰拾匹小练换得。拾匹纳纸价。捌拾叁匹纳▢

10.四百卅三匹　　小练,匹别三百廿文,计百八贯五百六十田☒。

11.一百五十匹两▢▢束▢

（后　　缺）

（三）

（前　　缺）

1.陆匹纳马价。伍匹纸价。

2.壹佰陆拾大练,匹别肆佰文,计陆拾肆贯。

3.叁拾叁匹马价。壹拾肆匹请得突蹶纳马及甲价。

4.贰拾匹小练换得。拾匹纸价。捌拾叁匹纳进马价。

（后　　缺）

细审《贞松堂藏西陲秘籍丛残》所载这一残文书第一断片原卷照相图版,池田温氏录文有两个问题:

（甲）第一行开端二字,池田氏录文空阙,细审图版,应是"合为"二字,

"合"字下部漫漶,"為"字简写作"为"。

（乙）第二行末"纸价"后,池田氏录文为"□使? □",细审图版,"纸价"后二字尚可辨识,即"绝练"二字也。

第二断片、第三断片,因未看到原卷,无从校勘。

文书录文校勘既竟,我们可以讨论池田温氏为此残文书的拟题,即"唐开元十六年(728 年)末庭州轮台县钱帛计会稿"。敦煌吐鲁番文书多残,残文书的拟题应能显示文书的性质及其时间性地域等,这对于研究者,特别是初学者,是很重要的。

从第一断片的"傔""军府"及第二断片的"军使八人料"等字句看,这一残卷不是轮台县官府文书。兹陈述理由如下:

《唐六典》五"兵部郎中员外郎"条(《旧唐书》四三"职官志·兵部郎中"条略同)云:

> 凡诸军镇大使副使已上(《旧唐书·职官志·兵部》"上"作"下",是)皆有傔人、别奏以为之使。大使三品已上傔二十五人,别奏十人。(中略)子总管四品已上傔十一人,别奏三人。(五品·六品,傔递减二人,别奏递减二人。)(中略)所补傔、奏,皆令自召以充。

据此,傔(或称傔人)是为武官个人服役者,又限于六品以上的武官。轮台县官府无六品以上的武官,县的收支账上不可能有关于傔的记载。同样,轮台县官府不能称作军府,县内收支账上不可能记载军府。特别应指出,第一断片一、二两行所记者,显然是与"傔""军府"有关的支出账目,这样账目不可能记在轮台县的支出账上。据此,这一残文书不是轮台县的收支账(按唐制应称为"年终勾账",详见下文)。残文书的第二断片上有"军使八人料,每月二千贰佰文"的记载,这一记载更充分证明,此残文书不是轮台县的收支账,轮台县没有军使,军使八人傔料钱的支出怎么可能记载在轮台县的账上呢?

按《元和郡县图志》四〇"陇右道下"略云:

庭州,长安二年改置北庭都护府,开元二十一年改置北庭节度使。

管县三:后庭、蒲类、轮台。

《唐会要》七八"节度使(每使管内军附)"条云:

至开元十五年三月,又分伊西、北庭为两节度。

关于改置北庭节度使的时间,与本文主旨无关,俟详考,今暂从《会要》为开元十五年正月。按《唐六典》五"兵部郎中员外郎"条云:

以奉使言之则曰节度使,有大使焉,有副大使焉,有副使焉。

《新唐书》四九下《百官志》云:

节度使副大使知节度事,行军司马副使判官支使掌书记推官巡官衙推各一人,同节度副使十人。

《通鉴》二一五"唐纪"三一"玄宗天宝元年"云:

北庭节度防制突骑施、坚昆,统瀚海、天山、伊吾三军。

据上引史料,北庭节度有品级较高武官,这些武官可自召置僚人;北庭节度当然可称之为军府:可有军使八人。残文书中的僚、军府、军使八人,置于轮台县皆不合,置于北庭节度皆合,据此可确定:此残卷不是轮台县的官府文书,而是北庭节度的官府文书。

文书第二断片:1."轮台县(秋冬雨季)白直执衣,季别玖阡叁佰陆拾文";2."计壹拾捌贯柒佰贰拾文"。可能由于这一记载,池田温氏把这一残卷定为轮台县文书,按唐制,开元中时,为县官服"白直执衣"役者,纳钱代役,称为白直执衣课。课钱纳入县,分诸官。这在县的出入账上应有记载。但县的财务账要上报北庭节度支度使,因此,北庭节度支度使的秋冬勾账理所当然地记载轮台县的白直执衣课钱,且与节度官府军使俸料并列。据此可以肯定这一残卷是北庭节度文书,不是轮台县文书。

池田温氏拟题中"钱帛计会稿"五字,虽稍笼统,但就残卷内容论,还是可用的,但不知"钱帛计会"是否为唐制或唐人习用的专用名称?敦煌吐鲁番社会经济文书大多残缺,为这些残卷拟题最好采用与其内容符合的唐制已有或唐人习用的专用名称。这些专用名称就是这些残卷的原有名称。为此,我认为,称本文研究的这一残卷为年终勾账可能更为适宜。

《唐六典》三"度支郎中员外郎"条云:

> 凡天下边军皆有支度之使,以计军资粮仗之用。每岁所费,皆申度支而会计之。以长行旨为准。(支度使及军州,每年终各具破用见在数,申金部度支仓部勘会。)

《唐会要》五九"比部员外郎"条略云:

> 长庆元年六月,比部奏,准制,诸道年终勾账,宜依承前敕例。如闻近日刺史留州数内,妄有削减,非理破使者,委观察使风闻按举,必重加科贬,以戒削减者。其诸州府,仍各委录事参军,每年据留州定额钱物数、破使去处及支使外余剩见在钱物,各具色目,分明造账,依格限申比部。准常限,每(年)限五月三十日都结奏。

《唐会要》所载比部奏虽是唐后期长庆元年者,但比部奏说"准制",又说"宜依承前敕例",则年终勾账这一制度,长庆以前的长时间内早已存在。唐前期已存在。《唐六典》所记述的"每年终各具破用见在数,申金部度支仓部勘会"就是天下诸军的年终勾账申报尚书省。本文研究的残卷应是一件长文书残留的极小部分,是开元十六年秋冬两季的部分支出账,但第一断片第三行所记者总计钱数包括六月卅日已前破用回残钱等,也就是开元十六年春夏两季破用回残钱等,据此推测,在第一断片之前应有春夏两季的破用项目和破用钱粮数目,而第一断片第三行所说的回残钱等正是春夏两季破用后的见在数。据此又可推测,第三断片之后,应有秋冬两季破用后的见在数,亦即全年破用后的见在数。这正是《六典》所说的"每年终各具破用见在数"。这样的账要申报尚书省的度支金部仓部比部,《六典》所说的"勘会"就是勾检,这样的账应称之为年终勾账。本文书是年终勾账的草稿,第二断片上删除的不少字句及与第三断片重复(第三断片是第二断片的抄清稿)都是证明。

总结以上全部考辨,我认为这件残文书的标题应为"开元十六年(728年)北庭节度申尚书省年终勾账稿残卷"。池田氏的拟题有误。

残文书的内容也值得研究,为了使文章不要过于枝蔓,留待另文讨论。

【王永兴　北京大学历史学系教授】
原文刊于《中国文化》1991年01期

# 寻觅湮没千年的东方摩尼寺

晁华山

## 一、近代考察与研究

1902 年至 1907 年德国柏林民俗博物馆向我国新疆先后派出了三个考察队,在吐鲁番考察遗址和古代石窟,发掘出许多古代写本和其他遗物。1909 年俄国科学院也向新疆派出了一个考察队,主要考察吐鲁番的石窟。德国考察队在 1905 年到 1913 年间陆续发表考察简报和图像,认为在哈拉和卓高昌故城遗址中有一座摩尼教寺院,另有一座最初可能也是摩尼寺。到 1914 年,俄国人发表了考察简报,认为在伯兹克里克有一个摩尼教洞窟。1931 年,法国巴黎法兰西研究院的一位考古学家到伯兹克里克考察这个洞窟,除确认这是摩尼教窟外,认为还另有一个摩尼教窟[①]。

---

[①] 德国考察队分别由格伦威德尔(A.Gruenwedel)和勒考克(A.V.Le Coq)领导,两人识别的地面摩尼寺是城中部的 K 遗址和西南部的 α 遗址,保存有壁画,出土摩尼教古写本。俄国考察队由奥登堡(C.O. Ольденбрг)率领,认为伯兹克里克第 38 窟(格氏第 25 窟)的二次建成窟是摩尼教窟,并刊布了该窟壁画照片。法兰西研究院的哈金(J.Hacken)认为伯兹克里克第 27 窟(格氏第 17 窟)的初建窟可能也是摩尼窟。以上 4 人的观点见本文后附的引用文献目录 9、10、15、16、26。

1988 年日本大阪大学的一位教师到伯兹克里克石窟考察,得到新疆方面的配合。1991 年这位教师发表专著,又指出一个有回鹘文题记的摩尼教窟②。

摩尼教在公元 3 世纪由摩尼创立于伊朗,之后向西传播到西亚、地中海沿岸和欧洲大陆;向东陆续传入中亚,以及我国新疆、中原、漠北和东南沿海,在东西方都延续到 15 世纪,是当时在东西方都盛行的世界宗教。近代对于摩尼教的研究开始于 19 世纪,从事研究的是西方学者,主要依据基督教文献。20 世纪初德国考察队在吐鲁番发掘出古代写本和地面寺院遗址是 20 世纪有关摩尼教的首次重大发现。30 年代在北非发现 3—6 世纪的摩尼教早期写本,则是 20 世纪的第二次重大发现。但是由于出土写本残损甚多,寺院遗址数量稀少,所以人们对摩尼教及其寺院的了解仍然不多。

本文作者近年曾在吐鲁番指导研究生考察石窟,从三个石窟群落中寻觅甄别出数十个摩尼教洞窟。这些洞窟有的形体保存尚好,有的壁画大都保存,这对了解古代世界曾广为流行的摩尼教显然十分重要。

## 二、窟寺分布与保存状况

吐鲁番三个主要石窟群落——吐峪沟、伯兹克里克和胜金口均有摩尼教石窟寺院,本文叙述洞窟状况时将按其位置、形制、壁画、榜文与洞窟间的相互关系而分为几类,其目的是为下文甄别和论证做准备。

吐峪沟洞窟沿河分布,分为 4 区,其中三个区有摩尼教窟。

**有壁画窟** 北区第 2 窟(图 1)(N2、文管所第 42 窟、德国格氏苦修洞 4 号)主室三壁开有七个小旁室,前室与邻近的 N3、N4 合用,主室正壁画七重宝树明使图,券腹及侧壁画左右分格、上下分列的"行者观想"图,小旁室内画水平格与壁面分界粗红线,也有"行者观想"图。西南区第 2 窟(图 1)(SW2、文管所第 1 窟、俄国克莱门茨第 38 窟)形制与上述北区第 2 窟相似,前室单独使用,主室三

---

② 日本大阪大学考察伯兹克里克石窟的教师是森安孝夫,他所指的摩尼教窟是第 35 窟(格氏第 22 窟)的初建窟。他还提到在第 8 窟(格氏第 1 窟的北邻窟)有刻划的摩尼教题记,见引用文献目录 28。

壁开有七个小旁室。主室正壁画七重宝树明使图、小旁室有壁面红界、前室画有联珠圈猪头纹、中亚式垛墙纹和着西亚装的施主列像。中区第7窟（M7、文管所第20窟、格氏大平台寺B4、克莱门茨第36窟）主室正壁画七重宝树明使图，侧壁画"行者观想"图，它的中文题解尚保存4条，每条约在20字以内，格式为："行者观想……"本窟后室画壁面红界。

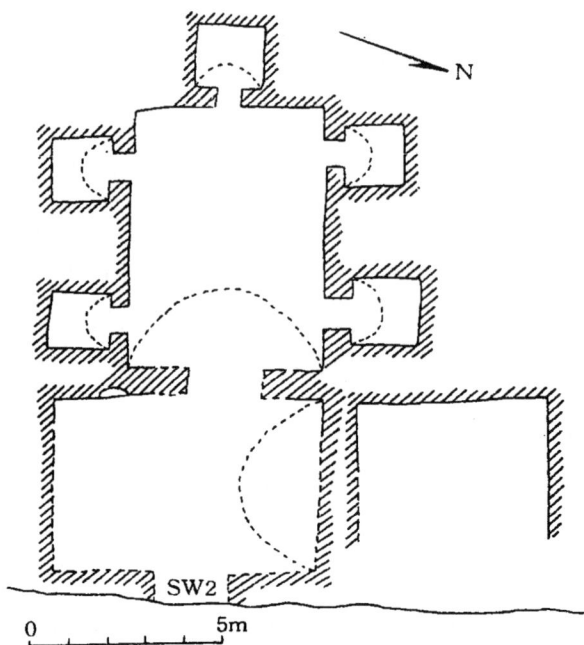

图1 吐峪沟西南区第2窟平面图

**有壁面红界窟** 窟内画水平格与壁面分界粗红线，形状与前述北区第2窟小旁室内的相同。各窟间有微小差别，这种洞窟有中区第6、22、23窟，北区第8、9、10、39窟。

**有小旁室窟** 北区第26窟形制与前述北区第2窟相似，主室三壁有小旁室。本窟规模较小，无壁画。

伯孜克里克摩尼教窟分别集中为三组。这些窟后来都被改建为佛教窟，这里所称"摩尼教窟"都是指初建窟，因而在窟号中加字母A或B，以示区别于编号所指的佛教窟。

北区组有六个窟（图2），其中第10A窟与吐峪沟北区第2窟形制相似，建有小旁室，主室正壁画七重宝树明使图，侧壁画"行者观想"图和纹饰。小旁室内画粗红线。后来主室各壁涂白灰浆一层，将原有壁画全部覆盖，作为佛教窟使用。现在白灰浆层脱落处均露出了初建时的壁画。第9A窟是有环形道的礼拜窟，后来被改建改绘成佛教窟，现在只有两处可以看到摩尼教窟画有蓝绿色调的壁画，但题材已看不出。

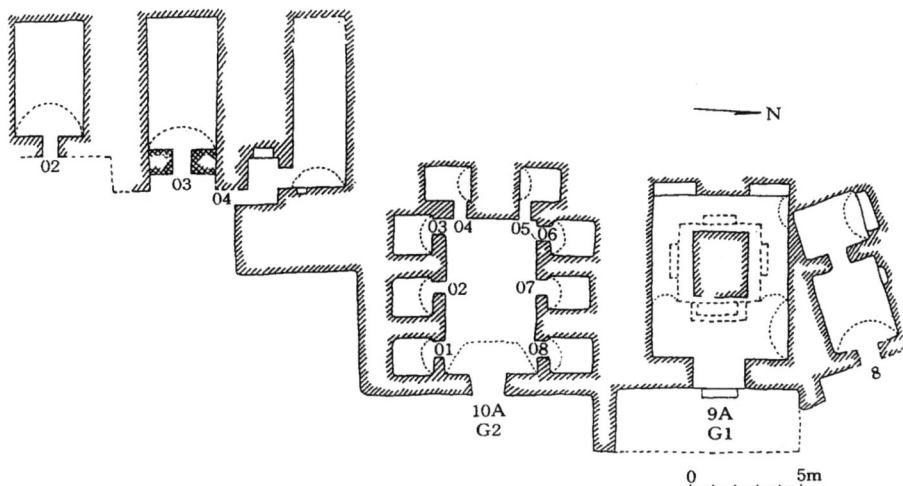

图 2　伯孜克里克北区寺平面图

第 8 窟内有壁面分界粗红线,并有两处刻划的摩尼教人名称号。第 04 窟有水平格和壁面分界粗红线,还有横列分格壁画,但题材已看不出。

第 02、03 窟的形制与上述第 04 窟相似,并且相邻,以上这六个窟相互邻近连接,形成一组。

中区组有七个窟。第 27A 窟正壁有帕提亚文和回鹘文题记十多行,各行字母大小不等,颜色有灰、土红和深红。始侧壁里端有帕提亚文竖行大字榜文四行,字宽 20 至 30 厘米,笔画为灰色,用红线双勾、字体规整,字形美观。末侧壁里端也有帕提亚文榜文。两侧壁的其他部位也有榜文,但是被后来的佛教窟墙壁覆盖。前壁有壁面分界粗红线。第 25B 窟也有类似的帕提亚文摩尼教大字榜文。

本组其他五个窟壁画题材不明,有的有回鹘文墨书题记,以上七个窟连通或者邻接在一起。在这七个窟的后上方的崖壁上有共用的 5 米高的草泥涂层。

本组各窟后来全被改建为佛教窟,主要是缩短、收窄和降低窟内空间,然后改绘佛教壁画,在第 26 窟则是涂白灰浆把原壁画覆盖。

南区组有六个窟(图 3),在各窟门外上方有一列梁孔和一列椽孔,表明当初这里有共同的前檐。第38B窟正壁上方弓形面画礼赞生命树图,两侧券腹下沿画摩尼寺寺宇图和着波斯装的摩尼教徒像。第35A窟写有回鹘文摩尼教榜文四行,其中两行是灰色字加暗红色双勾。第34A窟前段壁面有壁画,但已被后来的佛教壁画覆盖,题材不明。其他三个窟原有壁画状况不明。这6个窟后来全都被改建成佛教窟,其中五个窟的壁面全部或一部分被覆盖,原有壁画和榜文现在只能从佛教壁画破损处看到少许残迹。

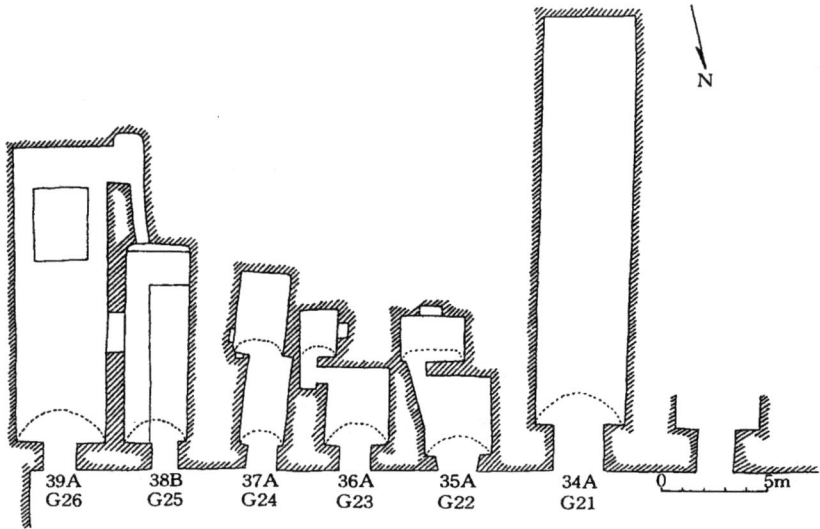

图3 伯兹克里克南区寺平面图

本人在胜金口只考察了两座摩尼寺,按位置可分别称之为北寺和南寺,俄国克莱门茨将这两寺合编为10号,德国格氏沿用这个编号。

北寺(图4)规模宏大,左右宽约40米,上下高约12米,从寺前地面到最高处窟顶共有五层平台。下起第3层是主要平台,这层平台的正壁建有5个洞窟,中心是有环形道的礼拜窟(第3窟),南邻窟(第4窟)是大窟,主室三壁开有旁室,其正壁上方半圆面画生命树与死亡树交会图,两侧壁画宝树果园图,树下有斋讲高师。大礼拜窟北邻窟(第2窟)正壁有龛,龛外和两侧壁画宝树果园图,券腹画葡萄树。后来礼拜窟改画佛教壁画,全寺被用作佛教寺院。

南寺规模较小,上下有五层整齐的平台,洞窟建于下起第1、2层平台。这座

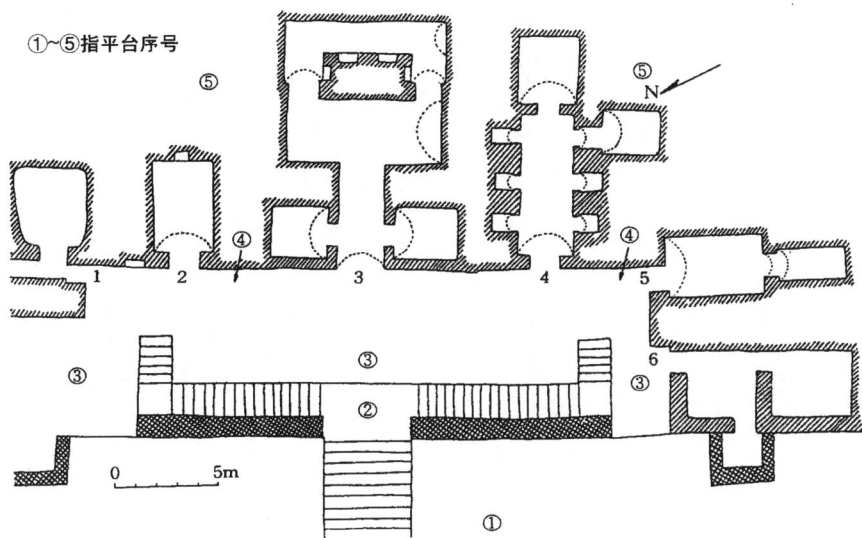

图 4　胜金口北寺(G10B)平面图

寺院的洞窟内后来被改小,并改绘佛教壁画,成为佛教寺院。

## 三、建筑与壁画的甄别

本节依次论述前述 5 类洞窟是摩尼教窟。

**有壁画窟**　首先从伯兹克里克第 38B 窟讲起。这个窟在 20 世纪初即已被辨认出是摩尼教窟,后来又经学者对其壁画和题记多次论证,在摩尼教窟这一判断上已没有异议。窟中主要壁画的题材是礼赞生命树(图 5),象征摩尼教的光明王国和对它的礼拜赞颂。窟中的寺宇图、波斯信徒像也都早被论证是摩尼教题材。

胜金口北寺上下有五层平台,第 3 层平台有五个洞窟,下部有台阶道,寺院的这种形制与上述伯兹克里克第 38B 窟的摩尼教寺宇图中的形制相近。这幅寺宇图中(图 6),上下分别是天穹与大地,天穹为七重半圆,象征摩尼教的七部大经。中间寺宇为五重台式建筑,殿堂在下起第一、二层台内。另据敦煌遗书文本

图5　礼赞生命树图　伯兹克里克第38B窟

《摩尼光佛教法仪略》中规定,摩尼寺的殿堂组成如下:"寺宇仪第五:经图堂一、斋讲堂一、礼忏堂一、教授堂一、病僧堂一。右置五堂,法众共居,精修善业。"③以上述寺宇图和寺宇仪对照胜金口北寺建筑形制和布局,不难看出胜金口北寺和摩尼寺规定的形制及布局相同。

再从壁画题材来看(图7)。胜金口北寺第4窟主室正壁画两株交会的大树,其树干的下段因泥

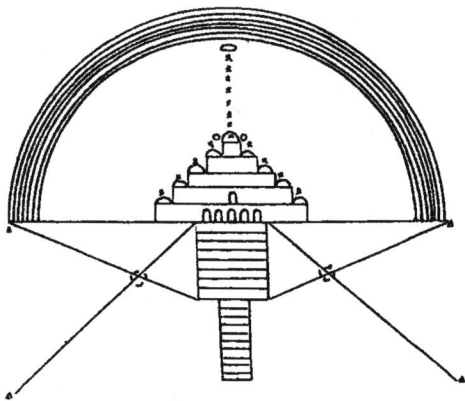

图6　摩尼教寺宇图　伯兹克里克第38B窟

层脱落而残失,末侧(右侧)的树冠枝叶繁茂,始侧(左侧)树冠凋零枯萎。从传世的摩尼教文献和出土写本得知,摩尼教教义的核心是二元论,也就是两个王

---

③　敦煌遗书里有中文摩尼教写本3种,其中两种译自中亚古代语文,另一种《摩尼光佛教法仪略》则是中文撰述,简要介绍摩尼教的教主、经典、图典、教阶、寺宇、教义等,是8世纪时摩尼教高师在长安呈送唐朝玄宗皇帝的奏文。这3种摩尼教遗书的录文均收入《大正藏》第54册中。另有新订录文收入本文后引用文献目录34的书中,见该书第230—233页。

图 7　胜金口北寺第 4 窟壁画分布图

国,即光明王国与黑暗王国,或神的王国与物的王国,好的王国与坏的王国。这
两个王国在图像上即表现为两株树,也就是经常所说的生命树与死亡树,或善树
与恶树。关于这两株树的性质和形态,在《巨人书》中有详细的论述。如说"善
也以'光明'和'生命树'表示,它占据着东方、西方和北方,而在南方则有死亡
树"。在 30 年代于埃及发现的科普特文摩尼教古写本《信仰要文》中分别称这
两种树为善树与恶树,还提到摩尼本人曾说过"恶树是物质实体",它代表死亡
与黑暗,处于善树与光明的对立面。死亡与生命分别位于黑暗与光明之中,生命
永远放出光芒,死亡始终于黑暗之中。光明之源在天堂王国,黑暗之源在地狱王
国。光明之根长出生命树,黑暗之根长出死亡树。关于生命树和死亡树的形象
与意义,在《巨人书》中曾说到,生命树永远充满生机和光明,总是硕果累累,它
象征光明王国及其居民,象征它的富庶、繁荣和昌盛。生命树的反面即是死亡
树,它实质上并无生命,树上不结果实,是黑暗王国的象征。从以上关于摩尼教
二元论的论述不难推论本窟正壁画的两株树就是摩尼教教义中的生命树和死亡
树,而它象征的正是光明王国和黑暗王国。《信仰要文》还认为,不仅摩尼教的
根本教义在这样两株树里得到集中再现,而且摩尼教徒把它的各种神灵和现象

都能与这样的两株树联系起来。④ 摩尼教的二元论在世界演化方面的教义是
"二宗三际论",据前述《摩尼光佛教法仪略》载:"初辩二宗:求出家者,须知明暗
各宗,性情悬隔……次明三际:一、初际;二、中际;三、后际。初际者,未有天地,
但殊明暗……中际者,暗既侵明,恣情驰逐;明来入暗,委质推移……后际者,教
化事毕,真妄归根;明既归于大明,暗亦归于积暗。二宗各复,两者交归。"据这
段引文可知,三际分别指过去、现在和将来。在图像上的表现则是两株树的主干
有两次交会,下部交会之下表示初际,上部交会之上表示后际,两交会之间表示
中际。现存图中只有两树的上部交会,即表示中际的一部分和后际的全部。由
此看来这幅图既象征明暗二宗,又象征过去、现在和未来这三际。

本窟主室两侧壁各画三株树(图 8),树冠枝叶繁茂,果实累累,树间有禽鸟
飞翔。出土的摩尼教古代写本中有关于树木的记载,在一首摩尼教赞诗中曾说,
摩尼教教团由普通信徒和高僧组成,在文字和图像中以善树和长满果实的树表
示,这些树由教徒栽种培育。树上结的每一个果实都表示教团的一员。教徒的
解脱以果实的成熟及其被采摘来表示。教团中的各个部门也以教徒垦殖的不同

图 8　宝树果园图局部　胜金口北寺第 4 窟

---

④ 《巨人书》(*Buch der Giganten*)被收入本文后引用文献目录 1 的书中。《信仰要文》(*Kephalaia*)被收入引
用文献目录 22 的书中。此处引文见前书第 11—12 页,后书第 22、32 页。

果园表示,在这些果园中既有果树,也有花草。⑤ 在《信仰要文》中曾明确写道,"教团是善树"。⑥ 在摩尼教另一件写本中把教团的一名高僧描写成树。⑦ 在摩尼教古写本中也常把摩尼和耶稣比做或画成生命树,在《摩尼与摩尼教》一书中曾收有这样的写本。⑧ 在摩尼教一首赞诗中直接称摩尼和耶稣是生命树。⑨ 在另一处经解中称摩尼为善植物。⑩ 从以上引文可以看出,本窟主室侧壁所画的正是摩尼教写本中所说的善树、生命树,由于画的生命树不止一株,那么这些生命树也就构成了生命树园或宝树果园。

在本窟主室正壁左侧还保留着一个僧人的头肩部的形象,僧人两肩冒出光焰。在两侧壁下半部的壁画已被现代泥涂层覆盖,据 1906 年德国格伦威德尔的简报所述,在每棵生命树下画一坐姿高僧形象,高僧身后燃起五股光焰。这种有光焰的僧像也与摩尼有关。在 10 世纪末阿拉伯史学家纳狄木(al-Nadīm)所著《群书类述》(Firhist al-Ulūm)中曾引用过一段关于摩尼的传说,当摩尼觐见萨珊国王沙卜尔时,其双肩闪闪发光,似有烛光照耀。⑪ 这种将摩尼神化的表示方法很可能被用到摩尼教高师的身上。

胜金口北寺第 2 窟(图 9)正壁和两侧壁画多株树木,树木种类不同,但都是枝叶繁茂,果实累累,并有禽鸟飞翔于树间。在券腹全部画葡萄树(图 10),有多条藤蔓缠绕,结出众多的成串葡萄。在科普特文、古希腊文和中文摩尼教古写本中均有将葡萄树和摩尼教联系在一起的记载,往往将教

图 9 胜金口北寺第 2 窟壁画分布图

---

⑤ 将教团和教徒比做果树和果园的赞诗收入引用文献目录 2 的书中,见该书第 120—121、218 页。又见于引用文献目录 3 的书中,见该书第 865 页。
⑥ 见引用文献目录 22 的书中,第 217—218 页。
⑦ 这件写本收入引用文献目录 3 的书中,见该书第 865 页。
⑧ 这本书是引用文献目录 25 所指书,见该书第 27 页。
⑨ 这首赞诗现收入引用文献目录 2 的书中,见该书第 80 页。
⑩ 这首赞诗现收入引用文献目录 23 的书中,见该书第 61 页。
⑪ 《群书类述》中关于摩尼双肩有光焰的传说被本文后引用文献目录 21 的书所采录,见该书第 189 页。同一传说也见于目录 23 的书中。

图 10　宝树果园图局部　胜金口北寺第 2 窟

团与教徒以葡萄树表示，并提到藤蔓与葡萄，还将下层教徒以葡萄榨汁器表示。有的赞诗中描述教团被捣毁、教徒被驱赶时曾用葡萄树园做比喻，说"暗魔冲入葡萄园，砍断葡萄树枝"，摩尼教一个名叫初人的神，其灵魂即以葡萄树表示。在古希腊文写本中，摩尼被描写成葡萄园果农神。[12]

上述胜金口北寺的建筑形制和壁画题材都与摩尼教写本上所记载的相同，因而可以认为该寺是一座摩尼教寺。

胜金口南寺（图 11）也有五层平台，而且更加显著。洞窟建造于下方两层平台，上方的三层平台工程浩大，显得雄伟壮观，但却没有开凿一个洞窟。本文前已谈及摩尼教寺宇图中的寺宇即为五层台式，那么，单从建筑形制即可认为胜金口南寺是一座摩尼教寺。至于本寺壁画，则因后来要改建成佛寺而被铲除或被覆盖，那么原有的壁画题材已无从得知。

在吐峪沟和伯兹克里克共有四个洞窟的主室正壁画的是"七种重树

图 11　胜金口南寺外观图

---

⑫　描述教团与葡萄园的赞诗被收入引用文献目录 23 的书中，见该书第 76 页。

明使图"（图12），这种画幅面积大，上下分七列，每列横行七格，每格内画一株宝树，各树形状相同，宝树下画两个或四个莲花或莲蕾。吐峪沟中区第7窟的宝树树（图13）冠中画有白衣天女，在莲花中有带头光的天神或天女。吐峪沟西南区第2窟的宝树中均画出七个两种形状的宝石（图14），宝石贴金，放出光芒，宝树下的莲花中也有白衣天神。宝树间的格界中画鸭子戏水的池塘。那么这大幅画究竟是什么内容？在吐峪沟中区第7窟侧壁壁画的题解中正好有"宝树七重"字样，在敦煌遗书摩尼教赞诗中文译本《下部赞》的"叹明界文"中描述光明王国的宝树果园时说道，"彼处宝树皆行列，宝果常生不凋朽……香气氛芳充世界，宝花相映常红素。"[13]这些宝树即是生命树，成行成列的生命树，象征光明王国里繁荣昌盛的景象。

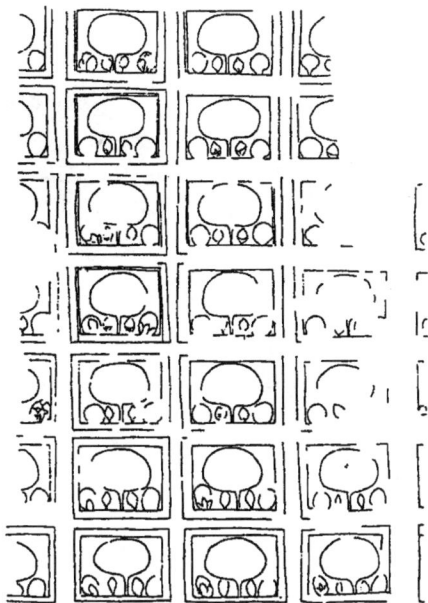

图12　七重宝树明使图局部　吐峪沟西南区第2窟

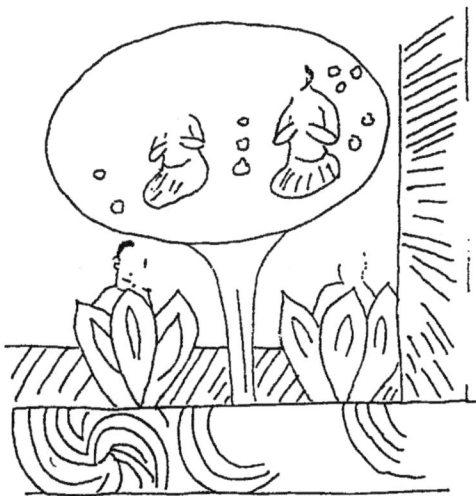

图13　七重宝树明使图局部　吐峪沟中区第7窟

---

⑬　关于光明王国宝树果园的这4句赞诗见引用文献目录34的书中第256页。

图 14　七重宝树明使图局部　吐峪沟西南区第 2 窟

　　在上述宝树树冠中和树下莲花中有带头光的白衣男女天神,这应是摩尼教的明使(图 15)。在摩尼教三际论的中际阶段,即现在阶段,光明王国的最高神大明尊为了制服黑暗王国的暗魔,曾三次召唤出诸明使,其中有善母(生命母)、先意(初人)和惠明使(化身美女),这些明使出自宝树的花与果中,并能哺育光明五子,以其使制服暗魔五子。在《下部赞》的"赞夷数(耶稣)文"中有如下诗句:"敬礼称赞常荣树,众宝庄严妙无比……一切诸佛(明使)花间出,一切智慧果中生。能养五种光明子,能降五种贪□□(暗魔)。"⑭在敦煌遗书摩尼教经典中文译本《摩尼教残经一》中曾有:"十二相树初萌,显现于其树上,每常开敷无上宝花;既开已,辉光普照,一一花间,化佛(明使与诸神)无量;展转相生,化身无量。"⑮摩尼教明使应召唤而出的这种过程在图像上便以化出的方式,而不以生育的方式表示,因为摩尼教禁戒婚配和生育。这些画幅中的明使穿着白衣乃是摩尼教的特点,20 世纪初在吐鲁番出土的摩尼教写经的插图中明使、诸神和教徒均着白衣。地面摩尼寺的壁画中也有相同的白色服装。⑯

──────────

⑭　关于明使从宝树中化出的赞诗见目录 34 的书中第 234 页。
⑮　关于明使从花中化出的记载见目录 34 的书中第 225 页。
⑯　这些写经插图和壁画 20 世纪初已经刊布,见目录 15、16 两书的图版。

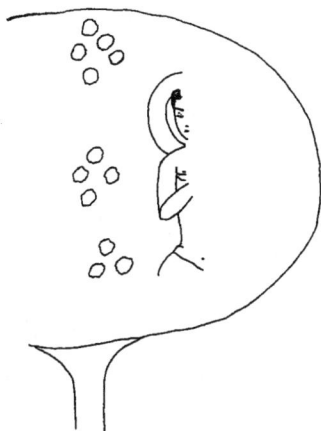

图 15　七重宝树明使图局部：树冠中明使　吐峪沟中区第 7 窟

在这大方幅画的格界中画鸭子戏水，则和伯兹克里克最早被辨认出的摩尼教第 38B 窟壁画中的鸭子戏水相似，这水池则是前述《下部赞》中"听者忏悔愿文"里所说的"七宝香池，满活命水"。⑰ 宝树就从这水池中长出。

以上从 3 个方面分别论述了这大方幅画的题材是摩尼教题材。这幅画所在的位置在洞窟中是最重要和最显著的，这类洞窟的用途以下我们还要论述是讲经、斋戒和观想，而讲经就要讲摩尼教的七部大经，那么，这幅画中七行七列的"七"就是指这七部大经。在《摩尼光佛教法仪略》中曾阐述这七部大经的作用，说"感四圣以为威力，腾七部以作舟航"⑱。这意味着七部大经是超度信徒到光明王国的航船，那么诵习这七部大经、观想这代表七部大经的宝树和明使，也就具有超度自己和求得解脱的重要作用。关于这幅画的名称，因为既有宝树，又有明使，所以称之为"七重宝树明使图"。

在这几个画七重宝树明使图的窟中，其他壁面最常见的题材也是树，这些树生长于水池之中，水中有鸭子嬉水，树木枝叶繁茂，香花盛开，果实累累，还结有金银、珍珠和宝石，这些珍宝光焰四射，树上还缠有彩色绶带。这样的树木形象与前述伯兹克里克摩尼教第 38B 窟中的生命树形象类似，那么这些树也绝非普

---

⑰　《下部赞》的这两句见目录 34 的书中第 263 页。

⑱　这两句见目录 34 书中第 231 页。

通意义的树,而是摩尼教的生命树。在科普特文和中文古写本中称这种生命树为宝树、善树、常荣宝树,也将摩尼和耶稣比作宝树加以赞颂,如《下部赞》的"叹明界文"中有:"彼处宝树皆行列,宝果常生不凋朽,大小相似无虫食,青翠茂盛自然有。……宝树根茎及枝叶,上下通身并甘露。"在同书"赞夷数(耶稣)文"中有"敬礼称赞常荣树,众宝庄严妙无比。攉质弥纶充世界,救叶花果□□□"。在同书"称赞忙你(摩尼)具智王"一节中有"自是光明妙宝花(树),攉干弥轮超世界,根果通身并堪誉"。在同书"赞夷数(耶稣)文第二叠"中有"恳切悲嗥诚心启:众宝庄严性命树,……常荣宝树性命海,基忙坚固金刚体,茎干真实无妄言,枝条修巨常欢喜。众宝具足慈悲叶,甘露常鲜不凋果"[19]。在洞窟中画出这些宝树,其目的之一是观想这些宝树,并得以食用其果实,以使身心健康,祛除病痛,长生不老,脱离苦海。在《下部赞》的"称赞忙你(摩尼)具智王"一节中有"若人能食此果者,即得长生不死身;或复尝彼甘露味,内外庄严令心憘"。在同书"赞夷数(耶稣)文第二叠"中有"食者永绝生死流,香气芬芳周世界! 已具大圣翼长生,能苏法性常荣树"[20]。

图 16　日月宫图
吐峪沟中区第 7 窟

在吐峪沟中区第 7 窟券腹及各画幅间也画有众多的珍珠、宝石和其他珍贵饰品在空中飘移、散落人间,这种情景正是摩尼教徒所追求的光明王国的写照。在《下部赞》的"叹明界文"中对光明王国(明界)的描述是"世界充满诸珍宝,无有一事不堪誉,伽蓝(摩尼寺)广博无乏少,岂得说言有贫苦?"[21]

在这个窟中画有一幅日月宫图(图 16),

---

⑲　这几段引文见目录 34 的书中第 234、239、245、256 页。
⑳　这两段引文见上书第 239、246 页。
㉑　见上书第 255 页。

图 17　摩尼教教主及其日月合璧头光　哈拉和卓摩尼寺 K 遗址

图中心圆形为日，向外两侧及下方有辐射线的是
新月，再向外是八星环绕。与此相似的图像在另
外两处曾见到过。其一是哈拉和卓摩尼寺 K 遗
址的礼拜摩尼大幅壁画，画中摩尼的头光即是这
种日月宫图（图 17）；另一幅是哈拉和卓出土的一
件摩尼教经页插图（图 18），现残存原幅 1/6 左
右，原来整幅画可能是明尊及其诸使者图，明尊居
画幅正中，但大部已残失，仅存右侧少量背光外
环，明尊周围的使者仅存佛陀，残失的应是琐罗亚
斯德、耶稣和摩尼，在明尊背光之上存八星环绕日
月图，因图幅较大，仅能见日和周围的八星。㉒ 以
上这 3 幅图显然是同一来源，表达同一主题，而以
吐峪沟的图像最完整。这后二者是摩尼教图像已
无疑问。在摩尼教古写本中多次提到日月，而且
常常相提并论，如一件突厥文写本中有"日月神在

图 18　日月宫图
哈拉和卓摩尼寺 K 遗址

㉒　日月合璧的壁画照片刊于目录 15 书中的图版 1，目录 16 书中的图版 1a；明尊及其使者经页插图刊于目
　　录 16 书中的图版 6e。

二光明殿中升座"。在一件科普特文写本中写道,"日是生命火之船,月是生命水之船"㉓。在《下部赞》的"普启赞文"中有如下4句:"又启日月光明宫,三世诸佛(明使)安置处,七及十二大船主,并余一切光明众。"摩尼教的七部大经之一是《应轮经》,该经曾写道:"若电郍勿(教主)等身具善法,光明父子及净法风,皆于身中每常游止。其明父者,即是明界(光明王国)无上明尊;其明子者,即是日月光明;净法风者,即是惠明。"㉔在《摩尼教残经一》中曾说,"又如日月,于众像中最尊无比,舒光普照,无不滋益。"㉕

在这个窟中保存着四幅画的中文题解,每条题解的开头有"行者"一名,这一词在摩尼教写本中曾出现过。在《摩尼教残经一》中论述中际阶段明暗势力相斗时曾写道:"如是三日及以二夜,于其师僧及至行者,并皆具有二界记验。"㉖这段引文中的师僧指高阶信徒,行者指普通正式信徒。后来在中国内地的文献中也有摩尼教行者的记载,如《宋会要辑稿》第一六五册"刑法二"七十八的禁约中所载,北宋宣和二年(1120)"臣僚言:——温州等处狂悖之人,自称明教(即摩尼教),号为行者。今来明教行者,各于所居乡村,建立屋宇,号为斋堂,如温州共有四十余处,并是私建无名额佛堂。每年正月内,取历中密日,聚集侍者,听者、姑婆、斋姊等人,建设道场,鼓扇愚民男女,夜聚晓散"。由这段引文看,"行者"是当地摩尼教信徒的头目,这些人发起建造摩尼教寺院,组织教团活动。"行者"又指摩尼教正式信徒,有时单指上层信徒。在洞窟壁画中所画的行者均着法衣,表明是摩尼教的正式信徒,而不是过世俗生活的一般信徒(即听者)。我们也注意到,行者在佛教中指的是"欲求出家,未得衣钵,欲依寺中住者",㉗即指信徒而没有出家,也不穿法衣不持钵的俗家弟子。

在吐峪沟北区第2窟的旁室中画有所谓观想阴阳人图(图19),所谓阴阳人,画的是一人裸体分腿站立,其身体左半侧以粗墨线勾画,而右半侧先涂白底

---

㉓ 突厥文写本的摘录刊于目录4的书中第166页;科普特文写本在《信仰要文》中,被收入目录22的书中第24页。

㉔ 摩尼教七大经之一的《应轮经》中这段经文被《摩尼教残经一》引用,见目录34书的第221—222页。

㉕ 开于日月最尊的引文见目录34的书中第224页。

㉖ 关于行者的引文见目录34的书中第220页。

㉗ 佛教典籍中有关行者的释义见《释氏要览》卷上,被收入《大正藏》第54册,编号为2127,第266—267页。这里的行者是外界对修行人的称呼。

色,再以淡色线画出轮廓和骨骼。这象征着人体包含黑白、明暗两部分。摩尼教从二元论出发,认为人体包含光明分子和黑暗物质,光明分子是被黑暗物质俘获的。光明分子的集中表现便是人的灵魂,摩尼教的使命是要唤醒人类,使光明的灵魂得救,回到光明王国。只有摩尼教徒的灵魂有希望得救,他们还必须尽力保存自己的光明分子,再通过礼拜、祈祷、斋戒等仪式而升入光明王国新乐园。

在这个窟的另一旁室中画有观想裸女图,裸女肥胖,横卧地上。摩尼教写本《下部赞》中"叹无常文"有四句诗:"先断无明恩爱欲,彼是一切烦恼海。未来缘彼受诸殃,现世充为佛性械。"同书"叹明界文"有如下诗句:"在彼一切诸圣等,不染无明及淫欲,远离痴爱男女形,岂有轮回相催促?"[28]这两段引文表明摩尼教强调人的灵魂应力求回到光明王国,因而要求信徒必须断绝爱欲,不能婚配和生育。这幅画正是要观想者意识到裸女的丑恶,以断绝爱欲。

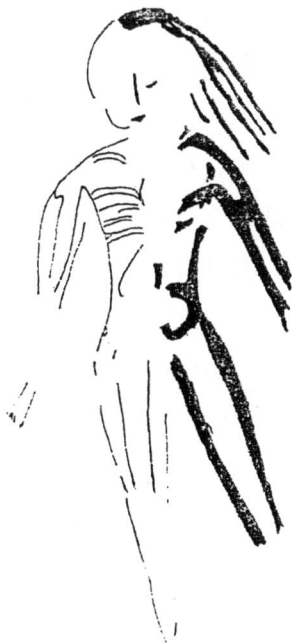

图 19  阴阳人图
吐峪沟北区第 2 窟

在吐峪沟中区第 7 窟的中文题解中有:"行者当起自心,生于西方极乐世界。"这里所说的极乐世界,在摩尼教写本中又称常乐国和明界,都是指光明王国。在《下部赞》的"叹明界文"中有:"一切暗影及尘埃,极乐世界都无此……极乐世界都无此,处所清净无灾祸。……斯乃名为常乐国,诸佛明使本生缘。无有三灾及八难,生老病死不相迁。斯乃如如一大力,忙你(摩尼)明使具宣示。"[29]

以上是从壁画题材论证画有七重宝树明使图的 4 个洞窟是摩尼教洞窟,现在再从建筑形制分析这类洞窟是否属于摩尼教。这 4 个洞窟中有 3 个洞窟附有旁室,这与已被论证是摩尼教窟的胜金口第 4 窟相同,那么,从建筑形制来看,这几个洞窟也属于摩尼教。再从相反的角度看,吐鲁番的佛教洞窟没有一个具有

---

[28]  这两段引文见目录 34 的书中第 241、254 页。
[29]  有关极乐世界的引文见同书第 258 页。

这种形制。

**有榜文窟** 伯兹克里克第 27A 窟的壁面现在只有不到 10% 显露出来,壁面写有正式的彩色大字榜文,这些帕提亚文、摩尼文和回鹘文榜文经释读是摩尼教的祈祷文和发愿文,[30]所以无须进一步论证即可确认这是摩尼教窟。有相似榜文的还有第 25B、35A、8 窟三个窟。

**有壁面红界窟** 前已论证的摩尼教窟中,吐峪沟北区第 2 窟、西南区第 2 窟,其旁室中均画壁面分界粗红线(图 20),有的加画有水平格粗红线,后者表示建筑物的梁枋,称为"七红八白",表明它是这一类摩尼教窟的特点。由此推论,其他画有这种粗红线的洞窟都是同类的摩尼教窟。这些有粗红线的洞窟大都没有壁画,更没有佛教题材壁画,属于这类窟的有伯兹克里克第 04、27A 窟,吐峪沟中区第 6、22、23 窟,北区第 9、10、11、39 窟。

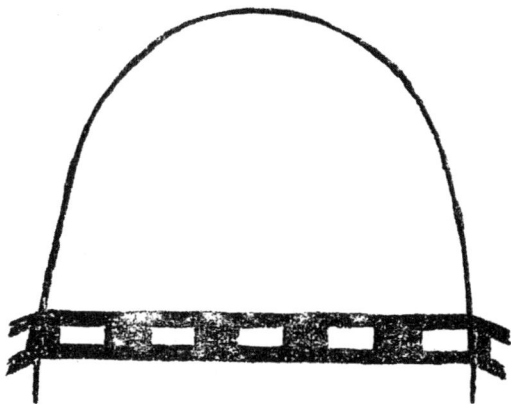

图 20　水平格与壁面分界粗红线　吐峪沟北区第 2 窟

**有小旁室窟** 前面已论述过画有七重宝树明使图的洞窟是摩尼教窟,这几个洞窟除一个外都开有小旁室。胜金口北寺第 4 窟也有小旁室,已知这种有小旁室的洞窟都是摩尼教窟。吐峪沟北区第 26 窟也是这种形制的洞窟,但其规模比上述各窟小,没有壁画,所以这也是一个摩尼教窟。

以上已将有较多特点的摩尼教洞窟论证确认,现在还剩余十二个洞窟待论

---

㉚　有关榜文的最新释读结果见目录 28 书中第 27—30、179 页。

证。这些洞窟没有上述任何一种特点,但是这些洞窟和上述已被论证的摩尼教窟分别相邻,并位于相应的组合之中。每组洞窟当时可能是一座寺院,而这些缺乏特点的洞窟都曾是寺院中有某种用途的单窟,所以这些洞窟也都是摩尼教窟。

到此已论证了各种形制的摩尼教窟,现将这些洞窟按所在石窟群落及相互邻近状况列表于后:

| 吐峪沟:11 个窟 | |
| --- | --- |
| 北区 | N39　N8、N9、N10　N2　N26 |
| 中区 | M6、M7　M22、M23 |
| 西南区 | SW2 |

| 伯兹克里克:19 个窟 | |
| --- | --- |
| 北区 | 8、9A、10A、04、03、02 |
| 中区 | 23A、24A、25A、25B、26B、26、27A |
| 南区 | 34A、35A、36A、37、38B、39A |

| 胜金口:9 个窟 | |
| --- | --- |
| 北寺 | 1、2、3、4、5、6 |
| 南寺 | 7、8、9 |

除以上已被论证的三十九个摩尼教窟外,还有没有其他摩尼教窟?据观察还有三十多个洞窟可能也是摩尼教窟,不过这些疑似的洞窟与上述洞窟有区别,论证比较困难,本文以下两节将简略讨论。


## 四、殿宇分类与寺院组成

有关摩尼教寺院中殿堂组成的文献记载十分稀少,在敦煌遗书摩尼教中文残卷《摩尼光佛教法仪略》中讲到,典型的摩尼教寺院由五种殿堂组成,每种各一座,即经图堂、斋讲堂、礼忏堂、教授堂和病僧堂。对于各殿堂的形制与功能,该写本再无进一步解释。用这件写本以及前述伯兹克里克第38B窟中的摩尼教寺宇图来对照研究吐鲁番的摩尼寺,那么胜金口北寺与这种五堂制最接近,北寺主平台和正壁连通的正好有五个洞窟。那么这五个洞窟也许当初正是按上述"五堂"建造的。(图21)正壁中心的第3窟规模宏大,有环形礼拜道,可以进行摩尼教"三行三礼"的礼赞仪式,[31]这相当于五堂中的礼忏堂。它的北邻第2窟画葡萄树和宝树果园图,象征这里是一个教团,由高阶法师在此宣讲经律,这相当于教授堂。向南第4窟画象征光明王国和黑暗王国的生命树与死亡树,还有宝树果园和斋戒的高师,并且开有供斋戒修业的旁室,这个窟应是斋讲堂。主平台北端第1窟有主室和旁室,以及长通道,无壁画。主平台南端第5窟有主室和幽深的后室。这两窟是否分别相当于病僧堂和经图堂就难于确定了。

由上述五堂的形制和壁画,可以类推出其他地点若干摩尼窟的性质。与上述第4窟形制和壁画题材相似的都应是斋讲堂。但礼忏堂的类推比较困难,因为上述礼忏堂的壁画未保存

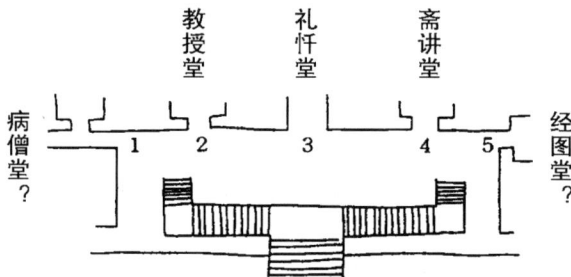

图21 胜金口北寺摩尼教五堂位置图

下来,于是只能从形制,规模和位置三方面分析类推。教授堂的类推也相当困难,只有伯兹克里克第38B窟与此类似,这个窟画礼赞生命树图,窟内建有坐台,可供高师及徒众打坐。现将可分类的窟列表如下:

斋讲堂　胜金口北寺4

吐峪沟 N2、N26、M7、SW2

伯兹克里克 10A

礼忏堂　胜金口北寺3、南寺7 :B

伯兹克里克 9A、27A、34A

教授堂　胜金口北寺2

---

[31]　在《下部赞》中有礼拜摩尼像时唱诵的赞诗,唱完一节后,信徒要"三行三礼至于亡没听者,任依梵音唱亡人名",接着再唱诵下节赞诗,大约要进行3个回合。从现存洞窟结构看,这"三行"大概与佛教礼拜方式的"右绕三匝"相似。上述这段引文见目录34书的第259—260页。

伯兹克里克 38B

摩尼寺五堂内只有前三种有壁画。斋讲堂内壁画保存最多,其他两堂保存壁画甚少。现将各殿堂内壁画题材归纳如下:

斋讲堂:1.生命树与死亡树交会图。

2.七重宝树明使图。

3.宝树果园图。

4.日月宫图。

5.高师斋讲图。

6.行者观想图。

7.阴阳人图。

8.断爱欲图。

9.其他。

教授堂:1.礼赞生命树图。

2.葡萄树图。

3.宝树果园图。

4.礼赞宝珠图。

5.寺宇图。

6.摩尼高师图。

摩尼教壁画在艺术上与当地的佛教壁画不同,而与中亚粟特地区的壁画有较多的相似,应属粟特与突厥系统。[32] 之所以有这样的特点,是因为摩尼教由波斯人和粟特人传来,这里信摩尼教的人大都属突厥系各族。关于这一点,本文最后一节还要论述。

关于摩尼教寺院的组成,前文根据摩尼寺的五层台形推论出胜金口南寺和北寺各是一座摩尼寺。在伯兹克里克和吐峪沟没有这样的五层台,因而必须依据另外的条件。

---

[32] 在中亚粟特地区的片治肯特曾出土 7 世纪至 8 世纪的壁画,见目录 27 书中图版 88、89、92、93。这些壁画与吐鲁番摩尼寺壁画有相似的风格。

伯兹克里克的摩尼窟分布在三个区、在各区内洞窟相互靠拢,形成三个单元,在窟外保存有共同建筑的遗迹,每个单元有六个或七个洞窟,不同单元摩尼窟之间相距很远,因而可以认为每个单元就是一座摩尼寺,这就是北区寺、中区寺和南区寺,各寺所含洞窟见上节末的摩尼窟表。这 3 个摩尼寺均各有一个礼忏堂,这是它们的共同特点。

要推测吐峪沟摩尼寺的组成则更困难。按位置临近的原则,吐峪沟似有 3 个摩尼寺,西南区寺包括该区南端的 9 个窟,除前已讨论过的西南区第 2 窟外,还有第 5A 窟,这是个礼忏堂,但后来被改建成佛教窟,摩尼教壁画已看不到了。第 1 窟也被改建成了佛教窟。其他窟现在已十分残破。中区寺有四个窟已被论证是摩尼窟,形制相同,而且都是斋讲堂。另有十六个形制与此相同,但没有壁画的洞窟也应是摩尼教斋讲堂。中区的中心是一个有传统佛与菩萨像的大窟,壁画题材特别单调,根本没有一般佛教窟的诸如礼佛、说法、佛传、本生、因缘等题材,那么可以认为这是摩尼教初建洞窟时的做法,在形式上与佛教窟一致,把摩尼教看作佛教的一支。像这样的壁画窟,如果解释成摩尼教窟也没有矛盾。因为主像可以被当作摩尼像、配像可以被当作摩尼教诸神像,而此外再没有佛教故事画。在吐鲁番出土的摩尼教写本中,有许多都把摩尼画成佛,并把摩尼称为摩尼佛、摩尼光佛。由此似可以认为,中区主要部分的二十多个洞窟就组成了一座大摩尼寺。北区寺的情况更为复杂,在壁画方面与中区寺有相同特点,要确指包括哪些洞窟则更为困难,需要进一步观察研究。

## 五、建造年代与分期

关于摩尼教窟的建造年代,我们试从洞窟本身的形制、壁画题材和位置诸方面探求。为此先选择有较多特点的斋讲堂为例。斋讲堂数目较多,并且在三个石窟群落中都有,形制复杂,有满窟壁画。形制有较大变化,如前室形制有几种,主室宽窄不一,旁室有大有小。有的斋讲堂开挖在崖壁内,有的在地面上以泥砖砌成。壁画题材和布局也有变化,有的变得完全不同,有的题材有明显的时代特征,艺术风格也有区别。壁画题解和大字榜文文种不同,有的有当时的刻划题记。壁画所含佛教形式的数量有差别。依据以上变化因素和时代先后的特征,可把五个斋讲堂的建造顺序大体排列成年表(图22)。此外也把同一寺院中的礼忏堂的平面图一并附入,因为礼忏堂的形制也有变化。

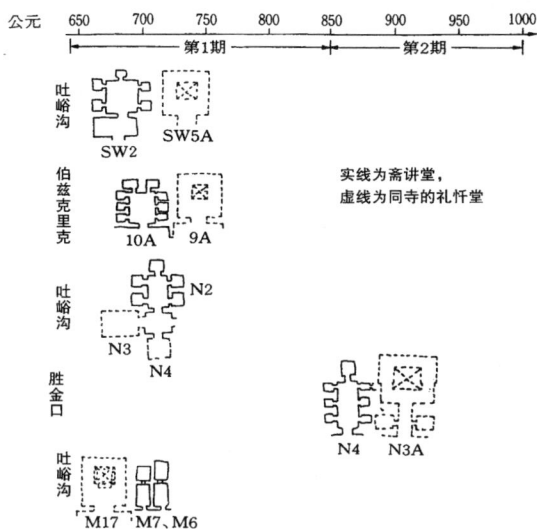

图22　摩尼寺斋讲堂建造年代与分期示意图表

从这个年代分期表中可以看出有两期,在建筑形制方面,前期主室宽度较大,旁室也较大,但礼忏堂规模较小。后期主室变窄,旁室缩小,而礼忏堂向大型化发展。

斋讲堂两期的壁画题材完全不同,其年代正是据此确定的。第1期(前期)始于7世纪中叶,因为在吐峪沟西南区第2窟有最早的壁画题材,即在前室前壁有一列联珠圈猪头纹(图23)。这是主题纹不对称的联珠圈纹,7世纪中叶在波斯萨珊朝原有的对称联珠圈纹影响下产生于中亚粟特地区,这是联珠圈后期纹饰。此外在主室正壁有同一来源的鸭子衔彩带图(图24),这种图像也用作联珠圈主题。这两种图像以三种方式传入吐鲁番:一是粟特商人到这里经商:二是粟特人将当地流行的摩尼教传到这里;三是将粟特地区生产的不对称主题联珠圈

图 23　联珠圈猪头纹　吐峪沟西南区第 2 窟　　　图 24　鸭子衔彩带图　吐峪沟西南区第 2 窟

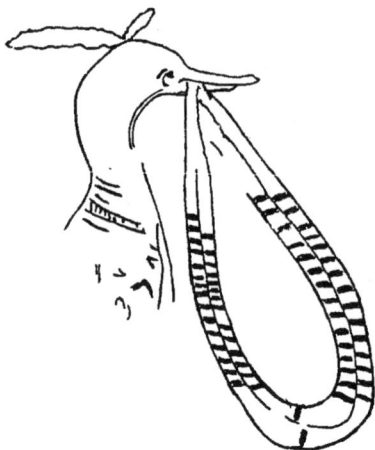

纹织锦输入这里。712 年,阿拉伯人征服粟特,于是这种纹饰在吐鲁番也随之衰落,㉝所以说这种纹饰存在的时间上下限相当明确。本文把吐峪沟西南区第 2 窟的建造年代确定在 7 世纪中晚期不会有大谬。

另外在本窟前室前壁有施主列像(图 25),保存两人,身穿竖条纹的窄袖大衣,两臂举于胸前㉞。这种服装是美索不达米亚的贵族服装,表明这些摩尼教徒来自那里。当时美索不达米亚是摩尼教中心,正是这些人把摩尼教传到中亚粟特,再从那里传到吐鲁番。也正是这些人在吐峪沟建造了最早的摩尼教寺,首创了这种形制的斋讲堂㉟以及七重宝树明使图壁画,很可能这种题材就来自美索

---

㉝　吐鲁番自 640 年起受唐朝中央政府控制,此后萨珊朝被阿拉伯人灭亡,于是吐鲁番和中亚粟特地区的联系渐多。到 661 年,唐朝更在粟特地区设都督府,隶属于安西都护府,于是粟特地区昭武九姓诸国与吐鲁番的联系更密切。关于这种不对称主题联珠圈纹的来源研究,见目录 33 的书。此外,在粟特地区也发现有 7 世纪中叶至 8 世纪初的壁画,其中的联珠圈纹壁画与吐鲁番的相似,见目录 27 书中图版第 88、89、92、93,中亚出土壁画。在吐峪沟北区第 44 窟出土许多件联珠圈纹织锦,也表明这里在 7、8 世纪是石窟寺繁盛时期,见本文后引用文献目录 16 书中第 30—31 页。

㉞　图像及描述见目录 12 书第 44—45 页。

㉟　在库车苏巴什佛寺遗址中有一种小禅窟,时代约在 5、6 世纪。其主室是宽 1 米许的低矮竖条形,两侧壁开有更小的禅室,其形制和这种斋讲堂略有相似点,但规模甚小,显然不同源。

不达米亚和粟特地区的摩尼教寺院㊱。

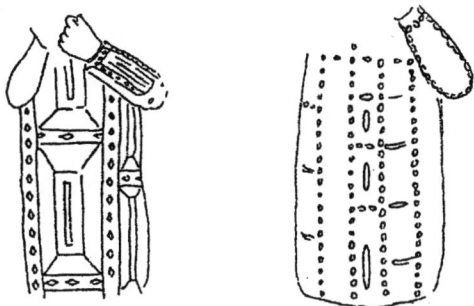

图 25　西亚装施主像　吐峪沟西南区第 2 窟

将第 2 期的开始定于 9 世纪中叶,是因为在这一期洞窟内出现了大幅的回鹘文榜文。这一期的摩尼寺规模宏大,应与政治实力的强大有关,因而应是在 850 年这里建立高昌回鹘王国之时。

这两期斋讲堂的壁画题材完全不同。第 1 期主要题材是七重宝树明使团和行者观想图,题解榜文是中文,纹饰是中亚粟特系统。这期壁画中含有较多的佛教形式。第 2 期壁画主要题材是生命树与死亡树交会图、宝树果园图,大幅榜文是回鹘文附汉文,新增回鹘系纹饰。壁画中佛教形式甚少。

以上是斋讲堂建造的年代与分期,与斋讲堂同时建造的是各寺的其他洞窟。有的寺院虽然不能确定何者是斋讲堂,但可由礼忏堂、教授堂等推论时间,由此可将所有摩尼教窟的建造时期概括如下:

吐峪沟所有摩尼教窟均属第 1 期。

伯兹克里克北区寺属第 1 期,中区寺和南区寺属第 2 期。

胜金口南寺与北寺均属第 2 期。

---

㊱　还有其他旁证可以说明第 1 期摩尼教窟建造于 7、8 世纪。吐峪沟北区第 2 窟的主室和旁室内有不少刻划的突厥文题记,据 A.Gruen wedel 的简报称,在各旁室内均有,见目录 7 书第 328 至 331 页。现在在原地尚能见到几则。突厥文在吐鲁番使用的时间是 6 至 8 世纪,出土有突厥文摩尼教写本。洞窟中有突厥文刻划题记,表明在 7、8 世纪时洞窟已经建成使用。当时吐鲁番的突厥系民族除用突厥文外,似乎用汉文更普遍。Le Coq 在吐峪沟北区第 44 窟曾发掘出一件突厥鲁尼字母与摩尼字母对照的残写本,这是摩尼教牧师学习突厥鲁尼字母的识字课本,可能写于 7、8 世纪,见目录 16 书的第 30—31 页。

**吐鲁番摩尼寺分期年代表**

| 石窟群落 ╲ 分期与年代 | 第 1 期 公元 640—850 年 | 第 2 期 公元 850—1000 年 |
|---|---|---|
| 吐峪沟 | 各摩尼寺 | |
| 伯兹克里克 | 北区寺 | 中区寺、南区寺 |
| 胜金口 | | 南寺、北寺 |

吐鲁番的摩尼寺后来被封闭并陆续被改建为佛教寺院,改建后的佛教洞窟的形制、塑像和壁画题材大多数是 11 世纪的,少数是 12 世纪的[37],所以说摩尼寺被封闭的时间是在 10 世纪末。各石窟群落中摩尼寺被封闭的情况并不相同,吐峪沟只有一部分礼忏堂被改建,然后重绘壁画,而斋讲堂的建筑与壁画均未被改动,推测其原因是摩尼教窟的壁画形式与佛教窟近似。伯兹克里克斋讲堂壁画被白灰浆层覆盖,形制则未被改动,而礼忏堂和其他绝大多数无壁画窟则被改变形制,重绘佛教壁画而成为佛堂。胜金口北寺的礼忏堂重绘后成为佛堂,但斋讲堂和教授堂的壁画因无碍佛教而被保留下来作为佛教窟使用。南寺各窟则大都被改建或重绘,原来的壁画都已看不到了。

## 六、教法流布与寺宇兴废

从上文对摩尼教石窟寺的讨论已经得知,它存在的时期相当于唐西州时期和高昌回鹘前期,那么摩尼教在吐鲁番的初传、扩展和衰落能否在地面遗址、写本和传世文献方面找到印证? 本文扼要讨论这个问题。

**唐西州时期的突厥系民族**　先从吐鲁番出土写本来看,属于这一时期的摩尼教写本主要用突厥文和三种中古伊朗文,这后 3 种文字是中古波斯文、帕提亚

---

[37] 摩尼教窟被改建成佛教窟俊,佛教壁画保存甚多,其题材有大幅经变、简化供养佛、方格坐佛等,作于 11 或 12 世纪。

文和粟特文,它在民族上的含义各不相同,中古波斯文和帕提亚文是中亚摩尼教教会语文,这有如佛教的梵文,并不代表使用者的民族。粟特文则表明粟特在6至8世纪是中亚摩尼教会的新辟中心地区,并以粟特人为主将摩尼教传入吐鲁番。而突厥文则表明当时摩尼教的主要信徒是突厥语系民族。

7世纪初期天山南北是在西突厥的势力之下,到7世纪中期,唐朝以吐鲁番为据点,联合位于漠北蒙古的回纥,共同讨伐西突厥,随后即设置了安西和北庭两大都护府。此后不久有几批回纥人从漠北迁到天山南北,这表明当时已有不少突厥人和回纥人来到吐鲁番。

吐鲁番还出土大量这一时期的汉文写本,但是使用汉文并不限于汉族。在名籍、户籍和其他文书中有不少非汉族的姓氏,其中有天山以北和漠北的游牧民族,还有中亚粟特地区昭武九姓各国的移民。除散居民族外,还有整部落迁入的,其中即有突厥部落。汉语汉文虽是当时的流行语文,但非汉族多半通晓汉语。所谓"胡书""胡语"当时也通行,不过似乎在正式场合使用较少。<sup>㊳</sup>。到9世纪初,漠北的回纥汗国还曾向北庭和安西各派遣万名兵卒驻守<sup>㊴</sup>。从以上出土写本和传世文献看,在7世纪中叶至9世纪上半叶,吐鲁番已有相当多的突厥语系各族居民,以及从中亚粟特地区来的移民。

**唐西州摩尼教**　本节开头已提到吐鲁番出土许多唐西州时期摩尼教写本,这可以说明7世纪中叶摩尼教已传入吐鲁番。阿拉伯地理著作也能证明9世纪中叶之前吐鲁番确已有摩尼教流行。塔明·依本·巴赫尔(Tamin ibn Bahr al-Mutawwái)在760年至9世纪初曾到中亚旅行,他说新疆北部和东部已有摩尼教徒,主要在城市中,后来摩尼教还进一步扩展。阿拉伯人后来说,所有的九姓乌古斯人都信仰摩尼教。869年去世的阿拉伯人贾希孜(Jāhiz)也说九姓乌古斯人在8世纪时已信仰摩尼教,这些人散居在天山以北,也可能已到了天山以南的吐鲁番。<sup>㊵</sup>

---

㊳　有关当时吐鲁番地区非汉族移民的情况,以及汉文和胡语流行情况见吐鲁番文书整理小组和新疆维吾尔自治区博物馆合撰的文章《吐鲁番晋——唐墓葬出土文书概述》,该文载于《文物》月刊1977年第3期。

㊴　回纥派兵去北庭和安西的记载见《资治通鉴》卷241,长庆元年(821年)条。

㊵　这几条记载均引自目录30书的第103—104页。

关于 9 世纪初摩尼教的情况在出土写本中可以看到。吐鲁番出土的一本突厥文摩尼教残书册里曾写道,回纥汗国的怀信可汗于 803 年到吐鲁番,曾派摩尼教的 3 个法堂主(Maxistak)去漠北拜谒高师慕阇。㊶ 吐鲁番出土的另一件中古波斯文摩尼教赞诗集的跋文作于回纥汗国保义可汗时期(808—821),其中提到,可汗家族中有众多的摩尼教信徒,汗国许多高级官员也信摩尼教;在北庭、高昌、焉耆和龟兹等地也有不少高级官员是摩尼教徒,在这个写本中指名提到三个人,一是高昌的药罗葛亦纳尔,另两人同名,住在焉耆。其中药罗葛是回纥可汗家族一个部落的名称。㊷

吐鲁番哈拉和卓城内的 K 遗址和 α 遗址最初都是摩尼教地面寺院,因为在其中曾发现联珠圈鸭纹壁画,可能这两座摩尼寺初建于这一时期㊸。

从以上传世文献、出土写本和地面寺院遗址看,其中反映的摩尼教情况与石窟寺相同,说明摩尼教在 7 世纪中叶已传入吐鲁番,大约到 8 世纪初已站稳脚跟,以后直到 9 世纪上半叶,摩尼教势力仍在扩展。

**高昌回鹘摩尼教** 9 世纪中叶从漠北败退到吐鲁番的一支回鹘人建立了高昌回鹘王国。在伊斯兰文献中有 4 条记载说 9 世纪下半叶和 10 世纪高昌回鹘流行摩尼教。第 1 条是 11 世纪的波斯史学家加尔迪齐(Gardīzī)的记载,叙述 9 世纪下半叶或 10 世纪初回鹘可汗是摩尼教徒,在其宫殿周围每天集合三四百个摩尼教徒,高声朗诵摩尼经典,然后向国王敬礼。第 2 条是阿拉伯史学家麻素提(Mas'ūdī)的记载,记述 10 世纪初叶回鹘国力强盛,版图广大,国王是伊儿汗,并说在突厥系各部中,唯有回鹘部崇奉摩尼教,信仰明暗二宗。第 3 条是阿拉伯史学家纳狄木(al-Nadīm)的记载,说 10 世纪中叶回鹘可汗曾极力保护中亚萨曼王朝境内的摩尼教徒。第 4 条是阿拉伯史学家伊斯哈克(Ishāq)的记载,记述 10

---

㊶ 见目录 18 书中第 147 页。

㊷ 这件中古波斯文写本见目录 19 书中第 40 页。

㊸ 有关这两座地面摩尼寺的记载见目录 9 书中第 55—72 页,另见于目录 16 书中第 21 页。两书均有插图,后者有大量图版。

世纪时回鹘王国信摩尼教㊹。

中文文献所记是 10 世纪的高昌回鹘摩尼教:934 年、951 年回鹘摩尼师到中国内地朝贡,982 年至 983 年宋朝使臣王延德在高昌见到摩尼教寺院。㊺ 此后再无回鹘摩尼师朝贡的记载。

有关高昌回鹘摩尼教的出土写本为数众多。其中有关寺院方面的则以 1928 至 1929 年发现的一件回鹘文寺院文书最重要,文书提到高昌境内的五所摩尼寺,大寺规模甚大,占有许多果园和田地㊻。另有一件祈祷忏悔书讲到,东方摩尼教区以高昌为教主所在地,有寺院和教团组织,寺院中有院主、法事主、传教师、唱诗班和其他男女徒众㊼。

哈拉和卓城内的摩尼寺 K 遗址和 α 遗址可能在回鹘建国初期扩建过,有大幅摩尼像壁画,摩尼高师均着白色法衣,图中信徒身上名榜中有回鹘可汗的名号,所以 K 遗址可能是东方摩尼教区的中心大寺。在吐鲁番出土的还有摩尼教写经插图、旗幡、绣品等,大多数属于这一时期㊽。

**高昌摩尼教的覆灭** 中文文献和中亚西亚的伊斯兰文献都没有高昌回鹘 10 世纪末以后摩尼教的记载。11 世纪下半期,突厥系人马哈木特·喀什噶里编著《突厥语词典》,其中曾详细叙述高昌回鹘,但只字未提摩尼教。12 世纪西辽统治时期,13 世纪蒙古统治时期也再没有关于摩尼教的记载。

上述哈拉和卓两处摩尼寺后来也被改建为佛寺,对原有各部分建筑物和壁画,按照不同情况,分别封闭、拆除、改建、覆盖或重绘,时间大致与前节所述对摩

㊹ 第 1 条记载见加尔迪齐所著《记述的装饰》(Zaya al-Akhbār),这段内容中译见《西北史地》期刊 1983 年第 4 期,第 112 页。第 2 条记载见麻素提所著《黄金牧场》(Murūj al Dhahab),有关摩尼教的两段收入本文后目录 30 书的第 106 页。第 3 条记载见纳狄木所著《科学知津》(Fihrist),有关摩尼教的记载收入本文俊目录 30 书的第 105 页,关于这条记载所指的回鹘,有的学者持有异议。第 4 条记载见伊斯哈克所著《Akām al-Marjān》,有关回鹘摩尼教的一段记载未见有中译文,英译文见目录 5 的书中第 92—93 页。

㊺ 五代与北宋时期高昌回鹘摩尼师朝贡记录,以及王延德出使高昌,在以下几种史书中均有记载,但内容详略稍有区别:《宋本册府元龟》中华书局本第 3887 页,《旧五代史》中华书局本第 1468—1469、1843 页,《新五代史》中华书局本第 112 页,《宋本册府元龟》中华书局本第 3861 页,《宋史》中华书局本第 14112 页。

㊻ 这件回鹘文写本由黄文弼在吐鲁番发掘所得,现收藏于北京中国历史博物馆。经北京中央民族学院耿世民教授译释,以论文《回鹘文摩尼教寺院文言初释》刊载于《考古学报》1978 年第 4 期。

㊼ 有关东方摩尼教区的祈祷忏悔书写本见目录 11 的书中。

㊽ 有关吐鲁番出土的摩尼教壁画和其他物品见目录 15、16 两书图版。

尼教石窟的封闭与改建相同。

在出土写本中曾有关于摩尼教寺院被强制拆除并改建为佛寺的记载。其中以 1985 年在德国刊布的一件回鹘文文书最为重要。[49] 这件文书叙述道,983 年由王太子下令拆毁京城内摩尼寺的壁画和塑像,并改建为佛寺,这还要扩及其他地点的摩尼教地面寺院和石窟寺。从这文书的内容可以证实,摩尼寺被抢夺、霸占、拆毁并改建是在 10 世纪末的不长时间内发生并完成的。但是回鹘王家为什么不再支持摩尼教,在这件写本中却没有提及。

(本文插图多数由硕士研究生王玉东描绘)

## 引用文献目录

1. Adam, A., Texte zum Manichaeismus, Ausgewaehlt und herausgegeben. 2. verbesserte und vermehrte Auflage. Kleine Texte fuer Vorlesungen und Uebungen, 175, Berlin, 1969.

2. Allberry, C. R. C., A Manichaean Psalm-Book, Part II., Manichaean Manuscripts in the Chester Beatty Collection, Volume II., Stuttgart, 1938.

3. Andreas, F. C., Mitteliranische Manichaica aus Chinesisch—Turkestan, Aus dem Nachlass herausgegeben von W. Henning, Sitzungsberichte der koeniglich Preussischen Akademie der Wissenschaften, Jahrgange 1932—1934, Phil.-Hist. Klasse, I.-III. Berlin, 1932—1934.

4. Arnold—Doeben, V., Die Bildersprache des Manichaeismus, Koeln, 1978.

5. Frye, R. N., A New Arabic Geographical Manuscript. Journal of Near Eastern Studies 8, London, 1949.

6. Geng Shimin/Klimkeit, H.-J., Zerstoerung manichaeischer Kloester in Turfan, Zentralasiatische Studien, 18, Wies baden, 1985.

7. Gruenwedel, A., Altbuddhistische Kultstaetten in Chinesisch-Turkistan,

---

[49] 这件写本在吐鲁番出土,1985 年刊布时收藏于原东德科学院,编号为 M112。写本正面是粟特文书信,写于 763—880 年间,背面即是这篇回鹘文文书,约写于蒙古时代早期,即 13 世纪初。这是一篇报告,撰稿人是 10 世纪末高昌回鹘一摩尼寺的管事。文书的拉丁字母转写与德译文见目录 6 的文集,又见目录 28 书中的第 148—149 页。

Bericht ueber archaeologische Arbeiten von 1906 bis 1907 bei Kuča, Qaca-sähr und in der Oase Turfan, Berlin, 1912.

8. Gruenwedel, A., Alt-Kutscha, Archaeologische und religionsgeschichtliche Forschungen an Tempel. Gemaelden aus buddhistischen Hoehlen der ersten acht Jahrhunderte nach Christi Geburt, Berlin, 1920, Tafelwerk.

9. Gruenwedel, A., Bericht ueber archaeologische Arbeiten in Idikutschari und Umgebung im Winter 1902—1903, Muenchen, 1906.

10. Hackin, J., Recherches Archéologiques en Asie Centrale, Paris, 1936.

11. Henning, W. B., Ein Manichaeisches Bet-und Beichtbuch, Abhandlungen der Koeniglich Prpussischen Akademie der Wissenschaften, Jahrgang 1936, Phil.-Hist. Klasse Nr. 10, Berlin, 1937.

12. Klementz, D., Turfan und seine Altertuemer. uebersetzt aus dem Russischen. 1899, Petersburg.

13. Klimkeit, H.-J., The Donor at Turfan. Silk road and archaeology, I, Kamakura, 1990.

14. Klimkeit, H.-J., Der dreistaemmige Baum. Beobachtungen zur manichaeischen kunst und Symbolik, in: Kulturwissenschaften. Festgabe fuer Wilhelm Perpeet zum 65. Geburtstag, Bonn, 1980.

15. Le Coq, A.v., Chotscho, Facsimile-Wiedergaben der wichtigeren Funde der zweiten Koeniglich Preussischen Expedition nach Turfan in Ost-Turkistan, Berlin, 1913. Graz-Austria, 1979.

16. Le Coq, A.v., Die Manichaeischen Miniaturen, Die buddhistische Spaetantike in Mittelasien, II, Berlin, 1923; Graz-Austria, 1973.

17. Le Coq, A.v., Tuerkische Manichaica aus Chotscho, I-III, Sprachwissenschaftliche Ergebnisse der deutschen Turfan-Forschung, Gesammelte Berliner Akademieschriften 1908—1938, Band I, 'Leipzig, 1972.

18. Le Coq, A.v., Ein manichaeisches Buch-Fragment aus Chotscho. Festschrift Vilhelm Thomasen, Leipzig, 1912.

19. Mueller, F. W. K., Ein Doppelblatt aus einem manichaeischen Hymnenbuch (Mahrnâmag) Abhandlungen der koeniglich Preussischen Akademie der Wissenschaften Jahrgang 1912, Berlin, 1913.

20. Mueller, F. W. K., Handschriften-Reste in Estrangelo-Schrift aus Turfan, Chinesisch-Turkistan, II. Teil, Anhangen zu den Abhandlungen der Koeniglich Preussischen Akademie der Wissenschaften, Berlin, 1904.

21. Ort, L. J. R., Mani, A Religio-Historical Description of His Personality (Supplement ad Numen. Altera Series), Leiden, 1967.

22. Polotzky, H. J./ Boehlig, A., Kephalaia, 1. Haelfte, Manichaeische Handschriften der staatlichen Museen Berlin, Band I. Stuttgart, 1940.

23. Polotzky, H. J., Manichaeische Homilien, Manichaeische Handschriften der Sammlung A. Chester Beatty, Band I, Stuttgart, 1934.

24. Rudolph, K., Die Mandaeer, II. Der Kult, Forschungen zur Religion und Literatur des Alten und Neuen Testaments, 75. Heft, Goettingen, 1961.

25. Widengren, G., Mani und Manichaeismus, Stuttgart, 1961.

26. Олъденбург, С., РуссnаЯ Туркесманская Эксиеэциця 1909—1910 оэа, СаСанктиетербург, 1914.

27. 东京国立博物馆等编,《シルクロードの遗宝——古代中世の东西文化交流(展览图录)》,东京,1985。

28. 森安孝夫著,《ウィゲルニマニ教史の研究》,大阪,1991。

29. 阿赫默德·艾敏著,纳忠译,《阿拉伯文化的黎明时期》,北京:商务印书馆,1956。

30. 巴尔托里德著,耿世民译,《中亚简史》,乌鲁木齐:新疆人民出版社,1980。

31. 伯希和著,冯承钧译,《福建摩尼教遗迹》,收入《西域南海史地考证译丛九编》,北京:中华书局,1958。

32. 克林凯特著,林悟殊译,《古代摩尼教艺术》,广州:中山大学出版社,1989。

33.薄小莹著,《吐鲁番地区发现的联珠纹织物》,载《纪念北京大学考古专业三十周年论文集》,北京:文物出版社,1990。

34.林悟殊著,《摩尼教及其东渐》,北京:中华书局,1987。

【晁华山　北京大学考古文博学院教授】

原文刊于《中国文化》1993 年 01 期

# 论含山凌家滩玉龟、玉版

李学勤

一九八七年六月,在安徽含山凌家滩的一座史前墓葬中,发现了一组玉龟、玉版。这组玉器的性质和图纹极富于启发性,因而很快引起了学术界的注意。我自己是在该年下半年看到一些照片的,后来又有幸读到有关文稿,对玉器的奇特有深刻的印象。发掘简报于一九八九年四月发表[①],随后几位学者从考古学、历史学、科技史等方面撰文研究[②],对玉龟和玉版的解释各有不同,但都认为这一发现十分重要。

含山凌家滩位于巢湖以东,长江之北,当地系一处新石器时代晚期的大型遗址。这处遗址的发现是在一九八五年春,偶然挖出玉石器、陶器共五十一件,判定为一座古墓。该批玉石器里有些异乎寻常的,例如一件灰色石锛,磨制精美,上面刻有"月"形符号,毫无使用痕迹,无疑是一种礼器。这件石锛曾在一九九〇年运到北京,和后来出土的玉龟、玉版等一起,在故宫文华殿"中国文物精华"展览中陈列。

凌家滩的发掘,是安徽的考古学者在一九八七年开始的。当地的遗址总面

---

① 安徽省文物考古研究所:《安徽含山凌家滩新石器时代墓地发掘简报》,《文物》1989 年第 4 期。
② 陈久金、张敬国:《含山出土玉片图形试考》,同上。
　俞伟超:《含山凌家滩玉器和考古学中研究精神领域的问题》,《文物研究》第五辑,1989 年 9 月。
　饶宗颐:《未有文字以前表示"方位"与"数理关系"的玉版》,同上第六辑,1990 年 10 月。
　张敬国:《从安徽凌家滩墓地出土玉器谈中国的玉器时代》,《东南文化》1991 年第 2 期。

积达到十万平方米,分为居址、墓地两部分。墓地在居址北面约五百米的一处高岗平台上,有可能经过夯筑的砂石层。所用砂石系由远地搬运而来,人工堆积营筑,成为专用墓地。墓葬有的在砂石层下,有的则打破砂石层。墓地面积有二千多平方米,经两次发掘,揭露了三百二十五平方米,得墓十五座。这些墓"排列有序,方向一致,分别安置在东西向四排南北平行线上,显示出一定的布局规范"③。随葬品的共同特点是以玉石器为主,有的墓仅玉器就占到随葬品总数的百分之七十以上。

一九八七年的第一次发掘,发现了四座墓,分属上、下两文化层。出玉龟、玉版的4号墓是在下层。这座墓是一座口大底小的长方形土坑墓,未见葬具,墓主只剩残骨。随葬品有一百三十八件,计玉器一百件、石器三十件、陶器八件④。玉器多集中于墓底中部,估计原来是放置在墓主的胸上,而玉龟和玉版恰好位其中央。大致相当这一位置的上方墓口处,端端正正地摆放着一件大型石斧,只比玉龟、玉版稍偏南一点。

4号墓的陶片有两个热释光测定年代,分别为距今4500±500年与4600±400年,所以这座墓是公元前第三千纪的。

凌家滩遗址的文化性质还有待于进一步探究,已有学者把它同安徽南部的潜山薛家岗遗址所代表的薛家岗文化联系起来,并指出其与良渚文化、北阴阳营文化、大汶口文化、石峡文化,以及湘北、湘中地区和鄂西、三峡地区文化的关系⑤。这说明这处遗址是当时东南和南方诸文化的一个组成部分。其以大量玉器随葬的情形,尤与良渚文化相近似。

现在我们可以专门谈一下凌家滩4号墓的玉龟、玉版。据发掘简报和出土时照片⑥,玉龟分为背甲、腹甲两部分,玉版则夹置于两甲之间。玉龟为灰白色,磨磋光洁,形象酷肖,长9.4厘米,宽7.5厘米,高4.6厘米。背甲两侧和腹甲甲桥均有二小孔,背甲的孔间还刻出凹槽,可穿绳使两甲连接固定。另外背甲前部脊旁有四小孔,腹甲前部有一小孔,其用途显然也是穿绳,大约是为了串连原置

---

③ 同上张敬国文。
④ 据同上"凌家滩墓地随葬品统计表"。
⑤ 吴汝祚:《凌家滩墓地发掘的意义》,《文物研究》第六辑。
⑥ 同②陈久金等文图一。

于甲内的某种东西。

玉版为方形,长 11 厘米,宽 8.2 厘米,厚 0.2~0.4 厘米,表面精整,呈牙黄色。其三侧磨出榫缘,两短侧各有五个小孔;长侧则有九个小孔,但有两孔邻接,可能本意是要钻八个小孔。没有榫缘的长侧,两端各有二个小孔。玉版正面有刻琢的复杂图纹。在其中心有小圆圈,内绘八角星形。外面又有大圆圈,以直线准确地分割为八等份,每份中有一饰叶脉纹的矢形。大圆圈外有四饰叶脉纹的矢形,指向玉版四角(图一)。

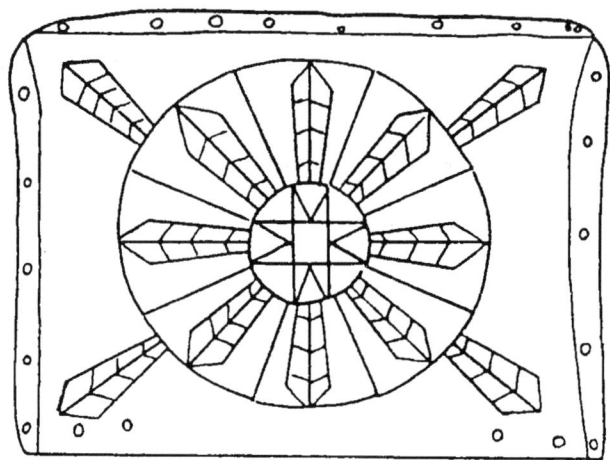

图一　凌家滩玉版

所谓玉版的榫缘,是在玉的边侧,琢磨成宽约 0.4 厘米,比版的厚度薄约 0.2 厘米的窄条,上施钻孔。这种技法,常见于良渚文化玉器中的一种所谓冠状饰。例如浙江余杭反山 15、16 号墓所出镂空冠状饰,17 号墓所出饕餮纹冠状饰,其下侧都有类似的榫缘,也对钻着三至五个小孔。反山的发掘者认为,这种榫缘上有等距离小孔,"既可嵌插,又可销插固定,原应镶接在某种木质实体的顶端"⑦。由此类推,凌家滩玉版本来也应该是嵌插在三面框状的木质物品之内。至于没有榫缘的一侧,上面的小孔可能是用来穿系绳穗、串珠等类的。

玉龟、玉版的重要性,不难从它们在墓中陈放的位置看出来。玉版上面的图

---

⑦　浙江省文物考古研究所反山考古队:《浙江余杭反山良渚墓地发掘简报》,《文物》1988 年第 1 期。

纹如此繁复精细,必然有特殊的意义,不能以普遍的装饰花纹来说明。玉版同玉龟的结合,又很难讲是偶然的。这实在是一项罕见的发现,无怪乎海内外学者纷起讨论了。

## 灵龟

《史记·龟策列传》云:"自古圣王将建国受命,兴动事业,何尝不宝卜筮以助善?唐虞以上不可记已,自三代之兴,各据祯祥。涂山之兆从而夏启世,飞燕之卜顺故殷兴,百谷之筮吉故周王。王者决定诸疑,参以卜筮,断以蓍龟,不易之道也。"其所说的"卜"专指烧灼龟甲的卜法,可知中国对龟有灵异的信仰起源久远。凌家滩玉龟的发现,乃是这方面一个新的证据。

俞伟超《含山凌家滩玉器和考古学中研究精神领域的问题》一文,对玉龟的使用方式做了很好的推断。文中说:"上下两半玉龟甲的小孔,正好相对。其中,背甲、腹甲两侧的各二个小孔中间又各琢出一道凹槽,一望即知是为了便于稳定在这两个小孔之间串系的绳或线而琢出的。在这两个小孔之间串系绳线之类,当然是为了把上下两半玉龟甲固定起来。但这种固定一定是暂时性的,即固定一段时间之后,又要解开绳线,使两半玉龟甲可以分开。所以要把两半玉龟甲合合分分,应该是为了可以多次在玉龟甲的空腹内放入和取出某种物品的需要。即当某种物品放入后,人们便会用绳或线把两半玉龟拴紧,进行使整个玉龟甲发生动荡的动作(例如摇晃),然后解开绳或线,分开玉龟甲,倒出并观察原先放入的物品变成什么状态。"[8]他认为这是一种最早期的龟卜方法。

和这种玉龟形制有关的龟甲实物,在中国史前文化中已多次发现,近年有学者做过详细的综合论述[9]。据统计,以龟甲随葬的现象,集中见于大汶口文化分布区的南部,即山东中南部至江苏淮北一带,其他南方或接近南方的地区也有出现。他们所列举的,有山东泰安大汶口、江苏邳县刘林及大墩子、山东兖州王因、

---

⑧　同②俞伟超文。

⑨　高广仁、邵望平:《中国史前时代的龟灵与犬牲》,《中国考古学研究》,文物出版社,1986年。

山东茌平尚庄、河南淅川下王岗、四川巫山大溪、江苏武进圩墩等八个地点，前五个属大汶口文化，其年代大多早于含山凌家滩遗址。龟甲大多数系背甲、腹甲共出，甲上多有穿孔，还有涂朱的。龟甲里面多有若干小石子、骨针或骨锥。特别要指出的是，有的龟甲形制和凌家滩玉龟非常相像，如邳县大墩子44号墓墓主左腹上的龟甲，"内骨锥六枚，背腹甲各四个穿孔，分布成方形，腹甲一端被磨去一段，上下有X形绳索痕"。凌家滩玉龟的腹甲下端平齐，所表现的正是截去尾甲部分的腹甲。

上述龟甲例子的年代，有些已早到大汶口文化早期，即公元前第四千纪之初。一九八四年至一九八七年，河南的考古学者在舞阳贾湖发掘了一批相当于裴李岗文化的墓葬⑩，随葬品中也有内装小石子的龟甲。例如属当地文化遗存第二期的344号墓，墓主顶上方便有此种龟甲八副。该期的碳十四测定年代经校正为距今7762±128年及7737±122年，这比大汶口文化早期又早了一千多年。贾湖墓葬所出还有加工过的龟腹甲、背甲，有的还刻有很像商周甲骨文的符号。由此可见，龟甲在七千多年以前已被赋以神秘的意义。对龟的灵异性信仰的始源，或即起于这一带地域。

舞阳贾湖遗址位于沙河之滨。沙河汇入颍河，传说中画八卦的伏羲所都的陈在今淮阳⑪，就位于颍河以北，离舞阳不远。这一点也许有可供思考之处。


## 八极


凌家滩玉版上面的图纹，任何人一看之下，都会联想到八卦。这是因为图纹明显地表现出八方，而自很古的时候以来，八卦被认为同八方有关。十翼之一的《说卦》有"帝出乎震"章，明确列出八卦的方位；另外又有"天地定位"章，也能据之排成八卦的又一种方位，这便是宋儒以来所说的后天、先天两种卦位，是读《周易》的人都熟知的。

---

⑩　河南省文物研究所：《河南舞阳贾湖新石器时代遗址第二至六次发掘简报》，《文物》1989年第1期。
⑪　徐宗元：《帝王世纪辑存》第一，中华书局，1964年。

玉版是方形的,上画圆形,用矢形标出八方,是天圆地方这种古老的宇宙观念的体现。《大戴礼记》的《曾子天圆》篇云:

> 单居离问于曾子曰:"天圆而地方者,诚有之乎?"曾子曰:"离!而闻之云乎?"单居离曰:"弟子不察,此以敢问也。"曾子曰:"天之所生上首,地之所生下首。上首之谓圆,下首之谓方。如诚天圆而地方,则是四角之不揜也。且来,吾语汝。参尝闻之夫子曰:天道曰圆,地道曰方。……"

孔子、曾子是用他们的学说去解释天圆地方的观念,实际在古人心目里,天圆地方实是普遍的看法。因此,常用相叠的圆形、方形作为这种宇宙观念的图解。

类似的用圆形、方形和线条来表现宇宙结构的图纹,是著名的所谓"规矩纹",不妨引以与玉版上的图纹对比。

"规矩纹"最常见于汉代的铜镜,由于图纹包含 T、L、V 形各四个,西方学者也称之为 TLV 纹。"规矩纹"镜可分为若干种,最典型的是所谓四神规矩镜(图二)。镜背中央是圆的钮,钮下是方的钮座,上有十二支。钮座四面有伸出的 T 形。外为大圆圈,圆周上有四个 L 形,与 T 形相对;又有四个 V 形,与钮座四角相对。圆圈内衬地上有青龙、朱鸟、白虎、玄武,即四种的图形。这种镜的铭文也多提到四神,如:

> 尚方作镜大毋伤,巧工刻之成文章。左龙右虎辟不祥,朱鸟玄武顺阴阳。长保二亲贵富昌,如侯王兮。[12]

众所周知,四神是天空的星座,各含二十八宿的七宿。

"规矩纹"还见于汉代的石日晷。这种日晷迄今已发现三件:第一件系端方旧藏,传为一八九七年山西托克托(今内蒙古自治区呼和浩特南)出土(图三):

---

[12]　福开森:《历代著录吉金目》,第 1295 页,中国书店,1991 年。

图二　四神规矩镜

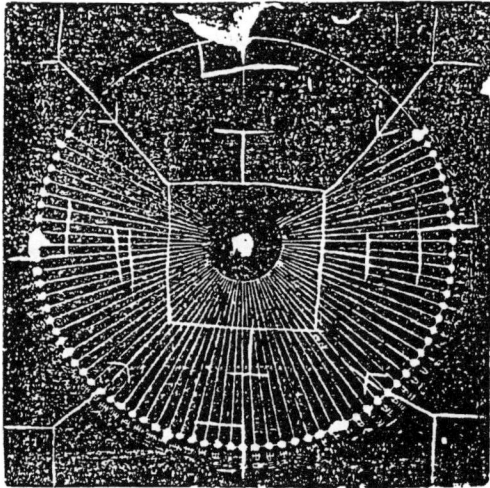

图三　托克托石日晷

第二件乃怀履光（W.White）旧藏，一九三二年河南洛阳金村出土；第三件为周进（季木）旧藏，仅存残部，著录于《居贞草堂汉晋石影》。三者的图纹基本相同，只在"规矩纹"的大圆圈中下部画出六十九个刻度，各向中心小圆圈连线，借以根据表竿的日影标示时间。这很清楚地表明大圆圈象征日在其间运行的天空。在其 V 形间,有交叉的直线相连。

此外,"规矩纹"又见于六博戏所用的博局。考古工作中发现的博局实物,大都为秦汉时代的。一九七四年,从河北平山三汲的中山国墓中,出土了用石板雕成的大型博局,是公元前三二〇年左右战国时期的遗物。和围棋的棋盘有宇宙论的象征性一样,博局的"规矩纹"也是"象征天地构造的图形"[13]。

《文选》卷二十九左太冲《杂诗》注引《尸子》佚文云:"八极为局。"这句话的本意是讲博局上有八极[14]。《尸子》的作者尸佼的年代比平山三汲的博局略早一些,所以八极是和"规矩纹"有关的。八极一词又见于若干先秦至汉初古籍,如《荀子·解蔽》:"明参日月,大满八极。"《鹖冠子·天则》:"举以八极。"注:"八极,八方之极,四中四角是也。"《淮南子·地形》:"天地之间,九州八极。"注:"八极,八方之极也。"八极即四中四角,和"规矩纹"TLV 的分布正好是相一致的。

"规矩纹"又可与《淮南子·天文》的学说对比。《天文》云:"子午、卯酉为二绳,丑寅、辰巳、未申、戌亥为四钩。东北为报德之维也,西南为背阳之维,东南为常羊之维,西北为号通之维。"如果把"规矩纹"的 T 看成连通的十形,即表示二绳,而 V 恰是把丑寅等钩连起来,即表示四钩。再如将 V 形用交叉直线连通,像石日晷上的样子,即表示四维。所以,这种图纹之作 TLV 形,绝不是偶然的。

顺便说一下,"规矩纹"直到唐代铜镜尚有遗存,仍是方钮座,有四神,但只剩下 V 形

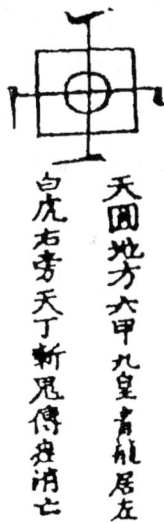

图四 《三光本法》图形

了。另外在道教书籍中也传留下一些痕迹,例如《正统道藏》所收《无上玄元三天玉堂大法》卷二十四《三光本法》有这样的图形(图四),所记咒语云:"天圆地

---

[13] 小南一郎:《六博的宇宙论》(日文),《月刊百科》1987 年第 7、8 期。
[14] 李学勤:《比较考古学随笔》,四,香港中华书局,1991 年。

方,六甲九皇,青龙居左,白虎右旁。"⑮仍与汉镜铭文近似,可见那时还知道这一类图形是表现天圆地方的。

饶宗颐先生已指出凌家滩玉版的图纹系表示方位与数理关系⑯。我们可以认为玉版的图纹和所谓"规矩纹"是一脉相承的,所体现的是中国远古以来的宇宙观念。玉版蕴含的思想固然没有"规矩纹"那样丰富发展,不过其基本结构业已灿然具备,这确实是令人惊奇的。

## 巫

下面再来看玉版图纹中心的那个八角星形。这个图形是很特殊的,它有八只角,却不是正指八方。容易看出,它是由两个梭形物的图像直角重叠而成,实际上它所标志的,只是东西南北四方。这种八角星形,也曾有学者做过很好的搜集和研究,就是本刊第二期刊登的王孖《八角星纹与史前织机》一文。该文所列典型的这种图形见于十件陶器,分属于大溪文化、马家浜文化、崧泽文化、大汶口文化和良渚文化⑰,都是东南和南方的史前文化。

八角星形有怎样的含义,考古学界有过不同见解。近期的一项新发现,对此提供出新的线索,就是江苏吴县澄湖出土的一件良渚文化黑陶贯耳罐⑱。罐腹上有四个刻划符号,由左向右下方排列,第一个便是这种八角星形。我们知道,良渚文化的陶器⑲、玉器⑳上面出现过不少刻划符号,很大一部分又可同大汶口文化的刻划符号相对比。这些符号是否原始文字,目前仍有争论,但像澄湖陶罐这类有多个成行的符号,恐怕很难说是同文字无关的,况且陶罐符号多与商代文

---

⑮ 柏伟能:《洛书》(英文,Lars Berglund,*The Secret of Luo Shu*,Tryckbiten Ab,Södra Sandy,Sweden),第 306 页,1990 年。

⑯ 同②饶宗颐文。

⑰ 王孖:《八角星纹与史前织机》,图一,第 1—7、9 页,《中国文化》第 2 期,1990 年 6 月。

⑱ 张明华、王惠菊:《太湖地区新石器时代的陶文》,图二,第 11、12 页,《考古》1990 年第 10 期。

⑲ 张光裕:《从新出土材料重新探索中国文字的起源及其相关的问题》,香港中文大学《中国文化研究所学报》第 12 卷,1981 年。

⑳ 李学勤:《论良渚文化玉器符号》,《湖南博物馆文集》,岳麓书社,1991 年。

字写法一致（良渚文化符号还有比这件陶罐更多的）。我在一篇小文中[21]，把这件陶罐的符号试释为"巫戊五俞"，读作"巫钺五偶"，即五对巫所使用的钺（良渚文化有不少玉钺）。

商周文字的"巫"作十形，象二"工"以直角重叠。《说文》"工"字云："象人有规矩也。与'巫'同意。""巨（矩）"字云："规矩也。从'工'，象手持之。"西周金文"矩"字确作人手持"工"之形。可以看出，"工"是一种工具的象形，应该就是原始的矩（和后来的曲尺的矩不同）。《周髀算经》说："数之法出于圆方，圆出于方，方出于矩。……平矩以正绳，偃矩以望高，覆矩以测深，卧矩以知远；环矩以为圆，合矩以为方。方属地，圆属天，天圆地方。"这段话说明了矩在古人数理观念中的位置。

古代巫、史相通，《周易》巽卦九二有"史巫"一词。长沙马王堆帛书《易传》中的《要》篇载孔子云"吾与史巫同途而殊归"，所指的则是筮人[22]。实际当时卜、祝、巫、史常相通称，《国语·晋语》称筮人为筮史，《左传》襄公九年又称之为史。"筮"字本身便是从"巫"的。在《周礼》书中，大卜司卜筮，大祝司巫祝，大史之下有司天文的冯相氏、保章氏，这些都排列在一起。这种情形并非偶然，证明他们有着同源的关系。

和"巫"字结构最相近的，有"癸"字，其形作十，只和"巫"字方向略有不同。"癸"可读为"揆"，有度量之义，也能作为"巫"字构形的旁证。

假如我们上面的推测不错，凌家滩玉版中心出现"巫"字实含有很深刻的意义。那时的巫是通谙天文数术，又能通神的人。《国语·楚语》所记观射父论巫的话，是大家熟悉的[23]。章太炎早就提到"生民之初，必方土为政"[24]，揭示了文明萌芽时期这种人物的重要地位。凌家滩的玉龟、玉版的性质，刚好和他们的特点相符合。

关于凌家滩玉龟、玉版，沿着上述思路寻思下去，不难得出更多的推论。不

---

[21] 李学勤：《良渚文化的多字陶文》，《苏州大学学报》"吴学研究专辑"，1992年。

[22] 同上：《从帛书〈易传〉看孔子与〈易〉》，《中原文物》1989年第2期。

[23] 张光直：《商代的巫与巫术》，《中国青铜时代》二集，三联书店，1990年。

[24] 章炳麟：《訄书》（初刻本）第33页，《章太炎全集》（三），上海人民出版社，1984年。

过对于远古文化做这样的思考，总是有些危险的。我们对史前神秘的理解，现在还处于相当浅薄的阶段，特别是凌家滩遗址，由于发掘有限，实在谈不到深入的认识。本文所谈，只能是一种猜测，供大家吟味商榷，我看就说到这里为止罢。

【李学勤　清华大学出土文献研究与保护中心教授】

原文刊于《中国文化》1992 年 01 期

# 东汉《严巨昭残碑》考

熊长云

 提　要：东汉《严巨昭残碑》，旧题《东汉熹平元年残碑》。笔者在原释文的基础上，重新加以断句、释文，并参考诸家意见，认为碑主当是"严巨昭"，对此碑进行更名。值得注意的是，《严巨昭残碑》的行文、用典均显示碑主身份是一名商人，这在已知汉碑中是颇为罕见的。而残碑中隐晦地描写商人身份，转而宣扬碑主乐善好施、敦重儒学的行为，将其形象塑造为所谓"儒商"，在撰述中实际包含了从"商"到"士"的身份转化，体现出商人阶层对自身身份的一种调整。同时，此碑"士人怀附"句所体现的汉代士商关系，亦值得进一步讨论。

 关键词：商人　汉碑　安阳　士商关系

 此东汉残碑，传出自河南安阳漳河滩，距西门豹祠百米之遥。碑呈方形，约七十厘米见方，残存十六行，行十五至十七字不等，铭文字数共二百四十余字。是碑虽然残断，然而包含丰富的史料信息，亦是出土汉碑中字数较多的一种，值得重视。

 此碑最早披露于《中国文物报》，题名《〈安阳残石〉又一种》[①]，文章着重追

---

① 傅春喜：《〈安阳残石〉又一种》，《中国文物报》2002 年 7 月 31 日，第七版。以往著称于世的《安阳残石》为五种，分别是《子游残石》《贤良方正残石》《刘君残石》《正直残石》《元孙残石》。前两种为同一残碑之两块。河南安阳漳河滩的西门豹祠附近，富有汉魏以来墓群，近来曹操高陵亦发现于此。

述清代以来安阳出土汉碑残石的情况。此后,由于残碑书法精美,被许雄志、崔学顺先生收入《新见秦汉魏唐铭刻精选》专作介绍,将残碑命名为"东汉熹平元年残碑",并作释文[②]。王晓光先生《〈东汉熹平元年残碑〉与东汉碑版隶书》与之释文相同(下统称原释文),从书法角度着重分析了残碑的隶书特征[③]。北京大学图书馆亦公布了新入藏的此碑拓本[④]。上述文章或注重金石掌故,或意在讨论书法,或旨在公布材料。关于此碑的内容、碑主生平与其事迹背景,均未做进一步的讨论,故学界对此石知之甚少。

蒙河南安阳傅春喜先生俯允,2011 年 3 月 5 日,笔者得以亲瞻原石,确认了其可靠性。现不揣冒昧,就残碑的一些问题略作阐述,以就教于方家。

## 一、碑铭释读

关于碑主的姓氏,历来未见讨论,故题作《东汉熹平元年残碑》。根据首行新释"字巨昭"三字,可知碑主字"巨昭"。而依新释出"其先出自鲁严、严助之苗裔"一句,据鲁九喜先生对姓氏史之梳理,证明"巨昭"姓严。以汉碑命名惯例,笔者将此残碑命名为东汉《严巨昭残碑》。

在王晓光先生原释文(以下统称原释文)的基础上,本文新释出"巨昭""藏那""陒"五字,补释"助之苗裔""惠""时""岠""知""惢""缮"等十字,更释"㤑"为"勋"、"街"为"愆"、"催"为"催"、"绩"为"续"、"住"为"任"等五处。

现录文如下,并增标点:

☑字巨昭[一],其先出自鲁严、严助之苗裔[二]☑

☑惠[三],既明且喆,敏而好善,谦恭尚义,慈爱敦☑

☑持,独养老母,昏定晨省[四]。出不易方,反不违〔时〕[五]☑

☑愆[六],外有曾闵[七],至孝烝烝[八]。亲殁后,悲憨感切☑

---

② 许雄志、崔学顺:《新见秦汉魏唐铭刻精选》,河南美术出版社,2010 年,第 54—67 页。

③ 王晓光:《〈东汉熹平元年残碑〉与东汉碑版隶书》,《青少年书法》2010 年第七期。

④ 胡海帆、汤燕:《北京大学图书馆新藏金石拓本菁华(1996—2012)》,北京大学出版社,2012 年,第 49 页。

图一　东汉《严巨昭残碑》原石、拓本图

▨勠力苦身[九]，蹶阂艰陒[一〇]，离此百患[一一]，寄寓崎岖[一二]，▨

▨陶白之荚[一三]，退修子荆居室之术，致财千〔万〕[一四]，▨

▨九族，收拾孤寡，澹给资粮[一五]，婚媾乡人[一六]，莫不▨

▨知足之分[一七]，宽博容众，士人怀附，如归冬日[一八]，不▨

▨傕然守真[一九]。席耶不坐，薉那不食[二〇]。天雀既修[二一]▨

▨熹平元年四月乙巳，遘疾如卒，谓仁者寿[二二]，▨

▨悊[二三]，嗣续其勳[二四]。胤子二人[二五]，袭雀承宣[二六]，缊续裹道[二七]▨

▨缮[二八]，感伤路人，乃卜宅兆，安错魂神，构孳茔宇[二九]▨

▨〔其辞曰〕

▨懿芳，既仁且谊，蹈规履方[三〇]。好是正直[三一]，烝烝孔[三二]▨

▨常，玉石之性，生自坚强。当承国任[三三]，为汉▨

▨□良[三四]，靡人弗怀，曷云能忘。铭勒金石，亦世▨

## 二、碑铭笺注

[一]原释文将首字释为"字",这是正确的。值得注意的是,残字作,"字"下部的"子"字结构明显左偏,让人怀疑"字"的判断。其实,汉碑中不乏这样的写法,如《子游残碑》,"允字子游"之"字"即是如此(见图二)。"巨昭"二字仅存其半,原释文未能释出。"巨"字仅存左半,三四横之间有一点,但与《桂阳太守周憬功勋铭》之、《孔宙碑》碑阴字右侧"巨"字形相近,可知确为"巨"字无疑。"昭"字"日"部易辨,右部应是"名",此字即"昭"字讹变。《景君碑》"照"正作,可证之。从紧接的下文"其先出自鲁严、严助之苗裔"之叙述看来,"巨昭"应即是碑主之字。

图二 《严巨昭残碑》之"字"左偏
结构与《子游残石》之"字"对比

[二]"其先出自鲁严、严"原释文释七字,其后未释。"裔"上部存"衣"的左半,下部泐,但仍能识别规整的轮廓,实际上是"冏"的左侧。根据《鲜于璜碑》等例,知此上残缺的二字应是"之苗",加之鲁九喜先生新释"助"字,此句应即"其先出自鲁严、严助之苗裔"。此句揭示巨昭之姓氏,鲁九喜先生考为"严",甚确⑤。"鲁严"即指鲁庄公。《汉书》即有称鲁庄公为"鲁严""鲁严公"者,如《楚元王刘交传》:"及鲁严公刻饰宗庙,多筑台囿,后嗣再绝,《春秋》刺焉。"颜师古注:"即庄公也。"⑥《五行志下》:"《春秋》记异,星陨最大,自鲁严以来,至今再见。"⑦而碑铭中的"严助",盖指西汉武帝时名臣庄助。这里应说明的是,严氏最

---

⑤ 鲁九喜:《汉巨昭姓严,本姓庄》,新浪博客(网址 http://blog.sina.com.cn/s/blog_61c44f3c0102dxb5.html),2012 年 6 月 15 日。

⑥ 《汉书》卷三六《楚元王刘交传附刘向传》,中华书局,1962 年,第 1955—1956 页。

⑦ 《汉书》卷二七下《五行志下》,第 1510—1511 页。

初是所谓"氏于谥"⑧者,本为庄氏,后因避东汉明帝刘庄之讳,故改"庄"为"严"。此见《元和姓纂》所载:"严:芈姓,楚庄王支孙,以谥为姓。楚有庄周。汉武强侯庄不识,孙青翟、为丞相。会稽庄忌夫子,生助。后汉庄光。避明帝讳,并改为严氏。"后世奉严助为祖者,亦见《元和姓纂》严氏条下:"【济北】严助之后,今无闻。"⑨可知济北严氏,即为严助之后。因此,参考《元和姓纂》之例,据知巨昭为严氏。其家族本为庄氏,在明帝后因避讳而改为严,奉鲁严公(鲁庄公)、严助(庄助)为祖。

[三]第二行首字作▇,原释文未释。此字上部之下有一三角,因而可知为"惠"字,此与《韩仁铭》之▇字同。

[四]"昏"即"昏"。"昏定晨省"典出《礼记·曲礼上》:"凡为人子之礼,冬温而夏清,昏定而晨省,在丑夷不争。"郑玄注:"定,安其床衽也。省,问其安否何如。"⑩即晚间服侍就寝,早上省视问安。此为旧时侍奉父母的日常礼节。

[五]"出不易方,返不违[时]",典出《礼记·玉藻》:"亲老,出不易方,复不过时。亲瘠,色容不盛,此孝子之疏节也。"方氏悫曰:"出不易方,有定所也。复不过时,无愆期也。"孙希旦注:"愚谓易方,则恐召己而莫知所在;过时,则恐失期而贻亲之忧。"⑪"返""复"二字可互训,原碑"返不违"字下断,今可据《礼记》补"时"字。

[六]此处有石花,原释文作"街"。通过对初拓本的仔细辨认,中为"三",中部下方有一小钩与两

图三 左:《严巨昭残碑》
"鲁严、严助之苗裔"
右:息见堂藏《鲁峻
碑阴》"壬辅子助",
"助"字写法可资参考

⑧ [宋]王应麟撰:《姓氏急就篇》,收入文渊阁《四库全书》影印本,台湾商务印书馆,1983年,第948册,卷一,第5页。
⑨ [唐]林宝撰,岑仲勉校记:《元和姓纂》,中华书局,1994年,第778—785页。
⑩ [清]孙希旦撰:《礼记集解》,中华书局,1989年,第16—17页。
⑪ 《礼记集解》,第830页。

点，当为"心"字残渺。此字形与《淮源庙碑》之 **𢜬** 字字形一致，可知为"愆"字。

[七]"外有曾闵"，曾闵即指孔子弟子曾参与闵子骞，二人皆以孝道闻名。《三国志·蜀书·谯周传》："丧逾三年，言及陨涕，虽曾闵不过也。"[12]《宋书·乐志四》："曾闵二子，善养亲。和颜色，奉晨昏。至诚烝烝，通明神。"[13]从"外有"二字看，此句之上似应有对仗句。

[八]"至孝烝烝"，为称赞孝道之语，如汉章帝时有司奏言："陛下至孝烝烝，奉顺圣德。"[14]

[九]"勠力苦身"，苦身奋斗之意。亦见范蠡故事："范蠡浮海出齐，变姓名，自谓鸱夷子皮，耕于海畔，苦身勠力，父子治产。居无几何，致产数十万。"[15]

[一〇]"踬阂"，为障碍所羁绊，不能行进。《三国志·魏书·毋丘俭传》注云："孤军梁昌，进退失所，还据寿春，寿春复走，狼狈踬阂，无复他计。"[16]"艰阨"，艰难困厄之意。"阨"字原释文未释。《广韵》："阨，危也。"《史记·宋微子世家》："君子不困人于阨。"[17]《汉书·谷永传》："遭《无妄》之卦运，直百六之灾阨。"[18]

[一一]"离此百患"，"离"通"罹"。《玉篇》："离，遇也。"《字汇》："离，遭也。与罹同。"《史记·管蔡世家》："梦者戒其子曰：'我亡，尔闻公孙强为政，必去曹，无离曹祸。'"[19]

[一二]"寄寓崎岖"，"岖"字原释文未释，据上文补。"勠力苦身""踬阂艰阨""离此百患""寄寓崎岖"，皆指其早年之艰难。

[一三]"陶白之筴"，"陶白"指陶朱公（范蠡）与白圭，二人为春秋战国时富商。"筴"通"筴"，"筴"又通"策"，如《史记·张耳陈余列传》："又闻诸将为陈王徇地，多以谗毁得罪诛，怨陈王不用其筴不以为将而以为校尉。"[20]"筴"即"策"。

---

⑫ 《三国志·蜀书》卷四二《谯周传》，中华书局，1982年，第1028页。

⑬ 《宋书》卷二二《乐志四》，中华书局，1974年，第664页。

⑭ 《后汉书》卷三《肃宗孝章帝纪》，中华书局，1965年，第131页。

⑮ 《史记》卷四一《越王勾践世家》，中华书局，1959年，第1752页。

⑯ 《三国志·魏书》卷二八《毋丘俭传》，第767页。

⑰ 《史记》卷三八《宋微子世家》，第1626页。

⑱ 《汉书》卷八五《谷永传》，第3468页。

⑲ 《史记》卷三五《管蔡世家》，第1573页。

⑳ 《史记》卷八九《张耳陈余列传》，第2575页。

"陶白之策"与"子荆居室之术"相同,均指经营致富之法。

[一四]"退修子荆居室之术",子荆,指卫公子荆,是卫国大夫,名荆,字南楚,是卫献公之子。"子荆居室之术",典出《论语·子路》:"子谓卫公子荆,善居室。始有,曰:'苟合矣。'少有,曰:'苟完矣。'富有,曰:'苟美矣。'"张湛注:"有,犹富也。"刘宝楠正义云:"公子荆仕卫得禄,终致富有。"㉑"子荆居室",比喻善治家业。"致财千〔万〕",根据上文,句末补"万"字。

[一五]"澹给资粮","澹"是"赡"的古字。《说文》无"赡"字,《集韵》:"赡,赒也。亦作澹。"《汉书·赵充国传》:"今久转运烦费,倾我不虞之用以澹一隅,臣愚以为不便。"师古曰:"澹,古赡字。赡,给也。"㉒"澹给资粮",即提供资费、粮食给上文提到的"孤寡"。

[一六]"婚媾",指婚姻。"婚媾乡人",似指严巨昭为乡人办理婚姻一类。罗新先生则认为,"婚媾"当指有血缘关系,特别是母族一系的亲属,"乡人"则泛指同乡。"婚媾乡人",有类"乡亲"之称。联系下句"莫不",整句或谓乡亲父老,莫不夸赞严巨昭。

[一七]"知足之分","知"字上残,据文意补。"知足之分",当为知道满足的本分。后世有"止足之分"一词,意同,都取自《老子》:"知足不辱,知止不殆。""止足之分"一词出处,后世多引潘岳《闲居赋》。然而《三国志·魏书·曹洪传》注引《魏略》称:"性无检度知足之分,而有豺狼无厌之质。"㉓已有"知足之分"一词,可知当较潘岳所在时间为先。今见碑文,又知此词至晚在熹平年间便已使用。

[一八]"士人怀附,如归冬日",即说士人归附,就像归附冬日。《左传·文公七年》:"赵衰,冬日之日也;赵盾,夏日之日也。"杜预注:"冬日可爱,夏日可畏。"㉔冬日中的阳光带给人温暖,为人所爱,碑文正以此比附。《后汉书·循吏列传·刘宠传》:"董卓入洛阳,岱从侍中出为兖州刺史。虚己爱物,为士人所

㉑ [清]刘宝楠撰《论语正义》,中华书局,1990 年,第 528 页。
㉒ 《汉书》卷六九《赵充国传》,第 2990—2991 页。
㉓ 《三国志·魏书》卷九《曹洪传》,第 278 页。
㉔ 杨伯峻撰《春秋左传注》,中华书局,1981 年,第 562 页。

附。"㉕与"士人怀附,如归冬日"一语如出一辙。

[一九]"催然守真",原释文作"催",非是。"催"通"确","确然"为刚强、坚定意。《易·系辞下》:"夫乾,确然示人易矣。"韩康伯注:"确,刚貌也。"㉖《汉书·霍光传》:"霍光以结发内侍,起于阶闼之间,确然秉志,谊形于主。"㉗"守真"语出《庄子·渔父》:"谨修其身,慎守其真,还以物与人,则无所累矣。"㉘《后汉书·申屠蟠传》:"安贫乐潜,味道守真,不为燥湿轻重,不为穷达易节。"㉙后世也有沿用此语之例,如《宋书·陆徽传》:"确然守志,不求闻达。"㉚近于碑文之"催然守真"含义。

[二〇]"席耶不坐,菆那不食",原释文"菆那"二字未释出。"菆"即大块之肉。《说文》:"菆,大脔也。""耶""那"均通"邪"。二句典出《论语·乡党》二章:"割不正,不食。""席不正,不坐。"㉛如此夸赞严巨昭的行为举止,无不绳以儒家经典。

[二一]"天雀既修","雀"通"爵",通假例于文献常见,邢义田先生有专文《汉代画像中的"射爵射侯图"》述之,可参㉜。此句典出《孟子》:"有天爵者,有人爵者。仁义忠信,乐善不倦,此天爵也。公卿大夫,此人爵也。古之人修其天爵,而人爵从之。"㉝"天雀既修",以喻德行高尚,达到天命的修养。

[二二]"遘疾如卒,谓仁者寿"。"如",当训作"而"㉞。《春秋·庄公七年》:"星陨如雨。"《穀梁传》注:"杜预读'如'为'而'。"㉟汉魏碑志多有此用法。如《武荣碑》"仁如不寿",即"仁而不寿"。东魏《王僧墓志》"不幸如卒",㊱"如

---

㉕ 《后汉书》卷七六《循吏列传·刘宠传》,第 2479 页。

㉖ [清]阮元校刻《周易正义》,《十三经注疏》,据清嘉庆二十年(1815)南昌府学刊本影印,中华书局,1982 年,上册,卷八,第 86 页。

㉗ 《汉书》卷六八《霍光传》,第 2967 页。

㉘ [清]郭庆藩撰《庄子集释》,中华书局,1961 年,第 1031 页。

㉙ 《后汉书》卷五三《申屠蟠传》,第 1751—1752 页。

㉚ 《宋书》卷九二《陆徽传》,第 2267 页。

㉛ 《论语正义》,第 411 页、第 417 页。

㉜ 邢义田:《汉代画像中的"射爵射侯图"》,原刊"中研院"史语所集刊第 71 辑,2000 年;后收入邢义田《画为心声》,中华书局,2011 年,第 178 页。

㉝ [清]焦循:《孟子正义》,中华书局,1987 年,第 796 页。

㉞ 此处断句、释义承罗新教授指点。

㉟ [清]钟文烝:《春秋穀梁经传补注》,中华书局,1996 年,第 160 页。

㊱ 赵万里:《汉魏南北朝墓志汇编》,天津古籍出版社,2008 年,第 318 页。

卒",类"而卒"。"仁者寿",典出《论语·雍也》:"知者乐水,仁者乐山;知者动,仁者静;知者乐,仁者寿。"㉟此处反其意而用之,一如《武荣碑》。

[二三]"悊"字原释文未释,今据字形补。字形作█,尚存手部与心部,知当为"悊"。此与《衡方碑》之█字字形同。《说文》:"悊,敬也。"《玉篇》:"悊,与哲同。"

[二四]"嗣续其勳",原释文误释"勳"为"憨"。"勳"通"勋",为勋劳、勋业之意。"嗣续其勳",即言子孙承续其勋业。《国语·晋语四》:"嗣续其祖,如谷之滋。"韦昭注:"言子孙将继续其先祖,如谷之蕃滋。"㊳

[二五]"胤子二人",即子嗣二人。《后汉书·显宗孝明帝纪》:"而胤子无成康之质,群臣无吕旦之谋。"㊴

[二六]"袭雀承宣","雀"通"爵",前文已考,"袭雀"当指袭爵位。"承宣"谓继承发扬。《汉书·匡衡传》:"继体之君心存于承宣先王之德而褒大其功。"㊵东汉诸帝屡屡赐爵,加之爵位本身也可以买卖,故而民爵泛滥。《后汉书·显宗孝明帝纪》:"其赐天下男子爵,人二级;三老、孝悌、力田人三级;爵过公乘,得移与子若同产、同产子;及流人无名数欲自占者人一级。"㊶此外,章帝、安帝、顺帝亦普赐爵位。严巨昭二子继承之爵位,当即是此类民爵。

[二七]"缊续襄道",原释文释"续"作"绩",误。"缊续"在金石、文献中均无前例。"缊"通"蕴",包藏意;"续"或训作"传",如《淮南子·修务训》:"教顺施续而能知流通。由此观之,学不可已明矣。"高诱注:"施,设。续犹传也。"㊷"蕴续",即指保留传统。"襄",通"怀",怀抱意。《汉书·孝成许皇后传》:"将相大臣襄诚秉忠,唯义是从。"㊸"缊续襄道",则有保存传统、心怀道义之意。

[二八]"缮"字原释文未释,今补。字形作█,尚存"纟"与"口",检汉隶中具"纟、口"之字,有"结""绍""缮""绐"诸字,唯"缮"字形相合。《唐公房碑》作

㉟ 《论语正义》,第 237 页。

㊳ 徐元浩撰《国语集解》,中华书局,2002 年,第 345 页。

㊴ 《后汉书》卷二《显宗孝明帝纪》,第 100 页。

㊵ 《汉书》卷八一《匡衡传》,第 3338 页。

㊶ 《后汉书》卷二《显宗孝明帝纪》,第 96 页。

㊷ 何宁撰《淮南子集释》,中华书局,1998 年,第 1343 页。

㊸ 《汉书》卷九七下《孝成许皇后传》,第 3978 页。

**繕**,可证之。

[二九]"乃卜宅兆"指占卜选择墓地。"错"通"措","安错魂神",指安置亡者魂灵。"孳"当通"兹",朱骏声《通训定声》:"孳,假借又为兹。""构孳莖宇",句意为构建此墓。下行为空行,根据汉碑惯例,后文应有铭辞韵文,其前应有发语的"其辞曰"。此三字之位置,将在后文讨论。

[三〇]"蹈规履方",谓守规矩,正合前文"席邪不坐,藏邪不食"。《衡方碑》有"蹈规履矩"句,其义相近⑭。

[三一]"好是正直",语出《诗经·小雅·小明》:"嗟尔君子,无恒安息。靖共尔位,好是正直。神之听之,介尔景福。"⑮亦见《后汉书·郎顗传》:"洁白之节,情同曒日。忠贞之操,好是正直。卓冠古人,当世莫及。"⑯

[三二]"烝烝孔","烝烝"后一字残半,可辨认是"孔",与《熹平石经》**孔**字形同。

[三三]"当承国任","任"字上有一石花,原释文误释作"住"。傅春喜先生认为"'玉石之性,生自坚强,当承国任,为汉……',可见其是一位忠孝节义、当过官的人"。⑰综合碑铭看,此碑未见官簿履历等,且与通行官吏墓碑格式不合,实际并非官吏。严巨昭的身份,在后文中将着重讨论。

[三四]"□良",原释文误释作"艮"。根据用韵,此处亦是"良"。"良"字上残有笔画,可能是"贞"或"贤"字。


## 三、原碑情况推测

从《严巨昭残碑》现存的信息,我们可以做部分复原,并推知原碑完整时的一些情况:

---

⑭ 高文:《汉碑集释》(修订本),河南大学出版社,1997 年,第 310 页。
⑮ 程俊英等:《诗经注析》,中华书局,1991 年,第 652 页。
⑯ 《后汉书》卷三〇下《郎顗传》,第 1070 页。
⑰ 《〈安阳残石〉又一种》。

### 1.残碑复原

原碑行字数:

首行"字巨昭"上截,应残损八字,缺失内容后四字应为"严君讳□"或"君讳□□"。联系汉人归葬故土之习惯,以及此碑出土地,前缺四字,当揭示严巨昭之籍贯,阙文内容可能是"魏郡某县""河内某县"等。

判断上缺八字的办法,来自笔者"韵脚复原碑刻法"[48]。最后三行的铭辞韵文中,"懿芳""常""□良"之"芳""常""良"都是韵脚,位于同一水平线,可知碑铭行字数当为八之倍数。"懿芳"下一句首字"既"水平对齐到首列,正是"字巨昭"的"字",而按一般汉碑格式,"君讳某字某某"内容当距起始不远,可推知"懿芳"应是颂词的首句末二字,并可知"字巨昭"上截应残损八字。

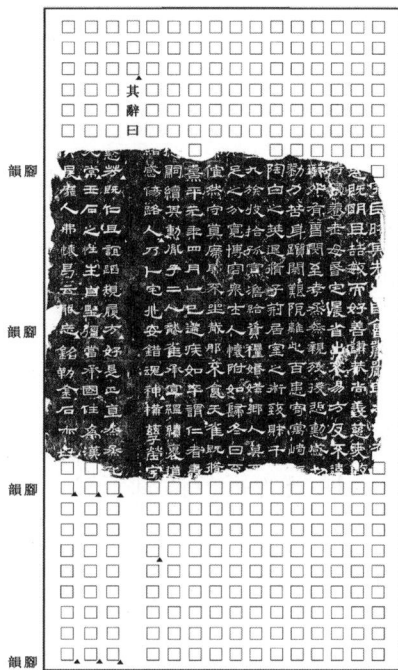

图四　原碑碑文行字示意图

原碑十六列,行字数当为

三十二。黑、白三角形处为韵脚。

至于原碑的下截,依据韵脚,同理可知下缺字数当有一、九、十七等多种可能。根据一般汉碑长宽约二比一的比例,缺一字则碑太短,缺十七字则原碑太高,当可排除。因此,合理的下缺字数当为九字。故而残碑首行当存字十五,上缺八字,下缺九字,原碑行字数当为三十二。推算铭文所占高度,约为一百四十厘米。

在复原碑之行数后,我们还可确定发语辞"其辞曰"之位置。由于前文押韵,而"构掔茔宇"八字句其意显然未完,再由空行位置所知,其后再当、且仅当有一句。只有这样,"其辞曰"进入空行,且不见于残碑。故而"构掔茔宇"后有十二字或二十字,"其辞曰"恰在整碑此行(即空行)第四至六字。

原碑行数:

---

⑧　引自拙文《韵脚复原碑刻法》,未刊稿。

残碑首行、末行俱存,残碑保存了原有的宽度,有十六行。最右行"字巨昭,其先出自鲁严、严助之苗裔",以汉碑惯例看,可知此为首行。末行左侧有较大空白,超过其他行的行间距,亦可知最左行为末行,原碑宽度在七十厘米左右。

改制合理性:

《严巨昭残碑》之残断,显然为人工所为。残碑长宽约 70 厘米,形状为正方形,碑侧有明显的平行凿刻痕迹,且残碑"字巨昭"处的右上侧有后人凿制的方孔,都证明了残石曾被改制。《严巨昭残碑》传出土于

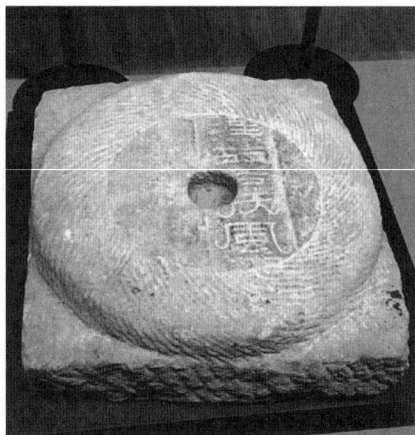

图五　汉代石碑改制而成的柱础
出土于大同北魏建筑遗址,亦可参考。
此柱础现藏大同博物馆。

漳河附近,而以往在附近出土的"安阳四残石",便多属于改制的情况。因此,《严巨昭残碑》若出于改制,也并不意外。

后世石工为取其便捷,多将既有的汉碑作为石料分割。而残石的残断位置、形状,同样包含石工分割石料的内在思路,亦成为复原的重要参考。

我们首先列出一种假设,以说明复原的思路。

根据前文,已推知碑文部分一行当有三十二字。若假设原碑长宽便是如此,欲取方石,则切割位置当在残碑现存行字的八、九字附近,一次切割便可得甲、乙两块残石(图六左)。但若如此,又绝非此碑现状,可知碑身并非仅是碑文部分之形制。按照一般情况,可以推测原碑下截还有没有字的空白行以及插入碑座的部分,上截则包含碑额,均有一定高度。以上方面,均当纳入对于原碑形制的考虑之中。

参考残碑裁切的位置,我们推测原碑很有可能曾被石工改制为几近相同的三枚方形石块,而现存的《严巨昭残碑》,为其中的中块。残碑的上下边,即为当时的两条分割线。推测下部、中部均为形制相差无几的两块方石(图六右)。而碑额通常具有弧度,可能并非完全意义上的正方形,但至少高度和宽度是大致相近的。从石工角度分析,分割两次便可得三块大小相近的石料,也是最为省事、

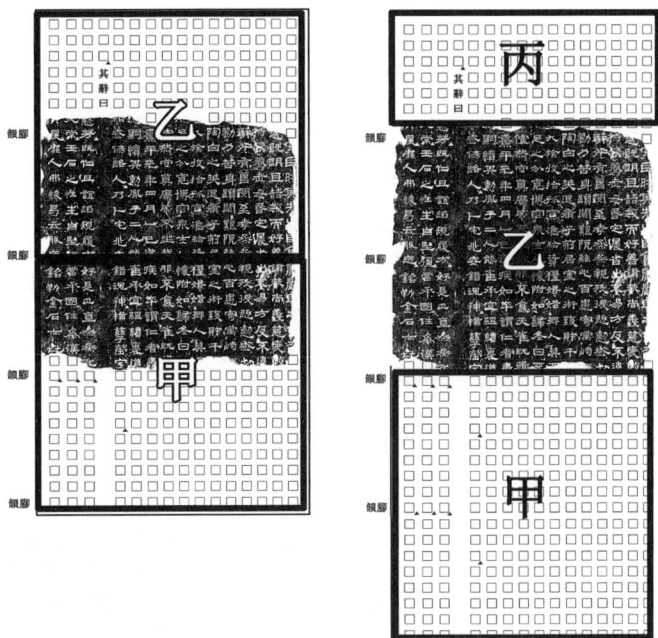

图六　基于两种原碑形制的改制推测

左图与残碑现状不合,而以右图更符合石工的分割逻辑。推测残
碑下截还有空行,上截当有碑额。原碑曾被改制为几近相同的三枚方
形石块。现存的《严巨昭残碑》,为其中的中块。

合理的。

根据这样的判断,残碑高约 70 厘米,约为原碑高度的三分之一。可以大致推测碑额的高度约为半米、碑文下侧无字及插入碑座的部分约 20 厘米,则原碑总高度在 2.2 米左右。

综上,推测原碑情况如(图七)所示。

**2.原碑内容**

是碑虽然残断,但经过复原之后,原碑内容、形式不难知晓。经过释读,则可大致勾勒出碑主生平,以"姓字""早年""创业""善举""儒行""卒年""子嗣"分加叙述:

**姓字:**碑主姓严,字巨昭,奉鲁庄公、武帝时名臣庄助(后避明帝讳改称严助）为祖。

**早年**：有孝行。"独养老母"，恪守《礼记》所称"昏定晨省""出不易方、反不违时"等侍奉父母之道。母亲去世后，"悲恸感切"。

**创业**：开始颇艰难，"离此百患，寄寓崎岖"。后来掌握所谓"陶（朱）白（圭）之策""子荆居室之术"等致富方法，最终得以"致财千〔万〕"。

**善举**：严巨昭多举善行，如"……九族""收拾孤寡，澹（赡）给资粮"等，且为人品德高尚，有"知足之分""宽博容众"之美德，因此"士人怀附，如归冬日"。

**儒行**：严巨昭恪守儒行，严格执行《论语》中"席不正，不坐""割不正，不食"之戒律，被认为达到了《孟子》所谓"天爵"之修养。

**卒年**：熹平元年四月乙巳，严巨昭因病而卒。检饶尚宽先生《春秋战国秦汉朔闰表（公元前 722 年—公元 220 年）》，熹平元年四月朔日干支为乙酉，可知乙巳为二十一日。[49] 从惯例可知，立碑时间当稍略晚于此。

**子嗣**：有子二人。子嗣继承了严巨昭之爵位与荣誉，并继续发扬其父之道义与精神。

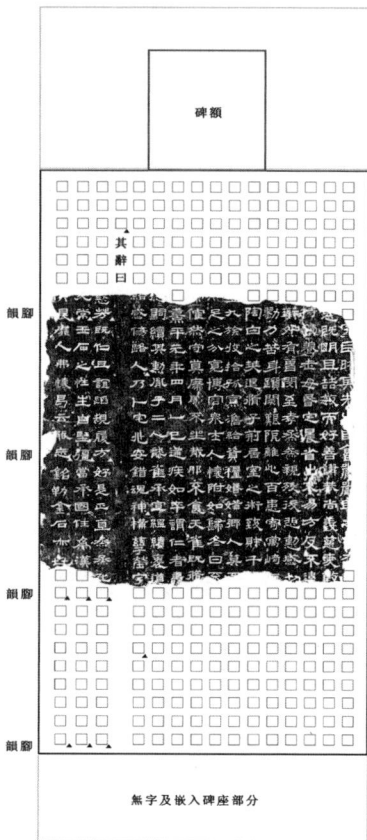

图七　原碑复原示意图

推测原碑高 2.2 米，碑宽 0.7 米。

根据前文对于原碑的推测，原碑行字数三十二、共十六行，总字数约为五百字。现存碑文字数约二百四十余字，可知碑文内容仍存其半。同时，依照前文对于碑文的梳理来看，碑文撰述的层次亦较为清晰，也可知原碑内容结构得以大致保存。在这样的基础上，使得我们尚能整体把握碑文内容，并做进一步地考索。

---

④　饶尚宽：《春秋战国秦汉朔闰表（公元前 722 年—公元 220 年）》，商务印书馆，2006 年，第 234 页。

## 四、碑文史实解读

### 1.仅见汉代商人之墓碑

我们知道,广义上的碑刻也包括阙、塞石、画像石题记等,而仅言之标准意义上的汉碑,主要为墓碑、功德碑、记事碑、庙碑和祀神碑等[50]。值得注意的是,此前发现的墓碑之碑主,碑铭中大多记载了他们做官的履历。而极少如《娄寿碑》碑主,是以学者、乡贤的身份而立碑,但至少娄寿祖父曾任"太常博士"。总的说来,这样一些汉碑,通常都是为世家出身的官吏所制。

《严巨昭残碑》之最受瞩目处,在于碑主身份是一名商人,这在已知出土的汉碑中是绝无仅有的。虽然此碑内容并不完整,但仍可通过原碑叙述中的细节用语,对碑主的身份进行确认。

第一,碑文中有"勠力苦身,踬阂艰陁"与"☒陶白之荬,退修子荆居室之术,致财千〔万〕"句,可知他白手起家,经商致富。碑铭记载述及其创业过程,与一般士族官吏碑铭侧重陈述仕宦履历略显不同,行文中也丝毫没有提及做官履历和相应称谓。而碑文典故中,又皆指向汉人所崇尚的古代商人——"言富者皆称"的"陶朱公"以及"天下言治生"皆引以为"祖"的白圭[51]。这一点已委婉交代碑主的商人身份。

第二,铭词中有"当承国任,为汉□□"。汉碑铭词中常有类似之语,如《鲁峻碑》"当迁绲职,为国之权"[52],"绲"通"衮","绲职"即三公之职[53]。即是称赞

---

[50] 可参见徐玉立《汉碑全集》,河南美术出版社,2006年,第一册,第5—6页。

[51] 《史记·货殖列传》开篇所列举的数家商贾,即包括此二人。司马迁对此二人颇为推崇:范蠡"此所谓富好行其德者也。……故遂至巨万。故言富者皆称陶朱公";又称"白圭乐观时变,故人弃我取,人取我与。……天下言治生祖白圭"。见《史记》卷一二九《货殖列传》,第3257—3259页。

[52] 南宋洪适《隶续》著录《鲁峻碑》无"迁"字,高文《汉碑集释》等均缺。今据欧斋藏北宋拓本补足。可见朱家濂:《书北宋拓本〈鲁峻碑〉后》,《中国历史文物》1984年刊。

[53] 《汉碑集释》,第399页。

鲁峻的能力，应当高迁三公，但鲁峻实际并未官拜三公。(54) 反观铭词“当承国任”一语，“国任”可解为国家之任，按照《鲁峻碑》之例，“当迁”之后，实际并未实现，故可知严巨昭事实上并没有“国任”。此句之“承”，未可作“继承”解，当指“承担”。碑主当未做官，故惜称“当承国任”，仅借以赞扬其能力。

综合看来，严巨昭应是商人。碑文中出现的“士人怀附”等语句，则应与巨昭崇尚儒学、乐善好施有关，而“当承国任”并非指曾经任官，而是赞扬其能力。严巨昭的商人身份，并没有因此改变(55)。

**2.商人碑志的隐晦与宣扬**

虽然东汉碑文多谀墓之辞，撰碑者的美言，使得文本与真实之间的出入在所难免。然而透视此碑，行文中明显的隐晦与宣扬，可能反映出早期商人碑志中所存在的某些撰述特点。

我们重新审视《严巨昭残碑》，碑文着重颂赞商人孝悌之美德、不畏艰险之毅力、乐善好施之行为，而对于严氏的商人出身，实际是颇为隐晦的。

造成这一现象的原因，恐怕不难解释。在秦汉以来的国家专制体制之下，重农抑商政策始终贯穿其中。在重本轻末观念的影响之下，商人长期处在四民之末，社会对商人普遍存在排斥心理。基于这样的背景，残碑中隐晦地描写商人身份，转而大篇幅宣扬碑主乐善好施、敦重儒学的行为，将其形象塑造为所谓“儒商”，在撰述中实际包含了从“商”到“士”的身份转化，也体现出商人阶层对自身身份的一种调整。

事实上，汉代商人墓碑虽属首次发现，然而回顾唐宋以后的文人所撰述的商人墓志、墓碑，其程序内容竟颇为相似。如刘挚撰写的《陈行先墓志铭》，五百余字中，关于陈氏的商人身份，仅见于“粟储而缕积之，辟田桑以植本，又有所懋居以化有无”，为此志中唯一提到其商人身份的信息。又如黄庭坚撰写的《王长者

(54) 此外，《武荣碑》云：“当遂股肱，□之元辅。”（见《汉碑集释》，第296页）“当遂”二字，反而说明了其“未遂”，武荣亦非“元辅”重臣。若参考曹植《任城王诔》：“于休我王，魏之元辅。”则《武荣碑》“□之元辅”缺失一字，可能为“汉”字。

(55) 从碑文“独养老母”“勠力苦身，踬阂艰陒”来看，严巨昭父亲早亡、亦无兄弟，而最终依靠“陶白之策”“子荆居室之术”而“致财千万”，可算是白手起家，经营致富。严巨昭在致富之后，可能会置田产，进而成为地主。但从碑文而言，严氏最初的商人身份，仍应是较为纯粹的。

墓志铭》，也仅提到王漯“善治生，操奇赢”，富饶乡里，对于营生行业也没有多加解释[56]。因此，对商人身份的隐晦描写，也成为商人碑志一种多所共有的撰述特征。

汉代商人墓碑——《严巨昭残碑》具有特殊的标本意义。残碑不仅大致保存了一例东汉商人生平资料，揭示出商人碑刻的一种撰述模式，同时亦得以折射商人碑志文字背后所隐喻的真实心理。以上种种，使得《严巨昭残碑》成为研究商业史及社会史所不得不注意的珍贵个案。

**3.“士人怀附”与汉末士商关系**

碑铭中有“士人怀附，如归冬日”，值得注意。士人归附、归向于一名商人，这在古代社会中是颇为罕见的。《严巨昭残碑》，故而也成为研究士商关系的重要史料。

从诸多材料来看，士人对于与豪强、富贾的交往，仍然是持否定态度的。《后汉书·党锢传·夏馥传》：“夏馥字子治，陈留圉人也。少为书生，言行质直。同县高氏、蔡氏并皆富殖，郡人畏而事之，唯馥比门不与交通。”[57]《后汉书·杨秉传》注引《谢承书》曰：“秉免归，雅素清俭，家至贫窭，并日而食。任城故孝廉景虑赍钱百余万，就以饷秉，秉闭门距绝不受。”[58]《后汉书·党锢传·檀敷传》谓檀敷“少为诸生，家贫而志清，不受乡里施惠”。[59] 士人不受资财，本身也成为“志清”的一种象征。余英时先生曾讨论了古代社会的士商关系，认为就大体情况而言，“士大夫讳与贾人交”[60]，同样可以与汉代士林观念相契。

士大夫虽然“讳与贾人交”，但并不意味着士商毫不来往。《严巨昭残碑》之例，即体现了士人对于商人的归附，而这种情况的发生，可能源自商人对于士人

---

[56] 两则宋代商人墓志材料转引自郑铭德《宋代的商贾墓志铭》，《宋代墓志史料的文本分析与实证运用国际学术研讨会》，东吴大学，2003 年 10 月。又蒙北京大学吴淑敏学棣惠示北大图书馆金石组新入藏宋代墓志资料，其中亦有宋代商人墓志，也会提到其营生，比如《梁士安墓志》称“自坐贩米粟，周集其利”，《仇天锡墓志》称“君之市货，必鬻其良”。由于二人均是小商贾，且碑志撰写者显然并非王挚、黄庭坚等名宿大儒，因此志文对商人身份的隐晦描写显得并不突出。但《仇天锡墓志》称“君之市货，必鬻其良”，实际也是在强调与一般的商贾不同。

[57] 《后汉书》卷六七《党锢传·夏馥传》，第 2201—2202 页。

[58] 《后汉书》卷五四《杨秉传》，第 1771 页。

[59] 《后汉书》卷六七《党锢传·檀敷传》，第 2215 页。

[60] 余英时：《中国近世宗教伦理与商人精神》（增订版），九州岛出版社，2014 年，第 286 页。

的赈济。类似之例以往更多见于官吏或权贵史传。如《后汉书·马援传》记载王莽从兄王仁之子王盘:“盘拥富赀居故国,为人尚气节而爱士好施,有名江淮间。”[61]《后汉书·邓训传》:“训乐施下士,士大夫多归之。”[62]《后汉书·窦固传》:“固久历大位,甚见尊贵,赏赐租禄,赀累巨亿,而性谦俭,爱人好施,士以此称之。”[63]“富赀(资)”而“爱士好施”,与碑文是颇为相类的。而《后汉书·马援传》记载马援“因留牧畜,宾客多归附者,遂役属数百家”。又“叹曰:‘凡殖货财产,贵其能施赈也,否则守钱虏耳。’”[64]马援所称的“殖货财产,贵其能施赈”,便很能说明问题。据此推测,当时富有“殖货财产”的富贾可能也多有类似的举动。只是史书出于士人立场,很少提及商人对于士人的赈济。因此,《严巨昭残碑》的记述,可能正揭示了这样一层士商关系的真实存在。

《严巨昭残碑》中反映的士商关系,可能也与特殊时地背景相关。此碑记载事迹应于桓帝熹平年间略早,靠近党锢时期,而出土地点为郏城附近,亦离洛阳不远。这一时期,洛阳附近云集了大量士人[65]。而在延熹九年(166)党锢之祸发生以后,大量士人精英遭到批捕、禁锢。《后汉书·党锢传·序》记载,“天子震怒,班下郡国,逮捕党人,布告天下,使同忿疾,遂收执膺等。其辞所连及陈寔之徒二百余人,或有逃遁不获,皆悬金购募。使者四出,相望于道”。[66] 这一关键转折,也使得“党人既诛,其高名善士多坐流废”[67]。精英士人阶层受到沉重打击,相当一部分普通士人不再能像以往投附于其门下,依附关系被打破。《严巨昭残碑》的立碑时间熹平元年(172),正在此后略晚,士人选择归附于商人,或许正反映了这一特殊的时代背景。

---

[61] 《后汉书》卷二四《马援传》,第 850—851 页。

[62] 《后汉书》卷一六《邓训传》,第 607—608 页。

[63] 《后汉书》卷二三《窦固传》,第 811 页。

[64] 《后汉书》卷二四《马援传》,第 828 页。

[65] 在东汉和、顺帝之后,士人特别是游士的数量相当惊人。根据《后汉书》记载:“顺帝感翟酺之言,乃更修黉宇,凡所造构二百四十房,千八百五十室。”而“游学增盛,至三万余生。”见《后汉书》卷七九上《儒林传上·序》,第 2547 页。

[66] 《后汉书》卷六七《党锢传·序》,第 2187 页。

[67] 《后汉书》卷七九上《儒林列上·序》,第 2547 页。

## 五、余论

《严巨昭残碑》,是已知汉碑中绝无仅有的为商人立碑之例,虽然残泐其半,然而却基本保存了东汉商人严巨昭的事迹。这也是目前所发现的最早的商人之碑。碑文丰富的碑文内容,不仅为解读东汉训诂、典故等提供重要参考,也成为研究东汉商人碑刻撰述模式、隐喻心理、士商关系等问题的一例重要案例。同样不可忽视的是,《严巨昭残碑》本身属于桓灵时期的碑刻,也代表了汉隶鼎盛时期的风格。传世汉碑多立于户外,碑面受到千年风霜侵蚀,如《孔彪碑》《武班碑》,字迹多已不可辨识。而《严巨昭残碑》字口清晰,多保留了刻碑的原始风貌,更接近当时隶书真实,亦可作为铭刻研究的珍贵范本。

**后记** 本文蒙业师王子今教授以及罗新教授审定。王家葵、张耐冬、孙闻博、曾磊、徐畅、赵培、汪华龙、穆荷怡、杜旭初、鲁九喜、吴淑敏、郭山等先生均对本文有所指正。傅春喜先生俯允观看了原碑,并赐下拓本。以上各位嘉惠,在此谨志谢意。

【熊长云　故宫博物院馆员】
原文刊于《中国文化》2017 年 01 期

# 《兰亭序》的"揽"字与六朝士族的避讳

祁小春

## 一、绪言

《太平御览》三六二引何法盛《晋中兴书》：

> 咸和元年，当征苏峻。司徒导欲出王舒为外援，及更拜为抚军将军会稽内史，秩中三千石。舒上疏以父名会，不得作会稽。朝议以字同音异，于礼无嫌。舒陈音虽异而字同，乞换他郡。于是改会为郐〔原注：古会切〕。舒不得已就职。

《晋书》卷七十六《王舒传》也有相似记载。这条数据告诉我们：王羲之的堂叔伯父王舒被朝廷任命为会稽内史时，曾拒绝赴任，要求改授，理由是"会稽"地名犯其父"王会"名讳。朝廷认为二"会"字同音异，并无大碍。王舒则认为字音虽异而字同，请求另除他郡。为此朝廷特意把会稽改成"郐稽"，使之音形皆异。王舒尽管仍不情愿，但终碍于不以家事辞王事，遂"不得已就职"。后来其子王允之（王羲之堂兄弟）也有会稽之任，亦以同样理由要求改授（王舒父子的例子还将在下文详论）。

由此可见，琅琊王氏对避讳一事非常在意，绝不含糊，连形同音不同之字都不能通允。既然王舒对以"邻"代"会"都不愿认可，那么王羲之又怎么可以在《兰亭序》中主动地以"揽"代"览"，直犯其曾祖王览名讳？笔者对此疑惑既深，尝撰文质疑之。①

本文在旧文基础上，对古代避讳学及中古避讳实例做初步分析归纳，以期深入地探讨《兰亭序》的避讳现象。然本文并不只是限于研究这一个问题。众所周知，在魏晋南北朝，士族名士竞相放浪，以不拘礼节为时尚。但是这一时期恰好又是中国封建社会历史上最"讲礼"的时代。这只要看看《通典》中议论礼节之多为晋人，即可见其一端。为了解释这一矛盾现象，本文拟通过详论历代讳礼，深入魏晋南北朝士族生活的这一细部，借以展现士族生活中所谓"讲礼氛围"的场景，以期深化今人对东晋贵族生活文化的认识。所论为一家之言，其谬误在所不免，切望识者予以指正。

## 二、关于避讳字"揽"

《兰亭序》帖本（指传世二十八行，三百二十四字的各种临摹本以及刻帖拓本）中"揽"字凡二见，即"每揽昔人兴感之由"与"后之揽者亦将有感于斯文"（传世帖本作均作"揽"，唐修《晋书》王羲之传所录文作"览"）。梁刘孝标《世说新语·企羡篇》②三注引王羲之《临河叙》文中无此二句。又遍检传世右军诗文尺牍，亦不见此字。王羲之曾祖父名览（206—278），故通说以为《兰亭序》文中

---

① 日文论文《兰亭序揽字考》发表在日本《书论》杂志第三十一号（杉村邦彦主编，书论研究会发行。1999年）。后收入拙著《王羲之论考》第二章（东方出版，2001年。日文）中。中文稿《关于〈兰亭序〉真伪的两个新疑问》在日文稿的基础上增补修订，收入《兰亭论集》（华人德、白谦慎主编，苏州大学出版社，2000年）。但以上诸文皆为就"揽"字置疑的短文，并未提出更多的证据加以论证。

② 《临河叙》原文据宋刊本《世说新语·企羡篇》第十六（日本前田育德会藏）以及余嘉锡《世说新语笺疏》本（上海古籍出版社，1993年）。

"揽"字乃右军为避其先祖家讳,以"揽"代"览"。③此说是否成立似从未引起学

③ 按,现今研究兰亭研究者在真伪问题上尽管彼此观点对立,但在认同"揽"乃"览"之避讳改字这一问题上,尚无异词。如郭沫若、周传儒、周绍良诸氏皆持此观点。

郭沫若说:"至于二览字作'揽'乃避其曾祖王览之讳……。有人根据览字避讳来证明《兰亭序》是王羲之的作品,那却是太天真的看法。"(见《东吴已有"暮"字》一文,署名"于硕"。《文物》第11期,1965年。后收入文物出版社1973年出版的《兰亭论辩》,《郭沫若全集》历史编第三卷)。

周传儒说:"……这'揽'字是有问题的。观览之'览',与延揽之'揽',意义迥别,不可混淆。除王羲之讳祖讳曾祖外,他人不会一讳再讳。何况当年在场的四十二名大知识分子,岂能瞪着眼睛看王羲之写别字而不作声?……根据这个世系(按,指周据《晋书》王姓各传以及《王氏谱》列出的王氏简略家谱)我们可以完全肯定,只有王羲之这房才能有这样的忌讳。这是颠扑不破的铁证、本证,任何人不能否定的。只有右军本人,才能以'政'代'正'、以'揽'代'览'。除了羲之本人记得清楚以外,他人不会去代查家谱。甚至智永,即使不出家,而在子、孙、曾、玄、来之外,也记不清了,何况王姓大族,谁能忌讳那么多?智永为羲之七代孙、王正九代孙、王览十代孙,这就证明智永不是改篡人。"(《论〈兰亭序〉的真实性兼及书法发展方向问题》,《中国社会科学》1981年第1期)

按,周说前半部分,即论证揽为讳字,览与揽字义不同,不可混淆等,都是正确的看法。唯其在后半部分之论证存在着明显错误。如他说:"只有王羲之这房才能有这样的忌讳"这句话就不正确。按,王览以下除王正一系子孙外,尚有王裁、基、会、彦、琛几支,都须"忌讳",非独王羲之"这房";又如他说"只有右军本人,才能以'政'代'正'、以'揽'代'览'。除了羲之本人记得清楚以外,他人不会去代查家谱。甚至智永,即使不出家,而在子、孙、曾、玄、来之外,也记不清了,何况王姓大族,谁能忌讳那么多?智永为羲之七代孙、王正九代孙、王览十代孙,这就证明智永不是改篡人"云云,但却没有出示能够支持此推论成立的任何证据,他所认为的局外人都不知道或不会代查王家家谱,故"记得清"王家之讳、把"览"写成"揽"字的就只能是王羲之的推论,显然是想当然的说辞。他甚至还断言连智永"也记不清"王氏家族的世系祖宗名讳,真是这样,这就意味着智永也忘记那昔日具有"王马共天下"的辉煌无比的簪缨家史了,那实际上是不可能的。对于他据此而得出的"证明智永不是改篡人"结论,我们不能不说这种推论方法在逻辑上是难以站得住脚的。

周绍良说:"按,阅览之'览'与延揽之'揽',含意不同,不能互相代替;但《兰亭序》中的'每揽昔人兴感之由'与'后之揽者'两'揽'字,均当作'览'。以王羲之的学问,不会用错,这里写作'揽',显然是有原因的。这便是:王羲之曾祖名览,所以他改写'览'为'揽',以避家讳。这和王羲之一些书札中凡端正之'正'俱改用政事之'政'以避其祖父王正之讳是一样的。在这点上,如果是作伪者,绝不能想到这样缜密,连家讳也俱避而不书,以保证其真实性。所以这是有力的内证,说明《兰亭序》无疑出于王羲之之手,而且由这两句,说明后半段确实是王羲之之作而无须怀疑。"(见《从老庄思想论〈兰亭序〉之真伪》一文,收入《绍良丛稿》,齐鲁书社,1984年)

按,周绍良此论与周传儒颇近似,前半部分有关的议论无可非议,唯后半部分所下结论,颇近武断。首先,周之"正"与"政"避讳说有误,本论后文有详述。其次,周猜测作伪者绝对想不到利用人之家讳作伪的招数,这大约就是郭沫若所讥讽的"太天真的看法"吧。按,利用避讳字造假书画、假刻本及假古董,历来就是造假者惯用伎俩。周此说实欠谨慎,根本无法证明其"无疑出于王羲之之手"的结论能得以成立。其三,周谓"连家讳也俱避而不书"的"空字"避讳之事实并不存在。事实上,《兰亭序》不管是谁书的,都没有"避而不书",而是用改字"揽"以书之。

以"揽"代"览"为避讳的说法亦多见于前人,而以清周广业《经史避名汇考》(北京图书馆出版社,1999年。后文简称《汇考》)卷三十五"王羲之"条引证最详,现录出其有关部分,以资参考(引文中又加引文,繁复过多,故不一一施加单、双引号)。周云:"周世授《梦余日札》:班《史》省书览涕,览仝揽,拭也。右军《兰亭叙》,后之揽者,以览为揽,避其家讳也。章世丰曰:览与揽音仝义别,右军确是避王览讳。《汉书》应是▲,传写伪溷耳。广业按:《兰亭叙》揽字两见,每揽昔人兴感之由,亦从手旁。(以下为小字注文)张怀瓘《书断》云:序三百二十四字,有重者皆别构体。亦不尽然。唐怀仁《集圣教序》载高宗御札云:内典诸文,殊未观揽。高宗书览字,不应从手旁,特王书更无览字耳。《说文长笺》乃云:兰亭记作揽为俗,又仝览,本作▲,谬甚!"

前人虽已注意到览、揽避讳,然即使于避讳学精博如周广业者,亦对诸如"览与揽音仝义别,右军确是避王览讳"之类明显有悖于当时避讳实情的说法,采取敷衍了事态度,不作深论。盖周氏囿于陈说而不敢怀疑《兰亭序》真伪故也。此外,日本江户时代著名书家市河米庵(1779-1858)亦曾对此有避讳说之议论。他在其著《米庵墨谈》卷一"兰亭序"条中谓:"又'览'之作'揽'者,乃右军为避曾祖览之讳而加'手'。类此者《十七帖》中尚有'足下今年政七十耶'之'正'作'政'例,是为避其祖父讳也。或'正月'又作'初月''一月'等,皆为此故也。"(中田勇次郎校注《米庵墨谈》,平凡社,1984年)

者注意。笔者以为，《兰亭序》中恰恰是因为有此"揽"字，反而令人生疑，以至于《兰亭序》真实问题又不得不再开议论矣。

为了使本文立论前提成立，必须首先讨论以下两个问题：

（一）王羲之究竟会不会避讳？若须避讳，王氏父子祖孙名中皆同名"之"字的现象又何以解释？

答案是肯定的。魏晋南北朝人重讳，于士族尤严。《颜氏家训》卷二《风操篇》六所谓"今人避讳，更急于古"④，就道出了南北朝避讳森严的事实。学者对此均无异词，如清人赵翼曰"六朝时最重犯讳"（《陔余丛考》卷三十一）、陈垣曰"避讳至晋，渐臻严密"（《史讳举例》卷八"晋讳例"条）、陈寅恪曰"六朝士族最重家讳"（《崔浩与寇谦之》）等，已成史家常识，不烦赘辞。王羲之本人也同样如此，他曾因避其祖王正之讳，将"正月"改写作"初月"或"一月"，⑤可知他确实是遵守当时的讳礼。至于王羲之父子何以名中均含"之"字，前人对此论之甚详，结论是那不属于避讳范围，⑥故可暂置不论。

---

④ 所据王利器《颜氏家训集解》，中华书局"新编诸子集成"本，1993 年。

⑤ 如辽宁博物馆摹拓本《万岁通天进帖》第二帖王羲之《初月帖》云："初月十二日，山阴羲之报……"即是其例。

⑥ 关于王羲之父子以及子孙辈之名何以得不讳"之"问题。周广业对此现象的解释是："'之'是语助，二字作名，所重原在上一字。然父子祖孙，名皆连'之'，有如昆季，亦所不可也。"（《汇考》卷二）

　　胡适解释此现象以为"东晋人往往把单名拉长一字，其法以加'之'字最为普通。不管'之'字前的字是否动词，是否可有'之'字作'止词'。'羲之'只是'羲的'，等于'阿羲'。故我现在假定东晋刘宋时人的'之'字双名，并无特殊意义，只是三百年单名的习惯的余波，只是从单名变到双名的一个最便利的最普遍的方法。"（姜义华主编《胡适学术文集·语言文字研究》，中华书局，1993 年）

　　陈寅恪以为此事实与琅邪王氏世奉天师道有关，他在《崔浩与寇谦之》一文中论道："盖六朝天师道信徒之以'之'为名者颇多，'之'在其中，乃代表其宗教信仰之意，如佛教徒之以'昙''法'为名相类。东汉及六朝人依公羊春秋讥二名之义，习用单名。故'之'字非特专之真名，可以不避讳，亦可省略。六朝礼法，士族最重家讳，如琅邪王羲之、献之父子同以'之'为名，而不以为嫌犯，是其显著之例证也。"（《金明馆丛稿初编》所收，上海古籍出版社，1980 年）又云："六朝人最重家讳，而'之''道'等字则在不避之列，所以然之故虽不能详知，要是与宗教信仰有关。"（同上）陈氏此说影响极大，尔来多为论者引用。如道遥天即是主张此说的主要代表之一，他在《中国人名的研究》"南北朝名字的宗教气氛"条中，引清赵翼《陔余丛考》之"元魏多以神将为名"条后议论道："按，赵氏所提，有倒果为因之嫌，事实上元魏的这种命名，乃受汉人的影响。自汉季佛法东渐，至六朝而盛，张陵的五斗米道也于此时盛行，故当时的知识分子，思想多是仙佛圣贤杂糅，命名也受影响，小名已不少僧哥、摩诃之类。观《南北史表》，僧字在命名上的流行，仅次于'之'字，如乌丸王氏有僧辩、僧智、僧恬、僧修。琅邪王氏更不避同名之讳……"（香港：槟城教育出版公司，1970 年）

笔者以为，较周、胡二说，以陈说比较有说服力。但需要指出的是，不管哪一种说法，皆属推测。六朝人名虽然带"之"者多与宗教有关，然亦有无关者。不能一概而论。陈寅恪指出了这一现象也许与宗教有着某种关系，但这也只能是疑似，并无确实支持，即陈所谓"所以然之故""不能详知"者是也，未可遽定。

按，羲之、献之父子名皆"之"而不嫌者，或可以从其"名二字"之虚实与"不偏讳"两方面寻找答案。

所谓虚实，上引周广业说以为"'之'是语助，二字作名，所重原在上一字"，陈氏说以为"'之'字非特专之真名，可以不避讳、亦可省略"之说，均以为"之"乃虚字，亦可省略，不必重视。按，此说确为事实，其例可从文献中得证者甚夥，如刘隗弹羲之兄王籍之，《晋书》卷六十九刘隗称"王籍之"，而《通典》卷六十引刘隗弹劾文则称"王籍"即是其例。至于所谓偏讳，详本文"避讳的由来及与本论关联的问题"一节。

又，陈寅恪"六朝人最重家讳，而'之''道'等字则在不避之列，所以然之故虽不能详知，要是与宗教信仰有关"之说，或者不谬，然据之以证以下事例，则似觉难以自圆其说。据王氏名谱，知名同"之"者辈乃自王羲之一辈开始，而《晋书》卷八十《王羲之传》附凝之传载"王氏世事张氏五斗米道，凝之弥笃"，"世事"者则应指王凝之以上之世代事五斗米道而后可。然王氏一族上下以王羲之这一代为分界，上世人名中并不含"之"，反倒是以下至五、六世代名皆同"之"字。若依陈氏的"之"乃天师道信教记号之说衡之，则当以王羲之以下之世代事五斗米道方合其说。又，陈氏以为非止于名中含"之"，即"道"等可不避讳之字亦有代表其宗教信仰之意，如佛教徒之以"昙""法"为名相类云。这也许出于以下两种原因而不避讳，不一定与宗教有关：一是古人避讳只限于名而不及其姓（孟子云："讳名不讳姓，姓所同也，名所独也。"）与字，一是"二名不偏讳"。关于不讳字，其例多不胜举，如王羲之岳父郗鉴字道徽，其孙郗恢字道胤（可不避祖字）；孙女则名郗道茂（即使祖字当避，此二名，可不偏讳）即可证（"道"为表字，非名）。再如陈垣举例论及"南北朝父子不嫌同名例"现象时只说："此南北朝风也。"（《史讳举例》卷五。科学出版社，1958 年版。后简称"举例"）而未说明原因。其所举王羲之一族例已如上述，此外他还举了不避"僧"字例。如宋王弘子僧达，孙僧亮、僧衍，从子僧谦、僧绰、僧虔，从孙僧佑等例。其实这些应该视为"二名不偏讳"之例，即使如此，也仅仅限于叔侄，未见父子直系。按，家讳一般只限于直系，不及旁系。非直系者，有时甚至还有子孙与曾祖叔伯重名亦不为嫌之例。如羊祜从兄名祉，其六世从孙亦名祉；祜侄名忱，六世从孙祉之子亦名忱（分见《晋书》《魏书》"羊祜""羊祉传"）。又如王彬子王彪之、王兴之。然彪之四世裔孙亦名兴之。皆其例也，故此事不可与直系混为一谈。如果王氏之单名者如"弘""孺""锡""远"等，亦为其子孙所犯，则可谓其"不嫌同名"，而事实上并未见此例。

此外，陈垣举出南北朝人不讳"字"例，以为奇异，似亦不能证明"不嫌同名"乃"当时风尚"。案，古人时有讳名不讳字之习惯，陈氏未察。周广业《汇考》卷二："《礼记正义》，古者讳名不讳字。礼以王父字为氏明不得讳也。屈原云'朕皇考曰伯庸'是其验也。"又《颜氏家训》卷第二"风操第六"曰："古者，名以正体，字以表德，名终则讳之，字乃可以为孙氏。孔子弟子记事者，皆称仲尼；吕后微时，尝字高祖为季；至汉爰种，字其叔父曰丝；王丹与侯霸子语，字霸为君房；江南至今不讳字也。"可见南朝当时并不讳字，非但不讳字，甚至还有子孙以父祖字为氏的传统，疑南北朝祖孙父子不嫌字即承此遗风而来。以晋代来看，虽然偶有讳字之事，如《犯讳表》（9）（16）（17）例，然多不十分郑重，戏谑成分很浓，因而恒为后世诟病。如周广业也以魏晋人以父字为戏为怪，谓："魏晋以来，以父字为戏者甚多，礼教沦丧，即此可见"（《汇考》卷二）。究其原委，诚如颜氏所谓"不讳字"之故。现更举例以证实，除了上举郗氏祖孙例外，最著名的莫过于王蒙之例了。蒙父名纳字文开，《晋书》卷百九十三蒙传载蒙："喜愠不形于色，不修小洁，而以清约见称。善隶书。美姿容，尝览镜自照，称其父字曰：王文开生如此儿邪！"又如《太平御览》三七六引何法盛《晋中兴书》记："晋胡母辅之子谦之，醉与父语，常呼父字，辅之亦不怪。"此外还有王导字茂弘，其曾孙王弘不讳曾祖字；明帝敬导若长尊，见之但称其字"茂弘"（《晋书》卷三十五王导传）而讳言导名，为了避免生讳甚至还特意下诏令：奏事不名（避讳生讳之习惯起于汉代。如《史记》讳"彻"改"通"、《汉书》讳"庄"改"严"）。可见字本无关乎讳。另外，张怀瓘《书估》有"子敬十五六岁时，常白父逸少云：'古之章草，未能宏逸。'"的记载，若所引献之为原话，则子不避父"逸"字明矣。有关于此方面的论述，田余庆《东晋门阀政治》论桓温身世问题时也有所涉及，可以参考（见同书 P145，北京大学出版社，1989 年）。

（二）《兰亭序》中"揽"字究竟是不是避讳改字？

关于此问题，已如前述，"揽"为避讳改字乃通说，迄今为止尚无人质疑；《兰亭序》帖本均作"揽"，若非避讳，此字作提手旁终究无法解释。当然，此字并非讳字的改字的可能性也不能完全排除，但这种可能性毕竟不大⑦，故在此也不做

---

⑦ 我们当然也不完全排除"揽"非避讳改字之可能性。从古人避讳礼以及魏晋南北朝人当时犯讳实例来看，魏晋南北朝士大夫犯讳多止于其祖，犯到曾祖讳的实例很少见。尽管在性质上犯讳与避讳不同，其犯讳例本不具有普遍性，因而没有记录下来的可能性也是存在的，而且以东晋琅邪王氏家族而言，遵循五世亲尽的古礼治家，似乎也符合常理。但是，因为毕竟还没有更直接有力的证据证明魏晋南北朝士族的讳礼亲尽于五世，所以三世即迁祧之可能性依然无法排除，也就是说，王羲之不需要避讳曾祖王览之讳的可能性仍然存在。现就此事简述如下：

关于士大夫避讳究竟止于几世，尚不知其详，然东晋琅邪王氏一族，乃强势豪家之家，礼教尚严。虽不能确知其家讳尽于几世而祧，然推测王氏一族当有古礼教治家之传统，遵守"五世亲尽"礼，大约不谬。王羲之父旷、祖父正、曾祖王览，高祖王融，览下高祖融而居四世祖位，若依照"五世亲尽"，对从第五世以上先祖不须再讳的话，则王羲之须讳"览"而不必讳"融"，亦犹王献之须讳"正"而不必讳"览"也。尝以此事与刘涛商讨，刘以晋人犯讳之例多止于父祖，避祖父以上讳例所见不多，遂疑当时士族避讳尽于三世，若然，王羲之也许不必避曾祖"览"讳云。笔者以为刘之所疑不无道理，尝检《通典》卷一百四"父讳与府主名同议"条，其中有晋博士谢诠就"晋右将军王遐司马刘裂，父名遐，裂求解职事"的议论"按礼，诸侯讳祖与父，大夫士并讳伯父母及姑"云。此时礼之行究竟如何，尚不得知其详。然就王羲之而言，今遍检其存世文字，不见一个"览"字，这能否说明王羲之是在尽量回避不用"览"呢？还有一点需要考虑的是，出于对本朝开国皇帝的敬重，在有些朝代有终其一朝而讳之者。作为一族之创业者王览，或本族世代中也当享有此遇。王览为王氏创业者，故王羲之等不书"览"字，大概有此因素存在，不可简单地以三代、五代迁祧制度比况。总之，当时士族避讳究竟止于几世，因尚无直接证据证明，只得阙疑。又，近得一间接证据，虽然不能以之证王家亦可同之，要其为避曾祖辈之一例，不可忽视。其例如下：《宋书》卷六十一记刘敬先："本名敬寿，既出继而绍妃褚秀之孙女，故改焉。"按，褚秀乃庐陵王刘绍妃之祖父。起初因庐陵王刘义真无子，太祖以第五子绍为嗣，绍亦无子，以南平王铄子刘敬先为嗣。褚秀乃外戚，不在国讳例，然在敬先即属曾祖辈，以内讳当改名。基于此论，为了慎重起见，我们在讨论"揽"为改字这一通说之前，应该不能排除其他可能性的存在。为此首先要对下面两个问题做做讨论分析：

问题A："揽"如果不是避讳改字，那么《兰亭序》中"揽"是谁写的？为何要这样写？可能性有二：第一种可能是王羲之本人信手写上的。尽管有人说过"右军书多不讲偏旁"（宋王得臣：《麈史》，台北：新兴书局，1975年，第六编二册），但这种可能性不大。因为如果不是为了避讳而随意加偏旁，则文义难通。另一种可能就是后人妄加。观传世《兰亭序》诸帖，"揽"字的写法确实有点特别，提手旁都显得略小，不能排除后人加上的可能性。关于"揽"字的提手旁是否为后人后来加上的问题，杉村邦彦教授曾向笔者问及此事，他说不一定是后人所加，或即为王羲之酒后不留神先写出了"览"字，后来觉得不妥，因为未避讳，遂加补了提手旁云。笔者对此的看法是：若"览"字真须避讳，则自幼经受过严格庭训的王右军，会对祖讳铭记于胸中，不太可能出现如此"不留神"的疏忽。此可参考本文所附《魏晋南北朝士族犯讳实例表》诸例，皆可证之。若是后人所加，则《兰亭序》就可能是一个半真半假的东西。按，刘涛来信中谈及他的看法："我一直不排除《兰亭》是一个半真半假的东西。所谓真，相信这种体式王羲之时代存在；所谓假，经过后人的加工，有局部的改变。"然而后人是出于甚么目地而妄加的呢？仅仅是在局部做了手脚，还是整篇皆出于伪造？我们说，妄加的动机无非是出于伪造，目的无非是欲使人相信其出右军之笔。然而如果右军真的不用避讳而书写了"览"字，那么后人替他补加手提旁的可能性几近于无。因为《兰亭序》既然为右军真笔，画蛇添足去改动真迹之字，以让人信其为真的必要性也就不存在了。是谓其局部做过手脚似于理难通。"揽"字既为妄加，则全篇皆出于伪造的可能性就极大。因此笔者对《兰亭序》"半真半假的"的看法尚持保留意见，在此献疑，以俟再考。

问题B："揽"如果确实是避讳改字，那么王羲之会不会这样改写呢？这种避讳方法符不符当时的习惯？其实"揽"字为右军避家讳的看法，自古迄今，殆无异论。换言之，这说明人们实际上已经默认了这个事实：王家避讳至曾祖四世。从这个"既成事实"的意义上讲，我们接下来应该去证明的就是"揽"之避讳方法是否符合当时习惯，实际上此事也就等同于证明《兰亭序》之真伪，其意义不可谓不大，从而这个问题的讨论便也成为本文讨论的主旨所在。

由此可见，问题A和问题B虽各自前提不同，但在结论的某一方面却有其殊途同归的意义：即无论"揽"字是后人妄加还是原作本有，二者都有可能成为《兰亭序》为后人伪造的证据。由于"揽"非避讳字的看法并不具有普遍性，可留待于今后继续讨论。

专门讨论。笔者以为,认定《兰亭序》的"揽"虽为避讳改字,但改得比较牵强,这并不符合当时的避讳习惯。理由如下:

1.古人避讳改字,本为礼教习俗之事,然以其带来诸多麻烦不便,是无人喜而为之。为之者,不得已也。因此,人们只有在实在无法绕开讳字的情况下,诸如草拟诰诏公文,或书写专有名词(如人名地名)时,才以改字代讳。然而《兰亭序》是自撰之文,并非拟写公文,作者可以自由地遣词造句,无须"遇讳"改字。王羲之有何必要犯其先祖王览之家讳,非用"览"不可?与"览"同义字多矣,如读、观、咏、诵、阅、见、看、省、睹等字,都不犯讳,王羲之何以皆弃之不用,必拘泥于改"览"为"揽"以书兰亭文?

2.若谓王羲之独钟"览"字,觉得文中无此"览"字就不足以增饰其文华辞藻,舍之则绝难有合用。那么今遍检传世右军文(除去一些后世依托伪文以外⑧)以及大约四百余通法帖尺牍文(《法书要录》所收褚遂良《王羲之书目》,张彦远《右军书记》诸帖文及传世诸法帖文),何以不见第二个"揽"或"览"字?

---

⑧ 按,宋朱长文《墨池编》卷二收有旧题王羲之《书论》一篇,云"夫书者,玄妙之伎也,若非通人志士,学无及之。大抵书须存思,余览李斯等论笔势,及钟繇书,骨甚是不轻,恐子孙不记,故叙而论之",其中有"览"字。按,关于此类后人伪托王羲之撰文以及书法逸事传说颇为不少,大抵为南北朝以至隋唐好事者为之。其内容多荒诞无稽,且混杂讹误,张冠李戴现象亦层出叠见。比如《墨池编》所收王羲之"书论四篇"之一《笔势论》,述王羲之幼年学书逸事,大致与此文相同的文章还收入唐韦续《墨薮》中,题作《王逸少笔势传》,又收入宋陈思《书苑菁华》卷十八,题作《王羲之笔势传》,然检《太平广记》卷二〇七,其文题作羊欣《笔阵图》,检《事类赋》卷十五,则作《世说》文等,可见一斑。即使收辑此文的朱长文,亦未信其真为羲之文,他在卷二的几篇王羲之论笔法的文后跋曰:"晋史不云羲之著书言笔法,此数篇盖后之学者所述也。今并存于编,以俟详择。"张天弓论文《王羲之书学论著考辨》(《全国第四届书学讨论会论文集》所收,重庆出版社,1993 年)论证了传世的九篇羲之论书文章皆系伪托,可以参考。

此外,《全晋文》卷二十七王献之集中收有《进书诀表》一文,亦系辑自《墨池编》(卷二王羲之文后所附),其中有"留神披览"语。按,《墨池编》所收此文已经不全,此文名《飞鸟帖》,传唐褚遂良临本,现藏台北故宫博物院。《故宫历代法书全集》第一收此帖,较《墨池编》本多出百余字,是知《进书诀表》乃从帖本《飞鸟帖》节录。按,此帖内容荒诞,颇含神话色彩,类似此文的还有传王羲之文《天台紫真传授笔法》(《墨池编》卷二。《书苑菁华》卷十九标题作《白云先生书诀》),《飞鸟帖》中所谓"书诀",即指白云先生授王羲之之书诀。更有甚者,其中居然有"臣念父羲之之字法,为时第一,尝有白云先生书诀进于先帝"(此句《墨池编》节本无)云云,王献之书帖中赫然出现其父讳"羲之",伪托之迹昭然若揭,自不待论。

3.按,"揽"义,《说文》解作"撮持也";《广雅》《释诂》皆以"持也"作解;《释名·释谘容》解作"敛"。义均释作撮、持意,即如今之抓取、总揽意(或亦含拂拭义),在一般情况下,通常是不含览字的"以目阅读、以口咏诵"之意。而《兰亭序》文中用"揽",于文义难通⑨。王羲之为何要在文中反复(两次)使用这一文义不通的"揽"字?

4."览"与"揽"在《广韵》中均为"卢敢切",属同音字。用"揽"代虽能避"览"之形而未能异其音,不合当时避讳习惯。如此一改,遂使《兰亭序》成为一篇只能观览不能念诵的哑文。

我们感觉到,《兰亭序》中所用的"揽"字既有悖逻辑,亦不合情理、违拗常识,这一现象如何解释?《兰亭序》会不会真如前人所指出的那样,其多出《临河叙》的一百六十七字文为后人附加之伪作?作伪者是否故意以"揽"羼入文中,以使世人相信为王羲之真笔?若真是如此,笔者认为其作伪的马脚恰好暴露于此。

---

⑨ 笔者提出《兰亭序》文中用"揽"会使文义不通的看法,理由是基于"览"与"揽"在字义上通常是不能混用的,这从文献以及石刻数据等大都可以证明。但这也只能说是相对而言,在别字俗字混用最甚的南北朝时期可以说什么情况都有可能出现,故不能说绝对无此书例(比如1966年于山西大同北魏司马金龙墓中出土的屏风漆画"列女古贤图"题字中,就有"君子省揽愚夫之智"的写法,此为迄今仅见的一特例。此屏风漆画收于《中国美术全集·绘画篇1》P161,人民美术出版社,1986年),问题的实质在于,需要判别其书写是偶发性的个别误书,还是具有一定的时代共通性。

一般性来说,学者多认为此二字义不同,不可互通。如清初赵吉士认为此用法"于义无当",他在论及后人不解"揽"意而袭用之弊时云:"后人不知相据,用之以为古,不知其于义无当。"(赵吉士:《寄园寄所寄》十二卷,清康熙间刻本)周广业引章世丰说云"览"与"揽"音同义别(《汇考》卷三十五),近人论《兰亭序》者,也都承认"览""揽"字不同,不得混用。如周传儒云:"观览之'览'与延揽之'揽',意义迥别,不可混淆。"周绍良亦云:"按,阅览之'览'与延揽之'揽',含意不同,不能互相代替。"(分别参见周传儒《论〈兰亭序〉的真实性兼及书法发展方向问题》、周绍良《从老庄思想论〈兰亭序〉之真伪》二文,前出)在日本亦有学者注意到这一问题,日本近代思想家幸田露伴在《兰亭文字》一文中,注意到手旁"揽"字在文中其意难通,他说:"羲之果然是以此揽字用如览之意吗?若真是这样,那就不太妥当了。"(《露伴全集》第九集所收,岩波书店,1951年)此外,源川进在《扩兰亭字原考》中也认为,从《兰亭序》文脉来看,"览""揽"二者不能通用(《二松舍大学论集》所收。1983年)。总而言之,类似用"揽"代"览"以避讳的方法属于无视"互训"的改字法,其结果势必会导因文义不通带来的阅读上的混乱。为了避免这种文字使用上的不便现象,在唐代以前,即在尚未实行缺笔避讳法的汉魏两晋时期,人们对避讳改字是极其讲究字义必须"互训"的,也只有这样才能避免混乱。清人赵翼论曰:"然或虽有同音之字而义无可通,则不免窒碍。近世缺点画之法最为简易可遵矣。"(《陔余丛考》卷三十一,前出)若移此论以喻"揽""览",亦不得不说其"窒碍"矣。

其实利用讳字假托前人的例子在历史上并不罕见,清人周广业精研避讳学,积三十年成《经史避名汇考》(前出,以下略称《汇考》)一书,博引旁征,资料丰富,堪称集斯学之大成。他曾指出"假托前人"是造成古籍文字中出现当讳而未讳,或当不讳而讳现象的原因之一⑩,也就是说,后人伪造前人文字,其常用伎俩之一就是利用避讳之习俗,制造讳字,以使伪作变得可信。而《兰亭序》中的"揽"字,就涉此嫌疑。

为证明这个推论,首先必须考察《兰亭序》所用"览"的改字"揽",是否合乎当时的避讳方法和习惯。为此有必要先说明一下避讳学,并结合秦汉三国两晋南北朝期的避讳实情,对改字"揽"从其义、音、形三方面加以探究。

## 三、关于避讳改字的方法

(一)避讳的由来——与本论的关联问题

避讳源于古礼。据《左传·桓公六年》载:"周人以讳事神,名终将讳之。"可知于周时已行讳礼。现据《礼记》,⑪将其中与避讳法有直接关系的条例列出,以利问题的讨论。须要指出的是,这些条例只是后人据之以避讳的理论依据而已。至于后世遵守的情况,则因时因地因人疏严异同。

1.卒哭乃讳(《曲礼》上):意指人死后哭三天即开始避其名。即所谓"卒哭而讳,生事毕而鬼事始"(《檀弓》下)。此虽讳礼之基本,但到后世发展到有时亦须避生讳的程度。如汉代《史记》讳"彻"改"通"、《汉书》讳"庄"改"严"即是。

---

⑩ 周广业在论及古籍中出现的本应讳而未讳或应不讳而讳之现象时,总结了四条原因:一曰体制攸关;一曰刊落不尽;一曰校写讹易;一曰假托前人(《汇考》卷六)。所谓"假托前人",即指后人利用避讳字来造假前人文字。

⑪ 《通典》卷百四礼篇六十四"卒哭后讳及七庙讳字议"条所举主要讳礼如下:卒哭乃讳;礼不讳嫌名;二名不偏讳;逮事父母则讳王父母,不逮事父母则不讳王父母;君所无私讳,大夫之所有公讳;诗书不讳,教学临文不讳;大功小功不讳;入门而问讳等。且引注颇详(据中华书局王文锦等点校本,1988 年)。又清周广业《汇考》卷三以及虞万里《先秦讳礼析论》(《文史》第四十九辑,后收于《榆枋斋学术论集》)于此亦皆有详细征引论述,可以参考。由此可以推测,双名之复活或与"之"名有关,比如"之"为虚字之用抑或恢复双名之痕迹? 此与道教相关,抑或恢复双名之起因? 皆属值得思考的问题。

晋明帝敬王导若长尊，见之但称其字"茂弘"（《晋书》卷三十五《王导传》）而讳言导名，甚至为了避导生讳，诏其"奏事不名"。所以在王羲之尺牍中很少见有直称对方之名的，即使对其子女亦但称字或小字。

2.舍故而讳新（《檀弓》下）：意为中止旧讳转避新讳。舍故即已祧不讳。陈垣谓："祧者，远祖之庙除太祖为不祧之祖外，大抵七世以内则讳之，七世以上则亲尽。迁其祖于祧，而致新主于庙，其已祧者则不讳也。"（《史讳举例》卷五"已祧不讳例"条。以下略称"举例"）按，此乃帝王讳礼，周广业以为诸侯五庙，又谓古人五世亲尽（均见《汇考》卷三）。据此知古人对待从第五世祖以上的远祖，是可以"已祧不讳"的。笔者倾向于认为东晋琅邪王氏家族应遵循古礼，大约避讳不止于三世。

3.君所无私讳，大夫之所有公讳（《曲礼》上）：意即不得以私讳妨碍公事。《通典》卷百四礼篇六十四"授官与本名同宜改及官位犯祖讳议"条引晋人议论："给事黄门侍郎谯王无忌议，以为《春秋》之义不以家事辞王事，是上之行乎下也。夫君命之重，固不得崇其私。"即此义之脚注。上引晋王舒所以不得已而赴任会稽，即屈服于此义。

4.诗书不讳，临文不讳（《曲礼》上）：意指在教、学诗书时，诵读可以不必在意避讳。然在魏晋南北朝讳礼严格的时代，此事也受到限制。参见下列《魏晋南北朝士族犯讳实例表》中诸例。

5.入门而问讳（《曲礼》上）：指在与人交往时，须时刻注意避免冒犯对方家讳。以六朝例之，详参以下《魏晋南北朝士族犯讳实例表》，可见避讳一斑。

6.二名不偏讳（《曲礼》上）：意指名为二字者，不二字连称即不算犯讳。又云："二名不偏讳。夫子母'征在'，言'征'不言'在'，言'在'不言'征'。"以王羲之为例，则王献之只要不连称其父"羲之"二字即可。魏晋南北朝士族人名中不讳"之"之理由或即本此？"不偏讳"本只适用于"二名"，即双名。以琅邪王氏人名谱而论，就已知情况来看，王氏一族中王览一辈至王羲之父叔伯辈为止，皆为单名，故须避讳，不存在"不偏讳"问题。其下大致可分为二系：一系为王旷、廙、彬三支以及王舒一支，此系以下之子孙皆双名，单名遂止于此世。如其代表者王旷子王羲之这一世以降，名中皆含"之"，父子祖孙名中皆有"之"字而不须避讳,至长者甚至可以延续五、六世;另一系则主要是王氏中以王导为主的最为庞大繁茂的一支。此系以下仍延续单名,故父子祖孙依然避讳如旧,无"不偏讳"问题。至于二系之人名至王羲之这一代,含"之"与不含"之"二系,何以遽分彼此,且泾渭分明?其缘由不得而知。关于王羲之父祖辈以上何以皆单名之原因,论者以为与东汉以来人习用单名有关。⑫

7.礼不讳嫌名(《曲礼》上):意指与讳字音同之字不须讳。其具体例子可以参考下文对《魏晋南北朝士族犯讳实例表》诸例的归纳分析。

关于以上诸避讳条例的性质,据虞万里总结为以下几点:1.是丧葬中的讳礼;2.是告讳法;3.是区别不同场合的不同避讳对象;4.是允许不讳的场合;5.是循行讳礼的措施;6、7 是名讳的限制与讳法(虞文《先秦讳礼析论》,前出)。这些古礼所记条规,成为后世避讳应遵循的几项最基本的原则。陈垣说:"避讳至晋,渐臻严密。《通典》一〇四《礼篇》所载讳议,大半出于晋人。"(《举例》卷八"晋讳例"条)从《通典》所收晋人对讳礼的议论可知,当时这几项基本原则确实就是他们遵守避讳礼的指南。以下结合"揽"问题,一见当时人具体是如何避讳的。先从避讳法说起。

(二)秦汉三国两晋南北朝的避讳改字之基本方法——同训代换、同义互训

陈垣谓:"避讳常用之法有三:曰改字,曰空字,曰缺笔。"(《举例》卷六"已避

---

⑫ 陈寅恪引"东汉及六朝人依公羊春秋讥二名之义,习用单名"(前已出)之传统说法来解释此现象,似不确切(关于此问题,详清周广业《汇考》卷一,兹不详引)。而陈垣则解释为因王莽禁二名,他说:"自王莽禁二字为名后,单名成俗者二三百年。其时帝王既无二名,自无所谓偏讳。宋齐而后,二名渐众。"(《举例》卷五"二名偏讳例"条。关于王莽禁二名记载,亦可参见《汉书》卷九十九王莽传)此说较"依公羊春秋讥二名之义"说或近于事实,但也不是没有疑问。比如王莽之禁何以延续二三百年?对此宋人王楙的看法是:"仆谓莽窃取国柄,未几大正天诛,汉家恢复大业,凡蠹伪之政,一切扫除二更张之,不应独于人名尚仍莽旧。然后汉率多单名者,殆承袭而然,恐非为莽也。"(见《野客丛书》卷二十二"后汉无二名"条。王文锦点校,中华书局"学术笔记丛刊"本,1987 年)然而琅邪王氏至羲之这一代,子孙已有用"之"成双名者,此或即"二名"解禁之先声亦未可知。考魏晋人名出现"之"的时间,大抵与王羲之世代相同或稍晚,如太原王氏一族,从王述之子开始名中含"之",其出现时期亦大致与琅邪王氏相近。据此可知,"二名"之复活则不必待"宋齐而后"才有,其于东晋时已见端绪。
　　又按,明汉人单名之事十分重要,有助考证。如东汉延熹八年(165 年)《西岳华山庙碑》有"遣书郎书佐新丰郭香察书",究竟是双名"郭香察""书"还是单名"郭香""察书"?历代意见不同。然以东汉人取单名之事实推断,似作"郭香"为是。

讳而以为未避讳例"条)另外再加一种不太常用的"改音"方法。⑬ 隋唐以前避讳
方法比较单一,多用改字、空字之法,缺笔与改音(陈垣认为此法始于唐)之法出
现稍晚,至唐代以后才开始普遍使用。因《兰亭序》所用"揽"字乃改字之法,与
空字、缺笔法无关,故本文只讨论改字法。

下面以清人周广业《汇考》和陈垣《举例》,再参考诸史文献记载以及前人近
人并今人涉及讳事的有关论述,对当时改字法避讳问题重新检讨,以见当时避讳
实况,并欲究明《兰亭序》之改字"揽"的疑问。为此,特按时代顺序、当避讳者人
名及当时人的避讳方法,编成《秦汉三国两晋南北朝国讳例表》(简称《国讳
表》)如下图表。

### 秦汉三国两晋南北朝国讳例表

| 时代 | 讳名 | 避讳方法 |
| --- | --- | --- |
| 秦 | | |
| 秦襄公 | 子楚 | 呼楚国为荆 |
| 秦始皇 | 正、政 | 改正月为端月 |
| 楚 | | |
| 项羽 | 籍 | 改籍氏为席氏 |
| 汉 | | |
| 高祖 | 邦 | 改邦为国 |
| 高祖后 | 雉 | 呼雉为野鸡 |
| 惠帝 | 盈 | 改盈为满 |

---

⑬ 陈垣认为:"唐以前避讳,多用改字法;唐以后避讳,改字缺笔,二法并用。"(《举例》卷六"已避讳而以为
未避讳例"条)今人虞万里论及唐代避讳形式时说:"唐代避讳形式有代字、省字、缺笔、变体等。代字之
法,古已有之。省字之法,亦有前承。"(虞万里《榆枋斋学术论集》"唐五代字韵书所反映之唐代避讳与
字形"一节)他也认为唐以前主要只有代字、省字之避讳形式。笔者认为,所谓缺笔、变体之法,实际上
都属于一种避讳形式,就是增损讳字之形以达避讳目的之法,损即缺其笔画,增则加其偏旁,"揽"即属
于后者。隋唐以前虽然偶有其例者,然普遍使用此法之时代,不应早于隋唐。江彦昆在其编著的《历代
避讳字汇典》的"前言"中,对中国历代避讳方法做了更为详细的总体归纳:1作某;2标讳;3省阙;4代
字;5改称;6缺笔;7变体;8更读;9曲说;10填讳。其中"代字"与本论有关,节录江对"代字"的解释如
下:"凡遇必要避讳之字,改以他字代替,以同义字为最常见。……此外,隋唐以前,尚有以音同音近字
代讳字者:司马迁父名谈,《史记》因称张孟谈为张孟同……南北朝宋范晔父名泰,而《后汉书》改书郭泰
作郭太。……又后世间也有以形近字代讳字的,如唐高祖李渊父名昺,兼避嫌名秉,而《北史·崔鉴传》
改崔秉为崔康……即取形近。"(中州古籍出版社,1997年)

续表

| 时代 | 讳名 | 避讳方法 |
|---|---|---|
| 文帝 | 恒 | 改恒山郡为常山郡 |
| 景帝 | 启 | 微子启呼作微子开 |
| 武帝 | 彻 | 改彻为通 |
| 昭帝 | 弗 | 改弗为不 |
| 宣帝 | 询 | 改询为谋 |
| 哀帝 | 欣 | 改欣为喜 |
| 光武帝 | 秀 | 改秀为茂 |
| 明帝 | 庄 | 改庄为严 |
| 和帝 | 肇 | 改肇为始 |
| 殇帝 | 隆 | 改隆为盛 |
| 顺帝 | 保 | 改保为守 |
| 桓帝 | 志 | 改志为意 |
| 灵帝 | 宏 | 改宏为大 |
| 献帝 | 协 | 改协为合 |
| 三　　国 | | |
| 魏 | | |
| 齐王 | 芳 | 芳林园改作华林园 |
| 吴 | | |
| 景帝 | 休 | 休阳县改作海阳县 |
| 太子 | 和 | 禾兴县改嘉兴县 |
| 晋 | | |
| 宣帝 | 懿 | 改懿为茂或益、懿德改作茂德 |
| 景帝 | 师 | 太师改作太宰、京师改作京都 |
| 文帝 | 昭 | 王昭君改作王明君、昭武县改作临泽县、蔡昭姬改作蔡文姬（沿用至今） |

续表

| 时代 | 讳名 | 避讳方法 |
|---|---|---|
| 武帝 | 炎 | 炎改作盛、刘炎更名刘郏 |
| 愍帝 | 业 | 建邺改作建康、邺县改作临漳⑭ |
| 元帝 | 睿 | 《宋书》王叡以元德字称 |
| 成帝 | 衍 | 王衍呼作王夷甫、《世说新语》犹沿此称 |
| 康帝 | 岳 | 改岳为嶽、岱 |
| 简文帝 | 昱 | 育阳县改作云阳县 |
| 宋 | | |
| 顺帝 | 准 | 平准令改作染署令 |
| 南 齐 | | |
| 高帝 | 道成 | 萧道先之名改称景先 |
| 梁 | | |
| 武帝父 | 顺之 | 改顺为从 |
| 北 魏 | | |
| 献文帝 | 弘 | 改弘为恒 |
| 北 齐 | | |
| 神武帝 | 欢 | 改欢为欣 |

---

⑭　一，关于晋愍帝之讳名究竟是"业"还是"邺"，因文献记载颇有混乱，遂致影响人们对当时避讳情形的判断。按，此事颇关讳字之改字方法，应当予以澄清。

周广业《汇考》卷十晋"孝愍皇帝讳业"条考定晋愍帝之讳当为"业"字，是。又后世人多以为晋元帝司马睿都建业（今南京）时，因避愍帝邺讳而改都名建业为建康，非也，应作改"建邺"为"建康"，因为晋武帝时建业已改作建邺。按，孙吴时孙权改秣陵为建业（见《三国志》卷四十七《孙权传》），后晋武帝平东吴后，又改还秣陵，并于太康三年（282）分秣陵北为建邺，改业为邺。后人如司马光《通鉴考异》、王楙《野客丛书》（王文锦点校《野客丛书》，中华书局"学术笔记丛刊"本，1987 年）卷九"古人避讳"条、周密《齐东野语》（张茂鹏点校《齐东野语》，中华书局"唐宋笔记史料丛刊"本，1983 年）卷四"避讳"条均承此说。陈垣《举例》卷六亦引《册府元龟》三所记晋"愍帝讳邺，字彦旗。建兴元年即位，改建邺为建康，改邺为临漳"（此处陈乃略引，今据中华书局 1960 年刊《册府元龟》本原文抄录）为据，驳清人黄本骥《避讳录》（《三长物斋丛书》所收）之"晋愍帝名业，改建业为建邺"说之谬。按，黄以愍帝名业之说其实不谬，然改建业为建邺之说则显然不对。而陈氏信《册府元龟》所记晋愍帝名业说而未能详考，亦其失也。又最近所见李德清著《中国历史地名避讳考》（华东师范大学出版社，2002 年）"建康县"条也依然主张此说。关于此事，清人周广业已经考之甚详，兹不赘述。总之，不管邺、业孰后孰先，是因为邺与业不能互代才改作建康的。

二，关于邺县（今河北邯郸临漳县）之改临漳。按，晋干宝《晋纪》中有"上讳业，故改邺为临漳。漳，水名也"（清汤球辑，乔治忠校注本《众家编年体晋史》所收，天津古籍出版社，1989 年）。据此知晋时"邺"不能代"业"。关于以上两点与避讳关系之详考，可参见周广业《汇考》卷十晋"孝愍皇帝讳业"条。

从《国讳表》实例可以看出，秦汉三国两晋南北朝时的避讳法主要为改字法，且其所改之字必与原讳字在字义上保持一致或相近，即"同义互训"。陈垣谓："秦初不讳，其法尚疏。汉因之，始有同训相代之字。"（《举例》卷八"非避讳而以为避讳例"条）陈氏又引沈兼士之说："考两汉诸帝避讳所改之字，皆为同义互训，而无一音近相转者。"（同书卷六"非避讳而以为避讳例"条）通过实例也不难看出，早期的避讳方法一般来说的确比较单一，基本上是"同训相代""同义互训"之法，虽至于晋，亦未大变，如陈、沈两氏所论。

现再举一具体实例，以观晋人改讳字时所应遵循的原则。《国讳表》中晋康帝讳"岳"，当时掌礼大臣对改"岳"讳字的议论，今犹存于《通典》卷一百四礼篇六十四"山川与庙讳同应改变议"条中。其法则为：代用字与原讳字在字义上须互通，即所谓"辞训宜详""取义为训"之法，[15]《颜氏家训》卷二《风操篇》六所谓"凡避讳者，皆须得其同训以代之"之法，可以与此相印证。清人赵翼在论及隋唐以前的古人临文避讳之法时，也指出了同样的原则，即"以讳而改用文义相通之字以代之"（《陔余丛考》卷三十一。按，赵一共列举了三种讳法，另外两法分别为"以'同'字代讳字"和"人名以其字行"，因与本论无关，从略）。陈垣总结此法的规则是："各讳皆有一同义互训之字相代"。（《举例》卷一"避讳改字例"条）

此外还有一些极端的避讳改字例，即所谓"嫌名避讳"。如三国时，孙权立太子"和"，"禾兴"遂改"嘉兴"；东晋简文帝司马"昱"时，改"育阳"为"云阳"等。但这过于严格的避讳并不普遍，因为同音字过多，实行起来将讳不胜讳。

至此可以初步认定，避讳的改字，须用与原讳字同义同训之字代替。此证之于《国讳表》实例，无不如此，应该说此乃改字法的一项基本原则。以是观之，《兰亭序》改字"揽"在字义上与"览"不通，难合当时"皆须得其同训以代之"之

---

⑮ 《通典》卷一百四，礼篇六十四"山川与庙讳同应改变议"条引晋人有关避讳议论云：东晋康帝讳岳。太学言："被尚书符，解列尊讳无旧诂，是五山之大名。按《释山篇》曰：山大而高曰嵩。今取讳宜曰嵩，如辞训宜详。其嵩议未允，当更精详礼文正上。"徐禅议："谨按辄关博士王质、胡讷、许翰议。按《尔雅》无旧训、非可造立。五山之名、取其大而高也。其《诗》曰：于皇时周，陟其高山。高山则岱、衡、华、恒也。《周礼》谓之五岳，诗人谓之高山。字无诂训，而有二名。今若举名之别，宜曰高，取义为训，宜如前曰嵩。"

改字法规则。当时的国讳的避讳方法,除了上述必须同训代换、同义互训外,有时还更加严格,甚至不得用字中含同形同音之字以代讳字。上举三国孙权和东晋简文帝司马昱的这类例子,都可以看成是一种更为严格的避讳法。国讳之法如此,门阀士族私讳家讳,亦当去此未远。

(三)六朝避讳实态——讳字的改字不得既同其形又同其音

现在再讨论当时人如何遵守私讳家讳,并进一步考察避讳改字的字音、字形问题。魏晋南北朝士族家讳之严,前人多有论及,然究竟有多严格,却是今人难以想象的。笔者以为,考察当时士族犯讳的实例,不但能具体说明这个问题,而且有助了解避讳礼俗中的一些具体规矩与讲究。

以下录出一部分魏晋南北朝士族之间的比较具有代表性的"犯讳"实例,编成《魏晋南北朝士族犯讳实例表》(简称《犯讳表》)。

魏晋南北朝士族犯讳实例表

(1)《晋书》卷三十四《羊祜传》

荆州人为祜讳名,屋室皆以门为称,改户曹为辞曹焉。

(2)同书卷六十八《贺循传》(父名邵):

元帝为安东将军,复上循为吴国内史,与循言及吴时事,因问曰:"孙皓尝烧锯截一贺头,是谁邪?"循未及言,帝悟曰:"是贺邵也。"循流涕曰:"先父遭遇无道,循创巨痛深,无以上答。"帝甚愧之,三日不出。

(3)同书卷十《帝纪》第十(孔安国父名愉):

太元十三年,召孔安国为侍中。安国表以黄门郎王愉名犯私讳,不得联署,求解。有司议云:"名终讳之,有心所同,闻名心瞿,亦明前诰。而《礼》复云'君所无私讳,大夫之所有公讳',无私讳。又云'诗书不讳,临文不讳'。岂非公义夺私情,王制屈家礼哉!尚书安众男臣先表中兵曹郎王钧名犯父讳,求解职,明诏爱发,听许换曹,盖是恩出制外耳。而顷者互相瞻式,源流既启,莫知其极。夫皇朝礼大,百僚备职,编官列署,动相经涉。若以私讳,人遂其心,则移官易职,迁流莫已,既违典法,有亏政体。请一断之。"从之。

（4）同书卷八十四《殷仲堪传》：

仲堪父，素患耳聪，闻床下蚁动，谓是牛斗。孝武素闻之，而不知其人。至是，从容问曰："患者为谁？"仲堪流涕曰："臣进退惟谷。"

（5）同书卷七十五《王述传》。代殷浩为扬州刺史：

初至，主簿请讳。述曰："亡祖先君，名播天下，内讳不出门，余无所讳。"

（6）《世说新语·方正篇》十八：

卢志于众坐问陆士衡（机）："陆逊、陆抗是君何物？"答曰："如卿于卢毓、卢珽。"士龙（陆云）失色，既出户，谓兄曰："何至如此？彼容不相知也。"士衡正色曰："我父祖名播海内，宁有不知？鬼子敢尔。"

（7）同书《任诞篇》五十：

王大服散后已小醉，往看桓（玄）。桓为设酒，不能冷饮，频谓左右："令温酒来。"桓乃流涕呜咽。王欲去，桓以手巾掩泪，因谓王曰："犯我家讳（桓温），何干卿事？"

（8）同书《文学篇》七十七：（庾亮）

庾阐始作《扬都赋》，道温、庾云："温挺义之标，庾作民之望。方响则金声，比德则玉亮。"庾公闻赋成，求看，兼赠贶之。阐更改"望"为"俊"，以"亮"为"润"云。

（9）同书《排调篇》二十五记庾翼子：

庾园客诣孙监，值行，见齐庄在外，尚幼，而有神意。庾试之曰："孙安国何在？"即答曰："庾稚恭家。"庾大笑曰："诸孙大盛，有儿如此！"又答曰："未若诸庾之翼翼。"注引《孙放别传》曰："放兄弟并秀异，与庾翼子园客同为学生。"园客少有佳称，因谈笑嘲放曰："诸孙于今为盛。"盛，监君讳也。放即答曰："未若诸庾之翼翼。"放应机制胜，时人仰焉。司马景王、陈、钟诸贤相酬，无以踰也。

（10）《南史》卷十九《谢超宗传》（父名"凤"）：

宋文帝谓谢庄曰："超宗殊有凤毛。"时谢道隆在座，出候超宗曰："且侍至尊宴，说君有凤毛。"超宗徒跣还内，道隆谓其觅毛，待至暗不得，乃去。

（11）同书卷二十二《王慈（父名"僧虔"）传》：

谢凤子（谢）超宗尝候（王）僧虔，仍往东斋诣（王）慈。慈正学书，未即放笔。超宗曰："卿书何如僧虔？"慈曰："慈书如鸡之比凤。"超宗狼狈而退。

（12）同书同卷同传：

慈十岁时，与蔡兴宗子约，同诣佛寺，正遇沙门忏，约戏慈曰："今日诸僧，可谓度虔度虔。"慈曰："卿今如此，何以兴蔡氏之宗？"

（13）同书卷二十三《王亮传》（父名"攸"）：

（亮）迁晋陵太守，时晋陵令沈赞之性狂疏，好犯亮讳，亮不能堪，因启代之。赞怏怏造座曰："下官以亲讳被代，未知明府讳，是有心悠，无心攸，乞告知。"亮不履下床而走。

（14）同书卷二十三《王珣传》（父名"彧"）：

（珣）年五六岁时，读《论语》至"周监乎二代，郁郁乎文哉"，外祖何尚之戏之曰："何不改为'耶耶乎文哉'？"珣应声曰："尊者之名，又安可戏？宁可道'草翁之风必偃（应作"舅"）。'"原作"草上之风必偃"。

（15）同书卷六十《殷钧传》（父名"叡"）：

自宋齐已来，公主多骄淫无行。钧形貌短小，为主所憎，每被召，辄满壁书殷叡字，钧辄流涕而出。主又命婢束而返之，钧不胜甚忿。

（16）《魏书》卷一五《司马朗传》：

（朗）方九岁，人有道其父字者，朗曰："慢人亲者，不敬其亲也。"客乃谢之。

（17）同书卷二十三《常林传》：

（林）年七岁，有父党造门问曰："伯先在否？汝何不拜？"对曰："临子字父，何拜之有？"

（18）《颜氏家训》卷二《风操篇》六：

臧逢世，臧严之子也。（中略）郡县民庶，竞修笺书。朝夕辐辏，几案盈积。书有称"严寒"者，必对之流涕。

（19）同书同卷：

梁武帝小名"阿练"，子孙皆呼练为"白绢"。

（20）同书同卷：

或有讳云者，呼纷纭为纷烟；有讳桐者，呼梧桐树为白铁树。

（21）同书同卷：

梁世谢举，甚有声誉，闻讳必哭，为世所讥。

（22）《太平御览》三六二引何法盛《晋中兴书》：

咸和元年，当征苏峻。司徒导欲出王舒为外援，及更拜为抚军将军会稽内史，秩中三千石。舒上疏以父名会，不得作会稽。朝议以字同音异，于礼无嫌。舒陈音虽异而字同，乞换他郡。于是改会为郐〔原注：古会切〕。舒不得已就职。

（23）《北齐书》卷二十四《杜弼传》（北齐高祖父讳树声）：

相府法曹辛子炎谘事，云须取署，子炎读"署"为"树"。高祖大怒曰："小人都不知避人家讳！"杖之于前。弼进曰："《礼》，二名不偏讳，孔子言'征'不言'在'，言'在'不言'征'。子炎之罪，理或可恕。"高祖骂之曰："眼看人策，乃复牵经引《礼》！"叱令出去。弼行十步许，呼还，子炎亦蒙释宥。

（24）《南齐书》卷四十一《张融传》（父名畅）：

上使融接北使李道固，就席，道固顾之而言曰："张融是宋彭城长史张畅子不？"融嚬蹙久之，曰："先君不幸，名达六夷。"

（25）《梁书》卷十六《张稷传》（父名永）：

（稷）复为司马、新兴、永宁二郡太守。郡犯私讳，改永宁为长宁。

（26）同书同卷二十九《蔡撙传》：

帝尝设大臣饼，撙在坐。帝频呼姓名，撙竟不答，食饼如故。帝觉其负气，乃改唤蔡尚书，撙始放箸执笏曰："尔。"帝曰："卿向何聋，今何聪？"对曰："臣预为右戚，且职在纳言，陛下不应以名垂唤。"帝有惭色。

（27）《周书》卷四十八《宗如周传》：

尝有人诉事于如周，谓为经作如州官也，乃曰："某有屈滞，故来诉如州官。"如周曰："尔何小人，敢呼我名！"其人惭谢曰："只言如州官作如州，不知如州官名如周。早知如州官名如周，不敢唤如州官作如周。"如周乃笑曰："命卿自责，见侮反深。"

近人陈登原曾在其著《国史旧闻》（台湾：大通书局，1971年）卷二十一"严家讳"条中，举例论述了三国以降至于两晋南北朝间士族避私讳家讳的情况，并做如下总结：

1.三国之时,已严家讳,非特己所弗言,并亦禁人勿言。

2.六朝以降,自家之讳,已至禁人勿言。同音之字,甚至亦付之讳。

3.闻讳而哭,盖以严家讳为孝子标准之一。

4.家讳之避,地方官居然已悬诸令甲。

根据上举实例以及陈氏的总结,可将当时士族之间在"犯讳"时出现的避讳特征进一步归纳如下:

士族彼此间谈话时必须时刻注意,不能直接说出含对方私讳家讳之字,其直犯之例有(2)(6)(7)(9)(10)(11)(12)(13)(14)(15)(16)(20)(21)(23)(26)(27)。严格时甚至连同音字也须尽量回避,即所谓"嫌名"者是也。如(1)(8)(14)(23)(25)即其例。陈垣认为:"嫌名之讳,起于汉以后。"(《举例》卷五"避嫌名例"条)按,《礼记·曲礼》曰"礼不讳嫌名",即古礼一般并不要求避"嫌名",因为同音字太多,讳不胜讳。颜之推曾举"吕尚之儿,如不为上;赵壹之子,傥不作一"为例,认为如要严格遵守这种嫌名之讳,将会"下笔即妨,是书皆触",或"交疏造次,一座百犯"(《颜氏家训》卷二《风操篇》六)。然而此讳之行,因时因人而宽严行止,并不普遍,如《国讳表》亦仅见因"和"改"禾"、因"昱"改"育"两例,《犯讳表》也只有(14)(22)例。

若任职地名或上司名与家讳抵触时,当事者可以要求移官易职,改授易名,甚至解职,这也是晋代一大特色。如(3)(22)(25)即是。又如《通典》卷一百四礼六十四"父讳与府主名同议"条引录"晋右将军王遐司马刘昙,父名遐,昙求解职事",即因此而求解职之例。此类之例,进入南朝尚多,兹不多举。

此外,《犯讳表》中与王羲之直接有关的例子有其上司王述(5)、堂叔伯父王舒(22)以及琅邪王氏一族的后裔王慈(10)(11)等。

最后一点值得注意的礼节,就是不能直呼对方名字,这是从避生讳发展而来的。如(8)(11)(12)(26)(27)即是。晋人尺牍对平下辈多称为"足下",亲近者则称其字或小名,虽父与子书,亦鲜见直呼其名者,大约亦与此习惯有关。

观上述士族们在日常生活中所犯讳禁事例,这些事例实际上也就等于告诉我们:这些也是当时在纸上不能见和不能写的避讳规矩。比如(5)(15)(18)

（25）之例子。由此可见，六朝时从皇室到士族，避讳情形确实极其森严。从犯讳例之多，可以想见当时礼禁之严，以至于时人动辄得咎。从某种意义上说，那是一个讳礼愈严而愈易触犯之时代。

下面再据《国讳表》及《犯讳表》之例，考察《兰亭序》改字"揽"在音、形上是否抵牾的问题。

首先，"揽"与"览"同音亦同形。姑且不说保留原有字形，仅在原字上加偏旁的避讳方法在隋唐以前极为少见，即或有之，亦必须互训，且不得同音，此可据《国讳表》《犯讳表》上的诸实例得以证实。而"览""揽"却是同声同韵。即使加了手旁，那也只解决了"形"而并未解决"音"的避讳。

在魏晋南北朝，改字虽有加偏旁之例，但如遇其字仍存讳字的声、形之部（除了常用的偏旁部首以外，如"览"中之"见"），亦当皆避而不用。如《国讳表》中晋愍帝讳"业"，"建邺"以避"业"讳而改作"建康"，"邺县"改作"临漳"，是以知"邺"字虽非直犯讳字"业"，但亦被改去不用。又如（20）之"或有讳云者，呼纷纭为纷烟"之例，理亦同此。可知在一般情况下，改字虽外加偏旁部首，但只要字中仍保存与讳字同形同音之部者，算不得为改字。是以"邺"不得代"业"、"纭"不得代"云"。甚至还有字中保留与讳字同形而异音之部者，亦难以通行。如（22）的"会"与"邻"（古会切）本属异音字，但因形同而遭王舒拒绝。然而《兰亭序》的"揽"却可以代"览"，确是难以理解。

总之，《兰亭序》中的以"揽"代"览"之现象，以义言之：二字未能互训；以音言之：二者同音；以形言之："揽"字含"览"形在内。因此，以"揽"代"览"，显然不合当时避讳习惯。

现在假定王羲之于兰亭盛会当日果然即兴写了"揽"字，则他面对四十余位与会名士，不知又如何能把《兰亭序》吟诵给大家听？是否会"正色""流涕呜咽""狼狈而退""不履而走""闻讳必哭""对之流涕"？很难想象，那四十来名到场的"揽者"（其中还包括王羲之的三子凝之、徽之、献之），又是如何"有感于斯文"

的⑯？王羲之不惜在众多名流雅集之时，公开违反当时的避讳习俗，作此惊世骇俗之举，究竟是何原因？若无其他可以说得过去的理由，则此现象的出现实在有悖常理。因此，《兰亭序》中的以"揽"代"览"的现象，不能不让人觉得无法理解。

## 四、关于几个特殊例子的说明

（一）关于"政"与"正"

也许有人会问，既然王羲之不能以"揽"代"览"，那他为何可以用"政"代"正"呢？这岂不也是"加偏旁但与原字同音并含原字"的改字避讳之法？笔者以为，"政"字的情况比较复杂，不可与"揽"字等量齐观。

甲、关于王羲之为避讳而改"正"为"政"的说法

王羲之祖父名正，故有是说。此说似始于帖学研究颇为发达的宋代。南宋陆游《老学庵续笔记》谓："王羲之之先讳正，故法帖中谓'正月'为'一月'，或为'初月'，其他'正'字率以'政'代之。"张淏《云谷杂记》卷二云："王羲之祖尚书郎讳正，故羲之每书正月，或作'一月'，或作'初月'；他'正'字皆以'政'字代之，如'与足下意政同'之类即是。后人不晓，反引此为据，遂以'正''政'为通用，非也。"周密《齐东野语》卷四"避讳"条谓："王羲之父讳正（祖父名之误，其父名旷），故每书正月为初月，或作一月，余则以政代之。"⑰

王羲之书正月为初月或一月，确是事实（后文详说），然对于宋人所谓王以"政"代"正"为避讳之说，笔者以为不然。王羲之书帖中确有"正"书作"政"的现象，如《十七帖》之《七十帖》之"足下今年政七十耶"即其例，其他尺牍法帖中

---

⑯　虽然古礼有"临文不讳"（《礼记·曲礼上》）之说，但那只是指念读古书时遇到讳字可以不避，绝非指在自撰文中也可以犯讳。赵翼《陔余丛考》卷三十一"避讳"条论"临文不讳"云："临文者，但读古书遇应讳之字不必讳耳，非谓自撰文词亦不必讳也。"

⑰　《老学庵笔记》，中华书局，1979 年；《云谷杂记》，中华书局，1958 年。《齐东野语》前出。按，类书颇有引王羲之《月仪书》片言者。如《初学记》卷四引曰"日往月来，元正首祚"中有"正"字。今既知王羲之不书"正"而以"初""一"代之，则类书文献所引有"正"之者，其讳字当为后人改回者明矣，其如《晋书》王羲之传引《兰亭序》文"揽"作"览"之例同。此亦以文献证讳字之局限性也，引论者不可不慎。

亦有类似写法,兹不详举。然而问题是:为何"正"字有时可以用"一""初"来代,有时却又用"政"来代?

按照避讳改字必须"同义互训"的原则,"一"与"初"无疑是"正"的改字,但王羲之在"足下今年政七十耶"等处所用的"政"字其实并非改字,也不是为避"正"讳而加上了反文旁,与"览"旁加手边成"揽"完全不同。王羲之在此只是选择了另外一个与"正"无关的字使用而已,犹如今人书写"做"为"作"一样,我们不能认为后者为前者的避讳改字。或者更准确一点说,王羲之书"政"字有其避讳的意图,但他并未行使改字的避讳手段。现从其字之音、形、义与避讳之关系等方面详证这一论点。

乙、"正"与"政"的避讳历史

必须承认,要弄清古代的"政"与"正"的避讳情况十分不易。因为秦始皇讳政(一说为正),当时因避此讳,情况就变得极其复杂,给后世的考察辨别带来一定的困难。因此,先秦时期这二字的关系究竟如何,学者之间曾有过意见分歧。限于篇幅,无法详论此二字的避讳史渊源、用例及诸家观点,仅就相关部分加以讨论。

周广业《汇考》卷五就秦讳"正""政"二字,旁征博引,收集了大量先秦文献中有关的使用例证。然而也正是因为资料丰富全面,遂出现相互矛盾抵牾之处。正如周本人所说的"'正''政''征'三字古多通借,杂出秦讳,甚难区别",对此还较难地梳理出一个清晰的变化脉络。但是就周广业所搜集的大量数据来看,可以断言秦时"正"与"政"确实互通,所以秦时避讳禁及此二字。陈垣论曰:"或谓秦始皇名政,兼避正字。故《史记》秦楚之际月表,称正月为端月,此避嫌名之始也。不知政与正本通。始皇以正月生,故名政。《集解》引徐广曰:'一作正。'宋忠云:'以正月旦生,故名正。'避正非避嫌名也。"(《举例》卷五"避嫌名例"条)又说"正之有征音,非为秦讳"(同书卷六"非避讳而以为避讳例"条),否定了其为嫌名或改音讳字的可能性。

丙、"正"与"政"在词性上的区别

前人论讳,只注意讳字的改字方法,即形音义的互换与改变,却未尝留意过讳字的词性问题。所以人们在整理归纳避讳规律时,常为相互矛盾的资料而感到困惑不解。如上引宋人之说,虽然他们注意到了王羲之避"正"讳现象,但那只是知其然而不知其所以然。比如王羲之确如宋人所说,以"一月"和"初月"代替"正月",但如果认定"足下今年政七十耶"中的"政"也是为避"正"讳的话,则王羲之又何不以"政月"代替"正月"?

欲解释这一现象,必然要涉及避讳字的词性问题。从周广业搜集的大量例证资料来看,秦时虽禁"政""正",但多只是限于名词,对于用如动词者(类似读如"征"声或用如"征"义者)则宽松得多,甚至可以不避讳。例如周广业所举"郦道元《水经注》载李斯书《铜人铭》云'正法律,同度量',在始皇二十六年,却未避正字。"即其一例,类似例子还有不少(详参周书,兹不一一列举)。因此笔者认为,"正""政"所以不须讳者,若非秦时避讳改作征音之故(周以为秦前"正"有"征"音。陈垣亦以为"'正'有'征'音、非为避秦讳"),即应是与其亦通"征"音义、能作动词用有关。到了王羲之时代,可以说"政""正"在词性上的区别已经十分明确。以下从字义、字形、字音各方面详论之。

1.字义

古之"正""政",犹今之"作""做",二字本有可互通与不可互通之别。

在用如非名词时(比如副词、动词、形容词),"正""政"之义本可互通。《七十帖》中的"政"字是作为副词使用的,故不存在以此代彼以避其讳的问题。

◎"正""政"可互通例:

用如动词者,如习见的"斧正""郢正""教正""校正",亦可作"斧政""郢政""教政""校政";用如副词者,如《墨子·节葬篇》"上稽之尧舜禹汤文武之道,而政逆之;下稽之桀纣幽厉之事,犹合节也",《世说新语·规箴篇》二十二:"殷凯病困,看人政见半面",北周庾信(513—581)的《贺平邺都表》"政须东南一尉,立于比景之南;西北一侯,置于交河之北"⑱等,皆与"正"通而用之,其义亦如今之"正好""恰好"。王羲之《七十帖》之"政"字的词性与词义正与上举诸例相同,同样是作为副词互通互用,并非避讳。

---

⑱　此据清倪璠注,许逸民校点《庾子山集注》,中华书局"中国古典文学基本丛书"本,1980年。

◎"正""政"不可互通例：

凡用如名词时，"政""正"二者基本泾渭分明，互不通假。如政务、政令、政书、摄政、当政等之"政"字，一般不与"正"通用；反之，如正史、正音、正宫、正房或端正等"正"字，一般亦不与"政"通用。⑲ 所以，王羲之在使用名词的"政""正"时，如果书"正"而以"政"代，那还可以说是避讳。但王羲之并没有这么做，如在《初月帖》等法帖中，凡遇"正月"，均作"初月"或"一月"，而不作"政月"。

再举一例，见庾信《周太子太保步陆逞神道碑》（《全后周文》卷十三"庾信集"所收。清严可均辑《全上古三代秦汉三国六朝文》本），记陆逞曰：

> 父政。御正以官触父名，不拜。会稽有王会之名，其子不为太守；博陵有王沈之封，其儿不为刺史。

"御正"为北周官名，陆逞不拜，以"正"触犯其父讳"政"故也。其意与王羲之以"初月"代"一月"同，用如名词，则须讳耳。

为何用如名词则须避讳？因为古人避讳之礼，本来的目的就是为避先人之名讳而设，因此避讳学又称之为避名学。所以名词之用，自然要比非名词要求得严格，这就造成了"正"与"政"在使用时出现的复杂情况。

2.字形、字音

如前所论，古代讳字的代用字不得含同形同音字，但偏旁部首的形音不在此限。因为偏旁部首是构成成千上万汉字的最基本单位，其作为本字的使用意义远不如作为组构新字的"配件"意义重要。因此部首实际上也跟文字笔画的点、

---

⑲ 按，此所谓名词的"正"不混"政"，指的是在一般情况下如此，凡事不能排除特殊情况的出现。如《汉书》卷四十三陆贾传有"夫秦失其正，诸侯豪杰并起"注曰"正亦政也"。如果当时"正亦政也"不特殊，大概也不必注出了。这种特殊情况的出现与古籍辗转传写和雕板讹误有关，应该目验当时人手写的文字实物数据，如石刻以及竹简帛书等，不可一概而论。

另外，这里须要说明的是，关于作为名词意义上的"正"，若从词类的严格分类上讲，此"正"字应是形容词。但这里列举的都是名词词组，所以，为了减少因概念繁杂引起的行文混乱，这里姑且把"正"当作名词意义上的词汇来处理，不再细分了。

另外，周绍良曾论王羲之避"正"讳改"政"曰"王羲之一些书札中凡端正之'正'俱改用政事之'政'以避其祖父王正讳"云（前出）。周说不确，今检王羲之尺牍，未见类似"端正"之名词意义上的"正"被写作"政"。

横、撇、捺一样，只要是作为"配件"组字而非本字使用，都可以存其形音而不讳，就如存点、横、撇、捺于一字之中同理，正不必在意字中某一局部同形同音，这也好比"览"字中含部首"见"一样，王羲之未尝因"览"而讳"见"也。

"正"字的情况实际上颇近"见"字，与"言""手""木""石""金""日""月"等一样，皆属部首字形，故王羲之书"政"，自无须嫌其中含"正"形音。又，"政"字通动词征伐之"征"，⑳而王羲之并不避"征"字，㉑这说明了含部首"正"的字的确不须避讳。其实这个道理亦同于上举之"作""做"，其字音虽相同，其字义虽可互通，其字形亦同属人旁，然而二者毕竟不是一字，所以尽管同音也无妨。当然，在讨论这一字避讳时，还须考虑其他因素的存在，特别是在用法上。"征"为动词，不存在这个问题。至于其他字中含"正"形又为名词的字，就可能要避而不用。如王羲之"正月"作"初月"，陆逞因"政"不赴御正之任，即其例也。

丁、前人对"正"与"政"的误解

前人并未注意到王羲之在"正""政"二字在使用方面存在的微妙差异，以至于误解既深，人云亦云、以讹传讹，至今犹然。

清王澍曾论："近人不解此义（指王羲之避讳），多以求正为政，或以孔语解之曰：政者正也，不妨通用。又以郐人善用斤，移为郐政。愈远愈伪，可一笑也。"（《淳化秘阁法帖考正》卷六）郭沫若亦承其说曰："（王羲之）他帖正字作

---

⑳ 可参看清王念孙（1744—1832）《读书杂志》一"政"条。《大戴礼记·用兵》："诸侯力政，不朝于天子。"江苏古籍出版社，2000年。

㉑ 王羲之法帖文中多出现"征"字，如唐褚遂良《褚目》4帖"周公东征"、张彦远《书记》155帖云："胡云征事未有日"、123帖云"得征西近书，委悉为慰"、417帖云"王征东郎最言"等皆是（分别收在《法书要录》卷三、卷十。范祥雍点校本，人民美术出版社，1984年。又，《法书要录》卷十所收《右军书记》的法帖编号，系依中田勇次郎编著《王羲之》中所整理的《右军书目》法帖编号。讲谈社，1974年）。又，周广业以《礼记·月令》"征鸟厉疾"之"征鸟"当秦人避"正"讳而加双人旁以成者。周引《仪礼·大射礼》注"正、鹄皆鸟之捷黠者"而证"征鸟"即"正鸟"，秦儒避讳加双立人旁。进而推出"此讳改字变音及加减偏旁之始"的结论（《汇考》卷五）。按，加偏旁改字者未见他例，若此说果然，则仅此一例而已（在此且不说是否因古籍辗转传写和雕板讹误致此）。在秦时此二字本互通，其例甚多，此事已为周书征引证明。而于此忽然又谓"征"乃秦儒为避讳所加，又是孤证，其说似近牵强。至于改字变音之说，如本文所述，陈垣基本上否定了其嫌名或改音讳字的可能性。虞万里对周之"此讳改字变音及加减偏旁之始"的结论也持疑问态度，以为秦既然改正月为端月，似无必要改音，况秦汉之时有无四声尚成问题，他认为"秦汉有无四声，以及秦汉即使有四声，其时是否已能自觉、明确地区分，并以之运用于避讳，此乃较为玄虚之问题"，并认为对此"实以不作肯定回答之为近实"（见虞氏论文《避讳于古音研究》，《榆枋斋学术论集》所收）。

‘政’，为避其祖王正之讳正同。其实后人爱写‘雅政’‘斧政’‘郢政’等，都还替东晋王家避讳呢。”（《由王谢墓志的出土论到兰亭序的真伪》“再书后”一节）周绍良论王羲之避“正”讳改“政”时说“王羲之一些书札中凡端正之‘正’俱改用政事之‘政’以避其祖父王正讳”云云（前出），盖皆因未明政、正二字的避讳历史及用法的区别，故有是说。而周绍良谓王羲之“端正”之“正”字亦避讳作“政”之说实误。检王羲之尺牍，还未见有类似“端正”之“正”这种非名词之字被写作“政”之例。

（二）关于“会”与“郐”字

现在再讨论前文开头所引王舒的“会”“郐”改字之例。前文所举的“犯讳实例”（20）节录了《太平御览》三六二引何法盛《晋中兴书》所载王舒避讳例子。关于此事，《晋书》卷七十六《王舒传》也有记载：

> 时将征苏峻，司徒王导欲出舒为外援，乃授抚军将军，会稽内史，秩中二千石。
>
> 舒上疏辞以父名，朝廷议以字同音异，于礼无嫌。舒复陈音虽异而字同，求换他郡。于是改会字为郐，舒不得已而行。

能否将此处的以“郐”代“会”与《兰亭序》中的以“揽”代“览”加以模拟？笔者认为显然是不可以的。第一，王舒既非帝王，所拘之讳又非国讳，故不能改地名以就其私。换言之，他只有选择不去的权利而无决定改字的权力。第二，据“朝廷议以字同音异，于礼无嫌”的议论，知“会稽”之“会”与普通之“会”字在当时即已非同音字（与“郐”同为“古会切”。《太平御览》三六二引何法盛《晋中兴书》此文“郐”注“古会切”，至今亦然）。第三，朝廷虽然以改“会稽”为“郐稽”作为特殊恩典施之于王舒，[22]然而他并没有满意，唯无奈于礼仪有“君所无私讳”之训，士大夫不得以私讳妨碍公事，所以他只好“不得已而行”。

---

[22]《晋书》卷五十六《江统传》引统上疏文曰：“故事，父祖与官职同名，皆得改选，而未有身与官职同名，不在改选之例。”是知西晋时已有“父祖与官职同名皆得改选”之制。

由此例可知,在当时,"字同音异"或"音异字同"的字皆不可代讳字。即使朝廷将"会"字改为读音和字形均与讳字不同的"郐"字,王舒还是不满意,所谓"不得已而行"反映了当时的实情。度其原因,大概不外为该改字仍含"会"字在内,算不得有效的避讳。对朝廷命令尚且如此挑剔,何况是出自本人自撰? 王舒即王导等人的从弟,为王羲之父辈。王舒所拘避讳之礼,当即琅邪王氏一族皆须遵守的家讳礼法无疑。例如琅邪王氏后裔王导曾孙王弘,以精通家族礼法而有"王太保家法"之称,他有"日对千客,不犯一人之讳"的记忆力而得世人赞誉,[23]皆可间接证明。而身为同族子弟的王羲之,自无可以例外的理由。基于此理,我们认为王羲之不应写出不同训但同音且含讳字的"揽"字。

另外,通过这一讨论也证实了一个现象的存在,即与讳字"字同音异"或"音异字同"之字,皆不可代。看来当时讳字之代用字不得同形同音,确为事实。

无独有偶,王舒次子、王羲之的堂兄弟王允之亦经历过与其父亲同样的遭遇。[24] 然此事亦与其父王舒同样,属于在"君所无私讳"压力下的被动行为,即王允之碍于"君命之重,固不得崇其私,国之典宪,亦无以祖名辞命"之大义名分,不得已而行之,而绝非发自本人内心意愿的主动行为。

由以上文献记载可知,"郐"字乃变通之法,权宜之计,并非当时避讳惯例。《兰亭序》为私人自撰文,既非"国之典宪",又无王舒父子"不得已"而为之的不情愿,这就是不得以"郐"反证"揽"为避讳的根本理由所在。


### (三)关于"昭"与"邵"字

陈垣《举例》卷八"晋讳例"条列文帝司马昭(211—265)避讳例:"昭阳"改"邵阳","昭武县"改"邵武"。按,晋代正式的诏诰祭文等"昭"皆改作"明",因知"明"乃当时官方正式所定之改字(参见清周广业《汇考》卷十。周氏列改字

---

㉓ 《南史》卷五十九《王僧孺传》记载王弘"日对千客,不犯一人之讳"。按,王弘即王导曾孙,传世著名法帖《伯远帖》的书写者王珣之子。《宋书》卷四十二本传载弘:"既以民望所宗,造次必存礼法。凡动止施为及书翰仪体,后人皆依仿之,谓为王太保家法。"

㉔ 《通典》礼篇六十四"授官与本名同宜改及官位犯祖讳议"条引晋人记录如下:"东晋咸康八年(342),诏以王允之为卫将军、会稽内史。允之表郡与祖会同名,乞改授。诏曰:'祖讳孰若君命之重邪? 下八座详之。'"给事黄门侍郎谯王无忌议以为:"《春秋》之义、不以家事辞王事,是上之行乎下也。夫君命之重、固不得崇其私。又国之典宪,亦无以祖名辞命之制也。"

"明"入晋讳"令式"类,列"邵"入"地理"类,并有详考,可以参考),较"邵"改字为正式。故《举例》卷八"晋讳例"条列"邵"而不列"明",似有所失。

既然当时的改字原则须是"同义互训",则"昭"之改字"邵"两者义非同训,如何可以代讳字?现简论如下:

在避讳方法中确实有一种不须字义"互训"的改字方法,那就是避讳改音。即将应讳之字读如另外一字的发音,写作"音某"(出于语言使用习惯的考虑,所改之音大都不会与原讳字音相差太远,所以多为音近之字)。实际上这是为念读时避讳方便,非为书写而设。为书写所设者一般多为"同义互训"的改字,《国讳表》中所举大抵如是。这样,原来只是为了借其音读的"音某"改音字,渐渐也被人们在书写中使用起来,于是便造成了某一讳字也许会有复数的改字现象出现。如"昭"在书写上规定的改字为"明",然而在其他文献中又出现了"邵""韶"等改字,而后世却不知"邵""韶"为改音字。当然这种现象并不常见。陈垣则认为避讳改音"不过徒有其说而已"(《举例》卷一"避讳改音例"条)。

其实,"邵"与"昭"乃是从"召"而形音截然不同的两个字。从理论上讲,正因为彼此异音,"邵"字才能充"昭"之改音字。以下通过与"邵"同音的"韶"与"绍"字来证明。

◎先看"韶"字

关于"韶"是否为"昭"之改音字,历来意见不一。陈垣主张昭有韶音,非为晋讳,[25]此说非是。清周广业以及虞万里均认为"韶"乃"昭"之改音字。[26] 周书博引旁征,证据充分,惜陈氏未能见周书。[27] 虞文则又在周氏基础之上更进一步,阐释发明,证成"韶"确为"昭"字改音字之事实。因此笔者从周、虞之说。既然"韶"确为"昭"之改音字,则二者必定与之音异,同时也可证明"邵"音亦与"昭"不同。

◎再看"绍"字

晋明帝名"绍"而不嫌"昭"讳,可证其音本异,故算不得犯讳。明帝为司马

---

[25] 陈垣《举例》卷一"避讳改音例"条曰:"昭有韶音,唐人以为避晋讳,亦非也。"及卷六"非避讳而以为避讳例"条曰:"昭有韶音,非为晋讳。"

[26] 分别参见周广业《汇考》卷十及虞万里《榆枋斋学术论集》"避讳与古音研究"一节。

[27] 陈垣《举例》序云:"嘉庆间,海宁周广业曾费三十年岁月,为避讳史料之搜集,著《经史避名汇考》四十六卷,可谓集避讳史料之大成矣。然其书迄未刊行,仅《蓬庐文钞存》其叙例,至为可惜。"

昭玄孙辈，二帝世隔仅五代，故知在明帝时，"昭"讳尚未祧也。前引陈垣论"已祧不讳例"时，说天子七庙，除太祖为不祧之祖外，大抵七世以内则讳，七世以上亲尽，可迁其主于祧，而致新主于庙，其已祧者则可不讳。司马昭至明帝尚未满七世（实际上皇家国讳往往终其一朝而讳之，并不止于七世），据此亦可间接证明"邵"与"昭"本不相犯，故"邵"可以如同"韶"一样，是"昭"的改音字。

◎最后再看同音异字

当然也有一些极端例子，其严格程度近似避嫌名。如"照"字，本来与"昭"在字义、形上并不一致，属于同音异字，唯音相同而已，但也不能作为改字来使用。《颜氏家训》卷二记述梁时刘氏兄弟"并为名器，其父名昭，一生不为照字，惟依《尔雅》火旁作召耳"，即其例。可见六朝时同音而字形微异如"照"字，亦须尽避。难怪颜之推叹曰："凡文与正讳相犯，当自可避；其有同音异字，不可悉然。"

然而"昭"与"邵"虽彼此为音、形、义三者皆异之字，但两者毕竟皆从召（刀声），其音相近。所以，在避讳极端严格的情况下，比如要求避嫌名时，此类"音声相近"（《礼记·曲礼上》"礼不讳嫌名"郑注）的字亦可能被要求避讳，这也能间接证明为何当时官方正式所定之改字是"明"而不是"邵"的理由。


## 五、结语——但问题并非结束


既然"揽"非避讳改字，那么其字又为何会出现呢？与"览"同义字甚多，王羲之何以皆弃之不用，而必用违反避讳原则的"揽"字作改字，从而犯其先祖王览之家讳以书兰亭文？这样做的必要性何在？难道王羲之真是写错字了吗？首先，王羲之不是民间那些不太识字的工匠书手；其次，大凡写错字，皆属偶然现象，一错再错、连续两次书错的可能性不大。所以，之所以必书"览"而不可的唯一理由，就是因为抄袭套用了他人文章语词。笔者认为，《兰亭序》最后两句"后之揽者，亦将有感于斯文"乃套用石崇《金谷诗序》最后之"后之好事者，其览之哉"。《世说新语·企羡篇》三记王羲之闻人以《兰亭集序》与《金谷诗序》相比拟，甚是高兴，故王羲之对石崇金谷园集当然会很"企羡"，从某种意义上讲，兰亭之集确实有踵金谷之会的意思。㉘ 但先不论王羲之到底有无可能公然袭仿石季伦文句，假定王羲之的《兰亭序》就是对《金谷诗序》模仿之作，模仿的又为何不是全文或全文的大部分，却要偏偏挑出《金谷诗序》的最后那一句来加以模仿，从而主动冒犯家讳呢？

总之，今本《兰亭序》中不可解之处层出不穷，其中多出《临河叙》那一百六十七个字中，不仅存在着清人李文田、近人郭沫若等人指出的各种问题，更存在本论所提出的避讳改字"揽"这一更为令人疑惑难解的问题，所以很难想象《兰亭序》的书、文必出自王羲之，后人掺杂作伪的可能性依然存在。总之《兰亭序》从帖字到文章，疑问点颇多，倘若这些疑问得不到令人信服的解释，就不应急于断定其必为王羲之所作。

从另一个角度来看，正如本文开头所言，魏晋南北朝士族名士竞相以放荡不羁为时尚，然而此一时期恰恰又是历史上最"讲礼"的时代。盖避讳属于凶礼范围，凶丧之礼尤为魏晋南北朝士人所重。究其缘由，当为慑于清议严厉之故，因为在当时因礼数不慎而招致沦废之事屡见不鲜，故士族反而多重孝道，周全礼数，丧礼尤其不敢怠慢。㉙ 通过以上揭示的"讲礼氛围"以及相关讨论，可以证实当时士族确十分重礼。近人许同莘在论及此事时，引沈垚之说并有如下议论："沈垚曰：'六朝人礼学极精。唐以前士大夫重门阀，虽异于古之宗法，然尚与古不甚相远，史传中所载多精粹之言。至明则士大夫皆出草野，议论于古绝不相似。'沈氏此言，具有特识。后人习闻竹林放旷之说，遂以概当时习俗，此耳食之谈耳。南朝宰相，王导、谢安而外，首推王俭，亦深于礼学者。"㉚ 盖以王氏一族之精于礼学，世代相传，其子弟于讳礼自然不容有所怠懈，皆由本论得以证明。

【祁小春　广州美术学院中国画学院教授】

原文刊于《中国文化》2006 年 01 期

---

㉘ 逯钦立对此问题有详细考论。见逯钦立《〈兰亭序〉是王羲之作的，不是王羲之写的》一文。逯钦立《汉魏六朝文学论集》所收，陕西人民出版社，1984 年。

㉙ 关于士族与清议，可参照周一良《两晋南朝的清议》（（收入《周一良集》第一卷，辽宁教育出版社，1998 年），其文考论甚详。

㉚ 说见许同莘《公牍学史》卷三"魏晋六朝"一节（所引出自清沈垚《落帆楼文集》卷八。《丛书集成初编》本，上海商务印书馆，1936 年）关于此方面详细研究，可以参考苏绍兴论文《两晋南朝琅琊王氏之经学》中述王氏礼学之造诣一部分。（苏绍兴《两晋南朝的士族》所收，台湾：联经出版事业公司，1987 年）

# 沁州出土薛收《文中子碣铭》刻石考

## 元好问诗所述

邓小军

《全唐文》卷一百三十三所录薛收撰（592—624）《隋故征君文中子碣铭》，是考察隋代大儒文中子王通（584—617）生平事迹及其河汾之学与唐初贞观之治之关系的关键性文献。1989 年，笔者撰写《唐代文学的文化精神》第一章《河汾之学与贞观之治》（此章十万字）①时，根据《碣铭》所记载之内容与隋唐之际诸多原始文献之记载互证无误，已证明其信实可靠，但对其文献来源则并不清楚。

近承台北山西同乡会老人原馥庭先生惠赠汪龙吟先生著《文中子考信录》，其中援引金元好问《送弋唐佐董彦宽南归且为潞府诸公一笑》及《铜鞮次村道中》诗，并云："盖指（薛收）此文也。"②笔者感谢馥庭老先生惠赠此书，惭愧昔年未通读《遗山先生文集》，亦未见汪书，同时亦觉得龙吟先生于此语焉不详，故有必要对此做进一步考察。

四部丛刊影明刊本金元好问（1190—1257）《遗山先生文集》卷二《铜鞮次村道中》：

> 山径一何恶，一涧复一岭。昂头一握天，放脚百丈井。武乡有便道，故

---

① 邓小军：《唐代文学的文化精神》，台北：文津出版社，1993 年版。
② 汪龙吟：《文中子考信录》，台北：商务印书馆，第 3 页，1973 年版。

绕铜鞮境。涉险良独难，又复触隆景。羸骖蹄已穴，怨仆气将瘦。与世恒背驰，用力何自省。河汾绍绝业，疑信纷莫整。铭石出圹中，昧者宜少警。少时曾一读，过眼不再省。南北二十年，梦寐犹耿耿。喻如万里别，灯火得对影。行役岂不劳，聊当忍俄顷。

按缪钺《元遗山年谱汇纂》蒙古太宗十一年己亥（1239）：

> 本集卷二《铜鞮次村道中》诗："武乡有便道，故绕铜鞮境。涉险良独难，又复触隆景。"盖先生是年由济源北归，绕道铜鞮时已至夏也。金铜鞮县，今山西沁县。诗又云："南北二十年，梦寐犹耿耿。喻如万里别，灯火得对影。"所谓二十年者，盖回忆丙子南渡时也。③

可知元好问《铜鞮次村道中》作于蒙古太宗十一年己亥（1239）夏由济源（今河南济源）北归忻州（今山西忻州）绕道沁州治所铜鞮县（今山西沁县）之时，元好问时年五十岁。缪钺先生所谓丙子南渡，指金宣宗贞祐四年丙子（1216），蒙古兵围太原，忻州被兵，元好问奉母避乱南渡黄河④，元好问时年二十七岁。

关键诗句解释如下。

"河汾绍绝业"，指王通续六经、讲学于河汾，继承发明失落已久的儒家学说和事业。如薛收《隋故征君文中子碣铭》所述："乃续诗书，正礼乐，修元经，赞易象。道胜之韵，先达所推；虚往之集，于斯为盛。渊源所渐，著录逾于三千；堂奥所容，达者几乎七十。"

"河汾绍绝业，疑信纷莫整。铭石出圹中，昧者宜少警。"诗言隋儒王通继承发明失落已久的儒家学说和事业，而自唐以来疑信不一；如今铭石出土，怀疑者应该警觉到自己的错误了。显然，元好问诗此四句是指上引《隋故征君文中子碣铭》所述信史而言。

由元好问《铜鞮次村道》诗"河汾绍绝业，疑信纷莫整。铭石出圹中，昧者宜

---

③ 缪钺：《元遗山年谱汇纂》，姚奠中主编：《元好问全集》附录五，山西古籍出版社版 2004 年版，第 1435 页。
④ 缪钺：《元遗山年谱汇纂》，姚奠中主编：《元好问全集》附录五，山西古籍出版社 2004 年版，第 1359 页。

少警"，及下引《送弋唐佐董彦宽南归》诗"河汾续经名自重，附会人嫌迫周孔。史臣补传久已出，浮议至今犹汹汹。薛收文志谁所传？贵甚竹书开汲冢"，可以确定金铜鞮县出土薛收文志，就是薛收撰《隋故征君文中子碣铭》。

"河汾绍绝业，疑信纷莫整。铭石出圹中，昧者宜少警。少时曾一读，过眼不再省。南北二十年，梦寐犹耿耿。喻如万里别，灯火得对影。行役岂不劳，聊当忍俄顷。"由上所述可知，诗言薛收《隋故征君文中子碣铭》刻石出土，是距今己亥年（1239）二十三年之前，金宣宗贞祐四年丙子（1216）出土于金沁州治所铜鞮县（今山西沁县）。由诗可见，薛收《隋故征君文中子碣铭》刻石出土，给予元好问二十三年不可磨灭的深刻印象。

四部丛刊影明刊本《遗山先生文集》卷三《送弋唐佐董彦宽南归且为潞府诸公一笑》：

> 河汾续经名自重，附会人嫌迫周孔。史臣补传久已出，浮议至今犹汹汹。薛收文志谁所传，贵甚竹书开汲冢。沁州破后石故在，为础为矼吾亦恐。暑途十日来一观，面色为黧足为肿。淡公淡癖何所笑，但笑弋卿坚又勇。自言浪走固无益，远胜闭门亲细冗。摩挲石刻喜不胜，忘却崎岖在冈陇。潞人本淡新有社，淡事重重非一种。有人六月访琴材，不为留难仍从恿（怂恿）。悬知蜡本入渠手，四座色扬神为竦。他时记籍社中人，流外更须增一董。

"史臣补传久已出"，指北宋史臣司马光。司马光不仅在所撰《资治通鉴》卷一百七十九隋文帝仁寿三年（603）著录了王通的生平事迹及对话录，并且专门撰写了《文中子补传》一长文，今存于北宋邵博撰《邵氏闻见后录》卷四、南宋吕祖谦编《宋文鉴》卷一百四十九及《永乐大典》卷六八三八。

"贵甚竹书开汲冢"，指西晋太康二年（281）汲郡人不准盗发魏襄王墓（或言魏安釐王冢），所得竹书，经束皙整理为《汲冢书》，即《竹书纪年》一书⑤。《竹书

---

⑤ 参阅《晋书》卷五十一《束皙传》；方诗铭、王修龄：《古本竹书纪年辑证（修订本）》，上海古籍出版社 2005 年版。

纪年》是战国时魏国史官所记载自夏商周至战国时期之编年史书,是中国最早的一部纪年体通史,亦是中国唯一未经秦火的纪年体通史,故对于研究先秦史具有重大价值。《汲冢书》与西汉武帝时孔子旧宅发现《尚书》《论语》等古文经,近代殷墟发现甲骨文、敦煌发现藏经洞一并被今人誉为中国文化史上的四大发现。

"河汾续经名自重,附会人嫌迫周孔。史臣补传久已出,浮议至今犹汹汹。薛收文志谁所传,贵甚竹书开汲冢"六句,言文中子续六经、讲学河汾,自名重于世,而历代有人认为王通附会圣人,自比周孔。尽管司马光不仅在所撰《资治通鉴》隋文帝仁寿三年条著录了王通的生平事迹及对话录,并且专门撰写了《文中子补传》一长文,但是人们至今犹议论纷纷,将信将疑。如今薛收所作文中子铭石出土,谁能将之传扬于世、传于后世? 其价值可是比汲冢出土《竹书纪年》还要宝贵。

《送弋唐佐董彦宽南归且为潞府诸公一笑》诗作于何时?⑥ 诗言"沁州破后石故在"。按《金史》卷十五《宣宗本纪中》兴定元年(1217)九月:"辛卯,大元兵徇隰州及汾西县,癸巳,攻沁州。"可知此诗作于金宣宗兴定元年九月元兵攻破沁州之后。但此是其写作时间之上限,尚需进一步考察其下限。诗又言"暑途十日来一观"。据缪钺《元遗山年谱汇纂》,元好问以蒙古太宗十一年己亥(1239)夏由济源北归忻州时绕道铜鞮,然则《送弋唐佐董彦宽南归》诗当作于此时。元好问当时所作《铜鞮次村道》诗云"河汾绍绝业,疑信纷莫整。铭石出圹中,昧者宜少警",述及薛收《隋故征君文中子碣铭》刻石,《送弋唐佐董彦宽南归》诗云"河汾续经名自重,附会人嫌迫周孔","薛收文志谁所传,贵甚竹书开汲冢",亦述及薛收《隋故征君文中子碣铭》刻石。要之,《铜鞮次村道》与《送弋唐佐董彦宽南归》二诗当为同时所作。

"沁州破后石故在,为础为矼吾亦恐。暑途十日来一观,面色为鳖足为肿。淡公淡癖何所笑,但笑弋卿坚又勇。自言浪走固无益,远胜闭门亲细冗。摩挲石刻喜不胜,忘却崎岖在冈陇。"由此观之,金宣宗贞祐四年丙子(1216)出土于金沁州治所铜鞮县(今山西沁县)之薛收《隋故征君文中子碣铭》刻石,至二十三年

---

⑥ 此诗《元遗山年谱汇纂》等均未作系年。

后之蒙古太宗十一年己亥(1239)时,犹存于铜鞮县(今山西沁县)山中。

按《隋书》卷三十《地理志中·上党郡·铜鞮县》:

> 有铜鞮水。

唐李吉甫《元和郡县志》卷十九《潞州·铜鞮县》:

> 本晋大夫羊舌赤邑,时号赤曰铜鞮伯华。汉以为县,属上党郡。隋开皇十六年,改属沁州。大业二年省沁州,复属潞州。

《金史》卷二十六《地理志下·沁州·铜鞮县》:

> 倚有铜鞮山。

明李贤等撰《明一统志》卷二十一《沁州·山川》:

> 铜鞮山,在州城南四十里。一名紫金山。

《明一统志》卷二十一《沁州·古迹》:

> 铜鞮城。在州城南,本晋大夫羊舌赤邑,汉始为县,属上党郡。金徙沁州治此。

《明一统志》卷二十一《沁州·祠庙》:

> 文中子祠。在州城南四十里。文中子,隋王通也。通尝读书于此,后人为立祠祀之。

清觉罗、石麟等撰雍正《山西通志》卷二十五《山川九·沁州》：

铜鞮山。在州南四十里,一名紫金山,有文中子书室。

清和珅等撰乾隆《大清一统志》卷一百二十山西《沁州·祠庙》：

文中子祠。有二。一在州之铜鞮山麓,久废。一在州学左,明万历中改建,本朝康熙中屡修,春秋致祭。有唐皮日休断碑,旧在铜鞮山祠,今移学宫。

《大清一统志》卷一百二十山西《沁州·人物·流寓》：

隋王通,龙门人,寓居铜鞮紫金山,有石室。

清姚学英、姚学甲等撰乾隆《沁州志》卷一《山川》：

铜鞮山。一名紫金山,见《一统志》,在州南四十里故县镇东北。即文中子读书处,上有文中子祠。

白玉河。在州南四十里。源出蟠龙山,分派合流,东南行二十余里,经铜鞮山下,波流澄澈,水衣蝌蚪不生。相传隋文中子读书山中,时临流盥濯,水为之洁,故名。

乾隆《沁州志》卷七《寓贤》：

王通。通尝读书山中。今石室遗址尚存。

乾隆《沁州志》卷八《古迹》：

文中子石室。石室二,在故县镇东北紫金山之阳,即文中子读书处。

由以上文献及元好问诗可知:第一,隋上党郡(金潞州,今山西长治)属县铜鞮县,即金沁州治所铜鞮县(今山西沁县)。当地有铜鞮山、铜鞮水。清代方志所述白玉河,或即《隋书》以下所述铜鞮水。第二,相传隋王通尝读书于铜鞮县南四十里之铜鞮山,后人为立祠祀之。铜鞮山文中子石室、文中子祠,至明清犹存。第三,根据元好问《送弋唐佐董彦宽南归》诗所述"沁州破后石故在,为础为矼吾亦恐","摩挲石刻喜不胜,忘却崎岖在冈陇",薛收《隋故征君文中子碣铭》刻石当是金宣宗贞祐四年丙子(1216)在铜鞮山文中子石室或文中子祠出土。第四,铜鞮山文中子祠建祠及《碣铭》刻石之时间,早在金代以前。早则当在唐代,至晚也当在宋代。第五,元好问诗"铭石出圹中","圹"可指墓穴,也可指原野,实际当是从废沉地下的建筑遗址或衣冠冢出土铭石,文中子墓未必果在此。

按清编《全唐文》卷首《凡例》云:"总集外文之散见于史、子、杂家记载、志乘、金石碑板者,概行搜集。"又云:"《永乐大典》为遗书渊薮,……搜缉无遗。"又云:"文字异同,碑碣以石本为据,余则择其文义优者从之。若文义两可,则著明一作某字存证。"又云:"金石之文,类多剥蚀。(资考证,则据现在拓本以存其真)……凡石本剥蚀而板本完善足信者,即据以登载。其无可据,则注明缺几字存证。"然则《全唐文》卷一百三十三所录薛收《隋故征君文中子碣铭》,当采自传世石本或《永乐大典》。

一九八九年四月、二〇一一年七月,笔者曾三次到王通故里考察。王通故里隋龙门(今山西河津)县万春乡(今山西万荣县通化乡)有文中子祠、文中子墓。当地今有王通后人数家,家藏明代敬忍居刻《中说》整套版片("文革"中有部分毁损)。文中子真墓,当在王通故里。

柯昌泗《语石异同评》卷九《碑版有资风教》条:"《元遗山集》有《铜鞮次村道中》诗,……又《送弋唐佐董彦宽南归》诗。……览两诗所言,时沁州发见文中子墓志,为薛收所撰。……遗山所言凿凿如此,今此石文虽不传,足征文中子非虚造者矣。"⑦柯昌泗此言,甚有见地。只是所说"今此石文虽不传",是未见《全唐文》所录此石之文,偶误。

薛收《隋故征君文中子碣铭》,是考察王通生平事迹及其河汾之学与唐初贞观之治之关系的关键性文献,具有极为宝贵的历史文献价值,元好问诗"贵甚竹书开汲冢",以晋代汲冢出土之《竹书纪年》,比喻金代沁州出土之薛收《隋故征君文中子碣铭》,是极有见识之言。赖元好问《送弋唐佐董彦宽南归且为潞府诸公一笑》及《铜鞮次村道中》二诗,今存《全唐文》薛收《隋故征君文中子碣铭》之信实,亦可以进一步从文献来源上获得确定,则元好问亦文中子之功臣也。

二〇〇四年九月初稿

二〇一一年七月二稿

【邓小军　首都师范大学文学院教授】

原文刊于《中国文化》2012 年 01 期

---

⑦　叶昌炽撰、柯昌泗评:《语石 语石异同评》,中华书局,1994 年,第 400 页。

# 皇甫碑为欧阳最老书

周汝昌

欧阳信本所书碑铭,多有岁月可稽,独此《皇甫》,遂无所考。窃以《皇甫》立碑年月不明,非止一石一家之事,实有关吾人于欧书乃至书法艺术史之窥悟体认者甚巨,是真不能不稍稍参稽史册与前人评订而一为考辨者也。

旧说多谓《皇甫》乃信本少时书。若晚近通行辞书,东邦碑帖释语,悉沿旧意,或称壮岁,或谓盛年。总之非老笔而已。以常情揆之,此说非无所见而云然,良以《皇甫》用笔结体,精彩意度,无不飞扬跳宕,视《九成》《化度》等作,平直中正者,划然二致;证以孙过庭"既知平正,务追险绝;既能险绝,复归平正:初谓未及,中则过之,后乃通会。通会之际,人书俱老"之论,则信本书《皇甫》时岂非正历其"务追险绝"之途,而《九成》《化度》,乃真"复归平正""人书俱老",亦即炉火纯青之候者耶?《墨林快事》云:"皇甫明公之碑,在信本中最为妍润。此立于隋日,乃公少年所书,宜其文采之流丽而神情之幽适,与其暮年老笔奉勅矜持者(按此实指《九成宫》)不同也。"足为此说之代表。此外语异意同,所在多有,无俟详列。而稍进于此,则有唐初高祖武德时书一说焉。

然而余谓此等皆谬见也。请为逐一明辨如左。

《旧唐书》百八十九欧阳信本本传称:"贞观初,官至太子率更令,弘文馆学士,封渤海县男。年八十余,卒。"按"贞观初"三字仅冒下文官阶诸字,年八十余

697

卒另为一事，不得连读而遂谓信本即卒于贞观初。唐张怀瓘《书断》乃确言信本卒于贞观十五年（公元 641）。考贞观十一年信本尚健在，书《虞恭公碑》，则《书断》之可信矣。《书断》又言卒年八十五，则与《新唐书》合，此无可疑者也。依次推之，信本实生梁敬帝太平二年，即陈武帝永定元年（公元 557）。碑叙皇甫诞卒于隋仁寿四年（公元 604），借令碑即立于诞卒之年①，信本亦已四十八岁，望五之人，而得谓之"少年"乎？况碑之非隋立，有数证：碑文直称"随文帝求衣待旦"，使碑为隋立，不得称"文帝"亦不得加"随"（隋）字，一也。碑文明叙"世子民部尚书滑国公无逸"，考之两《唐书》，诞子无逸拜民部尚书事最早亦在唐高祖之世；是碑实无逸当唐世追建者，二也。碑言"银青光禄大夫行太子左庶子黎阳县开国公于志宁制（文）"，则两《唐书》又并言志宁加左庶子事在贞观三年后，志宁不得预当隋世得唐官，三也。如此，则唐高祖武德元年，隋尚未亡，信本已六二高龄，年逾花甲。谓碑立于隋日，谓乃信本少年书，皆不可通之词也。

虽然，上所云云，仅足证碑之立于贞观三年以后，非信本少年书而已。尚非吾意所在。盖《墨林快事》语虽有乖，意或未谬，《化度》《九成》皆书于贞观五六年顷，假如书《皇甫》事在三年或四年，即与上举《书谱》之说无背，"少年"可以意读为"早年"，即《皇甫》之书终为先于《化度》《九成》也。审如是，则吾之所谓于欧书之窥悟体认者，又奚以在乎？

若吾之意，乃在根本否认《皇甫》之早于《化度》《九成》（乃至《虞恭》）耳。

试取传世常见诸欧书比并而观，若《姚辩墓志》，若《化度塔铭》，若《九成醴泉》，皆笔势平直，结体方正，为一种。若《皇甫府君》，笔势跳宕，结体逋峭，为一种。二种之不相侔，入目厘然。而《温虞恭公》乃介于二种之间，结体始欲由方正以趋逋峭，而笔势尚未离平直而臻跳宕，俨然二种之过渡也。使依旧说，《皇甫》为少作，岂其初为跳宕逋峭，一变而为平直方正——而晚年忽又稍稍返于厥初乎？即以上云《皇甫》作于贞观初而言，然则初时《姚志》平直之至，继而《皇甫》峭宕之极，旋而《化度》《九成》又复大归平正，终而《虞恭》又复意趋跳峭耶？噫，吾人平居作字，虽亦因环境、精神而时有小异，若其年日推迁，工候褫变，通观

---

① 梁章钜"退庵题跋"引牛运震《金石图》，即有书于仁寿四年之说。梁氏已指其谬。

终始,可窥大齐,必无如是其反覆不经者矣。

清良常王澍力主《皇甫》乃唐高祖时书。其"虚舟题跋"举三证以申其说:(一)史称无逸拜民部尚书累转益州大都督府长史,皆在高祖之世;此碑但称民部尚书,未言益州长史,则当是高祖时书。(二)史称信本以贞观初拜太子率更令弘文馆学士、封渤海男,此碑但称银青光禄大夫,不书率更渤海,其为高祖时书无疑。(三)高宗时褚书《圣教》"世"字缺笔,以"人"代"民",况太宗之世,岂有不讳之理;而此碑中"世""民"字无缺,定是高祖时书矣。

余按王氏说似甚辩,然皆未尝深考耳,今可一一驳正之。史传碑版,年月官阶出入歧异之处,擢发难数;史传之缩叙年时,碑版之简省官阶,尤属恒例。依史,无逸两拜民部尚书;故纵历他职,亦可以此官概之,盖碑之义,在述父功,其子自可从略而叙。复次,如王昶《金石萃编》所言:"《新唐书·无逸传》:高祖以无逸本隋勋旧,尊遇之,拜刑部尚书,封滑国公,历陕东道行台,民部尚书,迁御史大夫。时蜀新定,诏无逸持节巡抚,后被谮毁,得白,复拜民部尚书。是无逸两为民部尚书,计其时亦当在高祖、太宗之间也。"余考《新唐书》,无逸被谮时,诏温彦博按之;而彦博自贞观二年始自东宫官擢御史大夫;贞观四年为中书令;十年进尚书右仆射,十一年薨。则无逸受诬被按、复拜民部,事在贞观初年间,并非高祖之世也。至无逸之出为刺史,"累转"益州长史,距此即又有年,皆太宗时事,计当贞观之末矣,而得执后日之官阶,预考兹碑之情事乎?史言信本贞观初官至太子率更令弘文馆学士封渤海县男,依温公《通鉴》,信本为弘文学士在高祖武德九年。学士为"正五品上",率更令乃"从四品",则拜率更令自在学士之后,是已为贞观初年事。考《化度》署"率更令",时为贞观五年;《九成》署"兼太子率更令渤海男",时为贞观六年,是也。至银青光禄大夫,为文散官"从三品"阶,视率更令又加一品,乃后来更进阶矣,而得以加银青光禄反在太子率更之前乎?顾氏《金石文字记》云:"杜氏《通典》:武德九年六月,太宗居春宫,总万机,下令曰:依礼,二名不偏讳,今具官号人名及公私文籍,有'世''民'两字不连读者,并不须避讳。此碑中有'世子'及'民部尚书'字。"《房彦谦》《昭仁寺》皆贞观碑,亦不避世民字。王氏之说,颠倒后先,咸非确论。——至其疑并于志宁加左庶子事亦本当在高祖世,而史误书于太宗时者,此更勇于自信,削书适己,诚贤者之过矣。

《皇甫》不但非隋时书，亦且并非唐高祖时书，既辩如上，其事已明。然而此碑究书于何年？有无确证可言，则请更一申论。

按史，信本于高祖即位累擢给事中，贞观初历太子率更令弘文馆学士封渤海男：今依诸碑考之，武德元年二月所建之《宗圣观记》，为信本撰并书，署官"给事中骑都尉"，给事中与学士同属"五品上"阶，亦即兼司弘文馆图书缮写雠校之事；骑都尉乃武勋官，"从五品上"阶，史不载，省也。贞观五年三月所树之《房彦谦碑》，署"太子中允（中勒四字，考为'史馆修撰'）欧阳询书"；同年十一月以后所书之《化度寺塔铭》，署官"率更令"：太子中允与率更令同属东宫官，亦同属"正五品"阶，则信本实由中允迁率更，史亦失书。六年五月以后所书之《九成宫醴泉铭》，署官"兼太子率更令渤海男"；依王昶与钱大昕，"兼"者以正五品阶而为从四品之率更令也（此兼读去声，非兼两职之义）。至九年书《心经》，仍署"率更令"；十一年十月后书《虞恭公碑》，仍署"渤海县男"——而《皇甫》则署"银青光禄大夫"[2]。如此稍一排比，即见银青光禄是信本最高亦最晚得之官阶矣（虞世南得官亦至银青光禄止，其例可参）。

抑此碑于志宁之署衔为"银青光禄大夫行太子左庶子上柱国黎阳县开国公"，斯尤有助于年代考订。两《唐书》并言太宗因诏三品以上近臣宴，志宁以四品不得预，特加散骑常侍太子左庶子，累封黎阳县公；又言是时议立七庙云云。王昶之说谓"《礼乐志》载立七庙事在贞观九年高祖崩后，则志宁之加太子左庶子在三年以后、九年之前矣"。其考核之精密，已尽越前人，几欲探骊而得珠矣。然余检《通鉴》，贞观七年中已称"左庶子于志宁"；六年秋七月辛未，宴三品以上于丹霄殿，此即《唐书》所叙之事。可知加左庶子实在六年七月。《旧唐书》又云

---

② 　按温彦博卒于贞观十一年六月四日，其碑为岑文本撰，信本书，据王昶《金石萃编》著录，信本署衔尚可见"银青光禄大夫"诸文。而翁方纲《苏斋唐碑选》云："率更书《虞恭公碑》，著录家皆言残阙，且无率更衔名；近日翻本妄以《皇甫府君碑》后率更衔名移置此碑之末，大失真矣。"又言嘱工洗石淡墨拓得全本，乃于首行辨出"渤海县男欧阳询书"等字。然则王昶著录，容未可尽据。然袁继翰《欧阳书考》载明：同年十月二十二日彦博陪葬昭陵，建墓志，信本撰并书，末云"银青光禄大夫欧阳询撰并书"。（十一年冬十月癸丑诏勋戚亡者皆陪葬山陵，事见《通鉴》，温碑为陪葬者之一，故无论墓碑墓志，必在十一年十月之后，信而可据）则又何耶？此事当再考。

　　至信本一生所历官阶，为史所未详者，可看拙著《欧阳信本年谱》，此不备及。

志宁"十四年兼太子詹事",余又考《通鉴》,其事实在十四年十二月③。今碑仍左庶子未兼詹事。是则《皇甫》之作于贞观六年七月之后而十五年之前也,不亦昭然而若揭矣乎。

然而如上所云,《九成》即六年五月以后所书也。使《皇甫》仅能考明为六年七月以后之作,则二者实有相距不远之可能,又何以解于书在同时而风格骤异至于斯极?止就此点而观,吾亦敢断言《皇甫》必非贞观六七年间之作④。

于此,既当鉴察其书法之变异,又须印证于碑文之典章,两者合参,事乃可信。《旧唐书·职官志》,正第二品"开国郡公"下,注云:"爵:武德令,唯有公侯伯子男;贞观十一年加开国之称也。"据此则十一年之前无加"开国"二字之例(其十一年以后尽有不加者,省文也)。及检诸碑文,信然:如六年《九成》,但言"巨鹿郡公魏徵""渤海男欧阳询";五年《房彦谦》,但言"安平男李百药";至十一年十月《裴镜民》乃言"安平县开国子李百药",十一年冬月或十二年《温虞恭》,亦言"江陵县开国子岑文本"是其证矣。

夫如是,则《皇甫》既称"黎阳县开国公",则碑必不能立于贞观十一年之前,遂无疑义。

旧日言《皇甫》立碑年月者,顾炎武以为贞观初与王昶以为在贞观三年至九年间⑤而外,当以宋人《宝刻类编》《金石录》为最得事实,皆云"贞观中立"⑥。今按"中"可为泛词,未便据为典要,资以考订,然在兹例,遂成巧合,盖贞观共得二十三年,取"中",亦约当十一年先后。抑又有一事,可助消息:裴镜民卒于隋开皇十六年,其子于贞观十一年十月追建碑石,与皇甫隔代立碑之事,如出一辙。且其文有云:"季路结缨,志无苟免;温序衔须,义不生辱。"《皇甫》则亦云:"衔须授命,结缨殉国。"事功辞义,几于雷同;马迹蛛丝,耐人寻味。余颇疑二碑之出

---

③ 按《通鉴》,贞观十四年十二月,"上闻右庶子张玄素在东宫数谏争,擢为银青光禄大夫,行左庶子"。又于十五年五月书"太子詹事于志宁遭母丧"等事,皆与《唐书》合。则可证志宁兼太子詹事实在十四年年底,盖其时张玄素已擢志宁原官矣。

④ 顾炎武《金石文字记》以为《皇甫》"贞观初立"。

⑤ 按王氏既依于志宁衔名考为贞观初,而又言书碑"当在高祖、太宗之间",依违无当于事实矣。

⑥ 清人梁章钜云:"以于燕公系衔考之,是贞观中追建,则率更年已七十余。"按若谓"七十余",则正当是贞观初,与王昶说初无歧异。盖梁氏本不分晓,"贞观中"之语既非出自详考,更非的确之词,不过随口常言,不足为据。

于一时先后,或者竟是皇甫无逸感于裴氏之例(史言无逸甚孝)而效其故事也⑦。

纵言至此,乃可收其泛滥,归于要领。

夫如前考,《皇甫》之作,上限不得早于贞观十一年,下限不得晚于贞观十四年:约三年间事耳。而于此有《虞恭碑》焉,此其风格,则吾上文所谓"结体始欲由方正以趋遒峭,而笔势尚未离平直而臻跳宕,俨然二种之过渡"者也。而其石又何时所立耶?考史,温彦博卒于贞观十一年六月甲寅,立碑为十月以后陪葬昭陵事。如是,在诸欧书中,《虞恭》与《皇甫》,为相去最近⑧。今可假设:《虞恭》《皇甫》,咸为十一年所作也。然二石风格未齐,出入尚巨,又将何以置解?此则凡有目者之不能信为同时书者也。

以余论之,《虞恭》为始变,《皇甫》则既迁,褫化之迹,断乎可明。翁方纲尝言:"《虞恭公》则仍是《皇甫》之神理而稍加谨敛。"余则谓:"《虞恭公》则始有《皇甫》之神理而未甚恣畅。"吾二人之得失,固应可得而言。何则?翁氏有目,觑见《虞恭》《皇甫》有可通之神理,信为卓识;而终为《皇甫》"少作"一念所蔽,遂至尚阂真机。观其"仍是"二字,病痛斯见矣。

吾人自事物发展规律之观点而综览欧书,觇其流变,《虞恭》实为一大枢纽。枢机失鉴,始末俱迷。《虞恭》始见《皇甫》之神理,含而未彰,意味隐跃,则气机之胎萌也。《皇甫》尽引《虞恭》之机趣,条达畅遂,乃极其致,则质理之邕茂矣。以吾人经验计之,自《虞恭》而《皇甫》,此一变化,由引至发,自微之显,绝非数日数月之事可以骤几者也。贞观十一年十月以后或十二年书《虞恭》犹未尽脱平直方正,其间若非又阅一二岁年,断无顿异而可以躐跻于《皇甫》之理也。

故余谓《皇甫》之作,必当在贞观十二年以后,十三十四两年中,其事彰彰明矣。

贞观十五年,信本谢世,得年八十又五。兹列一简表,借明欧书诸碑次弟与夫书法之演进(以本文涉及者为限):(见下表)

---

⑦ 按《金石录》,唐皎为其祖后周太宗伯瑾追立碑,于志宁撰文,信本正书。又隋工部尚书左候卫大将军段文振亦追立碑,潘徽撰文,信本八分书。并云"贞观中立"。此皆一时之事,正可参看。惜唐瑾碑不可得见,不尔必有助于研究者甚巨也。

⑧ 罗汝怀《绿漪草堂集》:"赵子函跋虞公温彦博碑云,温公卒于贞观十一年,是时信本年已八十余,而楷法精妙若此。然则信本书诞碑亦相去不远。"然此以意而推,非由考证而得之者。

| 碑　名 | 立石年月 | 信本年龄 | 备　考 |
|---|---|---|---|
| 姚辩墓志 | 隋大业<br>七年十月后 | 五十五 | |
| 宗圣观记 | 唐武德九年二月 | 七十 | 分书附录 |
| 房彦谦碑 | 唐贞观<br>五年三月 | 七十五 | 同上 |
| 化度寺塔铭 | 唐贞观五、六年间 | 七十五六 | 碑言建塔在五年十一月。<br>书铭当稍后。 |
| 醴泉铭<br>（九成宫） | 唐贞观<br>六年五月后或<br>七年 | 七十六七 | 史言六年三月帝如九成宫；碑云"孟夏之月"。宫去京师三百余里，是三月启程四月至宫也。碑云"六年四月"者，乃追叙得泉之日，非即立铭之时也。《旧唐书》云魏徵五月检校侍中，而《通鉴》云在七年春月。碑言侍中，又云"炎景流金"断非六年四月语。 |
| 心经 | 唐贞观<br>九年十月 | 七十九 | 有石本，可参看孙承泽《庚子销夏记》。 |
| 温彦博碑（虞恭公） | 唐贞观<br>十一年十月后<br>或十二年 | 八十一二 | 说见上。 |
| 皇甫诞碑 | 唐贞观十三、十四年间 | 八十三四 | 说见上。 |

吾人可于《九成》《心经》与《虞恭》间画一分界线：八十岁以前书，率犹平直方正，八十以后，始渐变平正为通宕，至《皇甫》而造极；耄耋高龄，匪唯不衰，乃晚出奇兵，更臻险绝，吁可异亦可惊矣！此诚吾国艺术史上之一大奇迹，几于难以置信之特例也。

书《皇甫》之明年（或后年），信本遂下世，则此碑实信本绝笔，亦其书法之极境，顾世乃以之为"少年书"焉，阅吾文至此，更温旧说，宜未有不莞尔者矣。亦阅吾文至此,然后知吾所谓欧书始末必俟《皇甫》年月考定始能体认窥悟之意义矣。

前人于欧书,盛推《九成》,而犹推《化度》。至《虞恭》《皇甫》,虽亦称之,终非其伦,且能学之者尤若晨星。吾尝试推其故,盖亦有由。《化度》坏最早,存字无几,得一翻拓,已逾球璧。人于可望而不可即、在望而不能明之事物,每益致其"海上神山"之想,斯则《化度》之所以见尚也。翁方纲推崇《化度》,比于"舍利菩提",至尊无上;有不推《化度》或推而不至者,则断断而争,甚且终身憾之(如清初王良常,与翁同为学欧专家,王不重《化度》;翁因是于其题跋文字中时时致憾于良常,以谬恭之语,发讥讪之意,实大有"势不两立"之概,读之可使人失笑喷饭),宜其于《化度》一石别有特识高论矣,乃观其跋文,则曰:"此半幅残泐极矣!而一段真影中,古意郁然深厚,更自想象不尽。老杜云:神女峰娟妙;放翁云:今日忽悟始叹息,妙处原在烟雨中!"更证以潘宁之语,谓"余观其素多墨少,恍若元晖之一轴鸿蒙,烟云数点,别有无限古香"。如出一口,当知吾所谓"海上神山"一喻之不谬。及敦煌残拓既出,乃见其颖锷如新,真面毕现,不禁哑然!盖《化度》者,信本入唐以后之早期真书,加以刻手未工,僵直呆板,以视《九成》,不如远甚,翁氏乃以为"敛尽圭棱,独超尘埃之表,淳古淡泊,自当驾《醴泉》而上之,所谓逸品在神品之上也"。岂非全为泐残翻模之假象所误、想象而赋《高唐》者乎?玩碑至此,已离书学而入魔境,宜其所论亦止如痴人说梦而已。今者《皇甫》具在,虽亦不无断损,大体固自精好,即新近拓本犹可爱玩,是真信本无上书品,顾世以其易得而有忽之之心,又以其为"少"笔而见轻之之意。噫,何其不识好歹,颠倒黑白至于斯极哉!

抑吾又尝遍观清代之欧体书家,即如最赫赫著称之王良常、翁覃溪、成亲王(永瑆),皆终身寝馈欧阳,人亦公认为学欧之有成者也,乃实无一分《皇甫》法,劣得余碑僵直板滞之假貌而已。永瑆尝云:"信本碑极难学者《皇甫君》,以其笔势变恣异常,尽纵横跌宕之致。然以《化度》较之,非唯《皇甫》,即《九成》犹逊上乘矣。"观其前半,乃深知《皇甫》者也;而下半云云,仍为《化度》之翻摹残泐假象所误,竟无殊于翁氏。

此诸学欧专家反不若一不学欧之王梦楼,虽语焉未详,已颇得奥窔,其言曰:

"米元章尝赞渤海书,以为'真到内史'。今观《虞恭公》《皇甫府君》二碑,其似内史处较《醴泉》尤为呼吸相通。"嗟嗟,人之识解,固不相若也。

梦楼以为《虞恭》《皇甫》与右军关系尤切,此真为一大问题。以余论之,元章"真到内史"一语,亦实唯《皇甫》足以当之无愧。试观此碑:结体无一处平正,乃无一处不真平正,此即右军"似欹反正"之妙法也;行笔无一处圆直,方之至曲之至亦飞扬变化之至,此即右军"虎卧龙跳"之神通也。元章一生亦力追右军,实有见于此,故特称信本之"俊若跳掷"而许以为"真到内史";若夫《九成》《化度》之法,何尝有此哉。

然天下万事,岂有偶然之理?信本一生攻书,早成名器,何以晚至八十三四,始得右军真髓?于此而无所解释,不过视为忽臻奇特而已,则非所以为学问、资启牖者矣。

余按于信本之世,既尚无宋代摹刻(法帖)之思,更无论后世刷印之术,凡所慕习,必以真迹为归;而右军剧迹,在信本初时,实未多睹。何以言之?即如右军墨宝,凡有数厄,梁武帝搜集二王法书,多至七十八帙,七百六十七卷,一万五千纸,经侯景之乱,兵火之后,多从湮缺,至魏兵覆国,元帝将降,聚图书十四万卷并历代书画名迹(一云典籍书画共二十四万卷),命竹阁舍人高宝善一举焚之,至有"文武之道,今夜穷乎"之叹,则精华尽矣!至隋世复有聚积,而炀帝巡游广陵,尽以随驾,中道舟覆,又归荡然。所余无几,为宇文化及所有,及聊城破,再见消亡。留东都者虽为王世充所取,而武德五年命司农少卿宋遵贵舟载赴京,行经砥柱,又遭漂没,所存"十亡一二"。夫如是,信本得见右军手笔能有几何哉?或谓信本仕隋,炀帝舟覆以前,岂无中秘之近赏?不知信本在隋仅为太常博士(入唐为太常卿,史传亦不载,仅《通鉴》见其事),所司不过礼乐常事,远非文学侍从之比,即在舟覆前,亦安所得窥内府秘玩乎?及入唐世,太宗以酷爱右军,始加购求。韦述《叙书录》谓"贞观中搜访右军等真迹,出御府金帛,重为购赏,人间古本,纷然毕集"⑨,而未言确在何年。余谓考定此事,唐代书法史及欧书流变史之关系始可赖以俱明矣。

---

⑨　武平一《徐氏法书记》云:"贞观初下诏购求,殆尽遗逸。"并参注十二。

按《旧唐书·褚遂良传》:"贞观十年,自秘书郎迁起居郎。遂良博涉文史,尤工隶书,父友欧阳询甚重之;太宗尝谓侍中魏徵曰:'虞世南死后,无人可以论书。'徵曰:'褚遂良下笔遒劲,甚得王逸少体。'太宗即日召令侍书。太宗尝出御府金帛,购求王羲之书迹,天下争赍古书诣阙以献,当时莫能辨其真伪,遂良备论所出,一无舛误。"而《新唐书》叙此事则云:"贞观中累迁起居郎,博涉文史,工隶楷,太宗尝叹曰:'虞世南死,无与论书者。'魏徵白见遂良,帝令侍书;帝方博购王羲之故帖,天下争献,然莫能质真伪,遂良独论所出,无舛冒者。"是其首尾大致可明:盖虽购求右军遗帖之事并非自召遂良时为始,然其因购书而思世南,失世南而及遂良,得遂良而杜舛冒,此固为相去不远、密迩一时之动态,无待烦考而可知者也。然而世南卒在何年乎?曰:贞观十二年之四月(此据《册府元龟》)也。——是得此一证,诸端皆迎刃而解矣。

《旧唐书》用"尝"字,不逮《新书》"方"字为得其词义⑩,何以言?使购求之聚集点在先,世南尚在,即无待遂良之衡鉴;况言"舛冒",固由当时内府金帛之悬诱,遂大来伪作之赝品,乱真固属可虑,府库讵堪滥应。故杜舛冒亦即方当购求之中、而非事后之判订也,可从知矣。是则天下争献、真伪纷至之顷,有以亟须鉴书之遂良也。其在贞观十二年,虞死而褚召,正为右军剧迹大量涌入内府之时,不亦随之以明乎?

兹更举数事,以证吾言。

《唐会要》卷卅五:"神功元年五月,上谓凤阁侍郎王方庆曰:'卿家多书,合有右军遗迹?'方庆奏曰:'臣十代再从伯祖羲之书,先有四十余卷,贞观十二年,太宗购求,先臣并以进讫。……'"⑪是则贞观十二年剧迹大至之明征也。张怀瓘《二王书录》云:"贞观十三年,敕购求右军书,并贵价酬之,四方妙迹,靡不毕至。"徐浩《古迹记》云:所得书迹,贞观十三年十二月装成部帙。而卢元卿《法书录》详记当时二帖款式,一为贞观十三年十二月十九日装成,一为贞观十四年三月二十三日装成。褚遂良《乐毅记》云:贞观十二年四月九日,奉敕内出《乐毅

---

⑩ 《太平广记》记此事,语略同《旧唐书》,云出《谭宾录》。"尝以金帛购求"下文作"时莫能辨真伪"。义同"方"也。

⑪ 《太平广记》记此事云出《谭宾录》,"四十余卷"作"四十余纸"。

论》,是王右军真迹,令将仕郎直弘文馆冯承素摹写赐长孙无忌等六人,于是在外乃有六本,并笔势精妙,备尽楷则。而徐浩又云至贞观十三年,内府真迹乃更不复出焉。

综上数事而觇之,则太宗发心购求,约当贞观十年以后,以十二年十三年为锐意搜罗、大批聚集之高峰,而十三年底以至十四年初,为正式总结装背之时。校著彰明,盖无复疑辩之余地[12]。

此一役,凡聚右军手迹二千二百九十纸,其中真书,为数五十。如《乐毅》称为右军正书第一者,并付摹写传赐焉。——其在累经毁劫之余,有此结集,规模之巨,梁朝以来,莫可伦比;鉴赏传写之际,所予唐初诸大书家之影响为如何巨大,其所关于吾国书法艺术史之意义为如何深远,凡在学人,宜能想象而得之者矣。

而适于此际,由隋入唐之当代第一大书家欧阳信本之结体笔势,忽呈一跃进式之剧变,为巧合耶? 抑有故耶?

夫右军遗墨,正书最稀,二千余纸,仅得五十,而至开元五年陆元悌等检校时,右军凡百三十卷中,真行书唯有《黄庭》《告誓》等四卷存焉。由是而观,则吾上文所言,信本在隋,难窥右军真楷者,不亦确然足信而非出悬揣臆度之可比哉。信本一生精力学书,年逮八十,犹是方正之体,平直之笔,未改陈隋风貌者也。及至贞观十一二年顷,右军剧迹备聚于目前,于是数十年工力所至,多益真师,内因外因,心领手应,触磕参会之下,遂有此飞跃之变化,所谓晚出奇兵,更臻险绝,成为吾国书法史上一大奇迹,绝非偶然之细事,亦非吾有所偏爱于信本而为此推崇备至之盲言、效前人题跋之陋习者也。

抑吾又考当时因此而发生变化之例,又非止信本一人而已。褚登善之书《伊阙佛龛》一石也,虽学欧书,犹是隋体;及观《孟法师碑》,笔意始异。而《孟法

---

[12] 载籍言及此事年月者,尚有《唐会要》卷三十五"书法",一则云"贞观六年正月八日,命整治御府古今工书钟王等真迹,得一千五百一十卷。至十年,太宗尝谓侍中魏徵云云(以下全用《旧唐书》文,不重引)",然此最谬。贞观十年,虞世南尚在,安得有"死后"之语? 即其开端"贞观六年正月八日……得一千五百一十卷"之文亦不可通,盖此下第五条即又云"开元六年正月三日,命整治御府古今工书钟王等真迹,得一千五百一十卷"之语,除纪元外,殆全同,知是一文讹乱而重出者。若贞观六年已有一千五百一十卷,安有至开元六年又适有此数之理(太宗之搜集将云何?)故知"贞观六年"乃"开元六年"一则窜乱无疑(此所据为《丛书集成》本)。按此"贞观十年"云云亦当与《太平广记》同自出。

师》者何时之作也？曰：又正贞观十二年七月以后所为也。若谓全属偶合，岂可语以服人？此其机契，皆关乎目见右军真书而心摹手追之明效也。登善至贞观二十二年《房梁公碑》，体派早已大成，已见神妙；永徽四年之《圣教序》，益臻人书俱老之境。凡此二大家，皆最得右军正书之真传者也。苟欲希风右军，于此参会，有余师焉。而揆其所由，安在为偶然之现象乎？学者可以深长思矣。

北宋米元章，书家巨擘，于其自运如何，此不蔓及，然其论书，实为具眼。元章评唐书，最贬颜、柳，以为俗书恶札之祖；其自题信本《史事帖》，乃云："渤海貌怪，字亦险绝：真到内史，行自为法；庄若对越，俊如跳掷。后学莫窥，遂趣尪劣。"数语道尽信本矣。然世之学欧者，于元章抉出之"俊"字，曾无体认，一味趋于呆板僵滞之恶道。夫"跳掷"之义，亦即梁武所评于右军之"龙跳虎卧"者是[13]。用笔结体，不能飞扬跳动，即死而不活，庸而不俊。书道之至于庸至于死者，岂尚复艺术之云乎哉。

余论《皇甫》，谓意在《皇甫》固可，谓意不仅在《皇甫》，夫何不可之有。三十年学书，所见如此，真实以示人，诚信以存己，讵容有纤微违众骇俗之意存乎其间。览者尚其鉴诸。

乙巳四月三十日据十余年前少作删改重写讫

每夕书数行凡累多日始竟

## 周伦玲女士致编辑部函

刘先生：您好！

我是周伦玲。上月恭王府举办我父亲活动，未见您到会，想必很忙。

今有一事，不知是否有可能。我父亲 1947 年同时交给顾随先生两篇稿子转交赵万里先生，结果其中有关曹雪芹的一篇发表了，成全了胡适先生与我父亲的一段交谊，也奠定了他走上研红之路；另一篇关于皇甫碑的文章赵万里先生答应

---

[13] 或谓"庄""俊"当分属上文"真""行"而言也。然恐未宜如此看煞。过庭有言"回互虽殊，大体相涉"，此义讵可不知。

随后刊登,结果未能实现。假若当初先发表的是这篇,也许我的父亲会走上另一条路,因为他当时对书法痴迷至极。现在我把这篇文章录好,不知《中国文化》是否有兴趣发表?谢谢!

【周汝昌　中国艺术研究院终身研究员】

原文刊于《中国文化》2015 年 02 期

# 保定出土《老索神道碑铭》再研究

崔红芬

　　1984 年河北保定出土一通《大元敕赐故顺天路达鲁花赤河西老索神道碑铭》（以下简称《神道碑》），现保存于河北省保定市莲池公园内。前人对《神道碑》已有些研究，首先周圣国先生发表了《保定西夏人探源》一文，主要利用 1962 年保定韩庄出土西夏文经幢和 1984 年保定颉庄发现的《神道碑》对西夏遗民进行了考究，认为西夏人在 1239—1260 年之间到达保定居住，韩庄和颉庄一带西夏人在保定的先祖是老索及其带到保定的西夏人。① 白滨先生在《元代唐兀氏与西夏遗民》一文中对《碑铭》也简略提及，用几句话对碑铭内容做了简要概述。② 梁松涛在《〈河西老索神道碑铭〉考释》一文中首次对碑铭内容进行全文录文，她认为此碑为复刻碑，作为军户的老索是在 1227 年来到保定的，但对老索及其相关人物未进行细致考证。③ 彭向前的《西夏遗民初到保定时间考》则认为元代西夏遗民初到保定的时间，不在元代顺天路设立后的 1239 年，也不在张柔重建保州前后的 1227 年，当在元太宗灭金之战后和元顺天路设置之前，即 1234—1239 年间，极有可能在元太宗八年（1236 年）。④ 在梳理材料过程中，可以继续

---

① 周圣国：《保定西夏人探源》，《文物春秋》1995 年 3 期。
② 白滨：《元代唐兀氏与西夏遗民》，何广博主编《述善集研究论集》，兰州：甘肃人民出版社，2001 年，第 164 页。
③ 梁松涛：《〈河西老索神道碑铭〉考释》，《民族研究》2007 年 2 期。
④ 彭向前：《西夏遗民初到保定时间考》，《保定学院学报》2008 年 1 期。

对《神道碑》进行深入研究,本文欲在前人研究基础上,继续对此碑铭所涉人物做进一步探讨考证,以请教于方家。

一

《神道碑》高385厘米,宽95厘米,为方柱形,四面刻楷书碑文,现存三面文字,残存碑文比较模糊。《神道碑》照片收录在宁夏大学主编的《中国藏西夏文献》第十八册,即 HB12·001《大元敕赐故顺天路达鲁花赤河西老索神道碑铭》⑤,现依据《神道碑》拓片和前人研究基础成果,对《神道碑》碑文内容重新斟酌,录文如下:

正面:

1.大元敕赐故顺天路达鲁花赤河西老索神道碑铭

2.翰林学士承旨荣禄大夫知制诰兼修国史欧阳玄奉敕撰文

3.集贤侍讲学士中奉大夫兼国子祭酒苏天爵奉敕书丹

4.翰林学士承旨荣禄大夫知制诰兼修国史张起岩奉敕篆额

5.皇帝御极之十年岁在癸未制授通奉大夫前河南等处行中书省参知政事讷怀为集贤侍读学士越明年春集贤学士脱怜等

6.言讷怀曾大父故顺天路达鲁花赤老索当

7.太祖皇帝基命之际粤有成绩列于功载宜赐之碑铭以宠示来裔其令翰林学士欧阳玄为文集贤⑥侍讲学士苏天爵书翰林学

8.士承旨张起岩篆额以赐

9.制曰可臣玄谨按事状老索唐兀氏世为宁夏人幼颖悟长以骁勇闻时

⑤ 宁夏大学等主编《中国藏西夏文献》(十八册),兰州:甘肃人民出版社,2005年,第138—150页。
⑥ 梁松涛录文为"碑"。

10.太祖皇帝拓境四方老索知天意所向屡讽其国王失都儿忽⑦率诸部降

11.太祖皇帝素闻其名及见伟其才貌俾入宿卫老索昕夕唯谨及遇攻讨被坚执锐亲冒矢石为士卒先

12.上益壮之赐号八都儿⑧八都儿者华言骁统无敌也妻以宫女康里真氏从征诸部克大水泺拔乌沙堡又破桓抚等州及分□□□

13.河南武宣王察罕那颜麾下败金将完颜九斤万奴等军数十万于野狐岭还定云内西徇地至凉州诸郡

14.太祖皇帝赐金符为统军及织纹数十匹以旌其功分讨钦察兀罗思回回等国摧⑨锋破敌所向无前大军至答也失的□□□号

15.至险老索乘胜驱众涉之□□平地斡罗儿孛哈里薛迷思干等城皆坚壁未易猝拔竟一鼓克之札剌兰丁迷里⑩彼骁□□□铁

16.门关老索深入身中流矢勇气弥厉麾军力战遂平之

17.太宗皇帝南征从下河中定南京甲午金亡诏采良家女以备后宫谏曰中原逋⑪定宜收揽英雄以开混一之业今乃嫔妃……

右面:

1.大□赐曰金⑫□两丙申□□……顺天路汝南忠武王张公□□□老索协力屏斡□□□□□于……碑

---

⑦ 元代史料中"失都儿忽""不儿罕"是蒙古人对西夏皇帝的称呼,具体指西夏晚期哪位皇帝,应根据具体时间或事件判断。此处当指襄宗安全,1206—1211年在位。
⑧ 即《元史》所称"拔都儿"。
⑨ 梁松涛录文为"推"。
⑩ 从梁松涛文断句判定为一个人,而笔者认为应为札剌兰丁、迷里是两个人,即《蒙古秘史》中提到的札剌勒丁·莎勒坛、罕·篾力克二人。罕·篾力克又称篾里可汗、灭里可汗、灭里,他被蒙古军大败后投附札剌勒丁·莎勒坛,1221年夏天,他们在八鲁弯战役中,迷里担任札剌勒丁·莎勒坛的右翼,共同击败蒙古军队。同年冬,罕·篾力克随札剌丁退到印度河边,与成吉思汗大军激战,罕·篾力克被击溃,向白沙瓦方面逃去,途中被蒙古军截击,兵败被杀。
⑪ 梁松涛录文为"甫"。
⑫ 梁松涛录文为"全"。

2. 燕南自为一路民至今便之年七⑬十即上表⑭乞骸⑮骨……

3. 上优怜之赐黄金五十两白金三百两中统建元六月二十三日薨于正寝寿七十三越明年某月日葬于清苑县太静乡之先茔

4. 康里追封夫人子二人长阿(勾)早亡次忙古斛⑯起家为行军千户丁巳攻蜀所至先登己未

5. 宪宗图合州钓鱼山克捷居多□□常胜遂没于阵赠亚⑰中大夫佥太常礼仪院事娶睦氏子一人忽都不花德器温厚至元十七年

6. 擢奉议大夫祁州达鲁花赤为政明恕编氓以其有德至今以颜子目之秩满

7. 光献翼圣皇后⑱以其

8. 先朝旧臣谕都官不次擢用时阿合马柄政官非赂莫进忙古斛(应为:忽都不花)慨然曰为民父母磬产鬻官而复刻削于民以求利可乎遂无仕进

9. 意移遂州达鲁花赤至元二十一年五月九日卒于家年三十有六娶民氏奉柩归葬于清苑之先茔子一人即讷怀父没年甫三

10. 岁母民氏□□守义育鞠有加既长从师问学涉猎经史入京因司徒明里以见

11. 仁宗皇帝于□□□□左□□授中书直省舍人沿榭护送赵王公□□□道途禁戢其徒御所过郡邑无扰归以能声

12. 庙堂迁知安东□选□监察御史□□□曰汝父连牧⑲二州虽获廉□而未尝预清要之选汝今得之宜效节以报国显亲□……

13. 寻拜河东廉访使□□宣□有世袭知府怙宠不法辄发其奸狱成而逃

---

⑬ 梁松涛录文为"一"。

⑭ 梁松涛录文为"惠"。

⑮ 梁松涛未录文,此字应为"骸"字,即"骸骨"。

⑯ 梁松涛录文为"忙古",丢掉一个字"斛"。

⑰ 梁松涛录文为"至",此处应为"亚中大夫",见《元史》卷91"百官志七"应为"亚中大夫",从三品,旧为少中,延佑改为亚中。

⑱ 光献翼圣皇后即太祖光献翼圣皇后,特薛禅之女孛儿台旭真,弘吉剌氏,世祖至元二年十二月追谥光献翼圣皇后。

⑲ 梁松涛录文为"收"。

诉于朝

14. 由……是

碑阴:(字迹脱落不清楚)

左面:

1. □□□□登佚氏生□□鄗……葬于□□□南大同魂无不之……

2. □子有孙□□□忠顺汇此庆泽发于曾孙曾孙勉……遭文

3. □皇□□□谨令誉进登察官践扬中朝……参预两省……子

4. 我皇深渊□寔□□轻……进(照?)生功显尔引下曾孙有母实贤秉节迪人式隆其传

5. □二业□□□□未表其进□□□□□自我(基?)命(贞?)有谥及告奉常词臣……清苑之南贲尔贞域……之

6. 铭……

7. 圣世之德

8. 至正十年四月吉日曾孙讷怀立石

9. 保定儒士李肃处士胡宾元摹

10. □(玉)川蒋伯从刘弘毅张宽刻

《神道碑》是老索曾孙讷怀于至正十年(1350年)四月所立,立碑之时距离老索去世已90年矣,能得敕立碑,是因为其曾孙讷怀出任集贤侍读学士。在元顺帝登基十年之时,即至正三年(1343年)讷怀为"制授通奉大夫、前河南等处行中书省参知政事讷怀为集贤侍读学士"。第二年(1344年),才有集贤学士脱怜等数列讷怀曾祖父老索功绩,请立碑铭,以宠示后人。得到准奏后,由翰林学士承旨荣禄大夫知制诰兼修国史欧阳玄奉敕撰文,集贤侍讲学士中奉大夫兼国子祭酒苏天爵奉敕书丹,翰林学士承旨荣禄大夫知制诰兼修国史张起岩奉敕篆额,由保定当地人摹刻完成,到至正十年四月老索曾孙讷怀才择吉日立石,其中欧阳玄、苏天爵和张起岩等《元史》有载,而碑文所记主要人物老索等却史料缺载,对

《神道碑》所提及人物的考证,既可弥补正史记载的不足,对了解西夏遗民在蒙元时期的分布及活动也有重要意义。


二


《神道碑》记述了老索家族四代人从太祖成吉思汗到元顺帝一百多年的主要活动经历和为官情况,而对老索的记载尤为翔实,内容关系到伐西夏和灭金等情况。《神道碑》所记老索事迹主要在蒙古时期,我们结合相关史料对老索家族以及事迹做一番较为详细的考证。

第一,老索家族考证。
《神道碑》载:

> 老索,唐兀氏,世为宁夏人。幼颖悟,长以骁勇闻。时太祖皇帝拓境四方,老索知天意所向,屡讽其国王失都儿忽,率诸部降。……中统建元六月二十三日薨于正寝,寿七十三,越明年某 月 日,葬于清苑县太静乡之先茔。

老索为西夏人,先在西夏王朝为官,活动在西夏中晚期,老索为族姓,陈炳应先生在聂历山《西夏语文学》(第二册)中辑录出 239 个西夏姓氏,其中第 121 个则为"啰朔",西夏文音为"rar lô"。[20] "老索""啰朔"是同一姓氏。汤开建先生考证,"啰朔"与"啰树"又为一音之转。[21] "啰树"在《宋史·党项传》中有载:

> 端拱二年,四月,夏州赵保忠言:"臣准诏市马,已获三百匹,其宥州御

---

⑳ [俄]聂历山:《西夏语文学》(第二册),见《西夏研究》(第六册),北京:中国社会科学出版社,2007 年,第 148 页。又见陈炳应:《西夏文物研究》,银川:宁夏人民出版社,1985 年,第 257 页。

㉑ 汤开建:《五代辽宋时期党项部落的分布》,载《党项西夏史探微》,台北:允晨文化实业股份有限公司,2005 年,第 133 页。

泥族、啰树等二族党附继迁，不肯卖马，臣遂领兵掩杀二百余人，擒百余人，其族即降，各已安抚。"诏书奖谕之。

　　淳化元年，赵保忠又袭破宥州御泥族、啰树二族，寻各降之，以其朋附继迁，来上。[22]


若如汤先生所考证，"1ô 朔"与"1ô 树"为一音之转，那么"1ô 朔"即为"老索"，这么说老索部族可能是在隋唐党项内迁时来到陕西的，生活在陕西靖边一带，后来依附拓跋部继迁。随着拓跋氏的强盛而建立西夏政权，老索先人及其本人都曾为西夏政权效力。

第二，归降蒙古及参加征伐金、夏之战。

《神道碑》载：


　　老索，唐兀氏，世为宁夏人。幼颖悟，长以骁勇闻。时太祖皇帝拓境四方，老索知天意所向，屡讽其国王失都儿忽，率诸部降。……中统建元六月二十三日薨于正寝，寿七十三。


从碑铭内容可知，老索本为西夏的战将，以骁勇善战而出名，但后来却投降蒙古。死于中统元年即 1260 年，寿 73 岁，那么老索当生于夏乾祐十八年（1187），可见老索成年之时正值成吉思汗统一了蒙古高原，四处征战的扩张时期。蒙古崛起于漠北高原，而它的西南和东南分别与西夏和金为邻。蒙古崛起以前，曾长期受金国压迫和剥削，成吉思汗的宗亲咸补海罕等为金人所杀，蒙古人对金充满了仇恨和反抗情绪。随着蒙古强大，铁木真决心灭金。西夏是金的藩属，双方有着共同利益。铁木真担心直接进攻金国，恐受西夏牵制，腹背受敌，对自己不利。为达到军事及破坏夏金联盟的目的，蒙古统治者决定先对较弱的西夏展开进攻。蒙古对西夏军事进攻主要有六次，即力吉里寨之战、兀剌海之战、克夷门之战、银州之战、灵州之战和中兴府之战，均为蒙古军队获胜。[23]《元

---

[22]　[元]脱脱等撰《宋史》卷四九一《外国七》，北京：中华书局，1997 年标点本，第 14140—14141 页。
[23]　崔红芬：《西夏灭亡及其佛教对蒙元时河西地区的影响》，《敦煌学辑刊》2006 年 1 期。

史》对此有相关记载：

> 岁乙丑,帝征西夏,拔力吉里寨,经落思城,大掠人民及其骆驼而还。㉔
> 二年丁卯秋,再征西夏,克斡罗孩城……三年戊辰春,帝至自西夏。㉕
> 四年己巳春,帝入河西。夏主李安全遣其世子率师来战,败之,获其副元帅高令公。克兀剌海城,俘其太傅西壁氏。进至克夷门,复败夏师,获其将嵬名令公。薄中兴府,引河水灌之。堤决,水外溃,遂撤围还。遣太傅讹答入中兴,诏谕夏主,夏主纳女请和。㉖

上述所列蒙古对西夏的进攻主要集中在 1205—1209 年期间,蒙古的进攻致使西夏损兵折将,安全被迫献女求和。据《神道碑》推算,岁乙丑(1205 年)蒙古第一次进攻力吉里寨时,老索十八岁;二年(1207 年)蒙古再征西夏,克斡罗孩城时,他二十岁;四年(1209 年)成吉思汗再入河西,安全献女请和时,他已二十二岁。太祖四年,蒙古军队对西夏的进攻长达九个多月。《西夏纪》对此战役有较为详细的描述:

> 西夏应天四年春三月,蒙古主入河西,国主遣其世子帅师往御,败绩。蒙古擒夏副元帅高令公,令公被获不屈死。夏四月,兀剌海城降。蒙古兵围城,丰州人谢睦欢劝守将出降,太傅西壁氏率兵巷战被俘。进破克夷门……安全闻蒙古兵深入,遣嵬名令公自山坂驰下,击败之。相持两月,备渐弛。蒙古主设伏以待,遣游兵诱之入伏,获之,遂破克夷。㉗

1209 年中兴府外围克夷门的失守,使西夏都城兴庆府的门户洞开。西夏末年,老索作为西夏军人,多次参加了抵御蒙古军队的作战且表现勇敢,所以才有老索"长以骁勇闻"和"太祖皇帝素闻其名"的记载。也正是在多次与蒙古军队

---

㉔ ［明］宋濂等撰《元史》卷一《太祖本纪》,北京:中华书局,1997 年标点本,第 13 页。
㉕ ［明］宋濂等撰《元史》卷一《太祖本纪》,北京:中华书局,1997 年标点本,第 14 页。
㉖ ［明］宋濂等撰《元史》卷一《太祖本纪》,北京:中华书局,1997 年标点本,第 14 页。
㉗ 戴锡章编撰,罗矛昆校点《西夏纪》,银川:宁夏人民出版社,1988 年,卷 26,第 632—633 页。

的作战中,老索深深意识到西夏军队往日的雄威一去不复返,对安全废纯祐自立为皇帝和屡屡战败纳女请和之事甚为不满,遂产生投降成吉思汗的想法,老索认为"太祖皇帝拓境四方,天意所向",所以才有"屡讽其国王失都儿忽,率诸部降"的结果。《神道碑》内容充分体现了当时蒙夏双方的形势,蒙古军队声势浩大,对西夏步步紧逼,而西夏军队则节节败退,军心涣散。

《神道碑》载:

> 及见,伟其才貌,俾入宿卫。老索昕夕唯谨,及遇攻讨,被坚执锐,亲冒矢石,为士卒先。上益壮之,赐号"八都儿",八都儿者,华言骁统无敌也。妻以宫女康里真氏。

简单的几句话对老索降蒙后的情况做了较清晰的交代,他先为宿卫,后隶属察罕麾下。老索因一表人才和英勇善战,归顺蒙古后,颇得成吉思汗的赏识,受到重用,成为宿卫,护卫大汗的安全。而老索对成吉思汗也是朝夕谨慎侍从,如遇攻讨,则能身先士卒,冲锋在前,为此成吉思汗赐号"八都儿",以褒奖老索骁勇无敌和忠于主人的行为,并把宫女康里真氏赐为妻。《神道碑》记述了老索归顺成吉思汗的情况,至于归顺的时间还要继续探讨。

《神道碑》还载:

> 从征诸部,克大水泺,拔乌沙堡,又破桓、抚等州,及分与□□河南武宣王察罕那颜麾下,败金将完颜九斤、万奴等军数十万于野狐岭。还定云内,西徇地至凉州诸郡。太祖皇帝赐金符为统军,及织纹数十匹,以旌其功。

蒙古军队在进攻西夏的同时,也谋划侵攻金国,上述碑文则记述老索随成吉思汗进攻金朝的一些情况。老索他们先攻克大水泺,再拔乌沙堡。《元史》对蒙古军队攻金活动有较为详细的记载:

> 五年庚午春,金谋来伐,筑乌沙堡。帝命遮别袭抄其众,遂略地而东。

二月,帝自将南伐,败金将定薛于野狐岭,取大水泺、丰利等县。金复筑乌沙堡。

秋七月,命遮别攻乌沙堡及乌月营,拔之。

八月,帝及金师战于宣平之会河川,败之。

冬十月,袭金群牧监,驱其马而还。耶律阿海降,入见帝于行在所。皇子术赤、察合台、窝阔台分徇云内、东胜、武、朔等州,下之。

七年壬申春正月,耶律留哥聚众于隆安,自为都元帅,遣使来附。帝破昌、桓、抚等州。金将纥石烈九斤等率兵三十万来援,帝与战于獾儿嘴,大败之。㉓

分析这些记载可以判定,五年(1210 年)蒙古军队对金第一次试探性进攻取得胜利后,对金的实力有所了解,并增强了进攻金国的信心。于是六年(1211 年),成吉思汗统领大军,再次侵金,老索作为宿卫,随成吉思汗征金国,参加了六年攻取大水泺和乌沙堡之战,取得胜利。而金军作战失利,更换统帅,由完颜承裕(胡沙)主持军事。由于蒙古军势盛,承裕从抚州退往宣平,致使昌州、桓州㉙、抚州㉚三地尽失,七年(1212 年)蒙古军队又攻取桓州和抚州等地。

《神道碑》所载"从征诸部,克大水泺,拔乌沙堡"等事即指老索于太祖六年(1211 年)随蒙古军队进攻金国,可见老索投附蒙古的时间当在此之前,很可能是蒙古 1209 年进攻西夏时期归顺蒙古的。蒙古军队这次进攻,不仅派兵围困西夏城池,而且还派丰州人谢睦欢劝守将出降,在蒙古的劝谕下,对西夏存有不满情绪的老索率诸部降蒙古,但老索在"克大水泺,拔乌沙堡"之前归顺蒙古是不争事实。但从他屡次讥讽西夏皇帝的行为判定,老索家族在朝为官或统领西夏军队对外作战的不只是老索一人,其部族势力在当时还是比较强大的,否则作为年轻军人,不可能如此大胆犯上攻击皇帝。老索归附后作为成吉思汗的护卫参

---

㉓ [明]宋濂等撰《元史》卷一《太祖本纪》,北京:中华书局,1997 年标点本,第 15—16 页。

㉙ 桓州指今内蒙古正蓝旗北。

㉚ 抚州指金西京路之一州,治柔远,即今河北张北。余大钧译注《蒙古秘史》,卷十一(续集卷一)(河北人民出版社 2001 年,第 415 页)的记载比较简单:成吉思汗于羊儿年(辛末年,1211 年)出征金国,先取了抚州,越野狐岭,又取了宣德府,派遣别、古亦古捏克·把阿秃儿二人为先锋,到达居庸关。

加对金的作战。《金史》记载：

> （大安三年）四月，我大元太祖法天启运圣武皇帝来征。遣西北路招讨使粘合合打乞和，平章政事独吉千家奴、参知政事胡沙行省事备边，西京留守纥石烈胡沙虎行枢密院事，参知政事奥屯忠孝为尚书右丞、户部尚书梁瑝为参知政事。
>
> 八月，诏奖谕行省官，慰抚军士。千家奴、胡沙自抚州退军，驻于宣平。河南大名路军逃归，下诏招抚之。
>
> 九月，千家奴、胡沙败绩于会河堡，居庸关失守。禁男子不得辄出中都城门。大元前军至中都，中都戒严。参知政事梁瑝镇抚京城。
>
> 十月，每夜初更正，东、西北天明如月初出，经月乃灭。荧惑犯垒壁阵。上京留守徒单镒遣同知乌古孙兀屯将兵二万卫中都。泰州刺史术虎高琪屯通玄门外。上巡抚诸军。罢宣德行省。
>
> 十一月，杀河南陈言人郝赞。以上京留守徒单镒为右丞相。签中都在城军。纥石烈胡沙虎弃西京，走还京师，即以为右副元帅、权尚书左丞。是时，德兴府、弘州、昌平、怀来、缙山、丰润、密云、抚宁、集宁，东过平、滦，南至清、沧，由临潢过辽河，西南至忻、代，皆归大元……右副元帅胡沙虎请兵二万屯宣德，诏与三千人屯妫川。平章政事千家奴、参知政事胡沙坐覆全军，千家奴除名，胡沙责授咸平路兵马总管。[31]

《多桑蒙古史》对蒙古进军金的记载也非常详细，先是驻守金北边的大将纳合买住知蒙古有进犯之意，告知金主，而金主认为他擅生边事，将其囚禁。等蒙古兵入侵，金主才恍然而释放买住，仓促应战。接下来内容是：

> （金主）而遣西北路招讨使粘合合打求和，蒙古主不许。金主允济乃命诸万户长独吉千家奴、完颜胡沙、纥石烈胡沙虎率军讨之，胡沙虎者，西京留

---

㉛ ［元］脱脱等撰《金史》卷十三《卫绍王本纪五》，北京：中华书局，1997 年标点本，第 293—294 页。

守也。……成吉思汗败金将定薛,去大水泺、丰利两地。其将哲别进取屏障西京之乌沙堡,独吉千家奴、完颜胡沙未及设备,蒙古兵奄至,拔之,并下乌月营。蒙古军乘胜破西京东一程之白登城,遂攻西京,凡七日,胡沙虎弃城突围、遁去。蒙古军以精骑三千蹑其后,进至中都以北不远之昌平州,金兵丧师大半,蒙古军遂取西京,及宣德府、抚州。金主命招讨使完颜九斤、完颜万奴率兵驻西京东方不远之野狐岭,完颜胡沙率重兵为后继。成吉思汗闻金兵至,乃进兵獾儿觜,九斤遣麾下明安问蒙古举兵之故,明安反降于蒙古,以虚实告之,蒙古军遂与九斤等战,金兵大败,人马蹂躏,死者不可胜计,蒙古乘锐而前,胡沙畏其锋不敢拒战,引兵南行。[32]

《元史》记载较为简单:

> (察罕)从帝略云中、桑干。金将定薛拥重兵守野狐岭,帝遣察罕占虚实,还言,彼马足轻动,不足畏也。帝命鼓行而前,遂破其军。[33]

从《神道碑》看,老索降于蒙古后,太祖七年(1212 年)之前作为宿卫,随成吉思汗对金作战。太祖七年以后,老索又成为察罕部下,与察罕一起参加野狐岭[34]战役,破金军数十万,取得野狐岭之战的胜利。《碑铭》中提到的金将完颜九斤、万奴在《多桑蒙古史》中也有记载,可以相互印证。

十一年(1216 年),成吉思汗返回克鲁伦河行宫,老索与察罕留下继续对金作战。老索他们又定云内[35],西巡到凉州等郡。十二年(1217 年),察罕破金监军夹谷于霸州,金求和,察罕乃还。……十二年底十三年初蒙古军伐西夏,围其王城,夏主李遵顼出走西凉。[36]西巡到凉州等郡即指察罕进攻西夏一事。蒙古派

---

㉜ [瑞典]多桑著、冯承钧译《多桑蒙古史》(上),北京:中华书局,1962 年,第 68—69 页。

㉝ [明]宋濂等撰《元史》卷一二〇《察罕传》,北京:中华书局,1997 年标点本,第 2955 页。

㉞ 元代又称扼狐岭、扼胡岭,在张家口西北一带。

㉟ 云内即云内州,今内蒙古托克托县东北古城,《元史》卷五八《地理志一》载:"云内州,下,唐初立云中都督府,复改横塞军,又改天德军,即中受降城之地。金为云内州。旧领云川、柔服二县,元初废云川,设录事司。至元四年,省司、县入州。"

㊱ [明]宋濂等撰《元史》卷一《太祖本纪》,北京:中华书局 1997 年标点本,第 20 页。

往花剌子模的商队和使臣遭到杀害和侮辱,成吉思汗决定亲征花剌子模,在西征前夕,成吉思汗命西夏派兵随征,遭拒绝,成吉思汗再一次派兵进攻西夏,这次攻西夏由察罕率领,老索参加,蒙古军队围中兴府,遵顼命太子德任居守,自己逃到凉州,蒙古军也一直追打到凉州附近。

在征伐金和西夏的战斗中,老索表现勇敢,成吉思汗赐其金符,升为统军,又赐布匹以表彰他的功绩。之后察罕和老索又随成吉思汗西征花剌子模等国。

第三,西征花剌子模和灭西辽。

蒙古国先后有过三次西征,即成吉思汗西征、长子西征和旭烈兀西征。太祖十三年为给遭花剌子模国辱杀蒙古使臣和商人报仇,成吉思汗决定留木华黎继续经略中原,亲自率领诸子、诸那颜等大部分蒙古军队出征花剌子模,开始了第一次西征,老索也参加西征的战斗。《神道碑》载:

> 分讨钦察[37]、兀罗思[38]、回回[39]等国,摧锋破敌,所向无前。大军至答也失的□□□,号至险,老索乘胜驱众涉之,□□平地,斡罗儿、宇哈里、薛迷思干等城皆坚壁,未易猝拔,竟一鼓克之。札剌兰丁、迷里彼骁□,□□铁门关,老索深入,身中流矢,勇气弥厉,麾军力战,遂平之。

《神道碑》记载虽然简短,但却透视出西征战斗的惨烈,也充分表现了老索作战的英勇。成吉思汗第一次西征的国家有回回、钦察和兀罗思等。碑文中提到的回回国即是花剌子模,它主要是依靠突厥和康里部的军事力量组成的一个相当有实力的军事贵族阶层,拥有大约 40 万军队。鉴于花剌子模的军事和经济实力,成吉思汗在大举进攻花剌子模之前,决定先除掉篡夺西辽耶律大石政权的

---

㊲ 钦察,又译乞卜察兀惕、可弗叉等,游牧在今里海、黑海以北,东起乌拉尔河,西迄顿河的辽阔草原。

㊳ 兀罗思,又译斡鲁速惕、斡罗思、兀罗思、兀鲁思等,即今俄罗斯、白俄罗斯、乌克兰一带。

㊴ 回回指 13 世纪初拥有中亚、西亚等广大疆域的花剌子模国。

屈出律⑩。碑文提到"大军至答也失的□□□","答也失"可能是指耶律大石。耶律大石建立西辽,一度兴盛,以虎思斡耳朵为都城,成为中亚最强盛的国家。大石死后,传到直鲁古时,汗位被乃蛮部太阳汗之子屈出律篡夺。屈出律曾约花剌子模共图哈喇契丹,答应事成以后,分与其土地。成吉思汗自然不想让昔日旧敌窃据一国汗位,所以决定先灭屈出律,以除后患。《多桑蒙古史》记载:

> 成吉思汗不欲其旧敌之安然窃据一国汗位,故于1218年西征时,命那颜哲别率二万人往讨屈出律。蒙古军甫近,屈出律即逃合失合儿。哲别入城,宣布信教自由,城民尽屠屈出律士卒之居民舍者。蒙古军追逐屈出律,至巴达哈伤,执斩之。……惟在进兵花剌子模以前,必先除其旧敌屈出律。遂遣使臣一人名巴合剌者,往花剌子模索罪人。巴合剌父曾任于算端塔哈失之朝。⑪

蒙古军队在攻灭屈出律后,分四路进攻花剌子模,先后攻下斡罗儿⑫、孛哈里⑬、薛迷思干⑭等城。《元史》有载:

> (察罕)从帝征西域孛哈里、薛迷思干二城。回回国主札剌丁据守铁门关⑮,兵不得进。察罕先驱开道,斩其将,余众悉降。⑯
>
> 十五年庚辰春三月,帝克蒲华城。夏五月,克寻思干城,驻跸也儿的石河。秋,攻斡脱罗儿城,克之。……十六年辛巳春,帝攻卜哈儿、薛迷思干等城,皇子术赤攻养吉干、八儿真等城,并下之。夏四月,驻跸铁门关。……

---

⑩ 屈出律又作曲书律、古出鲁克、古失鲁克,乃蛮部太阳汗之子,太阳汗败亡,屈出律逃奔其叔父不亦鲁黑汗。其叔败亡,又逃奔西辽,西辽帝直鲁古以女妻之。1211年,篡直鲁古位,后征喀什、掠和田,1218年蒙古军队征西辽,屈出律闻讯西逃,被擒杀于巴达哈伤之撒里桓,即今阿富汗东北达拉兹山谷。

⑪ [瑞典]多桑著、冯承钧译《多桑蒙古史》(上),北京:中华书局1962年,第81、94页。

⑫ 斡罗儿又译兀答剌儿、兀都剌儿、讹答剌、斡脱罗儿、兀提剌耳、斡脱剌儿等,花剌子模东北部边境大城,今哈萨克斯坦南哈萨克斯坦州希姆肯特西北帖木儿,位于锡尔河下游东岸。

⑬ 孛哈里又译不合儿、不花剌、卜哈儿、蒲华等,即今乌兹别克斯坦布哈拉。

⑭ 薛迷思干又译薛迷思加卜、薛迷思坚、撒马尔干、寻思干、邪米思干等,即今乌兹别克斯坦的撒马尔罕。

⑮ 铁门关即今乌兹别克斯坦沙赫尔夏勃兹南拜松山中的布兹加勒山口。

⑯ [明]宋濂等撰《元史》卷一二〇《察罕传》,北京:中华书局,1997年标点本,第2956页。

秋,帝攻班勒纥等城,皇子术赤、察合台、窝阔台分攻玉龙杰赤等城,下之。⑰

《元史》记载事件与碑铭记载是一致的。老索在参与攻取斡罗儿、孛哈里、薛迷思干等城后,继续与花剌子模摩柯末之子札剌兰丁算端作战。札剌兰丁留兵据守铁门关,使蒙古军不得前进,老索作为察罕先锋,在夺取铁门关的战斗中,冲锋在前,身带箭伤仍坚持作战,终于攻下铁门关,才有十六年(1221年)四月太祖驻跸铁门关的记载。蒙古军在铁门关击败札剌兰丁算端,使他们向印度河退去,并在印度河与之激战,最后札剌兰丁算端败逃印度,后入波斯,于1231年死去。

第四,攻灭金国。

西征结束,老索随成吉思汗东返,继续投入灭金的战斗。蒙古对金的攻灭大致分为三个阶段:第一阶段成吉思汗亲征,第二阶段木华黎经略中原,第三阶段窝阔台和托雷联宋灭金。早在八年(1213年)秋天,除了中都、通、顺、真定、清、沃、大名、东平、德、邳、海州外,河北郡县尽为蒙古所有。九年,金遣使并纳女和献财物求和。《元史》载:

> 五月,金主迁汴,以完颜福兴及参政抹撚尽忠辅其太子守忠,留守中都。……帝避暑鱼儿泺。秋七月,金太子守忠走汴。⑱

太祖二十一年(1226年),老索又随皇子窝阔台及察罕之师围金南京。但成吉思汗最终没有见到金朝灭亡,窝阔台他们对金南京的围攻也因成吉思汗之死而搁置。及至太宗元年(1229年)窝阔台即位后,再次分兵三路进攻金朝,老索随太宗南下,先取河中。⑲ 史载,太宗三年冬十月乙卯,帝围河中。十二月己未,

---

⑰　[明]宋濂等撰《元史》卷一《太祖本纪》,北京:中华书局,1997年标点本,第20—21页。

⑱　[明]宋濂等撰《元史》卷一《太祖本纪》,北京:中华书局,1997年标点本,第17—18页。

⑲　河中即河中府,《元史》卷五八《地理一》载:河中府,唐蒲州,又改河中府,又改河东郡,又仍为河中府。宋为护国军。金复为河中府。

拔之。⑩ 太宗六年(1234 年)定南京,金亡。《神道碑》也有"太宗皇帝南征,从下河中,定南京"。

老索为人正直,敢于直言。金亡以后,蒙古统治者开始享受战争成果,先诏纳嫔妃以备后宫之享乐。老索则谏言统治者,应以国家社稷为重,金虽亡,但宋尚未平定,应该先招揽英雄,继续灭宋大业。《神道碑》有"诏采良家女以备后宫,谏曰:'中原遍定,宜收揽英雄,以开混一之业,今乃嫔妃……'"的记载。

第五,出任达鲁花赤之职。

依《神道碑》可知,老索最后出任顺天路达鲁花赤一职,顺天路即保定路。老索何时出任顺天路达鲁花赤?在《陵川集》卷35《河阳遁士荀君墓铭》记载中也提到老索,据其内容可以判定他初来保定时间及任宣使的情况。《河阳遁士荀君墓铭》载:

> 岁壬辰,河南亡,君知不可为,乃散所保,各归乡里。兵锋方南,遂北首以辟之,居燕赵之间。宣使老索来莅顺天,知其材,欲引为参佐,力辞不就。无何告讦猬兴,更相诬陷,往往破家,惟君获免,益称疾不出,二十余年,不视户外,以绝辟召,或者又欲相授,遂称疾笃,舁归河阳,先世之未葬者皆为迁祔。其诸子昏(婚)配亦毕,乃曰:"养生丧死,余无憾矣。汝曹有业足以树立,有田足以衣食,我亦瞑于地下。"戊午春二月,己亥,卒于河阳⑪之沈河,春秋五十有九,从葬先茔,礼也。⑫

壬辰年应是1232 年,这一年蒙古军队与金军在三峰山展开决战,金主力丧失殆尽,河南十余州皆为蒙古军占领。也就在壬辰年前后老索举家来到顺天,被委派到顺天任宣使。

---

⑩ [明]宋濂等撰《元史》卷二《太宗本纪》,北京:中华书局,1997 年标点本,第 30 页。

⑪ 《元史》卷五八《地理志一》载:孟州,下。唐置河阳军,又升孟州。宋隶河北道。金大定中,为河水所害,北去故城十五里,筑今城,徙治焉。故城谓之下孟州,新城谓之上孟州。元初治下孟州。宪宗八年,复立上孟州,河阳、济源、王屋、温四县隶焉。设司候司。至元三年,省王屋入济源,并司候司入河阳。

⑫ [元]郝经撰《陵川集》卷三五《河阳遁士荀君墓铭》,文渊阁四库全书本。

太宗十年(1238 年),蒙古升金顺天军为顺天路,置总管府,至元十二年(1275 年)改为保定路。《元史》载:

保定路,上。本清苑县,唐隶鄚州。宋升保州。金改顺天军,元太宗十年,升顺天路,置总管府。至元十二年,改保定路,设录事司。户七万五千一百八十二,口一十三万九百四十。领司一、县八、州七。州领十一县。(53)

从《神道碑》知老索任顺天路达鲁花赤,而未写任保定路达鲁花赤,我们可以推测老索在太宗十年(1238 年)顺天路设立之时即以色目人身份出任顺天路达鲁花赤。

从成吉思汗起,蒙古在被征服地区、投降的非蒙古军队中设置达鲁花赤进行监治,掌握军政实权。老索被任命为顺天路达鲁花赤也是蒙古用人政策的体现。至元间的几条政令也可进一步证明这一点:

至元二年,二月甲子,以蒙古人充各路达鲁花赤,汉人充总管,回回人充同知,永为定制。(54)

至元五年,诏:凡投下官,必须用蒙古人员。六年,以随路见任并各投下创差达鲁花赤内,多女直、契丹、汉人,除回回、畏吾儿、乃蛮、唐兀同蒙古例许叙用,其余拟合革罢,曾历仕者,于管民官内叙用。十九年,诏:各投下长官,宜依例三年一次迁转。(55)

在金灭亡前后,老索家族来到保定出任官职,先任宣使,到太宗十年(1238 年)设立顺天路,置总管府,老索作为色目人才升任顺天路达鲁花赤,正三品。但他的子孙并未得到世袭达鲁花赤之职的特权。

从“顺天路汝南忠武王张公□□□老索协力屏翰□□□□□于……碑。燕

(53) [明]宋濂等撰《元史》卷五八《地理志一》,北京:中华书局,1997 年标点本,第 1354 页。

(54) [明]宋濂等撰《元史》卷六《世祖本纪三》,北京:中华书局,1997 年标点本,第 106 页。

(55) [明]宋濂等撰《元史》卷八二《选举二》,北京:中华书局,1997 年标点本,第 2052 页。

南自为一路,民至今便之"的记载来看,老索来保定任职,曾与顺天路汝南忠武王共事。据查证"顺天路汝南忠武王"即张柔(1190—1269)。张柔易州定兴人,1218年降于蒙古,1226年因战功授予行军千户、保州等处都元帅,1227年移镇保州,开始保州战后的重建和发展。《元史》载:

> 丙戌,遣将以兵从国王孛鲁,攻李全于益都,降之。丁亥,移镇保州。保自兵火之余,荒废者十五年,盗出没其间。柔为之画市井,定民居,置官廨,引泉水入城,疏沟渠以泻卑湿,通商惠工,遂致殷富,迁庙学于城东南,增其旧制。⑤⑥

张柔移镇保州后,并没有长期待在保州,而是随蒙古军队继续参加灭金战斗。《元史》载:

> 壬辰(1232年),从睿宗伐金……围汴京,柔军于城西北,金兵屡出拒战,柔单骑陷阵,出入数四,金人莫能支。金主自黄陵冈渡河,次沤麻冈,欲取卫州,柔以兵合击,金主败走睢阳。其臣崔立以汴京降,柔于金帛一无所取,独入史馆,取《金实录》并密府图书;访求耆德及燕赵故族十余家,卫送北归。遂围睢阳,金主走汝南。……金人惧,启南门求死战,柔以步卒二十余突其阵……金主自杀。……入朝,太宗历数其战功,班诸帅上,赐金虎符,升军民万户。⑤⑦

张柔随蒙古军队在攻取汴京后,他不取金帛,而是访求耆老及燕赵故族十余家,御送北归,这些人才为战后保州的重建起了很大作用。金亡,张柔入朝,得到窝阔台的奖赏,赐金虎符,升军民万户。

乙未(1235年),张柔又随察罕率军攻宋,攻取河南、安徽等地一些城池。"……又败宋师于泗州,还杞上。帐下吏夹谷显祖得罪亡走,上变诬柔,执柔以

---

⑤⑥ [明]宋濂等撰《元史》卷一四七《张柔传》,北京:中华书局,1997年标点本,第3473页。
⑤⑦ [明]宋濂等撰《元史》卷一四七《张柔传》,北京:中华书局,1997年标点本,第3473—3474页。

727

北。大臣多以阖门保柔者，卒辨其诬，显祖伏诛。辛亥，宪宗即位，换授金虎符，仍军民万户。甲寅，移镇亳州。"⑱后来继续征宋，忽必烈北征阿里不哥时诏张柔入卫随征。至元三年（1266年）封蔡国公，五年（1268年）六月卒，年七十九。赠推忠宣力翊运功臣、太师、开府仪同三司、上柱国，谥武康。延祐五年，加封汝南王，谥忠武。

从1232年后张柔主要活动是随蒙古军征战金与宋，精力并不在顺天，金亡后老索来到顺天，顺天实际则由老索负总责，先任宣使，后顺天路达鲁花赤。

总之，老索生于乾祐十九年（1187年），即西夏仁孝皇帝时期，属于西夏中晚期人，卒于中统元年（1260年）六月，寿七十三。老索先在西夏为官，在安全时期老索投归成吉思汗，主要活动在成吉思汗、托雷、太宗、定宗、宪宗和忽必烈时期。归顺蒙古后，因其才俊而得到成吉思汗重用，他初为宿卫，后为察罕属下，随成吉思汗和察罕参加攻西夏、灭金的战争，又随成吉思汗参加第一次西征作战。西征东归，在太宗窝阔台率领下继续对金作战。金亡后，老索到河北顺天为宣使，老索一族辗转来到顺天一带并定居生活下来，后升任顺天路达鲁花赤，为顺天战后恢复和发展做出了一定的贡献。随老索一起来顺天的还有他的家族，从他们生活在此，先辈去世后葬于顺天，所以及至老索去世后，才有安"葬于清苑县太静乡之先茔"的记载。

## 三

老索去世后，他的后人继续为官，效力于元朝。从碑铭可知，老索七十上表乞请骸骨，七十三岁病故，蒙古统治者感念他的功绩，追封其妻康里为夫人。老索有两个儿子，长曰阿勾，早亡。次曰忙古斛。忙古斛为行军千户。《神道碑》载：

---

⑱　[明]宋濂等撰《元史》卷一四七《张柔传》，北京：中华书局，1997年标点本，第3475页。

……年七十即上表乞骸骨……上优怜之,赐黄金五十两,白金三百两。中统建元六月二十三日薨于正寝,寿七十三,越明年某月日,葬于清苑县太静乡之先茔。康里追封夫人。子二人,长阿(勾)早亡;次忙古斛,起家为行军千户。丁巳,攻蜀,所至先登。己未,宪宗图合州钓鱼山,克捷居多,□□常胜,遂没于阵,赠亚中大夫、金太常礼仪院事。

《神道碑》所记老索次子忙古斛也是英勇善战,不畏生死,冲锋在前,随宪宗攻蜀而阵亡,这与《元史》记载蒙古军队攻蜀一事可以相互比对,《元史》载:

七年丁巳春,诏诸王出师征宋……九月,出师南征。

八年二月,师南征,次于河。适冰合,以土覆之而渡。帝自将伐宋,由西蜀以入。命张柔从忽必烈征鄂,趋杭州。命塔察攻荆山,分宋兵力。

九年己未春正月乙巳朔,驻跸重贵山北……丁卯,大渊请攻合州,俘男女八万余。二月丙子,帝悉率诸兵渡鸡爪滩,至石子山。丁丑,督诸军战城下。辛巳,攻一字城。癸未,攻镇西门。三月,攻东新门、奇胜门、镇西门小堡。夏四月丙子,大雷雨凡二十日。乙未,攻护国门。丁酉,夜登外城,杀宋兵甚众。五月,屡攻不克。六月,帝不豫。秋七月辛亥,留精兵三千守之,余悉攻重庆。癸亥,帝崩于钓鱼山。[59]

《元史》与《神道碑》有关记载宪宗攻蜀的情况可以互为补充,老索的次子忙古斛随宪宗攻打蜀地,并在攻蜀战役中战死。我们简略知道,老索次子忙古斛(?—1259)初为行军千户,正五品,因战死沙场,朝廷赠忙古斛亚中大夫、金太常礼仪院事,追授从三品。

《神道碑》还载:

(忙古斛)娶眭氏,子一人,忽都不花,德器温厚,至元十七年,擢奉议大

---

59　[明]宋濂等撰《元史》卷三《宪宗本纪》,北京:中华书局,1997年标点本,第50—54页。

夫、祁州达鲁花赤。为政明恕，编氓以其有德，至今以颜子目之。秩满，光献翼圣皇后以其先朝旧臣，谕都官不次擢用。时阿合马柄政，官非赂莫进，忙古斛（应为：忽都不花）慨然曰："为民父母，罄（罄）产鬻官，而复刻削于民以求利，可乎？"遂无仕进意，移遂州达鲁花赤，至元二十一年五月九日，卒于家，年三十有六。娶民氏，奉枢归葬于清苑之先茔。

忙古斛的儿子忽都不花在父亲战殁时，只有十岁，忙古斛死于 1259 年，忽都不花应生于 1249 年，至至元十七年时，30 余岁的忽都不花才擢升奉议大夫、祁州达鲁花赤，正五品。《元史》载：

> 祁州，中，唐为义丰县，属定州。宋改为蒲阴县。金于县置祁州，属真定路。元至元三年，立附郭蒲阴县及以束鹿、深泽二县来属，隶保定。领三县：蒲阴，中，倚郭。深泽，下。至元二年并入束鹿县，三年又来属。束鹿，中。[60]

忽都不花任祁州达鲁花赤秩满后，又移镇遂州，改为从五品。《元史》载：

> 遂州，下，唐为遂城县，属易州。宋改广信军。金废为遂城县，隶保州。元至元二年，省入安肃州为镇，后复至州而县废，隶保定。[61]

忽都不花（1249—1285）先后在保州临近的祁州和遂州为官，官品不高，但他做人正直，为官清明廉洁，深得百姓拥戴，把忽都不花比作孔子最得意的学生颜子。因忽都不花为官廉明，不与阿合马合流，虽有光献翼圣皇太后之谕，还是遭到权臣的排挤，这也反映出当时阿合马权势之盛和朝廷各派斗争激烈。忽都不花由祁州移遂州任达鲁花赤，从正五品降为从五品。至元二十一年卒于家，年仅三十六岁。

忽都不花有一子，名讷怀，父亲去世时刚满三岁，由寡母抚养成人，他从师问

---

⑥ ［明］宋濂等撰《元史》卷五八《地理志一》，北京：中华书局，1997 年标点本，第 1355 页。
⑥① ［明］宋濂等撰《元史》卷五八《地理志一》，北京：中华书局，1997 年标点本，第 1355—1356 页。

学,涉猎经史,学识渊博。《神道碑》载:

> 子一人,即讷怀,父没年甫三岁,母民氏,□□守义,育鞠有加。既长,从师问学,涉猎经史。入京,因司徒明里,以见仁宗皇帝于□□□□左□□,授中书直省舍人,沿榭护送赵王公㉒□□□,道途禁戢其徒御,所过郡邑无扰。归,以能声庙堂。迁知安东□选□,监察御史□□□曰:"汝父连牧二州,虽获廉□而未尝预清要之选,汝今得之,宜效节以报国显亲。"□……寻拜河东廉访使□□宣□,有世袭知府怙宠不法,辄发其奸,狱成而逃,诉于朝。

讷怀最初进京做官是由司徒明里引荐的,司徒明里应即石抹明里。㉓ 史载,明里至大元年为司徒,至大三年卒,岁六十九。可知,讷怀进京的时间在至大元年到三年间,即他25—27岁时。在明里的引荐下,讷怀得见当时尚未成为皇帝的武宗弟弟爱育黎拔力八达,被授中书省舍人,正五品,掌侍进奏,参议表章。

讷怀任职之初就能秉承其父廉政爱民之作风,有"道途禁戢其徒御,所过郡邑无扰。归,以能声庙堂"的赞誉。《神道碑》所记"监察御史□□□曰:汝父连牧二州,虽获廉□,而未尝预清要之选,汝今得之,宜效节以报国显亲"是指讷怀父亲忽都不花当年任祁州和遂州达鲁花赤,不与阿合马合流而遭排挤,虽清廉,但终未得到重用之事。监察御史冀希讷怀能秉承其父为官正直廉明的优良传统,以报国显亲,有所作为。

后来,讷怀又升任河东廉访使,迁任河南等处行中书省参知政事、通奉大夫,从二品。至正三年又为集贤侍读学士。讷怀生于1283年,卒年不详。从碑铭内容可知,立碑时讷怀已六十七岁。《神道碑》以下字迹脱落残缺严重,从断断续续的词语可以判定,碑文讲到讷怀受祖上的恩德,得进察官。同时赞颂朝廷、褒

---

㉒ 赵王公可能指至大元年(1308 年)封为赵王的驸马主忽或延祐元年(1314 年)封为赵王的阿鲁图。

㉓ 明里应为石抹明里,《元史》卷一六九载:"石抹明里,契丹人,姓石抹,世典内膳。国制,内膳为近臣,非笃敬素著者不得为。明里祖曷鲁,事太祖、睿宗……中统初,明里入见……武宗即位,诏曰:'明里夫妇,历事帝后,保抱朕躬,朕甚德之。可特令明里荣禄大夫、司徒;其妻梅仙,封顺国夫人……'仁宗在东宫,语宫人曰:'昔朕有疾甚危,徽仁裕圣皇后忧之,梅仙守视,不解带者七十日,今不敢忘,其赐明里宝带、锦衣、舆及四骒。'"

扬讷怀母亲的贤德及朝廷准许立碑的事实。

综上所述,《神道碑》是老索曾孙讷怀于至正十年所立,以宠示后人。我们依据《神道碑》并结合相关史料,对西夏遗民老索家族四代人从太祖成吉思汗到元顺帝一百多年的主要活动经历和为官情况进行了考证,对老索家族迁徙及主要活动经历有了较为清晰的了解。碑文对老索记载尤为详细,老索生于夏乾祐十八年(1187),卒于中统元年(1260),主要生活在西夏中晚期以及蒙古国时期。西夏晚期,老索作为西夏一名战将,曾多次参加了抵御蒙古军队的作战且表现勇敢。因对安全篡权、西夏军队屡屡战败并纳女请和之事甚为不满,投奔成吉思汗。老索投成吉思汗后得到重用,随蒙古军队参加灭金、西夏、花剌子模和西辽等诸多战斗,西征归来出任顺天路达鲁花赤,为顺天战后恢复和发展做出了一定的贡献。通过上述考证论述,我们对老索及其后人为蒙元建立和发展所做的贡献也有初步的认识,弥补正史记载的缺憾。

本文在材料的搜集和撰写过程中得到温玉成先生的大力支持和帮助,在此深表感谢。

本论文为国家社科基金项目的阶段性成果,项目批准号为 12BMZ015;并获得 2012 年教育部新世纪人才计划资助。

【崔红芬　河北师范大学历史文化学院教授】
原文刊于《中国文化》2013 年 02 期

# 元大都南镇国寺考

林梅村

**提　要：**蒙古大汗采用秘葬制度，蒙元帝陵远在京师数千里之外蒙古高原的起辇谷。因此，元朝皇帝主要在京师历代帝后原庙举行祭祖活动。南镇国寺是奉祀元武宗及二妃原庙，正式名称为"大崇恩福元寺"，简称"福元寺"或"崇福寺"。据本文考证，南镇国寺在今北京先农坛之南（北京南站综合楼西侧），与大都南城施仁门（今北京南站北门）隔街相望。南镇国寺西北为元初平章张九思私家花园——遂初堂，北邻黑龙潭（今陶然亭湖）。遂初堂之南，南镇国寺西南为隆禧院。天历初年所立太禧宗禋院就设在南镇国寺，占地面积约 435×348 米，东邻元朝皇帝赴下马飞放泊（今北京南苑）南巡御道。

**关键词：**元大都原庙　施仁门　太禧宗禋院　黑龙潭　遂初堂　元大都中轴线

蒙古大汗采用秘葬制度，蒙元帝陵远在京师数千里之外蒙古高原的起辇谷。[①] 因此，元朝皇帝主要在京师历代帝后原庙举行祭祖活动。南镇国寺是奉祀元武宗及二妃的原庙，亦称大崇恩福元寺。1928 年，日本学者那波利贞撰文

---

[①]　关于蒙元大汗秘葬之俗，参见史卫民：《元代社会生活史》，中国社会科学出版社，1996 年，第 277—288 页；林梅村：《大朝春秋——蒙元考古与艺术》，故宫出版社，2014 年，第 74—79 页。

详考辽金北京城，并依据崇恩福元寺的位置判断金中都东垣在崇文门外大街附近。② 2001 年，首都博物馆黄春和先生认为："大崇恩福元寺具体位置不可考，约在今崇文门至东南城角楼一带。"③2006 年，清华大学姜成东博士撰文指出："大崇恩寺是武宗海山亲自选址，位置在大都城南元帝巡幸路旁，寺院环境清幽，风景优美，具有皇帝出行临时驻跸处所之性质。"④我们读后颇受启发。根据这条线索很快发现，南镇国寺在今北京先农坛之南（北京南站综合楼西侧），天历初年创立的太禧宗禋院就设在南镇国寺，东邻元朝皇帝南巡御道。草拟此文，见教于海内外研究者。

## 一、南镇国寺与太禧宗禋院

太禧宗禋院创立于元文宗天历元年，下辖隆禧、会福、崇祥、隆祥和寿福五个总管府。会福院在大都西郊高粱河畔大护国仁王寺（今北京五塔寺），本属于宣政院。⑤ 隆禧院在大都南郊大崇恩福元寺，俗称"南镇国寺"。1971 年，日本学者大薮正哉撰文详考太禧宗禋院来龙去脉。这项研究基于《元史》相关记载，探讨元朝皇帝祭祖活动以及对历代帝后原庙的管理。⑥ 2011 年，台湾清华大学许成弘博士以太禧宗禋院官署建置为中心，详证博引，探讨元朝原庙制度的起源和发展。⑦ 由于文献语焉不详，南镇国寺在大都什么地方迄今不明。

关于南镇国寺的历史沿革，《元史·百官志》记载："隆禧总管府，秩正三品。至大元年（1308 年），建立南镇国寺，初立规运提点所。二年，改为规运都总管

---

② ［日］那波利贞著、刘德明译：《辽金南京燕京故城疆域考》，《中和杂志》1941 年第 12 期，第 53—67 页；《中和杂志》1942 年第 1 期，第 80—98 页。

③ 黄春和：《元代大圣寿万安寺知拣事迹考》，《北京文博》2001 年第 10 期，第 33—40 页。

④ 姜东成：《元大都敕建佛寺分布特点及建筑模式初探》，清华大学建筑系博士论文，2006 年 10 月 14 日。

⑤ 忽必烈至元初年（1264 年）在大都设总制院，至元二十五年（1288 年）更名宣政院（［日］中村淳：《元代法旨に见える历代帝师の居所——大都の花园大寺と大护国仁王寺》，《待兼山论丛（史学篇）》27，1993 年，第 57—82 页）。

⑥ ［日］大薮正哉：《元の大禧宗禋院について》，《社会文化史学》（7），茨城，1971 年，第 29—38 页；大薮正哉：《元の大禧宗禋院について》，《元代の法制と宗教》，东京：秀英出版，1983 年，第 127—142 页。

⑦ 许正弘：《元太禧宗禋院官署建置考论》，《清华学报》卷 42—3，台湾，2011 年，第 443—487 页。

府。三年,升为隆禧院。天历元年(1328 年),罢会福、殊祥二院,以隆禧、殊祥并立殊祥总管府,寻又改为隆禧总管府。"⑧南镇国寺是大崇恩福元寺的俗称,简称"福元寺"或"崇福寺"。《元史·祭祀志》曰:"旧有崇福、殊祥二院,奉影堂祀事,改为太禧院。二年(天历二年/1329 年),又改为太禧宗禋院,秩二品。"⑨由此可知,《元史·百官志》说天历元年"罢会福、殊祥二院",实乃罢"崇福、殊祥二院"之误。崇福寺本是武宗为亡父所建原庙,后为奉祀武宗和二妃原庙。欧阳玄《崇恩福元寺碑》详述此事曰:

> 大德十一年(1307 年),先帝立极,亲裸大室,乃慨然曰,予曾予祖,世祖(忽必烈)圣德神功文武皇帝、裕宗(真金)文惠明孝皇帝,至元三十有一年(1294 年),成宗(武宗的异母兄)既祔庙矣,而惟皇考,实诞眇躬,位大尊显,肆类于上帝,谥行定谥曰:顺宗昭圣衍孝皇帝(武宗生父),琢玉宝册,纳诸庙中,尊皇太后(武宗之母答己)以仪天兴圣慈仁昭懿寿元之号,迩之为子,远之为孙,其孝以慈,可谓致极,而于宸心,犹若未然,明年至大之元(1308 年),诏群臣曰:昔朕万里抚军北荒,险阻践挂名腧,躬擐甲胄,此寇氏平,实艰实棘。时有愿言,皇曾考妣、皇祖考妣之丰功茂德,皇考太后之厚泽深仁,图以报塞,必俟他日。振旅而南,大建宝刹(南镇国寺),凭依佛乘,上为往圣荐福冥冥、慈闱祝厘昭昭,下而亿兆臣民,休祥蒙赖,初匪有求年千世,专利一己,卿曹灼见是怀。

此碑抄自元代地志《舆地要览》。熊梦祥注曰:"臣梦祥曰,是碑文燧(姚燧)于大德十一年所譔,镌刻树立,亦既久矣,而我皇上孝思不匮,复命学士欧阳玄重为制文,用坚琬琰,所以垂宪万年,表贰来哲,羹墙之思,斯于可见孝之至矣(《顺天府志》引《舆地要览》)。"⑩所谓"顺宗",即武宗和仁宗生父答剌麻八剌。太子真金之次子。至元二十二年,真金去世。元世祖本打算让孙子答剌麻八剌当皇

⑧ [明]宋濂等编:《元史·百官志三》,中华书局,1976 年,第 2207 页。
⑨ [明]宋濂等编:《元史·祭祀志四》,中华书局,1976 年,第 1876 页。
⑩ [元]熊梦祥著、北京图书馆善本部辑:《析津志辑佚·寺观》,北京古籍出版社,1983 年,第 79 页。

位继承人。至元二十八年,元世祖令答剌麻八剌出镇怀州,翌年初在京去世。至元三十一年,皇太子真金第三子铁穆耳即位,成为元朝第二位皇帝成宗。武宗即位后,追封其父答剌麻八剌庙号顺宗,试图凭借佛教力量,用建造原庙的方法把亡父纳入蒙元帝国历代皇帝序列,以此夸耀其血脉的尊贵和皇位的正统性。

元武宗至大二年九月,因修崇恩福元寺而设行工部,配置领行工部事三人、尚书两人,仍命尚书右丞相脱虎脱兼领之。[11] 至大三年"十二月甲辰朔,以建大崇恩福元寺",特别遥授乞失剌为中书左丞,曲列、刘良为中书参知政事,而以三人并领行工部事。[12] 南镇国寺规模宏大,直至仁宗皇庆元年(1312 年)四月才竣工。延祐元年(1314 年)闰月"壬午,改大崇恩福元寺规运总管府为隆禧院,秩从二品"。[13]

由于文献语焉不详,研究者一直不知崇福寺在什么地方。史书两次提到"崇福寺"。其一,《元史·仁宗纪》曰:"其以至大五年为皇庆元年(1312 年)。……赐崇福寺河南官地百顷。"[14]其二,《元史·祭祀四》曰:"泰定二年,亦作显宗影堂于大天源延圣寺,天历元年(1328年)废。旧有崇福、殊祥二院,奉影

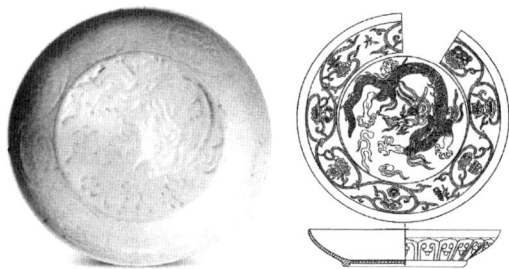

图一　北京大学赛克勒考古艺术博物馆藏
五爪龙纹太禧款卵白釉瓷盘

堂祀事,改为太禧院。二年,又改为太禧宗禋院,秩二品。"[15]如前所述,崇福寺实乃大崇恩福元寺的简称,俗称"南镇国寺",那么太禧宗禋院就在大崇恩福元寺。20 世纪 80 年代初,景德镇南河南岸刘家坞遗址出土了大批龙凤纹和太禧、万寿或枢府款卵白釉瓷片。由此可证,北京故宫博物院、伦敦维多利亚与艾尔伯特博物馆、北京大学赛克勒考古艺术博物馆所藏五爪龙纹太禧款卵白釉瓷(图一)皆

⑪　[明]宋濂等编:《元史·武宗纪二》,中华书局,1976 年,第 516 页。
⑫　[明]宋濂等编:《元史·武宗纪二》,中华书局,1976 年,第 529—530 页。
⑬　[明]宋濂等编:《元史·仁宗纪》,中华书局,1976 年,第 552 页。
⑭　[明]宋濂等编:《元史·仁宗纪》,中华书局,1976 年,第 552 页。
⑮　[明]宋濂等编:《元史·祭祀志四》,中华书局,1976 年,第 1876 页。

为景德镇刘家坞窑为大都太禧宗禋院烧造的。⑯

元朝帝王祭供祖先有两类场所:一为神主,祭供于太庙(今北京朝阳门东北);二为御容祭,供于影堂。神主一般为髹漆或髹漆饰金的木牌位,御容则为已故蒙元帝后肖像。⑰据《元史·祭祀志》记载,元朝帝后"影堂所在:世祖帝后大圣寿万安寺,裕宗帝后亦在焉;顺宗帝后大普庆寺,仁宗帝后亦在焉;成宗帝后大天寿万宁寺;武宗及二后大崇恩福元寺,为东西二殿……"⑱影堂供奉已故皇帝的御容,亦称御容殿或原庙,⑲天历二年更名为神御殿。⑳ 武宗有三位皇后,分别为珍格(真哥)、苏喀实哩(速哥失里)和鄂勒哲(完者歹)。可是文宗图帖睦尔排除真哥皇后,大崇恩福元寺影堂仅奉祀武宗和二妃御容。㉑

图二　南镇国寺供奉的元武宗与文献昭圣皇后御容

蒙元帝后御容有绢本绘制和丝织两种:至大四年(1311年)十月,"敕绘武宗御容,奉安大崇恩福元寺"。㉒ 天历二年(1329年)"十一月八日敕平章明理董阿,汝提调重重文献皇后(文宗生母)、武宗皇帝共坐御影。㉓ 天历二年十二月,"织武宗御容城,即神御殿作佛事"。㉔ 台北故宫博物院藏有彩绘蒙元帝、后像册,包括帝像8幅,后像15幅。帝像每幅高59.4厘米、宽47厘米,后像每幅高61.5厘米、宽48厘米,两册均为南薰殿旧藏(图二)。㉕

---

⑯　肖发标:《景德镇枢府瓷作品集》,湖北美术出版社,2006年,第87页。
⑰　尚刚:《蒙、元御容》,《故宫博物院院刊》2004年第3期,第35页。
⑱　[明]宋濂等编:《元史·祭祀志四》,中华书局,1976年,第1876页。
⑲　[日]中村淳撰、宝力格译:《元大都敕建寺院概述》,《蒙古学信息》2003年第1期,第25—35页。
⑳　[明]宋濂等编:《元史·祭祀志四》,中华书局,1976年,第1876页。
㉑　[明]宋濂等编:《元史·逮鲁曾传》,中华书局,1976年,第4292—4293页。
㉒　[明]宋濂等编:《元史·文宗纪》,中华书局,1976年,第545页。
㉓　[唐]段成式、[宋]黄休复、[元]佚名:《寺塔记·益州名画录·元代画塑记》,人民美术出版社,1964年,第24页。
㉔　[明]宋濂等编:《元史·文宗纪二》,中华书局,1976年,第746页。
㉕　尚刚:《蒙、元御容》,《故宫博物院院刊》2004年第3期,第45页。

据姜成东考证,大崇恩福元寺建筑布局相当规整,以中央佛殿为中心,而东、西、南、北四方各有一座佛殿。所谓"四出翼室",即佛殿前后皆出抱厦,左右两侧各建挟屋。在中央佛殿与东、西、南三座殿内塑三世佛像,中央佛殿北侧后殿内塑五尊金佛。寺院四周廊庑内供奉诸天神像。方丈位于寺院中轴线后端,方丈前之行宇与后殿相连。山门在中轴线前端,而"门其前而殿,于后左右为阁楼",说明山门在南佛殿与中央大殿之间,山门与中央佛殿间轴线两侧对称建有两座阁楼。关于南镇国寺的建筑布局,姚燧《崇恩福元寺碑》记载:

> 惟以其日,銮辂亲巡,脢地所宜,于都城南,不杂阛阓,得是吉卜,敕行工曹,甓其外垣为屋,再重逾五百础。门其前而殿,于后左右为阁楼,其四隅大殿孤峙,为制五方,四出翼室,文石席之,玉石为台,黄金为趺。塑三世佛,后殿五佛皆范金为席,台及趺与前殿一。诸天之神,列塑诸庑,皆作梵像,变相诡形,怵心骇目,使人劝以趋善,惩其为恶,而不待翻诵其书,已悠然而生者矣。至其榱题棁桷,藻绘丹碧,缘饰皆金,不可赀算。楯槛衡纵,捍陛承宇,一惟玉石,皆前名刹所未曾有,榜其名曰大崇恩福元寺。用实愿言,外为僧居,方丈之南,延为行宇,属之后殿,厩库庖湢,井井有条。所置隆禧院比秩二品。[26]

汉地佛教寺院皆无角楼之制。至元五年(1268 年)所建萨迦派宗教圣地——萨迦南寺外绕方形城垣,城垣四隅设有角楼。耐人寻味的是,南镇国寺院墙四隅建有四座角楼,与帝师八思巴在西藏日喀则的官邸——萨迦南寺风格相似(图三)。[27] 东西角楼各供楼魔梨支王四尊,东北角楼尊圣佛七尊,

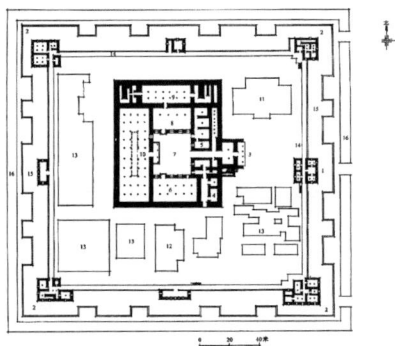

图三  萨迦寺南寺平面示意图

---

㉖ [元]姚燧:《牧庵集》卷十,《四库全书》1201 册,第 500 页。
㉗ 潘谷西主编:《中国古代建筑史》第四卷,中国建筑工业出版社,2009 年,第 333 页。

西北角楼无量寿佛九尊。寺院内另有十一口殿、药师殿与东西两座垛殿。㉘

据中村淳考证，当年建造大崇恩福元寺时，门前铜制幡竿的铸造仿效大护国仁王寺，而佛像绘制所依据的原像是从大护国仁王寺和五台山佛像中挑选的最精美的佛像。㉙ 清大学士文廷式从《永乐大典》所抄《经世大典·工典》遗文《元代画塑记》详述此事：

> 武宗皇帝至大三年正月二十一日。敕虎坚帖木儿丞相。奉旨新建寺后殿五尊佛。咸用铜铸。前殿三世佛、四角楼洞房诸处佛像以泥塑。仿高良河寺铸铜番竿一对。虎坚帖木儿、月即儿、阿僧哥泊帝师议。依佛经之法。拟高良河寺（今北京五塔寺）与五台佛像，从其佳者为之。用物省部应付。正殿三世佛三尊。东西垛殿内山子二座。大小龛六十二。菩萨六十四尊。西洞房内螺髻佛并菩萨一百四十六尊。东西垛殿九圣菩萨九尊。罗汉一十六尊。十一口殿菩萨一十一尊。药师殿佛一尊。东西角楼魔梨支王四尊。东北角楼尊圣佛七尊。西北角楼无量寿佛九尊。内山门天王一十二尊。㉚

看来，阿尼哥之子阿僧哥也参与了南镇国寺的设计建造，并塑造了许多"惊天地、泣鬼神"的藏传佛教艺术造像。

## 二、金中都的东城墙

金中都东城墙有施仁、宣曜、阳春三座城门。㉛ 施仁门与皇城开阳门之间为东开阳坊，建有龙泉寺。《元统一志》记载："寺在旧城开阳东坊，由开山第一代

---

㉘　姜东成：《元大都敕建佛寺分布特点及建筑模式初探》，清华大学建筑系博士论文，2006 年 10 月 14 日。

㉙　[日]中村淳：《元代大都の敕建寺院をめぐって》，《东洋史研究》58—1，1999 年（中村淳撰、宝力格译：《元大都敕建寺院概述》，内蒙古社会科学院历史研究所编《蒙古学信息》2003 年第 1 期，第 26 页）。

㉚　[唐]段成式、[宋]黄休复、[元]佚名：《寺塔记·益州名画录·元代画塑记》，人民美术出版社，1964 年，第 13—14 页。

㉛　[元]熊梦祥著、北京图书馆善本部辑：《析津志辑佚·城池街市》，北京古籍出版社，1983 年，第 1 页。

禅师谷氏净端号龙泉老人创建,因以龙泉名其寺。至元二十四年立碑。”㉜明谢一夔《重建龙泉寺碑略》记载:“出正阳门南行五里许,有故寺曰龙泉。岁久倾废,无遗构,其地已为编氓所有。正统八年秋,大兴隆寺僧万松游锡于是,见地位亢爽,山水秀拱,喟然叹曰:是不可以作金刹而妥佛灵耶!询之邻叟,知为龙泉故址,遂诛茅结庵于其地之隙……”㉝《日下旧闻考》说“龙泉寺东距黑窑厂半里许”。㉞ 今龙泉寺为明代重修,在今陶然亭公园西北龙爪槐胡同2号。元代龙泉寺属于东开阳坊,南邻春台坊。《析津志辑佚》记载:“龙泉寺在天宝宫西北。”㉟《元一统志》记载:“天宝宫在旧城春台坊。”㊱据赵其昌考证,天宝宫所在地当在南春台坊。㊲

图四　陶然亭花园酒店北门出土元代石雕龙头

地不爱宝。2009年2月,北京陶然亭公园东南部地下电缆施工时,发现一个巨型石雕龙头。长约130厘米,宽100厘米,厚80厘米。偏白色的大理石质地,圆雕方法,重达两吨(图四)。出土地点在陶然亭花园酒店北门口地下1米处。今陶然亭湖,古称黑龙潭。㊳《日下旧闻考》记载:“京师三黑龙潭:一在城西画眉山,一在房山县,一在南城黑窑厂,皆祷雨之地也。黑窑厂潭,一方池尔,水涸时中有一井,以石甃之(《愚山集》)。臣等谨案:外城之黑龙潭在祈谷坛(今先农

---

㉜ [元]孛兰肹等著、赵万里校辑:《元统一志》卷一《中书省统山东西河北之地·大都路·古迹》,中华书局,1966年,第33页。

㉝ [明]谢一夔:《重建龙泉寺碑略》,[清]于敏中编:《日下旧闻考》,北京古籍出版社,1983年,第1001页。

㉞ [清]于敏中编:《日下旧闻考》卷六十一,北京古籍出版社,1983年,第1001页。

㉟ [元]熊梦祥著、北京图书馆善本部辑:《析津志辑佚·寺观》,北京古籍出版社,1983年,第72页。

㊱ [元]孛兰肹等著、赵万里校辑:《元一统志》卷一《中书省统山东西河北之地·大都路·古迹》,中华书局,1966年,第42页。

㊲ 赵其昌:《金中都城访考》,《京华集》,文物出版社,2008年,第159—160页。

㊳ 今北京龙潭湖,是明嘉靖年间烧制城砖挖出的大片洼地而渐次形成的水域。1952年在此开挖人工湖,龙潭湖之名为1952年梁思成所起。

坛神仓)西偏,有龙王亭,亦为祈祷雨泽之地。"[39]据刘卫东调查,黑龙潭泉眼就在石龙头东北约 60 米处。[40]《析津志辑佚·寺观》记载:"诏庆寺在施仁门外,俗呼石檀寺。"[41]石檀寺似为"石潭寺"之讹。这个石雕龙头疑为石潭寺龙王亭之物。《乾隆京城全图》所标陶然亭之东黑龙潭或得名于此。[42]无论如何,施仁门外石檀寺(诏庆寺)就在陶然亭花园酒店北门。

金中都东城墙今已无迹可寻,但明代仍有残垣保存下来。明人刘定之《游梁氏园记》曰:"稽诸史志,辽金又曷尝创建都城乎?其城仅存土尔,甓皆为人取去,今取犹未已。其土皆真黄,土人取之,和煤炭以烧,亦有即之作墓者,以其犹高坚也。"[43]赵其昌先生根据这个材料,将金中都东垣定在梁家园胡同。梁家园稍南有潘家河沿,赵先生认为即金中都东城墙护城河。[44]

于敏中《日下旧闻考》记载:"慈悲庵在黑窑厂,庵西偏南为陶然亭。慈悲庵西院有辽慈智师石幢。"[45]黑窑厂在西城区东南部黑窑厂街,北起南横东街,南至陶然亭路。黑窑厂胡同 18 号院门前有个石麒麟,与内蒙古翁牛特旗元代名臣张应瑞墓前神道石麒麟如出一辙(图五-2、3),本为元代墓地之物。[46]北京石刻艺术博物馆藏有一尊金陵石蹲龙(图五-1)。从石兽造型看,元代石麒麟可能从金陵石蹲龙发展而来。在陶然亭之东,先农坛体育场南部、西南部、先农坛玻璃四厂及育才学校、北京东方红汽车修配厂等地,1970—1980 年发现汉唐至辽金元墓葬 10 余座。在先农坛神仓附近,出土了元大都路达鲁花赤都总管府判官刘公之墓。墓碑曰:"泰定四年二月奉议大夫河东陕西等处都转运监使司判官刘泽

---

㊴ [清]于敏中编:《日下旧闻考》,北京古籍出版社,1983 年,第 999 页。

㊵ 刘卫东:《陶然亭公园出土石龙头年代考》,《北京文物报》2017 年第 4 期第 3 版。

㊶ [元]熊梦祥著、北京图书馆善本部辑:《析津志辑佚·寺观》,北京古籍出版社,1983 年,第 78 页。

㊷ 《乾隆京城全图》vol.17 电子版,参见《数码丝绸之路》(http://dsr.nii.ac.jp/toyobunko/II-11-D-802/V-17/page/0010.html.ja)。

㊸ [明]刘定之:《呆斋续稿》卷一《游梁氏园记》,《四库存目丛书·集部》册 34(影印明万历二十二年补刻本),齐鲁书社,1997 年,第 184 页。

㊹ 赵其昌:《金中都城访考》,《京华集》,文物出版社,2008 年,第 154 页。

㊺ [清]于敏中编:《日下旧闻考》,北京古籍出版社,1983 年,第 1000 页。

㊻ 元代名臣张应瑞墓,参见[美]柯立甫著、李俊义译注:《元代追封蓟国公张应瑞墓碑研究》,内蒙古出版集团远方出版社,2012 年。

图五　北京西城区黑窑厂胡同 18 号与内蒙古翁牛特旗张应瑞墓神道石麒麟

立石。"[47]可知,北京先农坛所在地本为古代墓地,明永乐十八年以后才成为皇家祭祀先农诸神的场所。[48]

西方汉学家和日本学者认为,金中都东垣在天坛与明清旧城东垣之间。[49]不过,《北京考古史·金代卷》认为"中都城东城垣应该在直贯陶然亭南北一线不远,而这条南北之线恰好贯穿了黑阴沟、潘家河沿、魏染胡同、南柳巷、北柳巷一带"。[50] 慈悲庵在今陶然亭公园湖心岛西南,《乾隆京城全图》称之为"毗卢庵"。[51] 庵内有辽寿昌五年(1099 年)与金天会九年(1131 年)石经幢。据《日下旧闻考》记载,辽代经幢为魏姓高僧所立,大辽皇帝封为"慈智大德师",赐"紫衣"。因病死于寿昌四年,寿昌五年"葬于京东先师茔侧"。[52] 金代经幢立于慈悲庵山门内影壁后,建于金太宗完颜晟天会九年四月十九日,高约 2 米。塔座为六角形石雕须弥座,石筑幢身为八角柱体,八面间错着刻有四尊佛像和四段梵汉两

---

⑰　丁利娜:《北京考古史·金代卷》,上海古籍出版社,2012 年,第 129—130 页;孙勐:《北京考古史·元代卷》,上海古籍出版社,2012 年,第 71 页。

⑱　蔡宛平:《明清北京太岁坛与先农坛关系探析》,《文化学刊》2016 年第 8 期,第 117—126 页。

⑲　关于西方汉学家和日本学者对金中都城垣的讨论,参见刘未:《辽金燕京城研究史:城市考古方法论的思考》,《故宫博物院院刊》2016 年第 2 期,第 81—83 页。

⑳　丁利娜:《北京考古史·金代卷》,上海古籍出版社,2012 年,第 26 页。

㉑　《乾隆京城全图》vol.17 电子版,《数码丝绸之路》(http://dsr.nii.ac.jp/toyobunko/II-11-D-802/V-17/page/0010.html.ja)。

㉒　[清]于敏中编:《日下旧闻考》卷六十一,北京古籍出版社,1983 年,第 1001 页。

种文字的经文,分别为《观音菩萨甘露陀罗尼》《净法界陀罗尼》《智炬如来心破地狱陀罗尼》。这两个经幢当来自先农坛辽金墓地(图六)。

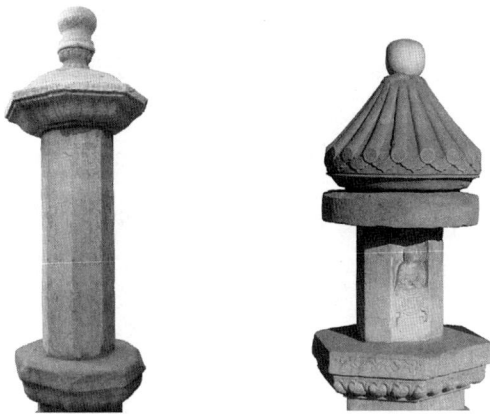

图六　陶然亭窑台慈悲寺藏辽代
寿昌五年与金天会九年经幢

## 三、南镇国寺与施仁门周边建筑

一般而言,墓地应该在城外。据马可波罗观察:"应知城内不许埋葬遗骸。脱死者是一偶像教徒,则移尸与城郭外,曾经指定一较远处焚之。脱死者所信仰者为别教,则视其为基督教徒。回教徒或他教之人,亦运尸于郭外,曾经指定之远地殡葬。由是城内最适宜于卫生。"[53]由此可知,金中都东垣当在慈悲寺东侧附近。

目前研究者多以为施仁门是金中都东北门,这是根据清朱一新《京师坊巷志稿》。该书卷六十一案语:"施仁门金都城东北门也。元筑新城后,以辽金故城为南城,其遗址在今外城西南隅。遂初亭、隆禧院皆与崇恩寺相近,今不可考矣。"[54]不过,北京市社会科学院历史研究所王岗所长不同意这个说法,他认为施仁门应为金中都的东南门。[55]北京地方志研究者将金中都南城墙置于凉水河南岸,认为金

---

㊼　冯承钧译:《马可波罗行纪》,上海书店出版社,2004 年,第 237 页。
㊽　[清]朱一新编:《京师坊巷志稿》下,北京古籍出版社,1982 年,第 197 页。
㊾　王岗:《金中都施仁门方位考辨》,《北京社会科学》1991 年第 1 期,第 65—68 页。

中都"东墙在广安门南北线阁偏东一线……东南角位于洋桥四路通"。⑤ 然而，1990 年在北京右安门外玉林小区发现金代水关遗址，位于凉水河以北 50 米处。⑦《析津志辑佚·寺观》记载："崇玄观在南城施仁门北，水门街北。"⑧故知金中都南垣在凉水河北岸 50 米处，而金中都水关北第一街即"水门街"。

关于南镇国寺及周边建筑，《析津志辑佚·古迹》云："遂初亭，在京施仁门北，崇恩福元寺西门西街北，旧隆禧院正厅后，乃章子有平章别墅也。"⑨如果王岗的考证是正确的，那么施仁门故址在今北京南站北门附近（今北京南站西北东庄小区东南）。据说"在 20 世纪 50

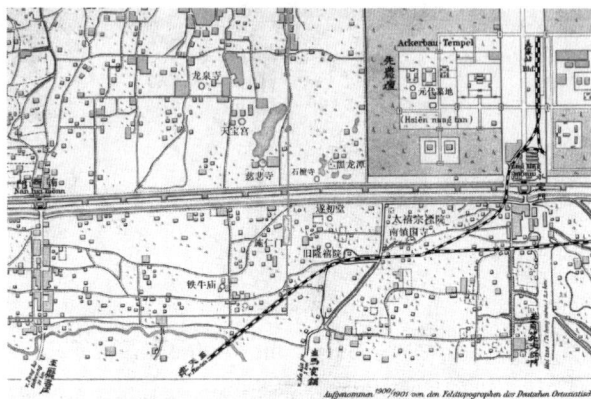

图七　清代北京城图所见南镇国寺及周边建筑位置示意

年代的金中都考古勘探中，共勘察出 11 座城门，两座未勘探出来。未勘探出来的两座城门中，一座是东城垣南端的阳春门，另一座在西城垣"。⑩ 所谓"东城垣南端的阳春门"，当为施仁门之误。金中都考古尚未发现施仁门故址。不过，美国国会图书馆藏有一幅清末北京城图，保留了不少北京城原来的地形地貌（图七）。⑪ 我们发现，这幅清代地图在陶然亭湖南岸所绘土丘当即施仁门故址，结合百度地图讨论如下：

这个土丘东边断断续续，有一条东西向街道（今北京南站北门幸福路），似即《析津志辑佚》所言"崇恩福元寺西门西街"。遂初堂就在这条古街北侧，北邻黑龙潭（今陶然亭湖）；而"旧隆禧院正厅"在这条古街南侧，即延祐元年闰月"改

---

⑤　北京市方志馆编：《北京地情概览》，科学出版社，2017 年。
⑦　丁利娜：《北京考古史·金代卷》，上海古籍出版社，2012 年，第 43 页。
⑧　［元］熊梦祥著、北京图书馆善本部辑：《析津志辑佚·寺观》，北京古籍出版社，1983 年，第 90 页。
⑨　［元］熊梦祥著、北京图书馆善本部辑：《析津志辑佚·古迹》，北京古籍出版社，1983 年，第 105 页。
⑩　阎文儒：《金中都》，《文物》1959 年第 9 期；岳升阳：《金中都历史地图绘制中的几个问题》，《北京社会科学》2005 年第 3 期，第 82 和 84 页。
⑪　本图引自美国国家图书馆网站（http://www.loc.gov/maps/collections/）。

大崇恩福元寺规运总管府为隆禧院"所在地。[62]《金史·礼志一》云:"朝日坛曰大明,在施仁门外之东南,当阙之卯地,门墠之制皆同方丘。"[63]隆禧院或建于金中都朝日坛故址。这条古街东口有一条南北向街道(今马家堡东路),南镇国寺就在这个丁字路口(今北京南站综合楼附近)东侧,与先农坛隔街(今右安门东大街)相望。

金中都施仁门内东南为铁牛坊,因坊内一座铁牛庙而得名。《析津志辑佚·祠庙》记载:"铁牛大力神庙在南城施仁门内东南,有小庙,无碑。"[64]《元一统志》记载:"在旧城东南近东城路北。土埋铁牛露脊,都人因而祠之。"[65]由此推测,南春台坊与铁牛坊的分界在施仁门内大街(今北京南站北门幸福路)。从清代北京城图看,施仁门故址东南有一条东西向街道(今北京南二环路站西北开阳里一街),铁牛庙当在这条古街的北侧。《析津志辑佚·祠庙》记载:"杜康庙……一在南城南春台坊西大巷内,资圣寺西。有酒门。邵先生男邵福钦作碑文,今已剥落。其记云:'故燕城诸酒匠,立祠塑像,春秋祭祀无缺焉。癸丑岁(皇庆二年/1313年)秋七月丁丑朔建。'"[66]因此,铁牛庙西北为资圣寺、杜康庙,而南春台坊西大巷似为施仁门西北大街(今右安门东滨河路),今已无从详考。

## 四、南镇国寺与遂初堂

南镇国寺风景秀丽,寺西北是元初名臣张九思的私家花园,借用南宋藏书家尤袤藏书楼之名"遂初堂"。虞集《张九思神道碑》曰:大德"六年(1302年),加光禄大夫公之事,上沆官也。夙夜无懈,以家政尽属其弟九仪而故。尝治国于南

---

[62] [明]宋濂等编:《元史·仁宗纪》,中华书局,1976年,第552页。

[63] [元]脱脱等《金史·礼志一》,中华书局,1976年,第693页。

[64] [元]熊梦祥著、北京图书馆善本部辑:《析津志辑佚·祠庙》,北京古籍出版社,1983年,第54页。

[65] [元]孛兰肹等著、赵万里校辑:《元一统志》卷一《中书省统山东西河北之地·大都路·古迹》,中华书局,1966年,第21页。

[66] [元]熊梦祥著、北京图书馆善本部辑:《析津志辑佚·祠庙》,北京古籍出版社,1983年,第54页。

门外,作堂曰遂初,花木水石之胜,甲于京师"。[67] 张九思为元初中书平章政事,《元史》有传。其文曰：

> 张九思,字子有,燕宛平人。父滋,蓟州节度使。至元二年,九思入备宿卫,裕皇(太子真金)居东宫,一见奇之,以父荫当补外,特留不遣。江南既平,宋库藏金帛输内府,而分授东宫者多,置都总管府以主之,九思以工部尚书兼府事。……(至元)三十年,进拜中书左丞,兼詹事丞。明年,世祖崩,成宗嗣位,改詹事院为徽政,以九思为副使。十一月,进资德大夫、中书右丞。会修世祖、裕宗《实录》,命九思兼领史事。大德二年,拜荣禄大夫、中书平章政事。五年,加大司徒。六年,进阶光禄大夫,薨,年六十一。

张九思的岳父就是大名鼎鼎的刘仲禄,当年送长春真人丘处机赴中亚觐见成吉思汗。[68] 赵孟頫曾为张九思在大都南城的别墅赋诗,题为《张詹事遂初亭》。其辞曰：

> 青山缭神京,佳气溢芳甸。
>
> 林亭去天咫,万状争自献。
>
> 年多嘉木合,春晚余花殿。
>
> 雕阑留戏蝶,藻井语娇燕。
>
> 退食鸣玉珂,友于此终宴。
>
> 钟鼓乐清时,衣冠集群彦。

---

[67] [元]虞集:《徽政院使张忠献公神道碑》,王颋点校《虞集全集》,天津古籍出版社,2007年,第1053—1054页。

[68] 赵孟頫《刘便宜祠堂记》记载:"便宜刘公仲禄,事太祖圣武皇帝。帝方灭西夏,取中原,略定西域,兵威所至,无不臣服。旋师金山之西,乃命公以手诏迎丘真人于山东,持金虎符,长广尺余,使佩之。……有女曰弟弟,世祖时,以婉容淑德选入后宫。世祖升遐,仁裕至皇后以嫁故平章政事张乙(公)九思,封鲁国太夫人"(引自《析津志辑佚·祠庙》,第61页)。

朝市尘得侵,图书味方远。

纷华虽在眼,道胜安用战?

初心良已遂,雅志由此见。

何事江海人,山林未如愿。⑥

　　明末清初孙承泽已不太清楚遂初堂之所在。《天府广记》卷三十七记载:
"遂初堂,元詹事张九思别业。绕堂花竹水石之胜甲于都城。今右安门外西南,
泉源涌出,为草桥河,接连丰台,为京师养花之所。元人廉左丞之万柳园、赵参谋
之匏瓜亭、栗院使之玩芳亭、张九思之遂初堂,皆在于此。余游祖氏园,中有古池
台,云是元人旧迹,然无从考其何氏园也。"⑦

图八　遂初堂(今陶然亭)秀丽景色

　　据吴文涛考证,万柳园即北京钓鱼台国宾馆所在地,⑪而"遂初堂是元朝詹事张九思的别墅。《帝京景物略》记载,它位于草桥以东一带,'以花竹水石之胜甲于京城'。《天府广记》《日下旧闻考》等也多有转引,其详细情况有待进一步发掘"。⑫ 如前所述,遂初堂在今陶然亭公园东南(今永定门长途汽车站),并非《天府广记》所言"今右安门外西南"。赵孟頫描述的遂初堂美景,正是陶然亭的秀丽景色(图八)。

---

⑥　[元]赵孟頫《张詹事遂初亭》,《全元诗》第 17 册,中华书局,2013 年,第 195 页。

⑦　[清]孙承泽:《天府广记》,北京古籍出版社,1964 年,第 562 页。

⑪　《析津志辑佚·古迹》记载:"钓鱼台在平则门西花园子,金章宗于春月钓鱼之地。今虽废,基址尚存。"([元]熊梦祥著、北京图书馆善本部辑:《析津志辑佚》,北京古籍出版社,1983 年,第 104 页)

⑫　吴文涛:《北京丰台地区古代园林考索》,《史苑撷萃:纪念北京史研究会成立三十周年文集》,经济科学出版社,2011 年,第 45—47 页。

## 五、南镇国寺与元朝皇帝南巡御道

正如姜东成指出的，大崇恩福元寺是武宗海山亲自选址，位置在大都城南元帝巡幸路旁，寺院环境清幽，风景优美，具有皇帝出行临时驻跸处所之性质。元朝皇帝南巡御道，即元大内（今故宫博物院）到下马飞放泊之路。元大都城南凉水河畔有一片河湖密布、水草丰茂之地（今大兴南海子），原为辽金帝王渔猎游乐之所。《金史·章宗纪》记载：承安三年（1198 年）正月"丙辰，如城南春水。……己未，以都南行宫名建春"。[73] 中统四年（1263 年），元世祖在南海子兴建皇家苑囿，名曰"下马飞放泊"。[74] 元朝皇帝冬春之际来此地行围打猎，临幸游赏。明清两朝屡有扩建，清代更名南苑。

据徐苹芳先生考证，元大都居民占地，一般不超过八亩。[75] 这八亩地南北长度不得超过两条胡同之间的距离，即不超过五十步（约合 78 米）。元大都王府、衙署、皇家寺观往往突破两条胡同的限制。如太史院面积为南北二百步（相当于四条胡同），东西一百五十步（相当于三条胡同）。太史院令为正二品，枢密院使为从一品，故枢密院占地面积要比太史院高一等。枢密院的面积南北要占五条胡同，即二百五十步（约合 393.75 米），东西占四条胡同，即二百步（约合 315 米）。[76]

南镇国寺本为元大都隆禧院（从二品），占地面积当与太史院相同，南北二百步，东西一百五十步。天历初年升格为太禧宗禋院（从一品）后，南镇国寺面积需扩大，占地面积至少与枢密院相同，南北二百五十步，东西二百步。徐苹芳先生按照元代一尺合 0.31 米，推算出元代五十步为 78 米。据考证，元代一尺实

---

73 ［元］脱脱等：《金史·章宗纪三》，中华书局，1975 年，第 247 页。

74 《元史·兵志四》记载："冬春之交，天子（忽必烈）或亲幸近郊，纵鹰隼搏击，以为游豫之度，谓之飞放。"（［明］宋濂等编：《元史》，中华书局，1976 年，第 2599 页）

75 至元二十二年（1285 年）二月壬戌"诏旧城居民之迁京城者，以资高及居职者为先，仍定制以地八亩为一分，其地过八亩及力不能作室者，皆不得冒据，听民作室"（［明］宋濂等编：《元史·世祖本纪》，中华书局，1976 年，第 247 页）。

76 徐苹芳：《元大都枢密院址考》，《中国城市考古学论集》，上海古籍出版社，2015 年，第 144 页。

为 34.8 厘米,[77]那么元代五十步当为 87 米。由此推算,南镇国寺面积南北二百五十步为 435 米,而东西二百步为 348 米(图九)。

图九　南镇国寺与施仁门周边建筑位置示意图

目前研究者对元明清北京城是否采用同一中轴线意见不一。学界主流意见认为,元大都全城的中轴线,与明清北京城一致,经过探钻,在景山以北发现一段南北向的道路遗迹,宽达 28 米,当是大都中轴线上的大道的一部分。[78] 反对者则主张元大都中轴线在钟楼(今旧鼓楼大街北口)、中心台(今北京鼓楼之西十五步),周桥(今故宫断虹桥)一线。[79]

赵孟頫讲述了这样一个故事:元大都打浦鹰房总管府总管程天锡。祖上三世死后都葬在中都阳春门外三里庄。元世祖至元初年兴建大都,而程氏祖茔正好位于新开"御道"上。程天锡只得将祖坟迁往他处。[80] 换言之,元朝皇帝御道

⑦　杨平:《从元代官印看元代的尺度》,《考古》1997 年 8 期,第 86—90 页。

⑦　赵正之遗著、徐苹芳整理:《元大都平面规划复的原研究》,《科技史文集》第 2 辑,上海科学技术出版社,1979 年,第 14—27 页;侯仁之:《元大都城与明清北京城》,《故宫博物院院刊》1979 年第 3 期,第 3—21 页转 38 页;中国科学院考古所、北京市文物管理处元大都考古队:《元大都的勘查和发掘》,《考古》1972 年第 1 期,第 2 页。

⑦　王璞子:《元大都城平面规划述略《故宫博物院院刊》1960 年第 2 期,第 61—82 页;姜舜源:《故宫断虹桥为元代周桥考——元大都中轴线新证》,《故宫博物院院刊》1990 年第 4 期,第 31—37 页。

⑧　[元]赵孟頫:《程氏先茔之碑》,任道斌校点《赵孟頫集》卷七,浙江古籍出版社,1986 年,162 页。

在元大都南城阳春门或施仁门之东三里。陶宗仪《南村辍耕录》记载："宫城周回九里三十步,里二百四十步。"[81]如果按元代一尺为 34.8 厘米计算,元代一步(五尺)为 1.74 米,那么元代三里合 1252.8 米。据百度地图,从施仁门故址(今北京南站北门)到永定门外大街(明清北京城中轴线)长达 1500 米。由此可知,元大都与明清北京城不在同一条中轴线上,两者相差 247 米(1500-1252.8)。

据以上讨论,南镇国寺在北京先农坛之南(北京南站综合楼东侧),与元代大都南城施仁门(今北京南站北门)隔街(今幸福路)相望。南镇国寺西北为遂初堂,北邻黑龙潭(今陶然亭湖)。遂初堂之南,南镇国寺西南为隆禧院(今北京南站综合楼西南)。天历初年所立太禧宗禋院(从一品)设在南镇国寺,占地面积约 435×348 米,东邻元朝皇帝赴下马飞放泊(今北京南苑)南巡御道。

2018 年 7 月 31 日

【林梅村　北京大学考古文博学院教授】
原文刊于《中国文化》2018 年 02 期

---

[81] [元]陶宗仪:《南村辍耕录》,中华书局,1959 年,第 250 页。

# 北京房山十字寺也里可温石刻

徐苹芳

　　与北京有关的元代也里可温的遗迹遗物,目前所知有四项:一是元大都城内靖恭坊的也里可温十字寺,地面上虽已无遗迹可寻,但它遗留在北京街道胡同分布上的痕迹是很清楚的,其位置在今地安门外帽儿胡同西口路北明清以来的显佑宫之地①。二是北京广安门外莲花池西南旧跑马场附近,七十多年前发现的刻有十字架的也里可温教徒墓石,曾藏辅仁大学②,现下落不明。三是扬州发现的元延祐四年大都人也里可温教徒也里世八的刻有十字架的墓碑(图一)③。第四项便是北京房山十字寺的也里可温石刻,它是1923年发现的,也是七十多年前的事了。1986年与宿白、于杰、吴梦麟诸先生考察过北京房山十字寺遗址。后来给南京博物院写过一篇介绍北京房山也里可温石刻的小文,然对寺址残存的辽碑、元碑和与十字寺有关的若干问题的论述,多所阙略,意犹未尽,故重写此篇,以求教于方家。

　　北京房山十字寺为人们所注意,是因寺内存有两块也里可温十字架石刻而引起的。当时"外人觊觎该项刻石者,查有数起,勾结盗卖之说,时有所闻。十

---

① 见拙作《元大都也里可温十字寺考》,《中国考古学研究——夏鼐先生考古五十年纪念论文集(一)》,第309—316页,文物出版社,1986年。

② 佐伯好郎:《支那基督教之研究》第一册,第507—509页,昭和十八年,东京。

③ 王勤金:《元延祐四年也里世八墓碑考释》,《考古》1989年6期,第553页;朱江:《扬州发现元代基督教徒墓碑》,《文物》1986年3期,第68页。

图一　扬州发现的元延祐四年大都人也里世八墓碑

月间即有某外人只身赴寺三次,拟出资五千元,购石运至德国,格于平市各学术机关监视甚严,遂未得逞。且山中匪警频传,就地不便保存"④。1931 年 9 月北平古物保管委员会庄尚严、王作宾前往调查,11 月间将两块也里可温十字架石刻运回北京,由历史博物馆收藏陈列。抗日战争前不久从北京运至南京,存于朝天宫,今存南京博物院。

先介绍这两块石刻。两石皆中空,一面有缺口,两石缺口相接合则成一中空的长方形石刻。两石高宽尺寸相同,高 68.5 厘米,两端面刻十字架,宽 58.5 厘米、厚 22 厘米;两侧面刻盆(瓶)花,宽 58 厘米、厚 14 厘米,两石相接全长 116 厘米。两石虽都是刻十字架和盆(瓶)花,但细部不同。其一,端面十字架中央刻宝相花瓣,十字架两侧各刻一行叙利亚文,意为:"你瞻视着,将能得到你所希望的。"(旧译为:"仰望此,依靠此。")十字架下雕两层仰莲,仰莲下雕两朵相对的如意头式朵云,由仰莲和朵云组成云莲座(图二)。侧面刻瓶花,瓶作矮圈足,圆腹短颈,瓶内插盛开的菊花(图三)。其二,端面十字架中央刻宝相花瓣,外层四

---

④　见《国立中央研究院二十年度总报告》,第 237—280 页,景教石刻项。

图二　叙利亚文十字架雕刻

图三　瓶花雕刻

图四　桃形饰物十字架雕刻

图五　盆花雕刻

个花瓣瓣尖上各刻出一圆点,横出的十字架两端各雕一桃形饰物。十字架下雕束腰莲座,束腰上雕仰莲莲瓣两层,束腰下雕一层覆莲(图四)。侧面刻盆花,花盆下有雕出圭脚的盆座,盆内植一株盛开的牡丹(图五)。这些雕刻的细部风格,诸如朵云、莲座、瓣尖上的圆点等,都与泉州、内蒙古和新疆各地出土的元代也里可温十字架石刻相似；盆花和瓶花的雕刻，也是宋金时期才流行的题材。所以，这两块也里可温十字架石刻，无疑是元代初年（十三世纪末叶）的遗物，为目前所见元代也里可温十字架石刻中最精美的两块。

既然寺中有也里可温石刻，寺名又称"十字寺"，这绝非偶然的巧合。因此，很有必要考察清楚这个寺的历史。

十字寺在北京房山县周口店西北的车厂（亦称柴厂）村西北。1931 年时十字寺有山门（即天王殿）一座，门额上"古刹十字禅林"石匾尚存，山门内有东西配殿厢房，中央为大雄宝殿，殿前月台两侧各有一棵银杏树，左侧银杏树之外立一辽碑，右侧银杏树之外立一元碑。两块刻有也里可温十字架和盆花的石刻，置于殿前台基上，据说是从天王殿附近挖掘出来的。此寺及其附近的山地，当时已被寺僧于二十年前卖给张氏为私产⑤。现在，十字寺的建筑已被拆毁无存，仅余大殿基址和少数刻莲瓣的覆盆柱础（图六）。一棵主干直径 1 米余的银杏树，枝叶仍很茂密。辽碑尚完整，平置地上，中断为二，碑首作梯形，横雕二龙戏珠纹饰，碑额亦横书，双钩，题为《三盆山崇圣院碑记》（图七）。元碑亦断为二，分置两处，碑首雕两垂龙（图八），碑首上方正中两龙尾相交处雕圆形宝珠，珠面上雕十字架和变形火焰纹（图九），额题曰《敕赐十字寺碑记》，双钩篆书。这种碑额有十字架标志的巨型碑刻，除西安碑林《大秦景教流行中国碑》之外，此为仅知的第二块。不知何时，有人将此碑之碑额和宝珠上之十字架皆涂抹上黑墨。辽碑与元碑皆在明嘉靖十四年二月，由寺僧德景和镌字匠张宝重新镌刻，两碑碑阴皆为明代重镌时出资的功德主题名。

辽碑碑额作《三盆山崇圣院碑记》，碑文标题却作《大都崇圣院碑记》，这大概是明代嘉靖重镌时改题的。此碑为"朝奉郎守司农少卿范阳郡开国男食邑三百户赐绯鱼袋王鸣凤撰，涿州学廪膳生员卢进达书"。碑文云：

> ……时有范阳僧人惠诚，俗姓张，母孙氏。卅岁礼惠华寺玉藏主为师，授以天台止观。携锡纵游，径过此处，地名三盆山崇圣院，见其山明水秀，地

---

⑤ 见《房山县十字石刻详记》，天津《大公报》1931 年 10 月 5 日"文学"副刊 195 号。

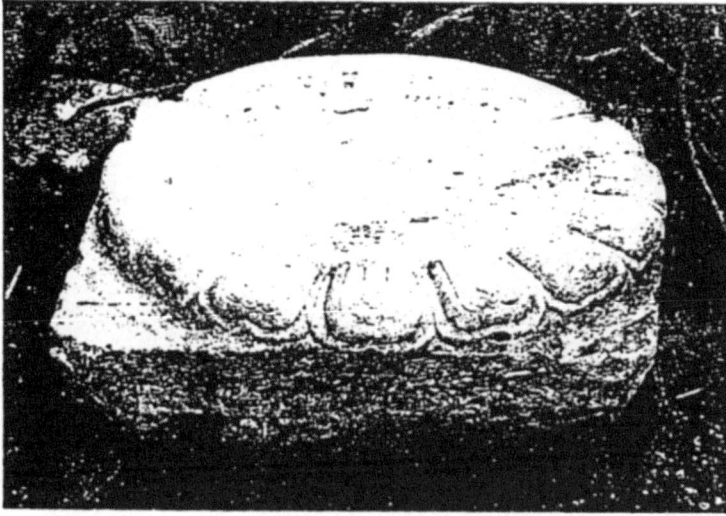

图六　莲瓣覆盆柱础

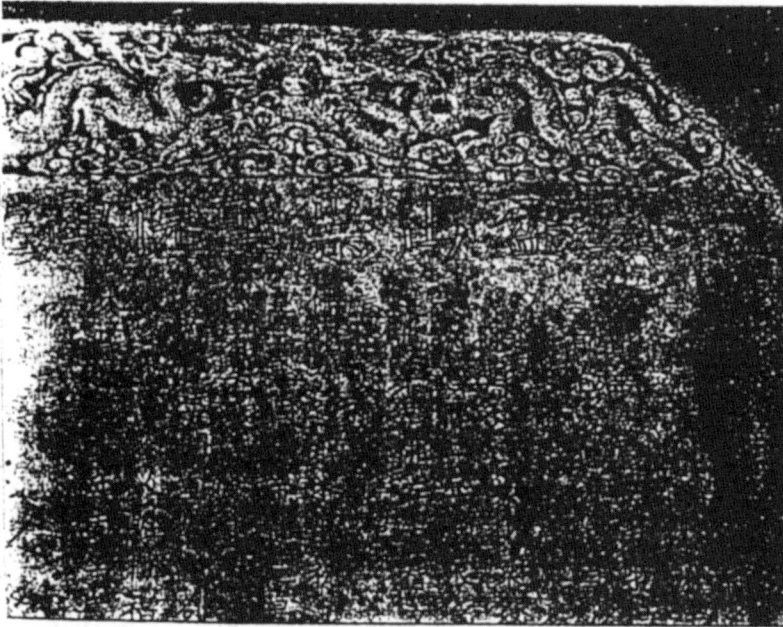

图七　辽碑碑首

图八　元碑碑首

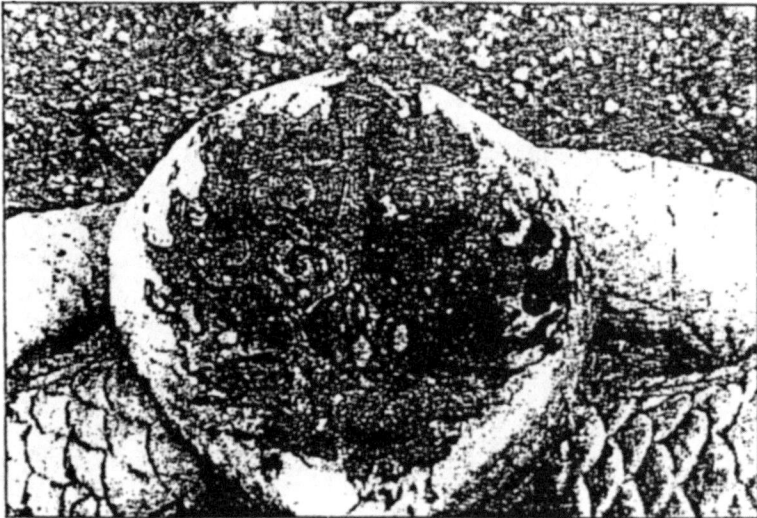

图九　元碑碑首宝珠十字架雕刻

杰人丰,根树郁茂,菓株滋荣;殿宇颓毁,古迹犹存,石幢一座,乃晋唐之兴修,实经代之遗踪。惟见一僧,耆年老迈,病患相仍,叹之不已,嗟之不息。遂乃发心募化众缘,郡公王希道、张仲剑、萧名远、杨从实等,同发诚心,各舍己资,于大辽应历二年戊辰岁三月内兴工,至应历八年甲戌八月中秋,营理大殿三间,中塑释迦牟尼佛,左大智文殊师利菩萨,右大行普贤菩萨,两壁悬山应真一十八尊罗汉,东西伽蓝祖师二堂,两廊僧舍二楹,钟鼓二楼,晨昏梵呗,用宣佛化。……今则殿宇一新,金碧灿烂,山门廊庑,俱已克备,厥此真石,永为千古之丛林,万代不磨者矣。……大辽应历十年丙子岁四月吉日立碑……

陈述先生《全辽文》卷四收此碑文。陈先生按曰:"应历十年应为庚申,非丙子。当年立碑,撰者刊者何至误记甲子,殊不可解。……应历二年岁次壬子,碑作戊辰岁,八年戊午,碑作甲戌,亦不合。"⑥干支的错乱和称燕京为大都,不太可能是当年立碑撰文者所误,从现存碑阳刻文与碑阴明代题名刻文来看,碑阳正文应是明代所重勒,故干支错乱和误称大都,皆可能是明人所致。

从上述碑文中看不出崇圣院与景教有什么关系,不论从寺院的布局和供奉的佛像哪一方面来看,辽时崇圣院盖为佛寺也。

元碑额题《敕赐十字寺碑记》,碑阳正文标题则加"大元"二字,曰《大元敕赐十字寺碑记》。为"翰林院讲学中奉大夫知制诰同修国史经筵黄溍撰,翰林学士资善大夫知制诰同修国史兼太子谕德李好文书,集贤侍讲学士中奉大夫兼国子监祭酒赵期颐篆额"。碑文云:

> ……都城西百里有余,地名三盆山崇圣院,实晋唐之遗迹,乃大辽之修营。已经多载,兵火焚荡,僧难居止。见有碑、幢二座。时有僧净善,原系大兴县巨族名家,俗姓范,髫年祝发,礼昊天寺禧讲主为师,誓修禅观。时逢夏末,前诣此山,住持僧欢迎,话谈良久。天气将曛,临幢独坐,晏然

---

⑥  陈述:《全辽文》卷四"大都荣圣院碑记"按语,第79页,中华书局,1982年。

在定，面睹一神，绿服金铠，青巾皂履，赤面长须，厉声而言：和尚好住此山，吾当护持。言毕遂隐，复见古幢十字，重重发光。欣然起坐，偶成一偈：特来游此山，定中遇神言，十字发光现，此地大有缘。敬发誓言，愿成精蓝。遂回都城，往谒淮王铁木儿不花、赵伯颜不花、丞相庆童等，备言定中现神发光，应验古刹事迹。共言罕有，各捐己资。于大元至正十八年戊戌岁八月内，陆续营办木植、砖瓦、灰石等件。至正二十三年癸卯岁，起立大殿五间，中塑三净身佛、十八罗汉，壁绘二十诸天。四王殿宇，东西伽蓝、祖师二堂，钟鼓二楼，两楹僧舍庖厨。山间中立石碑一统。圣事已完，淮王铁木儿不花等奏请圣恩，敕赐十字寺。……大元至正二十五年乙巳岁正月吉日立碑。住持净善……大功德主淮王铁木儿不花、赵伯颜不花、丞相庆童，察罕铁木儿不花、哈喇不花、脱脱不花、观音奴不花、普贤奴不花……

碑文的撰者黄溍是元末名臣。此碑文未收入四十三卷本《金华黄先生文集》中，盖《文集》编于至正十五年，而十字寺碑记撰于至正二十五年，故未收入《文集》。书碑李好文、篆额赵期颐也都是元末大都的名士，特别是李好文撰书的碑文很多，但是，这块碑是明人重刻的，恐非李好文原笔，因为碑阳末行刻"大功德主锦衣卫指挥高荣太夫人左氏、男高儒、夫人张氏"。这显然是明朝的功德主，这行明人题名的笔迹与碑阳正文完全相同，很可能都是嘉靖重刻的。然而，碑首的垂龙、宝珠和十字架雕刻，却都是原物，明朝人没有改雕。

元碑所记十字寺的布局与辽崇圣院基本相同，大概是在旧址上稍加扩大而已。从辽之崇圣院至元末之十字寺皆为佛寺，何以在此会有元代也里可温十字架石刻之发现呢？1927 年陈援庵先生得知此事后，在一次学术演讲中曾说：

在琉璃河车站旁（按：当时去十字寺皆由琉璃河车站下车，故有此误传），有一寺名十字寺，内有好些石十字架，还有叙利亚的文字，然不知如何转为佛寺,想当时亦一景教的礼拜堂也[7]。

　　陈援庵先生"想当时亦一景教的礼拜堂"的推测,对思考这一矛盾的难题很有启发。黄溍写的十字寺碑记提供了许多重要的线索。

　　首先,碑文中给人印象最深的是净善编造的那段入定的神话,其编造的目的是取得功德主的资助,神话的内容必须投功德主之所好。"定中现神发光,应验古刹事迹。"所现之神,"绿服金铠,青巾皂履,赤面长须",神的装束面相都很特别。"古幢十字,重重发光",则并非全属虚构。旧寺中尚留有一碑一幢,碑即是辽应历十年崇圣院碑,幢在辽碑中有记载,辽幢上是否有十字不得而知,如果净善所见幢上确实有十字的话,肯定是指也里可温十字架雕刻,可见当初寺内的也里可温十字石刻实不止今存的这两块。这一点十分重要,它告诉我们在至正十八年以前,辽代崇圣院颓毁之后,这个地方确有也里可温教的活动,既然有这么许多精美的也里可温十字石刻,便不能排除曾在这里建过也里可温十字寺的可能性。净善以佛教徒的身份,向功德主编造也里可温教的神话,这又应该如何解释呢?

　　下面我们要分析一下资助建寺的功德主们的情况。

　　净善本人是大兴县的巨族名家,资助他建寺的有淮王铁木儿不花、赵伯颜不花和庆童。这三个人都是当时很有权势的人物,所以能够请皇帝敕赐寺额。铁木儿不花(《元史》作帖木儿不花)是元世祖忽必烈的孙子,袭封镇南王,天历二年改封宣让王,移镇庐州。至正十六年庐州失守后,北归大都[8]。《元史》记其进封淮王在至正二十七年,而至正二十五年黄溍所撰十字寺碑记已称其为淮王,似应以碑记所记为准。至正二十八年七月,顺帝北逃前,诏以铁木儿不花监国,以庆童为中书左丞相辅之。大都城破后,铁木儿不花与庆童皆被明军杀死于齐化门外[9]。至正二十五年时庆童任陕西行省左丞相,碑上所称之丞相即指此,而非三年后之中书左丞相。赵伯颜不花是顺帝的亲近宦官,在顺帝准备北逃时,赵伯

⑦　陈垣:《基督教入华史》,见《陈垣学术论文集》第一集第 101 页,中华书局,1980 年。
⑧　《元史》卷一一七《帖木儿不花传》,中华书局标点本第 2912—2913 页。
⑨　《元史》卷一四三《庆童传》,中华书局标点本第 3398—3400 页。

颜不花曾哭谏顺帝不要弃京城北逃⑩。这三个人作为建寺的资助者,在当时是相当有力量的,特别是淮王铁木儿不花起主要作用。净善向淮王铁木儿不花编造与也里可温教有关的神话,新建寺名仍保留"十字寺"的寺名,在敕建寺碑的碑首正中仍雕刻有也里可温十字架的标志,说明新建的十字寺虽为佛寺,但它与也里可温教却有着分割不开的关系,而这种关系又被淮王铁木儿不花所认可。正是在这种背景之下,淮王铁木儿不花才资助净善重建十字寺。

关键问题是淮王铁木儿不花究竟与也里可温教是否有关系?

铁木儿不花的曾祖母,即忽必烈的母亲,名叫唆鲁和帖尼,出身于信奉基督教的克烈部(Kenaet)人,她本人也是个虔诚的也里可温教徒。她是睿宗拖雷的皇后,曾帮助她的长子宪宗蒙哥取得了皇位,是很有才智和政治经验的女人。她以特殊的身份和影响,对也里可温教在中国的传播起过作用。她死后的原庙设在大都城内的也里可温十字寺中,祭祀也由也里可温承担。铁木儿不花肯定是知道其曾祖母的信仰的,他的家庭中不会没有信仰也里可温教的人。铁木儿不花本人虽不一定信奉也里可温教,但他对也里可温教是熟悉的、不会反对的。因此,净善改也里可温寺为佛寺后,仍不得不沿用"十字寺"寺名,碑首上雕刻十字架,寺内也保留了许多十字架石刻,这些妥协的做法,很可能是出于大功德主铁木儿不花的意图。

陈援庵先生在七十多年前撰《元也里可温教考》时,曾有一章专论也里可温被异教摧残之事,并举镇江十字寺被毁以为证。北京房山也里可温十字寺的遭遇与镇江十字寺的遭遇,颇有类似之处,亦可为也里可温被异教摧残事添加一证。

北京附近也里可温教的活动,在元朝灭亡后,戛然而止,一点消息也没有了。但是,在民间是否真的一点活动也没有了呢? 北京房山石经山曝经台悬崖的石上有墨书题记一条:

> 大明国景教庆寿寺僧人超然、经匠道□四名,游于□□。正统三年四月

---

⑩ 《元史》卷四十七《顺帝纪》,至正二十八年闰七月丙寅,中华书局标点本第 986 页。

廿九日游到□□□□小西天石经堂瞻礼。⑪

　　说明到明正统年间仍有景教僧徒在活动，这些景教僧徒与佛教是什么关系，到房山石经山来做什么？都是说不清楚的谜。希望将来有新的史料出现，能把明代前期基督教在中国的情况揭示出来。

一九九二年七月于北京

【徐苹芳　中国社会科学院考古研究所研究员】
原文刊于《中国文化》1992 年 02 期

---

⑪　北京图书馆金石组，中国佛教图书文物馆石经组：《房山石经题记汇编》，第 76 页，书目文献出版社，1987 年；曾毅公：《北京石刻中所保存的重要史料》，《文物》1959 年 9 期，第 16—20 页。

# 唐、元青花叙论

尚　刚

## 一、扬州出土的"唐青花"

　　青花的起源是中国陶瓷史上的一大公案。先前,流行的是宋代说和元代说。变化出在 1975 年,从这一年开始,在扬州的唐城遗址中,先后几次出土了白地蓝花的陶瓷残片,依据准确无误的地层,它们被认定为唐代中国的产品,甚至被进一步推断为唐代巩县窑的产品①。既然有了考古学的实证,专家们又从海内外博物馆的旧藏里,相继鉴定出几件"唐青花"②。于是,青花起源的唐代说所向披靡,似乎已成定论。不过,一旦把视野再放宽些,又会觉得,作为唐代说的核心,扬州的出土物仍应再议。

---

① 南京博物院等:《扬州唐城遗址 1975 年考古工作简报》,《文物》1977 年第 9 期;文化部文化局扬州培训中心:《扬州新发现的唐代青花瓷片概述》;扬州博物馆:《扬州三元路工地考古调查》;顾风、徐良玉:《扬州新出土两件唐代青花瓷碗残片》,《文物》1985 年第 10 期;薛炳宽:《扬州又出土一件唐代青花瓷器》,《中国文物报》1988 年 7 月 8 日。

② 如冯先铭:《有关青花瓷器起源的几个问题·三》,《文物》1980 年第 4 期;郎志谦:《景德镇的"蓝宫"》引冯先铭说,《中国出口商品交易会会刊》1983 年;王志强:《鹤壁青花瓷发现纪实》,《中国文物报》1988 年 11 月 18 日。

尽管有关文章的作者努力证明扬州出土物的装饰、造型与唐代器物的种种相近,但忽略了它们与当时的西亚陶器也很类似。从已披露的图片资料看,扬州出土物所描绘的纹样,如菱格、条形、朵花等,在西亚陶器上也屡见不鲜。扬州的出土物残破已甚,其造型的中国特色已很难确认,碗类的"玉璧底"最具唐风,历来被视为鉴别唐瓷的重要标准,但它也不是中国独有的,如在伦敦维多利亚和阿尔伯特博物馆的一楼伊斯兰展厅里,现在就陈列着一只"玉璧底"白釉碗(图1),它是9世纪的伊拉克产品。

青花的纹饰是用钴料于釉下绘制的。在西亚,陶器用钴的历史很久远,其成熟不晚于9世纪,9世纪或稍晚的西亚白地蓝花陶器如今存世尚多,国外的不少博物馆都有收藏。唐代的东西文化交流广泛而频繁,在当时中国的出口货物中,陶瓷占了很大比重,它们在西亚备受青睐,但关山隔阻,使运销当地的中国陶瓷数量有限,价格高昂,于是,仿

图1 伊拉克9世纪白釉碗
维多利亚和阿尔伯特博物馆藏

制中国器物甚至成为西亚的陶瓷风尚,已故的三上次男先生在其名著《陶瓷之路》里,曾反复讲到这种情况③。因此,西亚陶工在造型仿唐的器物上,做出白地蓝花的装饰也合情入理。

唐代的扬州工商繁盛,万方辐辏,是天下闻名的国际贸易都会。760年,强藩田神功纵军大掠扬州,残杀大食、波斯商旅数千④,来到这里的外国人数量之多由此可见,劫后,扬州又成胡商番客荟萃之地⑤。西亚人在唐代扬州生活的痕

---

③ 李锡经、高喜美译本第78、151页等,文物出版社1984年版。

④ 刘昫等:《旧唐书》卷一一〇《邓景山传》,中华书局1975年点校本。

⑤ 王钦若等《册府元龟》卷一七〇"帝王部·来达·太和八年二月条"(中华书局1960年影印本):"文宗太和八年二月庚申诏……其岭南、福建及扬州番客宜委节度、观察使除舶脚收市进奉外,任其来往,自为交易,不得重加率税。"

迹仍有据可查,如在唐城遗址中,就多次出土过波斯釉陶⑥,唐代中国并没有仿造波斯釉陶的历史,因此,它们显然是到扬州的西亚人带来的。能带来波斯釉陶,自然也可带来白地蓝花器,而那时的西亚又有陶瓷仿唐的风尚,这样,即今扬州出土的"唐青花"是纯粹的中国风格,仍有可能产自西亚。况且,"唐青花"也曾发现在西亚,它们曾与波斯釉陶共出于伊拉克的撒哈拉地区⑦。

总之,扬州出土的白地蓝花器的时代属唐是可以信赖的,而其产地却很难判定是在中国,更大的可能倒是在西亚。考虑到当时中西文化交流的盛况和西亚的陶艺传统,无论如何,那里不容忽视。

## 二、元青花崛起的原因

除去"唐青花",十几年来,国内还报道过"宋青花"⑧。即使唐、宋青花确切无疑,但它们数量较少,制作尚粗,兼以又搜寻不出可能与青花有关的唐宋文献,这便足以表明,在元代以前,青花起码还算不上普遍的陶瓷现象。入元,风云突变,青花不仅成批出现,并且,迅速取得了辉煌的成就。

这个巨变早就引起了理所当然的关注,但是,相关的探讨往往局限于单纯的器物类比,或者偏执于追溯我国陶瓷的优秀传统,特别是唐以来釉下彩绘技术的发达。自然,陶艺的积累是元青花崛起的技术基础,不过,仅凭它还远不能解释元青花何以发展如此迅猛,它们何以同前代的陶瓷风格迥异绝殊。事实上,陶瓷从来就不是纯粹的物质现象,在元青花崛起的背后,必定还有比陶艺的演进更隐蔽、更重要的动力。

玉成元青花的条件是多元的,主要的是元代统治民族的色尚,即蒙古族的尚白、尚青。关于尚白,史有明载,"国俗尚白,以白为吉"⑨,刘新园先生等也曾撰

---

⑥ 周长源:《扬州出土古代波斯釉陶器》,《考古》1982 年第 2 期。
⑦ 周长源等:《扬州出土的古代波斯釉陶研究》,《文物》1988 年第 12 期。
⑧ 浙江省博物馆:《浙江两处塔基出土宋青花瓷》,《文物》1980 年第 4 期;刘礼纯:《瑞昌出土南宋青花瓷器》,《文物报》1986 年 6 月 27 日。
⑨ 宋子贞:《中书令耶律公神道碑》,苏天爵:《元文类》卷五七,国学基本丛书本。

文论证⑩,这里无须再说。应当讨论的是尚未引起充分重视的尚青。

我国古代的北方游牧民族多曾信奉萨满教,蒙古族也不例外。就是在忽必烈确立了藏传佛教的至尊地位之后,萨满教在蒙古族中的能量依然极大,对帝后亲贵,萨满教的许多礼仪至少转化为风习而保存下来,如在宫廷生活中,常有蒙古巫祝、巫媪参与其事⑪,平民百姓则仍在延请萨满降魔驱邪⑫。萨满教敬天,蒙古族的敬天也源于此,并且,他们还因敬天而重天色,因重天色而尚青,天色为蓝,因此,这个"青"就是蓝⑬。

在已知蒙古族最早的史学著作中,他们这样描述了自己的祖先:

> 《元朝秘史》卷一(中华书局 1962 年影印李文田注本):当初,元朝人的祖是天生一个苍色的狼与一个惨白色的鹿相配了……产了一个人,名字叫作巴塔赤罕。

天生的苍狼理应与天同色,因此,这个"苍"是青色。自然,这个著名的传说太离奇,但在一部官修的史书中,能够如此郑重地声明,也表明蒙古人曾确信他们的祖先兼备青、白两种颜色特质。

由于蒙古族尊天敬祖,而蓝色既有宗教信仰的意蕴,又是祖先崇拜的标志,因此,蒙古族赋予蓝以永恒、忠诚等种种美好的含义⑭,也因此,在元代,蓝色风靡天下。在宫廷仪典中,蓝色织物被大量服用⑮;在内府的裱褙绫绢里,蓝色所占的比重极大,如至元十四年(1277),为八分之三强⑯,大德四年(1300),几乎是

---

⑩ 刘新园:《元代窑事小考(一)》,《景德镇陶瓷学院学报》第二卷第一期;尚刚:《元代的工艺美术与时尚》,《工艺美术文选》,北京工艺美术出版社 1986 年版。

⑪ 宋濂等:《元史》卷七七《祭祀志六·国俗旧礼》,中华书局 1976 年点校本。

⑫ 如吴莱《渊颖吴先生文集》卷二《北方巫者降神歌》,四部丛刊初编本。

⑬ 三十几年前,陈述先生曾谈到蒙古族的尚青,但释"青"为黑,见《哈喇契丹说——兼论拓跋改姓和元代清代的国号》(《历史研究》1956 年第 2 期)。1956 年 4 月 26 日《光明日报》载谢再善先生与陈先生商榷文(《闻于哈剌契丹,蒙古人色尚及元朝国号来历问题》),惜谢先生并未明言蒙古族所尚之"青"为何色,而在汉语中,"青"的意义又太宽泛,可指代绿、蓝、黑、灰四色,易生歧义。

⑭ (蒙古)策伯勒著、姚克成译:《蒙古人尊崇的颜色》,《民族译丛》1984 年第 6 期。

⑮ 《元史》祭祀志、舆服志等。

⑯ 王士点等:《秘书监志》卷六,广仓学窘丛书。

全部[17]；官营的丝织作坊大批生产青色丝绸，如在元中期的镇江路织染局和元中期及后期的庆元路织染局，每年分别生产青色丝绸 948 匹和 748 段，各占其年产量的四分之一左右[18]。1254 年，法国圣方济各会士鲁布鲁克到过蒙古国的都城和林，他对蒙古族妇女的装束做了这样的记录：

> 何高济译《鲁布鲁克东行纪》第六章（中华书局 1985 年版）：她们把一块蓝绸布系在她们的衣袍腰上，胸前围上另一条，再把一块白绸布系在眼睛下面，垂到胸前。

蒙元时期的宫室庙宇等大型建筑常常饰以蓝色琉璃砖瓦，不论是在中国[19]，还是域外[20]；元人对宫廷建筑的描述是：

> 陶宗仪《元氏掖庭记》（续百川学海本）：元祖肇建内殿，制度精巧。瓦滑琉璃，与天一色……

蒙古族的尚青在后世也很明确。北京团城上的建筑顶部大都是用黄琉璃绿剪边，唯独承光殿前的一座小亭是黄琉璃蓝剪边，它是乾隆皇帝为贮放蒙元时的渎山大玉海敕建的。民国初年，倡言五族共和，于是，要用五色旗为国旗，五色中，与蒙古族相对应的又是蓝色。蒙古族的这种色尚相沿不绝，时至今日，他们仍保留着对蓝、白等色的特殊喜爱。

---

[17] 《元代画塑记》，广仓学窘丛书本。

[18] 俞希鲁：《至顺镇江志》卷六《赋税》，丹徒鲍氏刻本；袁桷等：《延祐四明志》卷一二《赋役考》；王厚孙：《至正四明续志》卷六《赋役考》，《宋元四明六志》本。

[19] 张宁：《记元大都出土文物》，《考古》1972 年第 6 期；贾洲杰：《无上都》，《内蒙古大学学报》，1977 年第 3 期；西北文化局新疆省文物调查工作组：《新疆伊犁区的文物调查·吐虎鲁克玛礼尔》，《文物参考资料》1953 年第 12 期。又，《中国历史博物馆馆刊》总第八期载李知宴《故宫元代皇宫地下出土陶瓷资料初探》，报道了北京元宫遗址出土有孔雀绿釉的板瓦和筒瓦。"孔雀绿"的颜色酷似天蓝，天蓝时称天碧，是元代帝王专用的贵色，见《元典章》卷五八《禁治花样段匹》。

[20] 《元代外剌部释迦院的遗址》，《元史及北方民族史研究辑刊》第三辑；ИСТОРИЯ ИСКУССТВА НАРОДОВ СССР ТОМЭ ИСКУССТВО СРЕДНЕЙ АЭИЙ И КАЭАХСТАНА, СТР. 321, МОСКВА ИЗД. ИЗОБРАЗИТЕЛЬНОЕ ИСКУССТВО, 1974Г.

蒙古族的色尚对元代陶瓷的发展影响巨大。由于他们尚白,故大都四窑场"营造素白琉璃砖瓦"[21],浮梁磁局烧制白瓷[22];由于他们尚青,故创造出钴蓝釉瓷器;由于他们白、青兼尚,故青花瓷迅速崛起、成就辉煌。为什么元代青花瓷的成就比白瓷高得多,数量比钴蓝釉瓷大得多?恐怕正是因为,白、蓝相间的青花能完美地体现统治民族两种并行的色尚,而白瓷和大多数钴蓝釉瓷却只能反映其中的一种。

与伊斯兰世界的密切联系也是玉成元青花的重要条件。蒙古族统治集团对伊斯兰文明很倾倒,不仅大批任用回族人,还设立了许多伊斯兰文化机构,如回族国子监,回族司天监等,广惠司掌回族医药,常和署领回族乐人[23]。在帝王周围,充斥着大批来自西域的奢侈品,如红刺宝石[24]、速夫[25]、琐里缘蒙之衫、玉河花蕊之裳[26]。蒙古族的手工业原本几无传统可言,对中亚伊斯兰国家的征服,使他们得到了精丽的手工艺品和优秀的工匠,攻克撒麻耳干,亲贵们瓜分了 3 万工匠,占领玉龙杰赤,又掳掠工匠逾 10 万[27]。西征使蒙古族开始拥有发达的手工业:

> 彭大雅撰、徐霆疏证《黑鞑事略》(丛书集成初编本):霆尝考之,鞑人始初草昧,百工之事,无一而有……后来灭回回,始有物产,始有工匠,始有器械,盖回回百工技艺极精,攻城之具尤精。

蒙元时期,有一些官作坊就是主要依靠穆斯林工匠及其后裔设置的,它们专门生产伊斯兰世界的传统产品,如被称为纳石失的织金锦、被称为撒答剌欺的中

---

[21] 《元史》卷九〇《百官志六·大都留守司》。

[22] 同⑩刘新园文。

[23] 《元史·百官志》。

[24] 杨瑀《山居新语》(知不足斋丛书本):"大德间,回回富商以红刺一块重二两三钱,中之于官,估值十四万锭,嵌于帽顶之上。累朝每于正旦与圣节大宴用服用之,瑀尝拜观焉。"

[25] 《元史》卷七八《舆服志一·天子质孙》:"速夫,回回毛布之精者也。"

[26] 《元氏掖庭记》:"帝尝中秋夜泛舟禁池,香儿着琐里缘蒙之衫。琐里,夷名,产撒哈剌,蒙茸如毡褐,但轻薄耳,宜于秋时着之,有红绿二色。至元间进贡,帝又命工以金笼之,妆出鸾凤之形,制为十大衫,香儿得一焉,至此服之。又服玉河花蕊之裳,于阗国鸟玉河生花蕊草,采其蕊,织之为锦。"

[27] (波斯)志费尼著、何高济译《世界征服者史》第 140、147 页,内蒙古人民出版社 1980 年版。

亚织锦㉘。其实，蒙古族统治集团早就做过比较，他们认定，西方的产品远比中国的优秀㉙。因此，在官营毡罽作坊中，用料最多，做工最考究的是仿西方的回族剪绒毡㉚，就连制作出与西方类似的产品，匠官也会得擢升㉛。

在统治集团的倡导下，伊斯兰文明风靡元代，连夙来鄙夷异域文明的汉族士大夫也有些转变，如宋元之际，周密已在赞叹回族金错刀"精绝"㉜；元中叶，吴莱对西亚陶瓷和玻璃器推崇备至㉝；元末，吴鉴又进了一步，他说，大食文化，皆极精妙，制造织文，雕镂器皿尤巧㉞。至于贵胄，更乐意沉湎在波斯音乐之中㉟。

这种社会氛围使元青花也常常带有浓郁的西方情致。西亚陶器用钴的情形已具前述，而那些极精美、极典型的元青花使用的也正是高铁低锰的波斯钴料，在元代的官作坊里，驱役的穆斯林工匠为数不少，或许，使用钴料的技艺也得自他们的指授，甚至，可能还有他们参与制作。元青花中的大型器物触目可见，那些直径 30 厘米上下的大碗和比它们更大的盘尤其引人关注，早有学者指出了它们与穆斯林饮食习惯的联系㊱。元青花的图案布局大多繁丽细密，每以层层装饰带环绕器身，装饰带则由各式精巧的花纹构成，这与典静简洁的两宋器物特征大相径庭，却同伊斯兰金属器皿（图 2）风神相通。元青花的一些纹饰也在努力模仿西方，如最常见的"变形莲瓣纹"（图 3），在中国的传统装饰题材中，找不出它的直接渊源，在伊斯兰彩绘陶里，却有很类似的形式（图 4），古代的装饰题材常常仿自建筑，因此，它们都应是对清真寺拱门形象（图 5）的模仿，同样，著名的"青花釉里红盖罐"腹部的开光以及不少青白瓷的开光，也当源出伊斯兰建筑几种常见的壁窗造型。模仿金属工艺品是陶瓷装饰的一大特点，如"青花釉里红

---

㉘　尚刚：《元代的织金锦与刺绣》，《工艺美术参考》1987 年第 2 期。

㉙　《世界征服者史》第 243 页。

㉚　《大元毡罽工物记》，广仓学窘丛书本。

㉛　《元史》卷一四《世祖纪十一》：至元二十四年，"弘州匠官以犬兔毛制如西锦者以献，授匠官知弘州"。

㉜　《云烟过眼录》，上海人民美术出版社 1982 年版《画品丛书》。

㉝　《渊颖吴先生文集》卷二《大食瓶》、卷四《娄约禅师玻璃瓶子歌》。

㉞　《重修清净寺碑记》，科学出版社 1957 年版《泉州宗教石刻》。

㉟　马金鹏译：《伊本·白图泰游记·总长官郭儿塔》第 558—559 页，宁夏人民出版社 1983 年版。

㊱　如（英）艾锡斯《瓷石和高岭土——元后期湖田窑的发展》，《中国陶瓷》1982 年第 2 期。但那时大型器皿的风行还同蒙古族有关，他们不仅使用极其庞大的酒局、酒海，还使用一种极大的碗，叫作"满忽儿"。见（波斯）拉施特编、余大钧等译《史集》第一卷第二分册第 155 页，商务印书馆 1983 年版。

图2　波斯1232年款黄铜执壶　高28cm
伦敦不列颠博物馆藏

图4　波斯9或10世纪彩绘陶碗　直径25.4cm
J.A.Baerlow 藏

图3　元青花"变形莲瓣纹"（图11局部）

图5　马郭基·阿他里清真寺拱门
布哈拉　12世纪

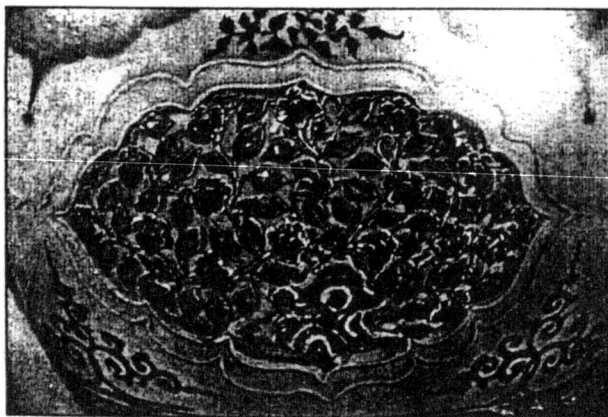

图 6　元青花缀珠纹及开光

河北保定出土元青花釉里红盖罐局部

盖罐"上围出开光的缀珠纹(图 6)以及许多青白瓷上的同类装饰,就是在模仿伊斯兰金属器(图 7)。诚然,在初唐、盛唐的金银器上,"变形莲瓣纹"和缀珠纹也依稀可见,但不能忘怀的是,那些金银器与西域艺术的亲缘实在太深,并且,其后的几百年,这两种纹饰在中国消逝了,若用中国纹样自身的传承去附会这个巨大的历史断层,显然是说不清的。

　　玉成元青花的条件当然还有中国陶瓷的优秀传统,特别是长沙窑、磁州窑、吉州窑釉下彩绘瓷的成熟,对此,人们早已耳熟能详,无须再做说明。但是,对陶艺自然演进的功用不可过于看重,因为,有一个确凿

图 7　波斯黄铜器缀珠纹(图 2 局部)

的事实,陶瓷是为人生产的,只要没有工艺上的隔阻,人的好恶就足以决定任何一个品种的盛衰及其面貌:尤其是到了元代,除后起的明清彩瓷外,中国的陶瓷

品种已然齐备,既有众多的选择,何以青花瓷异军突起,标领风骚?依我看,关键就在蒙古族的色尚和与西方的密切联系,这前一条始终无人提起,后一条则每为说者忽略。

## 三、元青花的早期形态

今见的元青花大多是元晚期的产品,这已是学人的共识。大家还相信,在已知的器物中,应有更早的作品,但这类作品是哪些,又苦无力证,因此,大家理所当然地期待着纪年墓中的发现。

1978 年,在杭州发现了一座元墓,墓主是校尉明安答儿的曾祖母等,墓中出土了三身饰用了钴料的观音像[37]。有些专家以此作为元初青花的物证[38],国内外的不少出土物也相继载文介绍,时至今日,陶瓷史界仍相信这种说法。不过该墓的年代却被错误地提前了 60 年。

据墓志,墓主的葬年为至元丙子年,麻烦就出在这里,因为,元代的两个至元年号恰巧都赶上了丙子年,即世祖至元十三年(1276 年)和顺帝至元二年(1336年)。到底是哪一个? 在《元史》卷一二二中,人们匆匆查出了一个明安答儿,他于癸丑年死在钧州。于是,先派定他卒于皇庆癸丑年(二年,1313 年),再把他指为在杭州葬人的那个明安答儿,然后是一番推理,既然他死在 1313 年,就不可能在 1336 年葬人,因此,墓主的葬年只能是 1276 年,这样,墓中的遗物自然是元初的产品。推理过程正确无误,但预设的前提都有错误。

首先,《元史》卷一二二《槊直腯鲁华传》说得明白:"癸丑,宪宗遣(明安答儿)从昔烈门太子南伐,死于钧州。"再清楚不过,这个癸丑年是宪宗三年(1253年),至少比杭州的墓葬早了 23 年,因此,杭州的墓葬无论建于哪一个至元丙子年,都同死在钧州的明安答儿了不相干。

其次,正史录大事、记名人,而杭州的明安答儿在建墓时只是个校尉,这充其

---

㊲　杭州市文管会:《本市发现元初瓷观音像》,《杭州日报》1979 年 7 月 25 日。

㊳　同②冯先铭文。

量不过是个正六品的武散官㉟，若再无轰轰烈烈的大事业或者奇节异行，绝上不了史臣的笔端，而我们对这个明安答儿却几无所知。《元史》还提到过另外三个明安答儿，也看不出他们与杭州的那个校尉有什么关系。这样，依据正史去推断杭州墓葬的年代，显然是不可能的。

但是，该墓的其他出土物仍有明显的年代迹象可寻。报道称，在墓中，还得到一只"枢府"款卵白釉云雁纹印花碗，普遍认为，这类器物是元中期以后的景德镇产品，倘若这种说法不错，那么，元中期以后的产品当然不会出现在元初的墓葬中，因此，该墓的葬年应为 1336 年。至于那三身观音像，年代也应距此不远，其时，亦属元后期。

已知足以凭信的最早元青花是一件塔式盖瓶（图 8），它是延祐六年（1319 年）墓中的出土物㊵。它的纹饰对探寻元青花的早期情况应当很有帮助，其肩部和腹部分别绘

图 8　元青花塔盖梅瓶　通高 42.2cm

江西九江市博物馆藏

有云肩和缠枝牡丹，它们同成熟的元青花上的同类题材十分接近，这表明，此时的元青花已趋近成熟，前此或已烧造有年；绘在近瓶底处的花纹近似传统的蕉叶纹的形象，而大多数成熟的元青花于此应绘"变形莲瓣纹"，并且，"变形莲瓣纹"也没有出现在这件盖瓶的其他部位上，这似乎又在提示，此时的元青花尚未成熟。

至于元青花的肇起，从当时的文化背景看，应当在元早期，只是，这样的器物

---

㉟　《元史》卷九一《百官志七》。

㊵　九江市博物馆：《元代青花牡丹塔盖梅瓶》，《文物》1981 年第 1 期。

或者尚未发现，或者不能确指，我以为，较大的可能倒是后一种，因为，依据现今通行的类比方法，对元青花的分期断代并没有多大的把握。至于元青花的分期，用现有的资料恐怕难以完成，因为，可真正作为标准的，只有那一头一尾的三件作品：1319 年的一只塔式盖瓶和 1351 年的那对著名的象耳瓶，不仅标准器物太少，年代分布也不理想。

## 四、元青花的分类

陶瓷是为人烧造的，它们直接体现着持有者的社会地位、宗教信仰、生活习惯、文化素养、审美倾向，以至财力。在胎、釉、型、纹、色等方面，今见的元青花差异明显，这也必然与持有者的种种不同密切相连。然而，这些差异通常被当成分期断代的依据，如较粗的，年代在前，较精的，年代在后。考虑到事物的演进规律，这种方法虽有合理之处，如若全然仰仗它，其偏颇也显而易见，因为，它太看重陶瓷的"物"的属性，却忽略了往往是更重要的"人"的因素。有心人不会忘怀这样一个事实，在任何时代，工艺美术品都会有高下之别、文野之分，一些较粗的作品还有可能晚于其较精的同类，这里，起决定作用的当然是"人"的因素。

下面，将从持有者的角度，试分元青花为四类。事先要说明的是，讨论的对象仅限于公认的景德镇产品，并不包括云南诸窑等烧造的青花。

### （一）帝王持有的

最著名的器物是"春寿"款云龙纹梅瓶（图 9），它们在国内外都收藏。从纹饰的呈色等看，它们使用的是进口的波斯钴料，《元代画塑记》对官作坊使用"回回青"记录颇多，这应当就是对波斯钴料的称呼。梅瓶的纹饰为双角五爪龙和云彩，它们被明令禁止臣民饰用[41]。至于"春寿"二字，当指元代的一种御酒：

---

⑪ 《通制条格》卷九《服色》（浙江古籍出版社 1986 年版）："延祐元年十二月……命中书省定立服色等第于后：一，蒙古人并不在禁限，及见当怯薛诸色人等亦不在禁限，唯不许服龙凤纹（原注：龙谓五爪二角者）。"《元典章》卷五八《杂造·黏休画云龙犀》（北京图书馆善本室藏抄本）："至元七年十月，大府监备群牧所提点焦鼎等钦奉圣旨，以上众多人骑乘黏炭教画虎儿、兔儿者，云彩、龙儿、犀牛休画者。钦此。"

郑鳞趾《高丽史》卷一〇五《郑可臣传》(日本国书刊行会本):帝(元世祖)又召见世子(高丽世子)于紫檀殿,可臣从。……御案前有物,大圆小锐,色洁而贞,高可尺有五寸,内可受酒数斗,云摩诃钵国所献骆驼鸟卵也。帝命世子观之,仍赐世子及从臣酒,命可臣赋诗。可臣即献诗云:"有卵大如瓮、中藏不老春。愿将千岁寿,醺及海东人。"

浮梁磁局是元代唯一的官营瓷器作坊,就设在今景德镇,从所绘花纹的品格和"春寿"酒的性质推测,这种梅瓶当系浮梁磁局的贡瓷。它们与当时观台窑生产的白或黑釉"内府"款梅瓶[42]及窑口未明的孔雀绿釉"内府"款梅瓶[43]一样,用

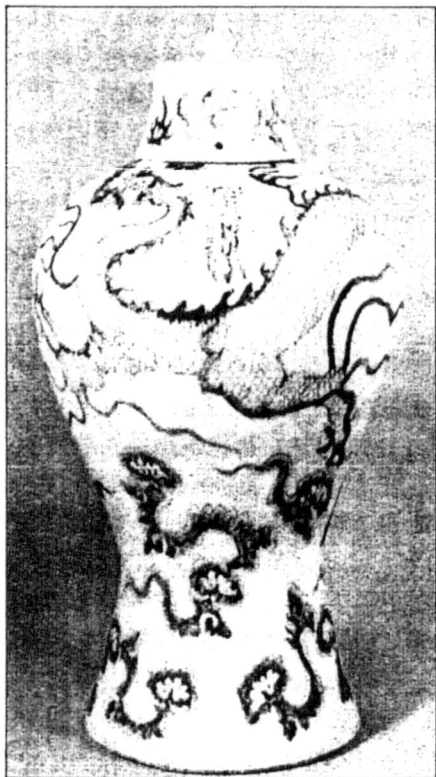

图 9　元青花"春寿"款梅瓶通高 36.6cm

为宫廷贮酒器。由于蒙古族上层酷嗜豪饮,这类青花梅瓶曾为数不少,关于它们,正史似曾隐约提到:

《元史》卷一四〇《别儿怯不花传》:宣徽所造酒,横索者众,岁费陶瓶甚多,别儿怯不花奏制银瓶以贮,而索者遂止。

按文序,此事发生在顺帝至元四年(1338)之前,若所谓"陶瓶"即"春寿"款梅瓶,那么,它们也当是此前若干年中的产品。"岁费陶瓶甚多"一句值得注意,

---

[42] 河北省文化局文物工作队:《观台窑遗址发掘报告》,《文物》1959 年第 6 期。这类器物在北京等地已屡有出土。

[43] 桑坚信:《杭州市发现的元代瓷器窖藏》,《文物》1989 年第 11 期。同类器物在伦敦大维德中国美术馆也有收藏。

显然,珍惜的不只是酒,更主要的倒是酒瓶,故知这类酒瓶应价值不菲,成本至少要超过所贮的精酿御用酒。从已知的实物看,前述的观台窑制品和孔雀绿釉陶瓶显然不具备这种品格,可能的只有"春寿"款梅瓶,它们不仅使用进口钴料,并且,绘制也颇费工夫。因此,上引文中的"陶瓶"很可能就是"春寿"款梅瓶。

尽管归帝王占有,但青花贮酒瓶的纹饰并不是极其精细,这主要是由于用途所限。宴飨是当时的国家大事㊹,宫廷宴饮的正式储酒器是容酒可数十石的渎山大玉海、木质银里漆瓮、金酒海等,㊺饮器也全是金、银、玉制品或异域奇物㊻。梅瓶往往配盖使用,作为一种窖库中的长年容器,以使酒更加醇美,并不直接出现于宫廷宴饮中。因此"春寿"款梅瓶上的双角五爪龙和云彩也同观台窑梅瓶等上不大工整的"内府"款一样,只是御用的标志,对"美"并不在意。

在帝王持有的青花瓷中,还有一些很精致的器物,元代故宫遗址里出土的青花瓷片即属此类。它们胎薄釉细,花纹呈色浓艳,图案工丽考究,器形有盘、碗、瓶,纹饰包括龙、鱼藻、缠枝花、卷枝、"变形莲瓣"等㊼。从已发表的资料看,至少盘的形体较小,图案布局也较疏朗,这与下一类青花瓷中的大部分有所不同。

**(二)穆斯林等持有的**

这是元青花中最典型的一类,其中的一些器物曾被称为"至正型"。它们使用进口钴料,图案呈色鲜丽浓艳;每每形体巨大,如罐的腹径多在 35 厘米左右,瓶可高达 60 多厘米,碗的口径常有 30 厘米,盘的直径能达到 60 厘米;图案布局繁密严谨,每以多种花纹构成层层装饰带环绕器身。这类器物当多系浮梁磁局的贡品,但并不长久归属宫廷,或做皇室下番牟利的商品,或做对伊斯兰世界贡献的回赐,或做对国内祖籍西域的穆斯林官僚等的赏赐。此外,还有一些是景德镇烧造的商品瓷,卖给国内外的穆斯林和其他倾慕伊斯兰文明的富人。

如今,这类器物大批保存在土耳其和伊朗,仅在土耳其的托普卡比博物馆,

㊹ 王恽《秋涧先生大全集》卷五七《大元故关西军储大使吕公神道碑铭》(《四部丛刊》初编本):"国朝大事,曰征伐、曰蒐狩、曰宴飨。虽矢庙谟、定国论,亦在于樽俎餍饫之际。"

㊺ 陶宗仪:《南村辍耕录》卷二一《宫阙制度》,中华书局 1959 年版。

㊻ 当时,有不少外国人到中国出使或游历,他们对元代的宫廷生活有大量的描述,但谈到的饮器都是金银器,对瓷器却未置一词。汉语文献描述的饮器也都是金、银、玉器。

㊼ 同⑲李知宴文。

就珍藏着 80 余件,在伊朗的阿弥德比勒,也曾有 37 件[48]。由于当时伊斯兰教的风靡,在东南亚和南亚,也发现了不少这类器物。并且,从 15 世纪开始,西亚、北非以至南欧,相继出现了大批中国青花的仿制品,更明确地体现出伊斯兰世界对它们的热衷。

国内原籍西域的穆斯林和深受其文化熏染的中国人也是这类器物的重要执有者。如 1966 年,在江苏金坛出土过青花云龙罐窖藏,罐内遗物包括一件银盘,银盘上有阿拉伯文的回历纪年铭[49],因此,窖藏主人也该与伊斯兰世界有某种特殊关系,而当时的金坛,又确有回族人定居[50]。

元青花与伊斯兰艺术的亲缘关系主要体现在这一类器物中,但元青花毕竟是中国的产品,外来的因素往往只占有次要的地位,如"变形莲瓣纹"虽几乎凡器必备,但一概被用为辅纹,主纹则统统是中国题材。常见的主纹有三大类:灵禽异兽,以中国人熟悉的云龙、鸾凤、麒麟居多;人物故事,取材自史传与文学,还借鉴了版画以至卷轴画;花卉随处可见,取用传统的缠枝、折枝形式。至于造型,如梅瓶、玉壶春瓶等也显然是在延续前代的典范。但是,时代变了,南北的民族融合,东西的文化交流使旧的形式有了新的组合,因此,展现出的是新风貌。

在元青花的中国因素里,应当特别注意统治民族的文化印记。蒙古族是游牧民族,习惯于在迁徙中生活,而四系扁壶(图 10)可穿绳系带,适宜在迁徙中携带。元青花中的八棱器形颇多,如梅瓶、玉壶春瓶、葫芦瓶(图 11)等,它们显然比圆形器更易于持握与绑扎牢固。至于蒙古族对大型器物的偏爱,则可举出酒局、酒海和"满忽儿"为证[51],下文还会谈到装饰带与蒙古族数字观念的联系。

---

[48] 同③第 56、107 页。

[49] 萧梦龙:《江苏金坛元代青花云龙罐窖藏》,《文物》1980 年第 1 期。又,1964 年,在河北保定出土了瓷器窖藏,内有青花 6 件,伴出有"彩绘玻璃瓶"一只,见河北省博物馆:《保定市发现一批元代瓷器》,《文物》1965 年第 2 期。元代中国虽烧玻璃器,但在其作坊遗址中,未见彩绘者,见淄博市博物馆《淄博元末明初玻璃作坊遗址》,《考古》1985 年第 6 期。西方玻璃器夙有彩绘的传统,而元代又有不少西方玻璃器输入,如吴莱诗云"玻璃瓶子西国来,颜色绀碧量容杯"(《渊颖集》卷四《娄约法师玻璃瓶子歌》)。故保定窖藏的主人或许也与伊斯兰文明有较深的联系。

[50] 《至顺镇江志》卷三《户口·侨寓》。

[51] 参㊱。

图10　元青花四系扁壶　高36.5cm
考古博物馆藏(德黑兰)

图11　元青花八棱葫芦瓶　高58.1cm
掬粹巧艺馆藏

　　这类青花瓷虽有大体相同的风格,却又因发现地区的不同而略有差异。一般说,运往西亚的器物纹饰更繁密,图案结构与伊斯兰艺术更接近,蓝底白花更常见,器形也往往较大(图12、13),而在中国等东亚地区的发现却不同,花纹相对疏朗,中国传统艺术的风范较纯正,器形也往往稍小。有时,还会以华夏之风较强的器物去推行儒家传统的六艺教育,如在江西高安的窖藏中,包括了一只梅瓶(图14),它们的盖内和底足,分别有墨书的"礼""乐""射""御""书""数"[52]。湖南常德出土的一只玉壶春瓶很特殊,辅纹仅出现在口沿和圈足,颈、腹部都用来表现一幅蒙恬故事(图15)[53],这同装饰繁复、空隙狭小的伊斯兰风格有不小的差异。二十世纪初,俄国探险家科兹洛夫在我国的黑城遗址掘得大批古物,内有青花瓷片400余。1987年夏,承苏联艾尔米塔什博物馆中国分部诸君美意,我在库房里曾对它们逐一记录,发现其中的不少杯、碗残片轻巧灵秀,还有一片在

---

[52]　刘裕黑、熊琳:《江西高安县发现元青花、釉里红等瓷器窖藏》,《文物》1982年第4期。
[53]　高至喜:《元青花人物故事玉壶春瓶》,《文物》1976年第9期。

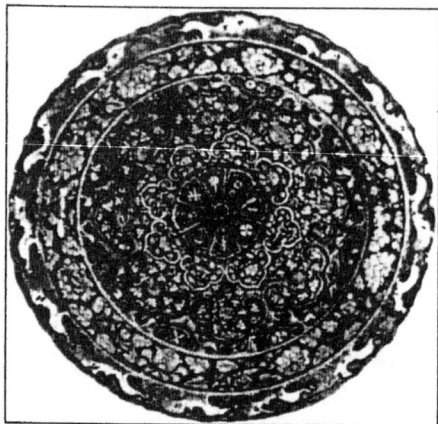

图 12　元青花盘　口径 60cm

Mussee National de Ceramique Sevres

图 13　波斯 13 世纪彩绘陶盘　口径 49cm

Collection Godman.

图 14　元青花梅瓶　通高 48.7cm

江西高安县博物馆藏

图 15　元青花玉壶春瓶　高 30cm

湖南省博物馆藏

内壁模印出"王"字。显然,青花因发现地而反映出的种种差异是由持有者所在的不同环境促成的。

### (三)平民持有的

它们是景德镇以及其他地区的民间产品,多为小型的日用器,精丽程度远不及前一类。胎土常掺有少许杂质,有时造型也不够周正,釉面多呈青白色,有时还不大干净,所用的钴料多系国产,呈色常偏于灰暗,而不似前两类的浓艳明快。它们的图案相当疏朗,花纹简洁洗练,有时,还带有"逸笔草草、不求形似"的味道,纯是一派民间作风。装饰题材也比较单纯,只有龙、凤、鸳鸯、莲

图 16　元青花高足杯　口径 12.2cm
河北省博物馆藏

池、缠枝、折枝花卉等不多的几种,格于法令,当时的禁用纹样从不出现在这类器物上。高足杯是很常见的器形,它们的流行当与蒙古族入主中原有一定关系,在《事林广记》描绘蒙古族生活的插图中,包括杯、碗在内的所有小型器物便皆取高足的形式。但是,这种新器形有时也多少保留着两宋遗风,如河北定兴出土的梅月纹高足杯(图 16)[54],只是在宋代斗笠碗的基础上,拉长了足柄的高度。总之,不论在哪个方面,这类器物的时代特征一般都不够明确。

风格与此相近的器物在东南亚也发现了不少,如在印度尼西亚、菲律宾、马来西亚等国都曾出土[55]。不过,由于宗教信仰、风土民情等差异,它们的器形也与国内所见略有不同,如军持和多穆壶,在东南亚已屡有出土,而在我国,尚未见同类的元青花。更有特点的是一种横剖面呈八角形的小罐,它们似乎是专为东南亚生产的,国内也未闻发现,它们与伊斯兰世界却颇有因缘,那里的釉面砖和壁窗就常常做成八角形。在当时的东南亚,伊斯兰教的势力很大,因此,在那里

---

54　河北省文物研究所:《河北定兴元代窖藏文物》,《文物》1986 年第 1 期。

55　王行恭:《南洋的元青花》,《艺术家》(台湾)1983 年第 12 期。

也发现了不少属于前一类的青花瓷,而数量更多的出土物却与国内平民百姓持有的器物风格相似,其原因在于,大多数持有者的地位较低、财力有限,不能购置更考究的器物。

### (四)士大夫持有的

这一类青花当系景德镇烧造的商品瓷,它们数量不多,做工却较精细,纹饰则明显比第二类洗练。它们都是些小型器物,如杯、盘、区、壶、觚、盏托等,有些器物很别致,如北京出土的凤首扁壶56,(图17)流口做凤首状,壶身绘凤翅、凤身,以器形和纹饰共同构成了翔凤的形象,但因其流口置于凤喙的两侧,倾倒时,所贮的液体自两侧溢出,故并不适用,可能主要是用作观赏品。觚的造型极有特色,其形象全部仿自商周礼器,它们在北京和江西高安都有出土57。不过,这类器物也会与第二类同时出土,表明它们曾同属一人所有,反映出文人士子一方面在接受新风尚,另一方面又萦萦于对往古的怀恋。江西高安的窖藏里还有一只高足杯,杯内有用钴料书写的诗句"人生百年常在醉,算来三万六千场",表现出一种无可奈何的颓唐意识。

图 17　元青花凤首扁壶　高 18.4cm
首都博物馆藏

图 18　元青花盘　口径 16.4cm
首都博物馆藏

最典型的器物是北京后营房元代居住遗址出土的一只松竹梅纹盘(图18)58,它仅厚 1.5 毫米,胎质细白,釉色白中泛青,盘口外折,成八瓣莲花形,盘心

---

56　元大都考古队:《元大都的勘查和发掘》,《考古》1972 年第 1 期。
57　赵光林:《介绍几件元代青花瓷器》,《文物》1972 年第 8 期。
58　元大都考古队:《北京后营房元代居住遗址》,《考古》1972 年第 6 期。

绘折枝的松、竹、梅各一枝，图案简洁清隽，花纹发色淡雅，风格与明代的成化青花酷似。根据该遗址的格局和其他出土物判断，其主人应是具有较深汉文化素养的高级官僚。这只青花盘隽逸典雅，题材也明确地含有士大夫自况自喻的性质，集中体现了元代士大夫对物质文化的尊崇好尚。

## 五、元青花的装饰带

元青花，特别是其第二类的图案一般是由一层层的装饰带构成的，装饰带之间，每以弦纹间隔。装饰带的数量虽多，但在一件器物上，却没有 7 层的，这根源于当时奇特的数字观念。

古代笞杖罪犯多以尾数为十的整数，唯独元代例外，尾数被恩减为七，对此，元明之际的解说是：

> 叶子奇《草木子》卷三下《杂制篇》（中华书局 1959 年版）：元世祖定天下之刑，笞、杖、徒、流、绞五等。笞杖罪既定，曰："天饶他一下、地饶他一下、我饶他一下。"自是，合笞五十，止笞四十七，合杖一百十，止杖一百七。

由于世祖皇帝的宽仁，七便与刑罚联到了一起，从元代的文献看，这大体成为定制。七的不祥，还因与丧葬有关，蒙古君王殉葬的金器也是 7 件：[59]

> 《元史》卷七七《祭祀志六》：凡宫车晏驾……殉以金壶瓶二，盖一，碗、碟、匙、箸各一。

---

[59] 蒙古族的许多观念源出更早的北方民族，与突厥的联系尤多，同本文有关的，如突厥人也自认狼种，见韩儒林：《突厥蒙古之祖先传说》（《穹庐集》，上海人民出版社 1982 年版）；突厥人的丧葬也与七相联，《通典》卷一九七《突厥》（万有文库本）载："死者停尸于帐，子孙及诸亲属男女各杀羊马，陈于帐前，以刀剺且哭，血泪俱流，如此者，七度乃止。"

七既凶险若此，于是，就成了元人的忌讳，这在蒙古官吏的书写上，有明确的体现：

《草木子》卷四下《杂俎篇》：北人不识字，使之为长官或缺正官，要题判署事及写日子，七字钩不从右七而从左⺊转，见者为笑。

七是最易记、易写的汉字之一，蒙古官吏识字不多确属事实，但偏偏把它写反，其本意当在避凶。

由于包括陶瓷在内的工艺美术品都要蕴含吉祥寓意，而七却犯凶，因此，元青花也要回避七。在元代作品中，已知唯一的例外是木质银里漆瓮，它高一丈七尺(60)，即高度的尾数为七。对此，可能的解说是，观念的形成不会一蹴而就，蒙古族“始初草昧”，在髹造漆瓮的元初，他们令七与工艺美术相联系的观念尚不明确，而装饰繁复的元青花却是元代中后期的产品。

图 19　元青花兽耳盖罐　通高 36cm

江西高安县博物馆藏

应当说明的是，少数传世的缺盖兽耳罐的装饰带为 7 层，不过，从元代的画迹和所有完好的出土物及多数传世品看，兽耳罐本来都是配盖使用的，而盖上还绘有多层装饰带（图 19）。倘若仍有原本就是 7 层装饰带的器物，那么，它们就不是元代的作品，而是明初的。有些专家往往依据器形和纹饰等的简单排比去考订遗物的年代，其偏颇显而易见。因为，艺术形式的传宗接代本无可避免，即令政权易手，后代仍会遵循

(60) 《辍耕录》卷二一《宫阙制度》。《元史·世祖纪十》称之为“大樽”，“高一丈七寸”，造于至元二十二年（1285）。

前代的某些典范,这就是理论家常常说起的形式的稳定性。明初,伴随朝代的更迭与刑律的改革,七的特殊含义已不复存在,因此,它也不再是工艺美术忌讳的对象。至于明初青花与元代作品的诸多相似,甚至相同,只是艺术形式相对稳定的证明。

与七相反,九在元代工艺美术中很活跃,如河北保定窖藏中的青花八棱玉壶春瓶(图 20)、江西高安窖藏中的青花缠枝牡丹纹梅瓶(见图 14),装饰带都是 9 层,内蒙古元代集宁路故城的窖藏里的一件夹衫,共绣出了 99 组图案(61),在传世的元青花玉壶春瓶(图 21)中,装饰带为 9 层的占了很大比例。这是因为,在元人心目中,九是个吉数。

图 20　元青花八棱玉壶春瓶　高 32.5cm
河北省博物馆藏

图 21　元青花王壶春瓶　高 31cm
东京出光美术馆藏

(61) 潘行荣:《元集宁路故城出土的窖藏丝织物及其他》,《文物》1979 年第 8 期。

在元代,蒙古族、伊斯兰和汉族的文化影响最大。蒙古族立国,要建九游白旗(62),答剌罕备受优宠,便享受"九罪弗罚"的特权(63),君王的赏赐则常常以九为数(64)。马可·波罗说,新年时,四方贡献的白马、金帛等的数目都要成九的九倍(65),尽管他的记忆并不全对(66),但蒙古族重九被他一语道破。穆斯林认为,真主有九十九个美名和九十九种德性,因而,信徒念珠的数目正与此相当(67)。在汉族的传统观念中,九是极数,有高、大、全的寓意,如天子用九鼎,帝位亦称九五,天下又作九州。虽然各自的内涵不同,但九是元代社会公认的吉数,元青花中有 9 层装饰带的器物不少,其根由即应在此。

总之,元青花装饰带的数量体现着当时的数字观念,透露出一股趋吉避凶的愿望。这样,至少在元代,工艺美术蕴含吉祥寓意的部分,也就并不仅限于通常所说的图案题材。

## 六、浮梁磁局与青花

前面曾假设元代中晚期的浮梁磁局烧造青花,但学界对此至少还有隐约的争议,刘新园先生的看法是肯定的(68),熊寥先生却说,最晚在泰定年间(1324—1328),浮梁磁局已被撤销(69),这也就无形中否定了前一种说法。熊先生的根据大致是三条:《辍耕录》卷二一《公宇》条不记浮梁磁局;成宗时,"住罢造作";泰定后,以饶州路总管监陶。不过,这三条都不能支持熊先生的意见。

《辍耕录》固然积陶宗仪十载之功,编成却在至正二十六年(1366 年),其

(62) 《元史》卷一《太祖纪》。

(63) 韩儒林:《蒙古答剌罕考》,《穹庐集》。

(64) 这类记载在元代史料中俯拾即是,较有代表性的如姚燧《牧庵集》卷一九《忠孝李公神道碑》(四部丛刊初稿本):"赐西马、西锦为匹皆九。"

(65) 张星烺译:《马哥孛罗游记》第 174—175 页,商务印书馆 1936 年版。

(66) 据《元史》《事林广记》《高丽史》等,不必是九的九倍,为九的倍数即可,有时,与九无关亦可。

(67) (美国)希提著、马坚译:《阿拉伯通史》第 149—150 页,商务印书馆 1979 年版。

(68) 同⑩刘新园文。

(69) 熊寥:《中国陶瓷与中国文化》第六章《元代窑业与浮梁瓷局》,浙江美术学院出版社 1990 年版。

《公宇》条的纪事也应反映的是成书时的情况。据《乾隆浮梁县志》卷一《沿革》,从至正十六年起,当地已受徐寿辉节制,至正二十年起,又归了朱元璋。元政府既然已对景德镇失去控制,作为官作坊的浮梁磁局自然也不复存在,这样,《公宇》条也不必再去记它。又,唯一明确记录浮梁磁局的是《元史》,其《百官志》八卷对政府各机构的设置、沿革、裁汰登录颇详,还记载到顺帝一朝的制度,但它只记了浮梁瓷局的设置,并未言其裁汰,这应当表明,浮梁磁局是随景德镇的易手而自然消亡的。

关于成宗时"住罢造作"事,熊文注释不全,查《元典章》,其引文出自卷五八《公廨·住罢造作》,这一条是仁宗皇庆元年(1312 年)就江浙行省建房事而重申的至大四年(1311 年)的圣旨和懿旨,与成宗并不相干。其实,为节用禁奢,历代帝王颁布的这类诏命很多,而能长期奉行的却极少。在元成宗时及其以后,造作也没有住罢,从《元典章》《通制条格》《元代画塑记》《大元毡罽工物记》等官方文献中,可不断翻检出各项造作的记录。而《住罢造作》条说的只是建房,不过是种并不包括陶瓷等生产在内的临时性局部措施。

"泰定后,本路总管监陶;皆有命则供,否则止",已被陶瓷史家反复称引,熊先生再用以支持自己的说法,但熊先生对它的理解不全面。首先,元代常有各类官宦督董造作,如泰定间,遣宦官伯颜至福建催督绣段(70),而福建设有织绣官作坊(71):延祐七年(1320)十月,将作院使也速因董制珠衣不力受到惩罚(72),而将作院属下的官作坊很多。此外,《金华黄先生文集》《山居新语》等也记下不少以中央或地方官宦到官作坊督董造作的事,因此,以饶州路总管到浮梁磁局监陶只是元代的通例。其次,"有命则供,否则止",对浮梁磁局也是很合理的。元代官作坊的人均额造量很低,如设在今南京的东织染局管人匠 3006 户,仅设机 154 张、额造段匹 4527 段;(73)宁国路织染局领人匠 862 户,设机 50 张,起先岁造丝绸 1601

(70) 《元史》卷一四四《答里麻传》。

(71) 《元史》卷一四《成宗纪二》:大德元年(1297),"减福建提举司岁织段三千匹,其所织加文绣"。萨都剌《雁门集》卷一二《鹦鹉曲》附萨龙光索引《丹墀独封》(上海古籍出版社 1982 年版):"英宗大兴卤簿,旗帜之绣者,作于闽浙人。"《元史》卷一八一《虞集传附范椁》:"闽俗素污,大绣局取良家子为绣工,无别尤甚,椁作歌诗一篇述其弊,廉访使取以上闻,皆罢遣之,其弊遂革。"

(72) 《元史》卷二七《英宗纪一》。

(73) 张铉:《至正金陵新志》卷六《官守志》,北京图书馆藏元刻本。

段，后添造150段(74)，匠户与织机与岁额的这种比例，显然表明匠户不必日日入局应役，应役之暇，则可用自家的机具，自备原料，织造发卖，这在当时，叫“梯己的勾当”。(75) 浮梁磁局的情况应与此差似，但烧造瓷器与织制丝绸不同，宜于在较短的时间内集体劳作，兼以统治集团对瓷器的需求并不太多，(76)因此，“有命则供，否则止”对织染匠户应是个体的行为，对浮梁磁局的匠户却是全局的事情。

总之，浮梁磁局还应是伴同景德镇的易手而自然消亡的，其时已在元末，这样，它就具备了烧造青花的可能。从元代的情况和器物的品格看，不少青花也只应产自浮梁磁局。

在元代直属中央的官作坊中，大量使用西域原料，成批制作带西域风格的产品，而在纯粹的民间生产中，目前还找不出这种迹象。许多元青花既使用波斯钴料，又往往含蕴着浓郁的伊斯兰情调，因此，它们至少也该和中央性官作坊有内在的联系，而浮梁磁局隶属于将作院，恰是已知这种性质的唯一瓷器作坊。

在纹饰、颜色、质料方面，民间的工艺美术生产受到元政府的种种禁限，若有违反，处罚很严厉，因此，嫔妃售卖上用丝绸，还要发放免禁证明：

> 《元氏掖庭记》：淑妃龙端娇贪而且妒……帝尝赏赐金帛比他妃有加，麒麟、鸾凤、白兔、灵芝、双角五爪龙、万寿、福寿字、赭黄等段，以巨万数。娇乃开市于左掖门内，发卖诸色锦段，仍给一帖，令不相禁，宦官牛大辅掌之。由是，京师官族、富民及四方商贾争相来买，其价增倍，岁得银数万。

并且，在已知的资料中，除占地称王的张士诚、明玉珍(77)外，也绝少发现非官作坊产品违制的例证，可见，政府的禁令被大体遵奉了。但在元青花中，不

(74) 解缙等：《永乐大典》卷一九七八一《织染局》，中华书局1960年影印本。

(75) 《通制条格》卷二《搔扰工匠》。

(76) 《元典章》卷二二《市舶则法二十三条》称中国的瓷器等为“无用”，鼓励以之同海外博换“中用的物件”，元代统治集团对陶瓷的冷漠以及对陶瓷贸易的支持，由此可见。

(77) 苏州市文物保管委员会等：《苏州吴张士诚母曹氏墓清理简报》，《考古》1965年第6期；重庆市博物馆：《明玉珍墓清理简报》，《考古》1986年第9期。

少遭禁的纹饰却被反复表现,如麒麟、鸾凤、白兔、双角五爪龙、云彩、灵芝等,刘新园先生提出,元青花的一些纹饰模仿织绣,玉马纹、云肩纹等则源出天子仪仗和仪卫的服装[78],显然,饰有禁用纹样和高贵纹样的青花应当产自浮梁磁局。元以前,莲池戏禽或莲池图案的数量不多,且构图与形象的差异也很大,但在元青花中,风貌相同的这类题材(图22)频频出现,它们必定有一个高贵的共同范本:

图 22 元青花碗 口径 29.7cm 安宅藏

柯九思《丹邱生集》卷三《宫词十五首》(武昌柯氏刻本):观莲太液泛兰桡,翡翠鸳鸯戏碧苔。说与小娃牢记取,御衫绣作满池娇(原注:天历间,御衣多为池塘小景,名曰满池娇)。

张昱《张光弼诗集》卷二《宫中词》(四部丛刊续编本):鸳鸯鸂鶒满池娇,彩绣金茸日几条。早晚君王天寿节,要将著御大明朝。

按诗意,这种名为满池娇的池塘小景,亦即莲池或莲池戏禽图案。满池娇出现于御衣的年代与成熟的元青花毗邻,青花又常常模仿织绣,故元青花中的同类

---

[78] 刘新园:《元青花特异纹饰和将作院所属浮梁磁局与画局》,《景德镇陶瓷学院学报》第三卷第一期,1982 年。

图案理应本于御衣刺绣满池娇,定名也应以满池娇为妥。满池娇的品格很高,当时,还见于权贵服饰(图23)[79],能在瓷器上再现它的,也只有浮梁磁局。

图23　元绣"满池娇"　(元集宁路遗址出土刺绣夹衫肩部)内蒙古博物院藏

元末明初,人们常说到御土窑,这当是民间对浮梁磁局的习称,应役之暇,御土窑的匠户还烧造商品瓷:

> 孔齐《至正直记》卷二《饶州御土》(北京图书馆藏清抄本):饶州御土,其色白如粉垩,每岁差官监造器皿以贡,谓之御土窑,烧罢即封土,不敢私也。或有贡余土,造盘、盂、碗、碟、壶、注、杯、盏之类,白而莹,色可爱,底色未着油药处,犹如白粉,其雅薄,难爱护,世亦难得佳者。今货者,皆别土也,虽白,而垩等耳。

显然,这说的是浮梁磁局的匠户在无命时烧造的白瓷,能烧白瓷,当然也能烧青花,有"贡余土",应当也会有贡余的进口钴料,景德镇的一些商品青花应当就是这样烧造的。烧造商品瓷还要投合购买者的口味,因此,元青花第二类的商

---

⑦9　同⑥1。窖藏中的一件刺绣夹衫有99组图案,最大的是绣在肩部的莲池仙鹤,这应即满池娇的一种形式,同出的一片提花绫渍有"□集宁路达鲁花赤总官府"墨迹。其他遗物的规格也很高。

品部分和第四类有不同的风貌。至于贡瓷和商品瓷的差异,应当主要在于装饰,商品青花一般不会饰以臣民禁用的花纹,而入贡的青花却不必全部饰以禁用的花纹。尊卑贵贱,自有等第,对此,历代官方文献的说法相似,用元人的话,这叫"上得兼下,下不得僭上"。

一九八四年六月初稿
一九八六年十月二稿
一九九三年四月改毕

【尚　刚　清华大学美术学院教授】
原文刊于《中国文化》1994 年 01 期

# 辽陈国公主墓出土的玉器和水晶器

楼宇栋

当公元 10 至 11 世纪时,在中国的北方,契丹人建立了辽国,并以其丰富的物质文化和深邃的精神文化,闪耀于世界文化丛林之中。这并非虚言,科学的考古发掘所获已充分体现了这一点。先不谈历年来全国多处辽物的发现,单说近年来两处辽物的新发现已足以令人咋舌。1986—1988 年,考古工作者在对辽宁朝阳北塔维修时,先后在塔基部发现了辽代地宫,在塔顶第 13 层发现了辽代天宫,清理出金舍利塔、金盖玛瑙舍利罐、金银经塔、鎏金银塔、七宝华盖等大批稀世珍品。这批珍品,各自绚丽夺目,引起了世人瞩目。这是令人欢欣鼓舞的一处发现。

第二处辽物的新发现,地点在内蒙古自治区。内蒙古自治区文物考古研究所的考古工作人员,在哲里木盟博物馆、奈曼旗王府博物馆的密切合作下,于 1986 年 6 月 6 日—8 月 9 日发掘了一座辽代中期典型的契丹贵族合葬墓。墓内的女主人是辽景宗第二子秦晋国王耶律隆庆之女,正妃萧氏所生。初封太平公主,进封为越国公主,追封陈国公主。男主人是驸马萧绍矩。绍矩祖父萧思温尚太宗长女燕国公主,且历事太宗、世宗、穆宗、景宗四朝,身任要职,又有援立景宗之功,朝野瞩目,是为望族。

陈国公主与驸马合葬墓位于内蒙古自治区哲里木盟奈曼旗青龙山镇东北

10公里斯布格图村西的山南坡上,地当辽西山地北缘的浅山丘陵地带。合葬墓保存完整,长方形前室,两侧壁下方各置小龛。东西两耳室及后室均呈圆形,保持契丹民族传统的毡帐形式。墓门两颊及门额以上,浮雕倚柱、斗拱、檐、椽等仿木结构,则是汉族营造法式。墓道两侧近30多平方米的壁画中近四分之一的篇幅描绘公主和驸马的仆役与骑乘,表现了"转徙随时,车马为家"的游猎生活习尚。前室东、西两壁,绘有男女仆役和手持骨朵的侍卫,还有展翅翱翔的白鹤,顶部绘有日、月、星、云、天象,等等。

合葬墓出土的随葬器物达3227件44组(副)。许多制品用的是金、银、玉石以及玛瑙、琥珀、水晶、玻璃、珍珠等贵重材料。仅就金银制品而言,纯金制品有1365.75克,纯银制品达5723.7克。金银器制作至精至美,绝伦于世。这充分反映了契丹贵族的豪华奢侈和显赫地位。

三只系有金链的水晶杯,放置在公主腰部左右两侧。水晶杯杯口沿有两个对称的小孔,用以系金链。金链末端系一个鎏金银环,可以佩带。杯上附有鎏金银盖,盖顶有一圆形小钮。水晶杯连盖在一起通高只有3.5厘米,口径为2.8厘米,底径为1.8厘米。三只水晶杯小巧玲珑,晶莹夺目,再考虑出于腰际,很有可能是公主生前佩带于身上的玩赏之物。东耳室中部所出的一只水晶耳杯,造型大方,口呈四曲椭圆形,带圈足。器表有四组云纹。耳杯高仅2.3厘米。这四件水晶制品是所有出土物中的佼佼者,颇引人注目。

琥珀制品亦令人瞩目,出土数量惊人,达2101件。琥珀制品种类繁多,造型新颖,纹样雕琢细腻,有圆雕,也有浮雕,美不胜收。雕刻多采用写实手法,造型形象生动逼真。琥珀的颜色有橘红、黄红、褐红等色,色泽莹润。琥珀制品中,有一件胡人驯狮佩饰,出土时置于公主腹部,长方形,红色。正面一侧雕一缠巾胡人,袒胸,着短裙,腰带长垂于脚下,双手持驯狮棒,双目圆睁凝视前方;前方雕一只已被驯服的猛狮。这件胡人驯狮琥珀佩饰长8.4厘米,宽6厘米,厚3.4厘米,两侧有横孔,可以结系佩用。一件瓶形琥珀佩饰,造型别致,出土于驸马的左腿下部。橘红色,素面,光洁透剔,扁平椭圆,附荷叶形盖,形同鼻烟壶。肩部有两个对称的小孔,可以穿系佩带。通高6.2厘米,宽4.7厘米,厚2.2厘米。

玉佩饰出土有44件7组,多数佩戴在公主身上。玉质细腻光洁,晶莹滋润,造型丰富。其中有一件佩饰,用白色软玉制成,由一件璧形玉饰以鎏金银链垂挂蛇、猴、蝎、蟾蜍、蜥蜴五件玉坠组成,华丽无比。璧形玉饰,平雕,灰白色带杂斑。璧的四周雕刻如意形云纹,正面用细线微雕十二生肖形象,线条运用流畅,刀技熟练。玉璧外缘上部有三个孔,正中孔内系鎏金银丝,鎏金银丝上端系一个鎏金银环;下部有五个孔,以鎏金银丝系挂玉坠。玉璧长 5.35 厘米,宽 4.7 厘米,厚 0.5 厘米,中间圆孔直径 1.1 厘米。玉坠中的猴高 2.4 厘米,蝎长 3.2 厘米,蟾蜍长 3.6 厘米,蜥蜴长 5.4 厘米……双鱼佩只出二件,其中一件置于公主腹部。白玉制,圆雕。双鱼大小相同。鱼体扁宽,用细线雕刻出眼、腹鳍、背鳍、尾等细部。表面抛光。双鱼嘴部各横穿一孔,各穿一条金链,然后将二条金链共系于一个小金环上。鱼长 6 厘米,宽 3.4 厘米,厚 0.7 厘米。小金环径 1.1 厘米,金链长 4 厘米。

契丹族凭借强劲的骑兵,崛起于草原,称霸于中国的北方。早在辽太祖建国之初,便有和州回鹘来贡。所谓朝贡实际上含有商业性质的往来。及至圣宗时,这种友好交往更是频繁。陈国公主与驸马合葬墓中出土如此众多的玉制品、琥珀制品、玛瑙制品,大量的原料很可能来自西域诸小国或邻近诸部族的贡品或商业贸易,白玉原料则很可能由新疆和阗输入。琥珀原料很可能来源于中亚西域各国。玻璃器则直接来自中亚地区。

仅举陈国公主与驸马合葬墓中所出六例当然不能以一概全,如果目睹全貌则契丹之光耀于眼前。

胡人驯狮琥珀佩饰
辽陈国公主墓出土

瓶形琥珀佩饰
辽陈国公主墓出土

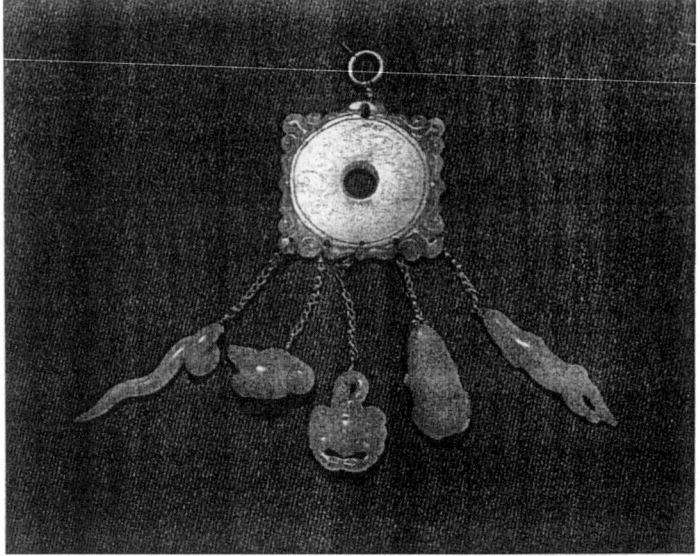

玉　佩

辽陈国公主墓出土

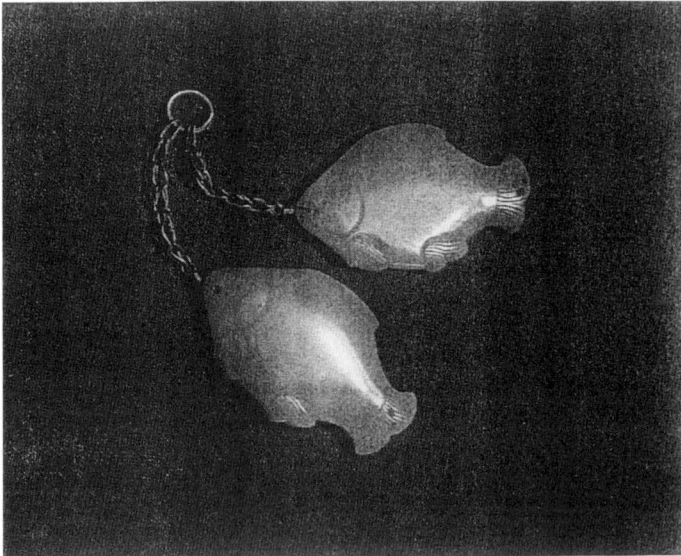

双鱼玉佩

辽陈国公主墓出土

系链水晶杯

辽陈国公主墓出土

水晶耳杯

辽陈国公主墓出土

【楼宇栋　文物出版社编审】

原文刊于《中国文化》1994 年 01 期